글로벌 시대의

제 6 판

국제금융론

국제금융연구회 저

INTERNATIONAL FINANCE

도서출판
시대가치

6판 서 문

빠르게 변화하는 국제금융환경을 고려하여 적어도 5년마다 교과서 내용을 수정하려고 계획하였으나 이번에도 약속을 지키지 못하고 6년 만에 개정판을 발간하게 되었다. 그동안 개정판 출간을 기다려 오신 독자들께 사과의 말씀을 드린다. 6판 개정판에서는 이론적 설명이 미흡한 부분을 보완하고 국제금융환경 변화와 관련된 중요한 이슈를 소개하는 데에 중점을 두었다. 6판에서의 주요한 개정내용을 요약하면 다음과 같다.

첫째, 그동안 몇 번의 개정으로 독자들에게 혼란을 주었던 국제수지표 작성 원리를 최신의 개정매뉴얼을 기준으로 보다 정확하고 이해하기 쉬운 방향으로 수정하였으며(1장), 최근 국제금융시장에서 활용도가 증가하고 있는 실효환율의 추계방법을 새로이 추가하였다(2장). 또한 외환파생상품시장의 주요 상품인 통화스왑과 외환스왑에 대한 이론적 설명을 보완하였다(10장).

둘째, 환율변화가 이론적으로 경제에 보다 다양한 효과를 미칠 수 있음을 고려하여 고정환율제도하에서 평가절하의 확장적 효과에 대한 다양한 논의를 추가하였으며(4장), '자유로운 자본이동성 허용, 고정환율제도, 독립적 통화정책 중 두 가지 정책만을 선택할 수 있다'는 기존의 트라이레마(trilemma) 이론과는 달리 현실적으로는 '환율제도와 상관없이 자본이동성 허용과 독립적 통화정책 중 한 가지만을 선택할 수 있다'는 딜레마(dilemma) 이론에 대한 설명을 새로이 추가하였다(6장).

셋째, 미국의 교역상대국 환율조작국 지정의 기초자료로 사용하고 있는 미국 재무부의 환율보고서(연 2회 발간)에 대한 자세한 내용과 의의를 소개하고(4장), 2010년대 중반 이후 심각한 외환불안을 겪고 있는 터키의 외환위기 사례를 추가하였다(7장).

넷째, 국제협력과 관련하여 금융위기의 예방과 신속한 대응을 위해 논의되고 있는 국제금융협력 방안을 글로벌 금융안전망 강화와 국제적 금융규제 개혁의 측면에서 살펴보았으며(11장), 2021년 1월 31일 영국이 공식적으로 유럽연합에서 탈퇴한 사건인 브렉시트(Brexit)의 결정과정과 그 파급효과를 소개하였다(12장).

다섯째, 글로벌 금융위기 이후 중국 정부가 강력히 추진하고 있는 위안화 국제화의 현황과 전망에 대한 상세한 내용을 추가하여 통화 국제화에 대한 논의를 보완하였다.

마지막으로 이전의 개정작업에서와 같이 <표>, <그림>, 본문에서 이용한 각종 경제 및 금융시장 지표를 최근 자료로 업데이트하였다.

수개월간 혼신을 다하여 수고해주신 개정판 집필자 여러분께 깊은 감사를 드린다. 또한 그동안 본 교재의 보급을 위해 크게 노력하시고 이번 개정판 개정작업에 최선을 다해주신 도서출판 시대가치의 임직원 여러분께도 감사드린다. 개정판을 새로이 출간하지만 아직 부족한 부분이 많이 존재함을 인정하지 않을 수밖에 없다. 추후 국제금융과 관련한 새로운 이론과 이슈를 발굴하고 연구하여 다음 개정판에는 보다 유익하고 풍부한 내용을 담을 수 있도록 노력할 것을 약속드린다.

2022년 2월

국제금융연구회

5판 서 문

2008년 글로벌 금융위기를 경험하면서 국제금융환경은 큰 변화를 겪고 있다. 과거에 비하여 금융시장의 불안성이 크게 증가한 가운데 국가간 금융시장의 연계성은 한층 강화되고 있으며 국내 금융시장에서 외부충격의 영향력은 과거에 비하여 훨씬 확대되고 있다. 본 교과서의 집필진은 이러한 국제금융환경의 변화를 반영하여 교과서를 개정할 필요성에 대해서는 깊게 공감하면서도 그동안 여러 가지 이유로 미루다가 4판 개정판이 발간된 지 8년이 지난 후에야 비로소 5판 개정판을 발간하게 되었다. 그동안 본 교과서를 이용하여 국제금융론을 강의 또는 공부하고 있는 독자들께 이 자리를 빌려 심심한 사과의 말씀을 드린다. 5판 개정판 작업에서 중점적으로 고려한 내용은 다음과 같이 요약할 수 있다.

첫째, 교과서 전체적으로 용어, 기호 등의 일관성을 개선하기 위하여 노력하였다. 본 교과서가 애초에 다수의 저자들에 의하여 집필되었기에 전체적인 일관성이 부족한 약점이 존재하여 4번의 개정을 거치면서 이를 보완하였다. 그럼에도 불구하고 아직 미진한 부분이 존재하여 이를 최대한으로 수정하였다.

둘째, 본문에 제시하고 있는 각종 경제 및 금융시장 지표, 그림의 자료 대부분을 최근 자료로 업데이트하였다. 2015년도 하반기를 기준으로 가장 최근의 자료를 구하여 <표>와 <그림>의 내용을 교체하였다.

셋째, 우리나라는 IMF가 2008년에 개편한 새로운 국제수지작성 매뉴얼에 따라 2012년부터 국제수지를 새로이 작성하고 있으며, 이를 기반으로 본서의 제1장 내용을 수정하였다. 새로운 매뉴얼에서는 국제수지표의 금융계정에서 자본유출입의 불균형을 '흑자', '적자'라는 용어를 더 이상 사용하지 않으며, 대신에 '유출초', '유입초'라는 용어를 사용하는 것이 특이하다고 볼 수 있다.

넷째, 글로벌 금융위기 이후 전개된 변화를 소개하기 위하여 관련된 부분에 내용을 추가하였다. 먼저, 국제자본흐름 관리정책, 특히 글로벌 금융위기 이전에는 거의 금기시되었으나 그 이후 활발한 논쟁을 일으키고 있는 자본통제에 대한 논의를 제5장에 추가하였다. 또한 국제통화제도 개편에 대한 최근의 논의와 유럽 재정위기 이후 재평가의 필요성이 증가한 통화통합에 대한 새로운 논의를 각각 제11장과 제12장에 추가하였다.

다섯째, 초판부터 4판까지 유지하였던 '국제금융시장의 구조와 동향'(4판 11장) 부분은 최근의 자료로 업데이트하는 데에 큰 어려움이 존재하여 5판에서는 모두 삭제하기로 결정하였다. 그동안 국제금융시장의 구조를 이해하는 데에 도움이 되었으나, 향후 계속적인 자료의 업데이트가 용이하지 않으며 본 교과서를 이용한 강의에서 활용도가 높지 않다는 의견을 수용하여 이와 같이 결정하였다.

작년 여름방학 이후 시간과 노력을 아끼지 아니하고 개정작업에 참여해 주신 집필자 여러분께 깊은 감사를 드린다. 개정판 원고를 교정하면서 아직 부족한 부분을 여러 군데 발견하였지만 이를 보완하는 작업은 다음 개정판에서의 숙제로 남겨두어야 할 것 같다.

2016년 2월

국제금융연구회

4판 서 문

급속히 변화하는 국제금융환경의 현실에 보조를 맞추고 그동안 본 교과서를 교재로 이용하신 집필진 및 교수님들의 의견을 반영하여 3판을 내놓은 지 5년 만에 4판을 준비하였다. 그동안 3년마다 개정판을 내놓았던 점을 고려하면 약간 늦은 감이 있으나 3판에 비하여 개선된 개정판을 만들려고 최대한의 노력을 경주하였다. 다음과 같은 점에서 4판은 3판과 차이가 있다.

첫째, 최근 국제금융경제학에서 이론적 발전을 주도하고 있는 새 개방거시경제학(New Open Economy Macroeconomics, NOEM)의 내용을 새롭게 추가하였다. 새 개방거시경제학은 특정 가정에 기초한 먼델-플레밍(Mundell-Fleming) 모형의 문제점을 극복하는 개방경제의 새로운 이론적 모형을 구축하고 있다. 새 개방거시경제학은 먼델-플레밍 모형과는 달리 소비자의 효용극대화, 기업의 이윤극대화 등 시장의 미시적 기초에 기반을 두어 경제주체의 의사결정을 분석한다. 새 개방거시경제학을 이용하면 기존 모형에 비하여 다양한 경제환경을 가정하여 거시경제정책의 효과분석이 가능하며, 기존 모형에서는 불가능했던 후생분석이 가능해진다. 제2부 국제수지와 개방경제이론의 마지막에 9장을 신설하여 이와 같은 새 개방거시경제학의 내용을 학부 교과서 수준에 맞게 정리하여 소개하였다.

둘째, 교과서 전체적으로 용어, 기호 등의 일관성을 갖추도록 노력하였다. 개별적으로 각 장의 내용이 적절하지만 형식면에서 일관성이 부족하여 약간의 혼란스러움이 존재한다는 그간의 지적을 수용하여 이를 4판에 반영하였다.

셋째, 국제금융분야에서 새롭게 부각되고 있는 이슈들을 4판에 포함하고, 각종 통계자료 등을 최근의 것으로 보완하고자 노력하였다. 예를 들어 최근 국제금융분야에서 가장 뜨겁게 논의되고 있는 글로벌 불균형(Global Imbalances) 문제를 5장에 추가하였다.

넷째, 독자가 이해하기에 어렵다고 생각되는 내용을 쉽게 풀어 쓰려고 노력하였으며, 독자의 이해를 극대화하기 위하여 필요한 내용을 보완하였다.

3판 개정시에도 이 점에 심혈을 기울였으나 아직 부족한 점이 많다는 비판을 수용하여 4판에서도 이 점에 최대의 역점을 두었다.

다섯째, 교과서의 전체 구조는 3판과 거의 동일하게 유지하였으나 3판의 11장 '국제금융환경변화와 금융경제'를 4판에서 제외하였다. 그동안 국제금융환경이 너무나 급속히 변화하였기 때문에 3판에 포함된 내용이 진부화되었다는 지적을 자주 받았다. 따라서 국제금융환경의 최근 변화를 중심으로 이 부분을 새롭게 집필해야 하는 필요성이 절실하였다. 그러나 4판에 이를 반영하기에는 시간, 집필자 섭외 등 여러 가지 면에서 역부족이었다. 따라서 진부한 내용을 그대로 유지하기보다는 이를 삭제하는 것이 바람직하다고 판단하여 아쉽지만 4판에서 제외하였다. 국제금융연구회는 다음 개정판에 국제금융환경의 최근 변화를 새롭고 일목요연하게 소개할 수 있도록 최선의 노력을 다할 것이다.

이 교과서의 인세는 국제금융연구회의 세미나를 운영하는 데에 사용되고 있다. 국제금융분야의 새로운 연구자 충원이 부족한 현실에서 국제금융연구회의 발전을 위하여 거의 무보수 차원에서 시간과 노력을 아끼지 아니하고 개정작업에 참여해주신 집필자 여러분께 깊은 감사를 드린다. 개정판을 통하여 국제금융분야의 이론과 현실을 독자들에게 더욱 효율적으로 전달하고자 노력하였으나 아직 부족한 점이 적지 않다. 다음 개정판에서는 이 교재를 이용하는 교수님들과 학생들의 의견을 더욱 적극적으로 반영하여 더욱 유익한 교재를 만들 것을 약속드린다.

2008년 2월

국제금융연구회

3판 서 문

가속되는 세계화로 인해, 국제금융환경의 영향을 받지 않는 나라가 없을 정도이다. 외환위기 이후 금융시장의 완전 개방화로 인해, 많은 한국 사람들이 국내 금융시장과 국제금융시장의 밀접한 연관성을 그 어느 때보다 심각하게 느끼고 있다. 정책 당국자들로서도 국제금융시장의 변화를 무시하고는 어떤 정책도 집행하기 어려운 현실이 되었다. 이러한 변화하는 국제금융환경을 소개하고 그에 대한 이해를 돕기 위해, 국제금융연구회는 3년마다 이 교과서의 개정판 또는 수정판을 내놓아 왔다. 하지만 이러한 노력에도 불구하고 이 책을 많이 이용해 주신 교수님들, 독자들의 기대에 충분히 부응하지 못한 아쉬움이 적지 않았다.

따라서 이번에 출간되는 제3판에서는 그동안 교재로 사용해주신 교수님, 독자들이 우선적으로 지적해주신 점, 즉 내용이 어렵다는 점을 보완하고, 변화하는 현실을 보다 잘 이해할 수 있는 기본지식을 제공하기 위해, 크게 다음의 다섯 가지에 개정방향의 초점을 두었다.

첫째, 국제금융을 더 쉽고 일목요연하게 이해할 수 있도록 교과서의 목차를 전면 재조정하였다. 제2장, 제3장이 새로 추가되었고, 환위험관리와 파생상품의 이해를 분리하여 2개의 장으로 나누었다. 이는 환율의 변동성 증대, 무역의 확대, 금융시장의 개방화, 국제금융시장간 통합 등으로 환위험관리가 중요한 과제가 되고 있다는 점을 중시한 때문이다. 아울러 파생금융상품 시장의 확대로 인해 이를 쉽게 이해할 수 있는 지식을 체계적으로 제공할 필요가 있었던 때문이기도 하다.

유사한 주제가 2개의 장으로 나누어진 것이 독자에게 혼란을 줄 수 있다는 지적에 따라, 같은 주제는 한곳에 모을 수 있도록 목차를 재조정하였다. 그 과정에서 국제적으로 많이 활용되는 학부 국제금융론 교과서에서조차 사용되지 않는 목차항목들을 과감하게 사용하였다. 이를테면, 환율결정과 환율예측을 통합하고, 외환시장 개입과 자본이동하의 거시경제정책운용을, 그리고 외환시장의 효율성과 국제자본이동을 통합하였다.

둘째, 국제금융을 이해하는 데 필요한 기본적인 지식을 강조하는 데 초점을 두었다. 국제금융론은 강의하는 교수님에 따라 목차가 상당히 바뀔 수 있어, 독자들은 국제금융에서 다루는 주제들 사이의 연관성을 놓치기 쉽다. 따라서 본 개정판에서는 국제금융의 기본적인 틀을 이해하고, 중요한 주제들 사이의 연관성을 강조하기 위해 제2장과 제3장을 새로 삽입하였다.

셋째, 제3판 집필에 참여한 교수님들 모두, 강의하는 과정에서 어렵다고 생각되는 내용을 되도록 쉽게 풀어 쓰려고 노력하였고, 비록 쉽게 설명할 수는 없지만 꼭 필요한 지식의 경우에는 부록으로 처리하도록 하였다. 제2판에서 어떤 내용이 어려운가를 파악하기 위해 국제금융연구회에 참여하는 교수님들 및 교재로 사용해 본 교수님들의 의견을 모아, 이를 토대로 몇 차례의 회의를 거쳐 그 의견의 수렴방향을 정하였다.

넷째, 국제금융분야에서 그동안 발전된 새로운 이론이나 현실을 추가하였다. 신개방경제이론모형을 간략히 소개하고, 국제통화제도의 새로운 변화, 자본이동하의 거시정책운용의 변화, 파생상품의 이해, 자본이동에 대한 새로운 지식 등을 추가하였다. 이는 교과서 제3판을 내게 된 가장 중요한 이유 중 하나라 생각한다.

다섯째, 최근 통계자료를 보완하도록 노력하였다. 그러나 국제기관이 발표하는 통계기준이 바뀌면서 발표되지 않는 일부 자료에 대해서는 과거 자료를 그대로 활용하였다. 이는 과거 자료가 새로 발표되는 자료보다 국제금융시장을 이해하는 데 독자들에게 더 도움이 된다는 편집자의 판단에 따른 것이다.

국제자본시장의 급속한 팽창만큼이나 국제금융론의 범위도 확대되고 있다. 이번 제3판에도 새로운 범위를 모두 포괄하려고 노력하였지만 미흡한 부분도 없지 않다. 이를테면 무역 및 자본의 이동으로 인한 국가경제간 상호의존성이 증대되면서 이를 좀 더 체계적으로 설명할 수 있는 2국간 모형이론이 소개될 필요가 있다. 그러나 2국간 모형을 더 구체적으로 이용하고 있는 신개방경제이론이 급속하게 발전하는 중에 있고, 일단 개정된 제7장이 이를 이해하는 데 도움이 되므로 다음 수정판에서 이를 보완하기로 한다.

환위험은 기업과 금융기관의 이익과 손해를 결정하는 중요한 요인이다. 그 결과 환위험관리기법도 다양해지고 있어, 이에 대한 논의도 확대되어야 한다. 또한 환위험은 국제거래에 연관된 사람들뿐만 아니라 그렇지 않은 사람들의 임금 및 후생에도 영향을 미치고 있다. 하지만 이에 대한 연구는 아직 시작단계에 불과하므로 다음 수정판에 더 구체적으로 소개할 예정이다.

국제금융론의 인세는 11년 전부터 계속되어 온 국제금융연구회의 세미나를 후원하기 위해 사용되고 있으며, 거의 무보수 수준의 봉사 차원에서 교과서 초판, 개정판 작업에 적극적으로 참여해 주시는 교수님 그리고 연구소의 박사님들께 감사를 드린다. 제3판이 아쉬운 대로 교수님들과 독자들의 기대 수준에 조금 더 가까워졌기를 기대하며, 다음 수정판에서는 더 충실하게 내용을 보완하고 앞으로도 교수님들과 독자들의 논평을 겸허하게 수용해 나갈 것을 약속드린다.

2003년 2월

국제금융연구회 회원 일동

2판 서 문

변화한 국제금융 현실과 이론을 수용하면서도 그동안 "국제금융을 처음 배우는 학부 학생들에게 내용이 어렵다"는 지적을 겸허하게 받아들여 제2판을 준비하였다. 제2판은 크게 네 가지 점에서 초판과 다르다. 첫째, 각 장에서 어렵다고 생각되는 부분을 쉽게 쓰거나 부록으로 처리함으로써, 집필진 및 다른 교수님들의 지적을 최대한 반영하려고 노력하였다. 이를 위해서 대부분의 장들을 다시 쓰고 구조를 바꾸었다. 또한 새로운 내용이 추가되면서, 학부 학생에게 어렵다고 생각되는 부분(제5장 환율결정이론의 포트폴리오모형)에 대해서는 *표시를 통해 건너뛰어 읽기를 권하였다. 둘째, 내용이 산만한 장들을 통합함으로써, 국제금융의 내용을 쉽고 간결하게 설명하려고 하였다. 초판의 제1장과 제2장은 제1장으로 그리고 제3장과 제4장을 제3장으로 통합하고 1개 장을 추가하여, 전체적으로 1개 장을 줄였다. 셋째, 한국경제가 경험한 외환·금융위기를 이해할 수 있는 이론을 소개하기 위해, 제9장 외환위기를 추가하였다. 넷째, 각 장의 사례연구 자료를 수정하고 새로운 사례를 발굴하였다.

그러나 본서의 내용을 한 학기에 모두 강의하기는 쉽지 않을 것이다. 강의자가 어떤 주제에 중점을 둘 것인가에 따라, 교과서 중 일부를 생략할 것을 권한다. 이를테면, 환위험관리로서 파생상품에 대한 설명은 경제학과의 국제금융에서는 생략할 수 있는 부분이다.

제2판은 개인 사정상 참여할 수 없는 초판 집필진 대신 새로운 집필진을 참여시키고, 몇 번의 편집회의를 통해 이루어졌다. 따라서 집필진은 나름대로 더 나은 교과서를 만들려고 노력하였다. 그러나 국제금융의 이론과 현실을 더 읽기 쉽고, 여러 가지 사례를 통해 더 생동감 있게 전달하는 데는 아직도 부족한 점이 적지 않다. 이러한 부족한 점을 보완하고 새로운 현실과 이론을 소개하기 위해 끊임없이 노력할 것을 약속드린다.

집필진은 국제금융 현실이 급속하게 변화하고 있어 3년 만에 한 번씩 개정해야 한다는 합의에 따라 이번에 제2판을 내게 되었다. 그동안 초판과 수정판을 교재로 사용해 주신 많은 교수님과 독자 여러분들에게 감사를 드린다. 그리고 이 교재를 통해 들어 온 수익금으로 운영되는 국제금융연구회는 삼성경제연구소의 장소협찬을 받아, 1992년 9월 이후 지금까지 한 번도 빠짐없이 매월 둘째 주 토요일 월례연구회를 개최하고 있다. 앞으로 이 연구회는 교과서를 통해 새롭고 유익한 지식을 제공할 뿐만 아니라 국제금융분야의 연구에서도 크게 기여할 것을 약속드린다.

1999년 6월

국제금융연구회

머리말

우리가 이 책의 집필을 계획한 것은 약 3년 전 월례 국제금융연구회 모임에서였다. 당시만 하더라도 국제금융을 전공으로 하거나 관심이 많은 연구자의 수가 극히 제한되었기 때문에 연구회의 운영에 많은 어려움이 있었다. 자연히 매달 둘째 토요일 오후에 열리는 월례 연구회의 발표도 연구회 회원 위주로 서로 돌아가면서 할 수밖에 없었고, 연구회 장소도 또한 쉽게 얻을 수 없었다. 언젠가 늦은 가을 발표자까지 포함하여 단지 4명만이 을씨년스런 빈 강의실에서 큰 목소리로 토론하였던 생각이 난다. 당시 우리는 연구회 모임을 중단하지 않고 계속 발전시킬 수 있는 결속력이 필요하였으며, 이 책이 바로 그 계기가 되었다. 그 후 다행히도 젊고 유능한 연구자들이 다수 합류하였고 발표자도 상당수 외부에서 초빙할 수 있게 되어 연구회의 구색도 갖추게 되었다. 특히, 서울대학교의 김인준 교수님께서 바쁘신 데에도 불구하고 거의 매달 연구회에 자리를 함께 하시어 후학들에게 큰 격려가 되었다. 연구회 장소도 처음에는 성균관대학교에서 시작하여 한국금융연구원, 그리고 다시 성균관대학교로 자리를 옮기며 계속하였으나 최근에는 한국은행 금융경제연구소의 정보영 소장님의 배려로 한국은행에서 월례발표회를 갖게 되었다. 본 지면을 빌어 정소장님께 다시 한 번 감사를 드린다.

우리는 이 책을 다음의 세 가지 원칙하에서 집필하였다.

첫째, 경제이론과 수식의 나열을 가급적 자제하고 실제 경제현상과 그 의미를 충분히 설명했다는 것이다. 모든 경제학분야가 그렇지만, 특히 국제금융에 있어서 현실과 괴리된 이론은 아무런 가치가 없기 때문이다.

둘째, 최근 국제금융에서 논의되는 중요한 의제를 최대한 반영하고 소개하는 것이다. 지난 1980년대 이후 국제금융은 탈규제, 혁신으로 인하여 시장경제를 지향하는 지구상의 거의 모든 나라의 금융환경에 커다란 변화를 가져오게 하였으며, 따라서 경제학도로서 그 변화의 의미를 이해하는 것은 너무나 당연하기 때문이다.

셋째, 국제금융의 국민경제적 접근뿐만 아니라 국제금융시장을 중심으로 한 미시적 접근도 중시한다. 국제금융의 확대는 결국 자본교역국간 금융시장의 통합화의 과정이며, 국제금융의 이해는 시장에 대한 이해가 전제되기 때문이다.

이 책은 4부 15개 장으로 구성되어 있으며, 그 중에서 8개 장이 자본이동성과 관련을 가지고 있다. 즉, 제1부에서는 개방경제하에서 국민경제의 특징을 다루고 있다. 제2부에서는 환율, 국제수지, 인플레이션 등 거시경제변수와 국민경제균형과의 상호 연관성, 그리고 이에 대응한 거시경제정책운용을 다루고 있다. 제3부에서는 국제금융시장에서 투자가들의 행태와 그 행태로 인한 시장의 특성에 초점을 맞추고 있으며, 제4부에서는 국제통화질서에 관한 역사, 이론 및 현실에 대한 이해가 중심과제이다.

이 책은 경제학을 전공으로 하는 대학생을 대상으로 한 학기용 국제금융론 강의교재로 적합하다고 생각된다. 이 경우 별표(★) 표시한 장, 절 또는 그 이하의 부분은 생략해도 무방할 것이다. 그리고 일반대학원과 전문대학원 석사과정의 교재로서도 무방할 것이다. 나아가 국제금융에 관련된 업무에 종사하고 있는 직장인들에게도 유용한 참고도서가 되리라 생각된다.

이 책은 국제금융연구회 회원 중 15명의 집필진에 의하여 완성되었다. 일관성을 유지하고 이해의 폭과 깊이를 더하기 위해 다수의 편집회의를 가지는 등 나름대로의 노력을 하였으나 역시 부족한 점이 있음은 부인할 수 없다. 앞으로 지금보다 더 읽기 쉽고 더 많은 것을 이해할 수 있는 책으로 개정할 것을 독자 여러분들께 약속드린다. 끝으로 성균관대학교 경제학과의 이종관 군과 박사과정의 류종선 씨의 헌신적인 도움에도 감사를 드린다.

1996년 새해 아침

국제금융연구회

차 례

제 1 부 국제금융경제의 기초

제 2 부 국제수지와 개방경제이론

제3부 환율결정이론과 환위험관리

제4부 국제통화제도

PART 1

국제금융경제의 기초

CHAPTER 01

경제개방과 국민경제

01 | 경제개방과 국민경제

세계경제의 흐름을 살펴보면, 상품 및 서비스의 교역은 물론 자본의 국가 간 이동을 통하여 각 국가가 서로 긴밀하게 연계되는 세계화(globalization)가 매우 빠르게 진행되었다는 것을 알 수 있다. 세계화는 결국 각 국가가 대외적으로 보다 개방된 경제로 나아감을 의미한다. 따라서 이러한 개방경제하에서 국민소득계정은 어떻게 정의되고, 한 국가의 저축과 투자의 변화와 경상수지 간의 관계는 어떠한지, 그리고 경상수지의 변화가 의미하는 바는 무엇인지에 대한 이해가 요구된다. 이와 더불어 개방경제하에서의 각 국가는 비거주자와의 대외거래를 체계적으로 정리하고 미국 달러화와 같은 대외거래 시 지불수단으로 사용할 수 있는 국제통화의 유출입에 대한 면밀한 자료가 필요하다.

국제수지표는 상품 및 서비스거래와 같은 경상거래뿐만 아니라 내국인 및 외국인의 직접투자, 금융기관의 해외대출 및 차입, 해외증권투자 및 외국인주식투자와 같은 자본거래사항과 외환당국이 보유한 준비자산의 변동까지도 국제비교가 가능하도록 일정한 방식에 따라 기록한다. 따라서 개방경제하에서의 국민계정과 국제수지표에 대한 이해는 한 국가의 거시경제 흐름을 이해하는 데 가장 기본적인 사항으로 간주되고 있다.

1. 국제금융경제학

한 나라의 경제는 시장을 통하여 다른 나라의 경제와 연결되어 있다. 한 나라가 생산한 재화와 서비스는 다른 나라에 수출되어 다른 나라의 생산과 소비활동에 쓰일 수 있다. 또한 다른 나라가 생산한 재화와 서비스를 수입하여 그 나라의 생산과 소비활동에 쓸 수 있다. 이렇게 오늘날의 세계경제는 국제교역을 통하여 밀접하게 연결되어 있다.

그뿐만 아니라 국가 간 자본이동이 매우 빈번해지면서 세계경제는 자본시장을 통해서도 서로 밀접하게 연결되어 있다. 한 나라가 다른 나라에 수출한 재화와 서비스보다 많은 재화와 서비스를 수입하기 위해서는 다른 나라로부터 외화를 조달해야 하며, 반대로 수입보다 수출이 많을 경우에는 다른 나라에 돈을 투자할 여력이 생긴다. 또한 외국인이 국내 주식과 채권을 매입하게 되면 국내경기가 활성화되어 수입이 늘기도 한다.

이와 같이 일국의 경제가 재화 및 서비스시장 그리고 자본시장을 통하여 다른 나라와 서로 연결되어 있는 경제를 개방경제(開放經濟, open economies)라고 부른다. 개방경제는 재화 및 자본시장이 다른 나라와 연계되어 있지 않은 폐쇄경제(閉鎖經濟, closed economies)와 여러모로 다르다. 폐쇄경제에서는 생산하는 것 이상으로 재화를 소비할 수 없고 다른 나라로부터 돈을 빌려올 수도 없다. 또 폐쇄경제에서는 국제 석유값 상승이나 미국 금리조정 등과 같은 외부적 충격이 국내경제에 미치는 영향이 개방경제에 비해서 그 정도가 약하게 나타난다. 그러나 현재 지구상에는 폐쇄경제라고 불릴 만한 나라가 하나도 없다고 해도 과언이 아니다. 과거 사회주의 국가들까지도 그들 나름대로 무역권을 형성하여 서로 부족한 재화를 주고받았으며, 무역거래와 관련하여 수출과 수입의 차이로 인한 외화의 유출입을 조정하기 위하여 소폭이나마 자본의 대차거래가 발생하기도 하였다.

만일 개방경제에서도 폐쇄경제와 마찬가지의 경제현상이 나타난다면 구태여 개방경제하의 거시·금융경제학을 따로 공부할 필요가 없다. 개방경제하에서는 일국의 경제정책이 재화시장 및 자본시장을 통하여 다른 나라의 거시변수에 영향을 미치게 되므로 국가 간의 연계가 중요해지고 이를 반영하여 경제이론도 크게 달라진다. 세계화가 빠르게 진전되면서 우리나라도 개방경제하에서 경제현상과 경제정책의 효과가 어떻게 나타나는가 하는 점이 관심거리가 되고 있다. 세계화시대에서 한 나라 경제가 시장을 통하여 다른 나라 경제와 연결되는 측면을 도외시한 경제분석은 현실적으로 타당성과 의미를 갖기 어렵게 되었다.

특히 우리나라의 경우 1997년 말 외환·금융위기를 맞으면서 더욱더 국제금융에 대한 관심이 고조되었다. 국제금융경제학은 바로 이러한 개방경제의 거시 · 금융문제를 연구하는 학문이다. 국제금융경제학을 개방거시경제학(open macroeconomics)이라고 부르는 이유도 여기에 있는 것이다.

국제금융경제학은 경제 전반에 걸친 행태분석에 치중한다는 점에서 개방경제하에서 개별 소비자와 기업의 자원배분문제를 다루는 개방미시경제학 또는 국제무역이론과 확연히 구분된다. 또한 국제금융경제학은 개방경제의 거시적 행태뿐만 아니라 국제경제의 화폐적 측면을 다루는 학문분야라고 말할 수 있다.

2. 세계경제의 연계

세계경제는 재화 및 서비스의 교역과 국제자본거래를 통하여 서로 연계되어 있다. 일국의 경기가 호황을 보이면 다른 나라로부터의 수입을 늘리게 되어 다른 나라의 경기도 좋아지게 된다. 또 자본이동도 자본의 수익률이 낮은 국가로부터 수익률이 높은 국가로 움직이면서 세계경제의 성장을 도모하게 된다.

[그림 1-1]은 2000~2020년간 세계경제의 부침을 보여주고 있다. 1990년대 말 세계경제를 활황으로 이끌었던 IT 버블이 2000년 중반을 기점으로 붕괴되면서 세계경제는 2001~2002년에 경기침체를 경험하였으나 2003년 이후 회복세를 보여 2007년에는 5.7%의 높은 성장률을 기록하였다. 그러나 2007년에 발생한 미국 금융위기가 2008년에 글로벌 금융위기로 확대됨에 따라 세계경제는 위기에 처하게 되었으며, 그 결과 세계경제는 2009년에 마이너스 0.1%의 성장률을 나타내었다. 한편, 글로벌 금융위기에 대응하여 G20 국가들을 중심으로 다수의 국가가 확장적 재정정책과 통화정책을 시행하였으며, 이로 인해 세계경제는 2010년에 급속한 회복세를 보였다. 그러나 그 이후 미국이 양적완화를 축소하고 금리를 인상하는 등 통화정책을 정상화함에 따라 세계경제는 2016년까지 다시 낮은 성장세를 보였다. 그런데 2017~2018년 중 잠시 성장세를 회복한 것으로 보이던 세계경제는 코로나(COVID-19) 팬데믹으

그림 1-1 세계경제성장과 무역

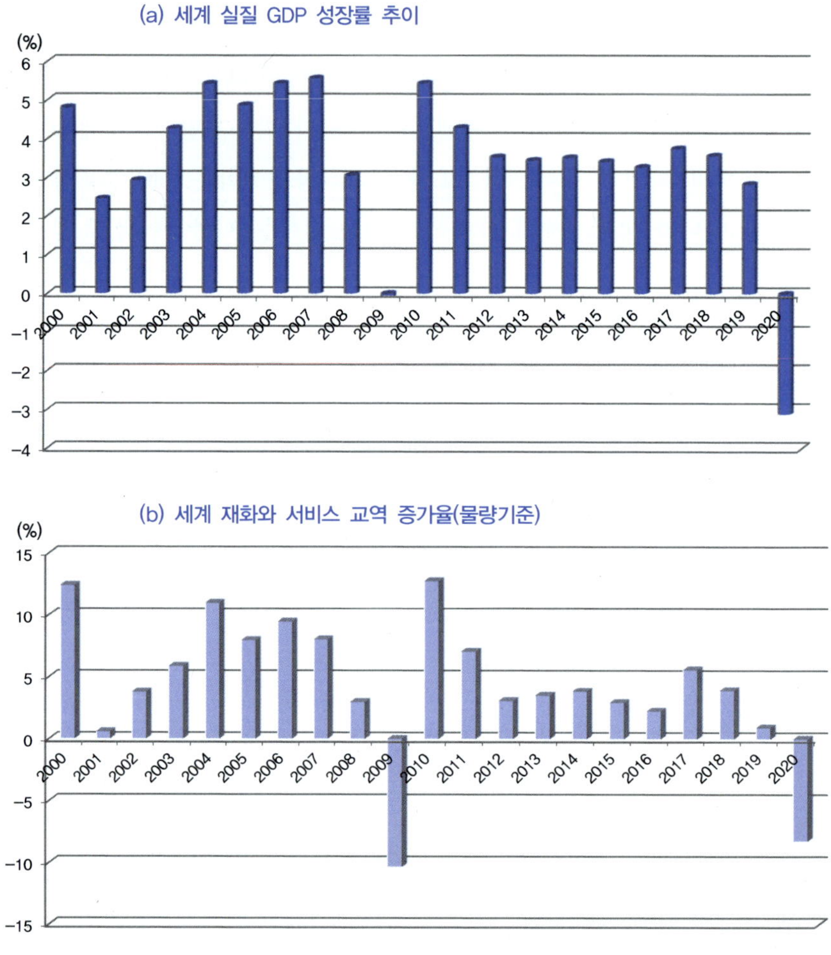

자료 : IMF, *World Economic Outlook database.*

로 인한 보건위기의 세계적인 확산으로 각국이 경제활동을 크게 억제함에 따라 2020년에는 마이너스 3.1%의 성장률을 기록하는 등 매우 심각한 위기에 봉착하였다.

이러한 세계경제의 부침은 세계무역의 부침과 밀접한 관련을 맺고 있다. [그림 1-1]에서 보는 바와 같이 세계경제성장률이 높았던 기간에는 세계무역증가율도 높았으며, 반대로 세계경제가 침체되었던 기간에는 세계무역증가율도 둔화되었다. 이러한 사실은 세계경제가 재화와 서비스의 교역을 통하여 서로 연계되어 있음을 단적으로 보여주고 있다. 글로벌 금융위기가 최고점에 달하여 마이너스 성장을 기록했던 2009년과 세계적인 코로나 보건위기의 발생으로 역시 마이너스 성장률을 기록했던 2020년 모두 세계무역이 큰 폭으로 축소되었던 것을 [그림 1-1]에서 확인할 수 있다.

국가 간 자본이동도 세계경제를 연계시키는 주요한 경제활동이다. 자본은 투자수익률이 낮은 곳으로부터 높은 곳으로 이동한다. 따라서 자본을 필요로 하는 곳에 자본이 투입됨으로써 경제의 효율성을 높이게 된다. 그러나 국가 간 자본이동은 종종 투기자본의 성질을 보이기도 하였으며 세계경제의 불안정을 야기하는 하나의 요인이 되기도 하였다.

1990년대에 들어서는 각국의 경제개방과 자유화의 영향으로 자본이동이 매우 활발해지는 가운데 신흥국으로의 자본유입도 급속히 확대되었다. 1990년대 전반 신흥국에 대한 순자본유입액은 1980년대 후반의 거의 10배에 이르고 있다. 그러나 신흥국으로의 자본유입 규모는 동아시아 외환위기 이후인

그림 1-2 신흥국의 순자본유입 추이 (단위: 십억 달러)

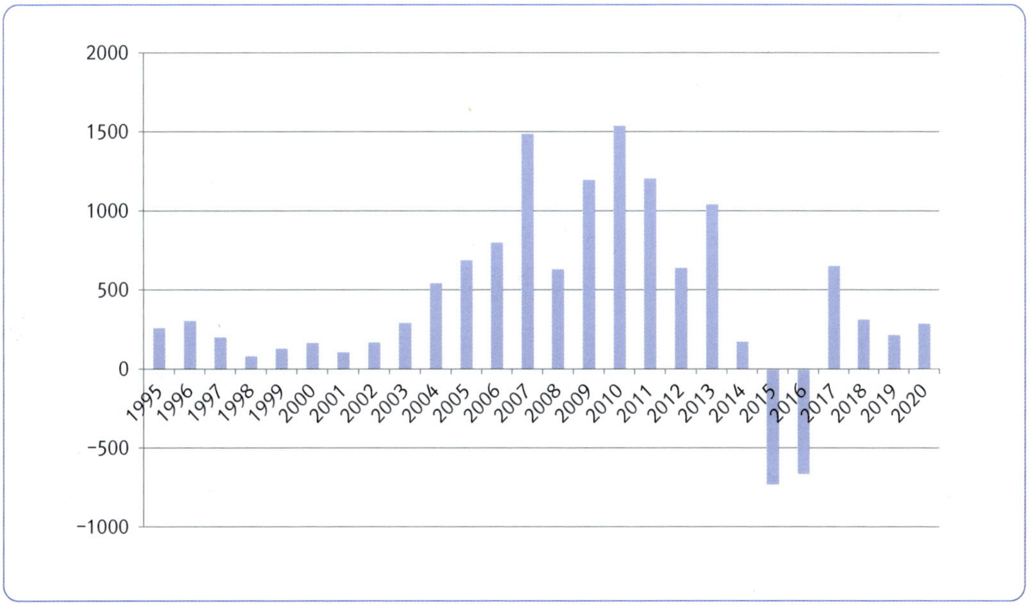

주 : (1) 순자본유입=총자본유입−총자본유출
(2) 그림의 수치는 30개 신흥국의 순자본유입 합계를 의미함.

자료 : IMF, *International Financial Statistics Database*.

1998년부터 다시 줄어들기 시작하였다. 특히 동아시아 지역의 경우 1997년 8월 이후 민간자본이 급속히 유출됨으로써 외환위기를 경험하게 되었다.

[그림 1-2]에서 알 수 있는 바와 같이 2003년 이후 신흥국으로의 순자본유입은 빠른 증가세를 보였으나 글로벌 금융위기의 발생으로 2008년에 크게 감소하였다. 한편, 글로벌 금융위기 이후 신흥국 순자본유입의 변동은 이전과 다른 특징을 나타내고 있다. 즉, 순자본유입이 높은 변동성을 나타내고 있는 것이다. 일정 방향으로의 추세를 보이지 않고 비교적 큰 폭의 증가와 감소를 반복하고 있다. 선진국이 양적완화와 금리 인상 등을 통하여 통화정책 정상화를 도모하던 2015년과 2016년에는 신흥국에 투자했던 자본이 선진국으로 대규모 이동함에 따라 신흥국은 순자본유출을 경험하기도 하였다. 이와 같은 자본이동의 높은 변동성은 신흥국 금융시장의 불안정성을 증가시키는 원인으로 작용하기도 하였다.

우리나라는 1960년대 이후 수출주도 경제성장정책을 추구하여 왔다. 그 결과 [그림 1-3]이 보여주는 바와 같이 우리나라의 수출 및 수입의존도는 2019년 기준으로 각각 GDP의 40%와 37%에 달하였다. 이와 같은 수준은 미국과 일본의 수준보다 월등히 높은 수준이나 선진국 중 수출입의존도가 높은 독일보다는 낮은 수준이다. 한편, 우리나라와 마찬가지로 수출주도 경제성장정책을 추구하여 온 태국의 수출 및 수입의존도는 각각 60%와 50%로써 독일보다도 높은 수준이다.

이렇게 수출입의존도가 높다는 것은 그만큼 경제가 개방되어 있음을 의미한다. 우리는 경제개방을 무역과 자본거래활동이 얼마나 자유로운가 하는 의미로 해석하고 있다. 우리나라의 경우 비록 경제자유도 면에서는 선진국에 비해 떨어진다고 하더라도 무역의존도가 높다는 사실이 바로 경제가 개방되어 있음을 나타낸다고 하겠다.

한편, 우리나라는 무역의존도가 높은 가운데 3저(저달러, 즉 엔고, 저유가, 저금리) 기간인 1986~89년을 제외하고는 1997년 외환위기까지 만성적인 경상수지 적자를 나타냈으며, 경상수지 적자는 해외자본에 의존하여 보전하였다. 그 결과 1997년 11월 외환위기를 맞이하기 전 우리나라의 총외채는 1,500억 달러를 초과하였다. 그러나 외환위기 이후 경상수지는 지속적으로 흑자를 기록하고 있다. 특히 2012년부터 큰 폭의 흑자를 기록하고 있는데,

그림 1-3 주요국의 GDP 대비 수출입비중(2019) (단위 : %)

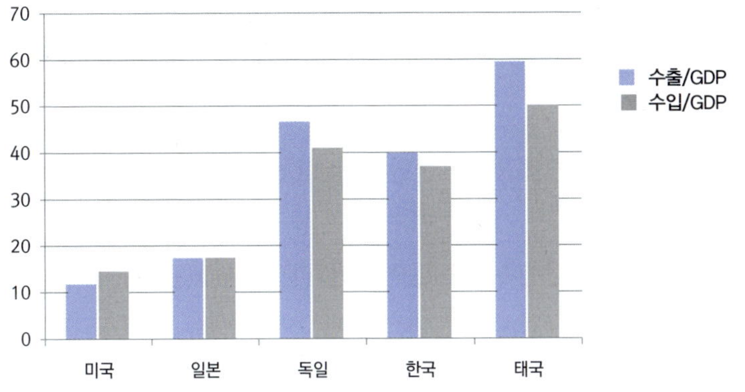

자료 : World Bank, *World Develpoment Indicators database.*

2015년에는 GDP 대비 약 6.5%에 달하는 1,051억 달러의 최대 흑자를 실현했으며, 코로나 보건위기로 세계경제가 침체위기를 맞이했던 2020년에도 GDP 대비 약 4.6%에 해당하는 753억 달러의 흑자를 기록하였다.

3. 자본과 재화의 국제적 흐름

3.1 폐쇄경제의 저축과 투자

한 나라에서 일정기간 동안 어느 정도의 부가가치가 발생되었는가를 측정하기 위해서 국내총생산(GDP : gross domestic product)을 추계하고 있다. 국내총생산은 보다 정확히 말해서 내외국민을 가리지 않고 가계, 기업과 정부 등 한 국가의 거주자가 그 나라 안에서 일정기간 동안 생산한 최종적 재화와 서비스의 총가치로 정의되며, 최종산출물에 대한 지출의 총가치와 일치하게 된다. 본장에서는 특별한 경우를 제외하고는 국내총생산과 국민총생산(GNP : gross national product)[1]을 구분하지 않고 이들을 국민소득이라 부르도록 하겠다.

국내총생산 또는 국민소득(Y)에 대한 지출은 폐쇄경제하에서 가계에 의한 소비(C)와 민간의 시설투자, 건설투자, 재고투자의 합인 국내민간투자(I) 및 정부지출(G)로 나누어진다.

$$Y \equiv C + I + G \tag{1.1}$$

식 (1.1)은 국민소득에 관한 기본항등식이다. 폐쇄경제에서 국내저축(DS)을 국민소득 중에서 가계소비와 정부의 지출을 제외하고 남은 부분이라고 정의할 때 위의 식은 다음과 같이 저축과 투자에 관한 식으로 변형될 수 있다.

$$DS \equiv Y - C - G \equiv I \tag{1.2}$$

폐쇄경제하에서는 국내저축(DS)과 국내투자(I)가 사후적으로 항상 같아지게 된다. 폐쇄경제하에서 국내저축은 오직 자본을 증가시키는 투자활동에만 쓰여진다. 달리 설명하면, 폐쇄경제하에서 자본을 증가시키기 위해서는 이에 상당하는 만큼 저축을 해야 한다.

위의 식에서 국내저축(DS)은 민간저축과 재정수지(정부순저축)로 나누어진다. 민간저축(S)은 국민소득(Y)에서 조세(T)를 뺀 처분가능소득 중 소비하고 남은 부분이다. 정부저축(S_g)은 정부의 소득인 세입(T) 중 정부지출(G)에 사용되고 남은 부분으로 재정수지에 해당한다.[2)]

$$DS \equiv (Y-T-C) + (T-G) \equiv S + S_g \tag{1.3}$$

3.2 개방경제의 저축, 투자 및 경상수지

이제 경제가 개방되면 저축과 투자의 항등관계가 어떻게 변화하는가를 살펴보기로 하자. 경제가 개방되면 국내에서 생산된 재화와 서비스가 외국에 수출되거나, 또는 외국으로부터 재화와 서비스가 수입되어 국내총생산에 기여함이 없이 국내총지출만을 늘리게 된다. 따라서 국내총생산추계를 위해서

---

1) GDP가 국내에 거주하는 모든 생산자가 생산한 부가가치를 합산한 것이라면, GNP(국민총생산)는 자국민이 국내외에서 생산한 부가가치의 합이다. 따라서 GDP에 대외순수취요소소득을 더하면 GNP가 된다.

2) 본 절에서는 정부이전지출은 고려하지 않기로 한다.

는 국내총지출($C+I+G$)에 재화와 서비스의 수출(X)을 더하고 재화와 서비스의 수입(M)을 빼야 한다. 국내에서 이루어진 지출의 총계에 해당하는 $C+I+G$는 국내총지출(domestic absorption)이라고 부른다.

$$Y \equiv C + I + G + X - M \tag{1.4}$$

재화와 서비스의 수출에서 수입을 뺀 $X-M$은 순수출(net exports)이라고 부르는데, 여기에서는 대외순수취요소소득과 대외순수취경상이전을 0이라 가정하고 이들을 합한 것으로 생각하여 경상수지(CA)라 부르겠다.[3] 이제 식 (1.4)를 경상수지에 대하여 정리하면 저축, 투자와 경상수지 간의 관계를 알 수 있다.

$$CA \equiv Y-(C+I+G) \equiv \{Y-(C+G)\}-I \equiv DS-I \tag{1.5}$$

개방경제하에서 경상수지는 국민소득에서 국내총지출을 차감한 금액과 같다. 아울러 국민소득에서 국내총지출을 차감한 금액은 국내저축에서 국내투자를 차감한 금액과 같다. 한편, 국내저축에서 국내투자를 차감한 금액은 결국 해외투자에 사용될 수밖에 없으므로 해외순투자(net foreign investment)라고 부른다. 국내투자와 해외순투자의 합을 총투자라고 정의한다면 개방경제에서도 항등적으로 국내저축과 총투자가 일치하게 된다. 그러나 폐쇄경제에서와 같이 국내저축이 국내투자와 반드시 일치하는 것은 아니므로 의미가 매우 다르다고 하겠다.

폐쇄경제에서는 국내저축이 모두 국내자본에 대한 투자로 이어지는 반면, 개방경제에서는 국내자본에 대한 투자뿐만 아니라 해외순투자를 통한 해외부(海外富)의 축적이 국내저축으로 이루어질 수 있다. 또한 폐쇄경제에서는 국내자본을 증가시키기 위해서 그만큼 저축하여야 하는 데 반해, 개방경제에서는 국내자본을 증가시키기 위해 국내저축을 늘리는 대신 해외순투자를 줄일 수 있다.

---

3) 경상수지에는 재화와 서비스의 수출입 외에도 금융자산에 대한 이자소득이나 투자소득 등의 요소소득과 개인송금, 해외원조 등의 이전지출이 포함되므로 경상수지는 재화와 서비스의 순수출보다 포괄범위가 넓다고 하겠다. 보다 정확하게 말하면, 경상수지는 GNP에 대외순수취경상이전을 합한 국민총처분가능소득에서 국내총지출을 차감한 것과 같다.

개방경제하의 국민소득에 관한 기본항등식인 식 (1.5)에 따르면 경상수지는 항상 해외순투자와 같아야 한다. 만약 국내저축이 국내투자보다 많으면 수출이 수입을 초과하여 경상수지는 흑자를 나타내고 해외순투자는 양(+)의 값을 갖는다. 이 경우 국내저축의 일부가 해외경제의 투자에 이용된다. 반대로 국내저축이 국내투자에 미치지 못한다면 수출이 수입을 밑돌게 되어 경상수지가 적자를 보이고 해외순투자는 음(−)의 값을 갖는다. 이는 국내투자의 일부가 해외저축으로 이루어진다는 것을 의미한다.[4]

식 (1.5)는 재화와 서비스의 국제적 교역과 자본의 국제적 거래는 동전의 앞뒷면과 같음을 보여주고 있다. 국내저축이 국내투자를 초과하게 되면 국내시장에서 투자기회를 찾지 못한 자금은 해외로 유출되어 해외시장에서 투자기회를 찾게 된다. 외국인들은 자국 내 투자에 비하여 자국 내 저축이 부족하기 때문에 자금을 차입하려 하며, 차입한 돈으로 수입을 늘리게 된다. 따라서 우리나라의 수출이 수입을 초과하게 된다.

이렇게 보면 식 (1.5)는 국제수지표상의 경상거래와 자본거래의 관계를 나타내는 것으로 해석할 수 있다. 국내저축이 국내투자를 초과하여 자본이 유출되면 재화와 서비스의 수출이 수입을 초과하여 경상수지가 흑자로 된다. 이 경우 해외순투자는 자본의 순유출로서 결국 경상수지 흑자와 연결된다. 국제수지에 대한 자세한 설명은 다음 절에서 하기로 한다.

식 (1.5)를 민간부문과 정부부문으로 나누어 재정리하면 다음과 같다.

$$\begin{aligned} CA &\equiv Y-(C+I+G) \\ &\equiv (Y-T-C-I)+(T-G) \\ &\equiv (S-I)+(T-G) \\ &\equiv (S-I)+(T-G_C-G_I) \end{aligned} \tag{1.6}$$

G_C: 정부소비 G_I: 정부투자

4) 결과적으로 경상수지 흑자는 한 국가의 해외 소유자산의 순증가를 의미하고, 반대로 경상수지 적자는 외국인 소유 국내자산의 순증가를 의미한다.

미국의 1980년대 쌍둥이 적자

미국은 1980년 레이건 대통령이 취임하여 경기부양을 목적으로 감세정책을 실시하면서 재정적자가 점차 확대되기 시작하였다. 아래의 그림에서 알 수 있는 바와 같이 미국의 재정수지는 1960년대와 1970년대를 통하여 대체로 균형을 이루고 있었으나 1981년 개인소득세 감세안이 의회를 통과하면서 미국의 재정적자가 1986년에는 GDP의 3% 수준까지 확대되었다. 한편, 미국의 무역수지는 재정수지에 비하여 변동이 심하였으나 1960년대와 1970년대를 통하여 평균적으로 소폭의 흑자를 보였다.* 그런데 1980년대 들어 재정적자가 확대되면서 무역수지도 적자로 반전되는 동시에 적자폭도 1986년에는 재정수지와 비슷하게 GDP의 3% 수준까지 확대되었다. 이렇게 1980년대 들어 미국의 재정수지 적자와 무역수지 적자가 비슷한 추세를 보이며 변동하자 이를 '쌍둥이 적자'라고 부르게 되었다.

앞의 식 (1. 6)에 의하면 재정적자가 확대되었다고 해서 무역수지(또는 순수출)가 적자를 보여야만 하는 것은 아니다. 즉, 그림에서 재정수지와 무역수지가 같이 변한다고 해서 미국의 재정적자 확대로 미국의 무역수지 적자가 확대되었다고 결론을 내려서는 안 된다. 개인소득세를 줄이면 재정수지가 악화되나 동시에 민간의 처분가능소득이 증가하여 민간저축이 늘어날 수 있다. 정부저축의 감소가 민간저축의 증대로 상쇄된다면 재정적자가 확대되어도 무역수지가 악화되지 않는다. 이 경우 미국 무역수지 적자 확대는 재정수지 적자와 더불어 민간투자 확대에 그 원인이 있다.

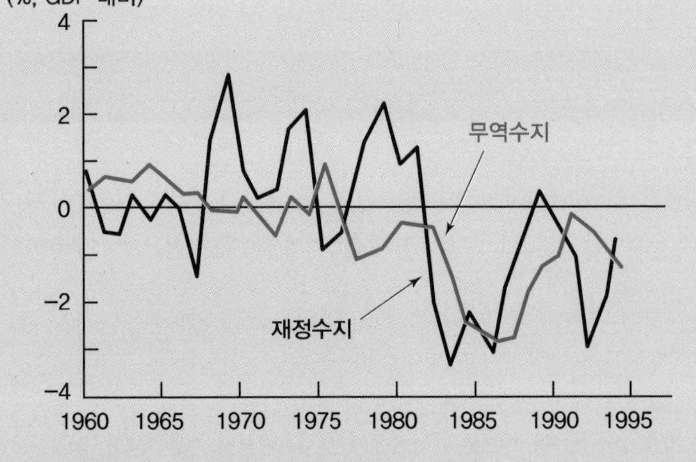

* 무역수지는 재화 및 서비스의 수출에서 수입을 뺀 수치를 의미한다.

경상수지는 민간저축에서 민간투자를 뺀 민간순저축[5]과 재정수지(또는 정부순저축)의 합과 같다. 따라서 경상수지가 흑자를 이루기 위해서는 민간저축이 투자보다 많거나 재정수지가 흑자를 보여야 한다.

그러나 식 (1.6)과 같은 경상수지, 민간순저축 및 재정수지 간의 관계는 국민소득계정의 성격상 사후적으로 항상 성립되는 항등적 관계이다. 이때 식 (1.6)으로부터 재정수지의 악화가 경상수지의 악화를 초래한다거나 또는 국내투자가 감소하면 경상수지가 개선된다는 식의 인과관계를 당연한 것으로 도출해서는 안 된다. 재정수지가 크게 악화되더라도 민간저축이 늘어나고 민간투자가 감소하면 얼마든지 경상수지가 개선될 수 있다. 민간투자가 감소하더라도 정부지출의 증대로 재정수지가 악화되면 경상수지도 악화될 수 있다.

지난 1980년대부터 1990년대 중반까지 미국은 대규모 재정적자와 대규모 경상수지 적자라는 쌍둥이 적자 문제로 고민하였다고 보도되고 있으나, 실제로 재정적자와 경상수지 적자는 태어날 때부터 같은 피를 나눈 쌍둥이가 아님에 유의하여야 한다. 아무리 재정적자가 크더라도 민간저축이 크게 늘어나면 경상수지가 적자를 보이지 않을 수도 있으며, 재정수지가 흑자를 보이더라도 민간투자가 크게 늘어나면 경상수지가 적자를 보일 수 있다.

4. 국제수지표

국제수지(balance of payments)란 일정기간 동안 한 나라의 거주자와 비거주자 사이에 일어난 모든 경제적 거래를 체계적으로 기록하여 정리된 결과를 의미한다.[6]

---

5) 순저축은 대개 두 가지 의미로 쓰이고 있으므로 주의를 요한다. 수출에서 수입을 차감한 것을 순수출이라 부르듯이 여기에서는 저축에서 투자를 차감한 것을 순저축이라고 부르고 있다. 또 다른 의미로 순저축은 총저축에 대응하는 개념으로도 쓰이고 있다. 총저축이 국민총생산 중 국내소비(민간소비와 정부지출)되고 남은 부분을 나타내는 데 비해, 순저축은 국민총생산에서 고정자본소모분을 뺀 국민순생산 중 국내소비되고 남은 부분을 나타낸다.

6) 국제수지 통계는 국제적으로 통일된 기준인 IMF의 국제수지 매뉴얼에 따라 작성되는데, 우리나라는 2010년에 IMF가 개정한 국제수지 매뉴얼(BPM6)에 의거해서 한국은행이 국제

표 1-1 국제수지 거래의 기장 원칙

	차변(Debit)	대변(Credit)
경상거래	• 상품 수입(輸入) • 서비스 수입(輸入) • 본원소득 지급(支給) • 이전소득 지급(支給)	• 상품 수출(輸出) • 서비스 수출(輸出) • 본원소득 수입(收入) • 이전수득 수입(收入)
금융거래	• 대외금융자산 증가 • 대외금융부채 감소	• 대외금융자산 감소 • 대외금융부채 증가
자본수지 거래	• 자본이전 지급 • 비생산 · 비금융자산 취득	• 자본이전 수입 • 비생산 · 비금융자산 처분

자료 : 한국은행.

4.1 국제수지의 구성항목[7)]

국제수지표에 포함된 거래는 크게 경상거래(실물거래와 이전거래), 자본이전 및 비생산 · 비금융자산거래, 금융거래로 구성된다. 국제수지표는 차변과 대변으로 구분되며 복식부기의 원리에 따라 대변과 차변에 동일한 금액을 기록하기 때문에 대변의 총합과 차변의 총합은 항상 일치한다. 국제수지표 작성 시 차변과 대변에 속하는 항목은 <표 1-1>과 같다. 원칙적으로 외화유입과 관련된 거래는 대변에, 반대로 외화유출과 관련된 거래는 차변에 기록한다.

경상거래에서 재화 및 서비스의 수출과 수입은 각각 대변과 차변에 기록한다. 또한 경상거래 중 본원소득 및 이전소득 수입은 대변에, 본원소득 및 이전소득 지급은 차변에 기록한다. 한편 자본수지 항목에서 자본이전 수입 및 비생산 · 비금융자산처분은 대변에, 자본이전 지급 및 비생산 · 비금융자산 취득은 차변에 기장을 한다.

직접투자, 증권투자, 파생금융상품거래, 기타투자, 준비자산 변동 거래 등으로 이루어진 금융거래의 경우 대변에는 대외금융자산 감소와 대외금융부채 증가를 기록하며, 차변에는 대외금융자산 증가와 대외금융부채 감소를 기

수지표를 작성하고 있다.

7) 본 절의 내용은 김태준 외(2020)의 3장을 참조하여 작성되었음.

록한다. 예를 들어, 해외차입으로 외화예금이 증가하는 금융거래가 발생한 경우 대외금융부채와 대외금융자산이 모두 증가하였으므로 대변과 차변에 '+'의 부호로 동일한 금액을 기록한다.

경상거래와 자본이전 및 비생산·비금융자산거래의 경우 대변의 합에서 차변의 합을 차감한 값을 각각 경상수지, 자본수지로 표현한다. 대변의 합이 차변의 합보다 크면 '흑자'로 표현하며, 반대의 경우는 '적자'라고 부른다. 한편, 금융거래에서는 수지(balance) 대신 계정(account)이라는 용어를 사용하는데, 경상수지와는 달리 금융계정은 차변의 합에서 대변의 합을 차감하여 계산한다.

통계당국은 앞에서 설명한 방법으로 국제수지표의 차변과 대변을 작성한 후 실제로는 이를 항목별로 요약하여 <표 1-2>의 형식으로 발표한다. 각 항목에 대한 설명은 다음과 같다.

(1) 상품수지

상품수지란 상품 수출액과 상품 수입액의 차액을 의미한다. 즉, 국제수지표상 상품거래에서 차변의 합을 대변의 합에서 차감한 크기이다. 수출액이 수입액보다 크면 흑자, 반대의 경우 적자가 된다. 상품수지는 관세청에서 발표하는 수출과 수입 통계에 의한 수지와는 다소 차이가 있는데 이는 관세청의 경우 통관기준으로 수출입을 계상하는 반면 국제수지표의 경우에는 소유권의 이전을 기준으로 작성되기 때문이다.[8)]

(2) 서비스수지

서비스수지란 외국과의 서비스거래에서 수취한 금액과 지급한 금액의 차이를 의미한다. 서비스 수입은 우리나라 선박이나 항공기의 운임수입 그리고 외국관광객의 외환지출 등 서비스 제공에서 발생한 수입을 포함하며, 서비스 지급은 외국에 지급한 선박이나 항공기의 운항경비, 여행경비, 기술용

---

8) 또한 통관통계에서는 수출은 본선인도(FOB) 가격, 수입은 운임·보험포함(CIF) 가격으로 평가되는 반면 국제수지표에서는 수출입 모두 본선인도(FOB) 가격으로 평가된다. 따라서 국제수지 기준 수입규모는 통관기준 수입규모보다 작게 나타남으로써 흑자규모가 크게 나타나는 경향이 있다.

표 1-2 한국의 국제수지표 현황(2000~2020) (단위: 억 달러)

항 목	2000년	2005년	2010년	2015년	2020년
경상수지(1=2+5+8+9)	101.8	122.1	279.5	1,051.2	752.8
상품수지(2=3-4)	153.9	324.9	479.3	1,202.8	819.5
수출(3)	1,695.2	2,852.6	4,638.3	5,430.8	5,166.0
수입(4)	1,541.3	2,527.7	4,159.0	4,228.1	4,346.6
서비스수지(5=6-7)	-8.5	-89.8	-139.7	-146.3	-161.9
서비스 수입(6)	325.6	505.4	829.5	975.0	901.1
서비스 지급(7)	334.0	595.2	969.2	1,121.2	1,063.0
본원소득수지(8)	-41.5	-80.4	-6.9	44.5	120.5
이전소득수지(9)	-2.1	-32.6	-53.2	-49.9	-25.3
자본수지(10)	0.4	0.0	-0.6	-0.6	-3.4
금융계정(11=12+15+18+19+20)	95.3	184.7	215.2	1,029.6	771.2
직접투자(12=13-14)	-66.7	-53.1	187.2	195.8	232.6
해외직접투자(자산, 13)	48.4	83.3	282.2	236.9	324.8
외국인직접투자(부채, 14)	115.1	136.4	95.0	41.0	92.2
증권투자(15=16-17)	-121.8	35.2	-423.6	495.3	414.9
해외증권투자(자산, 16)	5.2	176.3	12.7	418.8	585.5
외국인증권투자(부채, 17)	127.0	141.1	436.3	-76.5	170.6
파생금융상품(18)	1.8	-17.9	-8.3	17.9	42.2
기타투자(19)	44.2	22.5	190.2	200.0	-92.4
준비자산 증감(20)	237.7	198.1	269.7	120.5	173.9
오차 및 누락(21=11-(1+10))	-6.9	62.6	-63.7	-21.0	21.8

자료: 한국은행, 경제통계시스템.

역과 특허권 및 상표권 사용에 대한 대가지급 등 서비스 사용에 대한 지급을 포함한다.

(3) 본원소득수지

본원소득수지란 해외거주 우리나라 근로자가 수취하는 급료 및 임금과 우리나라가 보유하고 있는 대외금융자산에서 발생하는 배당, 이자수입 등을 합친 소득수입에서 국내거주 외국인 근로자에게 지급하는 급료 및 임금, 대외금융 부채에 대한 이자지급 및 배당금 등과 같은 소득지급을 뺀 수치를 의미한다.

(4) 이전소득수지

이전소득수지는 이전소득의 수입과 지급의 차이를 의미한다. 이전거래란 거주자와 비거주자 간 아무런 대가 없이 주고받는 무상거래로서 수혜자의 소득 및 소비에 직접적으로 영향을 주는 거래를 말한다. 해외에 거주하는 교포의 송금이나 국내에서의 해외송금, 해외 종교단체와 자선단체로부터의 기부금, 지참금이나 유산상속, 각종 세금 및 사회보장부담금 그리고 정부 간의 무상원조 등이 여기에 해당된다.

(5) 경상수지

경상수지란 상품수지, 서비스수지, 본원소득수지 그리고 이전소득수지를 합계한 금액으로 정의하며, 이는 앞에서 설명한 바와 같이 경상거래로 인한 외환유입과 외환유출 간의 차이를 의미한다. 따라서 경상수지 흑자는 경상거래를 통한 외환유입이 유출보다 크다는 것을 의미하고 경상수지 적자는 반대의 경우를 의미한다. 경상수지 흑자와 적자는 각각 경상거래에 의한 외환순유입과 외환순유출을 나타내며, 이는 결국 순대외자산(대외자산－대외부채)의 증가와 감소를 초래한다.

(6) 자본수지

자본수지는 자본이전 수입 및 외국인 비생산·비금융자산 처분에서 자본이전 지급 및 해외 비생산·비금융자산 취득을 차감한 값을 의미한다. 자본이전은 자산 소유권의 무상이전, 채권자에 의한 채무면제 등을 포함하며 비생산·비금융자산에는 상표권, 영업권 등의 무형자산이 포함된다.

(7) 직접투자

직접투자거래는 기업의 경영권과 관련된 자본투자를 의미하는데 국제수지표에서 직접투자 항목의 값은 직접투자 거래의 차변에서 대변을 차감한

수치이다. 이는 해외직접투자(자산)에서 외국인직접투자(부채)를 차감한 값과 일치한다.[9)]

(8) 증권투자

증권투자거래는 투자자본의 가치증가 또는 수익을 목적으로 행하는 거주자와 비거주자 간의 거래로서 경영권 확보와 무관한 주식투자나 채권투자가 이에 해당된다. 직접투자나 준비자산에 해당되는 주식 및 부채성 증권거래는 포함하지 않는다. 국제수지표에서 증권투자 항목의 수치는 증권거래의 차변에서 대변을 차감한 값이며 해외증권투자(자산)와 외국인증권투자(부채)의 차이와 일치한다.

(9) 파생금융상품

국제수지표에서 파생금융상품거래의 대변에는 거주자의 파생금융상품거래로 실현된 이익과 옵션매도에 따른 프리미엄 수취를 기록하며, 차변에는 파생금융상품거래로 실현된 손실과 옵션매입에 따른 프리미엄 지급을 표시한다. 국제수지표상의 파생금융상품 항목은 차변에서 대변을 차감한 값이며 파생금융상품거래에서 이익 및 프리미엄 수취가 손실 및 프리미엄 지급보다 큰 경우 음수의 값을 갖는다.

(10) 기타투자

기타투자 거래는 직접투자와 증권투자, 파생금융상품 및 준비자산에 속하지 않는 거주자와 비거주자 간의 금융거래를 포함한다. 금융기관 등을 통한 대출 및 차입, 무역관련 신용거래, 현금 및 예금 등의 금융거래가 이에 포함된다. 예를 들어, 우리나라 금융기관의 해외차입이나 국내거주자의 외화예금 등이 기타투자 항목에 속한다. 국제수지표에서 기타투자 항목은 기타투자거래의 차변에서 대변을 차감한 수치이다.

---

9) 거주자와 비거주자 간의 토지거래는 실물의 이전 없이 금융상의 청구권이 발생하는 것으로 간주하여 직접투자로 계상한다.

(11) 준비자산 증감

준비자산은 외환당국이 보유하고 있는 금 및 SDR, IMF포지션, 외화예치금, 유가증권 등으로 구성된다. 외환당국은 국제수지 불균형 보전, 외환시장 안정, 자국통화와 경제의 대외신인도 유지 등을 위하여 대외자산으로 구성된 외환보유액을 운영하고 있는데, 준비자산 항목에는 거래적 요인에 의한 외환보유액의 변동만을 계상한다.[10] 준비자산의 변동은 외환보유액의 변동으로 해석할 수 있다. 준비자산의 증가는 국제수지표의 차변에, 준비자산 감소는 대변에 기재한다. 국제수지표상에 표시된 준비자산 증감의 수치는 차변에서 대변을 차감한 값으로써 준비자산의 순증가를 나타낸다. 준비자산의 순증가가 '+'일 경우 외환보유액은 증가하며 반대의 경우에는 외환보유액이 감소한다. 준비자산의 순증가가 '+'인 경우 이는 외환당국이 순자본유출을 통하여 해외자산을 순매입하였음을 의미한다.

(12) 금융계정

금융계정은 직접투자, 증권투자, 파생상품투자, 기타투자 그리고 준비자산 증감의 합을 나타낸다. 즉, 민간기업, 금융회사, 정부, 외환당국 등 모든 거주자가 관여한 자본거래 중 자본이전 및 비생산·비금융자산 거래를 제외한 거래가 초래한 외환의 총유출과 총유입 간 차이를 나타낸다. 금융계정이 양수이면 금융거래로 인해 외환의 순유출, 음수이면 외환의 순유입이 발생하였다는 것을 의미한다. 금융계정은 자본유출의 합(총자본유출)에서 자본유입의 합(총자본유입)을 차감한 순자본유출로 해석하기도 한다. 금융계정의 크기가 '+'일 경우는 자본순유출, '−'일 경우는 자본순유입을 의미한다.

(13) 오차 및 누락

국제수지표는 복식부기방식으로 작성되기 때문에 항상 차변과 대변의 합계는 일치되어야 한다. 그런데 경상수지와 자본수지는 대변에서 차변을 차감하여 계산하였고 금융계정은 반대로 차변에서 대변을 차감하여 구하였기 때

10) 거래적 요인은 매매, 차입 등과 같은 실제 경제적 거래를 의미하고, 비거래적 요인은 경제적 거래 없이 가격변동, 환율변동 등에 의한 자산·부채의 변동을 의미한다.

문에 경상수지와 자본수지의 합계에서 금융계정을 차감하면 항상 0이 되어야 한다(경상수지+자본수지−금융계정=0). 그러나 기초 통계 간의 불일치, 통계계상시점의 차이, 통계작성과정에서의 보고 잘못이나 누락 그리고 통계작성 자체의 어려움 등으로 인하여 잘못 작성되거나 이들 항목에 포함되는 것이 누락되는 경우가 발생한다. 따라서 이 차이를 조정해주는 항목이 필요한데 이것이 바로 오차 및 누락 항목이다.[11] 즉, 경상수지와 자본수지의 합에서 금융계정을 차감한 값이 '0'이 되도록 조정해 주는 항목이라 할 수 있다. 만약 경상수지와 자본수지의 합에서 금융계정을 차감한 값이 '+'인 경우에는 '오차 및 누락' 항목이 '−'로 기록되는데 이는 자본의 유출이 과소집계되었다는 것을 의미할 수 있으므로 비공식적인 자본유출, 즉 자본도피 가능성이 있는 것으로 해석할 수 있다. 반대로 '오차 및 누락' 항목이 '+'일 경우에는 자본유입이 과소집계된 것으로 비공식적인 자본유입이 있었던 것으로 해석할 수 있다.

(14) 국제수지

국제수지(balance of payment) 또는 종합수지(overall balance of payment)는 경상수지, 자본수지의 합에서 준비자산의 증감을 제외한 금융계정을 차감하고 이에 오차 및 누락을 더한 값으로 표시된다. 즉, 국제수지는 외환당국 준비자산을 제외한 순외화유입의 크기를 의미하며, 그 크기는 준비자산 증감의 마이너스 값과 일치한다. 국제수지 불균형은 일정기간 동안 외환당국을 제외한 경제주체의 대외거래를 종합하였을 경우 외화유입과 외화유출 간에 차이가 발생하였다는 것을 의미한다. 국제수지 흑자는 유입된 외화 중 일부가 외환당국으로 흘러들어 갔음을 의미하고, 국제수지 적자는 외환당국의 보유외환이 해외로 유출되었다는 것을 의미한다.

---

11) IMF의 국제수지 작성지침서에서는 오차 및 누락항목의 크기가 수출입 합계액의 5% 이하일 경우 국제수지표의 정확도가 높은 것으로 인정하고 있다. 수출입 합계 대비 오차 및 누락 비율을 의미하는 오차 및 누락률은 2008년 우리나라는 −0.1%로 미국(4.6%), 일본(3.0%), 영국(0.5%)에 비해서 상대적으로 낮은 수준이다.

국제수지표 작성사례

1) 상품 100만$을 현금으로 수입

100만$ 상품수입은 외화자금의 유출을 의미하므로 경상계정의 차변에 기록하고 이 거래와 관련된 외국환은행을 통한 외화자금의 지급은 외국환은행의 해외금융자산의 감소를 의미하므로 금융거래계정의 대변에 기록된다.

차변	대변		항목명
• 상품 100만$ 수입		➡	상품수입
	• 현금 100만$	➡	기타투자

2) 국내기업이 해외에서 외화증권을 1,000만$ 발행

외화증권 발행에 따른 외국인 매입은 곧 외국인증권투자를 의미하며 매각된 금액을 국내 외국환은행에 예치한 것은 곧 외국환은행의 해외금융자산 증가를 의미한다.

차변	대변		항목명
	• 외화증권 1,000만$ 발행	➡	증권투자
• 외국환은행 외화자산 1,000만$ 증가		➡	기타투자

3) 정부가 해외에서 외국환 평형채권(외평채)을 1억$ 발행하고 한국은행에 예치

정부의 외평채 발행은 곧 외국인의 증권투자를 통한 외화유입을 의미하고 이를 한국은행에 예치했다는 것은 한국은행의 준비자산이 증가됐음을 의미한다.

차변	대변		항목명
	• 외평채 1억$ 발행	➡	증권투자
• 준비자산 1억$ 증가		➡	준비자산

4.2 한국의 국제수지 변화와 특징

우리나라 국제수지의 변화 추이를 살펴보면 몇 가지 특징적인 모습을 발견할 수 있다. 첫째, 경상수지는 1985년까지 적자기조를 나타내다가 1986년 이후 흑자로 반전하였다. 그러나 1990년에 다시 적자로 전환된 후 1993년을 제외하고 1997년까지 적자를 지속하였다. 그러나 외환위기 직후인 1998년에 큰 폭의 흑자가 발생한 후 흑자기조가 유지되고 있다. 한편 1986년부터 1989년까지의 경상수지 흑자는 외부경제여건의 변화인 소위 3저 현상에 크게 기인한 반면 외환위기 직후인 1998년의 흑자는 경제위기에 따른 국내 소비 및 투자의 위축으로 인해서 발생된 것으로 그 원인이 상이하다. 2000년대 이후에는 글로벌 금융위기로 인해 흑자폭이 대폭 감소된 2008년을 제외하고 대체적으로 증가세를 보여 2015년에는 최고치인 1,051.2억 달러를 기록하였다. 그 이후의 기간에서는 완만한 감소세를 보이고 있다.

둘째, 1997년 외환위기가 발생하기 전까지는 (금융계정－준비자산 증감)의 마이너스 값으로 측정한 순자본유입과 경상수지 간에는 대체로 대칭적인

그림 1-4 한국의 국제수지 변화 추이(1980~2020) (단위: 억 달러)

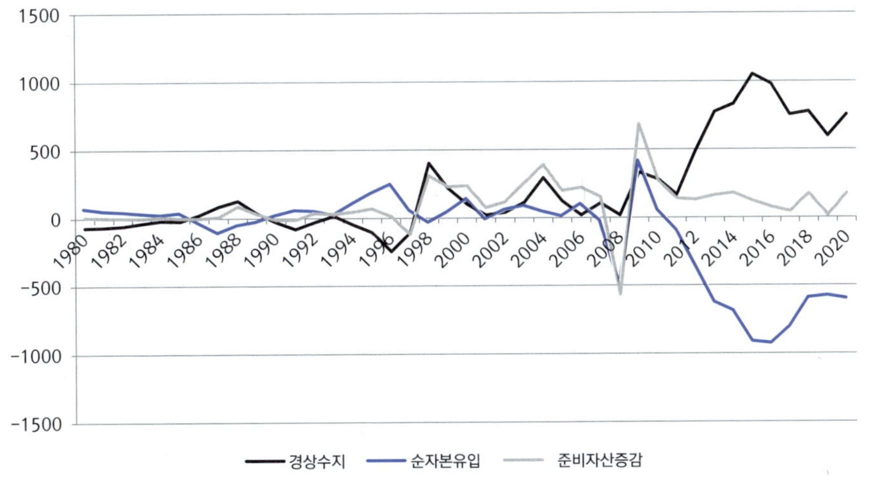

자료: 한국은행, 경제통계시스템.

모습을 나타냈다. 이는 자본자유화가 제대로 이루어지지 않았기 때문에 외환당국을 제외한 거래주체의 자본거래는 주로 경상수지 적자를 보전하는 수준에서 이루어졌다고 해석할 수 있다. 그런데 지속적으로 경상수지 흑자를 나타낸 2000년대에는 두 변수가 대칭적인 관계를 보여주고 있지 않다. 이는 경상수지 흑자의 상당 부분이 자본거래를 통한 자본유출로 상쇄되지 않고 외환당국이 이를 흡수하여 외환보유액을 확충하는 데에 사용하였기 때문이다. 외환위기 이후에는 대외건전성 제고를 위한 외환보유액의 증대 및 환율안정이 정책의 최우선 목표이었기 때문에 비록 자본자유화가 크게 확대되었지만 경상수지 흑자의 상당 부분이 외환보유액의 증가로 연결되었다. 한편, 경상수지 흑자 규모가 크게 확대된 2010년 이후에는 경상수지 흑자의 상당 부분이 대외금융거래의 자본유출로 상쇄되었으며 일부만이 외환보유액의 확대 목적으로 활용되었다.

4.3 국제수지와 국제투자대조표

(1) 국제투자대조표의 이해

국제투자대조표(IIP : international investment position)는 일정 시점에서 일국 거주자의 비거주자에 대한 대외금융자산(대외투자) 및 대외금융부채(외국인투자) 잔액을 보여주는 통계이다. 국제수지표가 특정 기간에 발생한 유량거래

표 1-3 국제투자대조표와 국제수지표의 관계

<table>
<tr><td></td><td>경상수지</td><td></td><td></td></tr>
<tr><td></td><td>자본수지</td><td></td><td></td></tr>
<tr><th>〈기초잔액〉</th><th>〈거래요인〉</th><th>〈비거래요인〉</th><th>〈기말잔액〉</th></tr>
<tr><td>– 직접투자
– 증권투자
– 파생금융상품
– 기타투자
– 준비자산</td><td>금융계정
– 직접투자
– 증권투자
– 파생금융상품
– 기타투자
– 준비자산</td><td>– 가격변동
– 환율변동
– 기타조정</td><td>– 직접투자
– 증권투자
– 파생금융상품
– 기타투자
– 준비자산</td></tr>
<tr><td></td><td>오차 및 누락</td><td></td><td></td></tr>
</table>

를 체계적으로 정리한 통계인 데 반해서 국제투자대조표는 저량변수인 대외자산과 부채를 특정 시점에서 보여주는 통계표이다.

국제투자대조표는 국제수지표의 내용 중 항목, 개념 및 포괄범위에서 금융계정과 일치한다. 국제투자대조표의 잔액증감은 거래요인과 비거래요인에 의해서 결정된다. 거래요인에 의한 변동액은 국제수지표상의 금융계정의 합계에 의해서 결정되는데 반해, 비거래요인은 가격변동이나 환율변동 등에 의해서 결정된다. 만약 비거래요인이 없으면 이론적으로는 국제투자대조표의 잔액증감은 국제수지표상의 금융계정과 일치한다.

한편 국제투자대조표는 대외채권 · 채무통계를 포함하고 있다. 대외채권 · 채무 통계는 '일정시점 현재 한 나라 거주자의 비거주자에 대한 확정 금융자산 및 금융부채'를 의미하므로 국제투자대조표상에서 지분성 투자(직접투자 내 지분투자와 증권투자 내 주식투자)와 파생금융상품을 제외한 것과 동일하다. 우리나라의 대외채권 · 채무 통계는 달러화 기준으로 부문별, 기간별, 형태별로 분류하여 작성하고 있다.

우리나라의 경우 한국은행이 1994년 4분기 이후의 국제투자대조표 자료를 매분기별로 작성하여 제공하고 있다. 국제투자대조표는 잔액자료를 기준으로 하고 자산항목과 부채항목을 별도로 파악하여 각각 총액으로 집계하는 것을 원칙으로 한다.

(2) 우리나라의 국제투자대조표 내역 및 대외채권 · 채무 통계

<표 1-4>를 살펴보면 우리나라는 2014년에 처음으로 대외금융자산이 금융부채보다 큰 대외순자산국이 되었으며 그 이후 줄곧 대외순자산국을 유지하고 있다. 2000년대에는 경상수지 흑자가 누적되었음에도 불구하고 원화절상과 국내 주가 상승으로 비거래요인의 대외금융부채가 상대적으로 크게 증가하여 순대외자산이 '+'로 전환되지 못하였다. 대외순자산국이 된 2014년 이후 순대외자산의 규모는 매우 빠른 속도로 증가하였으며 2019년 말에는 최고 수준인 5,177.6억 달러로 GDP의 31%에 이르고 있다. 한편 2020년 말에는 경상수지 흑자폭이 전년도에 비해 증가하였음에도 불구하고 국내 주가 상승과 원화절상으로 대외부채의 평가금액이 크게 증가하여 순대외자산의 규모가 전년도에 비하여 축소되었다.

표 1-4 우리나라의 국제투자대조표 내역 및 대외채권 · 채무 통계 (단위: 억 달러)

연도	국제투자대조표			대외채권 · 채무 통계		
	대외금융자산 (A)	대외금융부채 (B)	순대외금융자산 (A−B)	대외채권 (C)	대외채무 (D)	순대외채권 (C−D)
1994	738.9	1,111.3	−372.4	641.3	808.9	−167.7
1995	993.1	1,454.4	−461.3	859.4	1,090.7	−231.2
1996	1,216.7	1,852.0	−635.3	1,034.4	1,449.4	−415.0
1997	1,175.6	1,820.4	−644.7	979.0	1,617.1	−638.0
1998	1,394.6	1,914.6	−520.0	1,210.4	1,508.3	−297.9
1999	1,570.6	2,426.2	−855.7	1,382.1	1,383.3	−1.2
2000	1,808.8	2,173.3	−364.5	1,601.1	1,338.1	263.0
2001	1,771.0	2,348.0	−577.1	1,566.7	1,146.7	420.1
2002	2,019.9	2,630.8	−610.8	1,798.4	1,273.8	524.6
2003	2,545.4	3,175.7	−630.2	2,265.3	1,372.0	893.3
2004	3,279.8	3,882.0	−602.2	2,869.4	1,469.6	1,399.8
2005	3,681.7	5,120.4	−1,438.7	3,164.7	1,604.8	1,559.9
2006	4,624.7	6,191.8	−1,567.1	3,774.9	2,269.7	1,505.2
2007	5,904.8	7,794.2	−1,889.3	4,140.0	3,362.4	777.7
2008	5,328.1	6,030.7	−702.5	3,406.1	3,129.4	276.7
2009	6,265.3	7,272.2	−1,006.9	4,151.3	3,420.8	730.5
2010	6,937.9	8,264.4	−1,326.5	4,506.1	3,546.9	959.1
2011	7,564.0	8,385.9	−821.9	4,987.7	3,991.5	996.2
2012	8,557.5	9,534.4	−976.9	5,371.0	4,081.9	1,289.1
2013	9,617.0	10,020.8	−403.8	6,071.4	4,221.0	1,850.4
2014	10,726.5	9,917.8	808.8	6,764.3	4,230.3	2,534.0
2015	11,439.9	9,395.3	2,044.5	7,205.1	3,960.6	3,244.4
2016	12,451.2	9,639.9	2,811.3	7,813.8	3,821.3	3,992.5
2017	14,616.2	11,999.1	2,617.1	8,774.0	4,120.2	4,653.8
2018	15,463.4	11,101.5	4,361.9	9,188.2	4,411.5	4,776.7
2019	17,213.5	12,035.9	5,177.6	9,571.5	4,707.4	4,864.2
2020	19,628.1	14,967.5	4,660.6	10,277.6	5,449.2	4,828.4

주: 매년 말 기준.
자료 : 한국은행, 경제통계시스템.

한편 우리나라는 2000년부터 대외채권이 대외채무보다 큰 대외순채권국으로 전환되었으며 그 이후 계속 대외순채권국 지위를 유지하고 있다. 순대외채권의 규모는 2003년부터 2006년까지 증가세를 보이다가 이후 감소추세로 전환된 후 2008년 금융위기 시에는 그 규모가 대폭 축소되었다. 그러나 이후 증가세로 전환되어 2010년대에 큰 폭의 증가가 이루어졌다. 2020년 말 현재 순대외채권의 규모는 2000년의 약 5배에 달하는 4,828.4억 달러를 기록하였다.

요약

01. 국제금융경제학은 개방경제에서 희소자원의 효율적 배분문제를 다룰 뿐만 아니라 경제 전반의 거시적 행태와 국제경제의 화폐적 측면을 다루는 학문분야이다.

02. 세계경제는 재화 및 서비스의 교역과 국제자본거래를 통하여 서로 연계되어 있다. 재화와 서비스는 가격이 싼 곳에서 비싼 곳으로 수출되고 자본은 투자수익률이 낮은 곳에서 높은 곳으로 흐른다.

03. 개방경제에서 국민저축과 국내투자의 차이는 수출과 수입의 차이(순수출) 및 해외순투자와 같다. 어느 국가의 국민저축이 국내투자에 미치지 못하면 자본을 들여와야(마이너스의 해외순투자) 하고 수출이 수입보다 작다.

04. 경상수지가 흑자를 이루기 위해서는 민간저축이 투자보다 많거나 재정수지가 흑자를 보여야 한다.

05. 경상수지는 상품수지, 서비스수지, 본원소득수지 그리고 이전소득수지로 구성되며, 금융계정은 직접투자, 증권투자, 파생금융상품, 기타투자 그리고 준비자산의 증감의 합으로 정의한다.

06. 국제투자대조표는 일정 시점에서 일국 거주자의 비거주자에 대한 금융자산(대외투자)과 금융부채(외국인투자)의 잔액을 보여주는 표이다. 국제투자대조표의 잔액은 거래요인과 비거래요인에 의해서 결정되는데, 거래요인의 변동은 국제수지표상의 금융계정에 의해서 결정되고, 비거래적 요인은 자산가격변동이나 환율변동 등에 의해서 결정된다.

주요 용어

개방경제	경상수지	국내저축	국내총생산
국내총지출	국내투자	국제금융경제학	국제수지
국제투자대조표	금융계정	대외순자산	민간저축
순수출	외환보유액	정부저축	준비자산
해외순투자			

연습문제

01. 특정 연도 우리나라 명목 GNP의 항목별 구성은 다음과 같다고 하자.

(1) 다음 표를 이용하여 총투자액을 산출하시오.

(2) 정부의 세금수취액을 45.2조 원이라 할 때 다음 표를 이용하여 민간, 정부 및 해외저축액을 산출하시오.

명목 GNP의 항목별 구성

(단위: 10억 원)

국민총생산	238,705
민간최종소비지출	129,735
정부최종소비지출	26,110
총고정자본형성	87,907
재고증가	35
재화와 용역의 수출	69,433
재화와 용역의 수입	71,840
대외순수취요소소득	−1,688
통계상 불일치	−988

02. 다음의 각 거래는 국제수지 구성항목 중 어느 항목의 변화를 초래하는지 설명하시오.

① 미국에 TV를 수출하고 미달러화로 수출대금을 받았다.

② 미국에 TV를 수출하고 3년 후에 원화로 수출대금을 받기로 하였다.

③ 우리나라 사람들이 태국여행을 하며 여행경비를 지출하였다.

④ 중국의 흑룡강성에 1억 달러의 해외투자를 하면서 3천만 달러의 국내기계를 수출하였다.

⑤ 중국의 흑룡강성 투자수익 1천만 달러를 송금받았다.

⑥ 세계은행으로부터 10억 달러의 차관을 들여오며, 아울러 이미 들여온 차관에 대한 이자 5천만 달러를 지급하였다.

⑦ 해외 증권투자가들이 우리나라의 증권시장에서 삼성전자 주식 1억 달러를 매입하였다.

⑧ 포항제철이 산업은행을 통해서 양키본드를 발행하였다.

03. 정부가 세금을 1조 원을 더 걷기로 했다고 한다. 이때 증세의 효과에 대하여 생각해 보시오.

(1) 국민저축, 민간저축, 정부저축이 어떻게 변할 것인지 설명하시오.

(2) 경상수지가 어떻게 변할지 설명하시오.

(3) 재정적자가 경상수지 적자를 초래한다는 견해에 동의하는가?

04. 아르헨티나 중앙은행이 부족한 외환을 보충하기 위해서 IMF로부터 100억 달러를 차입하였다고 한다. 차입한 외화를 중앙은행이 보유하고 있을 때 금융계정, 외환보유액, 순대외자산 등이 어떻게 변하는지 설명하시오.

참고문헌

김태준, 송치영, 유재원(2020), 『국제금융경제』, 2판, 다산출판사.

한국은행, 주요통계해설/국제수지표, http://www.bok.or.kr

________, 주요통계해설/국제투자대조표, http://www.bok.or.kr

________, 한국은행, 알기 쉬운 경제지표 해설, 2014.

________, 국제수지표와 국제투자대조표의 이해, 2009.

________, 1993 SNA 용어 해설, 1999.

CHAPTER 02

외환시장과 환율

1. 외환시장의 의의와 구조
2. 환율과 환율제도
3. 외환포지션과 환위험
4. 외환거래의 형태
5. 외환시장의 기능
6. 외환시장의 효율성

02 | 외환시장과 환율

국가마다 결제수단으로 사용하는 통화가 다르기 때문에 국제경제거래에서는 일반적으로 국제적으로 널리 사용되는 국제통화나 외환이 결제수단으로 사용된다. 따라서 자국통화(내국환)와 국제통화 또는 외(국)환이 서로 교환되는 외환시장이 잘 발달되어 있어야 국제경제거래가 원활하게 이루어진다. 외환시장은 일차적으로 외환 수요자와 공급자 간 외환을 중개함으로써 국가 간 경상거래나 자본거래를 원활하게 할 뿐만 아니라 외환거래자로 하여금 환위험을 회피하거나 환차익을 얻을 수 있는 기회를 제공한다.

한편, 외환시장은 외환거래의 성격에 따라 현물환시장, 선물환시장, 통화옵션시장 등으로 구분하기도 한다. 환율은 외환의 가격으로서 외환의 수요와 공급에 의하여 결정되는데, 그 결정메커니즘은 환율제도가 변동환율제도냐 또는 고정환율제도냐에 따라 달라진다.

1. 외환시장의 의의와 구조

외환(foreign exchange)이란 외국통화뿐만 아니라 외화로 표시된 어음·수표 등 결제수단을 통틀어 가리킨다. 국제경제거래에 참여하는 사람이나 기업들은 대금의 결제과정에서 자국통화를 외환으로 바꾸거나 해외로부터 수취한 외환을 자국통화로 바꾸어야 한다. 따라서 국제경제거래가 원활히 이루어지기 위해서는 자국통화와 외환이 서로 교환되는 외환시장이 존재하여야 한다. 여기서는 외환시장이란 무엇이고, 누가 참가하며, 주요 국제외환시장에는 어떠한 것이 있는지에 관하여 살펴보고자 한다.

1.1 외환시장의 의의와 특징

(1) 외환시장의 의의

외환시장(foreign exchange market)이란 외환의 매매거래가 이루어지는 특정의 장소나 공간을 지칭하기보다는 외환의 매매거래가 정기적 또는 지속적으로 이루어지는 총괄적인 거래메커니즘 또는 거래양태를 말한다. 원래 시장이란 재화의 거래가 집단적으로 이루어지는 특정한 장소를 나타내었으나 경제발전으로 거래의 내용, 규모 및 거래방법이 다양해짐에 따라 장소의 개념이 희박해지고 수요자와 공급자가 접촉할 수 있는 영역을 모두 포괄하는 추상적 개념으로 바뀌었다. 특히, 최근에는 정보통신기술의 발달에 따라 외환거래가 다양한 통신수단을 통하여 대량으로 거래됨으로써 외환시장은 추상적 개념으로서의 성격이 더 강해지고 있다.

외환시장은 대부분 국제금융시장과 같은 장소에 위치하기 때문에 국제금융시장의 일부로 인식되고 있지만 본질적으로 국제금융시장과는 성격이 완전히 다르다. 즉, 국제금융시장은 자금의 대차가 이루어지는 신용시장(credit market)인 반면, 외환시장은 기본적으로 서로 다른 통화가 매매되는 시장으로서의 성격을 지닌다. 따라서 외환시장에서의 외환거래는 경상거래나 자본거래에 수반되어 발생하기 때문에 성격상 지급메커니즘의 한 과정으로 파악된다.

(2) 외환시장의 특징

무역자유화에 힘입어 경상거래가 확대되고 자본시장개방으로 국제적 자본이동이 활발해지면서 외환거래가 급격히 증가함에 따라 외환시장도 크게 발전하였다. 여기서는 오늘날 외환시장이 가지고 있는 특징에 관하여 살펴보고자 한다.

① 오늘날 외환시장은 외환규제의 완화, 시장정보의 신속한 확산 및 거래범위의 광역화가 이루어지면서 범세계적 시장으로서 기능을 수행하고 있다. 특히, 1980년대 들어 선진국을 중심으로 외환 및 자본거래에 대한 규제가 완화되고 정보통신기술의 발달로 국가 간 자본이동이 활발해지면서 모든 시장정보와 금융자산의 가격결정메커니즘이 동조화되어가는 세계시장으로서 성격이 강해지고 있다.

② 외환시장은 하루 24시간 내내 거래가 이루어지는 시장이다. 런던, 뉴욕, 샌프란시스코 및 로스앤젤레스, 도쿄, 홍콩, 싱가포르, 취리히, 프랑크푸르트 등 주요 국제외환시장의 거래시간이 부분적으로 중복·연결되어 있어 외환거래자는 필요에 따라 24시간 연속적으로 외환거래가 가능하다. 이로 인해 외환시장은 '해가 지지 않은 시장'이라고 불리기도 한다.

③ 외환시장은 장내거래보다 장외거래가 대부분을 차지하고 있다. 외환거래는 주식거래와 같이 특정한 장소에서 이루어지는 거래소거래와는 달리 외환거래자들이 전화, 컴퓨터단말기 등 통신망을 이용하여 외환을 사고파는 장외거래의 형태가 시장의 대부분을 차지하고 있다.

④ 외환시장은 도매시장의 성격이 강한 은행 간 거래가 주종을 이루고 있다. 외환거래는 성격에 따라 이미 정해진 환율로 은행이 개인이나 기업 등의 요구에 따라 소액단위로 행하는 대고객거래와 은행이 외환포지션 조정 등을 위하여 행하는 은행 간 거래로 구분하여 볼 수 있다. 뉴욕 등 주요 외환시장에서 은행 간 거래가 외환거래의 90~95% 이상을 차지하고 있으며, 최소거래단위가 백만 달러이고 표준 거래단위는 5백만 달러 내외에 이르는 도매시장이다.[1)]

⑤ 외환시장에서 이루어지는 외환거래의 대부분은 금융거래에 수반해서 발생하며 무역, 직접투자 등과 같은 실물거래와 관련된 외환거래의 비중은 극히 미미하다. 즉, 무역거래 등과 관련된 외환거래는 전체 거래량의 5%에도 미치지 못하며, 기타 금융동기와 관련된 외환거래가 95% 이상을 차지하고 있다.

⑥ 외환시장은 기본적으로 제로섬(zero sum)시장의 성격을 갖고 있다. 즉, 외환시장에 참여하는 어느 거래자가 이익을 실현하였다면 상대방 거래자는 반드시 이에 상응하는 손실을 입는다. 이러한 결과는 중앙은행이 외환시장개입을 하는 경우에도 마찬가지로 적용된다. 만일 중앙은행이 외환시장개입으로 인해 손실을 입었다면 일반 외환거래자들은

---

1) 우리나라의 서울 외환시장에서 은행 간 거래의 최소단위는 100만 달러이며, 10만 달러 단위로 추가할 수 있다.

전체적으로 합산해 볼 때 중앙은행이 손해를 본 만큼 이익을 실현하며, 반대로 중앙은행이 외환시장개입을 통해 이익을 거두었다면 일반 외환거래자들은 중앙은행이 이익을 본 만큼 순손실을 기록하게 된다.

1.2 외환시장의 참가자

외환시장 참가자는 크게 일반고객, 외국환은행, 외환중개인 및 중앙은행으로 구분하여 볼 수 있다.

(1) 일반고객

일반고객은 전통적으로 외환시장을 이용하는 자들로서 다양한 거래목적을 가지고 은행에서 외환을 사거나 판다. 즉, 외국과 상품이나 서비스거래를 하는 과정에서 외환거래를 하여야 하는 무역업자, 여행경비를 환전해야 하는 여행자, 회사가 보유하고 있는 외화자산 또는 부채의 환위험을 관리하여야 하는 재무관리자, 그리고 해외에서 차관을 도입하거나 원리금을 상환하는 정부 등을 들 수 있다.

한편, 외환거래를 하는 일반고객은 거래의 동기에 따라 실수요자, 헤저, 차익거래자 및 투기거래자로 구분하여 볼 수 있다. 실수요자(traders)는 수출입이나 외화표시 금융자산의 매매에 따라 외환을 수취하거나 대금을 결제하기 위하여 외환시장에 참가한다. 헤저(hedger)는 다양한 상품을 이용하여 환율변동에 따른 위험을 회피함으로써 자신이 보유하고 있는 외화자산이나 부채의 가치를 보전하고자 외환시장에 참가한다. 재정거래자 또는 차익거래자(arbitrager)는 환율변동에서 발생하는 무위험 차익을 목적으로 외환거래를 하는 고객을 말한다. 투기자(speculator)는 환위험을 무릅쓰고 환차익을 얻기 위하여 외환시장에 참가하는 고객을 말한다.

(2) 은 행

은행은 외환시장에서 가장 중요한 역할을 담당하는 참가자이다.

① 은행은 [그림 2-1]에서 보는 바와 같이 일반고객의 요구에 따라 외환거래를 하거나 송금 등을 통하여 국내고객과 해외은행간 자금결제의

그림 2-1 우리나라 외환시장의 구조

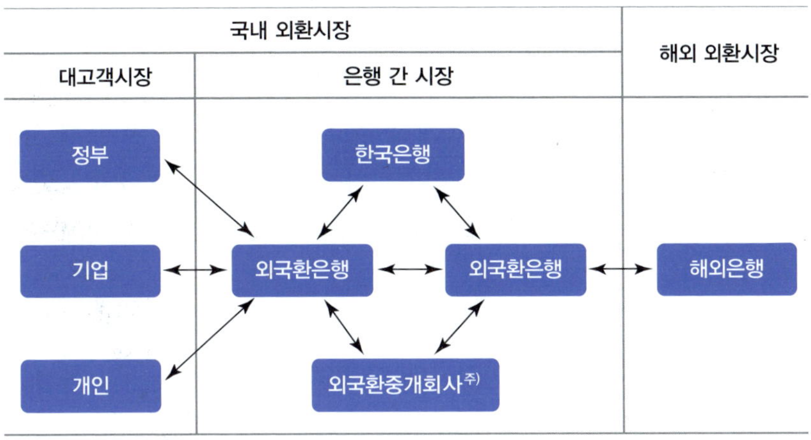

주 : 서울외국환중개(주), 한국자금중개(주)

중개기능을 수행한다. 은행은 고객의 요청에 따라 외환거래를 수행하기 위해서 항상 일정규모 이상의 외환을 보유하고 있어야 한다.

② 은행은 고객과의 외환거래에서 매입초과 또는 매도초과 포지션이 발생하는 경우 환위험을 회피하기 위하여 다른 외국환은행과 외환거래를 하게 된다.

③ 은행은 각각의 외환시장 전망에 따라 거래차익 또는 투기 등을 목적으로 외환거래를 하기도 한다.

외환시장에서 외국환은행 간 외환거래로 형성되는 시장을 은행 간 시장이라고 하는데, 이것이 사실상 외환시장의 근간이 되고 있다. 외국환은행 중 대규모 자산운용으로 외환시장에 크게 영향을 미치는 외국환은행을 시장조성자(market maker)라고 부르며, 이들은 외환시장의 유지 또는 환율안정을 위하여 일정한 외환포지션을 유지함으로써 시장의 안정자(market stabilizer)로서의 역할도 하고 있다.

(3) 외환중개인

은행 간 거래는 외국환은행 간 직접거래로 이루어지기보다는 전문화된 외환중개인을 통해 이루어지게 된다. 보통 외환중개인은 중개수수료를 받고 은행 간 거래나 은행과 고객 간 거래를 중개한다.

외환중개인은 자기 외환포지션을 보유하느냐 하지 않느냐에 따라 외환브로커와 외환딜러로 구분된다. 외환브로커는 자기 외환포지션을 보유하지 않고 고객들 간 외환거래를 중개해 주고 중개수수료만 받기 때문에 환위험을 부담하지 않는다. 반면 외환딜러는 자기 외환포지션을 가지고 고객의 요구에 따라 외환을 매입하거나 매도하기 때문에 환위험을 부담하게 된다.

(4) 중앙은행

중앙은행은 환율의 안정이나 적정수준 유지 등 정책적 목적을 달성하기 위하여 외환시장에 개입한다. 중앙은행은 외환수급의 불균형으로 인해 환율의 불안정성이 증가하거나 환율이 적정수준에서 크게 벗어나 경상수지에 악영향을 미치는 경우 외환시장에 개입한다. 중앙은행의 외환시장 개입형태는 환율제도의 형태에 따라 그리고 자본 및 금융시장의 개방화 정도에 따라 달라진다. 중앙은행은 외환시장개입에 필요한 자금을 확보하기 위하여 외국환평형계정이나 외국환평형기금을 설치하여 운영하고 있다.

1.3 주요 국제외환시장

외환거래는 국제금융거래에 수반하여 발생하는 경우가 많기 때문에 주요 국제외환시장은 일반적으로 국제금융시장과 같은 장소에 위치하고 있다. 유럽지역에서는 런던, 취리히, 프랑크푸르트, 북미지역에서는 뉴욕, 시카고, 로스앤젤레스, 샌프란시스코, 동아시아지역에서는 도쿄, 싱가포르, 홍콩이 주요 국제외환시장으로서의 역할을 담당하고 있다. 이 중 런던, 뉴욕, 도쿄, 싱가포르 등이 주요 국제외환시장으로서 절대적 지위를 차지하고 있다.

런던외환시장은 전통적으로 국제금융의 중심지로서 극동시장과 북미시장의 중간에 위치하여 오전에는 도쿄, 오후에는 뉴욕과 외환거래가 가능한 장점 때문에 국제외환시장으로서 절대적 지위를 확고히 유지하고 있다. 런던외환시장은 2019년 일평균 외환거래규모가 3조 5,760억 달러로서 전 세계 총 외환거래량의 43.1%를 차지하였다.

표 2-1 주요국 외환시장의 일평균 외환거래규모(추정치) (단위: 십억 달러, %)

국가	2004년 4월	2007년 4월	2010년 4월	2013년 4월	2016년 4월	2019년 4월
영국	835 (32.0)	1,483 (34.6)	1,854 (36.8)	2,726 (40.9)	2,406 (36.9)	3,576 (43.1)
미국	499 (19.1)	745 (17.4)	904 (17.9)	1,263 (18.9)	1,272 (19.5)	1,370 (16.5)
싱가포르	134 (5.1)	242 (5.6)	266 (5.3)	383 (5.7)	517 (7.9)	640 (7.7)
일본	207 (8.0)	250 (5.8)	312 (6.2)	374 (5.6)	399 (6.1)	376 (4.5)
홍콩	106 (4.1)	181 (4.2)	238 (4.7)	275 (4.1)	437 (6.7)	632 (7.6)
스위스	85 (3.3)	254 (5.9)	249 (4.9)	216 (3.2)	156 (2.4)	276 (3.3)
프랑스	67 (2.6)	127 (3.0)	152 (3.0)	190 (2.8)	181 (2.8)	167 (2.0)
호주	107 (4.1)	176 (4.1)	192 (3.8)	182 (2.7)	121 (1.9)	119 (1.4)
한국	21 (0.8)	35 (0.8)	44 (0.9)	48 (0.7)	48 (0.7)	55 (0.7)
기타	548 (21.0)	788 (18.4)	832 (18.4)	1,015 (15.2)	977 (15.0)	1,090 (113.1)
합계	2,608 (100.0)	4,281 (100.0)	5,043 (100.0)	6,671 (100.0)	6,514 (100.0)	8,301 (100.0)

주 : 1) 2004년에는 52개국, 2007년, 2010년, 2013년에는 54개국, 2016년, 2019년에는 55개국이 포함되었음.
2) 외환거래액은 현물환, 선물환, 외환스왑거래, 통화스왑, 통화옵션 거래의 총합을 나타냄.
3) 괄호 안의 수치는 비중을 나타냄.
자료 : BIS(2019).

뉴욕외환시장은 런던외환시장에는 크게 못 미치지만 세계 제2위의 국제외환시장으로서 지위를 고수하고 있다. 이는 미국이 양차 세계대전을 거치면서 세계 최대의 채권국으로 부상함에 따라 뉴욕이 국제금융의 중심지로 성장한 데 힘입은 바 크다. 뉴욕외환시장을 중심으로 한 미국의 외환시장은 2019년 일평균 외환거래규모가 1조 3,700억 달러로서 총외환거래량의 16.5%를 차지하였다.

도쿄외환시장은 1980년대 초 외환거래 자유화조치와 1980년대 후반의 대폭적인 경상수지 흑자를 바탕으로 세계 제3위의 국제외환시장으로 급부상하였다. 1980년대 말 도쿄외환시장규모는 뉴욕외환시장에 거의 육박하기도 하였으나, 1990년대 들어 일본의 불황이 지속되면서 그 비중이 계속 낮아지는 추세를 보이고 있다. 도쿄외환시장은 2019년 일평균 외환거래규모가 3,760억 달러로서 총외환거래량의 4.5%를 차지하였다.

또한 최근에는 싱가포르, 취리히, 홍콩 외환시장에서 외환거래가 급격히 증가하는 추세를 보이고 있다. 특히 싱가포르는 2019년 일평균 외환거래규모가 6,400억 달러로서 총외환거래량의 7.7%를 차지하여 도쿄를 능가하였으며, 홍콩과 취리히 외환거래량의 비중은 각각 7.6%와 3.3%를 기록하였다. 이는 정보통신기술의 발달로 24시간 외환거래가 가능해짐에 따라 이들 지역을 중심으로 새로운 국제금융센터가 형성되면서 그 입지가 커지고 있기 때문이다. 한편 한국의 경우 2019년 일평균 외환거래량은 550억 달러로서 전세계 외환시장에서 차지하는 비중은 0.7%에 불과하다.

2. 환율과 환율제도

외환시장에서 서로 다른 통화가 교환되는 과정에서 이들 통화 간 교환비율이 정해지는데 이를 환율이라고 한다. 환율은 외환의 가격으로서 기본적으로 외환의 수요와 공급에 의하여 결정되지만 환율의 결정메커니즘은 그 나라가 어떠한 환율제도를 채택하고 있느냐에 따라 달라진다.

2.1 환율의 개념

(1) 환율의 표기방식

일반적으로 환율(exchange rate)은 외국통화 한 단위와 교환되는 자국통화의 양으로 정의된다. 즉, 환율이란 외국통화 한 단위를 수취하기 위하여 자국통화 몇 단위를 지불하여야 하는가를 나타낸다. 그러나 환율은 서로 다른 두 통화 간 교환비율이므로 자국통화 한 단위가 외국통화 몇 단위와 교환되는가로도 표시할 수 있다. 전자와 같이 외국통화를 기준으로 표시한 환율을

환율의 표시방법 : European terms와 American terms

국제금융시장에서 널리 사용되는 환율표시방법은 크게 European terms와 American terms로 구분된다.

European terms는 유럽 입장에서 미국 달러화에 대한 환율을 정의한 것으로서 미국 달러화 1단위와 교환되는 해당 통화의 양을 표기하는 방식이다. 일본 엔화, 캐나다 달러화, 우리나라 원화 등 대부분의 통화가 European terms방식으로 표기되고 있다.

American terms는 미국 입장에서 해당 통화에 대한 환율을 정의한 것으로서 해당 통화 1단위와 교환되는 미국 달러화의 양을 표기하는 방식이다. 유로화, 영국 파운드화, 아이리쉬 파운드화, 호주 달러화, 뉴질랜드 달러화 등이 American terms방식으로 표기되고 있다.

최근 들어 환율을 표기할 때 통화기호보다 국제표준기구(International Standardization Organization : ISO)가 정한 ticker를 사용하는 경우가 더 많은데, 이 경우 /의 의미가 달라지므로 상당한 주의를 기울여야 한다. 예를 들어, 엔화의 대미달러(U$) 환율이 ￥104.8인 경우 ￥/U$ 104.8 또는 USD/JPY 104.8로 표기한다. ￥/U$로 표기하는 경우에 /는 'per'의 의미를 갖지만 USD/JPY로 표기하는 경우에 /는 'per'의 의미를 갖지 않는다. 따라서 JPY/USD 104.8로 표기하면 안 된다.

사례		추천표기법	잘못된 표기법
European terms	엔화환율 (1달러당 엔화비율)	USD/JPY(or ￥/$)	JPY/USD
	원화환율 (1달러당 원화비율)	USD/KRW(or ₩/$)	KRW/USD
American terms	유로화환율 (1유로당 달러비율)	EUR/USD(or $/€)	USD/EUR

[참고] ISO Ticker에 의한 통화표시 예

약어	통 화	약어	통 화	약어	통 화
USD	U.S. Dollar	AUD	Australian Dollar	CNY	Chinese Yuan
JPY	Japanese Yen	GBP	(Great) British Pound	CAD	Canadian Dollar
EUR	Euro	HKD	Hong Kong Dollar	CHF	Swiss Franc
KRW	Korean Won	TWD	Taiwan Dollar	MXN	Mexican Peso

환율의 표기방법 : 매입률과 매도율

외환시장에서 외환중개인은 매입률(bid 또는 buying rate)과 매도율(offered 또는 asked rate)의 두 가지 환율(two way price)을 동시에 호가한다. 매입률은 외환중개인이 고객으로부터 외환을 살 때 적용하는 환율이고, 매도율은 고객에게 외환을 팔 때 적용하는 환율이다. 예를 들어, 외환중개인이 EUR/USD 1.4825－1.4834와 같이 제시하였다면 외환중개인은 고객에게 EUR 1.00를 U$ 1.4825에 사고 EUR 1.00를 U$ 1.4834에 팔겠다는 것이다.

외환 매입률과 매도율의 차이를 **매매율차**(bid-ask spread)라고 한다. 매매율차는 외환중개인 입장에서는 외환거래 중개서비스의 대가로 받는 수수료로서 매매이익의 원천인 반면, 고객의 입장에서는 외환거래 중개서비스에 대하여 외환중개인에게 지불하는 수수료로서 거래비용의 성격을 갖는다.

아래 표는 우리나라 외국환은행이 고시하는 환율을 예시해 보여주고 있다. 이 표에서 살(팔) 때는 일반고객이 외국환은행으로부터 외환을 살(팔) 경우이다. 매매율차를 계산해 보면, 전신환은 매매기준율의 1.94%, 현찰은 3.50%인데, 이는 선진국에 비해 매우 높은 수준이다.

기준일 : 2015.8.21. 최초고시(우리은행)

통화명	현 찰		송금(전신환)		T/C 사실 때	매매 기준율
	사실 때	파실 때	보내실 때	받으실 때		
미국 USD	1,204.72	1,163.28	1,195.40	1,172.40	1,198.20	1,184.00
일본 JPY100	975.72	942.16	968.24	949.64	970.44	958.94
유로통화 EUR	1,356.04	1,302.88	1,342.75	1,316.17	1,349.40	1,329.46
중국 CNY	193.04	174.66	185.68	182.02	193.04	183.85

직접표시 환율(또는 자국통화표시 환율, 지급환율)이라 하고, 후자와 같이 자국통화를 기준으로 표시한 환율을 간접표시 환율(또는 외국통화표시 환율, 수취환율)이라 한다. 이와 같이 구분하는 경우 단지 '환율'이라고 했을 때 어느 것을 의미하는지 알 수 없기 때문에 혼란을 초래할 수 있다. 그러나 환율은 일반적으로 거래대상물인 외환(외국통화) 한 단위와 교환되는 자국통화의 양으로 정의되며, 자국통화표시 외환가격으로 이해되고 있다.

직접표시 환율의 경우, 환율의 상승은 외국통화 한 단위와 교환되는 국내통화의 양이 많아지므로 외국통화의 가격이 상승하는 것을 의미한다. 이를 간접표시 환율인 자국통화 입장에서 보면 자국통화 한 단위와 교환되는 외국통화의 양이 적어지므로 자국통화의 가치가 하락, 즉 자국통화가 절하(depreciation)되는 (또는 약세를 보이는) 것을 의미한다. 반면 환율의 하락은 외국통화의 가격이 하락하는 것이다. 이는 자국통화 입장에서 보면 자국통화 한 단위로 살 수 있는 외국통화의 양이 늘어나므로 자국통화의 가치가 상승, 즉 자국통화가 절상(appreciation)되는 (또는 강세를 보이는) 것을 의미한다.[2)]

예를 들면, 서울외환시장에서 원화와 달러화 간의 환율을 $1=1,100원으로 표시하는 것은 직접표시법을 따른 것이고 1원=$0.0009로 표시하는 것은 간접표시법을 따르는 것이다. 만약 환율이 $1=1,200원으로 상승하면 1원=$0.00083으로 원화의 가치가 하락, 즉 원화가 절하되는 것을 의미한다. 반대로 $1=1,000원으로 하락하면 1원=$0.001로 원화의 가치가 상승, 즉 원화가 절상되는 것을 의미한다.

(2) 실질환율과 실효환율

환율은 명목환율과 실질환율로 구분된다. 앞서 보았던 "두 나라 화폐의 상대가격"으로 정의된 환율은 명목환율(nominal exchange rate)을 의미한다. 한편 실질환율(real exchange rate)은 "두 나라 재화의 상대가격"을 나타낸다. 즉, 자국 재화와 외국 재화의 교환비율을 의미한다. 명목환율과 실질환율의 관계를 보기 위해 미국산 컴퓨터와 한국산 컴퓨터를 예로 들어보자. 미국산 컴퓨터는 1,000달러, 한국산 컴퓨터는 110만원, 그리고 명목환율은 1달러=1,100원이라고 하자. 이 두 재화들의 가격이 서로 다른 화폐로 표시되어 있기 때문에 가격을 비교하기 위해서 원화와 달러화 중 하나의 통화로 환산해야 한다. 자국화인 원화로 환산하면 미국산 컴퓨터의 원화표시 가격은 1,100원×1,000달러=110만원이 된다. 한국산 컴퓨터의 가격이 110만원이므로 미국산과 한국산 컴퓨터의 상대가격은 1, 즉 현재가격에서 한국산 컴퓨터 1대와 미국산 컴퓨터 1대를 교환할 수 있다. 요약하면,

---

2) **평가절상**(revaluation) 또는 **평가절하**(devaluation)라는 용어는 원칙적으로 고정환율제도에서 사용되는 용어로서, 변동환율제도에서는 **통화가치 상승**(appreciation) 또는 **통화가치 하락**(depreciation)으로 사용하는 것이 맞다. 하지만 언론 등에서는 흔히 혼용된다.

$$
\begin{aligned}
\text{실질환율} &= \frac{(1{,}100\text{원/달러}) \times (1{,}000\text{달러/미국산 컴퓨터})}{110\text{만원/한국산 컴퓨터}} \\
&= \frac{110\text{만원/미국산 컴퓨터}}{110\text{만원/한국산 컴퓨터}} \\
&= 1
\end{aligned}
$$

만약 명목환율이 1달러=1,200원이 되어 원화의 가치가 절하된다면 미국산 컴퓨터는 120만원이 되어 한국산 컴퓨터가 상대적으로 싸지므로 한국인은 미국산 컴퓨터를 더 적게 구입하여 수입은 줄어들고 미국인은 한국산 컴퓨터를 더 많이 구입하여 수출이 증가하게 된다. 이 경우를 실질환율의 절하(real depreciation)라고 부른다. 즉, 실질환율의 절하는 자국재화의 가격이 외국재화의 가격에 비해 더 낮아지는 것을 의미한다. 반대로, 명목환율이 1달러=1,000원으로 원화의 가치가 상승한다면 미국산 컴퓨터는 100만원이 되어 한국산 컴퓨터가 더 비싸지므로 한국인은 미국산 컴퓨터를 더 많이 구입하여 수입은 늘어나고 미국인은 한국산 컴퓨터를 더 적게 구입하여 수출이 감소하게 된다. 이 경우를 실질환율의 절상(real appreciation)이라고 하고 이는 자국재화 가격이 외국재화 가격보다 더 높아지는 것을 의미한다. 명목환율이 변하지 않더라도 재화의 가격이 변하면 실질환율이 변한다. 예를 들어, 미국산 컴퓨터 (달러화표시) 가격이 오르거나 한국산 컴퓨터 (원화표시) 가격이 떨어지면 실질환율이 절하되고, 반대로 미국산 컴퓨터 (달러화표시) 가격이 떨어지거나 한국산 컴퓨터 (원화표시) 가격이 오르면 실질환율이 절상된다.

지금까지는 한 재화에 대한 실질환율을 계산했는데, 실제로는 각 나라가 많은 재화들을 생산하기 때문에 많은 재화들의 묶음에 대한 실질환율을 도출할 수 있다. 한국을 자국, 미국을 외국이라고 하자. S를 명목환율, P를 (원화로 측정된) 자국의 물가수준, P^*를 (달러화로 측정된) 외국의 물가수준이라고 하자.[3] 이 경우 실질환율(q)은 다음과 같다.

$$q = \frac{SP^*}{P} \tag{2.1}$$

3) 여기에서 물가수준을 측정하기 위해 대부분의 경우 소비자물가지수(Consumer Price Index)가 사용된다.

$q\uparrow$ 이면 외국재화들이 상대적으로 비싸지고 자국재화들이 상대적으로 싸지게 된다. 즉, 실질환율이 절하(real depreciation)됨을 의미한다. 반대로, $q\downarrow$ 이면 외국재화들이 상대적으로 싸지고 자국재화들이 비싸지게 된다. 즉, 실질환율이 절상(real appreciation)됨을 나타낸다.

지금까지 환율에 대한 논의는 교역상대국이 한 나라인 경우를 가정하고 있다. 그러나 현실적으로는 여러 국가들과 교역을 하고 있다. 예를 들어, 한국이 미국 및 일본과 교역을 하고 있을 때 미국 달러화에 대한 원화가치는 변함이 없는데 일본 엔화의 가치가 미국 달러화에 대해서 떨어진다면 엔화는 원화에 대해서도 가치가 떨어질 것이고 그 결과 한국의 가격경쟁력이 하락하게 된다. 이처럼 교역상대국들이 많을 때 여러 외화들에 대한 환율을 평균하여 나타낸 수치를 실효환율(effective exchange rate)이라고 한다. 실효환율은 기준시점과 비교하여 외화에 대한 자국통화의 가치가 평균적으로 얼마나 변했는지를 나타내고, 자국재화의 가격경쟁력 지표로 볼 수 있다. 실효환율은 기준시점을 100으로 놓은 지수이며, 대부분의 국제기구에서 발표하는 자료를 보면 자국통화를 기준으로 한 간접표시 환율을 이용하여 측정된다. 따라서 실효환율이 올라가면 자국의 통화가치가 상승하고, 실효환율이 내려가면 자국의 통화가치가 하락한다. 실효환율도 명목실효환율(nominal effective exchange rate)과 실질실효환율(real effective exchange rate)로 구분된다. 명목실효환율은 자국통화와 주요 교역상대국통화 간의 개별적인 명목환율을 교역상대국의 무역규모로 가중평균하여 산출한 지수형태의 지표이다. 한편 실질실효환율은 환율변동뿐만 아니라 국가 간의 물가상승률의 차이까지 고려한 지표이다.

만약 기준시점을 0, 현재시점을 t, 교역상대 i국과의 환율을 e_i, 그리고 교역상대국의 수를 n이라고 한다면 명목실효환율지수의 공식은 다음과 같다.[4)]

$$NEER_t = \prod_{i=1}^{n}(100 \times \frac{e_{i_t}}{e_{i_0}})^{w_{i_t}} \qquad (2.2)$$

---

4) 식 (2.2)에서 $\prod_{i=1}^{n}$는 변수를 n번 곱하는 것을 의미한다. 예를 들어, $\prod_{i=1}^{n} x_i = x_1 \times x_2 \times \dots \times x_n$ 이다.

단, e_{i_t}: t시점에서의 i국 통화와의 환율

e_{i_0}: 기준시점에서의 i국 통화와의 환율

w_{i_t}: t시점에서 i국과의 교역가중치

여기에서 환율 e는 자국화폐의 가치를 외화로 환산한 간접표시 환율이고 앞서 보았던 직접표시 환율 S의 역수, 즉 $e=1/S$이다. 만약 i국이 미국이라면 S=1,100원/달러인 경우 e=0.0009달러/원이다. 명목실효환율지수가 100 이상이면 교역상대국들의 통화에 비해 기준시점 대비 자국통화 가치가 상승, 100 미만이면 교역상대국들의 통화에 비해 기준시점 대비 자국통화 가치가 하락하였음을 의미한다.

한편 실질실효환율은 환율변동뿐만 아니라 자국과 교역상대국들 간의 물가상승률의 차이까지 고려한 지표이고 실질실효환율지수의 공식은 다음과 같다.

$$REER_t = \prod_{i=1}^{n}(100 \times \frac{e_{i_t}}{e_{i_0}} \times \frac{P_t}{P_{i_t}})^{w_{i_t}} \tag{2.3}$$

단, $P_t \equiv 1+\pi_t$: π_t=기준시점에서 t시점까지 자국의 물가상승률

$P_{i_t} \equiv 1+\pi_{i_t}$: π_{i_t}=기준시점에서 t시점까지 i국의 물가상승률

실질실효환율은 한 나라의 수출가격경쟁력을 판단하는 데 보다 더 정확한 지표일 수 있다. 실질실효환율이 상승하면 교역상대국들에 비해 가격경쟁력이 떨어지고, 반대로 떨어지면 가격경쟁력이 올라가는 것을 의미한다. 또한 실질실효환율이 100보다 클 때는 기준시점과 비교하여 자국통화가 고평가, 100보다 작을 때는 자국통화가 저평가되었다고 해석하기도 한다.

[그림 2-2]는 2010년을 기준년도로 하고 2021년 10월까지 한국 원화의 월별 명목실효환율지수와 실질실효환율지수 추이를 보여주고 있다. 그림을 보면 한국의 실효환율은 2010년을 100으로 보았을 때 2012년까지 대부분의 기간 동안 100 이하의 수치를 보이고 있어 원화가치가 교역상대국들의 통화에 상대적으로 약세이었음을 보여준다. 하지만 2013년부터 강세로 돌아서서 그 추세를 유지하고 있다. 기간별로 보면 비록 등락이 있었지만 2018년까지 꾸준히 원화가치가 상승하다가 그 이후에 약세로 돌아서고 있다. 한편, 2021

그림 2-2 한국 원화의 실효환율지수

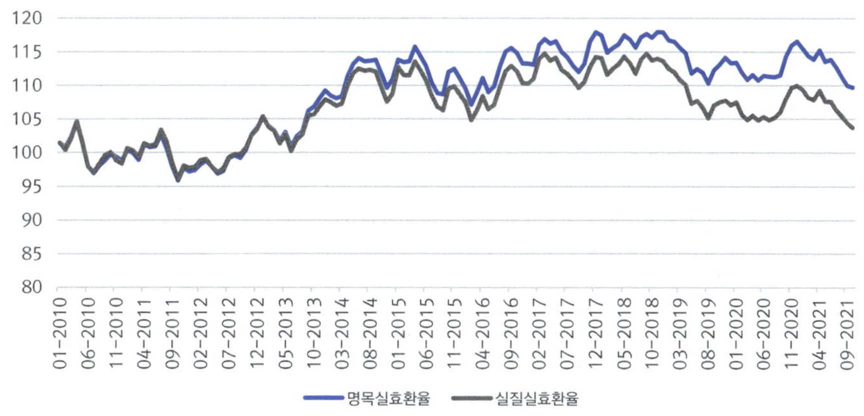

주 : 주요 교역대상국들의 통화 대비 원화의 명목 및 실질실효환율지수(2010: Jan.=100).
자료 : BIS database.

년 10월 현재 명목 및 실질실효환율지수가 100보다 커서 2010년도에 비해 원화가치가 더 높아졌음을 알 수 있다.

달러 인덱스

미달러화에 대한 실효환율은 특별히 **달러 인덱스**(U.S. Dollar Index)라고 부른다. 달러 인덱스는 미국의 주요 교역상대국통화에 대한 미달러화의 가치를 나타내는 지수이다. 달러 인덱스는 여러 기관에서 발표하지만 여기서는 미국의 중앙은행인 연방준비제도이사회(Fed: Federal Reserve Board)와 국제결제은행(BIS: Bank for International Settlements)이 추정하는 달러 인덱스를 살펴본다.

먼저, Fed는 선진국 지수, 신흥국 지수, 광의(broad) 지수 등 세 종류의 달러 인덱스를 발표한다. 선진국과 신흥국 지수는 각각 6개 선진국과 20개 신흥국 통화를 사용하고, 광의의 지수는 26개 선진국 및 신흥국의 통화를 사용하여 미달러화의 가치를 측정한다. Fed는 명목 달러 인덱스뿐만 아니라 실질 달러 인덱스도 함께 추정하여 발표하고 있다.

한편, BIS는 명목 달러 인덱스와 실질 달러 인덱스 모두 제공하고 있지만, Fed와는 달리 광의(broad)와 협의(narrow)의 두 가지 달러 인덱스만을 추정하고 있다. 광의의 인덱스와 협의의 인덱스는 각각 60개국과 26개국들의 통화를 이용하여 추정된다. 실효환율 추정 시 두 기관 모두 미국과의 무역규모를 이용하여 각 통화의 가중치를 결정한다.

1973년 1월부터 2021년 11월까지 미달러화의 월별 명목실효환율과 실질실효환율을 보여주고 있는 [그림 2-3](1973년 1월=100)에[5] 따르면 주요 교역상대국통화들에 대한 미달러화의 명목 및 실질 가치가 거의 비슷한 움직임을 보였다는 것을 알 수 있다.

명목실효환율을 살펴보면 대체로 미국의 금리인상 시기에 미달러화의 가치가 상승하였음을 확인할 수 있다. 미달러화의 가치가 가장 높았던 때는 1985년 플라자협정을 맺기 직전인 1985년 3월로써 명목실효환율의 지수는 129.9를 기록하였다.[6] 미국의 금리인상을 통한 긴축정책의 영향으로 1980년에서 1985년까지 미달러화의 가치가 일본 엔화, 독일 마르크화, 프랑스 프랑화, 영국 파운드화에 대해 약 50% 상승하였는데, 달러 인덱스의 변화가 이를 반영하고 있는 것이다.

플라자협정 이후 미달러 인덱스는 지속적인 하락세를 나타내었으나 1995년 4월 75.2에서 2002년 7월 103.1까지 다시 상승하는 반전의 변화를 나타내었다. 이 시기는 미국의 IT붐과 고금리 긴축정책 기간과 거의 일치한다. 또한 2015년부터 미달러화의 가치가 다시 상승하였는데 이 시기 역시 2008년 글로벌 금융위기 이후 제로금리와 양적완화 정책을 종료하고 미국이 금리인상을 시작했던 기간에 해당된다. 그러나 COVID-19 발생과 더불어 2020년 초 다시 제로금리 정책을 사용하면서 미달러화의 가치는 하락하기 시작하여 달러 인덱스는 2021년 11월 현재 85.1까지 하락하였다. 이 수치는 주요 교역상대국통화에 대한 미달러화의 가치가 1973년에 비해 하락하였음을 의미한다.

그림 2-3 미달러화의 실효환율지수(달러 인덱스)

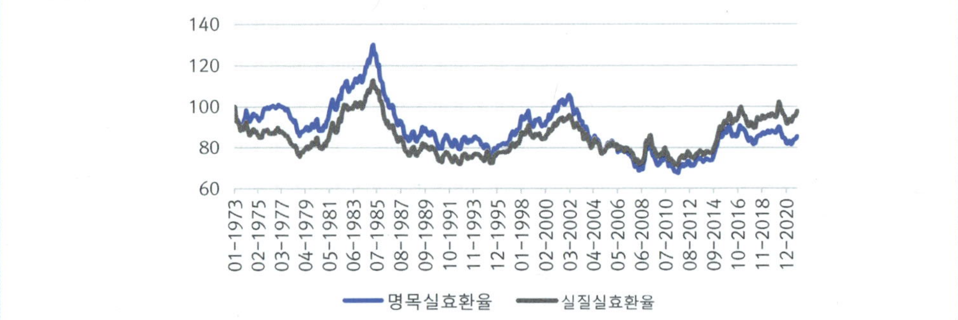

자료 : BIS database.

5) 시계열 자료의 제약으로 Fed의 달러 인덱스를 사용하지 않고 BIS가 발표한 협의의 실효환율을 사용한다.

6) 플라자협정에 대한 자세한 내용은 제11장을 참조.

2.2 환율제도와 환율의 결정

환율은 외환의 가격이므로 외환의 수요와 공급에 의하여 결정된다. 외환에 대한 수요는 상품이나 서비스를 수입하거나 해외금융자산(또는 이미 해외에 매각하였던 국내금융자산)을 취득하는 대가로 대금을 결제하는 과정에서 발생한다. 반면 외환의 공급은 상품이나 서비스를 수출하거나 국내금융자산(또는 이미 취득하였던 해외금융자산)을 해외에 매각한 대가를 받는 과정에서 발생한다. 이러한 외환의 수요와 공급에 의하여 기본적으로 환율이 결정되지만 그 결정메커니즘은 환율제도에 따라 상이하다. 환율제도는 환율의 결정메커니즘에 따라 크게 변동환율제도와 고정환율제도로 구분되지만, 현실적으로 각국은 자국의 대내외 경제여건을 고려하여 크롤링 페그(Crawling Peg)제도,[7] 복수환율제도[8] 등과 같은 변형된 환율제도를 도입하여 사용하기도 한다.

(1) 변동환율제도

변동환율제도(Flexible Exchange Rate System)란 통화당국의 개입 없이 민간부문의 외환에 대한 수요와 공급에 의하여 환율이 자유로이 결정되는 환율제도를 말한다. 외환시장은 [그림 2-4]에서 보는 바와 같이 외환의 수요곡선($D^0_{FX}D^0_{FX}$)과 외환의 공급곡선($S^0_{FX}S^0_{FX}$)이 교차하는 점 E_0에서 균형을 이루므로 균형환율과 거래량은 각각 S_0와 FX_0에서 결정된다. 만약 외환의 수요가 증가하여 외환수요곡선이 $D^0_{FX}D^0_{FX}$에서 $D^1_{FX}D^1_{FX}$로 이동하는 경우 환율 S_0에서 ΔFX만큼 초과수요가 발생함에 따라 환율이 S_1으로 상승하면서 외환시장은 다시 균형을 찾아가게 된다. 이와 같이 외환시장의 불균형이 환율의 자유로운 변동에 의하여 해소되는 환율제도를 변동환율제도라고 한다.

---

7) 자국통화를 달러화 등과 같은 기축통화에 연계시키고 주기적으로 환율을 조정하는 제도이다.

8) 주로 수출입대금 결제 및 외환의 송금거래에는 고정환율 또는 정부나 중앙은행이 직접 개입하여 조정하는 관리환율을 적용하고, 기타거래에 대해서는 시장에서 형성되는 환율을 적용하는 제도이다.

그림 2-4 환율제도와 환율의 결정

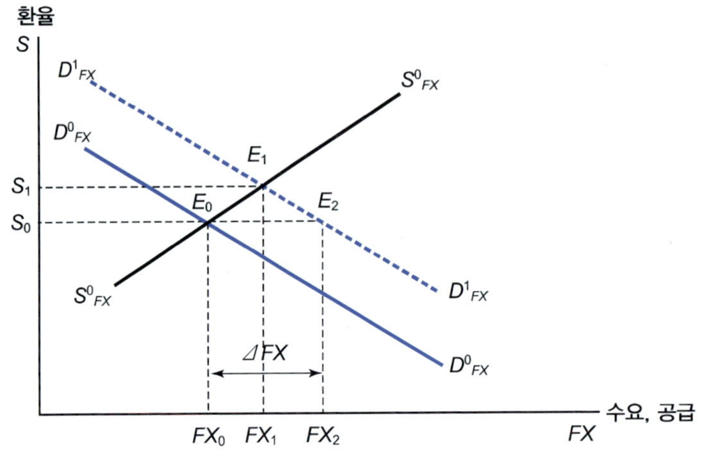

외환에 대한 수요의 증가로 ΔFX에 상당하는 초과수요가 발생하는 경우 변동환율제도하에서는 환율이 S_0에서 S_1으로 상승하여 외환의 초과수요를 해소시키는 반면, 고정환율제도하에서는 통화당국이 외환의 초과수요에 상당하는 보유외환을 매각함으로써 해소된다.

(2) 고정환율제도

고정환율제도(Fixed Exchange Rate System)란 외환당국이 외환시장에 개입하여 환율을 일정수준에서 고정시키는 환율제도를 말한다. [그림 2-4]에서 보는 바와 같이 외환의 수요가 증가하여 외환수요곡선이 $D^0_{FX}D^0_{FX}$에서 $D^1_{FX}D^1_{FX}$로 이동하는 경우 ΔFX만큼 초과수요가 발생한다. 따라서 외환당국이 보유하고 있는 외환을 매각하여 ΔFX에 상당하는 초과수요를 해소함으로써 환율을 S_0에서 그대로 유지한다. 이와 같이 고정환율제도하에서는 외환시장에서 초과수요 또는 초과공급이 발생하는 경우 통화당국이 보유하고 있는 외환을 매각하거나 매입하여 이를 해소함으로써 환율이 일정수준에서 유지된다.

외환수요곡선과 외환공급곡선의 이동

[그림 2-4]의 환율결정모형을 이용하면 외부충격이나 정책변화가 있을 때 환율이 어떻게 변하는지를 알 수 있다. 우리나라의 중요 수출시장인 중국, 미국, 일본의 경제가 호전되면 우리나라의 이들 국가에 대한 수출이 증가한다. 이는 외환공급곡선을 오른쪽으로 이동시키고, 그 결과 원/달러환율이 하락한다. 다른 예로 우리나라 주가가 올라갈 것으로 예상되면 외국인들의 국내주식에 대한 투자가 늘어나고, 달러의 공급이 증가한다. 우리나라 금리가 상승할 것으로 예상되는 경우에도 외국인의 우리나라 채권투자가 늘어나고, 우리나라 기업이나 금융기관들도 값싼 외국자금을 차입하려고 할 것이기 때문에 외환공급곡선이 오른쪽으로 이동하고, 원/달러환율은 하락한다.

미래 환율변화에 대한 기대도 현재 환율에 영향을 미친다. 원/달러환율이 향후 하락할 것으로 기대하는 경우, 국내 금융상품에 투자하고 있는 외국인은 환차익을 본다. 투자원리금을 낮은 환율에서 달러로 환전할 때 이익을 보기 때문이다. 따라서 원/달러환율이 하락할 것으로 예상되면 환차익을 보려는 외국인의 국내금융상품에 대한 투자가 늘어 외환공급곡선이 오른쪽으로 이동하고, 원/달러환율은 하락하게 된다.

수출 경쟁국의 환율도 우리나라 환율에 많은 영향을 미친다. 예를 들어, 엔/달러환율이 하락하면(엔고), 일본 수출품의 달러표시 가격이 상승하기 때문에 일본과 경쟁을 하는 우리나라의 주력수출품인 반도체, 전기전자, 철강, 조선, 자동차 수출이 늘어나게 되고, 수출증가는 외환 공급곡선을 오른쪽으로 이동시키고, 그 결과 원/달러환율이 하락한다.

중앙은행의 외환시장개입(foreign exchange market intervention)도 외환 수요곡선과 공급곡선에 영향을 미친다. 일례로, 중앙은행의 외환매입은 외환수요곡선을 오른쪽으로 이동시키므로 환율을 상승시킨다. 그 반대로 환율상승폭이나 속도를 줄이길 원하면 중앙은행이 외환시장에서 외환을 매각해 외환공급곡선이 오른쪽으로 이동하고, 그 결과 환율상승을 완화시키게 된다.

표 2-2 우리나라 환율제도의 변천추이

연월일	내 용	비 고
1945.10. 1	**고정환율제도 시행** • 미군정 당국의 대민간거래에 적용하기 위하여 1달러당 15원(圓)의 공정환율 결정	고정환율제도 (1945.10～1964.5)
1949. 6.13	**복수환율제도 실시** • 정부보유외환에 적용되는 공정환율과 외환의 환금에 적용되는 일반환율로 구분	
1949.11.12	**공정환율의 실세화를 위해 외환경매제 시행**	
1955. 8. 8	**외환경매제 폐지, 단일공정환율제도로 통합**	
1964. 5. 3	**단일변동환율제도로 변경** • 외환시장에서 형성되는 외환증서율을 그대로 환율에 반영하는 단일변동환율제도로 변경(실제로는 1달러당 255원으로 고정 운영)	단일변동환율제도 (1964.5～1980.2)
1965. 3.22	**외국환 및 외환증서의 수급에 따라 외환시장에서 형성되는 시장률을 감안하여 한국은행이 한국은행집중고시율을 고시하는 변동환율제도 시행**	
1980. 2.27	**복수통화바스켓제도 실시** • 미달러화뿐만 아니라 주요 교역상대국 통화의 국제시세에 연동하는 복수통화바스켓환율제도 채택	복수통화바스켓제도 (1980.2～1990.3)
1990. 3.22	**시장평균환율제도 시행** • 외국환은행 간 매매율 : 미달러화의 경우 매매기준율의 상하 0.4% 범위 내로 제한 • 대고객환율 : 매매기준율의 상하 0.4% 이내로 제한	시장평균환율제도 (1990.3～1997.12)
1991. 9. 2	**환율변동폭 확대** • 외국환은행 간 매매율 : 매매기준율의 ±0.4% → ±0.6% • 대고객환율 : 매매기준율의 ±0.4% → ±0.6%	
1992. 7. 1	**환율변동폭 확대** • 외국환은행 간 매매율 : 매매기준율의 ±0.6% → ±0.8% • 대고객환율 : 외국환은행 자율결정 • 한국은행매매율 : 미달러화 ±0.6%, 기타통화 ±0.8% → 구분 없이 ±0.8%	
1992. 9. 1	**종래의 기준환율제도($1당 480원, 74.12.7) 폐지** • 미달러화에 대한 매매기준율을 기준환율로, 기타통화는 재정환율로 명칭 변경 • 한국은행매매율은 한국은행 자율결정 (변동폭 제한 없음)	
1993.10. 1	**환율변동폭 확대** • 외국환은행 간 매매율 : 기준환율의 ±0.8% → ±1.0%	
1994.11. 1	**환율변동폭 확대** • 외국환은행 간 매매율 : 기준환율의 ±1.0% → ±1.5%	
1995.12. 1	**환율변동폭 확대** • 외국환은행 간 매매율 : 기준환율의 ±1.5% → ±2.25%	
1997.11.20	**환율변동폭 확대** • 외국환은행 간 매매율 : 기준환율의 ±2.25% → ±10.0%	
1997.12.16	**기준환율의 일일변동폭 완전 폐지**	자유변동환율제도 (1997.12～)
1999. 4. 1	**미달러화에 대한 기준환율을 매매기준율로, 기타통화에 대해서는 재정된 매매기준율로 명칭 변경**	

3. 외환포지션과 환위험

1970년대 초 국제통화제도가 고정환율제도에서 변동환율제도로 이행한 후 환율이 급격히 변동함에 따라 환위험에 대한 관심이 높아졌다. 환위험이란 환율변동에 따른 손실을 강조하는 것으로서 외환거래 당사자의 외환포지션뿐만 아니라 환율의 변동방향에 의하여 결정된다. 여기서는 외환포지션과 환위험의 개념에 관하여 살펴보고자 한다.

3.1 외환포지션

외환포지션이란 일정시점에서 일반고객, 은행, 외환딜러, 외환당국 등 외환거래 당사자가 보유하고 있는 외화표시 자산(Asset)과 외화표시 부채(Liability)의 차액을 말한다. 원래 포지션(position)이란 '상태'(또는 '위치')를 의미하지만 금융거래의 결과는 모두 자산과 부채로 기록되기 때문에 금융거래에서 '상태'는 자산에서 부채를 뺀 것으로 나타난다. 따라서 거래대상이 외환인 경우 거래당사자의 외화표시 자산에서 외화표시 부채를 뺀 것을 외환포지션이라고 한다.

외환포지션은 크게 스퀘어 포지션과 오픈 포지션으로 나누어진다. 우선 스퀘어 포지션(square position)이란 외화표시 자산과 외화표시 부채가 같은 경우를 말한다. 스퀘어 포지션이란 자산이나 부채를 나타내는 네 변의 길이가 같은 스퀘어, 즉 정사각형인 상태를 의미하는 데서 나온 용어이다. 반면 오픈 포지션(open position)이란 외화표시 자산과 부채가 같지 않은 경우를 말한다. 즉, 사각형에서 변의 길이가 같지 않으면 사각형이 열리므로 외화표시 자산과 외화표시 부채의 크기가 같지 않을 때 오픈 포지션이라고 한다.

오픈 포지션은 다시 롱 포지션(long position)과 숏 포지션(short position)으로 구분된다. 롱 포지션[또는 매입초과 포지션(overbought position)]은 외화표시 자산이 외화표시 부채보다 큰 경우로서 외환거래 당사자가 가진 외화표시 자산이 갚아야 할 외화표시 부채보다 길기(long) 때문에 붙여진 용어이다. 반면 숏 포지션[또는 매도초과 포지션(oversold position)]은 외화표시 자산이 외화

그림 2-5 포지션의 종류

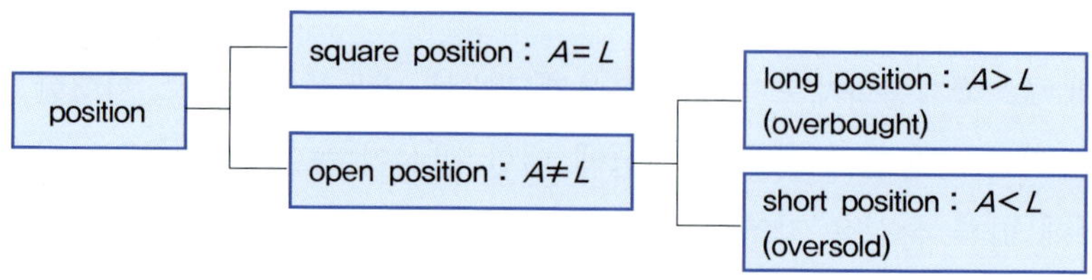

단, A : 외화표시 자산(Asset), L : 외화표시 부채(Liability)

표시 부채보다 작은 경우로서 외환거래 당사자가 가진 외화표시 자산이 갚아야 할 외화표시 부채보다 짧기(short) 때문에 붙여진 용어이다.

3.2 환위험

환노출(exchange exposure)이란 외환거래 당사자가 보유하고 있는 외화표시 순자산, 즉 외환포지션($A-L$)은 그대로 있어도 예상하지 못한 환율변동(ΔS)으로 인해 자국통화로 표시한 외화표시 순자산의 가치가 변동(ΔN)하는 것을 말한다. 환노출은 환율변동에 따른 이익과 손실, 즉 환차익(exchange gain)과 환차손(exchange loss)의 발생가능성을 모두 포괄하는 중립적인 개념인 데 비하여, 환위험 또는 환리스크(exchange risk)는 환차손의 발생가능성을 강조하는 개념이다.

$$\Delta N = (A-L) \cdot \Delta S \tag{2.4}$$

외환거래 당사자의 환노출은 외환포지션의 형태 및 규모와 장래 환율의 변동방향 및 크기에 따라 결정된다. 식 (2.4)에서 알 수 있듯이 외환거래 당사자가 롱 포지션을 취하고 있는 경우 환율이 상승하면 환차익을 얻는 반면, 환율이 하락하면 환차손을 입게 된다. 반면 외환거래 당사자가 숏 포지션을 취하고 있는 경우 환율이 상승하면 환차손을 입는 반면, 환율이 하락하면 환차익을 얻게 된다.

4. 외환거래의 형태

외환거래는 외환거래의 약정일과 외환의 (인)수도 및 결제일의 차이에 따라 전통적으로 현물환거래와 선물환거래로 구분되었다. 그러나 1970년대 초 국제통화제도가 변동환율제도로 이행한 후 환위험에 대한 관심이 높아지면서 선물환거래의 단점을 보완하기 위하여 통화선물거래, 통화옵션거래, 통화스왑 등이 새로이 등장하였다. 여기서는 먼저 현물환거래와 선물환거래의 개념에 관하여 살펴본 다음 통화선물거래 및 통화옵션거래가 선물환거래로부터 어떻게 파생되어 나왔는가에 관하여 알아보고자 한다.

4.1 현물환거래와 선물환거래

(1) 현물환거래

현물환거래는 외환시장에서 가장 일반적인 거래형태로서 약정일(contract date)로부터 통상 2영업일 이내에[9] 외환의 (인)수도와 대금의 결제(settlement)가 이루어지는 외환거래를 말한다. 현물환거래는 개념적으로 계약과 동시에 외환의 수도와 대금의 결제가 이루어지는 외환거래를 말하지만 통상 거래지역 간 시차가 있으며, 실무적으로 지급지시와 자금이체 등으로 일정시간이 소요되기 때문에 외환매매계약 후 2영업일 이내에 이루어지는 외환거래를 말한다.

예를 들어, 서울소재 S은행이 9월 5일 미화 100만 달러를 H은행으로부터 USD/KRW 1,000에 매입하기로 한 경우, 현물환 결제일(value date)인 9월 7일에 S은행은 H은행에 원화 10억 원을 이체시키고 H은행은 S은행에게 미화 100만 달러를 이체시킴으로써 현물환거래가 종료된다.

현물환거래는 약정일로부터 몇 영업일째 외환의 수도와 대금의 결제가 이루어지느냐에 따라 value today, value tomorrow와 value spot으로 구분된다. [그림 2-6]에서 보는 바와 같이 외환거래 약정일에 외환의 수도와 대금

9) 은행의 휴무일은 영업일에서 제외된다.

그림 2-6 현물환의 종류

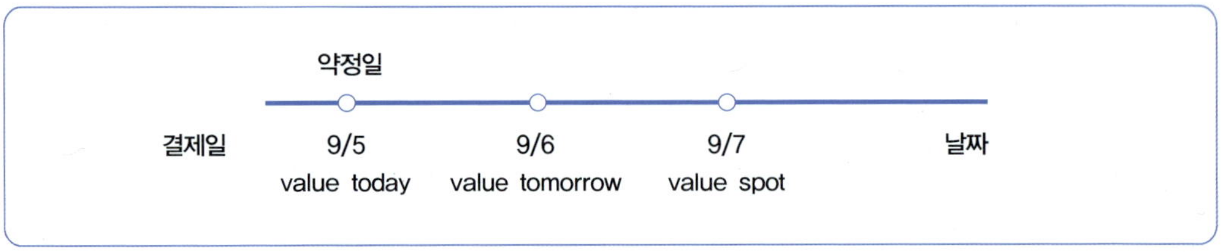

의 결제가 이루어지는 현물환거래는 value today라고 한다. 외환거래 약정일로부터 1영업일째 외환의 수도와 대금의 결제가 이루어지는 현물환거래는 value tomorrow라고 하고, 2영업일째 외환의 수도와 대금의 결제가 이루어지는 현물환거래는 value spot이라고 한다.

(2) 선물환거래

선물환거래는 약정일로부터 3영업일 이상을 경과한 장래의 특정일에 약정한 환율로 외환을 수도 및 결제할 것을 약정하는 거래이다. 선물환거래는 현재시점에서 거래될 외환의 가격, 즉 환율과 거래량을 약정한다는 점에서는 현물환거래와 같지만 결제일까지 외환의 수도와 결제가 유보된다는 점에서 현물환거래와 성격이 다르다. 특히, 선물환거래는 약정과 동시에 현물이 수도되고 결제가 나중에 이루어지는 외상거래나 약정과 동시에 결제가 이루어지고 현물은 나중에 수도되는 입도선매(立稻先賣)와는 거래의 성격이 다르다.

외환거래 당사자는 선물환거래를 통하여 현재시점에서 장래에 거래될 외환의 환율을 미리 확정시켜 둠으로써 결제일에 예상하지 않은 현물환율의 변동에서 오는 환위험을 회피할 수 있다. 또한 선물환 매입자는 약정일에 선물환 매입에 따르는 자금부담이 없으며, 선물환 매도자도 약정일에 거래대상인 외환을 보유하고 있을 필요가 없다.

실무적으로 선물환거래에서 결제일의 결정은 선물환계약조건에 따르지만 일반적으로 현물환거래의 결제일, 즉 약정일로부터 제2영업일째부터 날짜를 계산한다. 선물환거래는 보편적으로 30일, 60일, 90일, 180일이 주종을 이루며, 270일, 360일짜리도 있다.

선물환율의 표시방법

선물환율을 표시하는 방법은 완전호가, 스왑률(또는 포인트)호가 및 연율호가 등 세 가지가 있다.

첫째, 완전호가(outright rate quotation)란 아래의 예에서처럼 선물환율을 현물환율과 마찬가지로 그대로 표시하는 방법이다. 이 표시방법은 외환시장에 익숙하지 않은 일반고객들에게도 이해되기 쉽다는 장점이 있어 대고객거래에서 주로 사용된다.

	EUR/USD	USD/JPY
현 물	1.4785 − 1.4805	108.81 − 109.20
30일 선물환	1.4834 − 1.4864	108.45 − 108.94
60일 선물환	1.4917 − 1.4965	107.88 − 108.42
90일 선물환	1.4115 − 1.4171	106.97 − 107.60

둘째, 스왑률호가(swap rate quotation)는 선물환율을 현물환율에 대한 격차인 스왑률로 고시하는 방법으로 앞에서 든 예를 스왑률호가로 표시하면 다음과 같다.

	EUR/USD	USD/JPY
현 물	1.4785 − 1.4805	108.81 − 109.20
30일 선물환	49 − 59	36 − 26
60일 선물환	132 − 160	93 − 78
90일 선물환	330 − 366	184 − 160

예를 들어, EUR/USD 30일 선물환 매입스왑률이 49로 나타나고 있는데, 이는 유로화가 49포인트(=1.4834 − 1.4785)[10] 할증되어 매입되고 있다는 것을 의미한다. 선물환율을 스왑률로 표시할 때 (+/−) 부호를 붙이지 않더라도 외환시장에서는 매입스왑률과 매도스왑률의 크기를 보고 선물환이 할증(premium)되어 있는지 아니면 할인(discount)되어 있는지 쉽게 파악하고 있다. 즉, EUR/USD 환율의 경우처럼 매입스왑률보다 매도스왑률이 크면 선물환은 할증되어 있으므로 선물환율을 구하기 위해서는 현물환율에 스왑률을 더하면 된다. 반대로 USD/JPY 환율의 경우처럼 매입스왑률보다 매도스왑률이 작게 나타나면 선물환이 할인되어 있는 경우이므로 선물환율을 구하기 위해서는 현물환율에서 스왑률을 빼면 된다. 이 표시방법은 주로 은행 간 시장에서 시장의 구조에 익숙하고 환율의 흐름을 신속하게 파악하고자 하는 전문딜러들과 브로커들 간에 이용된다.

셋째, 연율호가(per annum rate quotation)는 현물환율로부터 선물환할증 또는 선물환할인을 연간 변화율로 나타내는 방법이다.

선물할증률(또는 할인율) =

$$\frac{F_t - S_t}{S_t} \times \frac{360}{N} \times 100$$

(S_t : 현물환율, F_t : 선물환율, N : 선물환거래 만기일수)

위의 예에서 EUR/USD 30일 선물환의 매입률과 매도율은 각각 연 3.98%와 연 4.78% 할증상태에 있고, USD/JPY 30일 선물환의 매입률과 매도율은 각각 연 3.97%와 연 2.86% 할인상태에 있다.

---

10) 포인트를 핍(percentage in point, pip)이라고도 부른다.

역외선물환거래(NDF)

역외선물환(NDF : non-deliverable forward) **계약**은 만기에 현금을 서로 교환하지 않고 선물환율과 지정환율(fixing rate) 간의 차이만을 지정통화(보통 미국 달러화)로 정산하는 선물환계약이다. 지정환율은 당사자 간의 약정에 따라 결정되는데, 만기일 이전 특정 시점의 현물환율로 정하는 것이 보통이다. 원화와 달러 간의 역외선물환계약에서는 만기일 직전 영업일의 기준환율이 사용된다.

역외선물환계약은 만기일에 두 통화의 총액을 교환하지 않고 단지 차액만을 결제하기 때문에 일반 선물환계약에 비해 결제위험(settlement risk), 즉 만기일에 거래상대방이 결제를 하지 못할 위험이 상대적으로 작다. 또한 이 거래에서는 거래대상 통화로 정산하지 않고 지정통화로 정산하기 때문에, 거래대상 통화가 충분히 국제화되어 있지 않은 상황에서도 역외시장(유로시장)에서 거래를 할 수 있는 특징이 있다. 한편, 역외선물환계약은 일반 선물환거래시의 결제금액에 비해 소요되는 금액이 적으므로 투기적인 목적의 거래가 많다.

원화의 역외선물환시장은 1994~95년부터 홍콩, 싱가포르 등에 형성되기 시작하였으며 1999년 4월 1단계 외환거래 자유화조치 이후에는 뉴욕과 런던에서도 시장이 형성되었다. 원화 역외선물환거래는 국내에 들어온 외국인 투자자들이 환율변동 위험을 회피하기 위해 활용하기 시작하였으나 1997년 이후부터는 환차익을 목적으로 하는 투기거래가 크게 늘어났다. 특히, 헤지펀드들이 환투기를 통해 역외선물환시장을 주도하기 시작하면서 역외선물환시장은 국내 외환시장에 큰 영향을 미쳐 왔다. 1997년 외환위기 당시에도 국제 환투기 세력들이 역외선물환시장을 이용해 원/달러 환율을 급등시켰고 결국 외환위기를 초래하는 데 결정적인 역할을 하였다.

1단계 외환거래 자유화 조치 이후에는 국내금융기관들도 역외선물환시장에 참여할 수 있게 되어 원화 역외선물환시장과 국내 외환시장 간에 직접적인 연계관계가 형성되고 있다. 예를 들어, 국내 금융기관이 비거주자와 역외선물환거래를 하면서 환위험을 제거하기 위해 국내 현물환시장에서 반대매매를 할 경우에는 역외선물환거래가 직접적으로 국내 외환시장에 영향을 미치게 된다. 외환 및 자본자유화가 진전되면서 자본유출입이 계속 확대되고 있어 비거주자와 국내 외국환은행 간의 역외선물환거래량이 2002년 일평균 6.7억 달러에서 2014년 62.3억 달러, 2021년 102.9억 달러로 급증했으며, 앞으로도 이러한 급증 추세가 계속 이어질 것으로 예상된다.

자료 : 한국은행, 2021.

4.2 통화선물거래와 통화옵션거래

(1) 통화선물거래

통화선물(currency futures)거래는 브레튼우즈체제의 붕괴와 더불어 나타난 외환거래의 한 형태로서 1972년 5월 시카고 상품거래소(Chicago Mercantile Exchange : CME)에 국제통화시장(International Money Market : IMM)이 개소되면서 처음 이루어진 금융선물거래의 하나이다. 유럽의 경우에는 런던국제금융선물거래소(London International Financial Futures Exchange : LIFFE)가 1982년 9월 개소되어 영국 파운드화 등이 거래되고 있는데 거래단위규모는 IMM과 같다. 한편, 아시아지역에서는 1984년 9월 싱가포르국제통화거래소(Singapore International Monetary Exchange : SIMEX)가 개소되어 미달러화, 영국 파운드화, 일본 엔화 등이 거래되고 있다.

통화선물거래는 선물환(forwards)거래가 가지고 있는 단점을 보완하기 위하여 전통적으로 상품거래에 사용되는 선물거래기법을 외환거래에 적용한 것이다. 선물환거래는 수출입거래 등에서 발생한 오픈 포지션을 선물환 매입이나 매각을 통하여 반대 포지션을 취함으로써 환위험을 제거할 수 있는 장점을 가지고 있다. 그러나 선물환거래는 일단 계약이 체결되면 만기일 이전에 선물환계약을 해지하거나 선물환을 다른 외환거래 당사자에게 팔아 소멸시키기 어려운 단점이 있다. 매입한 선물환을 중도에 처분하기 어려운 가장 큰 이유는 선물환의 금액과 거래일자가 표준화되어 있지 않아 거래상대방을 찾기 어렵기 때문이다.[11] 통화선물거래는 선물환거래의 특징은 살리되 선물환을 표준화시켜 만기일 이전에 거래가 쉽게 이루어질 수 있도록 한 파생금융상품거래이다.

통화선물시장에서는 거래대상통화와 선물가격의 표시방법 및 거래형식을 지정하여 통화선물거래를 표준화시키고 있다. 미국 IMM에서는 영국 파운드

---

11) 중앙집권적인 거래소에서 표준화된 상품의 거래가 개방되어 있는 통화선물(currency futures)과 달리 선물환(currency forwards)은 은행이 개별 고객의 신분, 재무, 신용도 등을 조사하여 쌍방간 계약을 체결하게 된다. 프리드먼(M. Friedman)이 선물환계약을 거절당해 통화선물을 개발하게 된 계기가 되었다는 사실은 양자의 차이를 보여주는 재미있는 일화이다.

표 2-3 미국 IMM의 통화선물계약거래 내용

	영국 파운드	EU 유로	캐나다 달러	일본 엔	스위스 프랑	호주 달러	한국 원
계약단위	£62,500	€125,000	C$100,000	¥12,500,000	SFr125,000	A$100,000	₩125,000,000
최소가격변동폭 (tick size)	0.0001	0.0001	0.0001	0.000001	0.0001	0.0001	0.0000001
최소가격변동한도	U$6.25	U$12.50	U$10.00	U$12.50	U$12.50	U$10.00	U$12.50
거래시간(CST기준)	7 : 20 AM ~ 2 : 00 PM(단, 원화는 일요일 3 : 00 PM ~ 금요일 4 : 00 PM)						
최종거래일	인도월의 세 번째 수요일 전의 2영업일						
인도일	인도월의 세 번째 수요일						
인도월	3, 6, 9, 12월(단, 원화는 매월)						

자료 : CME, http://www.cme.com

화, 우리나라 원화 등 19개 통화의 71개 선물상품이 거래되고 있으며, 원화는 중국 위안화, 이스라엘 쉐켈(Shekel)화와 함께 전자거래로만 거래가 이루어지고 있다. <표 2-3>에서 보듯이 대부분의 통화선물계약은 결제일이 3월, 6월, 9월, 12월의 셋째 수요일로 지정되어 있으며, 원화와 위안화, 브라질 헤알화, 멕시코 페소화, 남아프리카공화국 랜드화 통화선물은 매월 셋째 수요일이 결제일로 정해져 있다.

IMM에서 거래되는 통화의 가격은 American terms로 표시되며 각 통화별로 단위계약규모가 표준화되어 있으며 선물가격의 1일 가격변동폭도 통화별로 제한되어 있다. 예를 들면, 영국 파운드화의 단위계약규모는 62,500파운드이며, 파운드당 가격변동제한폭은 0.0001이 되어 단위당 계약당 1일 최소가격 변동금액은 6.25달러가 된다.[12)]

통화선물거래는 계약시점에서 매매자 간 약정한 환율로 미래의 특정일에 외환의 수도와 결제가 이루어진다는 점에서 선물환거래와 유사한 성격을 가지고 있지만 거래형식과 내용면에서 다소 차이가 있다. 즉, 통화선물거래는

12) 우리나라에서는 통화선물은 한국거래소의 파생상품시장에서 거래되고 있으며, 통화선물 계약단위는 1만 미국달러, 호가가격단위 0.1원, 거래시간은 9 : 00 AM~3 : 15 PM, 최종거래일은 결제월의 세 번째 월요일, 최종결제일은 최종거래일로부터 기산하여 3일째 거래일, 결제월은 3, 6, 9, 12월이다.

거래소라는 조직화된 거래매장(trading pits)에서 공개경쟁입찰방식(open outcry)에 의하여 거래가 이루어지면서 거래단위, 결제시기, 계약조건 등 매매체결방법이 표준화되어 있다. 그러나 선물환거래는 장외시장(over the counter market)에서 통상 전화나 딜링머신을 통하여 매매 당사자 간 직접 거래가 이루어지고 거래규모나 만기 등이 개별 고객의 필요에 따라 결정된다. 따라서 통화선물은 동질계약의 거래로서 유동성이 높은 반면 선물환은 거래당사자와 원하는 조건으로 보다 융통성 있게 거래된다.

통화선물거래에서는 대부분 만기일 이전에 당초거래와 반대되는 청산거래를 통하여 결제가 이루어지기 때문에 양 거래의 차액만 청산하고 있어 만기일에 실물을 주고받으면서 결제하는 경우가 거의 없다. 그러나 선물환거래의 결제는 대부분 만기일에 현물을 주고받으면서 이루어지게 된다.

또한 통화선물거래는 거래당사자 간 청산회사(clearing house)가 개입하여 계약의 이행을 보증하고 있을 뿐만 아니라 당일결제제도(daily marked-to-market) 및 거래자에 대한 증거금(margin) 예치제도를 운용하고 있어 거래에 따른 신용위험이 발생하지 않는다. 그러나 선물환거래는 오직 거래당사자 간 신용에만 의존하여야 하므로 계약불이행에 따른 신용위험이 상대적으로 높다. 거래참가자 측면에서도 통화선물거래는 익명이 보장되고 거래단위도 적은 편이어서 일반투자가도 쉽게 참여할 수 있는 반면 선물환거래는 신용조사가 수반되어야 하므로 일반투자가의 참여가 어려워 은행 간 거래 또는 기업과 은행 간 거래가 주종을 이루고 있다.

(2) 통화옵션거래

통화옵션거래는 선물환거래가 거래당사자에게 만기일에 현물환율이 불리하게 형성되어도 선물환매매계약에 따라 선물환을 매입 또는 매각하여야만 하는 단점을 보완하기 위하여 개발된 외환거래기법이다. 예를 들어, 외환거래 당사자가 선물환을 매입한 경우를 생각하여 보자. 선물환 매입자는 만기일에 형성되는 현물환율이 선물환매입률보다 높으면 계약에 따라 선물환을 매입함으로써 환차익을 얻을 수 있는 반면, 만기일에 현물환율이 선물환매입률보다 낮으면 환차손을 감수하면서 선물환을 매입하여야만 한다.

이러한 점을 감안하여 선물환 매입자가 환율이 유리하게 변동하면 선물환을 매입하도록 하고 환율이 불리하게 변동하면 매입하지 않도록 선물환 매입자에게 선택권(option)을 주는 거래기법이 통화옵션거래이다. 그러나 통화옵션 매입자는 이러한 선택권을 갖게 되는 대가로 통화옵션 매도자에게 일정한 대가를 지급하여야만 하는데, 이를 지급 프리미엄이라고 한다.

통화옵션거래란 장래 특정일 또는 일정기간 내에 미리 정해진 환율로 외환을 사거나 팔 수 있는 권리-선택권을 가지지만 의무를 지지 않는 계약을 말한다. 즉, 통화옵션은 옵션매도자가 옵션매입자에게 외환을 미리 정해진 환율, 즉 권리행사가격(strike price)으로 매도 또는 매입할 수 있는 권리를 선택적으로 부여하는 계약, 즉 보험의 성격을 갖는 금융계약으로서 옵션매입자는 보험료 성격인 프리미엄(또는 옵션가격)을 지급한다. 이에 따라 옵션매입자는 환율이 자기에게 유리하게 변동하는 경우에는 그 권리를 행사하지만 불리하게 변동하는 경우에는 권리를 포기할 수 있으며, 옵션매도자는 옵션매입자가 권리를 행사하면 반드시 이에 응해야 할 의무를 지게 된다.[13)]

옵션거래는 행사선택권의 종류에 따라 콜옵션과 풋옵션의 두 가지 기본옵션이 있다.[14)] 콜옵션(call option)은 매도자로부터 일정액의 외환을 특정 환율로 약정기일 또는 그 이전에 매입할 수 있는 권리를 매입자에게 부여하는 계약이다. 풋옵션(put option)은 옵션매입자가 일정액의 외환을 특정 환율로 약정기일 또는 그 이전에 매도할 수 있는 권리를 보유하게 하는 계약을 말한다.

---

13) 옵션은 만기일 이전에 매입자의 권리행사 가능여부에 따라 미국식 옵션과 유럽식 옵션으로 구분된다. 미국식 옵션은 계약기간이 종료되는 만기일 이전에 언제라도 권리를 행사할 수 있는 반면, 유럽식 옵션은 만기일에만 권리를 행사할 수 있다. 자세한 내용은 제10장 참조.

14) 행사가격에 따라 콜옵션과 풋옵션의 매입 및 매도를 결합하여 거래함으로써 다양한 형태로 환위험관리를 할 수 있는데, 대표적인 것으로는 칼러, 코리도, 스프레드, 스트래들, 스트랭글 등이 있다.

5. 외환시장의 기능

외환시장은 경제적 측면에서 볼 때 다양한 기능을 수행하고 있다. 이러한 외환시장의 기능은 청산, 재정, 헤지 및 투기 등으로 구분하여 볼 수 있다.

5.1 청산(clearing)

외환시장의 가장 대표적 기능은 청산기능이다. 외환시장은 외환을 사고자 하는 자들과 외환을 팔고자 하는 자를 연결시켜 줌으로써 외환거래를 원활하게 하고 있다. 이러한 과정에서 외환에 대한 초과수요가 발생하면 환율이 상승하고 반대로 외환의 초과공급이 발생하면 환율이 하락하여 외환의 수요량과 공급량을 일치시키게 된다. 이와 같이 외환시장은 외환의 수요와 공급을 일치시킴으로써 외환거래를 원활하게 하는 청산기능을 수행한다.

이러한 청산기능은 환율의 국제수지 조정기능과 밀접히 연관되어 있다. 예를 들어, 외환에 대한 초과수요로 환율이 상승하면 수출기업은 같은 금액의 외환을 받더라도 더 많은 자국통화를 얻게 되므로 수출단가를 낮출 수 있어 더 많은 물량을 수출하게 되며, 이에 따라 외환공급이 늘어난다. 반대로 수입기업은 자국통화로 지불해야 할 금액이 늘어 수입을 줄이게 되어 외환수요가 줄어든다. 이와 같은 국제수지 조정을 통하여 외환에 대한 초과수요가 해소되게 된다.

5.2 재정(arbitrage)

재정거래 또는 차익거래란 동일한 시점에서 동일한 재화를 가격이 낮은 시장에서 구입하여 가격이 높은 시장에다 팔음으로써 매매차익을 노리는 행위를 말한다.[15] 이때 재정거래자는 재화를 매입하는 것과 동시에 매각하기 때문에 가격변동에 따른 위험을 부담하지 않는다. 이러한 재정거래는 한 시

---

15) 이러한 재정거래는 장소적으로 떨어져 있는 재화시장 간뿐만 아니라 금융시장 간에서도 발생하며 시간적으로도 떨어져 있는 시장 간에도 발생한다.

장에서 다른 시장으로 재화를 이동하는 과정에서 운송비 등과 같은 거래비용이 없다면 두 시장 간 재화의 가격을 같아지게 한다. 즉, 가격이 낮은 시장에서는 수요가 증가하기 때문에 가격이 상승하는 반면, 가격이 높은 시장에서는 공급이 증가하기 때문에 가격이 하락하게 된다. 외환시장은 외환시장참가자에게 외환거래에 따른 재정이익을 얻을 수 있는 기회를 제공하는데, 재정거래는 크게 환재정과 금리재정으로 구분하여 볼 수 있다.

환재정(exchange arbitrage)은 장소적 재정과 삼각재정으로 구분하여 볼 수 있다. 장소적 환재정(spatial arbitrage)이란 장소적으로 떨어져 있는 외환시장간 환율을 동일하게 하는 재정거래를 말한다. 예를 들어, 어느 시점에서 런던과 뉴욕 외환시장에서 GBP/USD환율이 다음과 같이 형성되었다고 하자.

런던 외환시장 : GBP 1.00 = USD 2.0890
뉴욕 외환시장 : GBP 1.00 = USD 2.0190

이 경우 GBP/USD환율이 — 영국파운드의 미달러화표시 가격이 — 런던시장에 비해 뉴욕시장이 낮으므로 재정거래자는 뉴욕시장에서 파운드화를 매입하는 동시에 런던시장에 매각함으로써 파운드당 0.0700달러만큼 차익을 얻게 된다. 이러한 재정거래가 계속되면 뉴욕시장에서는 파운드화에 대한 수요가 늘어나 GBP/USD환율이 상승하는 반면, 런던시장에서는 파운드화의 공급이 늘어나 GBP/USD환율이 하락하게 된다. 이러한 매매차익을 얻기 위한 재정거래는 뉴욕시장과 런던시장 간 GBP/USD환율이 같아질 때까지 계속된다.

한편, 삼각재정(triangular arbitrage)이란 세 통화 간 균형환율체계를 이루도록 하는 재정거래를 말한다. 예를 들어, [그림 2-7]과 같이 외환시장에서 100엔이 900원에, 미화 1달러가 100엔에, 그리고 미화 1달러가 1,200원에 일시적으로 교환되고 있다고 하자. 이러한 경우 시계방향으로 세 통화 간 연속적 거래를 함으로써 매매차익을 노리는 재정거래가 발생하게 된다. 즉, (i) 원화 900원을 엔화 100엔과 바꾸고, (ii) 엔화 100엔을 미화 1달러와 바꾼 다음, (iii) 미화 1달러를 원화로 바꾸면 1,200원이 되므로 300원의 매매차익을 얻게 된다.

이와 같은 삼각재정거래가 계속되면 원-엔 외환시장에서는 엔화의 수요가 늘어 원/엔환율이 상승하게 되고, 엔-달러 외환시장에서도 달러화에 대

그림 2-7 삼각재정거래

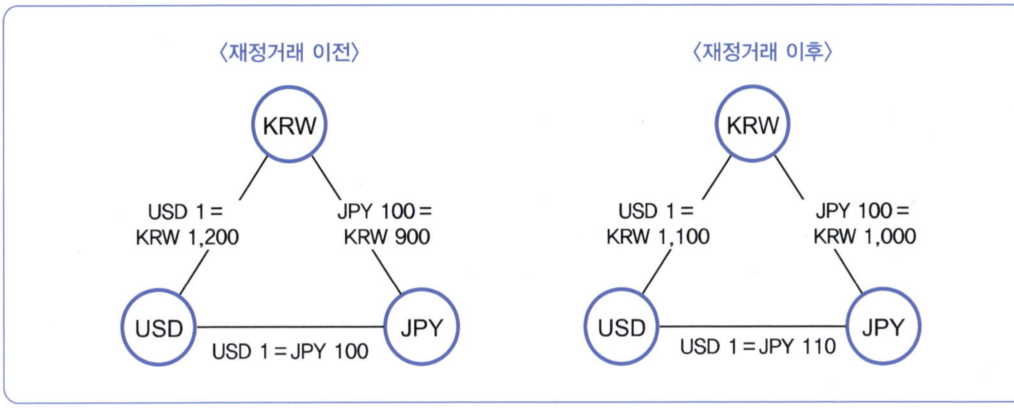

한 수요가 늘어 엔/달러환율이 상승하게 되지만, 원-달러 외환시장에서는 달러화의 공급이 늘어 원/달러환율이 하락하게 된다. 만약 원/엔환율이 100엔당 1,000원, 엔/달러환율이 110엔, 원/달러환율이 1,100원이면 더 이상 재정거래에 의한 매매차익은 발생하지 않게 된다. 이와 같이 삼각재정거래는 세 통화 간 균형환율체계를 유지하게 하는 기능을 수행하고 있다.

요즈음 대부분 외환거래가 미달러화 중심으로 이루어지고 있기 때문에 달러화 이외의 다른 통화 간 환율은 삼각재정에 기초하여 산출한 교차환율을 적용하게 된다. 즉, 원/달러환율이 달러당 1,100원, 엔/달러환율이 달러당 110엔이라면 원/엔환율은

$$\frac{₩}{¥} = \frac{₩}{\$} \cdot \frac{\$}{¥} = 1{,}100 \times \frac{1}{110} = 10$$

으로서 100엔당 1,000원이 된다. 이와 같이 교차환율을 산출하면 재정거래에 의한 매매차익은 발생하지 않는다.

한편, 금리재정이란 환위험부담 없이 국내통화표시 금융자산과 해외통화표시 금융자산 간 수익률 차익을 노리는 재정거래를 말한다. 국가 간 자본이동이 자유롭게 이루어지는 경우 표시통화를 제외하고 다른 조건이 동일한 두 채권의 수익률이 다르다면 수익률 차익을 얻고자 하는 재정거래가 발생하게 된다. 금리재정거래는 상품시장에서의 재정거래를 국내외금융시장 간에 적용시킨 것이다. 이러한 금리재정거래는 현물 및 선물환율과 국내금리와

해외금리 간 균형체계를 유지하게 한다.[16)]

5.3 헤징(hedging)

외환시장은 외환거래자에게 환위험을 헤지할 수 있는 기회를 제공한다. 환헤징이란 오픈 포지션으로 환위험이 발생하는 경우 이를 회피하기 위하여 반대거래를 통하여 스퀘어 포지션을 취하는 행위를 말한다. 이러한 헤징은 환리스크를 감소시킴으로써 국가 간 상품 및 서비스 거래는 물론 자본거래를 원활하게 할 뿐만 아니라 금리재정거래와 마찬가지로 현물 및 선물환율과 국내 및 국외금리 간 일정한 균형체계를 유지하게 한다.

우리나라 수입업자가 미국으로부터 100만 달러어치의 상품을 90일 후에 대금을 지급하기로 하고 수입계약을 체결한 경우를 생각하여 보자. 이 경우 우리나라 수입업자는 외환거래에서 숏 포지션을 취하게 됨에 따라 환위험에 노출되어 있다. 즉, 수입업자가 90일 후 원/달러환율이 미화 1달러당 1,100원이 될 것을 예상하고 수입계약을 체결하였는데, 90일 후 실제로 원/달러환율이 1,150원에서 형성된다면 수입업자는 5,000만 원을 손해 보게 된다. 이 경우 수입업자는 선물환을 매입하거나 현물환을 미리 매입하여 은행에 예금하여 두었다가 결제함으로써 환위험을 회피할 수 있다.

우선 선물환시장을 이용하여 헤징하는 경우를 생각하여 보자. 수입업자는 수입계약으로 숏 포지션이 발생하였으므로 선물환 매입을 통해 롱 포지션을 취하여 종합포지션을 스퀘어 포지션으로 만듦으로써 환위험을 회피할 수 있다. 이때 수입업자가 현물환율보다 높은 가격으로 선물환을 매입하여야 한다면 선물환시장을 통한 헤징비용은 선물환율과 현물환율의 차가 된다.

$$\text{선물환시장을 통한 헤징비용(달러당)} = F_t - S_t \tag{2.5}$$

(S_t : 현물환율, F_t : 선물환율)

---

16) 국내외 금리 간 균형체계는 아래의 식으로 표현할 수 있으며, 이를 이자율평가 정리라고 부른다. 이에 대한 자세한 내용은 제3장의 2절을 참조하기 바란다.

$$\frac{F_t - S_t}{S_t} = i_t - i_t^*$$

F_t : 선물환율 S_t : 현물환율 i_t : 국내채권금리 i_t^* : 해외채권금리

한편, 헤징은 현물환시장을 통하여 이루어질 수도 있다. 현물환시장을 통한 헤징은 수입계약(숏 포지션)과 동시에 현물환을 매입(롱 포지션)하여 은행에 예치했다가 수입대금을 결제함으로써 환위험을 회피할 수 있다. 그러나 수입업자는 이 기간 중 국내금리가 미국금리보다 높음에도 불구하고 국내에서 원화를 차입하여 달러화를 매입하였다면 내외금리차만큼 헤징비용을 부담하게 된다.

$$\text{현물환시장을 통한 헤징비용(달러당)} = S_t(i_t - i_t^*) \qquad (2.6)$$

(i_t : 국내금리, i_t^*: 해외금리)

수입업자는 환위험을 헤징하는 경우 당연히 헤징비용이 싼 방법을 택할 것이다. 그러나 이러한 행위는 결국 어느 시장을 통해서 하든 헤징비용을 같게 하므로

$$F_t - S_t = S_t(i_t - i_t^*) \rightarrow \frac{F_t - S_t}{S_t} = i_t - i_t^* \qquad (2.7)$$

를 성립하게 한다. 식 (2.7)은 환헤징도 이자율평가 정리를 성립하게 함을 알 수 있다.

5.4 환투기(speculation)

외환시장은 외환거래자에게 환차익을 노리는 투기행위를 할 수 있는 기회를 제공한다. 환투기란 장래의 현물환율의 변화를 예상하고, 오픈 포지션을 취하여 환차익을 얻고자 하는 행위를 말한다. 환투기는 헤징을 하는 외환거래자와 맞물려 외환거래를 원활하게 할 뿐만 아니라 금리재정거래와 마찬가지로 현물 및 선물환율과 국내 및 해외금리 간 일정한 균형체계를 유지하게 한다.

환투기자는 환차익을 얻기 위하여 환율이 상승할 것으로 예상되는 경우에는 외환을 미리 매입하여 롱 포지션을 취하고 환율이 하락할 것으로 예상되는 경우에는 외환을 미리 매각하여 숏 포지션을 취한다. 그러나 환투기자는 기대가 맞으면 상당한 이익을 얻을 수 있지만 기대가 어긋나면 그만큼 손

실을 감수하지 않으면 안 된다. 환투기자는 선물환시장을 통하여 투기를 할 수도 있고 현물환시장을 통하여 투기를 할 수도 있다.

우선 선물환시장을 통해 투기하는 경우를 생각하여 보자. 만약 환투기자가 지금 시점(t)에서 예상하는 다음 기($t+1$기)의 기대환율(S^e_{t+1})이 이에 대응하는 선물환율(F_t)보다 높다면 선물환을 매입할 것이다. 이때 환투기자의 기대이익은 기대환율과 선물환율의 차와 같게 된다.

$$\text{선물환시장을 통한 환투기의 기대이익(달러당)} = S^e_{t+1} - F_t \tag{2.8}$$

이제는 현물환시장을 통해 투기를 하는 경우를 생각하여 보자. 환투기자는 원화를 차입하여 달러화를 현물환시장에서 매입하고 이를 은행에 예치해 두었다가 매각함으로써 이익을 얻고자 한다. 따라서 환투기자는 원화차입에 따른 이자를 지급하여야 하지만 달러화 예치에 따른 이자를 받게 된다. 따라서 환투기자의 달러화 매입비용은 달러당 원금 S_t에 내외금리차($i_t - i^*_t$)를 곱하여야 하므로 환투기자의 기대이익은 다음과 같이 표시된다.

$$\text{현물환시장을 통한 환투기의 기대이익(달러당)} = S^e_{t+1} - S_t(1 + i_t - i^*_t) \tag{2.9}$$

환투기자는 선물환시장과 현물환시장 중 기대이익이 큰 쪽을 택하는 과정에서 양 시장 간 기대이익은 같아지게 된다. 식 (2.8)과 식 (2.9)를 같게 놓아 정리하면

$$F_t - S_t = S_t(i_t - i^*_t) \rightarrow \frac{F_t - S_t}{S_t} = i_t - i^*_t \tag{2.10}$$

가 성립한다. 식 (2.10)으로부터 환투기도 이자율평가 정리를 성립하게 함을 알 수 있다.

환투기는 안정적(stabilizing)일 수도 있고 불안정적(destabilizing)일 수도 있다. 안정적 투기는 환율이 상승(하락)할 경우는 앞으로 환율이 하락(상승)할 것을 예상하여 외환을 매각(매입)함으로써 환율의 변동을 완화시킨다. 반면 불안정적 투기는 환율이 하락(상승)할 경우에 앞으로 환율이 더욱 하락(상승)할 것을 예상하여 외환을 매각(매입)함으로써 환율의 변동을 더 크게 한다. 환투기자가 환율이 낮을 때 사서 높을 때 팔거나 높을 때 팔고 낮을 때 사서

이익을 얻고자 투기를 한다면 이러한 투기는 외환시장을 안정적으로 움직이게 한다.

6. 외환시장의 효율성

6.1 외환시장 효율성의 개념

시장이 효율적이라는 것은 시장에 입수된 모든 정보가 가격에 즉시 반영된다는 것을 의미한다. 마찬가지로 외환시장이 효율적이라면 외환시장의 모든 정보가 환율에 즉각적으로 반영되어 외환시장참가자들은 추가적인 정보를 이용해 초과이윤을 얻을 수 없게 될 것이다. 주식시장에서는 시장효율성을 크게 세 가지로 분류하고 있는데, 이러한 분류는 외환시장에도 적용될 수 있다.

첫째, 약형효율성(weak form efficiency)으로서 이는 시장참가자들이 미래의 환율을 예측하는 데 있어서 과거의 환율변화정보만을 이용하는 경우를 말한다. 만일 과거의 시계열 환율자료로부터 어떤 규칙성을 발견해 미래의 환율을 예측할 수 있다면 이는 미래환율에 대한 정보가 지금까지 환율에 반영되지 않았다는 것을 의미하며, 따라서 이 시장은 약형효율성 정의에 따를 때 비효율적이라고 할 수 있다.

둘째, 중강형효율성(semi-strong form efficiency)으로서 이는 시장참가자들이 미래의 환율을 예측하는 데 있어 과거의 환율정보 외에도 일반에게 공개된 정보를 이용하는 경우를 말한다. 여기서 일반에게 공개된 정보란 시시각각으로 공표되는 많은 경제변수들에 관한 정보, 예를 들어 이자율, 물가, 경상수지, 성장률, 자본이동 등과 관련된 정보를 의미한다. 만일 이들 변수들이 어떤 경로를 거쳐 환율에 미치는 영향을 밝혀냄으로써 미래의 환율변화를 어느 정도 예측할 수 있다면 외환시장참가자들은 이를 이용해 상당한 초과이윤을 실현시킬 수 있을 것이다. 따라서 이처럼 경제변수들과 환율 간의 관계를 밝혀주는 환율모형을 설정해 미래환율을 예측할 수 있다면 이는 곧 중강형효율성 정의에 따를 때, 외환시장이 효율적이지 못하다는 것을 의미한다.

셋째, 강형효율성(strong form efficiency)으로서 이는 시장참가자들이 과거의 환율정보 및 일반에게 공개된 정보뿐만 아니라 내부정보 등 모든 정보를 이용하는 경우를 말한다. 즉, 외환시장참가자들이 일반에게 공개되지는 않지만 환율변화에 중요한 영향을 미칠 수 있는 기업 또는 중앙은행이나 정부당국의 중요한 정보까지도 이용하는 경우를 말한다. 만일 이와 같은 내부정보가 존재하여 어떤 외환시장참가자가 이를 이용해 상당한 초과이익을 실현할 수 있었다면, 외환시장은 강형효율성 정의에 따를 때 효율적인 시장이 아니라고 볼 수 있다.[17)]

6.2 외환시장 효율성과 불편성 가설

외환시장의 효율성에 대한 실증적 검증은 거의 대부분 선물환율이 미래의 현물환율을 충분히 잘 예측할 수 있는가에 대한 검증으로 이루어져 있다. 이는 선물환율이 모든 시장참가자의 의사결정과정을 통하여 정해지므로 해당 만기의 미래환율과 관련되어 있는 시장의 정보를 잘 반영할 것이고, 따라서 다른 어느 예측치보다 많은 정보를 포함하고 있을 것이라고 생각되기 때문이다.

외환시장의 효율성에 관한 실증적 검증절차를 간단한 수식을 이용해 설명해 보자. $E(S_{t+1} \mid \Omega_t)$를 현재(t)의 시점에서 시장에 주어진 정보(Ω_t)를 이용해 미래환율(S_{t+1})을 예측한 값이라고 하고, 이를 앞에서와 같이 S^e_{t+1}로 표기하기로 하자. 효율적인 외환시장에서 합리적인(rational) 외환시장참가자들은 시장에 주어진 모든 정보를 이용했을 것이므로 환율예측에 있어서 어떤 규칙적인 오차도 발생하지 않을 것이다. 즉,

$$S_{t+1} = S^e_{t+1} + \varepsilon_{t+1} \tag{2.11}$$

---

17) 현실적으로 내부정보란 모든 사람에게 가능한 것이 아니므로 내부정보를 취득할 수 있는 외환시장참가자는 초과이익을 얻을 수 있게 된다. 이런 의미에서 외환시장에서는 강형효율성이 성립하지 않게 되며, 실제적으로 외환시장의 효율성 논쟁에서도 강형효율성 성립 여부보다는 약형효율성 또는 중강형효율성 성립 여부에 초점을 맞추고 있다.

에서 예측오차 ε_{t+1}은 미래환율의 예측치와 상관관계가 없을 것이고 그 평균은 0이 될 것이다. 그런데 선물환율은 계약에 의해 미래환율을 미리 정한 것이다. 따라서 위험중립적인(risk neutral) 외환시장참가자들은 선물환율이 자신들의 미래환율에 대한 예측치와 다른 경우, 앞에서 설명한 바와 같이 투기적인 이익을 취하고자 차익거래를 행할 것이다. 이와 같은 거래는 선물환율이 미래환율의 예측치와 같아질 때까지 계속될 것이므로 최종적으로 다음과 같은 균형조건을 얻게 된다.

$$F_t = S^e_{t+1} \tag{2.12}$$

이 식은 선물환율이 미래의 현물환율에 대한 불편예측치(不偏豫測値, unbiased predictor)라는 것을 의미하며, 따라서 불편성 가설이라고 불린다. 식 (2.11)의 합리적 기대가설과 식 (2.12)의 불편성 가설을 결합하면 다음과 같이 외환시장의 효율성을 검증할 수 있는 관계식을 얻을 수 있다.

$$S_{t+1} = F_t + \varepsilon_{t+1} \tag{2.13}$$

효율적인 외환시장에서는 식 (2.13)에서의 예측오차가 선물환율과 상관관계가 없이 무작위하게 분포할 것이며 오차의 평균은 0이 될 것이다. 따라서 외환시장의 효율성 가설은 다음의 회귀식에서 H_0: $\alpha = 0$, $\beta = 1$로 나타낼 수 있으며, 외환시장의 효율성 검증은 이 가설에 대한 검증을 통해 이루어질 수 있다.

$$S_{t+1} = \alpha + \beta F_t + u_{t+1} \tag{2.14}$$

6.3 불편성 가설의 검증결과

지금까지 외환시장의 효율성을 분석한 수많은 연구들은 대체적으로 외환시장의 효율성 가설이 성립하지 않는다는 결과를 제시하고 있다. 즉, [그림 2-8]에서 볼 수 있듯이, 예측오차의 평균이 0이 되지 않고 선물환율이 미래의 현물환율을 너무 높게 또는 너무 낮게 예측하고 있다는 것이다. 그렇다면 이러한 결과가 과연 외환시장이 비효율적이라는 것을 의미하는가? 이에 대해서는 많은 논란이 제기되어 왔는데, 대체로 두 가지 의견으로 집약된다.

그림 2-8 현물환율과 선물환율

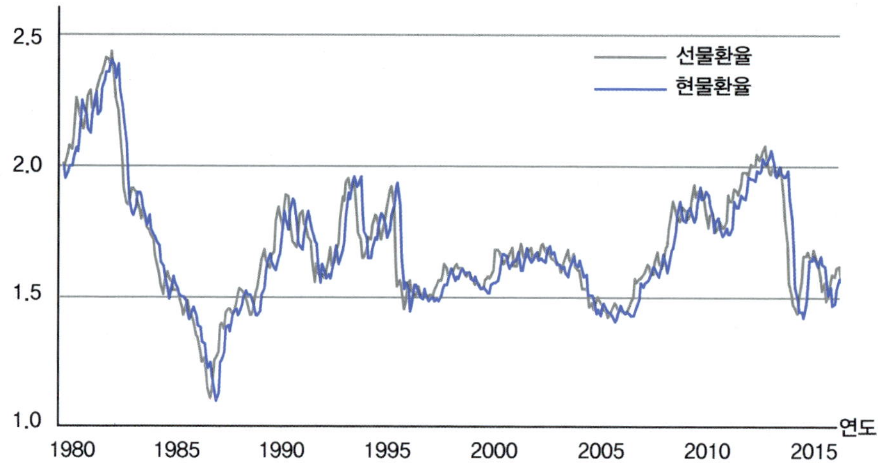

파란색 선은 3개월 후의 현물환율, 즉 S_{t+3}이며, 회색 선은 3개월 만기 선물환율이다. 위의 그림으로부터 우리는 선물환율은 미래의 현물환율에 대해 지속적인 차이를 보이고 있음을 알 수 있다. 결국 선물환율은 미래의 현물환율에 대한 불편예측치라고 볼 수 없다.

자료 : Bank of England.

첫째, 이러한 결과는 외환시장이 비효율적임을 입증하는 것이며, 이는 외환시장에서 정보가 매우 비대칭적이기 때문에 발생한다는 주장이다. 정보의 비대칭성 때문에 외환시장이 비효율적인 것처럼 보이게 하는 한 원인으로는 중앙은행의 외환시장개입을 들 수 있다. 예를 들어, 외환시장참가자들이 기초경제여건을 고려할 때 환율하락을 예상하고 있고 따라서 선물환율도 시장의 예상을 반영하고 있다고 하자. 그런데 중앙은행이 이러한 예상에 따른 환율변화가 바람직하지 못하다고 판단하여 예상되는 환율변화를 저지하기 위해 외환시장개입을 한다면, 선물환율의 예측오차가 주로 한쪽 방향으로 발생하고 따라서 평균이 0이 되지 않을 것이다.

둘째, 이러한 주장에 대해 많은 학자들은 다른 해석을 제시하고 있다. 이들은 효율적인 외환시장에서도 선물환율의 예측오차가 한쪽으로 치우칠 수 있고 불편성 가설이 성립하지 않을 수 있다는 위험 프리미엄(risk premium)가설을 제시하고 있다. 이를 좀 더 자세히 살펴보자. 앞에서 우리는 위험중립적인 투자자의 경우, 선물환율이 미래의 현물환율에 대한 자신의 예측과 같아질 때까지 투기이익을 얻기 위한 거래를 계속할 것이라고 설명했었다. 그런데 투자자들이 모두 위험중립적이 아니라면 이러한 관계가 성립하지 않을 수도 있다. 즉, 투기이익이 투자자 스스로가 부담해야 하는 위험을 보상할 만한 최소한의 수준인 위험 프리미엄을 초과해야만 투자자들은 투기이익을 얻기 위한 거래를 할 것이다. 투자자들이 선물환계약시 위험 프리미엄을 요구하게 되면 식 (2.12)의 균형조건은 다음과 같이 바뀌게 된다.

$$S^e_{t+1} = F_t + rp \tag{2.15}$$

rp : 위험 프리미엄

식 (2.15)에 기초한 위험 프리미엄의 해석에 따르면, 선물환율의 예측오차가 평균적으로 0이 되지 않고 한쪽 방향으로 치우친다고 하더라도 이를 외환시장의 비효율성의 증거로 보기 어렵다는 것이다. 만일 외환시장이 효율적이어서 정보가 시장에 신속히 전달되고 이 정보를 이용한 즉각적인 투기거래가 발생하더라도, 위험회피적인 거래자들은 식 (2.15)에 나타난 바와 같이 투기거래에 따른 위험에 대한 보상을 요구할 것이다.

따라서 선물환율은 지속적으로 위험 프리미엄만큼 미래 현물환율과 편차가 발생할 것이고, 선물환율의 예측오차는 평균적으로 0과 달라질 것이다. [그림 2-9]는 사후적으로 관찰한 위험 프리미엄이 어떤 경우에는 지속적으로 양수가 되고 어떤 경우에는 지속적으로 음수가 된다는 것을 보여주고 있다. 이렇듯 시간이 흐름에 따라 여건이 변화되어 위험 프리미엄이 변해가는데, 이를 시간변동 위험 프리미엄(time varying risk premium)이라고 부른다.[18]

---

18) 위험 프리미엄이 상당기간 지속적으로 양수 또는 음수가 되는 현상을 시간변동 위험 프리미엄 때문이라고 해석할 수도 있지만 페소문제 때문에 발생한다고 해석할 수도 있다. 많은 경우 환율은 급격한 변화(jump)를 보이기 전까지 서서히 움직이는 것처럼 보인다. 따라서 이러한 변화가 발생하기 전까지의 기간만 고려하고 환율움직임을 살펴보면 특정한 추세를 보이고 예측오차들이 양의 자기상관관계(positive autocorrelation)를 가져 일정기간 예측오차가 지속적인 양의 값 또는 음의 값을 나타낼 수 있다. 그러나 보다 장기적으로 급격한 변화까지 포함한 전체적인 움직임을 고려하면 이러한 현상이 사라지게 된다. [그림 2-9]에서도 전체기간을 고려하면 예측오차가 0을 중심으로 움직인다고도 볼 수 있다.

그림 2-9 위험 프리미엄

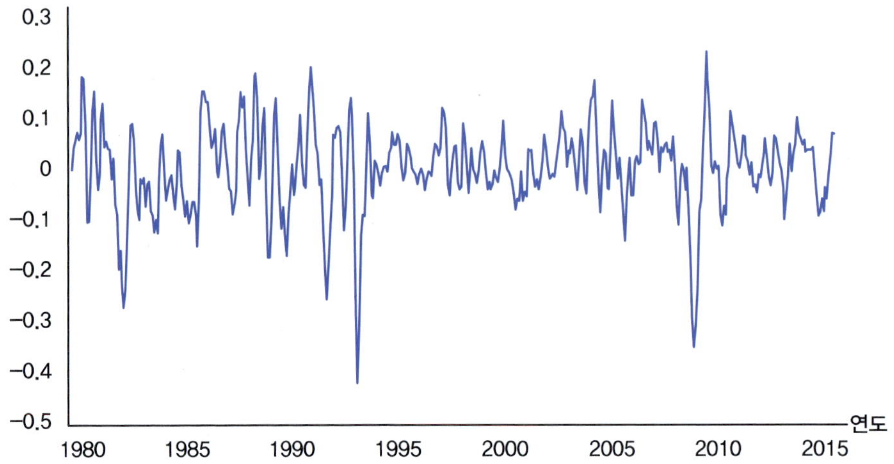

앞의 그림이 보여주는 선물환율과 실현된 기대현물환율의 차이 $F_t - S_{t+3}$을 재구성한 것이다. 선물환율과 미래의 현물환율의 차이, 즉 위험 프리미엄은 시간에 따라 변동하고 있는데 이를 시간변동 위험 프리미엄이라고 부른다.

위의 그림으로부터 우리는 사후적으로 전환된 위험 프리미엄의 변동폭이 매우 크지만 0을 중심으로 변화함을 알 수 있다. 따라서 장기적으로는 위험 프리미엄의 평균값은 0이 될 것이다.

자료 : Bank of England.

요약

01. 외환시장이란 외환의 매매거래가 이루어지는 특정의 장소나 공간을 지칭하기보다는 외환의 매매거래가 정기적 또는 지속적으로 이루어지는 총괄적인 거래메커니즘 또는 거래양태를 말한다. 외환시장은 범세계적 시장, 24시간 시장, 장외거래시장, 은행 간 거래의 도매시장, 금융거래를 수반한 외환거래시장, 제로섬시장 등의 특징을 가지고 있다.

02. 외환시장은 거래주체에 따라 일반고객, 은행, 외환중개인(외환브로커와 외환딜러) 및 중앙은행으로 구분할 수 있으며, 일반고객은 거래동기에 따라 실수요자, 헤저, 재정거래자, 투기자로 다시 구분하여 볼 수 있다.

03. 환율이란 외환의 가격으로서 외국통화 한 단위와 교환되는 자국통화의 양이다. 환율의 상승은 외국통화가 가치가 높아지는 것, 즉 자국통화의 대외가치가 하락하는(절하되는) 것을 의미한다. 환율의 하락은 외국통화가 가치가 떨어지는 것, 즉 자국통화의 대외가치가 상승하는(절상되는) 것을 의미한다.

04. 환율제도는 환율의 결정메커니즘에 따라 크게 변동환율제도와 고정환율제도로 구분된다. 변동환율제도란 통화당국의 개입 없이 민간부문의 외환에 대한 수요와 공급에 의하여 환율이 자유로이 결정되는 환율제도를 말한다. 반면 고정환율제도란 통화당국이 외환시장에 개입하여 환율을 일정수준에서 고정시키는 환율제도를 말한다.

05. 외환포지션이란 일정시점에서 일반고객, 은행, 외환딜러, 통화당국 등 외환거래 당사자가 보유하고 있는 외화표시 자산과 외화표시 부채의 차액을 말한다. 외환포지션은 크게 스퀘어 포지션(외화표시 자산＝외화표시 부채)과 오픈 포지션(외화표시 자산≠외화표시 부채)으로 구분되며, 오픈 포지션은 다시 롱 포지션(외화표시 자산＞외화표시 부채)과 숏 포지션(외화표시 자산＜외화표시 부채)으로 구분된다.

06. 환노출(또는 환위험)이란 외환거래 당사자가 보유하고 있는 외화표시 순자산, 즉 외환포지션은 그대로 있어도 예상하지 못한 환율변동으로 인해 자국통화로 표시한 외화표시 순자산의 가치가 변동하는 것을 말한다.

07. 외환거래는 거래 성격에 따라 전통적으로 현물환거래와 선물환거래로 구분된다. 현물환거래는 외환시장에서 가장 일반적인 거래형태로서 약정일로부터 통상 2

영업일 이내에 외환의 (인)수도와 대금의 결제가 이루어지는 외환거래를 말한다. 반면 선물환거래는 약정일로부터 3영업일 이상을 경과한 장래의 특정일에 약정한 환율로 외환의 수도와 결제를 약정하는 외환거래를 말한다.

08. 통화선물거래는 선물환거래의 특징은 살리되 선물환을 표준화시켜 만기일 이전에 거래가 쉽게 이루어질 수 있도록 한 파생금융상품거래이다. 통화옵션거래란 장래 특정일 또는 일정기간 내에 미리 정해진 환율로 외환을 사거나 팔 수 있는 권리 — 선택권을 가지지만 의무를 지지 않는 계약을 말한다. 즉, 통화옵션은 옵션매도자가 옵션매입자에게 외환을 미리 정해진 환율 — 즉, 권리행사가격(strike price)으로 매도 또는 매입할 수 있는 권리를 선택적으로 부여하는 계약, 즉 보험의 성격을 갖는 금융계약으로서 옵션매입자는 보험료 성격인 프리미엄(또는 옵션가격)을 지급한다.

09. 외환시장의 일차적 기능은 청산기능으로서 외환을 사고자 하는 자들과 외환을 팔고자 하는 자를 연결시켜 줌으로써 국가 간 상품 및 서비스 거래, 자본거래 등을 원활하게 하고 있다.

10. 장소적 환재정거래는 장소적으로 떨어져 있는 외환시장 간 환율을 동일하게 하며, 삼각재정거래는 세 통화 간 균형환율체계를 이루도록 한다. 금리재정거래는 환위험부담 없이 국내통화표시 금융자산 수익률과 해외통화표시 금융자산 간 수익률을 같게 함으로써 — 즉, 선물환프리미엄이 내외금리차와 같게 함으로써 — 현물환율, 선물환율, 국내금리 및 해외금리 간 균형체계를 유지하게 한다.

11. 헤징이란 오픈 포지션으로 환위험이 발생하는 경우 이를 회피하기 위하여 반대거래를 통하여 스퀘어 포지션을 취하는 행위를 말하며, 환투기란 장래의 현물환율의 변화를 예상하고 오픈 포지션을 취하여 환차익을 얻고자 하는 행위를 말한다. 이러한 헤징 또는 환투기도 금리재정거래와 마찬가지로 현물환율, 선물환율, 국내금리 및 해외금리 간 균형체계를 유지하게 한다.

12. 외환시장이 효율적이라는 것은 외환시장의 모든 정보가 환율에 반영되어 있음을 의미한다. 외환시장의 효율성은 선물환율이 미래 환율을 충분히 잘 예측하였는가 여부를 통해 검증해 볼 수 있다.

주요 용어

고정환율제도	금리재정	롱 포지션
매매율차	변동환율제도	불편성 가설
삼각재정	선물환거래	숏 포지션
스퀘어 포지션	실질환율	실효환율
오픈 포지션	외환	외환브로커/외환딜러
외환시장	외환시장의 효율성	외환포지션
이자율평가 정리	장내거래	장외거래
장소적 환재정	청산	통화선물거래
통화옵션거래	헤징	현물환거래
환위험	환율	환율상승(절하)
환율하락(절상)	환재정	환투기
American terms	European terms	

연습문제

01. 외환시장에 관한 다음 물음에 대하여 답하시오.

(1) 외환시장의 의의와 특징에 관하여 설명하시오.

(2) 외환시장 참가자를 주체와 거래동기에 따라 구분하여 설명하시오.

02. 외환브로커와 외환딜러의 차이점에 관하여 설명하시오. 외환거래가 원활해지기 위해서는 왜 딜러시스템이 발달하여야 하는지 생각하여 보시오.

03. 환율의 개념에 관하여 설명하시오. 그리고 환율과 관련하여 일상생활에서 통화강세 또는 통화약세, 평가절하 또는 평가절상, 환율절하 또는 환율절상 등이 사용되고 있는데, 이들 표현이 올바른 것인지 생각하여 보시오.

04. 환포지션과 환위험에 관한 다음 물음에 답하시오.

(1) 환포지션에 관하여 설명하시오.

(2) 환위험에 관하여 설명하시오.

(3) 90일 후에 100만 달러를 받기로 하고 수출한 기업이 왜 환위험에 노출되는가를 설명하시오. 이 기업은 환위험을 회피하기 위하여 어떠한 외환거래를 하여야 하는가에 관하여 설명하시오.

(4) 해외에서 1억 달러 90일물 CP(기업어음)를 발행한 금융기관이 왜 환위험에 노출되는가를 설명하시오. 이 금융기관이 환위험을 회피하기 위하여 어떠한 외환거래를 하여야 하는가에 관하여 설명하시오.

05. 현물환거래와 선물환거래에 관한 다음 물음에 답하시오.

(1) 현물환거래와 선물환거래의 차이점에 관하여 설명하시오.

(2) 외상거래 또는 소위 '밭떼기'가 선물환거래와 어떠한 차이가 있는지에 관하여 생각하여 보시오.

(3) 통화선물거래 또는 통화옵션거래가 선물환거래와 어떠한 점이 같고 어떠한 점이 차이가 있는가에 관하여 설명하시오.

06. 이자율평가 정리에 관한 다음 물음에 답하시오.

(1) 금리재정거래와 이자율평가 정리에 관하여 간략히 설명하시오.

(2) 최근 국내외 금융 및 외환시장에서 현물환율은 1,000원, 3개월물 선물환율 프리미엄이 3원, 원화표시 채권금리가 6%(연율), 달러화표시 채권금리가 4%(연율)에 형성되고 있다. 이 경우 어디에 투자하는 것이 얼마나 유리한지 밝히시오. (단, 3개월 선물환율은 연율로 계산하여야 함에 주의할 것)

(3) 이와 같이 국내외투자에 따른 수익률에 차이가 발생하는 경우 국제적 금리재정거래가 발생한다. 이러한 금리재정거래가 발생하는 경우 현물환율, 선물환율, 국내금리 및 해외금리를 어떠한 방향으로 변동시키는지 밝히시오.

07. 환헤징과 환투기에 관한 다음 물음에 답하시오.

(1) 선물환율이 기대환율보다 낮은 경우에 어떻게 환헤징이 발생하는지에 관하여 생각하여 보시오.

(2) 선물환율이 기대환율보다 낮은 경우에 어떻게 환투기가 발생하는지에 관하여 생각하여 보시오.

참고문헌

이강남, 국제금융론, 법문사, 전정판, 1998. 3.

이효구, 새 외환론 – 국제경제입문 –, 박영사, 1986. 10.

한국은행, 알기 쉬운 경제지표해설, 제6판, 2006. 8.

________, 환율 및 외환시장에 대한 이해, 2021. 7.

Bank for International Settlements(BIS), *Triennial Central Bank Survey of Foreign Exchange and Derivatives Market Activity in April 2019*, 2019.

Chicago Mercantile Exchange(CME), http://www.cme.com/prd/fy/index.html/

Copeland, L. S., *Exchange Rate and International Finance*, Addison Wesley, 1989.

Cox, J. C., and M. Rubinstein, *Options Markets*, Prentice-Hall Inc., 1985.

Fama, E., "Forward and Spot Exchange Rates," *Journal of Monetary Economics* 14, 1984, pp. 319-338.

Feeney, F. D., *A Guide to International Financial Derivatives*, The Bankers Magazine, 1993, pp. 11-12.

Frenkel, J. A. and R. M. Levich, "Covered Interest Arbitrage : Unexploited Profits?" *Journal of Political Economy* 83, 1975, pp. 325-338.

Froot, K. and R. Thaler, "Anomalies : Foreign Exchange," *Journal of Economic Perspective* 4, Summer 1990, pp. 179-192.

Harris Bank, *Harris Bank Foreign Exchange Weekly Review*, 각호.

Hodrick, R., *The Empirical Evidence on the Efficiency of Forward and Future Foreign Exchange Markets*, New York : Harwood Academy Publisher, 1987.

Mark, N. C., "On Time Varying Risk Premia in the Foreign Exchange Market : An Econometric Analysis," *Journal of Monetary Economics* 16, 1985, pp. 3-18.

________, "Exchange Rates and Fundamentals : Evidence on Long-Horizon Predictability," *American Economic Review* 85, 1995, pp. 201-218.

CHAPTER 03

국제거래조건과 금융시장균형

1. 구매력평가
2. 이자율평가
3. 국제평가이론의 종합

03 | 국제거래조건과 금융시장균형

국제금융을 공부하다 보면 국내시장 및 해외시장에서 환율, 이자율, 물가를 연계시켜 주는 여러 관계에 접하게 된다. 이러한 관계는 일반적으로 상품 및 자본거래에서의 균형조건을 나타낸다.[1] 가장 대표적인 것으로 국제상품거래에서의 균형을 나타내는 구매력평가와 국제자본거래에서의 균형을 나타내는 이자율평가가 있다.

1. 구매력평가

구매력평가(購買力平價, purchasing power parity : PPP)란 국제상품거래에서 물가와 환율 간의 관계를 나타내는 것으로서 모든 국가에서 통화의 구매력은 동일하게 된다는 것을 의미한다. 구매력평가는 장기 균형환율을 결정하거나 예측하는 데 있어서 중요한 이론적 기초를 제공해 준다.

1.1 절대적 구매력평가(absolute PPP)

구매력평가의 이론적인 출발점은 일물일가의 법칙(law of one price)이다. 무역에 따른 운송비용이 전혀 없고 관세 등의 무역장벽도 전혀 없는 이상적인 완전경쟁시장이라면, 두 나라에서 팔리는 재화의 가격은 두 나라에서 동일할 것이다. 이를 간단히 설명하기 위해 특정 재화 i의 국내에서의 국내통화표시가격을 p_i, 외국에서의 외국통화표시 가격을 p_i^*, 그리고 환율을 S라 하자. 환율을

---

1) 추가적인 이익의 기회가 없는 상태라는 의미에서 재정거래불가조건(no-arbitrage condition)으로도 볼 수 있다.

이용해 이 재화의 외국통화표시 가격을 국내통화단위로 표시하면 Sp_i^*가 될 것이다.

만일 국내가격 p_i가 외국가격 Sp_i^*보다 낮다면 무역업자들은 해당 재화를 국내에서 사다가 외국에 팔아 이득을 챙기는 이른바 재정거래를 할 것이다. 이 과정에서 국내가격이 높아지고 외국가격이 낮아지게 되어 결국 동일한 통화로 표시했을 때 두 재화의 가격은 어디에서나 같아지게 된다. 이 관계를 식으로 표시하면

$$p_i = Sp_i^* \tag{3.1}$$

와 같이 나타나고 이를 일물일가의 법칙이라 한다.

특정 재화에 대한 일물일가의 법칙을 소비자재화바스켓에 확대 적용하면 구매력평가를 얻을 수 있다. 국내외의 물가지수(P 및 P^*)는 모든 재화의 가격을 해당 가중치에 따라 총합한 것이므로

$$P = p_1^{\alpha_1} p_2^{\alpha_2} p_3^{\alpha_3} \cdots, \quad \sum \alpha_i = 1$$
$$P^* = p_1^{*\beta_1} p_2^{*\beta_2} p_3^{*\beta_3} \cdots, \quad \sum \beta_i = 1$$

과 같이 표시될 것이다. 만약 두 나라 사람들의 소비패턴이 동일하여 모든 재화에 대한 두 나라의 가중치가 같다면($\alpha_i = \beta_i$),

$$\frac{SP^*}{P} = \left(\frac{Sp_1^*}{p_1}\right)^{\alpha_1} \left(\frac{Sp_2^*}{p_2}\right)^{\alpha_2} \left(\frac{Sp_3^*}{p_3}\right)^{\alpha_3} \cdots \tag{3.2}$$

를 얻을 수 있다. 만일 모든 재화에 대해 식 (3.1)의 일물일가의 법칙이 성립한다면 식 (3.2)는

$$\frac{SP^*}{P} = 1 \tag{3.3}$$

이 된다. 이를 절대적 구매력평가(absolute purchasing power parity)라고 부르며 이는

$$P = SP^* \qquad \text{혹은} \qquad S = \frac{P}{P^*} \tag{3.4}$$

와 같은 형태로도 표시된다. 구매력평가조건은 S, P, P^*간의 균형관계를 나

빅맥 PPP환율

영국에서 발행되는 주간 경제전문지 *Economist*에서는 1986년 이래 매년 전 세계적으로 판매되고 있는 맥도널드의 빅맥가격을 비교·분석해서 발표하고 있다. 빅맥은 전 세계 120개국에서 동일한 재화로 판매되고 있으므로, 이 빅맥지수(Big Mac index)를 이용하여 일물일가의 법칙 또는 절대적 구매력평가를 간단히 검증할 수 있는 기회를 독자들에게 제공한다는 취지에서이다.

빅맥지수 (2021년 7월 1일 현재)

국가	국내가격	미달러가격	빅맥지수	현재환율	과소(−)/과대(+), %
미국	5.65달러	5.65	1	1	0
아르헨티나	380페소	3.94	67.26	96.33	−30.18
호주	6.55달러	4.79	1.16	1.37	−15.17
브라질	22.9헤알	4.36	4.05	5.25	−22.78
영국	3.49파운드	4.75	0.62*	0.73*	−15.92
캐나다	6.77달러	5.31	1.20	1.27	−5.96
중국	22.4위안	3.46	3.96	6.48	−38.82
덴마크	30크로나	4.74	5.31	6.32	−16.04
유로지역	4.27유로	5.02	0.76**	0.85**	−11.11
홍콩	21달러	2.70	3.72	7.77	−52.18
인도네시아	34,000루피	2.34	6,017.70	14,517.5	−54.93
일본	390엔	3.55	69.03	109.94	−37.21
말레이시아	9.99링기트	2.36	1.77	4.22	−58.15
노르웨이	57크로네	6.30	10.09	9.04	11.54
멕시코	64페소	3.18	11.33	20.14	−43.74
필리핀	142페소	2.82	25.13	50.35	−50.08
러시아	169루블	2.27	29.91	74.53	−59.87
싱가포르	5.9달러	4.31	1.04	1.37	−23.68
한국	4,600원	4.00	814.16	1,150.35	−29.23
스위스	6.5프랑	7.04	1.15	0.92	24.7
대만	72달러	2.57	12.74	28.05	−54.57
태국	128바트	3.90	22.65	32.81	−30.95
베트남	69,000동	3.00	12,212.39	23,028.5	−46.97

* 1파운드당 달러, ** 1유로당 달러
자료 : Economist(http://www.economist.com), 2021.7.21.

위의 표는 2021년 7월의 빅맥지수를 보여주고 있다. 빅맥햄버거는 2021년 7월 1일 현재 러시아에서 가장 싸게(개당 2.27달러) 팔리고 있고, 스위스에서 가장 비싸게(개당 7.04달러) 팔리고 있으며, 우리나라에서는 미국보다 2달러 가까이 싼 가격(개당 4달러)에 팔리고 있다. 이에 따르면 일부 유럽 국가를 제외하면 대부분의 국가들의 통화는 미달러화에 비해 과소평가되어 있다.

그러나 비록 빅맥이 세계 거의 모든 나라에서 판매되고는 있으나 과연 동일한 재화인가에 대해서는 의문의 여지가 있다. 주재료인 소고기값이 무역장벽으로 나라마다 차이가 있을 뿐 아니라 건물임대료, 인건비, 조세제도, 지역별 시장구조 등도 천차만별일 것이다. 그러므로 빅맥은 교역이 가능하지 않은 서비스 재화의 측면도 강하기 때문에 구매력평가의 척도로서 빅맥 PPP환율은 무리가 있을 수밖에 없다.

그럼에도 불구하고 빅맥지수는 유용한 경제학적 함의를 준다. 일례로 물가보다는 명목환율의 변동이 실질환율의 변동을 주도한다는 실증적 결과이다. 또한 빅맥 PPP환율은 비록 간단하지만 미래 환율의 움직임을 예측하는 유용한 지표가 된다는 일부 연구결과도 발표되었다.

타내는 것으로서, 그 자체로서는 물가가 환율을 결정하는지 아니면 환율이 물가를 결정하는지의 인과관계를 제시하는 것은 아니다.

절대적 구매력평가에 대한 실증분석들은 식 (3.4)와 같은 물가와 환율 간의 관계에 대해 긍정적인 결과를 제시하지 않고 있다. 절대적 구매력평가가 현실과 부합되지 않는 이유는 여러 가지가 있다.

① 각국에서 물가를 계산할 때 그 경제 내에 존재하는 모든 상품을 고려하는 것이 아니라 일부 품목만을 고려한다는 것이다. 따라서 이러한 물가수준은 그 국가 통화의 구매력을 정확하게 반영하지 못하고 그것을 이용해 얻은 구매력평가는 오류일 수 있다는 것이다.

② 설사 각국의 물가가 그 경제 내에 있는 모든 품목을 고려해 계산되었을지라도 각국마다 존재하는 품목이 다를 것이고, 또한 존재하는 품목이 동일할지라도 각국마다 물가계산에 적용되는 가중패턴이 다르다는 것이다.

③ 구매력평가에서 가정하는 것과는 달리 현실 세계에서는 관세, 쿼터 등의 무역제한조치 및 수송비용이 존재한다. 이러한 무역장벽은 상품 및 용역의 이동을 제한할 만큼 크기 때문에 비교역재가 존재하게 되고 구매력평가가 성립하지 않게 된다.

④ 재화시장의 구조가 완전경쟁이 아닌 독과점구조인 경우 독과점자들은

각각의 시장에서 가격차별화를 할 수 있게 되어 구매력평가가 성립하지 않게 된다.

1.2 상대적 구매력평가(relative PPP)

절대적 구매력평가는 국내에서 생산된 재화나 해외에서 생산된 재화의 국내가격이 같다는 일물일가의 법칙을 전제로 한다. 그러나 앞서 지적한 바와 같은 여러 요인들 때문에 동일한 재화의 가격차이가 국가 간에 현저하고, 또한 이와 같은 가격차이가 상당기간 지속된다. 이 경우 절대적 구매력평가설은 성립하지 않게 된다.

그런데 양국 간에 가격차이가 현저한 경우에도 양국의 물가상승률(π, π^*)과 환율변화율($\hat{S}$)이 안정적인 관계를 유지할 수 있다. 이처럼 현실적으로 P와 SP^*의 절대수준이 같지는 않더라도 양자 간에 일정한 관계가 존재하는 경우 구매력평가는 실질환율이 식 (3.3)에서와 같이 1이 아니라 상수로 일정하게 유지되는 상대적 구매력평가로 나타나게 된다. 따라서 상대적 구매력평가는 식 (3.4)에 로그를 취하고 양변을 전미분한 형태, 즉 식 (3.5)와 같이 환율변화율이 양국 간 인플레이션의 차이와 같아지는 형태 또는 식 (3.6)과 같이 예상환율변화율이 양국 간 예상인플레이션 차이와 같아지는 형태로 표시할 수 있다.[2)]

$$\pi = \hat{S} + \pi^* \quad \text{혹은} \quad \hat{S} = \pi - \pi^* \tag{3.5}$$

$$\pi^e = \hat{S}^e + \pi^{*e} \quad \text{혹은} \quad \hat{S}^e = \pi^e - \pi^{*e} \tag{3.6}$$

상대적 구매력평가는 사실 단순히 절대적 구매력평가를 완화시킨 형태로만 제시되는 것은 아니다. 그 이론적 근거는 고전학파의 화폐중립성으로 거슬러 올라간다. 고전학파의 세계에서 화폐공급량이 증가하면 물가와 명목환율 등 모든 명목변수가 비례적으로 상승하게 되고, 반면에 실질변수는 아무런 변화가 없게 된다. 오늘날에도 최소한 명목적 교란요인(nominal shock)에 대해서는 상대적 구매력평가가 성립할 것이라는 것이 적지 않은 경제학자들

---

2) 예상 환율변화율이 양국 간의 예상인플레이션 차이와 같아진다는 것을 구분해 **사전적 상대구매력평가**(ex-ante relative PPP)라고 부르기도 한다.

그림 3-1 환율과 상대물가수준 : 미국과 캐나다의 경우

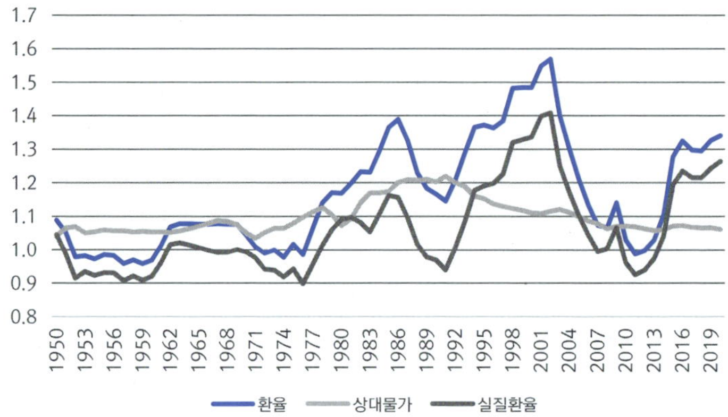

이 그림은 1970년대 중반 이후 상대적 PPP로부터의 이탈이 커졌음을 보여준다. 상대적 PPP에 따르면 캐나다달러/미국달러 실질환율이 일정해야 하나, 1970년대 중반 이후 실질환율이 크게 변동하고 있다. 이러한 실질환율 변동은 캐나다물가/미국물가(상대물가수준)의 변화가 캐나다달러/미국달러 명목환율의 변화에 못 미친 1970년대 후반~1980년대 중반과 두 변수가 반대 방향으로 움직인 1990년대에 더욱 심하였다.

자료 : IMF, *International Financial Statistics* database.

의 의견이다.

절대적 구매력평가설과는 달리 실질환율이 일정하다는 상대적 구매력평가설은 1960년대까지만 해도 상당히 현실에 부합하는 것으로 받아들여졌다. 특히, 1920년대 독일의 경우와 같이 물가가 폭등하는 초인플레이션(hyper-inflation) 시기에는 국내통화가치의 급락으로 환율도 급격하게 상승하는 경향이 있어서 물가와 환율 간의 변화추이가 거의 일치하는 모습을 보이기도 하였다.

그러나 1970년대에 들어서면서 양자 간의 안정적인 관계가 크게 이탈되는 경향을 보이고 있는데, 그 원인으로 절대적 구매력평가설에서 지적된 문제점 외에도 1970년대 이후 고정환율제도가 변동환율제도로 변경되었고, 또한 1960년대까지 주종을 이루었던 명목적 교란요인 대신 실질적 교란요인(real shock)이 상당수 발생했다는 것을 들 수 있다.

이를 설명하기 위해서 실질환율(q)을 명목환율 및 소비자물가를 이용해 다음과 같이 정의하자.

$$q = \frac{SP^*}{P} \tag{3.7}$$

소비자물가는 교역재와 비교역재의 가중평균이므로 식 (3.7)을 교역재가격(P_T, P^*_T)과 비교역재가격(P_N, P^*_N)으로 표시하면 다음과 같이 된다.

$$q = \frac{S \times (P^*_T)^{\beta} \times (P^*_N)^{1-\beta}}{(P_T)^{\alpha} \times (P_N)^{1-\alpha}} \tag{3.8}$$

$$= \left(\frac{SP^*_T}{P_T}\right)\left(\frac{P_T}{P_N}\right)^{1-\alpha}\left(\frac{P^*_T}{P^*_N}\right)^{\beta-1} \tag{3.9}$$

여기서 α, β는 각각 국내 및 외국 소비자물가에서의 교역재가 차지하는 비중을 나타낸다.

① 1970년대의 석유파동에서와 같이 교역조건이 변화하는 경우를 보자. 산유국을 자국이라고 하면, 자국의 교역재인 석유의 가격 P_T가 외국의 교역재인 제조업품의 가격 P^*_T에 비해 크게 상승함에 따라 SP^*_T/P_T가 하락하고 자국의 실질환율 q는 하락하게 된다. 이러한 실질절상은 당시 산유국들이 전반적으로 경험한 바 있으며, 소위 네덜란드병(Dutch disease) 증세의 일종이다.

② 교역재 간에 절대적 구매력평가가 성립해 $SP^*_T/P_T=1$이 된다고 해도, 자국의 수요가 교역재에서 비교역재로 바뀌는 경우 P_T/P_N가 하락함으로써 실질환율이 하락할 수 있다. 예컨대, 1990년 무렵 우리나라는 주택 200만 호 건설 추진과정에서 이러한 실질절상을 경험하였다.

③ 자국의 수요가 교역재와 비교역재를 막론하고 전반적으로 증가하더라도 역시 실질절상이 초래된다. 이는 교역재와 비교역재의 차이에 기인한다. 교역재시장의 경우 초과수요는 외국으로부터의 수입으로 어느 정도 충당되기 때문에 가격상승압력이 상대적으로 덜한 반면, 국내에서 모든 것을 충당해야 하는 비교역재의 경우는 초과수요가 보다 직접적인 가격상승압력으로 작용하기 때문이다. P_T가 P_N에 비해 덜

상승하게 되고 이에 따라 자국통화의 실질가치는 상승한다. 예컨대 총수요팽창으로 인한 경기상승은 그것이 특별히 비교역재 수요의 팽창 때문이 아니라고 하더라도 실질절상을 초래하는 경향이 있다는 것이다.

④ 자국의 교역재부문에서 생산성 향상이 이루어지는 경우, 한편으로는 생산성 향상의 직접적 결과로 P_T가 하락하고 다른 한편으로는 생산요소가 비교역재부문에서 보수가 좋은 교역재부문으로 이동하게 된다. 이에 따라 비교역재의 생산에 애로가 발생하면서 P_N이 상승하여 결국 P_T/P_N가 하락하게 되고 실질절상이 초래된다. 마스톤(R. Marston)의 실증분석에 따르면,[3] 1973~83년 기간 중 일본엔화는 미국달러화에 비해 약 9%의 실질절상을 경험하였는데, 이는 주로 일본 교역재부문의 생산성 향상이 미국 교역재부문의 생산성 향상을 크게 앞섰기 때문이라는 것이다.

교역재부문의 생산성 향상 문제는 나라 간의 생활비 수준 차이와 관련해서도 중요하다. 환율을 감안하더라도 선진국의 생활비가 개발도상국에 비해 월등히 높다는 것은 잘 알려진 사실이다. 예컨대, 한 회사에서 일본지사로 파견나간 직원은 좁은 집에 살면서 택시비도 아까워하는 반면, 같은 월급 수준으로 아프리카지사에 파견나간 동료는 대궐 같은 집에 살면서 운전기사, 조리사, 정원사까지 두는 경우도 있다.

발라사(B. Balassa)에 의하면,[4] 경제성장과정에서 교역재부문은 주로 제조업이기 때문에 생산성 향상이 급속히 이루어지는 반면, 비교역재부문은 주로 서비스산업이기 때문에 생산성 향상이 더디게 된다. 이에 따라 선진국의 비교역재 가격이 개발도상국보다 높게 되고, 이는 선진국의 물가수준을 높이는 원인이 된다. 우리나라에서도 지난 40여

3) Marston(1987) 참조.

4) Balassa(1964) 참조. 한편, 크라비스(I. Kravis)와 립시(R. Lipsey)는 생산요소량의 차이로 선진국-개발도상국 간 물가수준 차이를 설명하고 있다. 선진국은 개발도상국에 비해 노동보다는 자본이 상대적으로 풍부하기 때문에 선진국에서는 노동의 한계생산성 및 실질임금이 높게 된다. 일반적으로 비교역재산업은 교역재산업에 비해 노동집약적이다. 따라서 노동이 비싼 선진국에서 비교역재의 가격이 높을 것이며, 비교역재가 비싼 선진국의 물가수준이 개발도상국보다 높을 것이다(Kravis and Lipsey, 1983).

년간의 고도경제성장 결과 생활비가 크게 올랐으며, 특히 공산품가격에 비해 서비스가격이 급등하였음은 주지의 사실이다.

⑤ 현실적으로 가격은 상당히 경직적이기 때문에 명목환율이 변동할 때마다 실질환율이 따라서 변동하게 된다. 실증적으로 실질환율의 변동성과 명목환율의 변동성 간에는 높은 상관관계가 발견된다. 명목환율이 변동하는 메커니즘에 관한 확신이 희박해지는, 다시 말해 원인 모를 명목환율의 변동이 빈번해지는 오늘날, 명목환율의 변동이 그대로 실질환율의 변동으로 반영되어 경제에 충격을 가한다는 것은 커다란 걱정거리가 아닐 수 없다.

2. 이자율평가

이자율평가(利子率平價, interest rate parity : IRP)는 상품시장에서의 일물일가의 법칙이 국제금융시장에 적용된 것이라 할 수 있으며, 동일한 통화로 환산했을 때 모든 국가에서 투자의 기대수익률이 같아진다는 것을 의미한다. 이자율평가가 현실경제에서 성립하는지 여부에 대하여 논란이 있으나 단기 환율의 변화를 예측하는 데 있어서 중요한 이론적 기초를 제공해 준다.

이자율평가는 투자의 기대수익률이 위험을 수반하고 있는가 여부에 따라 크게 무위험 이자율평가(covered interest rate parity : CIRP)와 유위험 이자율평가(uncovered interest rate parity : UIRP), 실질이자율평가(real interest rate parity : RIRP)로 구분한다.

2.1 무위험 이자율평가

흔히 이자율평가라고 하면 무위험 이자율평가를 의미하는데, 이는 국가 간의 자본이동에 따른 제약이 없는 경우에 성립한다. 즉, 거래비용이 없고 자본통제가 없으며 국가위험(정치적 위험 등을 포함)이 없다고 가정하면 표시통화를 제외한 모든 다른 조건이 동일한 두 채권으로부터의 기대수익률은 동일통화로 환산한 경우 같아지게 된다.

예를 들어, 어떤 국내투자자가 원화표시 채권에 투자할 것인가 또는 달러화표시 채권에 투자할 것인가를 결정해야 한다고 하자. 투자에 따른 위험이 동일하다면, 투자자의 선택은 두 투자대상으로부터 기대되는 수익률에 달려 있을 것이다. 국내의 명목이자율이 i라면 1원을 만기 1년의 국내채권에 투자하여 1년 후에 받는 금액은 $1+i$원이 된다. 그러면 1원을 달러화표시 채권에 투자하는 경우 1년 후에 받는 금액은 얼마나 될까? 우선 달러화표시 채권에 투자하기 위해서는 원화를 달러화로 환전해야 한다. 외환시장에서 현물환율이 S_t라면 원화 1원으로는 현재 $1/S_t$단위의 달러화를 살 수 있다. 이를 i^*의 이자율을 지급하는 1년 만기 달러화표시 채권에 투자한다면 1년 후에 받는 원리금은 $(1+i^*)/S_t$달러가 될 것이다. 따라서 원화표시 채권에 대한 투자와 달러화표시 채권에 대한 투자 중 어느 쪽이 유리할 것인가를 판단하기 위해서는 $1+i$와 $(1+i^*)/S_t$의 크기를 비교하면 될 것이다.

그런데 전자는 원화로 표시된 데 비해 후자는 달러화로 표시되어 있으므로, 후자를 1년 후의 환율을 이용하여 원화단위로 환산해야 할 필요가 있다. 그러나 1년 후의 현물환율인 S_{t+1}이 얼마가 될지는 미리 알 수가 없으므로, 원화단위로 표시한 해외채권으로부터의 투자수익은 불확실하게 된다. 이러한 불확실성은 투자 초기에 선물환계약을 체결함으로써 제거될 수 있다. 만일 투자 초기에 1년 후에 1달러당 F_t원을 받고 달러화를 매도하기로 선물환계약을 체결해 놓는다면, 해외채권에 대한 투자로부터의 원리금은 $(1+i^*)F_t/S_t$원으로 고정되는데, 이를 무위험 외환수익이라고 한다. 여기서 F_t는 선물환율이다.

이 경우 투자에 대한 수익률은 아무런 위험이 수반되지 않으므로, 만일 두 채권이 서로 다른 수익률을 가진다면 투자자는 수익이 높은 쪽으로 자본을 이동시킬 것이다. 이를 금리재정거래(interest arbitrage transaction)라고 하는데, 이러한 금리재정거래가 발생하면 양국의 이자율과 환율은 영향을 받게 된다. 예를 들어, 국내채권에 대한 투자수익률이 더 높다면, 해외로부터 국내채권에 투자하기 위해 자금이 유입될 것이며, 이는 국내이자율을 하락시키고 해외이자율을 상승시키는 한편 국내통화를 절상시켜서 두 투자로부터의 수익률격차를 감소시킬 것이다. 결국 금리차익에 의한 자본이동은 두 투자기회로부터의 수익률이 동일해질 때까지 계속될 것이며, 그 결과 양국의 이자율 간에는 다음과 같은 균형관계가 형성될 것이다.

$$1+i=\frac{F_t}{S_t}(1+i^*) \quad 혹은 \quad \frac{1+i}{1+i^*}=\frac{F_t}{S_t} \tag{3.10}$$

그런데 $(1+i)/(1+i^*)\approx 1+i-i^*$이므로 식 (3.10)은 다음과 같은 근사식으로 고쳐 쓸 수 있다.

$$i-i^*=\frac{F_t-S_t}{S_t} \tag{3.11}$$

식 (3.11)에서 $(F_t-S_t)/S_t$는 선물환율이 현물환율로부터 이탈하는 정도를 나타내는데, 이를 선물환할증(forward premium : fp)이라 부른다.[5)]

다음 [그림 3-2]의 *IP*선은 무위험 이자율평가를 만족시키는 이자율격차와 선물환할증 간의 관계를 보여주고 있다. 예를 들어, *IP*선상에 있는 *B*점

그림 3-2 이자율격차와 선물환할증

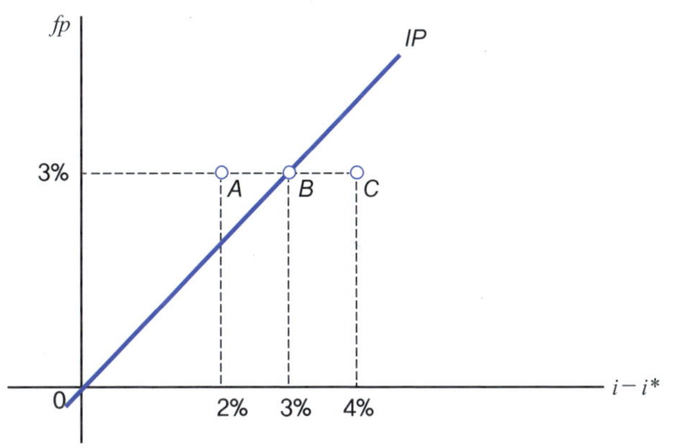

선물환할증$\left(fp=\frac{F_t-S_t}{S_t}\right)$과 국내외금리차$(i-i^*)$가 모두 3%인 *B*점에서는 무위험 이자율평가관계가 만족이 되나, 국내외금리차가 선물환할증보다 작은 *A*점에서는 자본이 대량으로 해외로 유출된다.

5) 이 값이 '+'인 경우 외국통화(예를 들어, 달러화)에 대해서는 할증이지만 자국통화에 대해서는 할인(discount)임을 의미한다.

은 3%의 선물환할증이 있는 경우 국내금리는 미국금리에 비해 3% 더 높게 됨을 보여준다. *A*점의 경우에는 3%인 선물환할증이 2%의 국내외 금리차보다 더 크므로, 달러화표시 채권에 투자하는 것이 국내채권에 투자하는 것보다 수익률 면에서 더 유리하게 된다. 이 경우 양국 간에 자본이 자유롭게 이동할 수 있다면 우리나라로부터 미국으로 자본이 유출될 것이며, 이 같은 자본의 이동은 양국의 금리와 환율이 결국 *IP*선상의 한 점에서 균형을 이루도록 만들 것이다.

무위험 이자율평가는 국가 간 자본의 이동이 완전한 경우에만 성립될 수 있으므로 이자율평가가 얼마나 잘 성립되는지의 여부로부터 자본의 이동성이 완전한지의 여부를 판단할 수 있다. 무위험 이자율평가를 실증적으로 분석하기 위해서는, 기간 프리미엄(term premium), 위험 프리미엄(risk premium), 유동성 프리미엄(liquidity premium) 등으로 말미암아 이자율평가가 성립하지 않는 것을 방지하기 위해 위험도와 만기 등의 조건이 동일한 금융자산을 선택해야 하며, 또한 외환과 금융자산 간의 거래에 따른 비용을 정확하게 산출해야 한다.

이 같은 조건을 가장 이상적으로 만족시키는 유로통화시장에서는 무위험 이자율평가가 대체로 성립되고 있음이 밝혀졌다.[6] 반면에 미국 재무부증권이나 상업어음과 같은 단기금융상품에 대한 자료를 이용한 연구는 이자율평가 관계가 유로통화의 경우보다 더 자주 위반됨을 보여준다. 더구나 3~5년 만기의 장기채권이나 직접투자 등을 이용하면 이자율평가가 역시 잘 성립되지 않는다.

물론 이러한 연구결과가 반드시 국가 간 자본이동성의 불완전성을 뒷받침한다고 말하기는 어려운데, 그 이유는 정치적 위험 및 기타 다른 요인 때문에 무위험 이자율평가가 성립하지 않을 수도 있기 때문이다.

첫째, 정치적 위험(political risk)이란 금융자산이 발행되거나 보유되고 있는 국가가 통치권을 행사함에 따라 수익률에 영향을 미칠 수 있는 가능성을 말한다. 가장 전형적인 정치적 위험의 예로는 자산의 몰수 또는 동결을 들 수 있다. 1980년 카터 행정부는 이란이 미국 내에 보유하고 있는 자산을 동

---

6) Aliber(1975) 참조.

마닐라의 전율

1983년 10월 외채위기와 외환보유액 부족에 시달리던 필리핀 정부는 국내은행과 외국은행 국내지점으로부터의 외화의 해외반출을 금지시키는 조치를 취했다. 당시 시티은행(Citi Bank)의 마닐라지점에는 수억 달러에 달하는 달러화표시 예금이 유치되어 있었다. 그 중에는 미국의 샌프란시스코에 본사를 둔 웰즈파고(Wells Fargo)은행이 예탁한 예금이 2억 달러가 있었는데, 이들은 1983년 12월 9일과 12월 12일에 각각 만기가 도래하는 정기예금이었다.

웰즈파고은행은 시티은행의 마닐라지점으로부터 원리금을 상환받지 못하더라도 뉴욕에 있는 시티은행 본사가 이를 지급해 줄 것으로 기대했다. 그러나 뉴욕의 본사는 필리핀 정부의 외환통제는 국가행위(act of state)이고 미국법상 국가행위에 대한 원칙은 주권국가 정부의 행위로 말미암아 지점이 원리금을 상환하지 못하게 되는 경우 본사가 지급책임을 질 필요가 없음을 의미한다고 주장하면서 지급을 거부하였고, 결국 이 사건은 법정으로 가게 되었다. 마닐라 사건은 해외투자로부터의 수익률이 투자국 정부의 정책결정에 의해 영향을 받을 수 있다는 정치적 위험의 예라고 할 수 있다.

결시켰는데, 동결된 자산의 규모는 120억 달러에 달했다. 자산동결과 같은 극적인 정치적 사건만이 정치적 위험을 초래하는 것은 아니다. 투자시점과 원리금의 상환시점 사이에 자본의 유출입에 대한 통제조치가 도입되는 것도 정치적 위험이다.[7] 즉, 어떤 국가가 현재에는 자본의 자유로운 유출입을 허용하고 있더라도, 장래에 원금이나 이자의 본국 송금을 제약할 가능성이 있다면 사람들은 이 국가에 대한 투자를 기피할 것이 당연하다.

실제로 외환에 대한 통제는 국제수지 위기나 외채 위기를 경험하고 있는 국가들에 의해 빈번하게 이용되어 왔으므로, 국제수지에 어려움을 겪고 있는 국가의 경우 현재에는 외환에 대해 전혀 통제를 하고 있지 않더라도 이 같은 어려움이 계속된다면 결국 외환의 유출에 대해 통제를 가할 것임을 예상하게 된다. 미래의 자산몰수, 자산동결, 외환통제 그리고 그 외의 정부의 간섭이나 규제가능성에 의해 발생하는 정치적 위험은 국가가 통치권을 행사하는

7) 예컨대, 1998년 9월 말레이시아 정부는 외환부족에 직면하여 중과세를 통해 외국인 단기투자자금의 국외유출을 1년간 사실상 금지한 적이 있다.

한 완전히 제거될 수 없으며, 국가에 따라 그 크기도 상이할 것이다. 따라서 동일한 종류의 금융상품이라 하더라도 서로 다른 국가에서 발행된다면 이들은 각각 상이한 크기의 정치적 위험을 가지게 된다. 이러한 정치적 위험이 존재하는 경우 명목이자율에 위험부담료가 추가되어 있으므로 무위험 이자율평가가 성립하지 않을 수 있게 된다.

둘째, 국가 간 조세취급이 상이한 경우 세금을 고려하지 않은 무위험 이자율평가가 성립하지 않는 것은 당연하다. 이는 투자자의 의사결정이 세후수익률에 의존하기 때문이다.

2.2 유위험 이자율평가

유위험 이자율평가는 국제피셔효과(international Fisher effect)라고도 하는데, 두 국가 간 금융자산이 완전대체적(perfectly substitutable)일 때 성립한다. 즉, 두 국가의 금융자산이 완전대체적이라면 동일한 통화로 표시하는 경우 두 금융자산은 동일한 것으로 간주될 수 있으며 따라서 투자에 따른 기대수익률도 아래와 같이 같아지게 된다는 것이다.

$$1+i=\frac{S_{t+1}^{e}}{S_t}(1+i^*) \tag{3.12}$$

여기서 S_{t+1}^{e}은 미래환율에 대한 투자자의 예상이다. 앞에서와 마찬가지로 식 (3.12)는 다음과 같이 근사식으로 표시할 수 있다.

$$i-i^*=\frac{(S_{t+1}^{e}-S_t)}{S_t} \tag{3.13}$$

한 가지 주의할 것은 유위험 이자율평가의 경우 선물환계약을 통해 미래환율에 대한 불확실성을 제거하지 않고 투자자의 환율예상에 의존하기 때문에 무위험 이자율평가에서와는 달리 기대수익률에 위험이 수반된다는 것이다. 즉, 식 (3.12) 및 식 (3.13)에서 S_{t+1}^{e}은 투자자가 예상하고 있는 미래의 환율을 의미하는데, 이 예상이 틀리는 경우 투자자는 손해를 볼 수 있으며 예상착오에 따른 위험을 투자자 자신이 떠맡아야 한다.

그러면 무위험 이자율평가와 유위험 이자율평가 간에는 어떤 관계가 있을까? 식 (3.11)에 나타난 무위험 이자율평가와 식 (3.13)에 나타난 유위험 이자율평가가 동시에 만족되기 위해서는 다음의 조건이 성립되어야 한다.

$$F_t = S^e_{t+1} \tag{3.14}$$

이 조건은 제2장에서 살펴본 바와 같이 선물환율이 미래의 현물환율에 대한 효율적인 불편예측치(unbiased estimator : UE)임을 나타내는데, 이것이 만족되는 경우 외환시장이 효율적임을 의미한다.

무위험 이자율평가는 성립하는 반면 유위험 이자율평가가 성립하지 않는 경우 환위험할증(또는 할인)이 발생하게 된다. 예를 들어, 투자자가 식 (3.13)이 성립하지 않고 아래와 같이 국내채권에 대한 기대수익률이 달러화표시 채권에 대한 기대수익률보다 클 것으로 예상한다고 하자.

$$i > i^* + \frac{(S^e_{t+1} - S_t)}{S_t} \tag{3.15}$$

만일 무위험 이자율평가가 성립한다면, 식 (3.11)을 식 (3.15)에 대입해

$$\frac{F_t - S^e_{t+1}}{S_t} > 0 \tag{3.16}$$

이 됨을 알 수 있다. $(F_t - S^e_{t+1})/S_t$는 미래환율에 대한 예상이 선물환율을 벗어나는 정도를 나타내는데, 이를 환위험할증('−'의 경우 환위험할인)이라고 부른다. 예컨대, 환위험할증이 있는 경우 투자자들은 선물환율이 나타내는 것보다 미래의 환율이 더 낮아질 것이라고 예상하고 이익을 노린 투기거래를 행하고자 할 것이다.

실증분석 결과에 따르면 무위험 이자율평가와는 달리 유위험 이자율평가의 경우 [그림 3-3]에서 보는 바와 같이 대체적으로 성립하지 않는 것으로 나타나고 있다. 이처럼 국내외 이자율격차와 예상환율변화율 간에 커다란 괴리가 존재하는 이유는 무엇보다도 환위험할증 때문이라고 할 수 있다.

그림 3-3 유위험 이자율평가(미국과 일본의 경우)

회색선은 현물환율(¥/$) 변화율이고, 파란선은 3개월 만기 엔화와 달러화 LIBOR 금리차이이다. 모든 변수는 연간 수익률로 표시되어 있다. 무위험 이자차익과 달리 유위험 이자차익의 경우에는 매우 커다란 괴리가 존재함을 알 수 있다. 이러한 괴리가 존재하는 원인은 바로 환위험할증 때문이라고 할 수 있다.

자료 : IMF, *International Financial Statistics*, August 2015.

2.3 실질이자율평가

실질이자율평가란 국가 간 실질이자율이 동일해진다는 것으로서, 유위험 이자율평가와 함께 상대적 구매력평가가 동시에 만족될 경우 성립한다. 이를 보기 위해 상대적 구매력평가를 나타내는 식 (3.6)을 달리 표현하면

$$\hat{S}^e \equiv \frac{S_{t+1}^e - S_t}{S_t} = \pi^e - \pi^{*e} \tag{3.17}$$

이 되는데, 이 식을 유위험 이자율평가를 나타내는 식 (3.13)과 결합하면 다음과 같은 관계가 얻어진다.

$$i - i^* = \pi^e - \pi^{*e}, \quad \text{즉} \quad i - \pi^e = i^* - \pi^{*e} \tag{3.18}$$

실질이자율은 명목이자율과 예상된 물가상승률 간의 차이로 정의되므로 식 (3.18)은 양국 간 실질이자율이 동일해짐을 의미한다.

실질이자율평가에 따르면 국가 간의 자본이동은 실질이자율의 차이에 의해 이루어진다. 즉, 자본은 실질이자율이 낮은 국가로부터 높은 국가로 이동하게 되고 그 결과 자본이 풍부해진 국가의 실질이자율이 하락하게 되므로, 국제자본의 이동성이 완전하다면 국가 간의 실질이자율은 동일하게 된다는 것이다.

반면에 국가 간 명목이자율의 차이는 피셔효과(Fisher effect : FE)에 의해 설명될 수 있다. 피셔효과란 명목이자율이 실질이자율과 예상인플레이션을 반영하고 있다는 이론이다. 즉, 명목이자율 i와 실질이자율 r 간에는 다음의 관계가 성립된다. 따라서 국가 간 명목이자율의 차이는 실질이자율 차이와 예상물가상승률 차이의 합과 같다.

$$i = (1 + r)(1 + \pi^e) - 1 \approx r + \pi^e \tag{3.19}$$

실질이자율평가에 따르면 자본의 국제이동성이 완전한 경우 국가 간 실질이자율은 동일하게 되고, 피셔효과에 따르면 명목이자율은 실질이자율과 예상인플레이션의 합과 같게 된다. 따라서 두 이론을 종합하면 국가 간의 명목이자율 차이는 각국의 예상인플레이션 차이 때문에 발생하게 된다는 것을 의미한다.

미시킨(F. S. Mishkin)은 유로통화에 대한 분기별 자료를 이용하여 실질이자율평가를 검정한 결과 국가 간의 실질이자율이 동일하다는 가설이 지지되지 못함을 발견하였다.[8] 이와 상이한 검정방법을 이용한 마크(N. C. Mark)의 연구 역시 세전과 세후 실질수익률의 경우에 있어서 모두 국가 간의 실질이자율이 동일하지 않다는 것을 보여주었다.[9]

프랑켈(J. A. Frankel)은 자본이동에 대한 인위적인 제약이 거의 없다고 여겨지는 국가들 간에도 실질이자율평가가 잘 성립되지 않는 이유를 알아보기

---

8) Mishkin(1984) 참조.

9) Mark(1985) 참조.

위해 다음과 같은 연구를 하였다.[10] 실질이자율평가와 피셔효과에 따르면 두 국가 간의 실질이자율 차이는 다음과 같이 쓸 수 있다.

$$\begin{aligned} r - r^* &= (i - \pi^e) - (i^* - \pi^{*e}) \\ &= (i - i^* - fp) + (fp - \hat{S}^e) + (\hat{S}^e - \pi^e + \pi^{*e}) \end{aligned} \qquad (3.20)$$

프랑켈은 이 식에서 무위험 이자율평가로부터의 이탈을 나타내는 첫 번째 항은 국가할증(country premium)이라고 명명하였다. 그 이유는 무위험 이자율평가로부터의 이탈을 유발시키는 거래비용, 정보비용, 자본통제, 미래의 자본통제 가능성, 내외국인에 대한 상이한 조세취급 등의 요인들은 대부분 금융상품이 서로 다른 국가 사이에 거래됨으로써 발생하기 때문이다. 한편, 두 번째 항은 환율변동 위험에 대한 할증을, 그리고 세 번째 항은 상대적 구매력평가로부터의 이탈을 나타내는데, 이 두 가지는 국가의 차이보다는 주로 표시통화의 차이로 말미암아 발생하므로 이들을 통화할증(currency premium)이라 명명하였다. 프랑켈은 25개국의 자료를 이용하여 국가할증과 통화할증의 크기를 각각 추정하였는데, 대부분의 국가에 있어서 통화할증의 폭이 상당히 크고 변동도 심한 것으로 나타났다.

3. 국제평가이론의 종합

지금까지 물가, 이자율, 환율 간의 다양한 관계에 대해서 알아보았다. 이러한 관계들은 예상인플레이션 차이, 이자율 차이, 선물환할증, 예상환율변화율의 네 가지 변수들 간의 상호관계로 [그림 3-4]와 같이 정리될 수 있다.

① 예상인플레이션 차이와 예상환율변화율 간에는 식 (3.6)의 상대적 구매력평가(relative PPP)가 도출된다.

② 예상인플레이션 차이와 이자율 차이 간에는 실질이자율평가(RIRP)가 도출된다.

---

10) Frankel(1991) 참조.

그림 3-4 국제평가이론의 종합

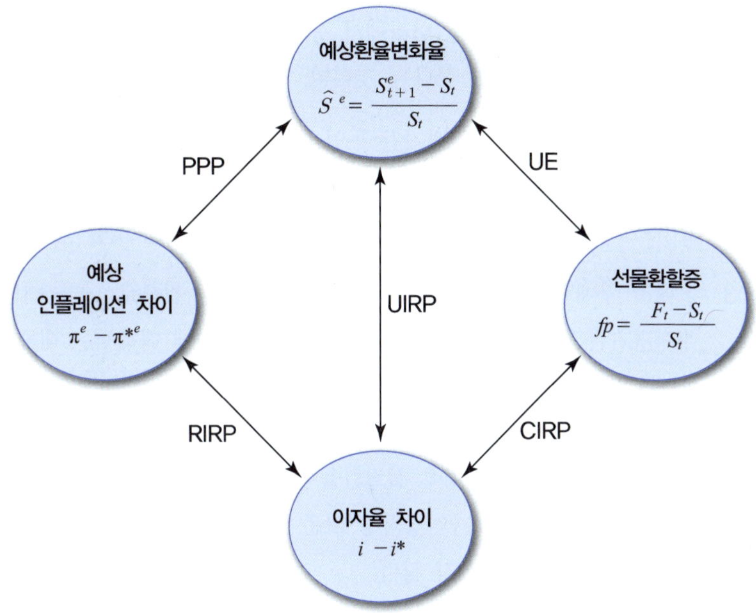

③ 이자율 차이와 예상환율변화율 간에는 유위험 이자율평가(UIRP)가 도출된다.

④ 이자율 차이와 선물환할증 간에는 무위험 이자율평가(CIRP)가 도출된다.

⑤ 선물환할증과 예상환율변화율 간에는 선물환율이 미래의 현물환율에 대한 효율적인 불편예측치(UE)임이 도출된다.

요약

01. 절대적 구매력평가란 두 나라에서 동일한 재화바스켓의 가격은 동일한 통화로 환산했을 때 같아져야 한다는 것이며, 일물일가의 법칙이 그 근거가 된다.

02. 상대적 구매력평가는 일정기간 동안 두 나라 통화 간 환율변화율이 두 나라 간 인플레이션 차이와 같다는 것이다. 상대적 구매력평가가 성립한다는 것은 $q=SP^*/P$로 정의된 실질환율이 시간에 걸쳐 일정하다는 것을 의미한다.

03. 절대적 구매력평가는 실증적으로 성립하지 않는 것으로 나타나지만, 상대적 구매력평가는 화폐공급의 변화 등 명목적 교란요인에 대해서는 대체로 성립한다고 볼 수 있다. 그러나 실질적 교란요인이 발생하는 경우 실질환율이 변동하기 때문에 구매력평가를 기대할 수 없다. 비교역재에 대한 수요가 증가하거나 교역재의 생산성이 향상되는 경우 실질환율이 하락하며, 이를 실질절상이라 한다. 또한 현실적으로 존재하는 가격경직성 때문에 명목환율의 변동이 실질환율의 변동으로 반영되는 경우가 적지 않다.

04. 이자율평가란 자본이동성이 완전한 경우 두 국가의 이자율 간에 성립되어야 할 평가관계를 말하는데, 여기에는 무위험 이자율평가, 유위험 이자율평가, 실질이자율평가의 세 가지가 있다.

05. 이자율평가관계가 성립하지 않을 수 있는 이유로는 자본의 불완전한 이동성 이외에도 신용위험, 유동성위험, 상환기간의 차이에 따른 이자율위험, 정치적 위험, 국제금융시장과 외환시장의 비효율성, 국가 간 조세의 차이 등을 들 수 있다.

주요 용어

교역재	구매력평가	국가할증
금리재정거래	무위험 이자율평가	비교역재
상대적 구매력평가	선물환할증	실질이자율평가
실질환율	유위험 이자율평가	일물일가의 법칙
자본이동	자본통제	절대적 구매력평가
정치적 위험	통화할증	환위험할증

연습문제

01. 우리나라의 인플레이션율은 1년 동안 3%이나 미국의 인플레이션은 2%라고 하자. 상대적 구매력평가 이론에 따르면 1년 동안 원화의 달러화에 대한 환율은 어떻게 변해야 하는가?

02. "상대적 구매력평가가 성립한다는 것은 $q=SP^{*}/P$로 정의된 실질환율이 시간에 걸쳐 일정하다는 것을 의미한다." 이 명제가 맞는지 틀리는지를 설명하시오.

03. "후진국의 물가수준은 선진국보다 낮다." 이 명제가 맞는지 틀리는지 설명하시오.

04. 자국의 물가지수를 $P=P_A^{\alpha}P_B^{1-\alpha}$, 타국의 물가지수를 $P^{*}=(P_A^{*})^{\alpha^{*}}(P_B^{*})^{1-\alpha^{*}}$로 정의할 때 비록 A, B 두 재화에는 일물일가의 법칙이 성립하더라도 양국 간에 (상대적) 구매력평가는 일반적으로 성립하지 않음을 보이시오. 어떤 조건에서 구매력평가가 성립하게 되는가?

05. 현재의 현물환율이 달러당 110엔이고, 1년만기 유로달러와 유로엔의 금리가 각각 4.0%와 1.0%라 하자. 이 이자율에 내재되어 있는 1년 후의 환율은 얼마인가?

06. 우리나라의 수출업자가 1년 후에 수출대금으로 100만 달러를 받을 예정이다. 우리나라의 연간이자율이 5%이고 미국의 연간이자율이 4%이며 현재의 환율은 1달러당 900원이라 하자.

(1) 1년 후 선물환율은 얼마가 되어야 하는가?

(2) 이 수출업자가 궁극적으로 필요한 것이 원화라면 1년 후 받는 달러화표시 수출대금은 1년 후의 현물환율이 불확실함에 따른 위험을 내포하게 된다. 이 위험을 제거하기 위해서 이 수출업자가 택할 수 있는 전략이 두 가지가 있는데, 이들을 각각 설명하고 두 가지 전략이 실제로 동일한 결과를 가져옴을 보이시오.

07. 현재의 현물환율이 달러당 110엔이고, 1년만기 채권금리가 달러화표시 채권의 경우 4%, 엔화표시 채권의 경우 1%라고 하자. 1년만기 선물환율이 달러당 100엔이라면 이러한 상황에서 돈을 벌기 위해서는 어떻게 해야 할지를 상세히 설명하고, 그에 관련된 위험은 어떤 것이 있는지 설명하시오.

08. "일본 엔화는 엔 캐리 자금 청산 가능성 고조와 맞물려 강세를 나타낼 전망이다. 서브프라임 위기를 거치면서 해외투자 수익률이 급락하고 엔화가치마저 급등하면서 일본자금의 해외투자 메리트가 빠르게 감소하고 있다." (LG주간경제, 2007.9.17)

"미국 달러화 값이 무너져 내리고 있다. 미국 금리인하조치에 속도가 빨라진 달러값 하락세로 아시아 주요국이 통화방어에 비상이 걸렸다. 이에 따라 달러 캐리 트레이드 시대가 열리는 것 아니냐는 분석까지 제기되고 있다." (매일경제신문, 2007.11.2)

(1) 이자율평가 이론을 적용해 왜 엔 캐리 트레이드 청산이 일어나는지, 그리고 청산과정에서 환율과 이자율이 어떻게 조정될지 분석하여 보시오.

(2) 이자율평가 이론을 적용해 미달러 캐리 트레이드가 왜 발생하는지, 그리고 트레이드 발생과정에서 환율과 이자율이 어떻게 조정될지 분석하여 보시오.

* 참고 : 캐리 트레이드(carry trade)는 금리가 낮은 통화로 자금을 조달해 금리가 높은 나라의 금융상품 등에 투자함으로써 수익을 내는 거래를 의미

참고문헌

Aliber, R. Z., "The Interest Rate Parity Theorem : A Representation," *Journal of Political Economy* 81, 1973, pp. 1451-1459.

Balassa, B., "The Purchasing Power Doctrine : A Reappraisal," *Journal of Political Economy* 72, 1964, pp. 584-596.

Dornbusch, R., "Purchasing Power Parity," *The New Palgrave : A Dictionary of Economics*, Stockton Press, 1988.

Economist, http://www.economist.com/big-mac-index.

Frankel, J. A., "Quantifying International Capital Mobility in the 1990s," in D. Bernheim and J. Shoven, eds., *National Saving and Economic Performance*, University of Chicago Press, 1991, pp. 227-260.

Frenkel, J. A. and R. M. Levich, "Covered Interest Arbitrage : Unexpected Profits?" *Journal of Political Economy* 83, 1975, pp. 325-338.

Froot, K. A. and K. Rogoff, "Perspective on PPP and Long-run Real Exchange Rates," in G. Grossman and K. Rogoff, eds., *Handbook of International Economics*, Vol. 3, North-Holland, 1995.

Helliwell, J., *How Much Do National Borders Matter?*, Brookings Institution, 1998.

International Monetary Fund(IMF), *International Financial Statistics* database.

________, *International Financial Statistics*, August 2015.

Kravis, I. and R. Lipsey, "Toward and Explanation of National Price Levels," *Princeton Studies in International Finance* 52, Princeton University, 1983.

MaCormick, F., "Covered Interest Arbitrage : Unexpected Profits? Comment," *Journal of Political Economy* 87, 1979, pp. 411-417.

Mark, N. S., "Some Evidence on the International Inequality of Real Interest Rates," *Journal of International Money and Finance* 4, 1985, pp. 189-208.

Marston, R. C., "Real Exchange Rates and Productivity Growth in the United States and Japan," in S. W. Arndt and J. D. Richardson, eds., *Real-Financial Linkage among Open Economies*, MIT Press, 1987, pp. 71-96.

Mishkin, F. S., "Are Real Interest Rates Equal Across Countries? An Empirical Investigation of International Parity Conditions," *Journal of Finance* 39, 1984, pp. 1345-1357.

Rhee, S. G. and R. P. Chang, "Intra-day Arbitrage Opportunities in Foreign Exchange and Eurocurrency Markets," *Journal of Finance* 47, 1992, pp. 363-379.

PART 2 국제수지와 개방경제이론

CHAPTER 04

환율, 국민소득과 경상수지

04 | 환율, 국민소득과 경상수지

개방경제하에서 경상수지가 어떻게 결정되는가는 이론적으로나 정책적으로 중요한 연구과제가 아닐 수 없다. 경상수지의 균형은 중장기적으로 국제수지균형을 판단하는 잣대이기 때문이다. 특히, 자본이동이 극히 제한적이라고 가정하면, 경상수지는 국제수지의 핵심적 위치를 차지하게 된다.

전통적으로 경상수지 결정이론으로는 환율의 역할을 강조한 탄력성 접근, 그리고 국민소득과 국내총지출의 역할을 강조한 국내총지출 접근이 있다. 이 두 가지 접근방식은 근본적인 시각 차이에도 불구하고 다음과 같은 몇 가지 공통점이 있다.

① 환율을 외생변수로 취급하고 있다. 그렇다고 해서 환율이 불변이라는 의미는 아니며, 이는 환율의 변화가 경제의 다른 부분에 미치는 영향을 분석하고자 하는 것이다.
② 국제자본이동은 극히 제한적이므로 국제수지는 바로 경상수지와 같다고 가정한다.
③ 통화를 비롯한 각종 금융자산의 역할을 고려하지 않고 있다.
④ 단기에 있어서 국제수지 결정을 살펴보기 위하여 물가의 변동을 무시한다.

한편, 환율변화는 국내에서 생산되는 재화 및 서비스의 공급과 수요에 영향을 미칠 뿐 아니라, 이를 통하여 경상수지의 변화를 가져온다. 따라서 환율은 대내균형과 대외균형을 달성하는 데 빼놓을 수 없는 핵심변수라고 할 수 있다.

1. 환율변화와 경상수지

1.1 국제수지에 대한 탄력성 접근

경상수지에 영향을 미치는 요인으로 최우선시되는 것이 환율이다. 명목환율에다가 양국물가를 고려한 화폐구매력 간의 교환비율인 실질환율은 국내외 재화의 상대가격을 결정하여 수출과 수입에 영향을 미치게 된다. 실질환율은 동일한 화폐로 표시한 외국물가와 국내물가의 비율로 정의되며, 따라서 실질환율이 상승하면 외국물가가 국내물가에 대하여 상대적으로 상승함을 의미하게 된다. 즉, 외국재화의 국내재화에 대한 상대가격이 상승함을 의미한다. 이에 따라 수출은 증가하고 수입은 감소한다. 반대로 실질환율이 하락하면 국내물가가 상대적으로 상승한 것을 의미하므로 수출은 감소하고, 수입은 증가한다.

실질환율이 상승하면 원화의 실질가치가 하락(real depreciation)함을 의미한다. 한편, 실질환율이 하락하면 이는 반대로 원화의 실질가치가 상승(real appreciation)함을 의미한다. 실질환율의 상승은 명목환율이 상승하거나 또는 외국물가(국내물가)가 상승(하락)하는 경우 발생한다. 양국물가가 일정하다고 가정하면 실질환율은 명목환율과 같은 방향으로 움직이게 된다.

이제 경상수지가 환율변화에 따라 어떻게 영향을 받는지를 보다 일반화하여 살펴보기로 하자. 본국의 수출에 대한 외국의 수요(X)는 외국에서 생산되는 대체재가격(P^*)과 외화로 표시한 수출재가격(P/E)의 비율, 그리고 외국의 소득수준(Y^*)에 의하여 결정된다.

$$X = X(EP^*/P,\ Y^*) \tag{4.1}$$

마찬가지로 본국의 수입물량(M)은 본국에서 생산되는 대체재의 국내가격(P)과 수입재의 국내가격(EP^*)의 비율과 국내소득수준(Y)에 의하여 결정된다.

$$M = M(EP^*/P,\ Y) \tag{4.2}$$

식 (4.1)과 식 (4.2)에서 명목환율(E)[1]의 변화는 국내에서 생산되는 재화와 외국에서 생산되는 재화의 상대가격에 영향을 미치게 된다. 원화로 표시한 외국재화 가격의 국내재화 가격에 대한 상대가격은 위에서 정의한 실질환율($q = EP^*/P$)이라고 하겠다. 명목환율이 상승하면 수출이 증가하고 수입이 감소한다고 한다. 그러나 이것은 어디까지나 수출물량과 수입물량을 기준으로 한 것이다. 자국통화로 수출금액과 수입금액을 표시하는 경우에는 문제가 달라진다. 외국재화 단위로 표시한 수입물량을 (외국의 입장에서는 수출물량이므로) X^*라 하면, 자국통화표시 가격을 기준으로 표시한 경상수지는 다음과 같아진다.[2)]

$$CA = X - \frac{EP^*}{P} X^* \tag{4.3}$$

여기에서 우리가 아는 것은 EP^*/P가 상승할 때 수출물량 X가 증가하고 수입물량 X^*가 감소한다는 것이다. 이 두 가지 물량효과는 경상수지를 호전시킨다. 그러나 EP^*/P의 상승은 동시에 X^*의 계수를 통해 경상수지를 직접적으로 악화시키는 가격효과를 초래하기도 한다. 결국 물량효과가 가격효과를 능가해야만 EP^*/P의 상승이 경상수지를 호전시킴을 알 수 있다. 다시 말해서, EP^*/P의 상승이 X와 X^*에 충분히 큰 변화를 초래해 주어야 한다. 이 관계를 구체적으로 나타낸 것이 다음과 같은 마셜-러너 조건인데, 도출과정은 [부록 1]에 설명되어 있다.

$$\eta + \eta^* > 1 \tag{4.4}$$

수출수요탄력성 η와 수입수요탄력성 η^*는 각각 실질환율 EP^*/P가 X와 X^*에 미치는 영향의 크기를 나타내는 것으로서, 두 탄력성의 합이 1보다 크면 실질환율의 상승은 경상수지를 호전시킨다. 반면에 두 탄력성의 합이 1보다 작으면 실질환율의 상승은 경상수지를 악화시킨다.

---

1) 명목환율은 2장과 3장에서 공부했던 현물환율(S)을 의미한다. 그러나 본장에서 S는 저축을 나타내기 때문에 명목환율을 본장에서만 S 대신 E로 표기하기로 한다.

2) X^*는 외국재화단위이고, P^*는 외국재화단위당 가격을 외국통화로 표시한 것이므로, P^*X^*는 외국통화로 표시한 수입액이고, 여기에 환율 E를 곱한 EP^*X^*는 자국통화로 표시한 수입액이다. 이를 자국재화의 자국통화표시 가격인 P로 나누어 준 $(EP^*/P)\,X^*$는 수입물량을 자국재화단위로 환산하여 표시한 것이므로, Y, C, I, G, X 등 다른 변수들과 같은 단위가 된다. 이와 같이 실질환율 EP^*/P는 자국재화로 표시한 외국재화의 상대가격이며, 이를 X^*에 곱함으로써 외국재화단위를 자국재화단위로 환산하는 것이다.

경상수지를 실질환율과 관련하여 설명하고자 하는 이러한 방법을 탄력성 접근(elasticity approach)이라 한다. 탄력성 접근은 수출시장과 수입시장을 경제의 다른 부분으로부터 격리하여 분석한다는 점에서 전형적인 부분균형분석의 한계를 내포하고 있다.

1.2 장단기 탄력성과 J곡선 효과

환율의 변화가 경상수지를 개선할 수 있는가는 탄력성 접근의 현실설명력을 결정하는 주요 기준이다. 만성적인 경상수지 적자를 경험하고 있는 개발도상국의 경우 환율을 정책적으로 상승시켰음에도 불구하고 경상수지가 개선되지 못하는 상황이 종종 나타나면서 환율변화의 효과에 대한 의문이 제기되었다. 즉, 수출과 수입이 가격에 대하여 비탄력적이기 때문에 평가절하가 경상수지개선을 이룩할 수 없다는 탄력성 비관론(elasticity pessimism)이 팽배하게 되었다.

그러나 탄력성 비관론에 대한 반론도 제기되었다. 탄력성 비관론이 근거하고 있는 수출입수요의 가격탄력성이 과소추정되었다는 것이 요지이다. 특히, 그 중에서도 탄력성 측정의 대상이 되는 기간을 제대로 고려하지 않았다는 것이 문제로 지적되었다. 가격탄력성은 기간이 길어질수록 높아지게 마련이다. 왜냐하면 경쟁재와의 대체가 이루어질 확률이 시간이 경과함에 따라 증가하기 때문이다. 따라서 단기적으로는 평가절하가 경상수지를 개선시키지 못하더라도 장기적으로는 개선에 도움이 될 것이라고 기대할 수 있다.

수출수요와 수입수요의 탄력성은 그 크기가 고정되어 있는 것이 아니다. 이들은 다른 탄력성들도 대개 그렇듯이 단기에서는 작고 시간이 흘러감에 따라 점차 커진다. 한 실증적 연구에 의하면 실질환율이 변화할 때 수입물량에 미치는 영향은 처음 3년 동안 50%밖에 나타나지 않으며 5년이 지나서야 90% 정도가 되는 것으로 추정되었다.[3] 또 다른 실증적 연구는 주요 선진국들의 수출입수요탄력성을 초단기(6개월), 단기(1년), 장기(무한대)로 나누어 추정하였는데, 대부분 단기탄력성 추정치가 장기탄력성 추정치의 약 1/2 정도

---

3) Junz and Rhomberg(1973) 참조.

그림 4-1 J곡선 효과

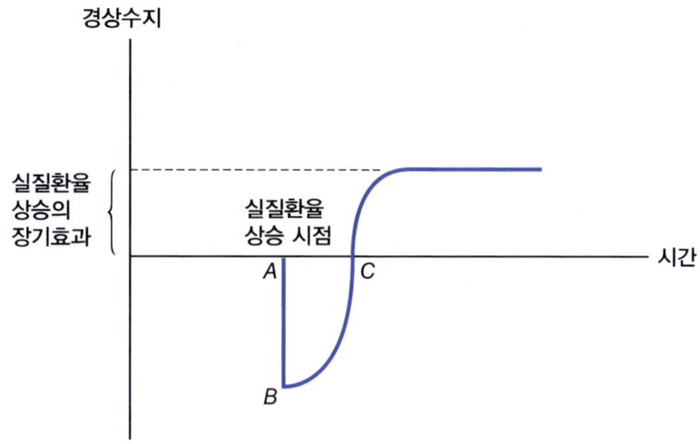

J곡선 효과는 수출입수요의 단기탄력성이 작기 때문에 실질환율 상승 이후 곧바로 경상수지는 악화되나 시간이 흐름에 따라 탄력성이 커져 실질환율의 상승이 경상수지를 장기적으로 개선시키는 효과를 말한다.

였고, 초단기의 경우에는 마셜-러너 조건이 충족되지 않았다.[4)]

마셜-러너 조건이 단기에서는 충족되지 않고 장기에서 충족된다는 것은 실질환율이 상승할 때 경상수지가 단기에서는 오히려 악화되며 시간이 어느 정도 흘러야 호전됨을 의미한다. 경상수지의 이러한 움직임은 [그림 4-1]에서처럼 J자 모양으로 나타나기 때문에 이를 J곡선 효과라 한다. J곡선 효과를 감안할 때, 실질환율이 상승한 후 경상수지가 호전되기까지에는 일반적으로 6개월 내지 1년 정도의 시간이 소요되는 것으로 알려져 있다.

수출수요와 수입수요가 단기에서 비탄력적인 이유는 여러 가지로 생각해 볼 수 있다. 상대가격이 변하더라도 한동안은 미리 체결된 계약에 따라 이루어지는 수출입이 많기 때문에 물량변화가 크지 않다.[5)] 계약이 만료된 후에

4) Artus and Knight(1984) 참조.

5) 미리 체결된 계약은 물량뿐 아니라 가격까지도 정해놓았을 것이다. 그런데 가격이 변해서 발생한다는 가격효과가 어떻게 나타날 수 있을까? 그것은 어느 쪽 통화로 표시한 가격이 미리 정해졌느냐에 따라 달라진다. 외국통화표시 경상수지는 $(P/E)X - P^*X^*$이고, 자국통화

도 생산과 소비를 조정하여 새로운 주문을 내기까지에는 시간이 소요된다. 그리고 새로운 계약이 이루어진 경우라도 그에 따라 실제 수출입이 이루어지는 데에 다시 시간이 소요된다. 마지막으로, 특히 환율변동폭이 크고 환율변동이 영구적이라 생각되는 경우, 기업들은 단지 생산수준을 변경하는 데 그치지 않고 공장 자체를 국경 너머로 이전시킴으로써 경상수지에 많은 영향을 미치는데, 이러한 변화까지 일어나기에는 꽤 많은 시간이 소요된다.

환율이 변화할 때 J곡선 효과가 반드시 나타나는 것은 아니다. 1997년 말 외환위기를 맞아 우리나라의 원/달러 환율이 급등하여 실질환율도 크게 상승하였다. 예컨대, 원/달러 환율은 종가(하루 중 마지막 거래) 기준으로 10월 말 964.6원에서 11월 말 1,170원, 12월 말 1,695원으로 급상승하였다. 그러나 10월까지 내내 적자이던 경상수지는 시차를 두지 않고 곧바로 11월에 4.8억 달러 흑자, 12월에 34.6억 달러 흑자 등 큰 폭으로 호전되었다. 이는 특수한 상황이다.

당시 환율상승이 우리나라 수출품의 가격경쟁력을 회복시킨 것은 사실이나, 이것이 경상수지를 호전시킨 주원인이었던 것은 아니다. 경상수지 호전은 주로 경기의 급격한 후퇴로 수입수요가 급감한 데다가 수입에 사용할 외환이 바닥나고 신인도 하락으로 외상수입까지 어려워졌기 때문이었다(10월과 12월을 비교할 때, 상품 및 서비스의 수출은 145.6억 달러에서 150억 달러로 소폭 증가한 반면, 수입은 149.7억 달러에서 121.4억 달러로 대폭 감소하였다). 또한 환율이 큰 폭으로 변동하는 때에는 수출입가격의 조정이 훨씬 신속히 이루어지기 때문에 J곡선 효과는 그만큼 약해질 수밖에 없다. 1994년 외환위기를 겪은 멕시코나 1997년 외환위기를 겪은 한국에서도 비슷한 이유로 환율의 급등은 시차 없이 경상수지를 대폭 호전시켰다.

표시 경상수지는 $PX-EP^{*}X^{*}$임을 참고하자. 외국통화표시 가격이 정해진 수입재의 경우 환율이 오르면 자국통화표시 가격이 상승하므로 자국통화표시 경상수지가 악화되며, 외국통화표시 경상수지는 영향이 없다. 그리고 자국통화표시 가격이 정해진 수출재의 경우 환율이 오르면 외국통화표시 가격이 하락하므로 외국통화표시 경상수지가 악화되며, 자국통화표시 경상수지는 영향이 없다. 만약 수입재의 자국통화표시 가격이나 수출재의 외국통화표시 가격이 미리 정해진 경우라면, 가격효과는 위와는 반대로 나타날 것이다.

1.3 교두보 효과

1980년대에 걸쳐 미국의 달러화 가치는 보기 드물게 큰 폭의 등락을 경험하였다. 이 사건은 국제경제 전반에 걸쳐 커다란 영향을 미쳤을 뿐 아니라, 환율과 경상수지 사이의 관계를 연구하는 경제학자들에게는 의도적인 실험을 통해 얻은 것 같은 독특한 자료를 제공해 주었다. <표 4-1>에서 알 수 있듯이, 1980년대 초반부터 오르기 시작한 미국의 달러화 가치는 1985년 2월 무렵 최고조에 달하였는데, 미국 연방준비제도이사회가 집계하는 명목실효환율지수[6] 기준으로 1985년 2월 25일의 달러화의 명목가치는 1979년 12월 31일에 비해 무려 92%나 상승하였다. 따라서 달러화의 실질가치도 크게 상승하였으며, 이 과정에서 미국은 여러 산업에서 국제경쟁력을 상실

표 4-1 1980년대 미국의 환율과 경상수지

	달러화 가치*			경상수지	
	명목실효환율** (1973=100)	엔화 (달러당)	마르크화 (달러당)	경상가격 (10억 달러)	대 GDP 비율 (%)
1979.12.31.	(85.8)	(240.30)	(1.73)	–	–
1980	87.4	226.63	1.82	2.3	0.08
1981	103.4	220.63	2.26	5.0	0.16
1982	116.6	249.06	2.43	−11.4	−0.35
1983	125.3	237.55	2.55	−44.0	−1.25
1984	138.2	237.46	2.85	−99.0	−2.54
1985.2. 25.	(164.7)	(262.65)	(3.45)	–	–
1985	143.0	238.47	2.94	−124.2	−2.97
1986	112.2	168.35	2.17	−152.1	−3.44
1987	96.9	144.60	1.80	−167.4	−3.57
1987.12.31.	(85.5)	(121.25)	(1.57)	–	–
1988	92.7	128.17	1.76	−128.4	−2.54
1989	98.6	138.07	1.88	−105.6	−1.94

주 : * 연평균값 : 단, 괄호 안은 해당일 정오값.
** 10개국 통화에 대한 가중평균 ; 1973=100 ; 지수의 상승은 달러화 가치의 상승을 의미.
자료 : Federal Reserve Board, FRED database.

6) 명목실효환율과 실질실효환율의 정의는 2장을 참조.

하였고, 경상수지 적자는 큰 폭으로 증가하였다. 달러화 가치는 1985년 2월 이후 떨어지기 시작하였는데, 1985년 9월 선진 5개국이 뉴욕 플라자호텔에 모여 공동으로 외환시장에 개입함으로써 달러화 가치를 하락시키기로 합의한 소위 플라자합의에 힘입어 달러화 가치의 하락은 더욱 급속해졌다.

1985년 2월에 달러당 263엔과 3.45마르크까지 올라갔던 달러화 환율은 1985년 말 200엔과 2.45마르크 수준으로 25%가량 하락하였으며, 1987년 말에는 121엔과 1.57마르크 수준으로까지 하락하였다. 1985년 초까지의 달러화 가치 상승폭이 컸던 만큼, 그 이후의 달러화 가치 하락폭 역시 대단히 큰 규모였다. 이에 반해 경상수지는 쉽게 호전되지 않았다. 1985년과 1986년까지만 하더라도 달러화 가치가 하락함에도 불구하고 경상수지가 계속 악화되었던 것은 앞서 논의한 J곡선 효과 등으로 설명할 수가 있었다. 그러나 경상수지 적자가 절대액수로 보나 국내총생산에 대한 비율로 보나 1987년까지도 오히려 꾸준히 증가하자 사람들은 다른 원인을 찾기 시작하였다. 이때 관심을 끌기 시작한 것이 교두보 효과와 환율의 전가 문제이다.

환율변화가 소폭일 때와 대폭일 때의 차이는 단순히 양적인 것이 아닐 수도 있다. 환율이 소폭 내릴 때에는 (즉, 자국통화가치가 소폭 상승할 때에는) 수입품이 싸진 만큼 수입을 늘리다가 환율이 다시 오르면 수입을 원래 수준으로 쉽게 회복시킬 수 있을 것이다. 수출도 조금 줄다가 곧 회복될 것이다. 그러나 환율이 1980년대 전반기의 미국에서와 같이, 큰 폭으로 내려서 한동안 지속될 때에는 상황이 달라질 수 있다. 예컨대, 적지 않은 미국의 수출기업들은 이 기간에 단지 국내생산을 일부 줄이는 데 그친 것이 아니라 아예 공장을 외국으로 이전해버렸던 것이다. 말하자면 산업공동화(空洞化) 현상이 나타난 것이다.

이처럼 일단 외국으로 이전해 나간 기업들은 환율이 어느 정도 제자리로 돌아왔다고 해서 금방 돌아오지는 않는다. 단순히 국내에서 생산과 소비를 조절하는 것에 비해 국경 너머로 공장을 이전시키는 것은 비용이 많이 들기 때문이다. 또한 이 기간에 외국으로부터의 적지 않은 수입품들이 경쟁력의 우위를 갖추게 되었는데, 이들은 미국 내의 기존 유통망을 통해 단순히 물건만 거래하던 단계를 넘어, 독자적인 유통망을 구축하고 소비자들의 마음속에 상표이미지를 뚜렷이 심는 등 판매거점을 확보하게 되었다. 이들 역시 함몰

비용(sunk cost)을 이미 지불한 상태이기 때문에 환율이 원상복귀한다고 해도 미국시장에서 쉽게 철수하지 않는다.

이 과정에서 우리는 경제가 비대칭적인 반응을 보인다는 점에 주목할 필요가 있다. 1985년까지 상승하던 달러화 가치가 1987년 말에 1980년대 초반 수준으로 복귀하였다고 하더라도, 그동안 환율이 경제에 미친 영향은 다 없어지지 못하고 남아 있게 되며, 경상수지는 1980년대 초반 수준으로 쉽게 회복되지 못하고 적자를 지속하게 된다. 비유를 하자면, 일주일 물을 주지 않아 시들었던 화초에 그동안 부족했던 물을 대준다면 쉽게 생기를 회복할 것이나, 석 달 동안 물을 주지 않아 아예 말라죽은 화초에는 다시 아무리 물을 부어주어도 되살아나지는 않는다는 것이다. 처음 가했던 힘을 없애버려도 그 영향이 남아 있는 이런 현상을 일반적으로 히스테리시스(hysteresis)[7]라고 한다.

여기에서는 특히 기업들이 한 나라 안에 교두보를 확보하였는지 아닌지에 따라 환율이 경상수지에 미치는 영향의 크기가 달라지는 것을 가리켜 교두보 효과(beachhead effect)라 한다. 이는 또한 현재의 결과가 현재의 환경뿐 아니라 현재까지 지나온 길에도 영향을 받는다는 점에서 경로의존성(path dependence) 혹은 이력(履歷)현상이라 할 수도 있다. 미국의 경우 교두보 효과 등으로 경상수지가 호전되기까지 걸리는 시간이 추가적으로 지연되기는 하였으나, 결국 1988년 이후에는 경상수지가 호전되기 시작하였으며 적자폭은 1991년 95억 달러로까지 하락하였다.

1.4 환율의 전가

환율이 상승하여도 경상수지가 만족스럽게 호전되지 않는 또 다른 이유는 환율의 변화가 고스란히 가격의 변화로 전가(轉嫁, pass-through)되지는 못하기 때문이다. 환율의 변화가 수입재의 자국통화표시 국내가격을 변화시키

7) 쇠붙이를 자기장 속에 넣으면 자화(磁化)되는데, 자기장을 없앨 경우 자화가 감소하기는 하지만 아주 사라지지는 않는다. 히스테리시스(hysteresis)는 원래 이러한 자기이력(磁氣履歷)현상을 가리키는 물리학 용어이다. 마찬가지로 활시위를 적당히 당겼다가 놓으면 탄성을 받아 되튀어가면서 화살을 쏘아 보내지만, 너무 힘껏 당겨 활이 부러지고 나면 시위를 놓아도 화살은 나가지 않는다. 이를 탄성 히스테리시스라 한다.

는 비율을 전가율이라 한다.[8] 수입재의 외국통화표시 가격 P^*가 이제껏 가정해온 것처럼 일정하다면, 환율 E의 변화는 수입재의 자국통화표시 가격 EP^*를 같은 비율로 변화시키며 이때 전가율은 1이 된다. 그러나 현실에서는, 특히 단기에서, 전가율이 1보다 작은 경우가 많아서, 환율의 변화에 비해 EP^*의 변화는 그다지 크지 않게 된다.

예컨대, E가 상승할 때 P^*가 약간 하락함으로써 EP^*의 상승폭이 작아진다는 것이다. 추정결과에 의하면, 1980년대 미국의 경우 단기전가율은 20%를 약간 상회하였고 장기전가율은 50～60% 정도였다.[9] 즉, 미국 달러화 가치가 10% 내릴 때 수입재 국내가격은 단기에 2%, 장기에 5～6% 정도 오르게 된다는 것이다. 우리나라의 경우 수입재의 전가율은 75%, 수출재의 전가율은 35% 정도로 추정된 바 있다.[10]

전가율이 1보다 작은 것은 기업들이 시장점유율을 유지하는 것을 중시하기 때문이다. 환율이 상승할 때는 다소 손해를 보더라도 수입재의 국내가격 상승을 가능한 한 억제하여 시장점유율의 급격한 하락을 막고, 반대로 환율이 하락할 때는 가격을 낮추기보다는 이윤을 챙기는 것이다. 이는 불완전경쟁시장에서 흔히 나타나는 현상의 일종이다.

기업들은 생산비용이 변화할 때마다 이를 일일이 소비자가격의 변화로 떠넘기는 대신, 생산비용 변화가 단기적일 때는 그 일부를 이윤의 변화로 흡수하여 소비자가격을 비교적 안정되게 유지하려 하며, 이로써 소비자와 장기적으로 안정된 관계를 갖고자 하는 것이다. 환율이 변화할 때 기업들은 이처럼 한동안 환율변화가 일시적인지 영구적인지 추이를 살피며 기존의 가격을 고수하려는 경향이 있다.

환율의 전가는 기본적으로 E가 EP^*를 충분히 변화시키지 못한다는 데 대한 문제이다. 여기에 국내물가 P를 고려하여 실질환율인 EP^*/P의 변화를 보면 문제는 더욱 복잡해진다. 일반적으로 E의 상승은 P를 상승시키기도 하

8) 환율변화가 수입재의 자국통화표시 가격을 변화시키는 비율을 수입전가율, 그리고 수출재의 해외통화표시 가격을 변화시키는 비율을 수출전가율로 구분하기도 한다.

9) Hooper and Mann(1989)의 연구에서 단기는 3개월, 장기는 1년 3개월에서 1년 9개월의 기간으로 설정되었다.

10) Park(1989), 강삼모·왕윤종(2002) 참조.

기 때문에 EP^*/P의 상승폭은 한층 더 작아질 수 있다. 환율이 국내물가에 미치는 영향은 크게 두 가지이다.

① 명목환율 상승으로 수출이 호전되면 국내경기가 좋아져 국내물가가 오르게 된다. 인플레이션이 심한 나라일수록 이 효과는 커지며, 극단적으로 환율의 변화가 고스란히 그리고 즉각적으로 국내물가 변화로 나타나게 되면 EP^*/P는 전혀 변화하지 않을 수 있다.

② 명목환율 상승은 수입원자재 및 수입자본재의 가격을 상승시키고 이에 따른 생산비 상승으로 국내물가가 오르는 것이다. 두 경우 모두, 국내물가에 미치는 효과는 시간이 감에 따라 커진다(나아가 국내물가의 상승은 시차를 두고 수출가격의 상승으로 이어지게 된다). 이와 같이 명목환율이 실질환율에 미치는 영향은 대체로 국내물가가 충분히 변화하지 못하는 단기에 국한된다고 여겨진다.

2. 총지출과 경상수지

2.1 국제수지에 대한 국내총지출 접근

국제수지에 대한 국내총지출 접근은 경상수지가 국민소득과 국내총지출 간의 차이라는 점을 강조한다. 국민소득계정에서 국민소득과 국내총지출, 그리고 경상수지 간의 관계는 다음과 같다.

$$Y = C+I+G+(X-M) = A+(X-M) \tag{4.5}$$

$$CA = X-M = Y-A \tag{4.6}$$

Y: 국민소득, C: 소비지출, I: 민간투자지출, G: 정부지출,

X: 수출, M: 수입, $A=C+I+G$(국내총지출)

식 (4.6)에서 경상수지는 국민소득이 국내총지출보다 클 때 흑자를 기록하고, 그 반대의 경우에는 적자를 기록하게 된다. 한편, 국민소득의 순환과정에서 국민소득은 소비와 민간저축, 그리고 조세의 합으로 나타낼 수 있다($Y \equiv$

$C+S+T$). 이를 식 (4.6)에 적용하면, 경상수지는 민간저축(S)과 정부저축(T−G)의 합인 국내저축과 투자의 차이로 표시할 수 있다. 즉, 민간저축과 정부저축의 합이 투자를 능가하면 경상수지는 흑자를 기록하게 되며, 반대로 투자가 국내저축을 초과하게 되면 경상수지는 적자를 기록하게 된다.

$$CA = S+(T-G)-I \tag{4.7}$$

식 (4.7)은 개방거시경제에서 균형국민소득의 결정조건으로 해석할 수도 있다. 균형국민소득은 국내저축에서 투자를 차감한 순국내저축 또는 순해외투자($NS=S+(T-G)-I$)와 경상수지가 같아지는 점에서 결정된다. [그림 4-2]에서 NS곡선은 국민소득과 순국내저축 간의 관계를 나타내는데, 국민소득이 증가함에 따라 저축이 증가하므로 우상향한다. 한편, 경상수지는 국민소득이 증가하면 수입이 증가하므로 감소하게 된다. 따라서 CA곡선은 우하향한다.

그림에서 보는 바와 같이 NS곡선과 CA곡선이 만나는 A점에서 균형국민소득이 결정된다. 이때 균형소득은 Y_1이며, 경상수지와 순국내저축은 둘 다 적자를 기록하게 된다.

만약에 정부지출의 증가와 같이 순국내저축을 감소시키는 경우가 발생하면 경상수지는 어떻게 되는가? [그림 4-2]에서 정부지출의 증가는 NS곡선을

그림 4-2 균형국민소득과 순국내저축 및 경상수지

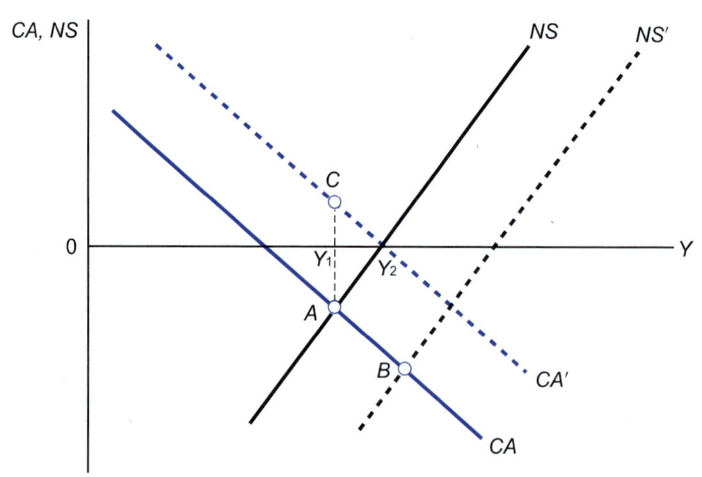

하향이동시키게 되므로, *CA*곡선과의 교차점은 *B*로 이동하고, 경상수지 적자는 더욱 확대될 것이다. 즉, 정부재정수지 적자의 증가가 경상수지 적자를 초래한다는 소위 쌍둥이 적자현상을 보여준다.

쌍둥이 적자 문제는 1980년대 미국에서 대규모 재정적자와 경상수지 적자를 동시에 경험하면서 관심을 끌게 되었다. 그러나 재정적자 증가가 반드시 경상수지 적자를 악화시키는 것은 아니다. 만약 정부저축의 감소만큼 민간저축이 증가하거나, 민간투자가 감소한다면, 경상수지에는 아무런 영향을 미치지 않을 수도 있다.

2.2 환율변화와 국내총지출

환율변화가 경상수지에 영향을 미친다면 식 (4.6)에서 이는 국민소득과 국내총지출의 변화를 통해서만 가능하다. 환율이 상승하여 경상수지가 개선된다는 것은 국민소득의 증가가 총지출의 증가를 능가하는 것으로 해석할 수 있다. 반대로 환율이 상승할 때 경상수지가 악화된다면, 국내총지출의 증가가 국민소득의 증가보다 크다고 해석할 수 있다. 따라서 환율변화가 국민소득과 국내총지출에 미치는 영향은 국제수지에 대한 총지출접근에 있어서 핵심적 역할을 담당하게 된다.

그렇다면 [그림 4-2]에서 환율상승이 경상수지를 개선시키는 효과는 어떻게 해석할 수 있을 것인가? 마셜-러너조건이 성립하면 환율이 상승할 때 수출이 증가하고, 수입이 감소하므로 앞의 그림에서 *CA*곡선이 우향이동하게 된다.[11] 이때 우연하게도 경상수지가 균형을 이룬다고 가정하면, 새로운 균형국민소득은 Y_2로 결정된다. 국내총지출의 변화를 고려하지 않은 탄력성 접근에서는 환율상승은 이때 *A*점에서 *C*점으로 경상수지를 개선시킨다고 예측할 것이다. 그러나 순수출의 증가에 따른 균형국민소득의 증가는 수입을 증가시키기 때문에 경상수지 개선폭은 이보다 적어지게 된다.

11) 여기서 환율상승이란 명목환율(E)의 상승을 의미하지만, 환율의 전가율을 100%로 가정하면 명목환율의 상승비율만큼 실질환율도 상승한다.

그림 4-3 완전고용국민소득과 환율상승효과

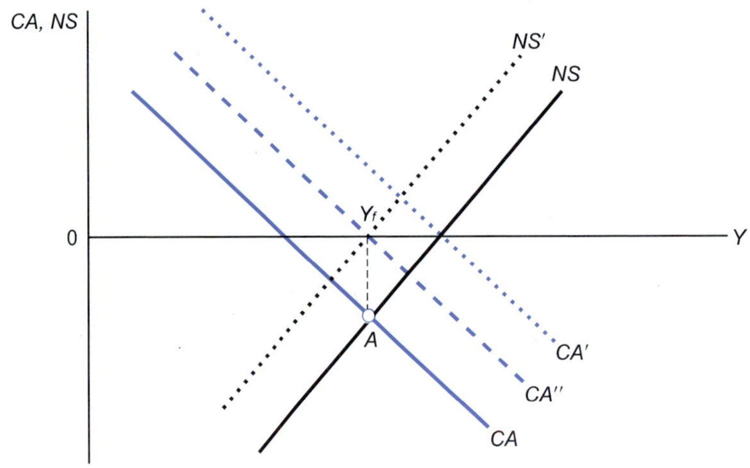

만약에 균형국민소득이 완전고용상태에 있다면 환율변화의 효과는 어떻게 나타나는가? 최초의 균형이 [그림 4-3]의 *A*점과 같다고 가정하자. 환율이 상승하면 순수출이 증가하므로 *CA*곡선은 *CA′*로 우향이동하게 된다. 이에 따라 경상수지는 개선된다. 그러나 순수출의 증가에 따라 총수요가 완전고용국민소득수준 이상으로 증가하게 되면, 총수요가 총공급을 능가하게 되므로 국내물가가 상승하게 된다. 따라서 실질환율은 하락하기 시작하고, 이에 따라 *CA*곡선도 *CA″*로 좌향이동하게 된다. 한편, 국내물가가 상승할 때 실질잔고효과가 작동한다면 소비가 감소하고 저축이 증가하므로 *NS*곡선은 *NS′*로 상향이동하게 된다. 결국, 장기적으로 균형국민소득은 Y_f 수준에서 결정되며, 경상수지는 개선된다.

한편, 환율상승은 교역조건, 즉 수출재가격의 수입재가격에 대한 비율($TOT=P/EP^*$)을 악화시키는 효과를 가져온다. 환율이 상승하면 수입재의 상대가격이 상승하게 되므로 수입재 가격을 고려한 국내물가도 상승하게 된다. 또한 이러한 물가로 환산한 실질소득은 감소하게 된다. 실질소득의 감소는 저축의 감소를 가져오므로 *NS*곡선은 하향이동하게 되고, 이를 고려하면 환율상승이 경상수지 개선을 가져오는 효과는 반감되게 될 것이다.[12)]

교역조건과 실질소득 간의 연관성을 강조하기 위하여 보다 친근한 예를 들어보자. 원유수입국인 한국으로서는 원유가의 상승은 교역조건을 악화시키는 주요 요인이다. 원유가가 상승하면 수입물량은 별로 줄지 않고, 수입가격이 상승하므로 순수출은 감소한다. 한편, 이때 국내물가 역시 상승하므로 실질소득도 감소하게 되므로 저축도 감소한다. 따라서 경상수지 적자폭은 교역조건이 실질소득에 영향을 미치지 않을 때와 비교하여 훨씬 커지게 된다.

3. 환율과 대내외균형

3.1 대내외균형의 의미

이제 개방경제에서 대내균형과 대외균형이라는 두 가지 거시경제정책목표를 동시에 달성하는 문제를 고려하여 보자. 거시경제정책은 흔히 성장, 물가 및 경상수지 등 세 마리 토끼를 한꺼번에 잡는 문제에 비유된다. 혼자서 한 마리 토끼를 쫓아가 잡는 건 그리 어렵지 않다 하더라도 그동안 다른 토끼들이 달아나버리는 점을 감안해야 한다.

경제학에서는 흔히 위와 같은 문제를 두 마리 토끼의 문제로 단순화시켜 분석한다. 예컨대, 폐쇄경제를 주대상으로 하는 거시경제학에서는 이 중 경상수지 문제를 제외하고 성장과 물가 간의 문제를 중점적으로 다룬다. 반면에 본절에서는 성장과 물가를 한데 묶음으로써 대내균형과 대외균형이라는 두 가지 정책목표로 단순화시켜 문제를 다룰 것이다.

우선 대내균형은 완전고용상태를 의미하는데, 이는 성장과 물가 간의 상충관계를 고려하여 물가를 불안하게 하지 않는 적절한 성장수준을 나타내는 것이다. 총공급 충격은 없고 총수요 충격만 있는 경우에 성장과 물가 간에 일정한 필립스곡선을 그려볼 수 있음은 거시경제학에서 이미 어느 정도 배웠을 것이다. 필립스곡선에 따르면 고도성장을 할 때에는 실업률이 낮아지지

12) 이러한 효과를 **하버거-로슨-메츨러 효과**라고 한다. 자세한 설명은 [부록2]를 참조하기 바란다.

만 물가상승이 심해지고, 성장률을 낮추면 물가안정은 달성할 수 있지만 실업률이 높아진다. 실업과 인플레이션 중 어느 한쪽의 개선에 치중하게 되면 다른 한쪽이 악화하므로 어느 쪽도 완전히 없애지 못하고 적당한 실업률과 적당한 인플레이션율을 조화시키는 데 만족할 수밖에 없는데, 이러한 타협이 이루어진 상태가 곧 완전고용상태이다. 물론 총공급 충격이 발생할 때는 필립스곡선 자체가 이동하기 때문에 실업과 인플레이션 간의 관계가 훨씬 더 복잡해지게 되는데 이러한 문제는 폐쇄경제 거시경제학에 맡기고, 여기에서는 총공급 충격이 발생하지 않는다는 가정을 채택하여 대내균형문제를 단순화시키고, 대신 대외균형과의 조화문제에 치중하기로 한다.

국제수지가 바람직한 상태에 있는 것을 가리켜 대외균형이라 하는데, 그 의미는 대내균형의 의미보다 더 불투명하다. 국제수지는 경상수지와 자본수지로[13] 구성되는데, 이들이 각각 어떠한 상태에 있는 것이 가장 바람직한 것인가 하는 문제에는 유일한 해답이 존재하지 않는다. 이들 중 어느 것도 수지균형이 무조건 최선의 목표가 되는 것은 아니다. 예컨대, 경제개발 초기단계에서는 경상수지가 적자로 되는 것이 바람직할 수 있으며, 화폐공급이 과다할 때에는 경상수지와 자본수지의 합이 적자로 되는 것이 바람직할 수도 있다. 물론 이때에도 수지가 적자라고 다 좋은 것은 아니며, 주어진 경제여건에 비추어 특정한 적정 적자폭이 존재할 것이다. 여기에서는 이러한 문제를 대폭 단순화시켜 경상수지가 0인 상태를 대외균형이라 하겠다. 대내균형과 마찬가지로 대외균형도 단순화시킴으로써 우리는 두 균형 간의 상충 및 조화의 문제에 관심을 집중할 것이다.

대내균형과 대외균형은 바람직한 경제상태, 즉 경제정책목표를 나타내는 것으로, 수요와 공급이 일치한다는 의미의 시장균형이나 혹은 더 이상의 변화가 없다는 의미의 동태적 균형과 혼동되어서는 안 된다. 주어진 여건하에

---

13) 1장에서 보았듯이 새로운 국제수지표상에서 자본수지는 자본이전거래 수지를 의미한다. 그러나 2012년 이전 국제수지표상의 자본수지는 외환당국을 제외한 경제주체의 자본거래 결과 나타난 자본의 순유입을 의미하였다. 본장에서는 기존 교과서 내용과의 혼동을 피하기 위하여 2012년 이전 국제수지표에서 의미하는 바에 따라서 자본수지를 정의하였다. 즉, 본장의 자본수지는 <표 1-2>에서의 준비자산 증감을 제외한 금융계정에 마이너스를 붙인 값을 의미한다. 일반적으로 자본이전거래의 규모가 작으므로 자본거래에서 이는 무시하기로 한다.

서 경제는 대내외균형에서 벗어나 있을 수 있는데, 이는 경제가 바람직한 상황에 있지 않음을 의미하는 것이다. 이때 정부는 경제를 바람직한 상태로, 즉 대내외균형으로 이끌어가고자 각종 경제정책을 집행하게 된다. 혼동을 피하기 위해서는 대내외균형목표라 하는 것이 더 적절할 것이나 여기에서는 관례상 그저 대내외균형이라 하겠다.

3.2 대내외균형곡선

개방경제하의 국민소득결정에 대하여 고려하여 보자.

$$\begin{aligned} Y &= A + CA \\ A &= A_0 + cY \\ CA &= CA_0 - mY \end{aligned} \tag{4.8}$$

여기서 c, m은 각각 한계소비성향과 한계수입성향을 나타낸다. 식 (4.8)은 A와 CA를 국민소득에 따라 변화하는 부분과 국민소득과 관계없이 독립적으로 변화하는 부분으로 나누고 있다. 독립적 국내총지출 A_0에 영향을 주는 요인으로는 재정정책이나 통화정책과 같은 정부정책, 소비풍조나 투자의욕과 같은 민간경제행동을 들 수 있다. 반면에 독립적 경상수지 CA_0는 우리나라 제품의 가격경쟁력 및 품질경쟁력, 국내외의 각종 무역장벽, 그리고 해외경기 등에 의해 영향을 받는다. 정부는 환율정책을 통해 가격경쟁력에 영향을 미치거나 무역장벽을 조절함으로써 CA_0를 변화시킬 수 있다.

각종 정부정책, 민간부문행동 및 해외경제사정에 따라 A_0와 CA_0가 주어진 상태에서 식 (4.8)로부터 다음과 같이 단기균형 국민소득과 단기균형 경상수지를 도출할 수 있다($s = 1 - c$).

$$Y = \frac{1}{s+m}\left[A_0 + CA_0\right] \tag{4.9}$$

$$CA = \frac{1}{s+m}\left[sCA_0 - mA_0\right] \tag{4.10}$$

이와 같이 결정된 단기균형 Y와 CA는 A_0와 CA_0의 크기에 따라 대내균형 또는 대외균형 상태에 있을 수도 있고, 그렇지 않을 수도 있다. 완전고용 국

그림 4-4 대내균형과 대외균형

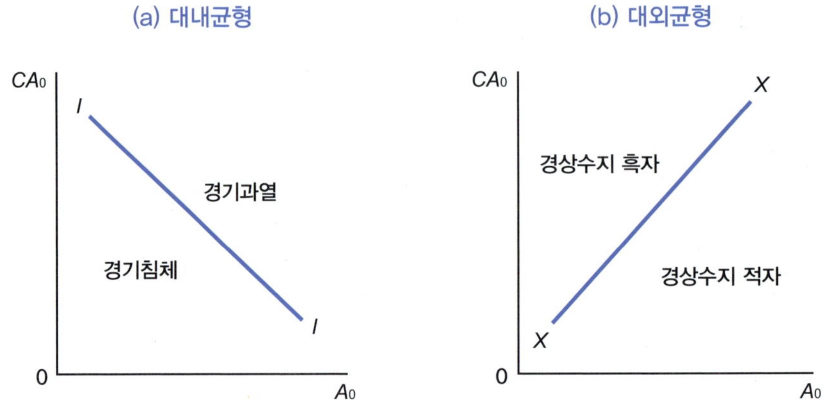

(a) 대내균형은 내수수요 A_0와 순수출수요 CA_0의 합이 일정수준을 유지할 때 달성될 수 있으며, 어느 한쪽이라도 커지면 경기과열을 초래한다.

(b) 내수수요 A_0의 증가는 경상수지를 악화시키므로 대외균형이 유지되기 위해서는 순수출수요 CA_0의 증가가 함께 이루어져야 한다.

민소득수준을 Y_f라 할 때 대내균형조건은 $Y=Y_f$로 표현되며, 이 조건을 식 (4.9)에 적용하면 대내균형을 달성시키는 A_0와 CA_0의 조합을 다음과 같이 구할 수 있다.

$$\text{대내균형} \quad : A_0 + CA_0 = (s+m)Y_f \iff Y = Y_f \qquad (4.11)$$
$$\text{대내불균형} : A_0 + CA_0 \gtreqless (s+m)Y_f \iff Y \gtreqless Y_f$$

식 (4.11)을 그림으로 나타낸 것이 [그림 4-4] (a)의 II선이다. 대내균형을 달성하는 A_0와 CA_0의 조합을 나타내는 II선상의 임의의 한 점으로부터 오른쪽으로 혹은 위로 이동하면 A_0 혹은 CA_0가 증가함에 따라 국민소득이 완전고용수준을 넘어서서 경기과열을 초래하게 된다. 반면에 왼쪽으로 혹은 아래쪽으로 이동하면 A_0 혹은 CA_0가 감소함에 따라 국민소득이 완전고용 수준에 못 미치는 경기침체현상이 나타난다.

A_0의 증가가 CA_0의 적절한 감소를 (혹은 A_0의 감소가 CA_0의 적절한 증가를)

수반할 때 완전고용수준을 유지할 수 있으며, 이러한 이유로 *II*선은 우하향하게 된다. 쉽게 말해서, 내수와 수출이 모두 잘되면 경기가 과열되고 둘 다 안 되면 경기가 침체되므로, 하나가 잘될 때는 다른 하나가 어느 정도 진정되어야 실업과 인플레이션을 적절히 조화시키는 완전고용상태에 머물 수 있다는 것이다.

대외균형조건 $CA=0$을 식 (4.10)에 적용하면 다음과 같이 *XX*선을 얻을 수 있다.

$$\text{대외균형} \quad : \; CA_0 = \frac{m}{s} A_0 \iff CA = 0 \qquad (4.12)$$
$$\text{대외불균형} : \; CA_0 \gtrless \frac{m}{s} A_0 \iff CA \gtrless 0$$

[그림 4-4] (b)에서 대외균형을 달성하는 A_0와 CA_0를 나타내는 *XX*선상의 임의의 한 점으로부터 오른쪽으로 혹은 아래로 이동하면 A_0가 증가 혹은 CA_0가 감소함에 따라 경상수지가 적자로 되며, 반면에 왼쪽으로 혹은 위쪽으로 이동하면 A_0가 감소 혹은 CA_0가 증가함에 따라 경상수지가 흑자가 된다. A_0의 증가가 CA_0의 적절한 증가를 (혹은 A_0의 감소가 CA_0의 적절한 감소를) 수반할 때 경상수지의 균형을 유지할 수 있으며, 이러한 이유로 *XX*선은 우상향하게 된다. 쉽게 말해서, 내수의 과열은 수입을 증가시키기 때문에 수출과 내수의 증가가 적절히 조화를 이루면 경상수지는 균형을 유지할 수 있게 된다는 것이다.

[그림 4-4]의 (a)와 (b)를 동시에 나타낸 것이 [그림 4-5] (a)이다. A_0와 CA_0가 적절히 유지되면 경제는 대내외균형을 모두 충족시키는 *Q*점과 같은 곳에 위치할 것이다. 그러나 경제에 끊임없이 가해지는 여러 가지 충격은 경제를 다른 곳으로 여기저기 끌고 다니게 되며, 경제정책 담당자는 이때마다 성장·물가·경상수지 등 세 마리 토끼를 잡기 위해 각종 경제정책을 발표하여 신문을 장식하는 것이다.

예컨대, 1990년 우리나라는 주택난 해소를 위해 주택 200만 호 건설을 적극 추진하였는데,[14] 당시 24%에 달한 총고정자본형성 증가율이 보여주듯

14) 정부주도의 주택 200만 호 건설정책은 정책입안자가 추구하는 정책목표에 대내균형과 대외균형이라는 거시경제목표 이외에도 주택난 해소라는 또 다른 목표가 있음을 의미한다.

그림 4-5 대내외균형의 동시달성

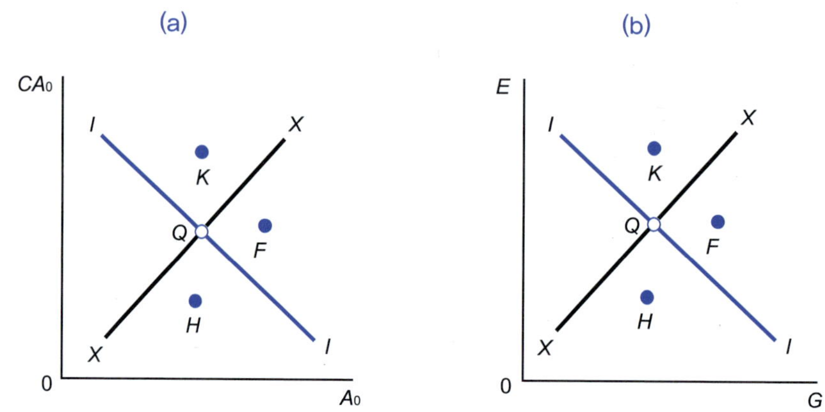

대내외균형을 동시에 달성하기 위해서는 A_0를 변화시키는 지출조정정책과 CA_0를 변화시키는 지출전환정책을 동시에 사용하여야 한다. 정부지출(G)은 지출조정정책의, 환율(E)은 지출전환정책의 대표적 수단이다.

이 건설투자의 폭증은 A_0의 증가를 통해 경제를 [그림 4-5](a)의 F점과 같은 곳으로 밀어내었다. 이 해에 우리나라는 성장률 9.3%, 소비자물가상승률 8.6%의 경기과열과 22억 달러에 가까운 경상수지 적자를 기록하였다. 정부는 이에 따라 과소비 자제를 호소하는 한편, 1991년 5월에 건설경기 진정대책을 마련함으로써 A_0의 감소를 꾀하였다. 이에 반해 1986~88년의 소위 3저호황기에는 CA_0가 대폭 증가하여 K점에서와 같이 경기과열과 경상수지의 흑자를 초래하였다. 이와 같이 같은 경기호황이라도 그것이 내수 때문이냐 수출 때문이냐에 따라 경상수지에 미치는 영향은 정반대로 나타난다.

여기서 대내외균형으로부터의 이탈은 제3의 목표를 동시에 고려할 때 오히려 바람직한 것일 수도 있다. 이는 실업률 0인 상태가 실업률목표만 볼 때는 최상이지만 인플레이션을 고려하면 약간의 실업률을 허용하는 것이 더 낫다는 논리와 같은 맥락이다. 문제는 주택난 해소에 따른 이득이 대내외균형으로부터의 이탈에 따른 비용을 감당할 만한가 하는 것이다. 이 문제를 제대로 파악하려면 다시 3차원의 모형을 만들어야 할 것이다. 후술하는 틴버겐의 법칙과 연관지어 본다면 3개의 목표를 달성하기 위해서는 3개의 정책수단이 필요하다고 할 수 있다.

1992년의 4.7% 성장과 45억 달러의 경상수지 적자는 H점과 같은 곳에 해당한다고 하겠다(소비자물가상승률은 6.2%로 1990~91년에 비해 낮아졌다). 총고정자본형성 증가율이 마이너스 1.8%로 떨어지는 등 A_0는 지나칠 정도로 위축되었고, 세계경기가 침체하고 우리나라의 수출경쟁력이 약화됨에 따라 수출이 부진하여 CA_0마저 하락한 결과이다.

3.3 지출조정정책과 지출전환정책

대내균형과 대외균형의 문제에 있어서 국내총지출 A_0를 변화시키는 정책을 지출조정정책, CA_0를 변화시키는 정책을 지출전환정책이라 한다. 지출조정정책으로는 정부지출의 조정이 그 대표적인 예이며, 그 밖에도 소비와 투자수준에 영향을 주는 각종 세제정책과 통화정책을 들 수 있다. 이들은 모두 국내총지출의 전체적인 규모를 변화시키는 정책이다. 이에 비해 지출전환정책은 지출수준의 변화 없이 지출대상을 국산품에서 수입품으로 혹은 그 반대로 전환시키는 정책으로서 환율정책이 대표적이며, 그 밖에도 각종 관세 및 비관세장벽을 이용한 무역정책을 들 수 있다.

지출전환정책의 핵심은 재화 간의 상대가격을 변화시키는 데 있다. 국내재의 국내통화표시 가격을 P, 외국재의 외국통화표시 가격을 P^*, 외화 1단위당 가치를 국내통화로 나타낸 명목환율을 E라 할 때, 외국재의 국내통화표시 가격이 EP^*가 되므로 국내재로 표시된 외국재의 상대가격은 EP^*/P가 된다.[15] 즉, EP^*/P는 실질환율이다. 명목환율이 두 나라 통화의 교환비율이듯이, 실질환율은 두 나라 재화바스켓의 교환비율이며, 가격면에서 본 우리 상품의 '국제경쟁력'이라 할 수 있다. 환율정책의 경우 자국통화를 평가절하하면 E가 상승하여 우리의 국제경쟁력 EP^*/P가 상승한다. 다시 말해서, 국산품이 상대적으로 싸지고 수입품이 상대적으로 비싸지므로 수입품을 덜 사고 대신 국산품을 사게 되어 지출을 수입품에서 국산품으로 전환하게 된다. 외국인의 경우에도 그들의 지출을 그들 상품에서 우리 상품으로 전환하게 된

15) 여기에서 국내재와 외국재는 모두 교역재라고 가정한다. 비교역재를 고려하는 경우는 뒤에 별도로 논의할 것이다.

다. 마찬가지로 관세는 수입품 가격을 올림으로써, 그리고 수출보조금은 수출품 가격을 낮춤으로써 각각 소비자가 당면하는 EP^{*}/P에 영향을 미친다.[16)]

환율의 변화가 A_0에 정말 아무런 영향을 미치지 않느냐 하는 점에 대해서는 다소 이견이 있을 수 있다. 하버거(A. Harberger)와 로슨(S. Laursen) 및 메츨러(L. Metzler)는 실질환율의 변화가 국내총지출에 영향을 미칠 수 있다고 주장하였는데, 이는 부록에서 별도로 다루도록 하고 본절에서는 하버거－로슨－메츨러 효과가 전혀 없다는 가정하에 환율정책 등을 지출수준에 아무런 영향을 미치지 않는 순수한 지출전환정책으로 취급할 것이다.

지출조정정책의 대표적 수단으로 정부지출(G), 지출전환정책의 대표적 수단으로 환율(E)을 들어 [그림 4-5] (a)를 다시 그린 것이 [그림 4-5] (b)로서 비슷한 그림을 국내외 여러 교과서에서 찾아볼 수 있다. [그림 4-5] (b)는 E와 G가 증가할 때 각각 CA_0와 A_0가 증가한다는 것을 전제로 그린 것이다.

3.4 정책의 딜레마

대내균형과 대외균형을 동시에 달성하기 위해서는 A_0와 CA_0를 동시에 움직이는 것이 매우 중요하다. 예컨대, [그림 4-5] (a)의 H점과 같은 상황에서 A_0만을 움직일 수 있다고 하면 정책담당자는 딜레마에 빠지게 된다. 경기회복을 위해 내수를 부추기면 H점에서 오른쪽으로 II선에 도달할 수는 있지만, 경기회복에 따라 수입이 증가하여 경상수지 적자가 더욱 악화되면서 XX선에서 더욱 멀어진다. 반면에 경상수지 회복을 위해 내수를 줄이면 H점에서 왼쪽으로 XX선에 도달하지만, 경기침체가 가속화하여 II선에서는 더욱 멀어지는 것이다. 두 마리 토끼를 쫓는 데 두 사람이 필요하듯이 두 가지 정책목표를 달성하는 데에는 최소한 두 가지 정책수단이 필요하다. 이를 일반화하면 n개의 정책목표달성에 n개의 정책수단이 필요하다는 것을 알 수 있는데, 이를 틴버겐의 법칙(Tinbergen's rule)이라 한다.

만약 어떠한 제약으로 인해 n개의 정책수단 중 일부를 사용하지 못한다

---

16) 자국통화의 평가절하는 관세와 수출보조금을 동시에 시행하는 효과를 가지며, 수입할당제(quota)는 관세와 비슷한 효과를 갖는다. Dornbusch(1980) 제4장 참조.

면, 나머지 정책수단만 가지고는 n개의 정책목표를 한꺼번에 달성할 수가 없게 된다. 이때 정책담당자는 n개의 정책목표 중 일부를 포기할 수밖에 없는 곤경에 빠지게 되는데, 이러한 상황을 가리켜 정책의 딜레마라고 한다.[17] 여기에서 정책수단의 가짓수는 정책목표와 정책효과를 감안하여 따져야 한다. 예컨대, A_0를 움직이는 정책수단을 아흔아홉 가지 가졌다고 하더라도 CA_0를 움직이는 수단이 별도로 없다면 대내·대외균형의 문제에서 가용한 정책수단은 본질적으로 한 가지에 불과한 것이다.

4. 비교역재와 실질환율

4.1 교역재와 비교역재

이제까지의 논의에서 지출전환정책으로서의 환율의 변화는 자국재와 외국재 간의 상대가격을 변화시켜 두 가지 재화 간의 지출비중을 변화시키는 역할을 하였다. 그런데 환율은 또 다른 중요한 의미에서 지출전환정책의 역할을 한다. 어느 경제에나 비교역재가 존재하는데, 환율은 교역재와 비교역재 간의 상대가격에 영향을 미치고, 이를 통해 교역재와 비교역재 간에도 지출전환을 일으켜 대내외균형에 영향을 미치게 된다. 후자의 역할을 강조하기 위해 다음과 같은 점을 생각하여 보자.

자국재와 외국재 간의 상대가격이 변화할 수 있다는 것은 세계시장에서 경쟁하면서 거래되는 두 나라의 재화가 똑같은 재화는 아니며 둘 다 어느 정도의 독점력을 나름대로 가지고 있다는 의미를 내포하고 있다. 환율변화가 자국재와 외국재 간의 상대가격을 변화시켜 지출전환정책으로 기능한다는 것은 이와 같이 세계시장에서 어느 정도의 독점력을 갖는 경우에나 가능한

17) 거시경제학에서의 실업과 인플레이션 간의 딜레마도 같은 맥락에서 이해될 수 있다. 총수요관리정책과 총공급정책이 동시에 효과적으로 사용된다면 실업과 인플레이션은 동시에 해결될 수 있다. 그러나 일반적으로 단기에서는 총공급정책의 효과가 별로 나타나지 않으므로 정책입안자는 총수요관리정책만 가지게 되어 딜레마에 빠지는 것이다.

그림 4-6 교역재와 비교역재의 생산균형

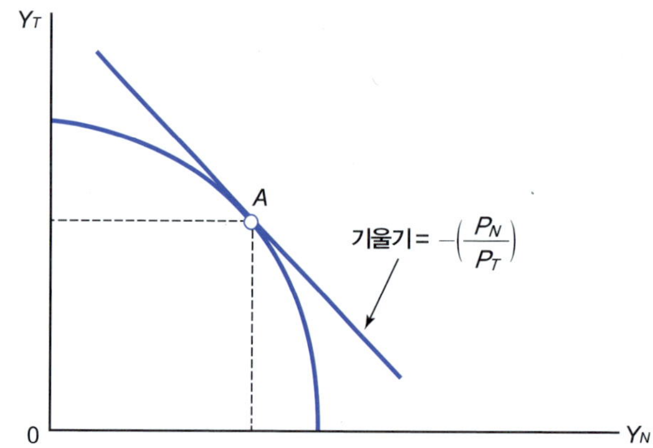

것이다. 반면에 세계교역시장에서 가격순응자가 될 정도로 작은 나라, 소위 의존경제(dependent economy)라 불리는 경우에는 자국재 가격을 외국재 가격과 다르게 할 수가 없다. 이 경우 환율변화는 순수하게 교역재와 비교역재 간의 지출전환을 일으키는 역할을 하게 된다. 이러한 연유로 비교역재 모형은 흔히 의존경제를 상정한다. 다음 [그림 4-6]에서 보는 바와 같이 생산가능곡선과 기울기가 $-\left(\frac{P_N}{P_T}\right)$인 직선이 접하는 A점에서 비교역재와 교역재의 생산량이 결정된다. P_T와 P_N은 각각 자국 교역재와 비교역재의 가격을 나타낸다.

비교역재는 국내에서는 생산되고 소비되나, 국제적으로는 거래가 되지 않는 재화를 뜻한다. 여기에서 '재화'라고 하였지만, 사실 비교역재의 상당 부분은 재화보다는 서비스가 차지한다. 예컨대, 한국의 돗자리가 비싸면 값싼 중국 돗자리를 수입하지만, 한국의 택시요금이 높다고 해서 값싼 중국 택시서비스를 서울시내로 수입해와 쓸 수 있는 것은 아니다. 돗자리의 경우는 생산된 물건만 오면 되지만 택시서비스의 경우는 생산된 서비스만 들여올 수는 없고 서비스생산자를 들여와야 하는데, 노동자의 이동은 아직 재화의 이동에 비해 훨씬 더 많은 제약이 따르고 있기 때문이다. 운송, 보험, 금융 등을 비롯한 서비스는 국제교역이 확대되고는 있지만, 서비스의 특성상 많은 서비스는 계속 비교역재로 남게 될 것이다. 교역재와 비교역재의 구분은 절대적인 것은 아니다. 예전 같으면 수출을 꿈도 꾸지 못하던 신선식품 등이 운송수단의 발달로 수출되기도 하며, 잘 수출되던 재화가 상대국의 보호무역 조치에 걸려 수출이 중단됨으로써 비교역재로 되기도 한다.

이제 자국과 외국에 각각 교역재와 비교역재가 존재하는 경우를 잠시 수식을 통해 살펴보도록 하자. 자국에서 교역재의 지출비중을 α, 비교역재의 지출비중을 $(1-\alpha)$라 할 때 자국의 물가수준 P는 $P=P_T{}^{\alpha}P_N{}^{1-\alpha}$로 표시할 수 있을 것이다. 마찬가지로 외국의 교역재가격을 P_T^*, 비교역재가격을 P_N^*라 하고 교역재의 지출비중을 β, 비교역재의 지출비중을 $(1-\beta)$라 할 때 외국의 물가수준 P^*는 $P^*=(P_T^*)^{\beta}(P_N{}^*)^{1-\beta}$로 표시될 수 있다. 이때 국내외물가비율$(EP^*/P)$은 다음과 같이 표시할 수 있다.

$$\frac{EP^*}{P}=\frac{E(P_T^*)^{\beta}(P_N^*)^{1-\beta}}{(P_T)^{\alpha}(P_N)^{1-\alpha}}=\left(\frac{EP_T^*}{P_T}\right)\left(\frac{P_T}{P_N}\right)^{1-\alpha}\left(\frac{P_T^*}{P_N^*}\right)^{\beta-1} \tag{4.13}$$

로 표현된다.[18]

앞서 논의된 바 있는 경우, 즉 비교역재가 없고 모든 재화가 교역재인 경우는 $\alpha=\beta=1$이므로 식 (4.13)에서 EP^*/P는 곧 $EP_T{}^*/P_T$임을 알 수 있다. 국제경쟁력 혹은 교역조건이라는 표현은 사실은 EP^*/P보다는 EP_T^*/P_T를 가리키는 것이다. 이 경우의 대내외균형곡선은 [그림 4-5] (b)에서 본 바와 같다.

반면에 국제시장에서 가격순응자로서 소규모 개방경제에서는 $EP_T^*/\ P_T$와 P_T^*/P_N^*가 외생적으로 주어진 상태이므로 EP^*/P는 기본적으로 P_T/P_N과 같은 방향으로 움직인다. 이 경우의 대내외균형곡선은 후술하는 바와 같이 [그림 4-7] (a)로 나타난다. 더욱이 완전경쟁상태에서 $P_T=EP_T^*$임을 감안하면 P_T/P_N은 EP_T^*/P_N으로 나타낼 수 있다. 따라서 P_T/P_N은 EP^*/P 혹은 EP_T^*/P_T와 유사한 형태를 가짐을 쉽게 기억할 수 있겠다. 실제로 EP^*/P, EP_T^*/P_T, P_T/P_N, 혹은 이들의 역수 모두 상황에 따라 '실질환율'이라 불리기도 한다. 그러나 그 배후에 담긴 이론은 조금씩 차이가 있다. [그림 4-7] (a)는 경제학 문헌에

---

18) 식 (4.13)은 3장의 식 (3.9)와 근본적으로 동일하다. 단, 명목환율을 S 대신 E로 표시하고 있을 뿐이다.

그림 4-7 비교역재와 대내외균형

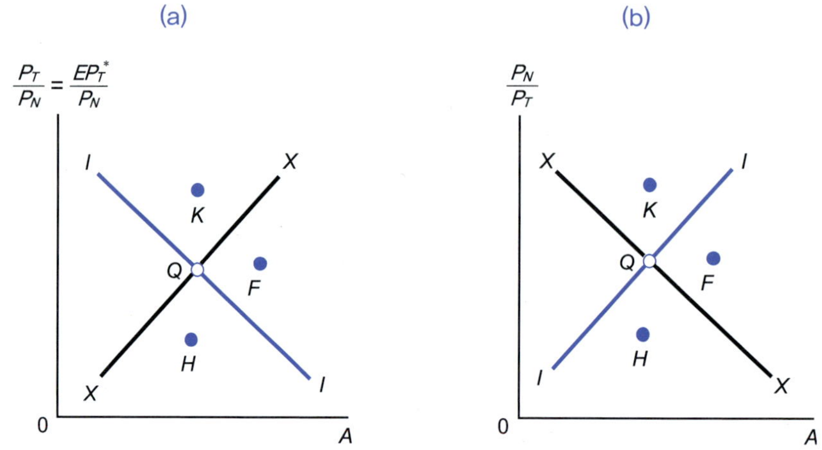

국내총지출 A의 증가는 교역재 시장과 비교역재 시장에 모두 초과수요를 초래하며, 비교역재의 상대가격 P_N/P_T의 증가는 비교역재 시장에 초과 공급, 교역재 시장에 초과수요를 초래한다. 그림 (a)는 (b)를 위아래로 뒤집은 것으로, [그림 4-5] (b)와 유사한 형태를 보인다.

서 종축의 변수를 역수로 취하여 [그림 4-7] (b)의 형태로 더 많이 등장한다.[19] 이제 [그림 4-7] (b)가 어떻게 도출되는가를 살펴보기로 하자.[20]

4.2 비교역재와 대내외균형

우선 국내총지출 A와 P_N/P_T의 변화가 교역재 및 비교역재 시장에서 어떠한 불균형을 초래하는가 살펴보고, 교역재 및 비교역재 시장의 균형, 즉 새로운 의미의 대내균형과 대외균형을 달성하기 위해 A와 P_N/P_T가 어떻게 변화하여야 하는가를 살펴보도록 하자. 비교역재가 존재할 때 국내총지출 A는 교역재에 대한 지출 (혹은 수요) D_T와 비교역재에 대한 지출 (혹은 수요) D_N

19) [그림 4-5] (b), [그림 4-7] (a) 및 [그림 4-7] (b) 등은 모두 스완 다이어그램(Swan Diagram)이라 불린다.

20) 여기에서는 수식을 사용하지 않고 직관적으로만 설명하기로 한다. 수식모형에 관해서는 Dornbusch(1980) 6장 참조.

으로 나누어 볼 수 있다. D_T와 D_N이 A에서 차지하는 비중이 어느 정도 일정하다면, A의 증가는 D_T와 D_N을 모두 증가시켜 교역재 시장과 비교역재 시장에서 모두 초과수요가 나타날 것이다. 마찬가지로 A의 감소는 D_T와 D_N을 모두 감소시켜 교역재 시장과 비교역재 시장에서 모두 초과공급이 나타날 것이다.

$$A\uparrow \ \rightarrow \begin{cases} D_N\uparrow & \rightarrow \ \text{비교역재 시장의 초과수요} \\ D_T\uparrow & \rightarrow \ \text{교역재 시장의 초과수요} \end{cases}$$

반면에 P_N/P_T의 상승은 한편으로 공급 측면에서 생산자원을 교역재부문으로부터 비교역재부문으로 끌어들이면서 비교역재의 공급 S_N을 증가시키고 교역재의 공급 S_T를 감소시킬 것이다. 다른 한편 수요 측면에서 P_N/P_T의 상승은 수요대체효과를 통하여 비교역재에 대한 수요 D_N을 감소시키고 교역재에 대한 수요 D_T를 증가시킬 것이다. 수요와 공급에 미치는 효과를 종합하여 볼 때 P_N/P_T의 상승은 비교역재 시장에서는 초과공급을, 교역재 시장에서는 초과수요를 초래할 것이다. 마찬가지로 P_N/P_T의 하락은 비교역재 시장에서는 초과수요를, 교역재 시장에서는 초과공급을 초래할 것이다.

$$P_N/P_T\uparrow \ \rightarrow \begin{cases} S_N\uparrow,\ D_N\downarrow & \rightarrow \ \text{비교역재 시장의 초과공급} \\ S_T\downarrow,\ D_T\uparrow & \rightarrow \ \text{교역재 시장의 초과수요} \end{cases}$$

P_N/P_T가 상승하여 비교역재 시장에서 초과공급이 초래될 때에는 A가 증가하여 비교역재에 대한 수요가 늘어나면 비교역재 시장의 균형이 회복될 수 있다. [그림 4-7] (b)에서 우상향하는 II선은 비교역재 시장의 균형을 나타내는 것으로, P_N/P_T가 상승할 때에는 A도 증가하고, P_N/P_T가 하락할 때에는 A도 감소해야 함을 나타낸다. 반면에 교역재 시장에서는 P_N/P_T가 상승할 때 초과수요가 초래되므로 A가 감소하여 교역재에 대한 수요를 줄여주어야 교역재 시장의 균형이 회복될 수 있다. [그림 4-7] (b)에서 우하향하는 XX선은 교역재 시장의 균형을 나타내는 것으로, P_N/P_T가 상승할 때에는 A가 감소하고, P_N/P_T가 하락할 때에는 A가 증가해야 함을 나타낸다.

[그림 4-7] (b)에서 II선의 오른쪽 아랫부분은 비교역재 시장의 초과수요, 왼쪽 윗부분은 초과공급을 나타냄을 쉽게 알 수 있을 것이다. 비교역재는 모

자란다고 외국에서 들여올 수도 없고, 남는다고 외국에 내다 팔 수도 없는 재화이다. 비교역재 시장에서 초과수요가 발생하면 물가가 오르고 임금이 오르게 되는 등 경기과열 양상이 나타난다. 반면에 비교역재 시장에서의 초과공급은 실업이 발생하는 경기침체현상으로 볼 수 있다.[21] 다시 말하면, 비교역재 시장의 균형은 완전고용상태, 즉 대내균형을 뜻한다고 하겠다. [그림 4-7] (b)를 아래위로 뒤집은 [그림 4-7] (a)의 *II*선 및 그 좌우부분이 [그림 4-5] (b)에서와 유사한 의미를 가짐을 확인해 볼 수 있을 것이다.

[그림 4-7] (b)에서 *XX*선의 오른쪽 윗부분은 교역재 시장의 초과수요, 왼쪽 아랫부분은 초과공급을 나타낸다. 교역재는 모자라면 외국에서 들여오고 남으면 외국에 내다 팔 수 있는 재화이다. 따라서 교역재 시장에 초과수요가 발생하면 경상수지가 적자로 되며, 초과공급이 발생하면 경상수지가 흑자로 된다. 그리고 교역재 시장의 균형은 경상수지의 균형, 즉 대외균형을 뜻하게 된다. 앞에서와 마찬가지로 [그림 4-7] (b)를 아래위로 뒤집은 [그림 4-7] (a)의 *XX*선 및 그 좌우부분이 [그림 4-5] (b)에서와 유사한 의미를 가짐을 쉽게 확인해 볼 수 있을 것이다.

[그림 4-5] (b)가 [그림 4-7] (a) 혹은 [그림 4-7] (b)와 여러모로 유사함은 이미 지적한 바 있으나, 이들의 차이점은 분명히 인식하여야 한다. [그림 4-5] (b)에서 EP^*/P는 EP_T^*/P_T, 즉 교역조건의 의미를 가지며, 이 경우 환율 E의 상승은 국내 및 외국의 수요를 외국재에서 국내재로 전환시킴으로써 경상수지를 개선시킨다. 반면에 [그림 4-7]에서는 EP^*/P가 P_T/P_N 혹은 EP_T^*/P_N의 의미를 가지며, 여기에서 환율 E의 상승은 외국에는 아무런 영향을 미치지 못하고 국내에서는 교역재의 공급을 증가시키고, 교역재에 대한 수요를 감소시킴으로써 경상수지를 개선시킨다.

대내균형의 측면에서 보면 환율 E의 상승은 [그림 4-5] (b)에서는 수출수요의 증가와 수입수요의 감소를 통해 총수요를 증가시키면서 경기과열을 초래[22]하는 반면에, [그림 4-7]에서는 비교역재에 대한 수요를 증가시키는 한

---

21) 비교역재 시장의 초과공급을 경기침체로 해석하는 것은 [그림 4-7]을 [그림 4-5]와 연결시키기 위해서이다. 전형적인 의존경제모형에서는 완전고용을 가정하기 때문에 모형 내에 경기침체의 여지가 없다.

22) 그러나 이와는 반대로 환율상승, 또는 평가절하가 경기침체를 초래한다는 주장도 있다.

편, 생산요소를 비교역재부문에서 교역재부문으로 빼앗아감으로써 국내의 임금과 물가를 자극하게 되는 것이다.

4.3 환율과 임금

오늘날 많은 제조업제품이 교역재인데 비해 서비스는 비교역재인 경우가 많다. 그리고 서비스는 대체로 노동집약적인 것이 많으며, 이에 따라 임금에 대해 매우 민감하게 반응하는 경향이 있다. 이러한 이유로 비교역재가격 P_N 대신 임금 W를 사용하여 실질환율을 나타내기도 한다. 세계시장의 교역재가격 P_T^*가 주어진 소규모 개방경제의 경우 $P_T/P_N = EP_T^*/P_N$ 대신 E/W를 [그림 4-7] (a)의 종축에 사용할 수 있겠는데, 이 경우 지출전환정책의 핵심은 환율과 임금 간의 관계로 집약된다. 앞서 지적한 바 있듯이, 어떠한 이유로 실질환율이 변화하지 못하여 지출전환정책을 사용하지 못하게 되면 정책당국자는 지출조정정책만을 가지고는 대내균형과 대외균형을 한꺼번에 달성할 수 없기 때문에 딜레마에 빠지게 된다. 따라서 E/W의 변화 여부는 매우 중요한 의미를 지닌다.

명목임금 혹은 비교역재가격이 신축적일 때에는 굳이 환율을 변동시키지 않아도 된다. [그림 4-7] (a)를 통해 볼 때 경제가 II선의 위쪽에 위치하면 비교역재 시장의 초과수요, 즉 경기과열로 인하여 P_N 및 W가 상승함으로써 아래쪽으로 이동하여 II선에 이르게 된다. 마찬가지로 II선의 아래쪽에서는 위로 이동하여 II선에 이르게 된다. 이러한 경제는 항상 II선에 위치하게 되므로 정책당국자는 지출조정정책으로 경제를 적절히 좌우로 이동시킴으로써 쉽게 대내균형과 대외균형 모두를 달성할 수 있다. 다시 말해서, 신축적인 물가와 임금은 지출전환정책을 대신하는 자동조절역할을 담당하게 된다. 이러한 점은 [그림 4-5] (b)에서도 마찬가지이다. 국내물가 P가 국내경기의 과열 혹은 침체에 신축적으로 반응한다면 정책당국자는 별도로 지출전환정책을 사용하지 않아도 된다.

명목임금 혹은 비교역재가격이 경직적일 때에는 사정이 다르다. 경제의

자세한 설명은 [부록3]을 참조하기 바란다.

자동조절장치가 원활히 작동하지 않으므로 정책당국자는 환율정책 등을 통해 적극적으로 지출전환정책을 시행할 필요가 있다. 이러한 경우에 환율이 제때 변화하지 않으면 정책의 딜레마에 쉽게 빠지고 만다. 브레튼우즈체제하의 고정환율제 시절에 이러한 정책의 딜레마는 때로는 매우 심각하였으며, 결국에는 고정환율제의 붕괴를 초래하게 되었다.

그러나 때로는 명목임금이 잘못된 방향으로 신축적이어서 문제를 일으키기도 한다. 예컨대, 인플레이션이 극도로 진행된 상태인 초인플레이션의 경우 명목임금을 비롯한 모든 국내물가가 시시각각으로 변화하는데, 이때 임금과 물가의 산정에 결정적으로 영향을 미치는 것은 시시각각으로 변화하는 환율이다. 이러한 경우에 환율의 변화는 곧바로 임금과 국내물가의 비례적인 변화로 이어져 결국 실질환율이 변화하지 못하고 정책의 딜레마에 빠지게 된다. 비슷한 맥락에서 IMF는 경상수지 적자가 심각한 나라에 자국통화의 가치절하를 권고할 때 임금의 물가연동제가 널리 채택되고 있는 경우에 임금의 억제를 같이 권고하는 경우가 많다.

임금이 억제되고 환율이 오른다는 것은 사실상 실질임금의 하락을 의미하는 것이다. 이러한 이유로 IMF는 제3세계 노동자계층을 착취하는 기관으로 오해되기도 한다. 그러나 실질임금의 하락을 거부한다고 해서 노동자계층의 고통이 줄어드는 것은 아니다. [그림 4-7] (a)의 H점과 같은 곳에서 실질임금이 변화되지 못한 채 경상수지 위기를 극복하려면 긴축정책을 통해 왼쪽으로 수평이동하여 XX선 쪽으로 갈 수밖에 없는데, 이는 불황의 심화를 초래하게 된다. 위기상황에서 고통은 어떤 형태로든 오게 마련인 것이다.

미국의 환율보고서와 환율조작국 지정

미국이 중국을 환율조작국으로 지정했다든지, 또는 한국이 관찰대상국에 포함되었다는 등의 기사가 언론에 자주 등장한다. 세계 거의 모든 나라가 환율 및 거시경제 안정을 위해 어느 정도는 외환시장에 개입하고 있는 현실에서 미국은 무슨 근거로, 어떤 기준을 가지고 주요 교역상대국들을 환율조작국이나 관찰대상국으로 지정하며 그 영향은 무엇일까?

미국 재무부는 1988년 제정된 「종합무역법(Omnibus Trade and Competitiveness Act)」과 2015년 제정된 「교역촉진법(Trade Facilitation and Trade Enforcement Act)」에 근거하여 교역상대국의 환율정책을 감시하고, 그 결과를 환율보고서*를 통해 연 2회 의회에 보고한다.

슈퍼 301조로 잘 알려진 「종합무역법」은 교역상대국이 효과적인 국제수지 조정을 방해하거나 국제무역에서 불공정한 경쟁우위를 획득할 목적으로 환율을 조작하여 ① 상당한(material) 경상수지 흑자 및 ② 막대한(significant) 대미 무역수지 흑자를 기록하고 있다면 해당국을 환율조작국(currency manipulator)으로 지정하고, 신속하게 IMF를 통하거나 양자간 협상을 통해 불균형을 시정하도록 규정하고 있다. 하지만 이 법은 환율조작국의 지정 기준이 모호하고, 협상을 통한 압박 이외에 구체적인 제재 방법이 없다는 한계를 가지고 있다.

이런 문제점을 개선하기 위해 「교역촉진법」에서는 환율조작국에 해당하는 심층분석(enhanced analysis) 대상국의 지정요건을 보다 객관화하고 제재 내용도 구체화하였다. 이 법에 따라 미 재무부가 정량화한 세 가지 지정 요건**은 미국과의 무역 규모 상위 20개국 가운데 지난 12개월 중*** ① 대미 (상품+서비스) 수지 흑자 150억 달러 이상 ② 경상수지 흑자 GDP 대비 3% 초과, 또는 경상수지 갭(실제치와 미국 추정치와의 차이) GDP 대비 1% 초과 ③ 8개월 이상 지속적인 달러 순매입 외환시장 개입 규모 GDP 2% 이상이다.

이 세 가지 요건을 모두 충족한 국가는 심층분석 대상이 되며, 1년간 심층협의를 통해서도 해당국이 환율 및 흑자 문제를 개선할 적절한 대책을 제시하지 못하면 미국 정부는 ① 해당국 내 사업에 대한 미국 국제개발금융공사(DFC)의 신규 금융지원 금지 ② 해당국의 미 연방정부 조달시장 참여 금지 ③ IMF를 통한 환율정책 감시 강화 및 압박 ④ 양자간 또는 지역적 무역협정 체결 시 연계 압박 등의 제재를 가할 수 있다. 한편 심층분석 대상 요건 중 2개만 충족한 나라는 관찰대상국(monitoring list)으로 지정되고, 일단 지정되면 환율보고서에서 2회 연속 1개 이하의 요건에 해당하여야만 해제될 수 있다.

미국은 「종합무역법」에 근거하여 1988년 10월 한국과 대만을 시작으로 1994년 7월 중국을 환율조작국으로 지정한 이후 무려 25년 만인 2019년 8월 트럼프 행정부에서 중국을 다시 환율조작국으로 지정하였고 이어 2020년 12월에는 베트남과 스위스를 환율조작국으로 지정하였다. 이와는 별개로 「교역촉진법」에 근거하여 처음으로 2020년 12월 베트남과 스위스를, 그리고 2021년 12월에는 베트남과 대만을 심층분석 대상국으로 지정하였다. 또한 2021년 12월 환율보고서는 한국, 중국, 일본, 독일 등 2개의 요건을 충족한 11개국과 1개 요건에만 해당하지만, 아직 해제요건을 충족하지 못한 아일랜드 등 총 12개국을 관찰대상국에 포함하였다.

본문에서 설명하고 있듯이 미국은 1985년 플라자 협정(Plaza Agreement)을 통한 달러화의 가치하락에도 불구하고 막대한 경상수지 적자가 줄어들지 않자 결국 1988년 「종합무역법」 제정 등과 같이 보복 위협하에 교역상대국의 불공정한 무역관행(unfair trading practices)을 시정하고 시장개방을 압박하는 소위 공격적인 일방주의(aggressive unilateralism)를 채택하게 되는데, 이런 배경에서 주요 교역상대국들에 대한 환율 감시와 압박도 시작되었다고 볼 수 있다.

하지만 지출감소정책 없이 환율조정에 의존한 지출전환정책만으로 미국의 경상수지 적자 문제를 해결할 수 없다는 것은 명약관화하다. 인위적인 환율조작은 당연히 시정되어야 하겠지만 미국의 고질적인 경상수지 적자 문제 해결을 위해서는 미국 정부와 민간의 허리띠를 졸라매는(belt-tightening) 노력이 반드시 필요해 보인다.

* 정식 명칭은 「주요 교역상대국의 거시경제 · 환율정책 보고서(Macroeconomic and Foreign Exchange Policies of Major Trading Partners of the United States)」이다.

** 평가대상국 및 지정요건은 2021년 12월 보고서 기준이며, 그동안 정책 기조에 따라 약간씩 변화해 왔다.

*** 환율보고서 발간 시점의 전전분기말까지 1년간이 분석대상 기간이다.

부록1 마셜-러너 조건

실질환율을 q로 정의하면 경상수지는 다음과 같이 표시될 수 있다($q=EP^*/P$).

$$CA(q,\ Y,\ Y^*) = X(q,\ Y^*) - q \cdot X^*(q,\ Y)$$

이를 q에 대해 미분한 후 탄력성 형태로 정리하면 다음과 같다.

$$\frac{\partial CA}{\partial q} = \frac{dX}{dq} - q \cdot \frac{\partial X^*}{\partial q} - X^*$$

$$\frac{\partial CA}{\partial q} \cdot \frac{q}{X} = \frac{dX}{dq} \cdot \frac{q}{X} - \frac{qX^*}{X} \cdot \frac{\partial X^*}{\partial q} \cdot \frac{q}{X^*} - \frac{qX^*}{X}$$

$$= \eta + \theta(\eta^* - 1)$$

단, $\eta \equiv \frac{dX}{dq} \cdot \frac{q}{X}$, $\eta^* \equiv -\frac{\partial X^*}{\partial q} \cdot \frac{q}{X^*}$, $\theta \equiv \frac{qX^*}{X}$

η와 η^*는 실질환율 변화에 대한 각각 수출수요와 수입수요의 탄력성이다. 경상수지가 균형($X=qX^*$)인 상태에서 q가 변화하는 것이라고 가정하면, $\theta=1$이 된다. 따라서 q의 상승이 CA를 호전시킬 조건, 즉 $\partial CA/\partial q > 0$일 조건은

$$\eta + \eta^* > 1$$

이다. 이와 같은 마셜-러너 조건은 두 가지 측면에서 확장될 수 있다.

첫째, 경상수지가 적자 혹은 흑자인 상태에서 시작할 경우: 위 식을 이용하면 θ를 포함한 마셜-러너 조건을 도출할 수 있다.

둘째, 수출수요와 수입수요의 탄력성뿐 아니라 수출공급과 수입공급의 탄력성까지를 고려한 경우: 이는 비커다이크-로빈슨-메츨러 조건(Bickerdike-Robinson-Metzler condition)이라 하는 것인데, 이 책에서는 생략하기로 한다.

참고로 마셜-러너 조건은 수출공급과 수입공급에 제한이 없다는 가정하에 도출된 것이다.

부록2

하버거-로슨-메츨러 효과

소비함수 및 저축함수를 설정함에 있어서 본문에서는 이제까지 소비와 국민소득을 모두 국내재화로 측정하여 사용하였으며, 이에 따라 환율의 변동 등을 통한 교역조건(EP^*/P)의 변화는 소비에 아무런 영향을 미치지 않는 것으로 취급되었다. 그러나 자국재와 외국재 두 가지 재화가 소비된다는 점을 감안한다면 이는 엄밀히 말해 올바른 방법이라 볼 수 없다. 예컨대, 평가절하 등을 통해 수출재가격이 하락하고 수입재가격이 상승함으로써 교역조건이 악화되게 되면, 자국재와 외국재를 모두 포함하는 소비바구니(consumption basket)에 대한 실질구매력은 하락하게 되며, 이는 실질소비에 영향을 미친다.

이때 소비바구니로 측정한 실질소비는 감소하지만, 실질소득에 대한 실질소비의 탄력성이 1보다 작다는 점을 고려하면, 국내재화로 측정한 실질소비는 오히려 증가하게 됨을 알 수 있다. 이와 같이 교역조건의 악화가 국내재화로 측정한 실질소비를 증가시키는 효과를 하버거－로슨－메츨러 효과라 한다. 그 내용을 간단한 수식을 통해 살펴보면 다음과 같다.[23)]

자국재와 외국재가 지출에서 차지하는 비중을 각각 θ 및 $1-\theta$라 하면 소비바구니에 대한 소비자물가지수는 $Q \equiv P^{\theta}(EP^*)^{1-\theta}$로 표시될 것이며, 소비바구니로 측정한 실질소득(Z) 및 실질소비(B)는 다음과 같이 나타낼 수 있다.

$$Z \equiv \frac{PY}{Q}, \qquad B \equiv \frac{PC}{Q}$$

진정한 소비함수는 $C=C(Y)$가 아니라 $B=B(Z)$일 것이며, 이를 이용하면 C와 Y의 관계는

23) 이하의 수식을 통한 설명은 Dornbusch(1980) 4장 부록의 설명을 따른 것이다. 하버거-로슨-메츨러 효과에 관한 원전은 Laursen and Metzler(1950), Harberger(1950) 등이다.

$$C = \frac{Q}{P}B(\frac{P}{Q}Y) = q^{1-\theta}B(q^{-(1-\theta)}Y) = C(q, Y)$$

로 표현될 것이다. 교역조건($q \equiv EP^*/P$)이 C에 미치는 영향은 위의 식을 편미분하여 알아볼 수 있다. $C = q^{1-\theta}B(Z)$, $Z = q^{-(1-\theta)}Y$이므로

$$\frac{\partial C}{\partial q} = (1-\theta)q^{-\theta}B + q^{1-\theta}\frac{dB}{dZ}\cdot\frac{dZ}{dq}$$

$$\frac{dZ}{dq} = -(1-\theta)q^{-(1-\theta)-1}Y = -(1-\theta)q^{-(1-\theta)-1}C\cdot\frac{Z}{B}$$

이를 정리하면,

$$\frac{\partial C}{\partial q}\Big/\frac{C}{q} = (1-\theta)(1-\varepsilon) > 0$$

$$\text{단, } \varepsilon \equiv \frac{dB}{dZ}\Big/\frac{B}{Z} < 1$$

이다. 케인지언 소비함수의 일반적인 성질, 즉 한계소비성향(dB/dZ)이 1보다 작고 $Z=0$일 때 B가 0보다 크다는 것을 가정하면 B의 Z에 대한 탄력성 ε이 1보다 작게 되며, 이에 따라 q의 증가는 C의 증가를 초래하게 된다.

ε이 1보다 작다는 것은 소비자가 소득의 변화에 비해 소비의 변화를 가급적 줄이고 비교적 안정된 소비수준을 추구한다는, 소위 소비안정화 효과(consumption smoothing effect)를 의미하는 것으로서, 이 과정에서 저축은 소득이 소비에 미치는 효과를 완화시키는 완충역할을 한다(저축의 실질소득에 대한 탄력성이 1보다 큼을 확인해 보라). 소득, 소비 및 저축을 모두 소비바구니로 측정한 상황에서, 평가절하 등에 따른 실질구매력의 감소는 실질소비와 실질저축을 모두 감소시키되, 실질소비는 비례 이하로, 실질저축은 비례 이상으로 감소시키게 된다. 따라서 소득, 소비 및 저축을 모두 같은 비율(Q/P)로 환산하여 국내재 단위로 표현한다면, 주어진 소득에 대해 실질소비는 증가하고 실질저축은 감소하는 것으로 나타나게 되는 것이다.

하버거-로슨-메츨러 효과의 존재는 대략 두 가지 중요한 의미를 내포하고 있다.[24)]

첫째, 환율절하 등에 의한 교역조건의 악화는 한편으로는 마셜-러너 조

건이 충족된다는 가정하에 [그림 4-2]의 *CA*곡선을 상향이동시켜 경상수지를 호전시키는 효과를 갖지만, 다른 한편으로는 소비의 증가 및 저축의 감소를 통해 *NS*곡선이 하향이동하므로 경상수지를 악화시키는 효과도 갖게 된다. 이는 마셜-러너 조건이 충족된다고 해도 평가절하가 과연 경상수지를 개선시킬 것인지 확신하기 어렵게 된다는 것을 뜻한다.

둘째, 변동환율제는 해외경기의 변화가 국내경기에 파급되는 효과를 차단(insulation)하는 효과를 갖는다는 주장에 대해 의문을 제기하며, 나아가 해외경기의 변화가 국내경기에 반대방향의 충격을 줄 수도 있다는 가능성을 제시한다.

기존의 주장에 따르면 고정환율제하에서는, 예컨대 해외경기가 침체할 때 경상수지가 악화되고 이에 따라 국내경기가 침체하는 효과가 나타나지만, 변동환율제하에서는 이 경우 경상수지의 균형이 유지되도록 환율이 변화, 즉 자국통화가치가 하락함으로써 국내경기에 파급되는 효과가 없다는 것이다. 그러나 하버거-로슨-메츨러 효과가 존재하는 경우, 환율의 상승은 *NS*곡선을 동시에 상승시켜 경상수지 호전효과를 감쇄하기 때문에, 경상수지의 균형을 유지하기 위해서는 환율이 더 올라가고 *CA*곡선이 더 증가하여야 한다. 이는 해외경기의 침체가 오히려 국내에 경기부양효과를 초래한다는 것을 의미한다.

국제적 경기파급효과가 역으로 나타난다는 주장은 쉽게 받아들여지지 않는 주장이기는 하지만, 일부 학자들은 1977~78년의 경우를 그 예로 들기도 한다.[25] 당시 미국은 1975년 이후 경기가 상승하였고 그 결과 무역수지가 큰 폭의 적자를 기록하면서 달러화의 가치가 크게 하락하였다. 이에 따라 유럽 여러 나라에서는 통화가치가 상승하였고 이는 유럽의 소비를 위축시켜 경기침체를 초래하게 되었다.

하버거-로슨-메츨러 효과의 존재는 소득에 대한 소비의 탄력성이 1보다 작다는 케인지언 가정에 기초하고 있다. 그러나 이러한 가정은 장기적인 관점에서는 타당성이 의문시된다. 잘 알려진 바와 같이 쿠즈네츠는 1946년에 이미 장기적으로 소비와 소득이 거의 비례관계에 있음을 계량적으로 보였고, 이후

24) 이하에서 첫째 함의는 하버거, 둘째 함의는 로슨 및 메츨러가 각각 주장한 내용의 핵심이다.

25) Caves et al.(1993) 참조.

프리드먼(M. Friedman)의 항상소득가설과 모딜리아니(F. Modigliani) 등의 평생소득가설 등에서 단기소비함수와 장기소비함수의 기울기의 차이가 이론적으로 설명되었다. 소비가 소득에 비례하게 되면 소득에 대한 소비의 탄력성은 1이 되며, 이 경우에는 하버거-로슨-메츨러 효과가 나타나지 않을 수 있다.

이러한 문제를 본격적으로 다루기 위해 옵스펠트(M. Obstfeld)와 스벤슨(L. Svensson) 및 라진(A. Razin)은 기간간 최적화(intertemporal optimization) 모형을 이용하였으며,[26] 항상소득에 미미한 효과를 미치는 일시적 교역조건변화의 경우와 항상소득에 큰 효과를 미치는 영구적 교역조건변화의 경우를 구분하였다. 이들의 결론은 짐작할 수 있는 바와 같이 하버거-로슨-메츨러 효과가 일시적인 교역조건의 변화에 대해서는 뚜렷이 나타날 수 있지만 영구적인 교역조건의 변화에 대해서는 불분명하게 때로는 반대방향으로도 나타날 수 있다는 것이었다.

---

26) 시간적 최적화 모형의 특성상, 영구적 교역조건의 변화에 따른 효과는 모형 내의 사소한 가정의 변화에도 민감하게 반응하여 상반된 결과를 초래하기도 하는 등 불안정한 모습을 보이고 있다. 이에 대한 자세한 내용은 Obstfeld(1982), Svensson and Razin(1983) 등을 참조.

부록3

평가절하는 확장적 정책인가?

전통적으로 평가절하는 마셜-러너 조건이 충족된다면 경상수지를 개선하고 총수요를 확대함으로써 총생산을 증가시키는 확장정책으로 간주된다. 이는 6장에서 다루게 되는 먼델-플레밍 모형에서도 마찬가지이다. 하지만 평가절하가 경상수지를 개선한다고 할지라도, 개발도상국의 경우 실물경제를 위축시킬 가능성이 크기 때문에 신중하게 사용되어야 한다는 우려가 일부 경제학자들 사이에서 계속 제기되어 왔다. 지금까지 이러한 경기위축적 평가절하(contractionary devaluation)에 대한 연구는 소득재분배 경로, 수입 중간재 및 생산요소 경로, 투자지출 경로, 그리고 대차대조표 경로 등 네 가지 경로에 초점을 맞추어 왔다.[27]

먼저, 소득재분배 경로는 평가절하에 의해 교역재를 생산하는 자본가의 이윤은 증가하는 반면 물가상승으로 인해 노동자의 실질소득은 감소하는데, 노동자의 한계소비성향이 자본가의 한계소비성향에 비해 높기 때문에 전체적으로 총소비 및 총수요가 위축되어 총생산이 감소한다는 것이다.[28]

반면, 수입 중간재 및 생산요소 경로는 공급측면에 초점을 맞추고 있는데 평가절하로 인한 수입 중간재나 투입요소의 가격상승을 통해 총공급곡선이 좌측으로 이동하는 효과가 평가절하에 따른 경상수지 개선으로 인한 총수요 확대효과를 능가함으로써 총생산이 위축될 수 있다고 주장한다.[29]

한편, 투자지출 경로는 평가절하로 인한 수입 자본재의 가격 상승에 의한 투자지출 감소 효과가 이윤증가에 의한 투자지출 증가 효과를 일반적으로 능가하기 때문에 평가절하는 투자지출을 감소시키고 총수요 및 총생산을 위

27) 경기위축적 평가절하에 대한 종합적인 논의는 Agénor and Montiel(2008)을 참조.

28) Krugman and Taylor(1978)를 참조.

29) van Wijnbergen(1986)을 참조.

축시킬 가능성이 크다는 것이다. 교역재 및 비교역재를 포함하는 보다 현실적인 모형에서는 평가절하로 인해 교역재 부문의 투자는 증가하는 반면 비교역재 부문의 투자는 감소하는데, 물가상승으로 인한 실질잔고(real balance) 감소 효과가 양 부문 모두 투자지출의 감소를 초래하므로 일반적으로 총투자지출은 위축되고, 이는 총수요 및 총생산 위축으로 이어질 가능성이 크다는 연구 결과도 있다.[30)]

마지막으로, 남미와 동아시아 외환·금융위기를 경험한 후 대차대조표 경로가 큰 주목을 받고 있다. 대차대조표 경로에 의하면 외화표시 부채를 많이 가지고 있는 개발도상국의 경우 통화가치의 급격한 하락은 정부나 기업의 순가치(net worth) 감소와 이에 따른 위험프리미엄 및 실질이자율의 상승으로 인해 투자지출 및 생산의 위축이 불가피하다고 본다.[31)]

이런 모든 이론적 가능성을 고려할 때 평가절하가 과연 확장적 정책인지 아닌지 여부는 결국 실증분석 결과에 달려 있다고 볼 수 있다. 거의 30년에 걸친 91개국의 평가절하 에피소드를 실증분석한 굽타 외(Gupta et al., 2007)의 연구에 의하면 평가절하로 총생산이 감소한 경우가 57%인 반면 증가한 경우는 43%로 나타났다. 그러나 이들의 연구대상이 외환위기를 겪었던 국가들이라는 점을 감안하면 평가절하가 실물경제에 미치는 효과는 단정적으로 얘기하기 어렵다. 결론적으로 평가절하는 경제여건에 따라 다른 결과를 가져올 수 있으므로, 특히 개발도상국 환경에서는 매우 조심스럽게 사용해야 하는 정책 수단이라고 하겠다.

30) Buffie and Won(2001) 참조.

31) Céspedes et al.(2004) 참조.

요약

01. 경상수지는 전통적으로 수출과 수입의 차, 또는 국민소득과 국내총지출의 차와 같다고 파악하였다. 탄력성 접근은 경상수지 결정에 있어서 환율의 역할을 중시한 반면, 국내총지출 접근은 국민소득과 국내총지출의 역할을 강조한다.

02. 외국재화와 국내재화의 상대적인 가격비율로 정의한 실질환율의 상승은 수출물량을 증가시키고 수입물량을 감소시키는 동시에 수출재의 가격을 수입재에 비해 낮게 하기 때문에, 전자의 물량효과가 후자의 가격효과를 초과할 때에 비로소 경상수지가 호전될 수 있다. 이 조건은 실질환율에 대한 수출수요탄력성과 수입수요탄력성의 합이 1보다 커야 한다는 마셜-러너 조건으로 표현된다.

03. 단기적으로는 수출수요와 수입수요의 탄력성이 작기 때문에, 실질환율의 상승은 장기적으로 경상수지를 호전시키기에 앞서 단기적으로 경상수지를 오히려 악화시키는 J곡선 효과를 나타낸다.

04. 환율의 변화가 상당기간에 걸쳐 큰 폭으로 일어나는 경우에는 환율이 원래의 수준으로 복귀하더라도 수출입은 원래의 수준으로 복귀하지 못하는 경향이 있다. 이는 큰 폭의 환율변화를 기회로 하여 기업들이 상당한 함몰비용을 지불하면서 새로운 시장에 교두보를 일단 마련한 후에는 쉽게 후퇴하지 않기 때문이다.

05. 환율의 변화가 수입재의 국내가격에 완전히 전가되는 것은 아니다. 불완전경쟁시장에서 기업들은 소비자 가격을 비교적 안정적으로 유지하고자 하는 경향이 있기 때문이다.

06. 국내총지출의 증가에 따른 내수주도형 경기상승에서는 경상수지가 악화되며, 순수출의 증가에 따른 수출주도형 경기상승에서는 경상수지가 호전된다.

07. 대내균형과 대외균형을 동시에 달성하기 위해서는 국내총지출을 변화시키는 지출조정정책과 순수출을 변화시키는 지출전환정책이 동시에 적절하게 사용되어야 한다.

08. 지출조정정책과 지출전환정책 중 어느 한 가지를 사용할 수 없는 상황에서는 정책의 딜레마에 직면하게 된다.

09. 교역조건이 불변인 경우라도 환율의 상승은 국내에서 생산을 비교역재부문에서 교역재부문으로, 소비를 교역재부문에서 비교역재부문으로 전환시킴으로써 경상수지를 개선시킬 수 있다.

주요 용어

교두보 효과	국내총지출 접근법	대내균형
대외균형	마셜-러너 조건	비교역재
의존경제	정책의 딜레마	지출전환정책
지출조정정책	탄력성 접근법	하버거-로슨-메츨러 효과
환율의 전가	히스테리시스(hysteresis)	J곡선 효과

연습문제

01. 다음 주장의 옳고 그름을 가리고 그 이유를 설명하시오.
"마셜-러너 조건이 충족되면 자국통화 평가절하는 국민저축을 증가시킨다."

02. 같은 규모의 설비투자를 외국에서 수입하여 조달한 경우와 자국제품으로 자체 조달한 경우에 각각 국민소득과 경상수지에 미치는 영향을 비교하여 설명하시오. (힌트 : 그래프를 이용할 것)

03. S전자가 해외법인을 설립하고 비메모리 반도체 설비투자를 전량 국내에서 조달하였을 때 국민소득과 경상수지에 미치는 영향을 설명하시오.

04. 마셜-러너 조건이 충족되는 상황이라 하자. 대외균형만을 고려한다면 무역수지 적자문제를 해결하기 위해 당연히 평가절하가 필요할 것이다. 그러나 대내균형을 동시에 고려할 때에는 무역수지가 적자인 상황이라도 오히려 평가절상하는 것이 대외균형의 달성에도 도움을 주는 경우가 있다. 이는 대내균형문제가 어떠한 상황에 있을 때이며, 환율의 변경 이외에 또 어떠한 정책을 시행한다고 전제하는 것인가? 평가절상이 대외균형 달성에 도움을 주는 이유를 직관적으로 설명하시오.

05. 국내총지출 접근에서 환율변화가 경상수지에 어떠한 경로를 통하여 영향을 미치는지 설명하시오.

06. 국내경기불황과 경상수지 흑자를 경험하고 있는 상황에 가장 절실한 정책처방은 무엇인지 설명하시오.

07. 비교역재가 존재할 때 국내총지출의 증가가 교역재 시장과 비교역재 시장에 어떠한 영향을 미치는지 설명하시오.

참고문헌

강삼모 · 왕윤종, “동아시아 주요국의 환율전가에 관한 분석”, 『정책연구』 02-09, 대외경제정책연구원, 2002.

Agénor, P. and P. Montiel, *Development Macroeconomics*, 3rd ed., Princeton University Press, 2008.

Artus, J. R. and M. Knight, “Issues in the Assessment of the Exchange Rates of Industrial Countries,” *Occasional Paper* 29, IMF, July 1984.

Baldwin, R. E., “Hysteresis in Import Prices : The Beachhead Effect,” *American Economic Review* 78(4), 1988, pp. 773-785.

Baldwin, R. E. and P. Krugman, “Persistent Trade Effects of Large Exchange Rate Shocks,” *Quarterly Journal of Economics* 104(4), 1989, pp. 635-654.

Buffie, E. F. and Y. Won, “Devaluation and Investment in an Optimizing Model of the Small Open Economy,” *European Economic Review* 45(8), 2001, pp. 1461-1499.

Caves, R. E., J. A. Frankel, and R. W. Jones, *World Trade and Payments : An Introduction*, 6th ed., 1993.

Céspedes, L. F., R. Chang and A. Velasco, “Balance Sheets and Exchange Rate Policy,” *American Economic Review* 94(4), 2004, pp. 1183-1193.

Dornbusch, R., “Exchange Rates and Fiscal Policy in a Popular Model of International Trade,” *American Economic Review* 65(5), 1975, pp. 859-871.

________, *Open Economy Macroeconomics*, Basic Books, 1980.

Feldstein, M., “The Dollar and the Trade Deficit in the 1980s : A Personal View,” *NBER Working Paper* 4325, 1993.

Goldstein, M. and M. Kahn, “Income and Price Effects in Foreign Trade,” in R. Jones and P. Kenen, *Handbook of International Economics*, Vol. II, 1985, Ch. 20, pp. 1041-1105.

Gupta, P., M. Deepak and S. Ratna, “Behavior of Output during Currency Crises,” *Journal of International Economics* 72(2), 2007, pp. 428-450.

Harberger, A., “Currency Depreciation, Income and the Balance of Trade,” *Journal of Political Economy* 2, 1950, pp. 1147-1160.

Hooper, P. and C. Mann, “The Emergence and Persistence of the U.S. External Imbalance : 1980~87,” *Princeton Studies in International Finance Section*, Department of Economics, Princeton University, 1989.

Hooper, P. and M. L. Mann, “Exchange Rate Pass-through in the 1980s : The Case of U.S. Imports of Manufactures,” *Brookings Papers on Economic Activity* 1 : 1989, pp. 297-337.

Junz, H. and R. Rhomberg, "Price Competitiveness in Export Trade Among Industrial Countries," *American Economic Review* 63(2), 1973, pp. 412-419.

Krugman, P., *The Age of Diminished Expectations*, MIT, 1994.

_______, "International Aspects of Financial Crises," M. Feldstein ed., *The Risk of Economic Crisis*, Univ. of Chicago, 1991, pp. 85-108.

Krugman, P. and L. Taylor, "Contractionary Effects of Devaluation," *Journal of International Economics* 8(3) 1978, pp. 445-456.

Laursen, S. and M. Lloyd, "Flexible Exchange Rates and the Theory of Employment," *Review of Economics and Statistics 32*, 1950, pp. 281-299.

Mann, C. L., "Prices, Profit Margins and Exchange Rate," Federal Reserve Bulletin, June 1986, pp. 366-379.

Marquez, J., "Bilateral Trade Elasticities," *Review of Economics and Statistics* 72(1), 1990, pp. 70-77.

Mckinnon, R. I., "The Exchange Rate and Macroeconomic Policy : Changing Postwar Perceptions," *Journal of Economic Literature* 19, 1981, pp. 531-557.

_______, *Money in International Exchange* : *The Convertible Currency System*, New York : Oxford University Press, 1979.

Mussa, M., "Nominal Exchange Rate Regimes and the Behavior of Real Exchange Rates : Evidence and Implications," *Carnegie-Rochester Conference Series on Public Policy* 25, 1986, pp. 117-214.

Obstfeld, M., "Aggregate Spending and the Terms of Trade : Is There a Laursen-Metzler Effect?," *Quarterly Journal of Economics* 97(2), 1982, pp. 251-270.

Park, W. A., "Korea's Exchange Rate Policy : Determinants of the Won/Dollar Exchange Rate," Korea Development Institute, *Working Paper* 8914, 1989.

Rose, Andrew K. and Janet L. Yellen, "Is there A J-Curve?," *Journal of Monetary Economics* 24, 1989, pp. 53-68.

Svensson, L. E. O. and A. Razin, "The Terms of Trade and the Current Account : The Harberger-Laursen-Metzler Effect," *Journal of Political Economy* 91(1), 1983, pp. 97-125.

U.S. Department of the Treasury, *Macroeconomic and Foreign Exchange Policies of Major Trading Partners of the United States*, 각호. (https://home.treasury.gov/policy-issues/international/macroeconomic-and-foreign-exchange-policies-of-major-trading-partners-of-the-united-states 확인)

van Wijnbergen, S., "Exchange Rate Management and Stabilization Policies in Developing Countries," *Journal of Development Economics* 23(2), 1986, pp. 227-247.

Whitman, M., "Global Monetarism and The Monetary Approach to the Balance of Payments," *Brookings Papers on Economic Activity* 3: 1975, pp. 491-536.

CHAPTER 05

국제자본이동

1. 국제자본이동
2. 자본의 국제이동성
3. 국제자본이동성 증가의 이득과 손실

05 | 국제자본이동

제4장에서는 국가 간에 자본의 이동이 발생하지 않는다는 가정하에서 국민소득과 국제수지의 결정이 어떻게 이루어지는지를 보았다. 그러나 실제로는 각국의 금융시장은 범세계적인 자본시장과 연계되어 있으며, 국가 간에도 금융자산 거래가 활발하게 이루어지고 있다. 예를 들어, 미국인이 한국 증권시장에서 주식을 사고팔기도 하고, 한국 기업이 유럽에서 채권을 발행하여 투자재원을 조달하기도 한다. 국가 간 자본이동이 가능해지면 기업들은 보다 저렴한 비용으로 자본을 조달할 수 있게 되며, 투자가들은 보다 높은 수익률을 얻거나 위험을 분산시킬 수 있는 투자기회를 갖게 된다.

국가 간의 자본이동은 1970년대 초에 국제통화질서가 변동환율제도로 이행하면서 전 세계적으로 금융자유화와 금융개방이 진전되고, 전산 및 통신수단의 발달로 정보의 수집이나 거래의 체결이 용이해짐에 따라 급속한 신장을 거듭하였다.

자본의 국제이동이 자유로운 경제는 그렇지 않은 경제와 여러 가지 면에서 차이가 있다. 자본의 유출입이 가능하다면, 국제수지가 균형을 이루기 위해 경상수지가 반드시 균형을 이룰 필요가 없다. 경상수지가 적자라도 민간부문의 자본 순유입이 발생하면 국제수지는 균형을 이룰 수 있다. 국가 간 자본이동은 재정정책과 통화정책을 포함한 정부의 제반 경제정책의 효과에도 영향을 준다. 자본이동은 중앙은행의 통화관리를 어렵게 만들며, 1992년의 유럽통화위기에서 경험했듯이 투기성 단기자본의 대량이동은 중앙은행의 환율관리를 어렵게 만들기도 한다.

오늘날 자본거래의 규모가 경상거래의 규모에 비해 월등하게 커짐에 따라, 자본이동은 경제에 매우 중대한 영향을 미치고 있다. 따라서 국제수지나 환율결정에 대한 모형을 세우거나, 경제정책의 효과를 분석함에 있어서 현실적으로 자본의 국제이동성을 반영하는 것이 중요하다.

본장에서는 자본의 이자율평가와 저축-투자의 상관관계 등 자본의 국제이동성을 측정하기 위한 여러 가지 척도를 소개하고, 자본의 국제이동성이 불완전할 수 있는 이유를 분석하며, 나아가 자본의 국제이동성 증가가 가져올 수 있는 혜택과 비용에 대해서 설명한다.

1. 국제자본이동

1.1 국제자본이동의 형태

국제자본이동이란 국가 간의 자본이동을 의미한다. 국제자본이동은 매우 다양한 형태로 발생한다. 외국인이 우리나라 기업의 주식이나 부동산을 취득하는 경우, 국내기업이 공장 신축에 필요한 자금을 조달하기 위해 스위스에서 달러화표시 채권을 발행하는 경우, 한국 정부가 부족한 외환보유액을 확충하기 위해 IMF로부터 차관을 도입하는 경우, 국내 수입업자가 수입대금의 결제를 위해 외국 수출업자의 거래은행으로부터 무역금융을 얻는 경우, 외국 은행이 국내은행에 빌려준 돈을 회수하는 경우, 국내 거주자가 런던에 소재한 은행에 예금을 하는 경우에 있어서 모두 국제자본이동이 발생한다.

국제수지표상의 금융계정은 자본이동의 형태를 크게 직접투자, 증권투자, 파생금융상품, 기타투자의 네 가지로 분류한다. 직접투자(direct investment)란 다국적기업과 같이 주로 직접 경영을 할 목적으로 해외기업의 지분을 취득하거나 새로운 기업을 설립하는 것을 의미한다. 반면에 증권투자(portfolio investment)란 단지 자산보유 수단의 하나로서 해외 금융자산을 취득하거나 자금을 조달하는 것을 의미하는데, 주식, 채권, 상업어음, 양도성정기예금 등의 해외 금융자산을 취득하거나 이를 발행하여 해외로부터 자금을 조달하는 것이 포함된다. 파생금융상품(financial derivatives)이란 그 가치가 통화, 채권, 주식 등과 같은 기초금융자산(underlying asset)의 가치변동에 의해 결정되는 금융상품을 말한다. 기타투자(other investment)는 통화당국인 중앙은행, 일반

그림 5-1 한국의 대외자본거래 순유입 추이 (단위: 십억 달러)

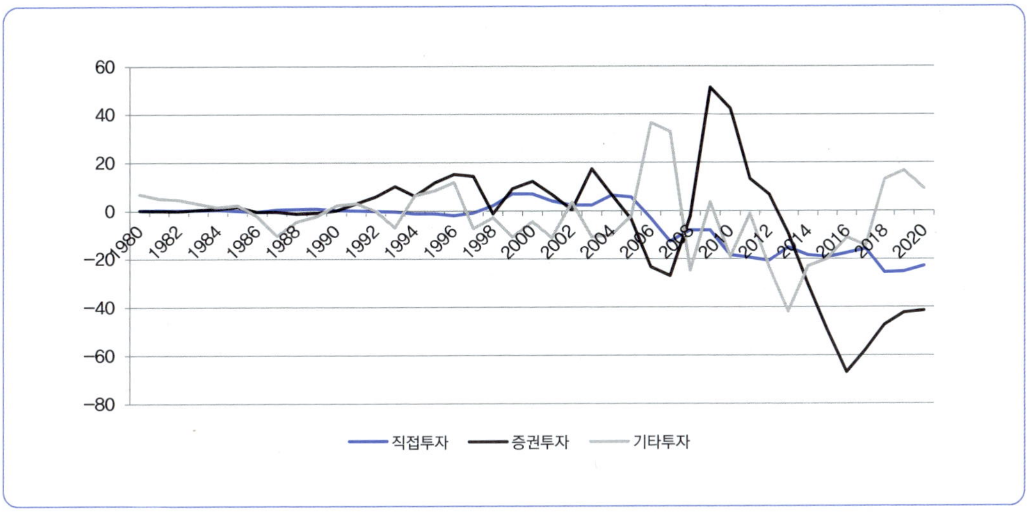

정부, 그리고 예금은행의 장단기 차입과 무역 관련 신용을 포함한다.

일반적으로는 장부외 거래인 파생금융상품을 제외한 세 가지 자본거래를 살펴봄으로써 한 국가의 대외자본거래의 특성을 파악할 수 있다. [그림 5-1]은 1980년부터 2020년까지 우리나라의 자본거래 형태별 순유입 규모를 보여준다. 이 그림에 따르면 1985년 이전까지 우리나라의 대외자본거래에서는 기타투자 순유입이 두드러지게 나타나는데, 이는 공공차관 및 상업차관의 도입에 따른 것이다. 1986년부터 1989년까지 큰 폭의 기타투자 순유출이 발생한 것은 이 기간 중 경상수지 흑자에 의해 축적된 외환으로 차관을 상환했기 때문이다. 1992년부터는 주식시장의 개방에 따른 외국인 주식투자자금의 유입으로 인해 증권투자가 큰 폭의 순유입을 기록하였다. 1994년부터는 은행들이 해외로부터 자금조달의 창구역할을 맡음에 따라 기타투자도 큰 폭의 순유입을 기록하였다. 반면, 직접투자는 1990년대에 들어 지속적인 유출초과 현상을 보였는데 이는 우리나라의 기업환경이 악화됨에 따라 기업들이 외국으로 이전했기 때문이다.

1997년에 들어서는 외환위기로 인한 부도를 우려한 외국은행들이 국내은행에 빌려준 대출을 회수함에 따라 IMF의 긴급자금공여에도 불구하고 기타투자가 큰 폭의 순유출을 기록했다. 1998년부터는 정부가 외환위기를 극복하는 과정에서 해외로부터의 직접투자를 적극적으로 유치함에 따라 직접투자의 유입초과 규모가 확대됨을 볼 수 있다.

외환위기 이후 대체로 순유출을 기록하던 기타투자는 2006년 들어 외국계 은행을 중심으로 한 금융기관의 대외 단기차입이 급격하게 증가함에 따라 큰 폭의 순유입을 기록했다. 이와 대조적으로 증권투자는 2006년에 들어 큰 폭의 순유출을 기록했는데 이는 외국인이 국내 주식투자자금을 회수하는 동시에 해외펀드를 통한 내국인의 해외투자가 증가했기 때문이다.

글로벌 금융위기가 발생한 2008년에는 세 가지 거래 모두 순유출을 기록했고, 특히 기타투자의 순유출 규모가 246억 달러에 달해 은행부문에서 급격한 자본유출이 있었음을 알 수 있다. 그 이후 직접투자는 지속적으로 유출초과이고 그 폭도 증가하고 있어 국내기업의 해외이전이 계속되고 있다. 2009~2012년 기간 동안에는 기타투자는 유출초과인 반면 증권투자는 큰 폭의 유입초과를 나타내 국내주식과 채권시장으로 해외자금 유입이 크게 증가하였다.

2013년 5월 글로벌 금융위기 이후 양적완화정책(quantitative easing)을 유지했던 미국의 연방준비제도이사회가 통화정책 정상화의 과정으로 유동성 공급량을 축소(테이퍼링, tapering)할 계획을 발표함에 따라 신흥국에서 대규모의 자본이 유출되는 긴축발작(taper tantrum)이 발생하였다. 우리나라의 경우 역시 증권투자와 기타투자를 중심으로 유출이 증가하였지만 여타 신흥국에 비하여 충격이 작았던 것으로 알려져 있다. 그러나 미국의 연방준비제도이사회가 2014~2015년 본격적으로 테이퍼링을 시행하고, 급기야 2016년부터 기준금리를 점진적으로 인상하면서 증권투자와 기타투자는 이전에 비하여 큰 규모의 순자본유출을 기록하였다.

한편, 2019년 코로나 19가 세계적으로 전파되기 직전 증권투자의 순유출 규모는 감소하고 기타투자는 순유출에서 순유입으로 전환되어 그 규모가 확대되었으나 코로나 19의 확산으로 이러한 추세가 꺾인 것으로 나타났다.

양적완화와 테이퍼링

전통적으로 통화정책은 정책금리를 인상하거나 인하하면서 운영되었다. 그런데 2008년 글로벌 금융위기가 발발하면서 여러 선진국의 중앙은행들이 정책금리를 인하했음에도 금융시장 회복이나 경기부양 효과 등 의도했던 목표를 달성하지 못했다. 여러 차례에 걸친 금리인하로 정책금리가 제로에 도달했고 중앙은행의 정책 여력이 제한됐다. 이에 여러 중앙은행이 정책수단 확보를 위한 다양한 대응책을 마련하였는데 이를 비전통적 통화정책(unconventional monetary policy)이라고 부른다.

미 연준은 코로나 19 위기 이후에 정책금리를 제로까지 내린 이후 비전통적 통화정책을 펼쳤고, 이 중 가장 대표적인 정책이 양적완화(Quantitative Easing : QE)이다. 양적완화란 정책금리의 추가 인하가 힘들 때, 중앙은행이 국공채 등 유가증권 매입을 통해 시중에 유동성을 공급함으로써 금융시장의 기능을 회복시키고 장기금리의 하락을 유도하는 정책이다. 거시경제 악화에 대응하기 위해 중앙은행은 국공채 등 안전자산을 매입하면서 대차대조표 규모를 확대하고, 이를 통해 안전자산의 가격 상승과 장단기 금리차 축소 효과를 유도한다.

양적완화를 통해 소기의 목적을 달성한 이후에는 중앙은행이 출구전략(exit strategy)을 시행하는데 그 첫 번째 단계가 테이퍼링(tapering)이다. 테이퍼링이란 양적완화 때 시행하던 자산매입을 완전히 멈추기 전에 매입 규모를 점차 축소하는 과정을 말한다. 즉, 통화정책을 긴축적으로 전환한다기보다는, 덜 완화적인 통화정책을 시행하는 것이다. 이러한 테이퍼링이 끝난 후에 금리인상이 시작되며 궁극적으로는 중앙은행의 자산이 축소되면서 전통적인 통화정책의 영역으로 되돌아간다.

자료 : 중앙일보, 2021.11.16.

1.2 국제자본이동의 원인

자본이 국가 간에 이동하는 원인은 무엇일까? 같은 국가 내에서뿐만 아니라 국가 간에도 자본은 위험이 낮으면서도 높은 수익률을 제공하리라고 기대되는 투자기회를 찾아서 이동한다. 단지 해외투자의 경우는 투자로부터 기대되는 수익률이 환율의 변동이나 투자대상국의 제도와 규제 등에 의해서도 영향을 받는다는 점이 국내투자와 다를 뿐이다. 그런데 국가 간 자본이동은 반드시 투자수익률에 의해서만 결정된다고는 볼 수 없다. 우리는 흔히 두 국가가 서로 상대방 국가에 투자하고 있는 현상을 볼 수 있는데, 이 같은 자본의 교차거래(cross-hauling)는 국가 간 자본이동이 수익률 이외의 요인에 의해서도 이루어진다는 증거이다.

그러면 이 같은 자본의 동시 유출입은 왜 생기는 것일까? 여기에는 크게 두 가지 이유를 들 수 있다.

① 위험의 분산(risk diversification)이다. 외국의 금융자산은 자국의 금융자산에 더하여 투자로부터의 위험을 추가적으로 분산시킬 수 있는 기회를 제공한다. 따라서 각국의 투자자들은 자국의 금융자산뿐만 아니라 외국의 금융자산에도 분산투자함으로써 위험을 극소화하려고 할 것이다. 이러한 목적의 해외투자는 주로 포트폴리오투자에 해당된다.

② 해외직접투자는 수익률이나 위험분산의 목적 이외에 무역장벽의 극복, 현지기업들의 생산기술이나 노하우(know-how)의 습득, 정보의 수집, 시장개척 등의 목적으로도 이루어진다. 물론 이와 같은 요인들은 장기적으로 기업의 수익에 긍정적인 영향을 미칠 것이다.

한편, 케이브즈(Caves)는 자본의 교차거래의 원인을 자본의 이질성에서 찾고 있다. 즉, 자본은 생산기술, 판매기법 등과 밀접하게 결합되어 있으므로 각 산업의 자본은 그 산업 고유의 생산요소로 볼 수 있다. 이 경우, 서로 다른 두 산업에 속해 있는 자본은 동질적이 아니라 서로 이질적이므로, 두 자본에 대한 수익률은 같아질 필요가 없다. 따라서 한 국가가 한 산업의 자본을 수출하면서 다른 산업의 자본을 수입하는 경우도 있게 된다.

1.3 국제자본이동의 변천

국제통화질서로서 금본위제도가 채택되었던 19세기 후반부터 제1차 세계대전 이전까지의 기간은 국제자본이동이 가장 활발했던 시기라 할 수 있다. 당시 가장 큰 국제자본 공급원이었던 영국의 경우 1880년에는 해외투자의 규모가 국민소득 규모의 4%에 달했으며 이 비율은 점차 증가하여 1905년에는 7%, 그리고 1913년에는 9%에 달했다. 당시와 오늘날의 경제규모의 차이를 고려한다면 제1차 세계대전 이전의 국제자본이동은 오늘날보다 활발했다고 할 수 있다.

이와 같이 자본이동이 활발했던 이유로는 정치적 안정과 세계 교역의 신장 등을 들 수 있다. 그러나 무엇보다도 중요한 이유는 각국이 자본의 자유로운 이동을 허용하고 있었다는 사실에 있다. 금본위제도가 국제통화질서로서 국제수지조절의 역할을 성공적으로 수행하기 위해서는 각국이 준수해야 할 암묵적인 규칙이 있다. 각국의 중앙은행은 미리 정해진 가격에 금의 매입 또는 매도 요구에 응해야 하고, 금의 자유로운 수출과 수입을 허용해야 하며, 금의 유출입이 화폐공급에 미치는 영향을 중화(sterilization)시키지 말아야 한다는 것이다. 제1차 세계대전 이전까지는 금본위제도를 채택한 각국이 이들 규칙을 비교적 잘 준수하였는데, 이 중 금의 자유로운 수출입을 허용하는 것이 바로 자본의 자유로운 이동을 허용하는 것에 해당한다.

1914년에 발발한 제1차 세계대전은 국가 간 무역과 자본의 거래를 크게 위축시켰으며, 이에 따라 금본위제도도 그 기능을 상실하였다. 전쟁이 끝난 후 각국은 다시 금본위제도로 돌아가려고 했지만 상황은 이미 이전과 달라져 있었다.

특히, 1930년대에 대공황의 어려움을 겪으면서 각국은 국제경제질서의 유지보다는 자국의 경제적 이익을 더욱 중시하게 되었으며, 이에 따라 교역이나 자본이동에 대해 제약을 가하기 시작했다. 더욱이 통화정책을 경기부양 목적으로 이용하기 시작함에 따라 평가절하의 압력을 받게 된 국가들은 외환거래에 대한 통제를 실시함으로써 평가절하 압력을 완화시키고자 하였다.

이처럼 대공황과 두 차례에 걸친 세계대전은 국가 간 무역과 자본이동을 크게 위축시켰다. 브레튼우즈체제가 전후의 새로운 국제금융질서로서 자리를 잡아가던 1950년대에도 각국의 금융시장은 서로 고립되어 있었다. 미국, 영국, 스위스와 같이 가장 발달된 금융시장을 가진 국가들조차 고정환율제도의 유지를 위해 자본의 대외거래에 제약을 가하고 있었다. 그럼에도 불구하고, 자본통제를 피하기 위한 혁신적인 금융가들의 노력은 유로시장(Euromarkets)이라는 국제금융시장을 탄생시켰다. 1970년대에 들어 브레튼우즈체제가 무너지고 주요 국가들이 변동환율제도를 채택함에 따라 각국은 자본의 대외거래에 대한 제약을 철폐하기 시작했고 이에 따라 국가 간의 자본이동이 점차 활발해졌다.

특히, 1990년대에 들어서는 통신과 결제수단의 발달, 새로운 금융상품의 등장과 함께 이른바 신흥시장국(emerging market economies)[1]이라고 불리는 개발도상국들도 자본자유화에 동참함에 따라 국제자본이동의 규모는 매우 빠른 속도로 증가하였다.

2. 자본의 국제이동성

2.1 자본의 국제이동성의 정의와 척도

국가 간의 자본이동은 환율변동, 국가 간의 규제와 제도의 차이 등으로 말미암아 국내에서의 자본이동과는 다른 특징을 가진다. 국가 간의 자본이동이 국내에서의 자본이동과 마찬가지로 자유로운 경우, 자본의 국제이동성(international capital mobility)이 완전(perfect)하다고 한다. 국가 간의 자본이동이 국내에 비해 자유롭지 못한 경우 자본의 국제이동성은 불완전(imperfect)하다.

그렇다면 자본의 국제이동성은 어떤 요인에 의해 좌우되는 것일까? 옵스펠트(M. Obstfeld)에 따르면 자본의 국제이동성은 크게 두 가지 요인에 의해 결정된다.

① 국내외 간 자본의 유입과 유출에 대한 제도적 규제가 심할수록 자본의 국제이동성은 불완전해진다. 예를 들어, 우리나라의 '외국환거래법'은 내국인이 외국에 소재한 은행에 예금을 하는 것을 제한했었는데, 이는 자본의 대외 유출을 규제하는 것이다. 이와 같은 자본통제(capital controls)를 완화하여 자본의 자유로운 유출입을 허용하는 것을 자본자유화(capital account liberalization)라고 하는데, 자본자유화는 당연히 자본의 국제이동성을 높일 것으로 기대된다.

② 국가 간 자본이동에 필요한 거래비용이 높을수록 자본의 국제이동성이 불완전해진다. 예를 들어, 1866년에 완성된 대서양 횡단 해저전선은 유럽과 북미 대륙 간 자본거래에 필요한 대금결제기간을 영국의 리버풀(Liverpool)항에서 미국의 뉴욕(New York)항까지의 증기선 운항

1) 직역하면 신흥시장경제이지만 본장에서는 신흥시장국으로 번역하였다.

> 시간인 열흘로부터 불과 수 시간대로 단축시켰는데, 이에 따라 양 대륙 간 자본이동이 급격히 증가한 것은 두말할 나위도 없다. 오늘날은 컴퓨터와 통신수단이 발달되고 전자결제시스템이 구축됨에 따라 국가 간 자금이동이 국내에서와 마찬가지로 손쉽게 이루어질 수 있다.
>
> 그러나 국가 간 자본거래에서는 자금이동을 위한 비용 이외에도 여러 가지 거래비용이 발생한다. 우선 정보취득비용을 들 수 있다. 주식이나 채권에 투자하기 위해서는 이를 발행한 기업의 신용도와 수익성을 평가해야 하며 이를 위해서는 기업의 경영정보를 비롯한 여러 가지 정보가 필요한데, 이와 같은 정보를 취득하기 위한 비용도 거래비용의 일부가 된다. 뿐만 아니라 국가 간 언어의 차이, 상관행의 차이, 제도의 차이, 시차의 존재, 부정부패 등으로 인한 비용까지도 국가 간 자본이동에 필요한 거래비용에 포함되어야 한다. 이에 더하여 회계제도의 엄격성, 기업의 투명성, 소액주주의 권리보호, 기업의 지배구조, 부도기업의 처리에 관한 원칙과 절차, 결제시스템의 안정성 등도 거래비용에 영향을 미친다.

자본의 국제이동성이 완전한지 여부를 판단할 수 있는 척도로는 이자율을 이용하는 방법과 저축과 투자의 상관관계를 이용하는 방법을 들 수 있다.

2.2 이자율을 이용한 자본의 국제이동성 측정

제3장에서 소개한 무위험 이자율평가, 유위험 이자율평가, 실질 이자율평가 등 이자율평가 조건들은 무엇보다도 자본의 국제이동성이 완전할 경우에만 성립될 수 있는 조건들이다. 따라서 이들 이자율평가 조건의 성립 여부를 판단함으로써 두 국가 간 자본의 국제이동성이 완전한지 여부를 판단할 수 있다. 이자율평가의 성립 여부를 실증적으로 분석하기 위해서는 발행자의 신용, 만기, 유동성 등의 조건이 동일한 금융상품을 비교해야 한다.

제3장에서 논의되었듯이 실제로 이자율평가의 성립 여부를 측정해 본 실증연구들은 위와 같은 조건이 이상적으로 잘 충족되는 금융상품에서는 이자율평가가 비교적 잘 성립됨을 발견하였으나, 회사채와 같이 만기가 길어지고

발행자의 신용도가 떨어지는 금융상품에서는 이자율평가가 잘 성립되지 않음을 발견하는 등 금융상품에 따라 이자율평가의 성립 여부가 상이하게 나타나고 있다.

이자율평가 이외에도 이자율을 이용하여 자본의 국제이동성을 측정할 수 있는 방법으로는 역내이자율(onshore interest rate)과 역외이자율(offshore interest rate)을 비교하는 방법이 있다. 예를 들어, 미국 달러화로 표시된 예금이나 대출은 미국 국내에서뿐만 아니라 유럽과 아시아 등 다른 국가에서도 이루어지는데 이를 유로달러라 한다. 이처럼 어떤 화폐로 표시된 금융상품이 그 발행국의 국경 외에서 거래되는 시장이 형성될 경우 이를 역외시장(offshore market)이라고 하고, 역외시장에서 형성된 이자율을 역외이자율이라 한다.

국가 간 자본이동이 자유롭게 일어날 수 있는 경우 발행자의 신용, 만기, 유동성 등이 동일한 금융상품이라면 역내시장과 역외시장에서 형성되는 이자율은 동일해져야 한다. 더욱이 역내이자율과 역외이자율이 모두 동일한 화폐단위로 표시되어 있으므로, 이자율평가에서와 같이 동일통화로 환산할 필요도 없고, 따라서 환위험도 염려할 필요가 없다. 따라서 역내외 이자율의 비교는 이자율평가보다도 더 간단하고 직접적인 국제자본이동성의 척도가 될 수 있다.

역내외 이자율의 비교에 의해 자본의 국제이동성을 판단할 경우에도 동일한 금융상품의 이자율을 비교해야 하며, 따라서 이자율평가에서와 같이 금융상품에 따라 그 결과가 다르게 나타날 수 있다. 유로달러 CD와 미국 국내의 CD와 같이 만기가 짧고 발행자의 신용도가 높은 금융상품에 있어서는 역내외 이자율이 거의 동일한 수준을 보이고 있다. 하지만 정치적 위험에 따른 위험할증으로 인해 역내외 이자율 간에 차이가 나타나는 경우도 있다.

2.3 저축과 투자의 상관관계

이자율평가는 국가 간 자본이동성을 평가함에 있어 중요한 지표가 되고 있지만, 이는 채권을 통한 자본이동에만 적용될 수 있다는 한계가 있다. 국가 간 자본이동은 채권뿐만 아니라 주식의 형태로도 발생하므로 채권과 주식을 포함한 모든 형태의 자본이동을 포괄하는 자본이동성의 척도가 필요하다.

펠트슈타인(M. Feldstein)과 호리오카(C. Horioka)는 저축과 투자 간의 상관관계를 이용하여 자본의 국제이동성을 포괄적으로 측정할 수 있다고 주장하였다. 이들의 주장에 따르면 자본의 국제이동성이 높을수록 그 나라의 저축과 투자 간 상관관계는 낮아지며, 자본의 국제이동성이 완전하다면 저축과 투자 간에는 상관관계가 없어야 한다.[2] 여기서 저축과 투자란 국내저축(national saving)과 국내투자(domestic investment)를 말한다. 자본의 유출입이 전혀 없는 경우에는 한 나라의 경제주체에 의해 이루어진 저축은 모두 국내에 투자되므로 국내저축과 국내투자가 서로 일치하게 된다. 그러나 자본의 유출입이 있는 경우에는 국내의 저축이 해외에 투자될 수도 있고, 해외의 저축이 국내에 투자될 수도 있으므로, 국내투자는 국내저축과 다를 수 있다.

더구나 국가 간 자본이동성이 완전하다면, 각국의 자본시장은 하나의 세계 자본시장으로 통합되므로, 한 국가의 저축과 투자는 세계자본시장에 있어서의 자금의 공급과 수요를 구성하는 일부분이 된다. 만일 이 국가가 국제금리에 영향을 미칠 수 있을 정도로 규모가 큰 국가가 아니라면, 이 국가의 저축과 투자의 변화는 국제금융시장에 있어서의 자금의 공급과 수요규모에 큰 영향을 미치지 못할 것이며, 따라서 국제금리에도 영향을 미치지 못할 것이다.

일반적으로 한 국가의 저축은 국민소득과 국제금리 등에 의해 결정되며, 투자는 투자기회와 국제금리 등에 의해 결정될 것이다. 이와 같이 결정된 국내투자가 국내저축보다 클 경우, 자본의 유출입이 자유롭다면 그 부족분은 해외로부터의 자금의 유입에 의해 메워질 것이다. 따라서 우연이 아니고는 국내저축률이 높은 국가가 반드시 국내투자율이 높은 국가일 필요가 없으므로, 국내저축률과 국내투자율 간에는 상관관계가 존재할 이유가 없게 된다.

펠트슈타인과 호리오카는 외환거래에 대한 통제가 없고, 자본의 유출입이 비교적 자유롭다고 할 수 있는 OECD 국가들을 표본으로 하여 분석한 결과, 이들 국가들에 있어서 저축률과 투자율 간의 상관관계가 매우 높다는 사실을 발견하였으며, 이들은 이 결과를 자본통제를 실시하지 않는 선진국들 간에 있어서조차 자본의 국제이동성이 그다지 크지 않음을 의미하는 것으로 해석하였다.

---

2) Feldstein and Horioka(1980) 참조.

이와 같은 결과는 이들의 연구와는 상이한 자료와 분석방법을 사용했던 다른 학자들의 연구들에서도 마찬가지로 나타났다. 그렇다면 오늘날 고도로 발달된 통신수단과 국제결제수단, 그리고 국가들 간에 이루어지는 대규모의 자본이동에도 불구하고 자본의 국제이동성이 낮다는 말인가?

이에 대한 대답으로서 학자들은 실제로 자본의 국제이동성이 완전함에도 불구하고 국내저축률과 투자율 사이에는 높은 상관관계가 존재하는 것처럼 나타날 수 있다는 주장을 제기하였다. 이 같은 주장의 근거로는 다음의 두 가지를 들 수 있다.

첫째, 저축과 투자가 이자율 이외의 요인에 의해 높은 상관관계를 가질 수 있다. 앞서 우리는 자본이동성이 불완전한 경우 저축과 투자가 높은 상관관계를 가지는 이유로서 저축의 증가가 국내이자율의 하락을 통해 투자의 증가를 유발한다는 점에 중점을 두었다. 그러나 저축과 투자 간의 상관관계는 반드시 저축이 투자를 유발하기 때문에 생기는 것만은 아니다. 투자가 저축을 유발하거나, 저축과 투자 이외의 제3의 요인이 저축과 투자에 같은 방향으로 영향을 미치더라도 저축과 투자 간에는 높은 상관관계가 나타날 수 있는데 이를 저축의 내생성 문제라 한다.

예를 들어, 이자율 이외의 어떤 외생적 요인에 의해 투자가 증가하는 경우를 생각해 보자. 투자의 증가는 총수요의 증가를 통해 경상수지를 악화시키고 물가를 상승시킬 것이다. 이 경우 경상수지 악화나 물가상승을 우려한 정부가 재정지출을 감소시킨다면, 재정수입과 재정지출 간의 차이인 정부저축이 증가하고, 이에 따라 국내저축도 증가한다. 즉, 정부의 경기안정화정책에 의해 투자와 저축은 같은 방향으로 움직이며 정의 상관관계를 나타내게 된다. 이외에도 경기상승, 인구증가, 생산성 향상 등의 현상들은 일반적으로 저축과 투자를 동시에 증가시켜서 두 변수가 정의 상관관계를 가지게 한다. 따라서 자본의 불완전한 이동성의 문제를 저축의 내생성 문제와 구분하기 위해서는 자본의 국제이동성이 완전한 경우 일국의 저축률과 투자율 사이에는 상관관계가 없다는 조건을 한 나라에 있어서의 외생적인 저축률의 변화는 투자율에 아무 영향을 미치지 못한다는 조건으로 대체해야 한다.

둘째, 국제금융시장에서 차지하는 비중이 큰 국가의 경우, 그 국가의 저축 증가는 국제자금의 공급을 증가시킴에 따라 국제이자율을 하락시키고, 국제이자율의 하락은 다시 이 국가를 포함한 세계 각국의 투자를 증가시킬 것이므로, 이 국가의 저축률과 투자율 간에는 높은 상관관계가 있을 수 있다는 주장이 있다. 이와 같은 대국효과(large country effect)의 증거는 경제규모가 큰 선진국들에 있어서 저축과 투자 간의 상관관계가 개발도상국에 비해 현저하게 크게 나타난다는 사실에서 찾아볼 수 있다.

2.4 국제주식투자의 자국편중현상

이상과 같은 주장과는 대조적으로 선진국에서 나타나는 저축과 투자 간 높은 상관관계는 자본통제와 같은 제도적 제약이 전혀 없는 국가들에 있어서도 자본의 국제이동성은 실제로 완전하지 못함을 의미한다는 해석도 있다. 이와 같은 해석을 뒷받침해 주는 현상으로 국제주식투자의 자국편중현상(home bias)을 들 수 있다.

프렌치(K. French)와 포터바(J. Poterba)는 미국을 비롯한 5개국에 대해 국내기업이 발행한 주식 중에서 자국민이 보유하고 있는 주식의 비중을 조사하였는데, 미국이 92.2%, 일본이 95.7%, 영국이 92.0%, 독일이 79.0%, 그리고 프랑스가 81.9%인 것으로 나타났다.[3] 이는 이들 국가들 간에는 자본이동에 대한 제약이 없음에도 불구하고 대부분의 주식이 자국민에 의해 보유되고 있음을 의미한다. 이들은 이와 같은 자국편중현상이 일반적인 자산선택이론으로는 설명할 수 없을 정도로 지나치다는 사실도 발견하였다. 예를 들어, 자산가격결정모형(Capital Asset Pricing Model : CAPM)을 이용하여 계산한 바에 의하면 미국인의 자국주식에 대한 이론적 최적보유비중은 50%에 훨씬 미달한다는 것이다.

자산구성에 있어서 이와 같은 자국편중현상이 나타나는 이유로는 정보의 불완전성과 비대칭성을 들 수 있다. 대부분의 투자자들은 자국의 경제나 기업에 비해 외국의 경제나 기업을 잘 모른다고 생각하기 때문에 해외투자에 따른 위험이 자국투자에 비해 크다고 생각하고, 이에 따라 해외투자로부터 기대되는 수익률을 지나치게 할인하여 평가한다는 것이다. 이와 같은 위험기피현상은 위험이 크고 상환기간이 긴 투자에서 두드러질 것이다. 따라서 장기자본이

3) French and Poterba(1991) 참조.

증권투자와 자본이동

국제적 포트폴리오의 다변화가 충분치 못하다는 프렌치(K. French)와 포터바(J. Poterba)의 연구결과는 어떤 거시경제적인 의미를 가지는가? 이해를 돕기 위하여 개방경제가 아닌 폐쇄경제하에서 아무런 제약 없이 포트폴리오를 충분히 다변화한다는 정반대의 가정을 해 보기로 하자.

이 가정하에서 소비자들은 자신의 소득수준의 변동에 노출되는 위험을 뮤추얼펀드나 투신상품과 같이 다변화된 포트폴리오에 투자함으로써 분산시키고자 할 것이다. 그 결과 개인 간 소득의 상관관계보다 소비의 상관관계가 훨씬 높아질 것으로 기대된다. 즉, 종사하는 직종의 호·불황과 또 같은 직종이라 할지라도 개인능력에 따른 소득수준의 차이가 있음에도 불구하고 소비의 상관관계가 높을 것으로 기대된다. (여기서 독자들은 소비의 상관관계가 높다는 것과 개인별 소비의 격차가 작다는 것은 서로 다른 의미가 있음에 유의해야 할 필요가 있다)

그러므로 만약 소비자들이 동일한 위험선호관계를 갖게 된다면 모든 개인의 소비는 자신의 소득수준의 변화와는 상관없이 단지 국민경제의 호·불황에 따라 동일한 패턴을 보이며 움직이게 될 것이다. 이와 같은 가상적 상황을 국제적 포트폴리오의 다변화에 아무런 제약이 없는 경우로 확대한다면 자본교역국 사이의 소득의 상관관계보다 훨씬 높은 소비의 상관관계가 기대된다.

그러나 주지하다시피 프렌치와 포터바의 연구는 자국에 편중된 자산구성으로 인하여 포트폴리오 다변화의 정도가 대단히 미약하고, 따라서 자본교역국 간 소비의 상관관계가 대단히 낮을 것이라는 논리적 귀결을 제시한다. 실제로 미국과 기타 선진국 간 소득보다는 소비의 상관관계가 미약하게 나타나는 것을 아래 표에서 확인할 수 있다. 그러므로 국가 간 자본교역은 아직 본격화되지 않았으며 더욱이 개발도상국까지 포함한다면 극히 초보적 단계에 진입한 것에 불과하다.

[각국 간 소득, 소비의 대미 상관계수]

국 가	소 득	소 비
일 본	0.39	0.30
독 일	0.42	0.39
유 럽	0.70	0.46

일본 1970:1 − 1980:4 독일 1960:1 − 1989:4 유럽 1970:1 − 1986:4
자료 : Backus et al.(1992).

단기자본에 비해, 그리고 주식이 채권에 비해 국제이동성이 낮은 사실도 정보의 불완전성에 의해 설명될 수 있다. 그러나 정보통신기술이 급속하게 발달하여 해외 증권시장에 대한 정보 및 거래의 접근성이 크게 개선됨에 따라 정보의 불안정성과 비대칭성의 문제가 최근 완화되고 있는 추세이다.

정보의 불완전성 이외에도 국가 간 자본거래비용을 높일 수 있는 요인은 여러 가지가 있을 것이다. 이와 같은 요인들을 감안해 볼 때 펠트슈타인과 호리오카의 수수께끼나 국제주식투자의 자국편중현상은 자본의 이동에 대한 법적·제도적 제약이 없다 해도 국가 간 자본이동성은 완전하지 못할 수 있음을 의미하는 것으로 해석될 수 있다.

2.5 신흥시장국과 증권투자

신흥시장국의 경우는 제도적으로 국내 자본시장이 개방되어 있다고 해도 자본의 국제이동이 자유롭게 발생하지 않는 경우가 흔히 있다. 이와 같은 현상은 대개 주식보다도 채권투자에 있어서 심하게 나타난다. <표 5-1>은 2013년과 2020년 말에 있어서 미국의 대외 금융투자 중 아시아 신흥시장국들에 대한 주식 및 채권 투자금액을 보여준다. 이 표는 2020년 아시아 신흥시장국에 대한 미국의 주식과 채권 투자를 합한 증권투자 규모가 2013년에 비해 크게 증가했음에도 불구하고, 중국, 한국, 인도, 홍콩 등을 제외하고는 그 투자금액이나 비중이 매우 낮음을 알 수 있다. 특히, 이와 같은 편중현상은 채권에 있어서 더욱 두드러지게 나타나고 있다. 주식투자의 경우 아시아 신흥국이 미국 전체 주식투자의 10% 이상의 비중을 보여주고 있으나, 채권투자의 경우 5% 정도에 불과하다.

채권투자의 편중현상은 모든 아시아 신흥시장국에서 공통적으로 나타나고 있다. 2020년의 경우 미국의 전체 해외 증권투자에서 채권이 차지하는 비중은 24.3%인데 비해 <표 5-1>에 제시된 아시아 신흥시장국에 대한 증권투자에서 채권이 차지하는 비중은 14.4%에 불과하다. 더욱이 <표 5-1>에 제시된 자료에는 각국의 발행자가 역외에서 외화표시로 발행한 국제채권(international bond)이 포함되어 있으므로 이를 제외한 순수한 국내채권에 대한 투자만 포함시킬 경우 아시아 신흥시장국에 대한 투자규모는 더욱 미미

표 5-1 미국의 아시아 신흥시장국 금융상품 보유현황 (단위: 십억 달러, 년말)

국가	주식		채권		주식+채권	
	2013	2020	2013	2020	2013	2020
중국	103.3	251.7	1.5	33.9	104.8	285.6
인도네시아	24.1	30.5	13.2	67.9	37.3	98.4
한국	147.2	277.1	34.5	22	181.7	299.1
말레이시아	28.7	18.8	12.7	10.6	41.4	29.4
필리핀	13.9	14.7	7	8.2	20.9	22.9
싱가포르	62.2	58.3	8.3	12.5	70.5	70.8
태국	28.6	28.7	3.6	5.4	32.2	34.1
홍콩	134.5	160.7	2.7	7.1	137.2	167.8
인도	82.2	222.5	3.5	11.3	85.7	233.8
총계	624.7	1,063	87	178.9	711.7	1,241.9
미국 전체	6,490.3	10,525.1	2,351.8	3,379.8	8,842.1	13,904.9

자료 : U.S. Federal Reserve Board(2021).

해진다. 예를 들어, 2021년 10월 말 현재 한국의 증권선물거래소 상장주식 시가총액 중에서 외국인 보유 주식이 차지하는 비중은 27.8%인데 비해 국내 채권 상장잔액 중 외국인 보유 채권이 차지하는 비중은 9.2%에 불과하다.

이처럼 신흥시장국에 대한 채권투자가 잘 이루어지지 않는 데에는 여러 가지 이유가 있다.

첫째, 유동성을 들 수 있다. 신흥시장국의 경우 자본시장의 발달이 선진국에 비해 늦은 편이지만 그 중에서도 채권시장의 발달 정도가 더 낮은 것이 일반적이다. 특히 채권의 유통시장이 잘 발달되지 않고 있어 채권시장의 유동성이 낮다. 대규모 기관투자자는 보유하고 있는 금융상품을 언제든지 처분할 수 있는 것이 중요한 투자결정 기준이므로 유동성이 떨어지는 신흥시장국의 국내 채권시장에의 참여를 꺼리게 된다.

둘째, 환위험(foreign exchange risk)의 존재를 들 수 있다. 해외투자가 국내투자와 다른 점은 무엇보다도 그 수익률이 환율변동에 의해 좌우된다는 점이다. 즉, 해외투자를 할 경우 사후적인 자국통화표시 투자수익률은 아래 식에서와 같이 두 가지 수익률의 합으로 구성된다.

$$(1+i^*)\frac{S_{t+1}}{S_t}-1 \approx i^* + \frac{S_{t+1}-S_t}{S_t} \tag{5.1}$$

위 식의 우변에 표시된 두 개의 항은 각각 자국통화표시 해외투자수익률이 상대통화표시 수익률(local currency return)과 통화수익률(currency return)에 의해 결정됨을 보여준다. 통화수익률은 환율변동에 따라 발생하는 수익률인데, 환율변동의 방향에 따라 음의 값을 가질 수 있으며 따라서 국제채권투자는 환위험에 노출되어 있다. 바로 이 환위험이 국제채권투자를 저해하는 요인이 된다.

주식투자의 경우에는 상대통화표시 수익률 자체의 변화폭이 큰데다, 높은 위험을 반영하여 기대수익률 자체가 높게 형성되어 있기 때문에 통화수익률이 해외투자수익률 전체에 미치는 영향이 상대적으로 작다. 더욱이 상대통화표시 수익률과 통화수익률이 서로 음의 상관관계를 갖는 경우도 있기 때문에 국제주식투자의 경우는 환위험에 대해 헤지를 않고 이루어지는 경우가 흔하다.

반면에 국제채권투자의 경우는 상대통화표시 수익률 자체의 변화폭이 작고, 따라서 기대수익률의 수준 자체가 낮기 때문에 통화수익률이 전체 해외투자수익률의 결정에 큰 영향을 미친다. 따라서 국제채권투자에 있어서는 환위험에 대한 헤지를 하는 것이 일반적이다. 환위험을 헤지하기 위해서는 제2장과 제10장에서 소개하고 있는 선물환, 통화선물, 통화스왑, 통화옵션 등의 외환파생금융상품을 이용하는 것이 일반적이다. 그런데 문제는 신흥시장국의 경우 이와 같은 통화관련 파생상품시장이 잘 발달되어 있지 않기 때문에 헤지비용(hedge cost)이 높다는 데에 있다. 높은 헤지비용까지 감안할 경우 신흥시장경제에 대한 채권투자의 매력이 감소하게 된다는 것이다.

셋째, 신흥시장국은 채권시장 하부구조가 잘 발달되어 있지 않다. 예탁 및 결제제도의 불안정성, 법제도의 불확실성(legal uncertainty), 시가평가기관의 부재, 국내 신용평가기관의 역량부족, 회계기준의 차이, 기업정보의 불투명성 등이 그 예라고 할 수 있다. 이와 같은 하부구조의 미비는 신흥시장국에 대한 투자위험과 투자비용을 증대시켜 이들에 대한 채권투자를 저해하는 요인이 된다.

표 5-2 신흥시장국의 국제 신용등급(2021년 11월)

국 가	신용등급	국 가	신용등급
캄보디아	B	브라질	BB-
베트남	BB	파나마	BBB
태국	BBB+	콜롬비아	BB+
말레이시아	A-	칠레	A
인도네시아	BBB	아르헨티나	CCC+
인도	BBB-	페루	BBB+
파키스탄	B-	베네수엘라	B-
중국	A+	볼리비아	B+
한국	AA	에콰도르	B-
필리핀	BBB+	파라과이	BB

자료 : S&P 홈페이지(www2.standardandpoors.com)

넷째, 신흥시장국의 신용도가 떨어지는 것도 채권투자에 대한 저해요인이 되고 있다. <표 5-2>는 S&P(Standard and Poor's)에서 발표한 아시아와 중남미 신흥시장경제의 신용등급을 보여주는데, 상당수 국가들의 신용등급은 투자등급의 하한인 BBB보다 낮은 수준에 머물고 있음을 알 수 있다. 이와 같은 현상은 전 세계 신흥시장국과 저개발국에서 공통적으로 나타나는 현상이다. 연기금이나 뮤추얼펀드(mutual fund) 등 선진국의 대표적인 기관투자자들은 투자대상 증권이 일정수준 이상의 신용등급을 가질 것을 내부적으로 규정하고 있기 때문에, 신용등급이 낮은 국가의 채권은 이들 기관투자자의 투자대상이 되기가 어렵다.

파생금융거래와 신흥개방국에 대한 국제자본이동

금리격차에도 불구하고 선·후진국 간에 자본이동이 원활하지 않은 것은 신흥시장국의 신용위험과 같은 장애요인 때문임을 앞에서 설명하였다. 그러나 파생금융거래는 선진국의 입장에서 신흥시장국의 높은 신용위험을 효과적으로 관리할 수 있는 매우 유용한 수단이 된다. 멕시코정부가 발행한 달러화 연동 국채인 테소보노(Tesobono)를 대상자산으로 미국과 멕시코 금융기관 사이에 자주 거래되었던 파생상품이 좋은 사례이다. 멕시코은행이 액면가 10억 달러의 테소보노를 미국의 증권회사에 8억 달러에 매각하고 1년 후에 미국회사로부터 테소보노를 8억 달러×(1+LIBOR+1%)를 지급하고 되사는 환매계약(repurchase agreement)을 생각해 보자.

이 거래는 멕시코은행이 미국회사로부터 8억 달러를 금리 LIBOR+1%로 차입하여 금리가 높은 테소보노에 투자하는 데 목적이 있다. 테소보노 금리가 연 8%, LIBOR가 5%일 때 멕시코은행은 8억 달러의 해외차입으로 연 2%의 이자수입을 향유하는 것이다. 미국회사의 입장에서는 8억 달러를 LIBOR로 조달하고 1%의 가산금리를 멕시코은행에게 적용함으로써 연 1%의 이자를 수취한다. 한편, 환매계약으로 미국회사는 테소보노에 대한 투자위험을 제거할 수 있다. 다행히 잠재적 투자위험이 현실화되지 않는 한 차입자와 대출자 모두에게 득이 되겠으나 금리격차 3%를 멕시코증권에 대한 투자위험을 반영하는 프리미엄으로 본다면 신용위험을 담보로 국제 간 자본의 이동이 일어나는 셈이다. 그러나 공식적으로는 미국에서 멕시코로 8억 달러의 자본유입이 발생하게 되어 자본흐름의 실상을 반영하지 못하는 문제가 있다.

한편, 멕시코은행이 액면가 10억 달러의 테소보노와 이자를 LIBOR+1%와 교환하는 스왑거래가 일어났다고 하자. 스왑의 조건으로 멕시코은행이 미국증권회사에 2억 달러를 예치하고 미국회사는 8억 달러를 LIBOR로 조달하여 테소보노 10억 달러에 투자할 때 환매계약과 동일한 거래가 성립하게 된다. 스왑 역시 자본의 흐름을 위장하는 결과를 초래한다. 국제수지통계상으로는 10억 달러의 테소보노에 대한 투자형태의 자본유입과 2억 달러의 자본유출이 발생하는 것으로 집계된다. 테소보노 대신 멕시코기업이 발행한 주식예탁증서(ADR)를 대상자산으로 하는 주식스왑도 실상은 대상자산에 대한 투자위험을 동반하지 않는 단기대출인 것이다.

자료 : Garber(1998).

3. 국제자본이동성 증가의 이득과 손실

브레튼우즈체제의 붕괴 이후 전 세계적으로 자본자유화가 진전되면서 국제자본이동이 급속히 증가하고 있다. 특히 1980년대 중반 이후부터 경제성장을 촉진시키고 소비의 안정성을 제고시킬 수 있다는 기대하에서 많은 국가들이 자본자유화를 단행했다.

이와 같은 자본자유화와 이에 따른 국제자본이동성 증가는 많은 경제적 이득을 가져다주는 반면에 이에 따른 부작용도 적지 않다. 자본통제가 제공하는 혜택을 상실하는 한편 급격한 자본유입의 문제, 단기자금의 이동과 외환위기에 대한 취약성 등이 자본자유화의 비용이라 할 수 있다. 여기서는 자본자유화에 따른 혜택과 국제자본이동성 증가가 야기시킬 수 있는 문제점들, 그리고 자본통제의 역할 및 유용성에 대해 분석해 본다.

3.1 국제자본이동의 혜택

경제이론에 따르면 국제자본이동이 가져다주는 경제적 이득은 명확하다. 개별 투자자의 입장에서 보면 국제자본이동은 보다 높은 수익률을 얻거나 위험을 분산시킬 수 있는 기회를 제공한다. 개별 차입자의 입장에서 보면 국제자본이동은 보다 적은 비용으로 자본을 조달할 수 있는 기회를 제공한다. 그렇다면 국가 전체로는 어떤 경제적 이득이 있는 것일까?

첫째, 국가 간의 자본이동은 소득변동에도 불구하고 소비를 평탄하게 유지하는 것(consumption smoothing)을 가능하게 한다. 이는 개별 소비자가 소득이 높은 시기에는 저축을 하고 소득이 낮은 시기에는 차입을 함으로써 소비를 일정하게 유지할 수 있는 것과 마찬가지이다. 예를 들어, 경기침체나 자연재해로 인해 국가 전체의 소득이 평상시보다 크게 감소할 경우 다른 국가로부터의 차입을 통해 소비를 평상시 수준에 가깝게 유지할 수 있다.

둘째, 국제자본이동은 서로 다른 국가 간에 위험을 분산시킴으로써 소득변동 자체를 감소시키고 이를 통해 소비를 평탄하게 유지하는 것을 가능하게 한다. 물론 투자자는 여러 자산에 분산투자를 함으로써 위험을 감소시키려고 하나 국내투자만으로는 제거할 수 없는 위험이 있다. 예를 들어, 국제유가가 상승할 경우 원유수입국은 경기침체가 발생하는 반면, 산유국은 경기호황이 발생한다. 이 경우 원유수입국의 거주자는 산유국의 주식에 투자를 함으로써 유가상승에 따른 소득감소를 완화시킬 수 있다.

셋째, 국제자본이동은 개발도상국이나 저개발국의 경제성장을 촉진할 수 있다. 노동력에 비해 자본이 부족한 저개발국이 경제성장을 하기 위해서는 자본축적이 필요하다. 국제자본이동이 없다면 자본축적을 위한 투자재원은 그 나라의 저축에 의해 조달되어야 하므로 경제성장 속도는 국내저축의 크기에 의해 제약될 수밖에 없다. 반면에 국제자본이동이 자유롭다면 투자를 위한 재원을 다른 국가로부터의 차입, 즉 해외저축에 의해 조달함으로써 자본축적과 경제성장의 속도를 높일 수 있다.

넷째, 신흥국의 경우 선진국 금융기관을 유치하여 금융시장의 효율성을 높일 수 있다. 과도하게 규제를 받고 잠재적으로 비효율적인 국내금융기관들은 국제금융시장의 엄격한 경쟁원칙을 적용받게 되어 효율성이 높아지게 된다.

3.2 국제자본이동의 문제점

국제자본이동에는 이와 같은 혜택만 있는 것은 아니다. 자본자유화로 인해 국제자본이동이 활발해지면 국내 금융시장과 환율이 단기적인 국제자본이동으로 인해 교란당할 수가 있다. 극단적인 경우에는 급격한 국제자본의 유출로 인해 외환위기나 금융위기가 발생하기도 한다. 자본유출뿐만 아니라 자본의 유입도 문제가 된다. 또한 단기자본의 이동도 국제금융시장을 불안하게 한다.

(1) 대규모 자본유입의 문제

국제자본이동의 증가가 가져올 수 있는 문제점으로는 단기간 내에 대규모의 자본이 유입됨으로써 발생하는 여러 가지 부작용을 들 수 있다. 1980년대 후반부터 소위 신흥시장경제들은 공통적으로 자본유입현상을 경험하였다. 범세계적인 자본자유화 추세에 따라 국내 자본시장에 대한 외국인 투자를 개방한 동남아시아 국가들이 먼저 자본유입을 경험하였다. 뿐만 아니라 국제

범세계적 불균형

2008년 글로벌 금융위기 이전에 세계경제의 문제점으로 부각되었던 범세계적 불균형(global imbalances)이란 아래 그림에서 보듯이 1990년대 초 이래 미국의 경상수지 적자는 역사상 최대금액을 갱신하면서 지속적으로 증가하고 있는 반면, 미국을 제외한 대부분의 국가들은 대규모의 경상수지 흑자를 기록하고 있는 현상을 말한다.

2006년에는 미국의 경상수지 적자가 GDP의 6.5%에 달하는 8,570억 달러를 기록했다. 다른 국가에서라면 이처럼 큰 규모의 경상수지 적자를 지속적으로 유지하는 것이 불가능하다. 하지만 미국의 경상수지 적자는 미국 증권에 대한 외국인 투자자의 왕성한 식욕에 의해 유지되고 있다. 2006년 중 외국인들의 미국 증권 매입액은 1조 1,420억 달러로 미국인의 외국 증권 매입액 2,490억 달러를 뺄 경우 미국으로의 자본의 순유입액은 8,930억 달러가 되는데, 이는 같은 해의 경상수지 적자 규모를 초과한다.

따라서 미국의 대규모 경상수지 적자가 유지될 수 있었던 것은 외국인들이 미국의 금융자산에 적극적으로 투자를 하였기 때문이다. 그러나 만일 미국으로의 자본유입이 갑자기 멈출 경우 미국의 경상수지 적자는 지속될 수 없으며, 이 경우 발생할 범세계적 되돌림 현상(global unwinding)이 전 세계 경제와 금융의 안정을 저해할 수도 있다는 우려가 대두되기도 하였다.

[세계 경상수지 추이]

(세계 GDP의 백분율)

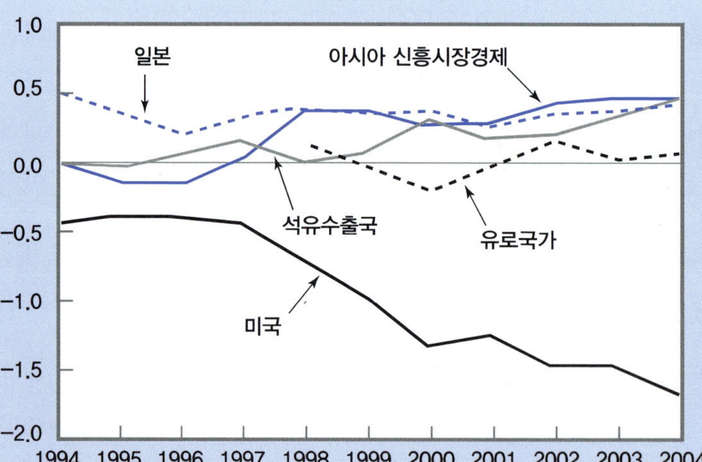

금융시장은 1980년대 초반의 외채위기로 인해 국제금융시장으로부터의 차입이 제한되어 있었던 중남미 국가에게도 투자를 재개하였으며, 시장경제로의 체제전환을 시작한 동구권 국가들로도 투자대상을 확대하였다. IMF의 추계에 따르면 전체 신흥시장경제로의 자본의 순유입규모는 1990년의 532억 달러로부터 증가하기 시작하여 동아시아 외환위기가 발생하기 직전인 1996년에는 2,311억 달러에 달하였다.[4)]

이론적인 분석에 따르면 자본의 유입은 국내저축의 부족을 해소함으로써 자본축적과 경제성장의 속도를 높일 수 있다. 그러나 이론적인 예측과는 달리 많은 개발도상국들은 자본유입에 따른 심각한 부작용을 경험하였다. 즉, 과도한 자본유입은 국내 유동성의 팽창, 실질환율 절상에 따른 경상수지 적자, 부동산과 주식을 비롯한 자산가격 인플레이션, 저축률의 감소 등의 문제를 초래하였다.

이와 같이 자본의 급격한 유입이 가져올 수 있는 부작용을 일반적으로 자본유입의 문제(capital inflow problem)라 부른다. 물론 자본유입을 경험하는 국가들은 중화외환시장개입(sterilized intervention), 재정긴축, 선별적 자본자유화 등을 통해 자본유입의 문제를 완화시키려고 노력하지만 워낙 단기간 내에 대규모의 자금이 유입되기 때문에 어느 정도의 문제발생은 불가피하다는 것이 공통된 경험이다.

자본유입의 문제는 여러 형태로 나타날 수 있지만 그 중에서도 실질환율의 절상이 그 핵심이라고 할 수 있다. 해외로부터 자금이 유입되면 국내금리가 하락하고 이에 따라 국내지출이 증가한다. 소비, 투자, 정부구매 등 국내지출의 증가는 곧 교역재와 비교역재에 대한 수요의 증가를 의미한다. 이 중 교역재에 대한 수요는 해외로부터의 수입에 의해 충족될 수 있지만 비교역재에 대한 수요는 단기적으로는 국내 공급능력의 한계에 부딪히게 된다.

결국 비교역재에 대한 초과수요로 인해 비교역재의 가격이 교역재의 가격에 비해 상대적으로 상승하는 실질환율의 절상이 발생하며 이에 따라 자본과 노동 등의 생산요소가 교역재부문으로부터 비교역재부문으로 이동한다. 결과적으로 실질환율의 절상은 비교역재부문을 성장시키는 반면, 교역재부

---

4) IMF(1998) 참조.

스페니시 질병

1980년대 말부터 중남미, 아시아 국가들을 중심으로 막대한 규모의 자본이 선진국으로부터 유입되기 시작하였고 이들 개발도상국을 지칭하여 **신흥시장국**(emerging market economy)이라는 신조어가 등장하였다. 신흥시장국이란 성장의 잠재력이 높아(선진국의 입장에서) 투자의 가치가 있는 나라를 의미하며 구공산권까지도 포함하고 있다.

신흥시장국에 대한 자본유입의 경우 주식, 채권 등 증권투자 해외직접투자의 비중이 크다는 점에서 은행여신의 형태로 유입되어(1970년대 말~1980년대 초) 1980년대에 개발도상국에서 외채문제를 초래하였던 선진국 자본과 큰 차이를 보이고 있다. 이 차이는 선진국의 신흥시장국에 대한 투자규제의 완화, 국제금융시장에서 차지하는 연기금, 뮤추얼펀드 등 기관투자가 비중의 확대, 그리고 채무불이행사태로 피해를 본 은행의 대응전략의 변화로 설명할 수 있다.

한편, 신흥시장국의 입장에서도 사유화, 과감한 재정개혁, 물가안정 등 투자조성 환경의 개선을 위한 조치도 자본유입의 중요한 요인이다. 그러나 해외자본의 유입이 신흥시장국의 성장을 촉진하는 긍정적 역할을 수행하기보다는 과다한 무역적자와 함께 인플레, 버블의 형성 등 이른바 **스페니시 질병**(Spanish disease)이라고 불리는 자본개방의 후유증이 수반되는 경향이 나타났으며, 특히 자본유입이 단기간에 걸쳐 크게 일어난 신흥시장국의 경우 거의 예외 없이 그 정도가 대단히 심하였다. 이와 같이 적어도 단기적으로는 신고전파 경제이론의 예측과 전혀 다른 경제적 현상이 일어난 데에는 자본유입으로 인한 국내유동성의 증가에 그 배경이 있다. 일반적으로 1원의 자본이 유입될 때 그 1원이 모두 경상수지 적자를 통해 해외로 다시 리사이클되지는 않는다. 일부는 국내에 잔류하게 되어 국내 유동성을 증가시키게 되고 다시 은행을 통해 금융중개될 때 유동성이 증폭되는 결과를 초래한다. 유동성의 증가는 재화인플레이션과 자산인플레이션을 동반함으로써 거품경제의 양상을 보이게 한다. 이때 해외자본이 갑자기 유출되면 거품이 꺼지는 정반대의 현상이 일어나게 된다. 이 경우 자본유입기간 중 은행이 과다한 신용창조를 하였다면 만기불일치나 부실대출의 문제로 인하여 심각한 금융기관의 부실화로까지 발전하는 경우가 자주 있게 된다. 이와 같은 자본개방으로 인한 스페니시 질병은 신흥시장국뿐만 아니라 북유럽 등 다수의 선진국에서도 발생하였다.

한편, 자본개방에 대응하여 신흥시장국은 주로 국내유동성의 증가를 억제하는 정책에 초점을 맞추고 있다. 일부 동남아국가들이 민간부문의 유동성이 늘어나는 것을 억제하는 광의의 중화정책을 운용한다든지 페소화의 공급을 유입된 달러화에 연계하는 것을 법으로 정했던 아르헨티나의 사례는 그 좋은 본보기이다. 그러나 성공적인 자본개방을 위해서는 거시정책 수단만으로는 부족하다. 자본개방을 단행한 나라들의 사례는 금융당국의 건전성 규제·감독의 역량과 시장중심적인 금융환경에 적응하는 데 있어서 금융기관의 경영활동에 필요한 인적 및 정보자본의 확충이 필수적이라는 교훈을 주고 있다.

문을 위축시킨다. 이처럼 수출산업과 수입대체산업으로 구성된 교역재부문이 위축됨에 따라 경상수지 적자는 더욱 확대되고 외채규모가 증가하는 불균형이 나타난다.

보다 큰 문제는 자본유입의 문제가 초래하는 불균형이 영구히 지속될 수 없다는 점이다. 자본유입에 따라 외채가 급증한 상태에서 교역조건의 악화나 국제금리의 상승으로 인해 신흥국에 대한 낙관론이 불확실한 미래에 대한 비관론으로 대체될 경우 이와 같은 투자심리의 반전은 자본유입의 자본유출로의 급작스러운 반전(sudden reversal of capital flow)을 가져온다. 이러한 자본흐름의 반전은 환율급등에 따른 외환위기나 외채위기를 초래할 수 있다.

1994년 페소화 위기를 경험한 멕시코, 1997년에 바트화 위기를 경험한 태국과 뒤이어 외환위기를 겪은 인도네시아, 말레이시아, 한국 등의 동아시아 국가들, 그리고 1998년에 외환위기를 겪은 러시아와 브라질은 모두 공통적으로 1980년대 후반부터 1990년대 중반까지 급격한 해외자본유입의 증가를 경험한 국가들이다. 또한 2000년대 초중반 큰 규모의 자본유입이 발생한 국가들의 외환시장이 글로벌 금융위기 시 큰 충격을 받았다.

(2) 단기자본이동과 국제금융시장 불안정

제2차 세계대전 이후 1973년까지 지속된 브레튼우즈체제에서는 고정환율의 방어를 위해 필요한 경우 자본이동에 대해 규제를 가하는 것을 용인하고 있었다. 그러나 브레튼우즈체제의 붕괴 이후 선진국들을 중심으로 자본자유화가 진전되면서 자본시장 개방은 일종의 국제금융질서의 규범이 되었으며 선진국들은 경제이론이 제시하는 국제자본이동의 혜택을 무기로 하여 개발도상국들에 대해서도 자본시장을 개방할 것을 요구하였다.

자본시장의 개방과 국제금융시장의 성장은 그동안 세계경제에 많은 혜택을 주었다. 그러나 과도한 자본이동이 가져오는 폐해도 여러 형태로 표출되었다. 특히, 1990년대에 들어 거시경제기반이 건전한 유럽국가들과 고도성장의 신화를 구가하던 동아시아국가들이 외환위기를 겪었고, 특히 헤지펀드(hedge fund)를 위시한 국제투자자금이 유럽 통화위기를 초래하는 데에 중요한 역할을 한 것으로 인식됨에 따라 최소한 투기적 단기자본의 이동에 대해서는 제어를 할 필요성이 있다는 제안이 나오기 시작하였다. 즉, 자본이동성

헤지펀드(hedge fund)

국제금융시장을 교란시키는 투기성 자금의 주범으로 흔히 헤지펀드가 지목된다. 헤지펀드를 어떻게 정의할 것인가에 대해서는 통일된 의견이 없다. 이들은 투자자들의 자금을 위탁받아서 운용하는 투자신탁의 일종으로 자산운용에 대한 미국 증권관리위원회(SEC) 규제를 피해서 소수의 거액투자자들로만 구성된 유한회사의 형태를 취하고 있거나 법적인 본사를 바하마, 버뮤다, 케이먼 아일랜드와 같은 카리브해의 섬지역에 둔 역외펀드로 설정된다.

헤지펀드의 투자대상은 주식투자를 전문으로 하는 펀드로부터 부도기업의 매매나 기업합병만을 전문으로 하는 펀드에 이르기까지 매우 다양하다. 1992년 유럽 외환위기나 1997년 아시아 외환위기에 있어서 중요한 역할을 한 것으로 의심받는 헤지펀드들은 주로 거시기금(macro fund)이라고 불리는 펀드들인데, 이들은 이자율이나 환율 등 거시경제지표의 변화방향을 예상함으로써 수익을 얻는 것을 전문으로 한다. 1992년 유럽 외환위기로 인해 유명해진 소로스(G. Soros)가 운용하는 퀀텀펀드(Quantum Fund)도 여기에 속한다.

헤지펀드는 위험성이 높더라도 높은 수익이 보장되는 투자기회에 과감하게 투자하면서 단기적으로 투자대상을 자주 교체함에 따라 각국의 외환시장과 금융시장을 교란시키는 주범으로 지목되어 왔다. 헤지펀드를 비롯한 핫머니들은 유럽 외환위기뿐만 아니라 1994년 멕시코 페소화 위기, 1997년 태국, 말레이시아, 인도네시아 등 동남아시아 국가들의 외환위기에서도 큰 역할을 한 것으로 의심받고 있다.

의 증가는 바람직하나 통제할 수 없을 정도로 자본이 자유롭게 이동하는 것은 바람직하지 않다는 것이다. 더욱이 1997년에 태국에서 시작되어 다른 동아시아 국가들로 전염된 외환위기와 금융위기가 이 지역에만 국한되지 않고 러시아와 브라질 등으로 파급되는 양상을 보임에 따라 단기자본이동에 대한 규제의 필요성과 유용성에 대한 목소리는 학계의 반응을 얻기 시작했다. 2007년 서브프라임 모기지 사태로 촉발된 미국의 금융위기가 2008년 유럽, 아시아, 남미 등 전 세계로 확산되어 글로벌 위기로 발전하자 그동안 자유로운 자본이동의 강력한 지지자였던 IMF와 같은 기관조차 단기자본이동에 대한 규제가 필요하다는 의견을 제시하였다.[5]

5) IMF(2012).

국제자본이동의 증가에 따른 단기자본이동 규제의 필요성은 다음과 같은 주장에 근거하고 있다. 국제금융시장에 대한 연구들은 국제금융시장과 외환시장이 교과서에서 묘사되는 것처럼 효율적이지 않음을 밝히고 있다. 특히, 금융시장 참여자들은 다른 투자자들의 투자패턴을 좇아가는 군중집단행동(herd behavior)을 보인다.

이와 같은 군중집단행동은 특히 정보가 불완전한 경우에 전형적으로 발생하는 현상이다. 즉, 일부 투자자들이 어떤 움직임을 보이면 다른 투자자들은 이들이 자신들이 모르는 정보를 가지고 있을 것으로 생각하고 이들의 행위를 모방한다는 것이다. 문제는 이와 같은 군중집단행동은 국제금융시장에서의 가격변동성을 증폭시키는 효과가 있다. 특히, 국제금융시장의 불안정성은 금융기관이 비효율적이고 외채가 많은 개발도상국에 보다 큰 피해를 준다. 뿐만 아니라 1998년 과도한 차입투자로 인해 부도위기에 직면했던 헤지펀드인 롱텀캐피털(Long-Term Capital Management : LTCM)사를 미국의 연방준비은행이 구제해 준 사례나 2008년 미국 서브프라임 모기지의 부실화로 파생상품 투자에 큰 손실을 입어 파산 직전이었던 AIG사에게 미국 연방정부가 구제금융을 지원한 사례에서 보듯이 국제금융시장의 불안정은 개발도상국뿐만 아니라 선진국의 금융시장과 나아가 실물경제에도 위협을 주고 있다.

3.3 자본통제

국제자본이동이 증가함에 따라 대규모 자본유입과 단기자본의 급격한 유출입으로 인해 많은 신흥시장국들은 금융위기를 경험하게 되었다. 예를 들어, 과다한 채무를 진 남미국가(1982년), 멕시코(1994년), 동아시아국가(1997년), 러시아(1998년), 터키(2001년), 아르헨티나(2002년) 등의 금융위기를 들 수 있다. 급격한 자본의 유출입을 완화하기 위한 여러 가지 정책 수단들 중 하나는 자본통제이다. 자본통제(capital controls)란 자본의 유출입에 대한 여러 가지 제도적 통제를 일컫는다. 본절에서는 자본통제의 목적과 그와 관련된 수단들, 그리고 그 유용성에 대한 기존의 연구결과들을 요약해 본다.

(1) 자본통제 목적과 수단

자본통제의 첫 번째 목적은 해외자본의 과다한 유입과 유출을 막는 것이다. 해외자본 유입에 대한 통제의 기본 동기는 실질환율의 과대평가와 과도한 해외부채가 초래되어 위기가 발생하는 것을 방지하는 데 있다. 해외자본 유출에 대한 통제는 후진국들에게서 흔히 볼 수 있다. 만약 투기적 공격이 일어난다면 자본유출에 대한 통제는 외환보유액의 고갈을 막고 과도한 금리 인상으로 인한 경기침체의 가능성을 줄여준다.

자본통제에는 여러 가지 수단이 동원될 수 있다. 우선 자본유출입을 위해서는 내국인에 의한 외국화폐의 취득과 처분 그리고 외국인에 의한 자국통화의 취득과 처분이 가능해야 하므로 자본통제를 목적으로 외환거래를 정부가 직·간접적으로 규제하는 외환통제 또는 외환관리가 주로 동원되게 된다. 외환관리의 경우 거주자가 취득한 외환을 외국환관리은행에 집중적으로 예치 또는 매각하도록 하는 외환집중제도를 실시하는 한편, 대외지급을 수반하는 거래 자체를 제한하거나 대외지급에 대해서 허가 또는 인증을 받도록 하는 방법이 이용되고 있다.

자본거래에 대한 직접적 통제 이외에도 자본유입을 규제하는 수단으로서 비거주자예금의 일정한도를 의무적으로 중앙은행에 무이자로 예치하는 지준예치제도(unrenumerated reserve requirement)와 거주자의 해외차입, 비거주자의 증권투자 및 원리금회수 등에 일정률의 세금을 부과하는 금융거래세가 있다.[6] 더 강력한 조치로서 외환거래 자체에 세금을 부과하는 외환거래세가 존재한다. 이 외환거래세는 토빈(J. Tobin)이 처음 제안했기 때문에 토빈세(Tobin tax)라고 부른다.

자본통제의 두 번째 목적은 해외자본 유입의 형태를 바꾸는 것이다. 과거 외환위기의 경험을 살펴보면 해외자본의 만기가 단기이거나 은행을 통한 차입 비중이 높을수록 위기를 겪을 확률이 높아진다. 단기자본 유입을 막기 위한 규제수단으로서, 최소만기 요건을 두어 최소만기가 일정기간 이상인 해외

---

6) 미국은 국내자금이 높은 이자율을 따라 해외로 유출되는 것을 방지하려는 목적으로 1963년 7월에 외국인이 미국 내에서 발행하는 채권(Yankee bond)을 내국인이 매입하는 경우 세금을 부과하는 **이자평형세**(interest equalization tax)를 도입하였다.

자본 유입만을 허용하는 제도와 해외자본의 형태별로 차등을 두어 은행차입 등 일정형태의 자본유입의 규모를 직접 규제하거나 은행의 해외차입에 대해 높은 지불준비율을 요구하는 제도가 있다.

셋째로, 자본통제는 환율관리목표와 통화관리목표를 동시에 추구하는 것을 가능하게 한다. 고정환율제를 택하고 있는 국가에서 중앙은행이 경기부양을 위해 화폐공급을 증가시키는 경우를 생각해 보자. 화폐공급이 증가하면 국내이자율이 하락하는데, 자본의 국제이동성이 완전하다면 해외로의 자본유출이 발생할 것이다. 자본의 해외유출은 국내이자율이 다시 해외이자율 수준으로 상승할 때까지 계속될 것이므로 결국 통화정책은 효과가 없게 된다. 이처럼 자본이동성이 완전한 경우 정부는 환율관리와 통화관리 중 한 가지 목표만을 선택해야 한다.[7] 그러나 자본통제는 해외로의 자본유출을 제한함으로써 고정환율제하에서도 통화정책을 통해 국내이자율을 하락시켜 투자를 촉진할 수 있다.

(2) 자본통제의 유효성

자본통제의 유효성에 대한 실증분석은 주로 해외자본의 국내유입의 문제를 중심으로 이루어졌다. 왜냐하면 앞서 언급했듯이 과다한 자본유입으로 인해 실질환율절상, 인플레이션, 경상수지 적자 등 국내경제 여건이 악화될 뿐만 아니라 급격한 자본유출로 인해 금융위기를 초래할 수 있기 때문이다.

기존의 문헌들을 보면 자본유입 통제가 실제로 자본유입의 규모를 축소했는가에 대한 확실한 결론이 내려지지 않고 있다. 하지만 자본의 차입형태에 영향을 미치어 만기구조를 바꾸고 통화정책의 독립성을 보장하는 데는 유효한 것으로 밝혀졌다. 예를 들어, 1991년 칠레는 모든 해외차입의 1%를 중앙은행에 1년 동안 무이자로 예치하고, 또 모든 해외직접투자의 경우 적어도 1년 동안 국내에 머물러야 한다는 법을 시행했다. 그 결과 1990년대 칠레로 유입되는 해외자본의 만기가 더 길어지도록 자본유입의 형태가 바뀌게 되었다. 그러나 자본유입 규모는 줄어들지 않았다. 다국가 자료를 이용한 경

---

7) 불가능한 삼위일체(Impossible Trinity)를 의미한다. 즉, 통화정책의 독립성, 환율안정성과 자본이동의 자유화 중 두 가지만 선택할 수 있다.

우, 자본통제가 급격한 자본유입(surge)의 가능성을 줄이고 자본유입 규모도 줄인다는 실증연구들이 있다.[8)] 하지만 자본통제가 급격한 자본유입의 가능성을 줄이는 데 그 역할을 다하지 못했음을 보여주는 실증연구도 존재한다.[9)]

오스트리 외(Ostry et al., 2012)는 급격한 자본유입(surge)이 있을 때 거시경제정책, 거시건전성 규제와 더불어 자본통제가 유용한 정책수단임을 제시하고 있다. 하지만 우선적인 정책수단은 거시경제정책이고 자본통제는 마지막 수단이 되어야 함을 강조하고 있다. 자본통제는 편익뿐만 아니라 비용도 수반된다. 자본통제가 과도한 환율의 변동과 금융의 취약성을 성공적으로 줄여 줄지라도 경제에 불필요한 자본뿐만 아니라 필요한 자본유입까지도 축소시키게 된다. 자본통제는 또한 중소기업이나 국내기업의 자금조달을 더 어렵게 한다. 자본통제는 자본개방으로 인한 편익(금융발전, 거시경제 안정, 제도의 질 향상 등)을 누리지 못하게 한다. 대외적으로는 국가 간 경쟁적인 자본통제를 유발하여 자산거래가 줄어들어 효율적인 투자가 이루어지지 않게 되는 비용을 수반한다.

한편, 거시건전성 규제는 금융시스템의 안정을 목적으로 하는 정책이다. 해외자본 유출입과 관련하여 외환건전성 규제가 이에 해당되고 규제의 정도에 따라 자본통제와 유사한 역할을 한다. 예를 들면, 환헤지를 하지 않은 국내차입자에 대한 국내은행의 외화표시 대출을 제한하는 정책이 이에 해당된다. <표 5-3>은 포브스 외(Forbes et al., 2015)가 제시한 자본통제와 거시건전성 규제의 정책수단을 보여주고 있다. 자본통제 수단은 국가 간 자본거래에서 거주자와 비거주자에 차별적으로 규제를 하는 반면 거시건전성 정책수단은 거주자와 비거주자에 차별을 두지 않는다. 거시건전성 정책은 국가 간 자본거래, 환노출, 은행대출 등과 관련된 규제로 구성되어 있다.[10)] 저자들은

---

8) Cardarelli et al.(2007)과 Ghosh et al.(2014) 참조.

9) Fratzscher et al.(2013)은 2008년 글로벌 금융위기 이후 미국 중앙은행의 **양적완화** 정책으로 인해 많은 자금이 신흥국들로 유입되었는데 자본유입에 대한 통제를 한 나라들이 급격한 자본유입을 막지 못한 것으로 분석했다.

10) 우리나라의 경우 글로벌 금융위기 이후 단기자본의 과도한 유출입을 막기 위해 세 가지의 외환건전성 규제(① 선물환포지션 한도 규제, ② 외환건전성 부담금 부과, ③ 외국인채권 투자 과세)를 시행했다. **선물환포지션 한도 규제**(2010년 10월 시행)는 은행의 선물환포지션 한도를 자기자본 대비 일정비율로 제한하여 은행의 과도한 선물환거래로 인한 단기해

표 5-3 자본통제와 거시건전성 정책 비교

자본통제	거시건전성 정책
• 국내기업 자산에 대한 외국인 지분 양적제한	• 해외부채와 자산의 만기구조 보고
• 해외차입 양적제한	• 대차대조표 외 거래와 파생상품 계약에 대한 제한
• 역외지점 등 역외기관에서 차입제한	• 해외자산 취득제한
• 해외예금을 포함한 해외자산 취득제한	• 은행의 외화포지션 제한
• FDI와 그 밖의 금융거래를 위한 특별 라이선스 의무화	• 은행의 외화대출 제한
• 신규유입자본의 최소 국내예치기간 설정 의무화	• 자산의 분류와 권한설정 규칙
• 해외유입자본에 대한 과세	• 외환거래 과세
• 해외유입자본에 대해 지준금예치 의무화	• 외화자산에 대해 자본금 의무화
	• 자국통화표시 부채와 외화표시 부채에 대해 지준금예치 비율 차별화

자료 : K. Forbes, M. Fratzscher and R. Straub(2015).

2009~2011년 동안 60개국 자본통제와 거시건전성 정책의 주(weekly)별 자료를 이용하여 실증분석을 한 결과 자본통제와 거시건전성 정책 모두 자본유출입을 억제하는 본래의 목적을 달성하지 못한 것으로 나타났다. 특히 자본통제는 환율절상 압력을 막지 못하고 자본유입의 변동성을 줄이지 못했다. 이와 같이 자본통제가 자본유출입 억제효과가 낮게 나타나는 것은 자본유출입의 여러 가지 우회경로가 존재하기 때문인 것으로 추측된다. 한편 거시건전성 정책은 은행 레버리지 축소, 포트폴리오 부채 감소, 은행여신 증가 등 금융부문의 취약성을 줄이는 것에는 유효한 효과를 보였다.

종합해 보면, 자본통제가 과다한 자본유출입을 억제하기 위한 정책수단이지만 유효성에서는 실증적 근거가 빈약하다. 단기적으로 자본이 과다하게 유입될 경우 자본통제는 최후의 수단으로서 한시적으로 도입하는 것이 바람

외차입을 억제하기 위해 도입되었다. **외환건전성 부담금 부과제도**(2011년 8월 시행)는 은행의 비예금 외화부채 중 장기부채에 비하여 단기부채에 높은 부담금을 부과하여 은행의 비예금 단기외화부채의 증가를 억제하고 외화부채의 장기화를 유도하기 위해 도입되었다. **외국인채권투자 과세**(2011년 1월 시행)는 채권시장 및 외화유출입 변동성을 줄이기 위해 도입되었다. 이와 같은 외환건전성 규제 정책을 시행한 후 은행의 해외차입이 감소하였으며, 특히 단기차입이 줄어든 것으로 나타났다.

직하다. 기존 연구들을 살펴보면 외환 및 금융위기를 경험했던 신흥시장국들의 경우 그 원인이 부실한 기초경제여건과 관련이 있다. 국제자본이동의 혜택을 누리기 위해서는 기초경제여건을 튼튼히 하는 것이 최우선 정책이라고 할 수 있다.

요약

01. 국가 간에는 해외투자에 따라 자본의 이동이 활발하게 일어나고 있는데, 해외투자는 수익률과 위험분산을 목적으로 이루어지는 해외증권투자와 경영권 참여를 목적으로 외국기업의 지분을 취득하거나 외국에 기업을 설립하는 해외직접투자의 두 가지로 나누어진다.

02. 자본이동성이란 두 국가 간 자본이동이 얼마나 자유롭게 일어나는지를 의미하는데 자본이동성이 완전하다 함은 국가 간 자본이동이 국내에서의 자본이동과 마찬가지로 자유롭게 발생하는 경우를 말한다. 자본이동성이 얼마나 높은지를 평가하기 위해서는 이자율을 이용한 방법과 저축-투자 간 상관관계를 이용한 방법이 주로 이용된다.

03. 이자율을 이용한 자본이동성의 측정방법은 무위험 이자율평가, 유위험 이자율평가, 실질 이자율평가관계의 성립 여부를 보는 방법과 역내이자율과 역외이자율을 비교하는 방법이 있다.

04. 자본이동에 대한 통제가 없는 선진국들 간에도 자본의 이동성이 완전하지 못한 증거로 주식의 자국편중현상을 들 수 있다. 이는 각국의 투자자가 보유하고 있는 자국의 주식비중이 모형에 의해 제시되는 최적 자산구성에 비해 지나치게 높은 현상을 의미한다.

05. 증권투자의 자국편중현상은 신흥시장국에서 더욱 강하게 나타난다. 특히, 신흥시장국에 있어서는 주식보다 채권에서 자국편중현상이 심하게 나타나는데, 이는 유동성 부족, 낮은 신용등급, 채권시장 하부구조 미발달, 환위험의 존재 등에서 이유를 찾을 수 있다.

06. 국가 간 자본이동성이 불완전한 이유로는 자본의 유출입을 법적 또는 제도적 장치를 통해 규제하는 자본통제(capital controls) 이외에도 정보의 불완전성, 금융기관과 금융시장에 대한 규제 등을 들 수 있다.

07. 자본자유화에는 여러 가지 혜택이 있지만 여기에는 비용도 따른다. 자본자유화에 따라 급격한 자본유입이 발생하는 경우 국내화폐의 실질절상을 초래하고 이에 따라 경상수지 적자, 외채 누적 등의 현상이 발생한다. 이에 더하여 헤지펀드와 같은 단기자본은 국제금융시장을 불안정하게 만들 뿐만 아니라 국내금융시장과 외환시장을 교란시키는 요인이 될 수 있다.

08. 과다한 자본유출입을 억제하기 위해 자본통제 정책수단이 사용되지만 그 유효성에서는 실증적 근거가 빈약하므로 자본통제는 최후의 수단으로서 한시적으로 도입하는 것이 바람직하다. 국제자본이동의 혜택을 누리기 위해서는 기초경제여건을 튼튼히 하는 것이 최우선 정책이라고 할 수 있다.

주요 용어

거시건전성 규제	대국효과	스페니시 질병
자국편중현상	자본유입의 문제	자본의 국제이동성
자본이동	자본통제	정치적 위험
증권투자	포트폴리오투자	헤지펀드

연습문제

01. 자본자유화란 국가 간 자본의 흐름에 대한 규제, 즉 자본통제를 완화하거나 철폐하는 것을 말한다. 자본자유화에 따른 이득과 손실에 대해 논하여 보시오.

02. 자본통제와 거시건전성 규제의 차이점을 설명하시오.

03. 우리나라의 저축률과 투자율에 대한 연도별 시계열자료를 수집하고 이들 간 상관계수를 구해 보시오.

참고문헌

Backus, D. K., P. J. Kehoe, and F. E. Kydland, "International Business Cycles," *Journal of Political Economy* 100, 1992.

Cardarelli, R., S. Elekdag and M. Kose, "Capital Inflows : Macroeconomic Implications and Policy Responses," *IMF Working Paper* 09/40, 2006.

Feldstein, M. and C. Horioka, "Domestic Saving and International Capital Flows," *Economic Journal* 90, 1980, pp. 314-329.

Forbes, K., M. Fratzscher and R. Straub, "Capital Flow Management Measures : What are They Good For?," *NBER Working Paper* 20860, 2015.

Frankel, J., "Quantifying International Capital Mobility in the 1990s," in D. Bernheim and J. Shoven, eds., *National Saving and Economic Performance*, Chicago : University of Chicago Press, 1991, pp. 227-260.

Fratzscher, M., M. Lo Duca and R. Straub, "On the International Spillovers of US Quantitative Easing," *European Central Bank Working Paper Series* No. 1557, 2013.

French, K. R. and J. M. Poterba, "Investor Diversification and International Equity Markets," *American Economic Review* 81, 1991, pp. 222-226.

Garber, P., "Derivatives in International Capital Flows," *NBER Working Paper* 6623, 1998.

Ghosh, A., J. Kim, M. Qureshi and J. Zalduendo, "Surges," *Journal of International Economics* 92(3), 2014, pp. 266-285.

International Monetary Fund(IMF), *International Capital Markets*, 1998.

________, "The Liberalization and Management of Capital Flows—An Institutional View," *Policy paper*, 2012.

Obstfeld, M., "The Logic of Currency Crises," *NBER Working Paper* 4640, 1994.

Ostry, J., A. Ghosh, M. Chamon and M. Qureshi, "Tools for Managing Financial Stability Risks from Capital Inflows," *Journal of International Economics* 88(2), 2012, pp. 407-421.

Tesar, L. L. and I. M. Werner, "Home Bias and the Globalization of Securities Markets," *NBER Working Paper* 4218, 1992.

U.S. Department of Treasury, *Report on Foreign Holdings of U.S. Long-term Securities*, 2021.

CHAPTER 06

국제자본이동과 거시경제정책 운용

06 | 국제자본이동과 거시경제정책 운용

우리는 제4장에서 케인즈학파의 (재화시장만 고려하는) 단순모형을 개방경제에 적용한 모형을 살펴보았다. 거기서 국제수지는 재화시장과 관련된 경상수지에 국한되었다. 그러나 국제 간 자본이동이 갈수록 활발해지며 경상거래뿐만 아니라 자본거래가 환율과 화폐량에 미치는 영향이 증가하고 있다. 본 장에서는 활발해진 국제자본이동을 명시적으로 고려하면서 개방거시경제를 파악하는 여러 분석틀을 소개한다.

케인즈학파의 (재화시장과 화폐시장을 고려하는) 완전모형은 *IS-LM*곡선으로 대표되는데, 이를 개방경제에 적용하기 위해서, *IS-LM*곡선에 종합수지균형을 나타내는 새로운 *BP*곡선을 추가한 모형이 먼델-플레밍 모형이다.[1] 여기서 국제수지는 재화시장 및 화폐시장과 각각 관련된 경상수지 및 자본수지[2]의 합계인 종합수지이다. 이 모형을 통해서 현대경제를 더 잘 파악할 수 있고, 또한 정책효과를 더 잘 분석할 수 있다.

한편, 먼델-플레밍 모형과 유사한 특징을 가지는 먼델 모형을 통해서 자본이동성과 고정환율제도 아래서 재정정책 및 통화정책을 어떻게 수행하여 대내균형(완전고용)과 대외균형(종합수지균형)을 모두 달성할 수 있는가를 소개한다.[3] 끝으로 관리변동환율제도 아래서 나타나는 외환시장개입에 대해서 살펴본다.

---

1) Mundell(1963)과 Fleming(1962)에서 유래되었다.

2) 1장에서 보았듯이 새로운 국제수지표상에서 자본수지는 자본이전거래의 수지를 의미한다. 그러나 2012년 이전 국제수지표상의 자본수지는 외환당국을 제외한 경제주체의 자본거래 결과 나타난 자본의 순유입을 의미하였다. 본장에서는 기존 교과서 내용과의 혼동을 피하기 위하여 2012년 이전 국제수지표에서 의미하는 바에 따라서 자본수지를 정의하였다. 즉, 본장의 자본수지는 <표 1-2>에서의 준비자산 증감을 제외한 금융계정에 마이너스를 붙인 값을 의미한다. 일반적으로 자본이전거래의 규모가 작으므로 자본거래에서 이는 무시하기로 한다.

3) Mundell(1962)을 참조.

1. 국제자본이동과 케인즈학파의 개방경제모형 : 먼델-플레밍 모형

1.1 먼델-플레밍 모형의 구성

(1) 생산물시장 및 화폐시장

이미 제4장에서 언급하였으므로 부분적으로 중복되지만, 케인즈학파에 따른 재화시장 및 화폐시장의 균형을 나타내는 식을 차례로 열거해 보자.

$$Y = C(Y) + I(i) + G + CA(Y,\ SP^{*}/P) \tag{6.1}$$

$$M/P = L(Y,\ i) \tag{6.2}$$

위의 식에서 Y, C, I, G는 각각 국민소득, 소비지출, 투자지출, 정부지출을 의미한다. i는 국내이자율, M은 화폐공급량이며 P와 P^{*}는 각각 국내물가와 해외물가를 나타낸다. CA는 (분석의 편의상, 이전수지를 무시하면) 순수출이며 경상수지를 가리키고, SP^{*}/P는 실질환율을 나타낸다. 국내외 물가가 고정되어 있다고 가정하므로 실질환율 대신에 명목환율 S로 대체할 수 있다.[4)]

(2) 외환시장

앞의 제2장에서 논의하였듯이, 외환시장에서는 국제수지에 의해서 외환의 수요와 공급이 나타난다.[5)] 그런데 먼델-플레밍 모형에서 주로 분석하는 국제수지는 경상수지와 자본수지의 합인 종합수지이다.

$$BP = CA(Y,\ SP^{*}/P) + KA(i - i^{*}) \tag{6.3}$$

---

4) 여기서 환율과 국제수지를 무시하면서 폐쇄경제를 고려하면, $IS-LM$곡선으로 이루어진 케인즈학파의 전형적인 완전모형으로 끝난다. 이것은 거시경제학에서 즐겨 다루는 내용이다. 그러나 여기서 우리는 개방경제를 고려하므로 $IS-LM$곡선에서 그치지 않고, 환율 및 국제수지를 고려해야 한다.

5) 자본수지로 나타나는 외환의 수요와 공급은 엄밀하게 말하면 유량(flow)으로서의 외환의 수요와 공급이다. 자본수지, 경상수지 등 국제수지는 (이를테면 국민소득처럼) 유량개념임을 상기하라. 한편, 제3장에서 살펴본 이자율평가에서 고려된 국제자본이동은 저량(stock)으로서의 자본의 수요와 공급이다. 이런 점을 강조하여 먼델-플레밍 모형을 **유량균형모형**(flow equilibrium model), 이자율평가를 포함하는 모형들은 **저량균형모형**(stock equilibrium model)이라고 분류하기도 한다.

KA는 자본수지를 가리키며, $i-i^*$는 국내외이자율의 격차를 나타낸다. 해외이자율에 비해서 국내이자율이 높으면 국내로 자본이 유입하여 자본수지가 개선될 것이다. 거꾸로 해외이자율에 비해서 국내이자율이 낮으면 해외로 자본이 유출하여 자본수지가 악화될 것이다. 즉, 자본수지는 국내외이자율 격차에 의해서 결정된다.[6] 더 나아가 소규모 개방경제라고 가정하여 해외이자율이 주어져 있다고 가정하면 위의 식에서 $i-i^*$를 간단히 i로 나타낼 수 있다. 주의할 점은 종합수지가 저절로 균형이 되는 것은 아니다. 특히, 고정환율제도 아래서는 종합수지가 균형이 된다는 보장이 없다. 변동환율제도 아래서는 환율의 자유로운 변동에 의해서 종합수지가 균형에 이를 수 있다고 가정한다.

환율제도가 어떻든, 종합수지 균형(외환시장의 균형)은 다음과 같이 정의할 수 있다.

$$BP = CA(Y,\ SP^*/P) + KA(i-i^*) = 0 \tag{6.4}$$

주의할 점은 위 식은 변동환율제도 아래서는 항상 충족되지만, 고정환율제도 아래서는 충족되지 않고, 그 대신에 국제수지 불균형이 화폐공급변동을 낳는다는 것이다. 고정환율제도에서는 국제수지 흑자가 발생하면 외환의 초과공급이 발생하여 국내통화가치의 상승압력이 증가한다. 따라서 중앙은행은 고정환율제도의 목표환율을 유지하고자 외화매입, 자국통화매도의 외환시장개입을 시행하며, 이에 따라 화폐공급이 증가한다. 이와 대조적으로 국제수지 적자가 발생하면 반대의 외환시장개입이 발생하여 화폐공급이 감소한다.[7] 즉, 고정환율제도 아래서는 국제수지 흑자는 화폐공급 증가를 낳고, 국제수지 적자는 화폐공급 감소를 초래한다.

---

6) 환율의 예상변화율을 Δs^e라고 하고 이것을 고려하면, 자본수지는 $i-i^*$보다는 $i-i^*-\Delta s^e$에 의해서 영향을 받는다고 할 수 있다. 그러나 먼델-플레밍 모형은 환율변화에 대한 경제주체들의 예상을 전혀 고려하지 않는다. 즉, 환율에 대한 정태적 기대를 가정하고 있다.

7) 국제수지 불균형 때문에 화폐공급 변동이 유발되는 것을 막기 위해서 이른바 중화개입을 할 수 있다. 이에 대해서는 본장의 맨 끝부분에서 분석하는 외환시장개입을 살펴보라.

1.2 IS-LM-BP곡선

재화시장, 화폐시장, 종합수지(외환시장)의 균형을 나타내는 *IS-LM-BP*곡선은 전통적으로 가로축에 소득 *Y*, 세로축에 이자율 *i*를 나타내는 평면에 그릴 수 있다.8) 이와 같이 이자율-소득 평면에 그릴 때는, 예를 들어 (이자율과 소득 이외의) 화폐공급, 환율 등의 주요 변수들이 일정하게 주어졌다고 가정하고 그린다는 것을 유의하라.

(1) IS-LM-BP곡선의 형태

① 생산물시장의 균형을 나타내는 *IS*곡선은 우하향한다.

[그림 6-1]에서 *A*점은 어떤 일정한 소득 및 이자율의 조합을 가리키는데, *A*점에서 재화시장이 균형을 이루었다고 하면 *IS*곡선에 놓인 점이 될 것이다. 그리고 *A*점에서보다 더 높은 소득이 주어진 상황은 *A*점의 오른쪽에 놓인 *B*점

그림 6-1 *IS*곡선의 도출

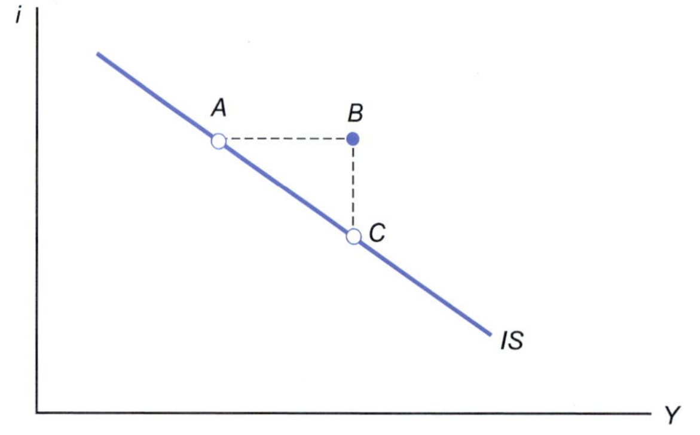

*A*점의 오른쪽에 놓인 *B*점에서는 소득증가 때문에 저축이 증가한다. 이러한 누출증가를 상쇄하여 생산물시장이 균형을 회복하려면, 주입증가, 즉 투자증가를 위한 이자율 하락이 필요하다. 즉, *B*점보다 수직으로 아래쪽에 놓인 *C*점에서는 생산물시장이 균형을 이룰 수 있다.

8) 힉스(J. Hicks)가 *IS−LM*선을 그린 이자율-소득 평면을 그대로 적용한 것이다. 그러나 더 일반적으로 생각해 보면, 여기서 고려되는 변수들이 소득, 이자율, 환율의 세 종류이므로 소득-이자율-환율의 3차원 공간에 나타낼 수 있는 것이다. 편의상 두 종류의 변수를 선택하여 2차원 평면에 나타내는데, 이자율-소득 평면 대신에 환율-소득 평면에도 나타낼 수 있다.

으로 나타낼 수 있다. *B*점은 소득증가 때문에 저축, 즉 누출이 증가한 상황이다. 그런데 이러한 누출증가를 상쇄하여 생산물시장이 균형을 회복하려면 주입증가, 즉 투자증가를 위한 이자율하락이 필요하다. 즉, *B*점에서보다 더 낮은 이자율에서는 주입이 증가할 것이므로 *B*점보다 수직으로 아래쪽에 놓인 *C*점에서는 생산물시장이 균형을 이룰 수 있다. 따라서 *C*점도 *IS*곡선에 놓인 점이 될 것이다. 결국 *A*점과 *C*점을 잇는 우하향하는 곡선이 *IS*곡선이 된다.

② 화폐시장의 균형을 나타내는 *LM*곡선은 우상향한다.

[그림 6-2]의 *A*점은 어떤 일정한 소득 및 이자율의 조합을 가리키는데, *A*점에서 화폐시장이 균형을 이루었다고 하면 *LM*곡선에 놓인 점이 될 것이다. 그리고 *A*점에서보다 더 높은 소득이 주어진 상황은 *A*점의 오른쪽에 놓인 *B*점으로 나타낼 수 있다. *B*점은 소득증가 때문에 화폐수요가 증가한 상황이다. 이러한 화폐수요 증가를 상쇄하려면, 화폐수요 감소를 위한 이자율 상승이 필요하다. 즉, *B*점에서보다 더 높은 어떤 일정한 이자율 아래서는 화폐수요가 감소할 것이므로 *B*점보다 수직으로 위쪽에 놓인 *C*점에서는 화폐시장이 균형을 이룰 수 있다. 따라서 *C*점도 *LM*곡선에 놓인 점이 될 것이다.

그림 6-2 *LM*곡선의 도출

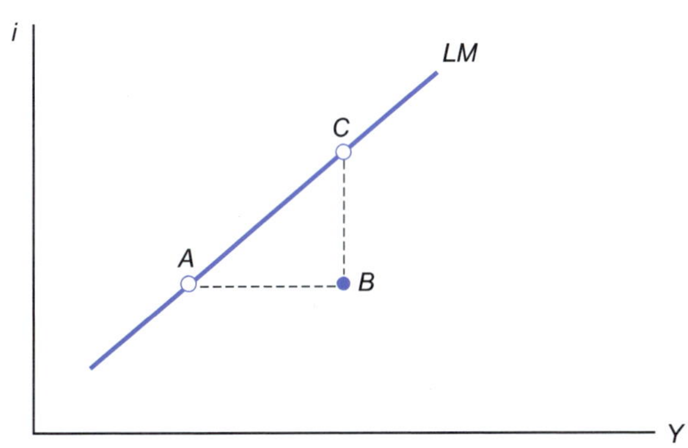

*A*점의 오른쪽에 놓인 *B*점은 소득증가 때문에 화폐수요가 증가한다. 이 화폐수요 증가를 상쇄하려면 화폐수요 감소를 위한 이자율 상승이 필요하다. 즉, *B*점보다 수직으로 위쪽에 놓인 *C*점에서는 화폐시장이 균형을 이룰 수 있다.

결국 *A*점과 *C*점을 잇는 우상향하는 곡선이 *LM*곡선이 된다.

③ 국제수지의 균형(달리 말하면, 외환시장의 균형)을 나타내는 *BP*곡선은 우상향한다.

[그림 6-3]의 *A*점은 어떤 일정한 소득 및 이자율의 조합을 가리키는데, *A*점에서 경상수지 및 자본수지의 합, 즉 종합수지가 균형을 이루었다고 하면 *BP*곡선에 놓인 점이 될 것이다. 그리고 *A*점에서보다 더 높은 소득이 주어진 상황은 *A*점의 오른쪽에 놓인 *B*점으로 나타낼 수 있다. *B*점은 소득증가 때문에 (수입수요가 증가하여) 경상수지가 악화한 반면에, 이자율 불변 때문에 자본수지가 불변이므로, 종합수지가 악화하여 적자가 될 것이다. 그런데 이러한 경상수지 악화를 상쇄하여 종합수지가 균형을 회복하려면, 이자율 상승이 필요하다. 즉, *B*점에서보다 더 높은 이자율에서는 자본수지가 개선될 것이므로 *B*점보다 수직으로 위쪽에 놓인 *C*점에서 종합수지가 균형을 이룰 수 있다. 따라서 *C*점도 *BP*곡선에 놓인 점이 될 것이다. 결국 *A*점과 *C*점을 잇는 우상향하는 곡선이 *BP*곡선이 된다.

또한 *B*점과 같은 *BP*곡선의 오른쪽 아래에 있는 점에서는 종합수지 적자

그림 6-3 *BP*곡선의 도출

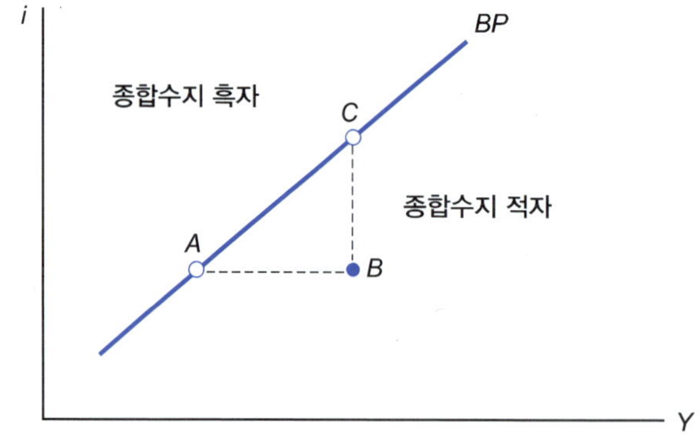

*A*점의 오른쪽에 놓인 *B*점은 소득증가 때문에 경상수지가 악화하므로 종합수지는 적자이다. 이러한 경상수지 악화를 상쇄하여 종합수지가 균형을 회복하려면, 자본수지 개선을 위한 이자율 상승이 필요하다. 즉, *B*점보다 수직으로 위쪽에 놓인 *C*점에서는 종합수지가 균형을 이룰 수 있다.

이며, (동일한 원리를 적용하여 알 수 있듯이) *BP*곡선의 왼쪽 위에 있는 점에서는 종합수지 흑자이다.

④ 자본이동성이 높을수록 *BP*곡선의 기울기가 완만하게 된다.

*BP*곡선의 기울기는 자본이동이 이자율에 얼마나 민감하게 영향을 받는가에, 즉 자본이동성(degree of capital mobility)에 달려 있다. 앞에서 살펴본 *A*점, *B*점, *C*점을 다시 살펴보자. 일정한 소득증가에 따른 일정한 경상수지 악화를 상쇄하기 위한 자본수지 개선이 있으려면 이자율이 높아져야 하는데, 자본이동성이 높을수록, 자본수지 개선에 필요한 이자율 상승폭은 작을 것이다. 즉, *B*점과 *C*점 사이의 거리가 짧아지고 *BP*곡선의 기울기가 완만하다.

지금까지 살펴보았던 우상향하는 *BP*곡선은 자본이동이 불완전한 경우에 해당한다. 만약에 자본이동성이 완전하다면, *BP*곡선은 수평선이 될 것이다. 이는 다름 아니라 국내이자율이 해외이자율과 같아짐을 뜻한다. 즉, $i=i^*$이다. 본장에서의 완전한 자본이동성은 유량으로서의 자본이동에 대한 논의임을 유의하여야 한다. 한편, 제3장에서 소개한 유위험 이자율평가는 저량으로서의 자본이동을 가정하고 있다.

그림 6-4 자본이동성의 정도와 *BP*곡선의 기울기

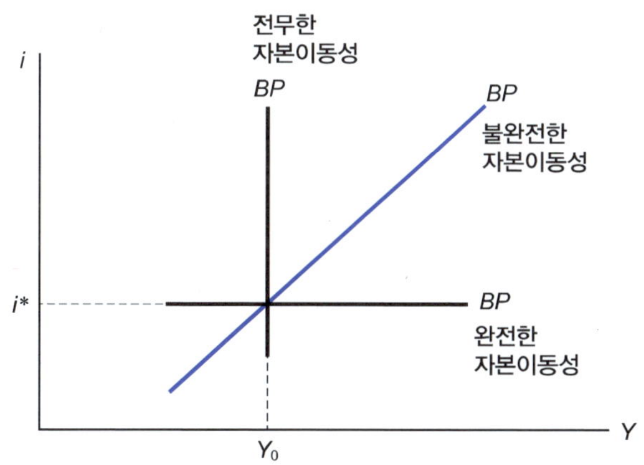

*BP*곡선은 자본이동성이 높을수록 완만하게 된다. 자본이동성이 완전하면, *BP*곡선은 수평선이 된다. 자본이동성이 전무하면, *BP*곡선은 수직선이 된다.

거꾸로 만약에 자본이동성이 전혀 없다면, *BP*곡선은 수직선이 될 것이다. 이는 다름 아니라 자본수지가 존재하지 않거나, 당국에 의해서 자본이동이 완전히 규제됨으로써 이자율과는 무관하게 외생적으로(정책적으로) 자본수지가 일정하게 주어지는 상황이라고 할 수 있다. 그렇다면 종합수지 균형을 가져오는 것은 어떤 일정한 소득 Y_0 아래서의 일정한 경상수지라고 할 수 있다. 즉, $BP(Y_0)=CA(Y_0)+KA_0=0$ 및 $Y=Y_0$이다. 이를 정리하면 [그림 6-4]와 같다.

(2) IS-LM-BP곡선의 이동

① 재화시장의 균형을 나타내는 *IS*곡선은 재화시장에서의 수요증가(즉, 소비수요, 투자수요, 정부지출, 순수출수요 등의 증가)로 우상향 이동한다. 특히, 마셜-러너 조건이 충족되면 환율상승에 의해서 순수출이 증가하므로, (변동환율제도 및 관리변동환율제도 아래서 또는 조정가능고정환율제도 아래서) 환율상승(또는 환율인상)으로 *IS*곡선은 우상향 이동함을 알 수 있다.

② 화폐시장의 균형을 나타내는 *LM*곡선은 화폐시장에서의 화폐공급 증가로 우하향 이동한다. (고정환율제도 아래서 또는 관리변동환율제도 아래서) 종합수지 흑자는 화폐공급 증가를 낳고 이에 *LM*곡선은 우하향 이동한다.

③ 종합수지의 균형(달리 말하면, 외환시장의 균형)을 나타내는 *BP*곡선은 (이자율과 소득 변화 이외의 요인에 따른 외생적인) 순수출수요 증가, 즉 경상수지 개선 및 자본수지 개선 등에 의하여 우하향 이동한다. 예를 들어, 환율상승 및 해외경기상승에 따른 순수출수요 증가 또는 해외이자율 하락에 따른 자본유입 증가가 있으면 *BP*곡선은 우하향 이동한다.[9] 가장 중요한 점을 강조하면, 환율상승으로 *BP*곡선이 우하향 이동한다는 것이다.

이것을 그림으로 확인해 보자. 앞의 [그림 6-3]에서 처음에 *A*점에 놓여

---

9) 환율상승이 반드시 순수출수요 증가를 가져오는 것은 아니다. 이를 위해서는 예컨대, 마셜-러너 조건이 충족되어야 한다. 이하 마셜-러너 조건이 충족된다고 가정한다.

있다고 하자. 국내이자율과 소득이 동일한데, 환율상승 및 해외경기상승에 따른 순수출수요 증가가 있게 되면 (자본수지는 불변이나) 경상수지의 개선으로 종합수지가 개선되어 흑자가 된다. 따라서 *A*점은 더 이상 *BP*곡선에 놓이지 않고, (새로운) *BP*곡선의 왼쪽 위에 놓일 것이며, 이는 달리 말하면, *BP*곡선이 우하향 이동하였음을 뜻하는 것이다.

또한 앞의 [그림 6-3]에서 처음에 *A*점에 놓여 있다고 하자. 국내이자율과 소득이 동일한데, 해외로부터 자본유입이 증가하게 되면 (경상수지는 불변이나) 자본수지의 개선으로 종합수지가 개선되어 흑자가 된다. 따라서 위에서와 동일한 원리 때문에 이 경우에도 *BP*곡선이 우하향 이동한다.

이제 국제자본이동을 고려한 먼델-플레밍 모형에서 외생변수의 변화가 경제에 미치는 영향을 분석해 보자. 외생변수의 변화로서 확대재정정책 또는 투자수요의 증가, 확대통화정책 그리고 순수출수요 증가의 경우를 고려해 보기로 한다. 또한 자본이동이 불완전한 경우와 완전한 경우를 나누고, 환율제도를 고정환율제도와 변동환율제도로 나누어 각각의 경우에 대해 외생변수 변화의 경제적 효과를 비교분석해 보기로 한다. 먼저 자본이동이 불완전한 경우를 보자.

1.3 자본이동이 불완전한 경우

*BP*곡선이 우상향함은 자본이동이 불완전한 경우를 나타내고 이는 다시 자본의 이동성이 낮은 경우와 높은 경우로 나눌 수 있다. *BP*곡선이 *LM*곡선보다 더 가파르면 자본이동성이 낮은 경우이고, *BP*곡선이 *LM*곡선보다 더 완만하면 자본이동성이 높은 경우로서 정의하도록 한다.

(1) 고정환율제도

고정환율제도 아래서는 국제수지가 불균형이 되더라도 환율이 변화하지 않는다. 외환당국이 환율변동을 허용하지 않는 대신에, 국제수지의 불균형을 조정하기 위해 외환시장에 개입하게 된다. 외환시장 개입에 대해서는 이번 장 3절에서 상세히 살펴볼 것이다.

요약해 보면, 국제수지 불균형이 발생했을 때 화폐공급량에 영향을 주지 않게 하는 중화개입과 국제수지 불균형만큼 화폐공급량이 변하도록 하는 비중화개입이 있다. 현실적으로 국제수지 불균형이 발생하면 단기에 (또는 일시적으로) 외환당국은 중화개입을 통해 통화량에 영향을 주지 않도록 노력한다. 하지만 불균형이 지속된다면 결국에는 비중화개입을 통해 통화량에 영향을 주게 되어 국제수지 흑자는 화폐공급 증가를, 국제수지 적자는 화폐공급 감소를 가져온다. 즉, 중화개입에 의한 균형은 단기균형, 비중화개입에 의한 균형은 장기균형이라고 해석할 수 있다.

처음에 이 경제가 균형에 놓여 있고, 세 곡선이 한 점에서 만나고 있다고 하자.[10]

① 확대재정정책 또는 투자수요 증가

먼저 자본이동이 없는 경우를 살펴보자. [그림 6-5] (a)에서 보듯이 정부지출 또는 투자수요가 증가하면 *IS*곡선이 *IS*에서 *IS*′으로 우상향 이동하고, *IS*′과 *LM*이 서로 만나는 *F*점으로 균형점이 이동하게 된다. *F*점에서 소득이 더 높아 수입이 증가하며 이에 따라 경상수지가 악화된다. 이자율이 더 높아지지만 자본수지에 영향을 주지 못하므로 경상수지가 악화된 만큼 종합수지는 적자가 된다. 만약 국가 간 자본이동이 가능하다면 이자율 상승으로 인해 자본이 유입되고 자본수지는 개선된다. 경상수지는 악화되고 자본수지는 개선되므로 종합수지에 어떠한 영향을 주는가는 자본의 이동성 정도에 의해 결정된다.

[그림 6-5] (b)는 *BP*곡선이 우상향하지만 *LM*곡선보다 기울기가 상대적으로 가파른 자본이동성이 낮은 상태를 보여준다. 이 경우 새로운 균형점 *F*는 여전히 *BP*곡선의 우측에 있음을 볼 수 있다. 이는 이자율 상승으로 자본수지가 개선되지만 소득증가에 의한 경상수지 악화규모보다 적어 종합수지는 적자가 되기 때문이다. [그림 6-5] (a)와 비교해 보면 종합수지 적자는 줄어들게 된다. 그러나 소득과 이자율에 미치는 영향은 동일하다.

[그림 6-5] (c)는 *BP*곡선이 *LM*곡선보다 기울기가 더 완만한 자본이동성이 높은 상태를 나타낸다. 이 경우도 확대재정정책 또는 투자수요의 증가가

10) 이렇게 세 곡선이 모두 한 점에서 만나게 되는 과정은 [부록1]에 서술한다.

그림 6-5 고정환율제도에서의 확대재정정책 또는 투자수요 증가

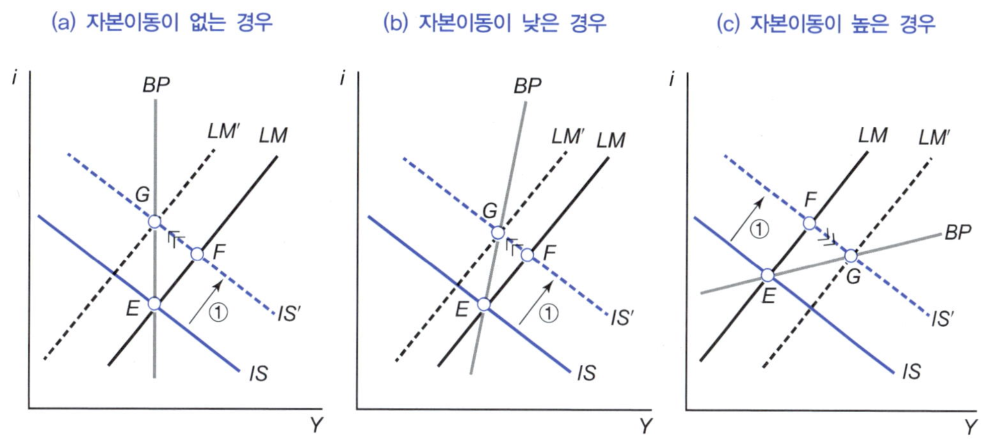

(a) 자본이동성 여부에 관계없이 정부지출 증가나 투자수요 증가로 *IS*곡선이 우상향 이동한다. 이에 (일시적인) 균형점 *F*점에서 소득과 이자율이 더 높아지고 경상수지는 적자가 된다.

(b) 자본이동성이 낮은 경우에는 자본유입으로 인한 자본수지 흑자가 경상수지 적자보다 적어 종합수지는 적자가 된다.

(c) 반면 자본이동성이 높은 경우에는 자본수지 흑자가 경상수지 적자보다 커서 종합수지는 흑자가 된다.

소득과 이자율에 미치는 영향은 이전과 동일하다. 그러나 새로운 균형점 *F*는 *BP*곡선 좌측에 위치하게 되어 종합수지가 흑자가 됨을 알 수 있다. 이는 자본이동성이 높아 이자율 상승으로 인한 자본유입이 경상수지 악화보다 더 크기 때문이다.

*F*점은 종합수지 불균형이 화폐공급에 영향을 주지 않는 중화개입을 통한 균형, 또는 단기균형이다. 만약 통화당국이 중화개입을 하지 않는다면 종합수지 불균형은 외환보유액(또는 순해외자산)에 영향을 주고, 이것은 다시 화폐공급에 영향을 주게 된다. 이러한 화폐공급 증가는 내생적으로 이루어지는 것이므로 내생적 화폐공급 변화라고 일컫는다. 종합수지 적자는 외환보유액을 줄이고, 이는 화폐공급의 감소를 가져와 *LM*곡선을 좌상향으로 이동시킨다. 반면, 종합수지 흑자는 외화보유액의 증가와 이에 따른 화폐공급의 증가를 초래하여 *LM*곡선을 우하향으로 이동시킨다.

[그림 6-5] (a)의 경우 단기균형점 *F*에서 종합수지 적자이므로 화폐공급이 감소하고 *LM*곡선은 *IS'*곡선을 따라 좌상향으로 이동하게 된다. 이 과정에서 이자율이 상승하여 국내투자가 감소하고 소득이 감소하면서 수입이 줄어 종합수지 적자는 점차 줄어들게 된다. 이러한 과정은 계속되어 종합수지가 균형이 되는 점, 즉 *IS'*곡선, *LM'*곡선과 *BP*곡선이 만나는 *G*점에서 멈추게 되고 이 점이 장기균형점이다. 자본이동이 없는 경우 확대재정정책은 단기에는 소득을 증가시키나 장기에는 이자율 상승으로 인한 투자위축, 즉 구축효과(crowding-out effect)로 인해 소득에 영향을 전혀 주지 못하게 된다.

자본이동성이 낮은 [그림 6-5] (b)의 경우를 보면 자본이동성이 없는 경우와 같은 과정을 거치게 된다. 다른 점은 이자율 상승과 더불어 자본유입이 증가하므로 종합수지 균형을 이루기 위한 이자율 상승폭이 상대적으로 작아지고, 구축효과가 작게 된다. 그 결과 단기균형 소득보다는 적지만 최초 소득보다는 소득이 증가하게 된다. 자본이동성이 높은 [그림 6-5] (c)의 경우에는 단기균형점 *F*에서 종합수지 흑자이므로 화폐공급이 증가하여 *LM*곡선이 *LM*으로부터 *IS'*을 따라 *LM'*으로 차차 우하향 이동한다. *G*점에 이르기까지는 여전히 종합수지가 흑자이므로 결국 *G*점까지 이동한다. 이동하는 과정에서 이자율 하락, 투자 증가, 소득 증가를 가져와, 자본이동성이 높은 경우에는 단기균형 소득보다 장기균형 소득이 더 크게 된다.

종합해 보면, 고정환율제도 하에서 재정정책 또는 투자수요의 변화가 소득에 미치는 영향은 자본이동성이 높아질수록 더 커지게 된다. 요컨대, 높은 자본이동성과 고정환율 아래서 재정정책이 안정화정책(stabilization policy)으로서 매우 유효한 정책임을 알 수 있다.

② 확대통화정책

[그림 6-6] (a), (b), (c)는 [그림 6-5]와 마찬가지로 각각 자본이동성이 없는 경우, 낮은 경우와 높은 경우를 나타낸다. 화폐공급을 증가시키면 *LM*곡선이 *LM*에서 *LM'*으로 우하향 이동한다. 이에 *IS*와 *LM'*이 만나는 점 *F*에서 (일시적으로) 균형을 이루게 된다. 화폐공급의 증가가 소득과 이자율에 미치는 영향은 이 세 가지 경우에 모두 똑같게 된다. 화폐공급이 증가하면 이자율이 하락하고 투자가 증가하여 소득이 증가한다. 그 결과 수입이 늘어나 경상수지

그림 6-6 고정환율제도에서의 확대통화정책

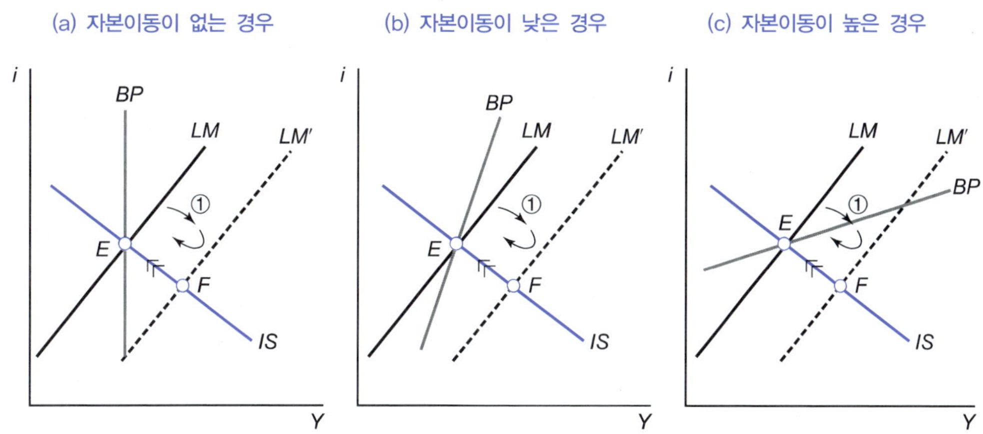

(a) 자본이동성 여부에 관계없이 화폐공급을 증가시키면 *LM*곡선이 우하향 이동한다. 이에 (일시적인) 균형점 *F*에서 소득은 높아지고 이자율은 더 낮아지며 경상수지는 적자가 된다.
(b) 자본이동성이 낮은 경우에는 자본유출로 자본수지도 적자가 되어 종합수지 적자는 더 커지고 외환보유액 감소로 인한 화폐공급의 감소가 더 커진다.
(c) 자본이동성이 높은 경우에는 종합수지 적자가 더욱더 커지고 외환보유액 감소로 인한 화폐공급의 감소가 더욱더 커진다. 결국 확대금융정책의 효과가 전혀 없게 된다.

는 악화된다.

만약 국제자본이동이 가능하면, 확대재정정책과는 반대로, 이자율 하락으로 인해 자본유출이 증가하여 자본수지도 악화되며, 따라서 자본이동이 없는 경우보다 종합수지 적자는 더 커지게 된다. 즉, 자본이동성이 높을수록 자본수지 악화가 더 심화되어 자본이동성이 낮은 경우보다 종합수지 적자는 더욱더 커지게 된다. 즉, 종합수지 적자는 [그림 6-6] (a)의 경우보다 [그림 6-6] (b)의 경우가 더 크고, [그림 6-6] (b)의 경우보다 [그림 6-6] (c)의 경우가 더 커지게 된다.

앞서 언급하였듯이, *F*점은 종합수지 불균형이 화폐에 영향을 주지 않는 단기균형이다. 통화당국이 중화개입을 하지 않는다면, 종합수지 적자는 외환보유액을 감소시키고 화폐공급이 감소하게 된다. 그 결과 *LM*곡선이 *LM′*으로부터 *IS*곡선을 따라 거꾸로 좌상향으로 움직인다. 그 과정에서 이자율이 상승하고 투자가 감소하여 소득도 줄어들게 된다. 점 *E*에 이르기 전까지는 여전히 종합수지가 적자이므로 결국 원래의 균형점 *E*까지 되돌아간다. 자본이동성이 없는 [그림 6-6] (a)의 경우, 통화당국이 화폐공급을 늘리면 장기에는 국제수지 적자를 통해 모두 해외로 유출되어 소득에 아무런 영향을 주지 못하게 된다. 자본이동성이 낮은 [그림 6-6] (b)의 경우도 같은 과정을 거쳐 장기에 소득에 영향을 주지 못한다. [그림 6-6] (a)와 다른 점은 자본이동이 있으면 자본수지 악화로 인해 종합수지 적자가 더 커지므로 화폐공급 감소율이 더 커져 더 빠른 속도로 원래의 균형점 *E*로 되돌아간다. 자본이동성이 높은 [그림 6-6] (c)의 경우에는 자본이동성이 낮은 경우보다 종합수지 적자가 더 크므로 [그림 6-6] (b)에 비해 더욱더 빠른 속도로 원래의 균형점 *E*로 되돌아간다.

요약하면, 외생적(정책적) 화폐공급 증가는 종합수지 적자에 따른 내생적 화폐공급 감소로써 완전히 상쇄된다. 요컨대, 단기에는 통화정책이 안정화정책으로서 유효하지만, 장기에는 전혀 유효하지 않음을 알 수 있다. 자본이동성이 높아질수록 통화정책의 유효성이 더 빨리 소멸된다.

③ 순수출수요 증가

해외경기가 좋아지거나 외환당국이 환율을 인상함(평가절하, devaluation)으로써 순수출수요가 증가하게 된 경우를 살펴보자. 먼저 자본이동성이 없는 [그림 6-7] (a)를 보면 순수출수요가 증가하면 *IS*곡선이 *IS*로부터 *IS'*으로 우상향 이동하며 또한 *BP*곡선이 *BP*로부터 *BP'*으로 이동한다.[11] 이에 일시적으로 경제는 *IS'*과 *LM*이 만나는 점 *F*에서 균형을 이루어 소득과 이자율이 상승한다. 그러나 확대재정정책과 같은 국내수요의 증가와는 달리 *F*점은 *BP'*곡선 왼쪽에 위치하는데, 이는 해외수요의 증가는 경상수지를 개선시켜 종합수지가 흑자가 됨을 보여주고 있다. 자본이동성이 있는 경우에도 단기에

---

11) 단, 현실경제에서는 국제수지가 적자에 놓인 경우 또는 경상수지가 적자에 놓인 경우에 이러한 환율인상(평가절하)조치가 취해지지만, 분석의 편의상 처음에 *IS-LM-BP*곡선이 모두 한곳에서 만나고 있다고 가정한다. 즉, 처음에 이 경제는 *BP*곡선에 놓여 국제수지가 균형을 이루고 있다고 가정한다. 중요한 점은 비교정태분석을 활용해서 원래의 균형과 새로운 균형의 차이를 살펴보는 것이다. 평가절하에 의해서 (마셜-러너 조건이 충족되면) 순수출수요가 증가하고, 경상수지가 개선된다.

그림 6-7 고정환율제도에서의 순수출수요 증가

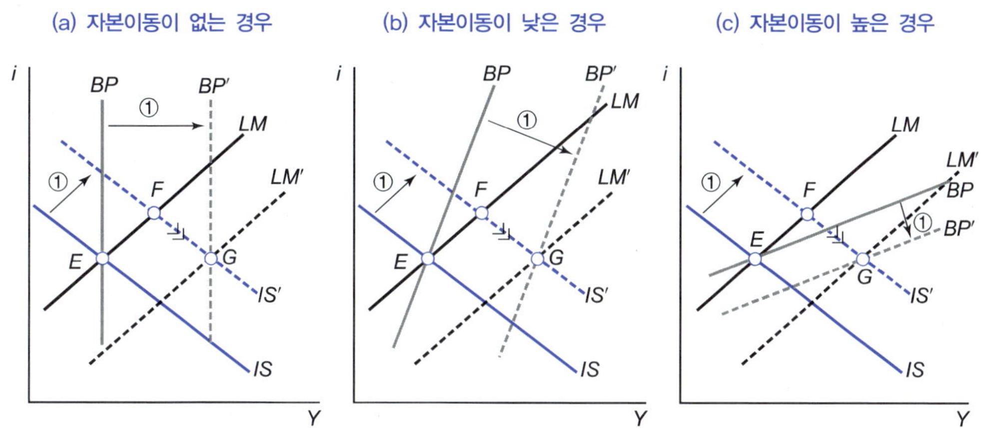

(a) 자본이동성 여부에 관계없이 순수출수요가 증가하면 *IS*곡선이 우상향 이동하며 *BP*곡선이 우하향 이동한다. 이에 일시적으로 경제는 *F*점에서 균형을 이루어 소득과 이자율이 상승하고 종합수지는 흑자가 된다.

(b) 자본이동성이 있는 경우에는 이자율 상승이 자본유입을 가져와 자본수지 흑자가 되어 종합수지 흑자는 더 크게 된다.

(c) 자본이동이 높아질수록 자본수지 흑자가 더 커져 종합수지 흑자는 더욱더 커지게 된다. 이에 화폐공급이 증가하여 *LM*곡선이 우하향 이동하고, 소득증대효과는 더 커진다.

소득과 이자율에 미치는 영향은 자본이동성이 없는 경우와 동일하다. 그러나 이자율 상승이 자본유입 증가를 초래하여 자본수지는 개선되며, 경상수지 개선과 더불어 종합수지 흑자는 더욱 확대된다. 또한 자본이동성이 높아질수록 자본수지 개선도가 커져 종합수지 흑자는 더욱 증가한다. 즉, *F*점에서 종합수지 흑자는 자본이동성이 없는 [그림 6-7] (a)의 경우보다 자본이동성이 낮은 [그림 6-7] (b)의 경우가 더 크고, [그림 6-7] (b)의 경우보다 자본이동성이 높은 [그림 6-7] (c)의 경우가 더 커지게 된다.

이제 통화당국이 중화개입을 하지 않는다면, 종합수지 흑자는 외환보유액을 증가시키고 화폐공급이 증가하게 된다. 그 결과 *LM*곡선이 *LM*으로부터 *IS′*을 따라 *LM′*으로 차차 우하향 이동하여 *BP′*곡선과 만나는 *G*점에서 새로운 균형을 이룬다. 이동하는 과정에서 이자율 하락, 투자증가, 소득증가를 가져온다. 순수출증가로 인한 소득의 증가는 단기보다 장기에 더 커지게 된다.

소득증가는 자본이동이 없는 경우에 비해 자본이동이 있는 경우가 더 크고, 자본이동이 낮은 경우보다 높은 경우에 더 크게 된다. 그 이유는 자본이동성이 높아질수록 종합수지 흑자로 인한 내생적 화폐공급 증가폭이 더 커지기 때문이다.

요약하면, 고정환율제도에서 해외수요 증가는 국내수요 증가보다 더 높은 소득증가를 가져오고, 자본이동성이 높아질수록 소득증대효과는 더 커진다.

(2) 변동환율제도

변동환율제도 아래서는 종합수지가 항상 제로(이 상태를 '균형'이라고 하자)에 있도록 환율이 변화한다. 앞서 보았던 식 (6.4)가 항상 성립하고 경제는 항상 *BP*곡선상에 있어야 한다. 종합수지가 흑자이면 즉시 환율이 하락(평가절상)하고, 종합수지가 적자이면 즉시 환율이 상승(평가절하)하여 종합수지는 항상 균형에 있다. 여기서 주의해야 될 점은, 종합수지가 균형에 있다는 것이 경상수지가 균형에 있다는 것을 의미하지 않는다는 것이다. 경상수지가 적자이더라도 그만큼 자본수지가 흑자가 되어 종합수지는 균형이 될 수 있기 때문이다.

처음에 이 경제가 균형에 놓여 있고, 세 곡선이 한 점에서 만나고 있다고 하자.

① 확대재정정책 또는 투자수요 증가

정부지출 또는 투자수요가 증가한 경우를 살펴보자. 고정환율제도와 마찬가지로 자본이동이 없는 경우와 자본이동성이 점점 높아지는 경우를 차례로 살펴보기로 한다. 자본이동이 없는 경우인 [그림 6-8] (a)에서 보듯이 확대재정정책으로 *IS*곡선이 *IS*에서 *IS'*으로 우상향 이동하여 *IS'*과 *LM*이 서로 만나는 점 *F*에서 (일시적인) 균형을 이룬다.[12] *F*점에서 소득이 더 높아져 경상수지가 악화되고 종합수지는 적자로 전환된다. 이 균형점은 고정환율제도

---

12) *IS*-*LM*-*BP*곡선으로 이루어진 먼델-플레밍 모형의 경우 변동환율제도 아래서는 환율의 변동에 의해서 세 곡선이 모두 한 점에서 신속하게 만난다. 그러나 분석의 편의상 세 곡선 중 *IS*-*LM*곡선이 만나는 곳이 경제의 (일시적) 균형점이며, 이 균형점에서의 종합수지 상태에 따라서 환율이 변하게 된다고 서술한다.

그림 6-8 변동환율제도에서의 확대재정정책 또는 투자수요 증가

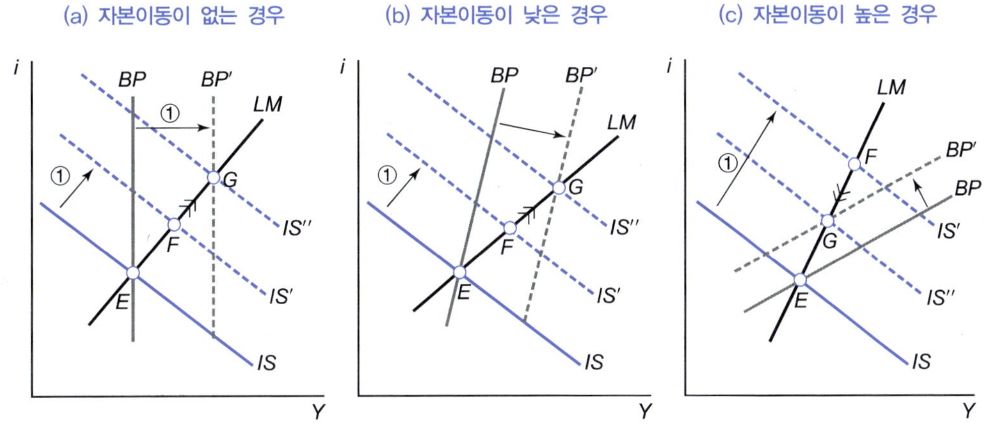

정부지출 증가나 투자수요 증가로 *IS*곡선이 *IS*′으로 이동하여 소득과 이자율이 상승하고 균형점이 *F*점으로 이동한다.

(a) 자본이동이 없는 경우에 *F*점에서 경상수지 적자가 되므로 환율이 상승하고 순수출이 증가하여 소득이 높아져 *G*점에 이르게 된다.

(b) 자본이동이 낮은 경우에는 자본유입으로 인해 *F*점에서 종합수지 적자가 더 적어지게 된다. 그 결과 환율상승폭이 줄어들어 *G*점에서 소득의 증가는 자본이동이 없는 경우에 비해 적게 된다.

(c) 자본이동이 높은 경우에는 *F*점에서 종합수지가 흑자가 되어 환율이 하락하게 된다. 그 결과 순수출이 줄고 *G*점에서 소득은 *F*점에서 소득에 비해 적게 된다.

의 경우인 [그림 6-5] (a)에서 점 *F*와 동일하다. 그러나 고정환율제도와는 달리 변동환율제도에서는 종합수지 적자로 인해 환율이 곧바로 상승(평가절하)하게 된다. 환율이 상승하면 순수출을 증가시켜 *IS*곡선과 *BP*곡선 모두 우측으로 이동시킨다.

환율이 상승하면 *IS*곡선보다 *BP*곡선이 더 빨리 이동하는 것을 알 수 있다. 왜냐하면 *IS*곡선과 *LM*곡선이 만나는 점에서 종합수지가 적자이면 균형이 될 때까지 계속 환율이 상승하기 때문이다. 결국 *IS*′은 *IS*″까지, 그리고 *BP*는 *BP*′까지 이동하여 *LM*과 만나는 *G*점에서 경제의 균형이 이루어진다. 정부지출 또는 투자와 같은 국내수요 증가로 인한 소득의 증가는 고정환율제도에 비해 변동환율제도에서 더 크게 된다(G점이 F점의 우측에 있다). 그 이유는 변동환율제도에서 해외수요(순수출)가 추가로 증가하기 때문이다.

자본이동이 가능하다면 이자율 상승으로 자본유입이 증가하여 자본수지가 개선된다. 자본이동성이 낮은 [그림 6-8] (b)의 *F*점에서 종합수지가 적자이지만 자본수지 개선으로 인해 [그림 6-8] (a)에 비해 적자폭은 줄어든다. 종합수지가 적자이므로 환율의 상승으로 *IS*곡선과 *BP*곡선이 *IS″*과 *BP′*까지 이동하여 새로운 균형점 *G*에 이르게 된다. [그림 6-8] (a)의 *G*점과 비교해 보면 더 좌측에 있게 된다. 왜냐하면 자본이동이 없는 경우보다 자본이동이 있는 경우에 종합수지 적자가 더 적어, 종합수지 균형을 위한 환율 상승폭이 더 적고 순수출의 증가가 더 적기 때문이다.

자본이동성이 높은 [그림 6-8] (c)를 보면 자본수지 개선폭이 경상수지 악화폭보다 상대적으로 커 종합수지 흑자가 되므로, 환율이 상승 아닌 하락(평가절상)을 하게 된다. 환율이 하락하면 순수출이 줄어 *IS*곡선이 거꾸로 *IS′*에서 *IS″*으로 좌하향 이동하며, *BP*곡선도 *BP*로부터 *BP′*으로 좌상향 이동한다. 이러한 이동은 더 이상 종합수지 흑자 압력이 없을 때까지 계속되어 *G*점에 이르러 균형을 이룬다. *G*점에서 소득은 처음 균형점 *E*의 소득보다 높다. 하지만 이 소득은 자본이동이 없는 경우보다 적고 고정환율제도의 경우보다도 적게 된다.

요약해 보면, 변동환율제도에서 정부지출 증가 또는 투자수요 증가는 자본이동성이 높아질수록 소득 증가에 미치는 효과가 점점 줄어들게 된다. 대조적으로, 고정환율제도에서는 자본이동성이 높아질수록 소득에 미치는 효과가 점점 더 커지게 된다. 즉, 높은 자본이동성과 변동환율제도 아래서 재정정책이 안정화정책으로서 그다지 유효하지 못함을 알 수 있다.

② 확대통화정책

자본이동이 없는 경우부터 자본이동성이 점차 높아지는 경우를 차례로 살펴보기로 하자. 화폐공급을 증가시키면 [그림 6-9] (a)에서 보듯이 *LM*곡선이 *LM*에서 *LM′*으로 우하향 이동한다. 이에 *IS*와 *LM′*이 만나는 *F*점에서 (일시적으로) 균형을 이룬다. 이 점은 [그림 6-6] (a)의 *F*점과 동일하다. *F*점에서 소득이 더 높게 되므로 경상수지가 악화되어 종합수지는 적자로 전환된다. 변동환율제도에서는 이로 인해 환율이 상승하고 순수출이 증가하며 *IS*곡선이 *IS*에서 *IS′*으로 우상향 이동한다. *BP*곡선도 *BP*로부터 *BP′*으로 우하향 이

그림 6-9 변동환율제도에서의 확대통화정책

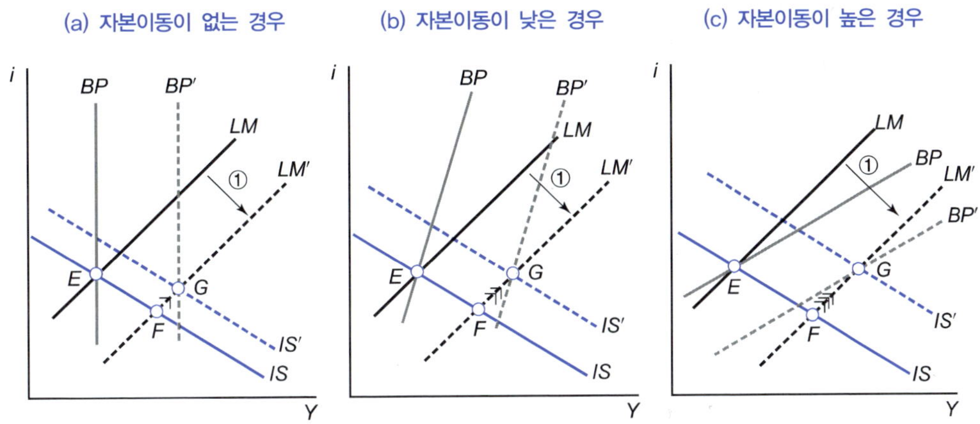

화폐공급을 증가시키면 *LM*곡선이 *LM*′으로 이동하여 소득은 높아지고 이자율은 낮아진다.

(a) 자본이동이 없는 경우, 점 *F*에서 경상수지 적자가 되므로 환율이 상승하여 순수출의 증가를 통해 소득이 더 늘어나 점 *G*에 이르게 된다.

(b) 자본이동이 있게 되면 이자율 하락으로 인한 자본유출 때문에 점 *F*에서 종합수지 적자는 더 크게 되고 환율상승이 더 커져 점 *G*에서의 소득은 더 높게 된다.

(c) 자본이동이 높은 경우에는 점 *F*에서 종합수지 적자가 더욱더 커지므로 점 *G*에서의 소득은 더욱더 높게 된다.

동한다. 이러한 이동은 더 이상 종합수지 적자압력이 없을 때까지 계속되어 *G*점에 이르러 균형을 이룬다. 고정환율제도에 비해 변동환율제도에서 통화정책의 소득에 미치는 효과가 더 큼을 볼 수 있다.

자본이동이 가능하면 어떻게 될 것인가? 확대통화정책이 이자율 하락을 가져오므로 자본수지가 악화되어 종합수지 적자가 더 커지게 된다. 이에 따라 환율 상승폭이 더 커지며 순수출이 더 늘어나 소득에 미치는 효과가 더욱 증가한다. 자본이동성이 낮은 [그림 6-9] (b)에서 *IS*′과 *BP*′의 이동 폭이 더 커져 소득의 증가가 더 커진다. 즉, [그림 6-9] (b)의 *G*점은 [그림 6-9] (a)의 *G*점에 비해 더 우측에 있게 된다.

자본이동성이 높은 경우는 낮은 경우에 비해 이자율 하락으로 인한 자본유출이 더 많아진다. 그 결과 환율이 더 상승하고 순수출이 더 증가하여 소득의 증가는 더 커진다. 자본이동성이 높은 경우인 [그림 6-9] (c)의 *G*점에서의 소득은 자본이동성이 낮은 [그림 6-9] (b)의 *G*점에서의 소득보다 높다. 여기에서 주목할 것은, 자본이동이 높은 경우의 이자율 하락폭이 자본이동이 없거나 낮은 경우에 비해 상대적으로 적다는 것이다. 이것은 이자율 하락으로 인한 투자증가가 상대적으로 적다는 것을 의미한다. 그럼에도 불구하고 자본이동성이 높은 경우에 소득이 더 많이 증가하는 이유는 환율 상승으로 인한 순수출의 증가가 매우 크기 때문이다.

요약하면 변동환율제도에서 통화정책이 소득에 미치는 영향은 자본이동성이 높아질수록 더 커지게 된다.[13] 요컨대, 통화정책이 안정화정책으로서 매우 유효함을 알 수 있다.

③ 순수출수요 증가

해외경기가 좋아짐으로써 순수출수요가 증가하게 된 경우를 살펴보자. 먼저 자본이동이 없는 [그림 6-10] (a)를 보면 [그림 6-7] (a)에서처럼 경상수지 개선으로 *IS*곡선이 *IS*로부터 *IS'*으로 우상향 이동하며 또한 *BP*곡선이 *BP*로부터 *BP'*으로 이동한다. 이에 일시적으로 경제는 *IS'*과 *LM*이 만나는 *F*점에 위치하여 소득과 이자율이 상승하고 종합수지는 흑자가 된다. 이제 종합수지 흑자로 인해 환율이 하락(절상)하여 순수출이 감소하게 되며, *IS*곡선이 거꾸로 *IS'*에서 *IS*로 좌하향 이동한다. *BP*곡선도 *BP'*으로부터 *BP*로 좌로 이동한다. 이러한 이동은 더 이상 종합수지 흑자와 환율하락이 없을 때까지 계속되어 원래의 *E*점에 이르러 균형을 이룬다.

자본이동성이 있는 경우에는 이자율 상승으로 자본유입이 증가하여 종합수지 흑자가 더 확대된다. 자본이동성이 높을수록, 환율하락률이 더 커지고 순수출이 더 감소하여 원래의 균형점 *E*로 더 빠른 속도로 되돌아간다. 즉, 자본이동성이 높은 [그림 6-10] (c)의 경우, 자본이동성이 낮은 [그림 6-10] (b)에 비해 빠르게 원래의 균형점 *E*로 되돌아간다.

요약하면 변동환율제도 아래서 외생적 수출증가는 환율하락을 유발하여 내생적 수출감소를 초래하기 때문에 결국 소득과 이자율에 아무런 영향을

13) 변동환율제도에서 자본이동성을 고려하면 확대통화정책과 확대재정정책의 효과는 서로 정반대가 됨을 알 수 있다. 그 이유는 확대통화정책은 이자율을 하락시키고 자본유출을 가져오는 반면, 확대재정정책은 이자율을 상승시키고 자본유입을 초래하기 때문이다.

그림 6-10 변동환율제도에서의 순수출수요 증가

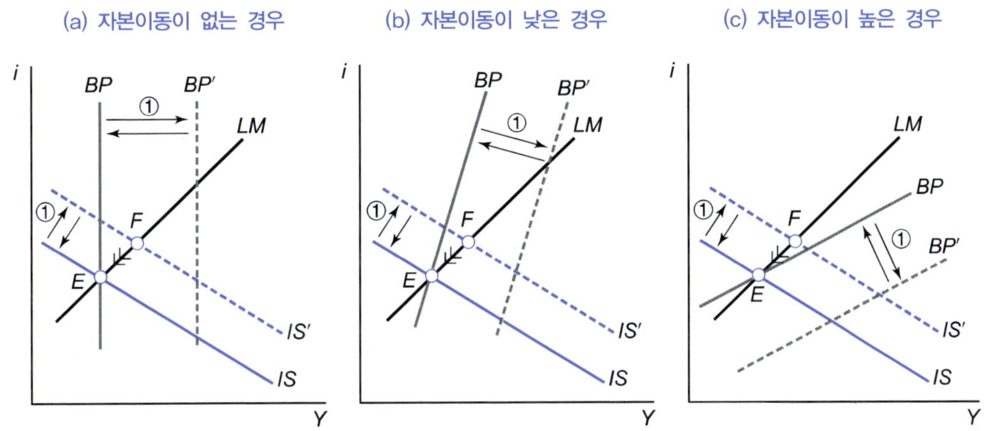

(a) 자본이동성 여부에 관계없이 순수출수요가 증가하면 *IS*곡선이 *IS′*, *BP*곡선이 *BP′*으로 이동한다. *F*점에서 종합수지 흑자가 되므로 환율이 하락하여 순수출이 감소하게 되어 다시 원래의 균형점 *E*로 되돌아가게 된다.

(b) 자본이동성이 있는 경우에는 종합수지 흑자가 더 커져 균형점 *E*로 더 빨리 되돌아간다.

(c) 자본이동성이 높으면 자본수지 흑자로 인한 종합수지 흑자가 더욱더 커져 균형점 *E*로 더욱더 빨리 되돌아간다.

주지 못한다. 자본이동성이 높아질수록 외생적 수출증가가 소득에 미치는 영향이 더 빨리 소멸된다.

1.4 자본이동이 완전한 경우

자본이동이 완전한 경우는 1.2절에서 보았듯이 *BP*곡선이 수평선이 된다. 이것은 앞의 국제수지 균형식 식 (6.4)가 단순히

$$i = i^* \qquad (6.4)''$$

임을 뜻한다. 자본이동이 완전한 경우에는 수출수요 증가의 경제적 효과와 국내수요 증가의 경제적 효과가 동일하므로, 확대통화정책 또는 투자수요 증가와 확대금융정책의 경우만 분석해 보기로 한다.

(1) 고정환율제도

① 확대재정정책 또는 투자수요 증가

[그림 6-11]을 보면, 이전과 마찬가지로 정부지출 증가 또는 투자수요 증가로 인해 *IS*곡선이 *IS'*으로 우상향 이동하고 *IS'*과 *LM*이 서로 만나는 *F*점으로 균형점이 이동한다. 그 결과 이자율이 상승하여 자본유입이 증가하고 종합수지 흑자가 된다. 자본이동이 없거나 불완전한 경우에는 이 상태에서 외환당국이 중화개입을 할 수 있다.

그러나 자본이동이 완전한 경우에는 $i > i^*$이 되는 순간 자본이 무한대로 유입되기 때문에 중화개입이 불가능하게 되어 자본유입으로 인한 종합수지 흑자만큼 내생적 화폐공급이 증가하게 된다. 화폐공급이 증가하면 *LM*곡선이 우하향 이동하여 *IS'*과 *BP*가 만나는 점 *G*까지 *LM'*이 이동한다. 주목할 점은 새로운 균형점 *G*에서의 이자율이 원래의 균형점 *E*에서의 이자율과 동일하다는 것이다. 이는 확대재정정책 또는 투자수요 증가로 인한 구축효과가 전혀 없어 소득에 미치는 효과가 극대화됨을 의미한다. 또한 자본이동이 완전한 경우에는 종합수지 흑자가 되는 즉시 내생적 화폐공급을 수반하므로 일시적인 균형점 *F*는 가상의 균형점이 되고 원래의 균형점 *E*에서 균형점 *G*로

그림 6-11 확대재정정책 또는 투자수요 증가

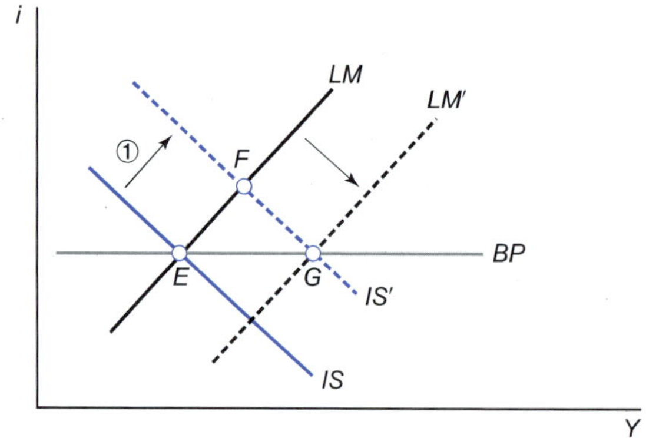

내수증가 때문에 이자율 상승압력이 생기며, 완전한 자본이동성 아래서 종합수지 흑자로 인해 내생적으로 화폐공급이 증가하여 소득이 크게 증가한다.

즉시 이동하게 된다.

종합하면 고정환율제도에서 국내수요의 변화가 소득에 미치는 효과는 자본이동이 높아질수록 커지고, 자본이동이 완전하게 되면 그 효과가 극대화된다. 요컨대 완전한 자본이동성과 고정환율제 아래서 재정정책이 안정화정책으로서 매우 유효한 정책임을 알 수 있다.

② 확대통화정책

[그림 6-12]를 보면 외생적(정책적) 화폐공급 증가로 인해 *LM*곡선이 *LM'*으로 우하향 이동하여 이자율이 하락하고 균형점 *F*로 이동한다. 또한 이자율이 하락하면 자본유출이 일어나 종합수지는 적자가 된다. 자본이동이 완전하다면 $i < i^*$이 되는 순간 자본이 무한대로 유출되기 때문에 중화개입이 불가능하게 되어 자본유출로 인한 종합수지 적자만큼 화폐공급이 감소하고 외생적 화폐공급 증가가 완전히 상쇄된다. 자본이동이 완전하면 *F*점은 가상의 균형점이고 외생적 화폐공급 증가가 곧바로 내생적 화폐공급 감소를 초래하므로 원래의 균형점 *E*는 변화가 없다.

종합하면 고정환율제도에서 자본이동이 높아질수록 통화정책의 유효성은 더 빨리 소멸되고, 자본이동이 완전한 경우에는 단기에도 그 유효성이 없게

그림 6-12 확대통화정책

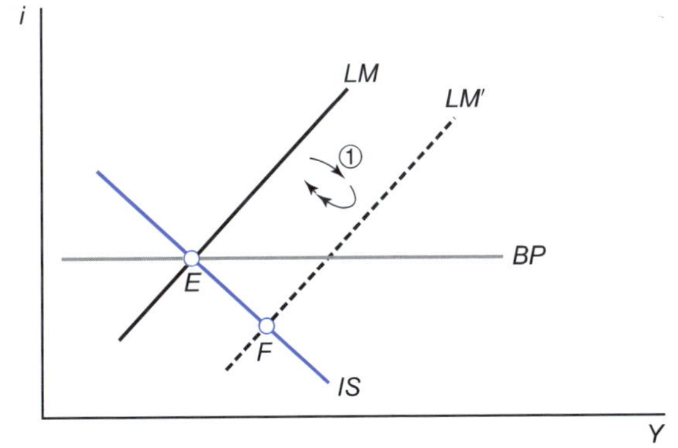

외생적 화폐공급 증가 때문에 이자율 하락압력이 생기며, 완전한 자본이동성 아래서 종합수지 적자를 통해 내생적 화폐공급이 감소하여 외생적 화폐공급 증가가 완전히 상쇄된다.

된다. 요컨대 완전한 자본이동성과 고정환율제도 아래서는 통화정책이 안정화정책으로서 전혀 유효하지 않음을 알 수 있다.

(2) 변동환율제도

① 확대재정정책 또는 투자수요 증가

[그림 6-13]에서 보듯이 정부지출 또는 투자수요가 증가하면, 자본이동이 완전한 경우에는 *F*점에서 이자율 상승으로 인해 자본이 무한대로 유입된다. 변동환율제도에서는 이로 인해 환율이 즉시 하락(절상)하고 순수출이 줄어들어 *IS*곡선이 거꾸로 *IS'*에서 *IS*로 좌하향 이동하여 원래의 균형점 *E*로 되돌아간다. 그 결과 소득에 아무런 영향을 주지 못한다. 즉, 자본이동성이 완전하면 $i > i^*$이 되는 순간 환율하락으로 순수출이 줄어들어 정부지출의 증가 또는 투자수요의 증가를 정확히 상쇄시키기 때문에 단기에도 소득에 전혀 영향을 주지 못한다.

그런데 확대재정정책으로 인해 경제에 아무런 변화가 없는 것 같지만 다음과 같이 몇 가지 변화가 발생한다.

첫째, 정부지출이 증가하면 경제가 다시 원래의 균형점 *E*로 돌아와 종합수

그림 6-13 확대재정정책 또는 투자수요 증가

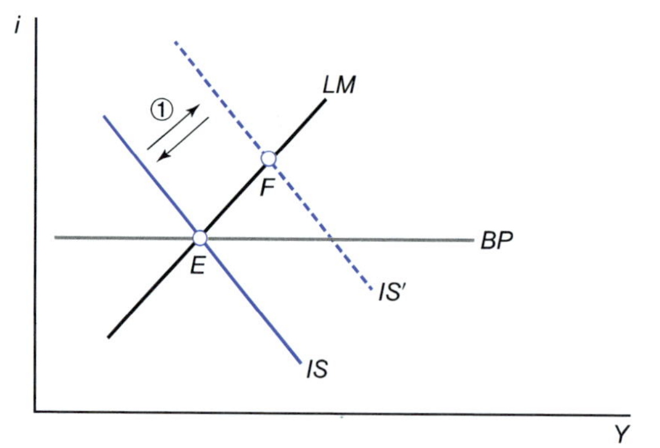

내수가 증가하기 때문에 이자율 상승압력이 생기며, 완전한 자본이동성 아래서 종합수지 흑자압력이 생기고, 이에 따라 환율이 하락하게 된다. 환율하락으로 순수출이 감소되어 결국 원래의 균형점 *E*로 돌아온다.

지가 균형이 되지만 경상수지는 악화되고 그만큼 자본수지가 개선된 상태이다.

둘째, 확대재정정책의 경우 정부지출의 증가와 투자의 감소가 서로 상쇄되어 소득의 변화가 없는 것이 아니라 순수출의 감소로 상쇄되었다는 점이다.

요약하면 변동환율제도 아래서 자본이동이 완전하면 정부지출 또는 투자의 변화가 단기에도 소득에 영향을 주지 못하게 된다. 즉, 재정정책이 안정화정책으로서 전혀 유효하지 못함을 알 수 있다.

② 확대통화정책

[그림 6-14]는 화폐공급이 증가한 경우를 보여준다. 자본이동이 완전하면 화폐공급이 증가하였을 때 *LM*곡선이 *LM'*으로 이동하고 이자율이 하락하여 *F*점에서 자본이 무한대로 유출된다. 그 결과 환율이 즉시 상승(절하)하여 순수출이 증가하고 *IS*곡선이 우상향으로 이동한다. 자본이동이 불완전한 경우보다 소득 증가가 더 커서 *IS*곡선이 *IS'*까지 이동하여 이자율이 전과 같게 되는 균형점 *G*에 이르게 된다. 여기에서 자본이동이 완전한 경우 통화정책의 효과가 극대화됨을 볼 수 있다. 한 가지 주목할 것은, 화폐공급의 증가가 이자율하락과 투자증가를 유발하여 소득이 증가한 것이 아니라, 환율의 하락으로 순수출이 증가하여 소득이 증가했다는 것이다.

그림 6-14 확대통화정책

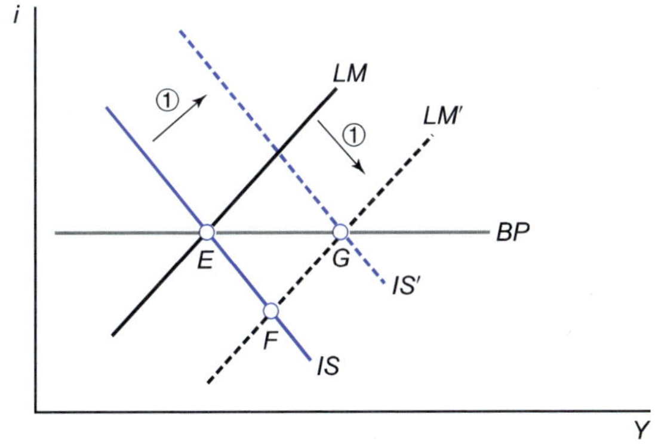

화폐공급 증가 때문에 이자율 하락압력이 생기며, 완전한 자본이동성 아래서 종합수지 적자압력이 생기고, 이에 따라 환율이 상승한다. 환율상승으로 순수출이 증가하여 소득이 크게 증가한다.

요약하면, 변동환율제도에서 자본이동이 높아질수록 통화정책의 효과는 더 커지고 자본이동이 완전하면 그 효과는 극대화된다. 즉, 완전한 자본이동성과 변동환율제도 아래서 통화정책이 안정화정책으로서 매우 유효함을 알 수 있다.

불가능성의 정리와 딜레마(dilemma)

본문의 이론적 논의결과들에서 우리는 단순하지만 대단히 중요한 준칙을 발견할 수 있다. 즉, 고정환율제도, 자본시장 개방 그리고 금융정책의 독립성의 세 가지 목표 중 동시에 두 가지를 택할 수 있지만, 이 세 가지를 모두 택할 수 없다는 이른바 **불가능성의 정리**(impossibility theorem), 또는 **트라이레마**(trilemma)가 바로 그것이다.

불가능성의 정리를 적용할 수 있는 대표적인 것으로 유럽통화제도(EMS)를 들 수 있다. 1979년 창립된 유럽통화제도의 기본목적은 완전자본이동을 전제로 한 화폐의 통합이었다. EMS의 출범 당시 프랑스와 이탈리아 등 회원국들은 자본통제하에서 환율의 안정화와 함께 독립적인 통화정책을 운용하였다.

그러나 1980년대 후반 자본통제가 대폭 완화되기 시작하면서 독립적인 통화정책은 더 이상 가능하지 않게 되었으며, 재정정책만이 유일한 총수요관리정책의 수단이 되었다. 유럽통화제도 내의 ERM(European Exchange Rate Mechanism)에서 각국의 환율결정메커니즘을 보면 먼저 각국 통화의 유럽결제통화(European Currency Unit : ECU)에 대한 가치가 결정되고, 그것으로 다른 회원국 간의 중심환율이 결정된다.

독일은 1990년 10월 통일로 인한 비용부담으로 발생된 4%가 넘는 인플레이션을 억제하기 위해 긴축통화정책을 고집했다. 독일 긴축통화정책은 금리인상으로 시작되었고, 다른 EMS 회원국들도 자본이동에 따른 환율불안정을 방지하기 위해 금리를 인상하지 않을 수 없었다.[14)]

다음 표에 나타난 바와 같이 유럽경기뿐만 아니라 세계경기의 침체에 직면하여, 경기부양정책이 필요한 EMS회원국들도 독일에 뒤이어 금융긴축을 통한 고금리정책을 취하지 않을 수 없게 되었다. 영국은 1990년 10월 ERM에 가입함으로써 기준금리를 인하시켜, 경기부양과 인플레이션 억제효과를 동시에 얻게 되었으나, 1992년 9월 프랑화 폭락에 따른 ERM 위기에서 영국은 ERM에서 다시 탈퇴하였다. 또한 독일의 고금리와 프랑스의 마이너스 성장으로 인해, 1993년 6월 10일 전후로 외환시장에서 또다시 프랑화 폭락현상이 발생하였다. 결국 프랑스는 1993년 8월 1일에는 프랑화 위기를 극복하기 위해 환율의 변동폭을 상하 8.0%로 확대하기로 발표하였다. 즉, 자본이동성이 높은 상황에서 프랑스는 금융정책의 독립성을 유지하기 위해 환율변동성의 확대를 허용하였다.

1999년 1월 1일, 마침내 유럽연합의 11개국들이 유로화를 공동통화로 사용하는 유로존(Eurozone)이 만들어졌고 그 후 3년간 자국의 통화와 유로화를 병행하여 사용하다가 그리스를 포함한 12개국들이 2002년 1월 1일부터 유로화를 사용하는 유로존이 탄생하였다. 유로존 회원국들은 국가 간 자본이동이 자유롭고 고정환율제도를 택하기 때문에 독립적인 통화정책을 사용할 수 없다. 트라이레마에 의하면 고정환율제도를 택하면서 독립적인 통화정책을 사용하기 위해서는 자본통제를 해야 한다. 자본이동이 자유로우면서 독립적인 통화정책을 사용하기 위해서는 변동환율제도를 택해야 한다.

하지만 최근에 '어떠한 환율제도를 택하는 것과 관계없이 자유로운 자본이동 허용과 독립적인 통화정책, 둘 중에 하나만 선택할 수 있다'는 이론이 제기되었고 이를 **딜레마**(dilemma)라고 부른다. 2000년대에 들어와서 선진국뿐만 아니라 대부분의 신흥국들도 자본시장을 개방하여 국가 간 자본이동이 급격하게 증가하였다. 그 결과 특히 신흥국들의 경우 많은 자본유입으로 인한 자산버블의 형성, 또 급격한 자본유출로 인한 금융위기들을 경험하였다. 레이(Rey, 2018)는 이처럼 세계적으로 자본이동이 활발하면, 즉 세계적인 금융순환(global financial cycle)이 있는 지금은 변동환율제도를 택하더라도 자본통제를 하지 않으면 독립적인 통화정책을 실행할 수 없다고 주장했다. 즉, 독립적인 통화정책을 실행하기 위해서는 자본통제를 반드시 해야 한다는 것이다. 트라이레마 또는 딜레마 중 어떤 이론이 현실을 더 잘 설명할 것인가는 아직 경제학자들 사이에 논쟁중이다.

[유럽 주요국의 경제성장률, 인플레이션*, 경상수지]

연도	독일			프랑스			영국		
	경제 성장률	인플레 이션	경상수지 (억마르크)	경제 성장률	인플레 이션	경상수지 (억프랑)	경제 성장률	인플레 이션	경상수지 (억파운드)
1985	1.9**	5.5	483	1.9	5.8	−31	3.8	6.1	2,790
1986	2.2	5.5	858	2.3	2.7	205	3.8	3.4	66
1987	1.3	4.5	825	2.2	3.1	−267	4.6	4.1	−4,482
1988	3.6	5.5	889	3.8	2.7	−288	4.5	4.9	−16,179
1989	3.4	8.0	1,080	4.1	3.6	−298	2.0	7.8	−21,726
1990	5.1	8.5	761	2.2	3.4	−527	0.7	9.5	−17,029
1991	3.7	9.75	−329	0.6	3.0	−334	−2.5	5.9	−6,382
1992	1.5	9.50	−392	1.2	2.7	193	−0.5	3.7	−11,916

* 소비자물가상승률.
** GNP성장률. 이외는 GDP성장률임.
자료 : 한국은행, 주간해외경제, 제93-43호, 1993.10.17.~10.23.

14) 완전자본이동 아래서는 독일과 같은 고금리 국가로 자본이동이 발생하므로, 투자자들은 강세통화인 마르크를 선호하고 약세통화를 투매하게 된다. 이러한 지속적인 자국통화의 절하에 직면한 약세통화를 가진 국가의 중앙은행은 중심환율을 기준으로 상하 2.5% 변동

2. 고정환율제도 및 자본이동성 아래서의 종합균형 달성을 위한 정책할당 : 먼델 모형

제4장에서 소개된 케인즈학파의 단순모형은 국제수지를 경상수지에 국한하였다. 따라서 대내균형은 완전고용수준의 국민소득을 뜻하며, 대외균형은 경상수지의 균형을 뜻한다.

앞 절에서 살펴본 먼델-플레밍 모형에서는 국제수지는 종합수지를 가리킨다. 그러므로 대내균형은 완전고용수준의 국민소득을 뜻하며, 대외균형은 종합수지의 균형을 뜻한다. 먼델-플레밍 모형의 경우 변동환율제도 아래서는 대외균형이 환율변동에 의해서 자동적으로 달성되며, 대내균형 달성을 위해서는 재정정책과 통화정책을 적절히 수행하면 될 것이다.

또한 고정환율제도 아래서는 환율변동이 없더라도 국제수지 불균형이 화폐공급의 변동을 수반하면서 결국에는 대외균형이 달성되며, 따라서 대내균형 달성을 위해서 재정정책과 통화정책을 적절히 수행하면 될 것이다. 다만 고정환율제도 아래서는 통화정책이 내생적 화폐공급의 변동을 유발하므로 적절한 정책조합(policy mix)을 찾아내는 것, 즉 정책할당의 문제(policy assignment problem)를 해결하는 것이 용이한 일은 아니다.

여기서는 고정환율제도 아래서의 먼델-플레밍 모형과 유사한 경제모형을 수립하고 대내외균형, 즉 종합균형을 달성하기 위한 적절한 정책조합(또는 정책할당)에 대하여 살펴보자.[15] 이 정책조합모형을 먼델 모형이라고 부른다.

폭을 유지하기로 되어 있는 ERM의 규약을 준수할 수 없게 되었다. 이것이 ERM 장치하에서 외환위기를 초래한 원인이다.

15) 제4장의 케인즈학파의 단순모형에서도 조정가능 고정환율제도 아래서 대내균형과 대외균형을 위한 정책조합을 분석할 수 있다. 단, 그 경우에는 재정정책과 환율조정정책이 사용된다.

2.1 종합균형과 YY-BP곡선

(1) YY-BP곡선의 도출

대내균형은 $Y=Y_F$이며(Y_F는 완전고용 국민소득), 대외균형은 $BP=0$을 뜻한다. 그러므로 앞에서 사용했던 식 (6.1), (6.2), (6.4) 등을 다음과 같이 변형하여 종합균형을 표현할 수 있다.

$$Y_F = C(Y_F)+I(i)+G+CA(Y_F) \qquad (6.1)'$$

$$M/P = L(Y_F,\ i) \qquad (6.2)'$$

$$BP = CA[Y(i,\ G)]+KA(i-i^*) = 0 \qquad (6.4)'$$

고정환율제도 아래서 SP^*/P는 일정하게 주어져 있으므로 식에 기입하지 않았다. 여기서 통화정책은 통화량을 조정하는 것이 아니고 이자율을 조정하는 것이라고 가정하면, 이자율 i는 정책변수가 된다. 한편 재정정책은 정책변수인 정부지출 G에 의해서 수행된다. 요컨대 여기서 i와 G가 정책변수이다. 더 나아가 소규모 개방경제라고 가정하여 해외이자율이 주어져 있다고 가정하면 위의 식에서 $i-i^*$를 간단히 i로 나타낼 수 있다.

① 식 (6.1)′에서 Y_F가 일정하게 주어져 있고, 두 정책변수 i와 G의 적절한 조합에 의해서 대내균형이 달성될 수 있음을 알 수 있다. [그림 6-15]에서 A점은 어떤 일정한 정부지출 및 이자율의 조합을 가리키는데, A점에서 재화시장이 균형을 이루며, 특히 완전고용수준의 국민소득을 달성하였다고 하면 이 점은 이른바 YY곡선상에 놓인 점이 될 것이다. 그런데 A점에서보다 정부지출을 증가시킨 상황은 A점의 오른쪽에 놓인 B점으로 나타낼 수 있다. B점에서는 정부지출 증가 때문에 국민소득이 완전고용국민소득보다 높다(이를테면 인플레이션이 나타날 것이다). 그런데 이러한 소득증가를 상쇄하려면 투자수요 감소를 위한 이자율 인상이 필요하다. 즉, B점에서보다 더 높은 어떤 일정한 이자율 아래서는 완전고용국민소득이 달성될 것이다. 따라서 그러한 점 C도 YY곡선에 놓인 점이 될 것이다. 결국 A점과 C점을 잇는 우상향하는 곡선이 대내균형(완전고용)을 나타내는 YY곡선이 된다. 또한 (방금 확인했듯이) YY곡선 오른쪽 아래서는 인플레이션이 나타나며, (반대로)

그림 6-15 대내균형선 *YY*곡선 도출

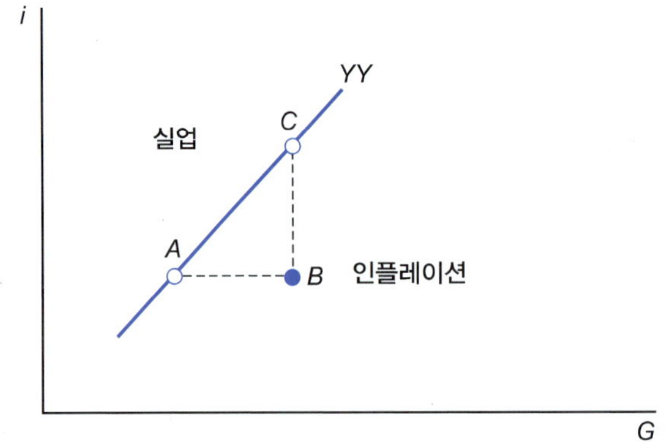

*A*점에서 대내균형을 이루고 있다고 가정하자. *A*점에서보다 정부지출이 많은 *B*점의 국민소득이 완전고용국민소득보다 높으므로 대내균형이 아니다. *B*점보다 더 높은 *C*점에서는 이자율 인상으로 투자수요가 감소하여 대내균형이 회복되어 *YY*곡선에 놓인 점이 될 것이다.

왼쪽 위에서는 실업이 나타난다.

② 식 (6.2)′는 화폐시장 균형식인데, 먼델-플레밍 모형에서 보았듯이 화폐공급이 내생적으로 결정되므로 여기서 어떤 이자율이 선정되든 화폐시장은 균형을 이루므로 더 논의하지 않아도 된다.

③ 식 (6.4)′에서 *Y*가 *i*와 *G*에 의해서 결정되며, 두 정책변수 *i*와 *G*의 적절한 조합에 의해서 대외균형이 달성될 수 있음을 알 수 있다. [그림 6-16]에서 *A*점은 어떤 일정한 정부지출 및 이자율의 조합을 가리키는데, *A*점에서 종합수지가 균형을 이루며 대외균형을 달성하였다고 하면 이 점은 이른바 *BP*곡선상에 놓인 점이 될 것이다. 그리고 *A*점에서보다 정부지출을 증가시킨 상황은 *A*점의 오른쪽에 놓인 *B*점으로 나타낼 수 있다. *B*점은 정부지출 증가 때문에 국민소득 증가로 경상수지가 악화되어 종합수지가 적자에 놓인 상황이다. 그런데 이러한 종합수지 적자를 상쇄하려면, 자본수지 개선을 위한 이자율 인상이 필요하다. 즉, *B*점에서보다 더 높은 이자율 수준에서 종합수지 균형이 달성될 것이다. 따라서 그러한 *C*점도 *BP*곡선에 놓인 점이 될 것이다. 결국 *A*

그림 6-16 대외균형선 *BP*곡선 도출

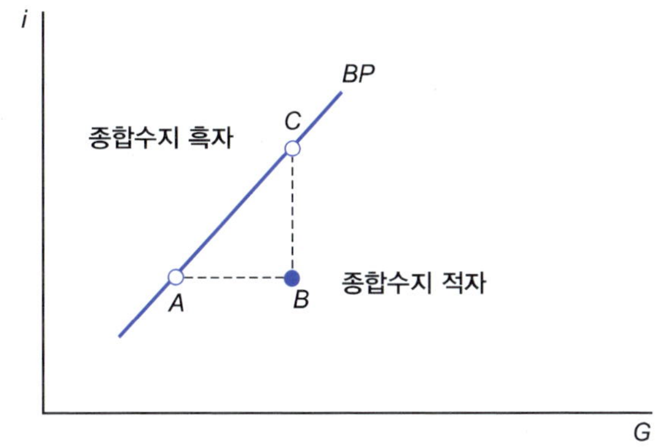

*A*점에서 대외균형을 이루고 있다고 가정하자. *A*점에서보다 정부지출을 증가시킨 *B*점에서는 국민소득이 증가하고 경상수지가 악화하여 더 이상 대외균형이 아니다. *B*점보다 더 높은 *C*점에서는 이자율 인상으로 자본수지가 개선되어 대외균형이 회복되므로 *BP*곡선에 놓인 점이 될 것이다.

점과 *C*점을 잇는 우상향하는 곡선이 대외균형을 나타내는 *BP*곡선이 된다. 또한 (방금 확인했듯이) *BP*곡선 오른쪽 아래서는 종합수지 적자가 나타나며, (반대로) 왼쪽 위에서는 종합수지 흑자가 나타난다.

(2) YY-BP곡선의 기울기 비교

대내균형선 *YY*곡선과 대외균형선 *BP*곡선이 모두 우상향하고 있다. 두 곡선의 기울기를 서로 비교해 보자.

[그림 6-17]을 살펴보면 *E*점에서 두 곡선이 교차하며, (다음 논의에서 밝혀지는 결론을 따라서) *YY*곡선이 더 가파르고, *BP*곡선이 더 완만하게 그려져 있다. 이것이 옳은지 확인해 보자.

경제가 처음에 *E*점에 놓여 있다고 하자. 정부지출이 증가하면 *F*점에서 인플레이션이 나타나며, 경상수지 악화에 따른 종합수지 적자가 나타난다. 그런데 만약 이자율을 상승시켜서 *H*점에서 대내균형이 회복되는 경우에 대외균형은 어떻게 되는가 살펴보자. 대내균형에서는 국민소득이 완전고용 수준으로 일정하므로 *H*점에서의 경상수지는 *E*점과 같을 것이다. 그런데 *H*점

그림 6-17 대내균형선 *YY*곡선과 대외균형선 *BP*곡선의 기울기 비교

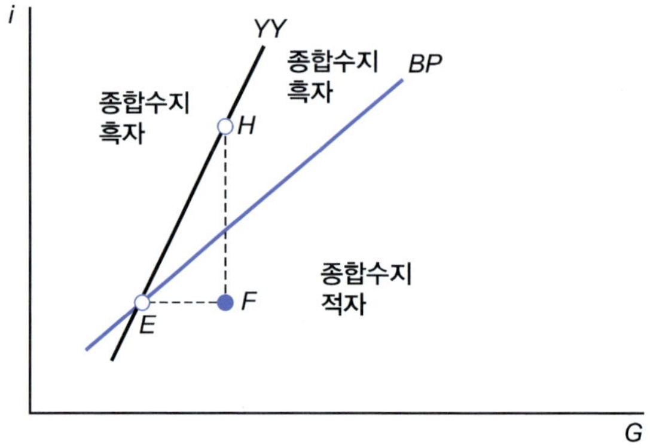

*E*점에서 정부지출을 증가시키면 *F*점에서 인플레이션이 나타나고, 경상수지 악화에 따른 종합수지 적자가 나타난다. 이자율을 상승시켜서 *H*점에서 대내균형이 회복되면 소득이 완전고용에서 일정하므로 경상수지는 *E*점에서와 같지만 이자율이 높으므로 자본수지는 개선되어 종합수지가 흑자이다. 앞에서 보았듯이 *BP*곡선 왼쪽 위에서는 종합수지가 흑자이다. 따라서 *YY*곡선을 더 가파르고, *BP*곡선을 더 완만하게 그리는 것이 옳다는 것을 확인할 수 있다.

에서 이자율이 *E*점에서보다 더 높으므로 자본수지는 더 개선된다.

따라서 *H*점에서는 *E*점에서보다 종합수지는 더 개선되어 종합수지가 흑자이다. 앞에서 보았듯이 *BP*곡선 왼쪽 위에서는 종합수지가 흑자이다. 따라서 *YY*곡선을 더 가파르고, *BP*곡선을 더 완만하게 그리는 것이 옳다는 것을 확인할 수 있다.

2.2 정책조합(또는 정책할당)의 방향

[그림 6-18]은 대내균형선 *YY*곡선과 대외균형선 *BP*곡선을 동시에 그리고 있다. 이 두 곡선에 의해서 만들어진 네 국면은 경제의 여러 상황을 나타내고 있다. 특히, *E*점은 대내외균형이 동시에 달성된 종합균형을 반영한다.

정책조합(또는 정책할당)과 관련해서 중요한 점은 첫째, 종합균형 E점에서의 적정정부지출과 적정이자율을 정확하게 알지 못하며, 둘째, 재정정책과 통화정책을 담당하는 당국이 서로 다르고 또한 서로 협력하기 어려운 현실

그림 6-18 **정책조합(또는 정책할당)의 방향**

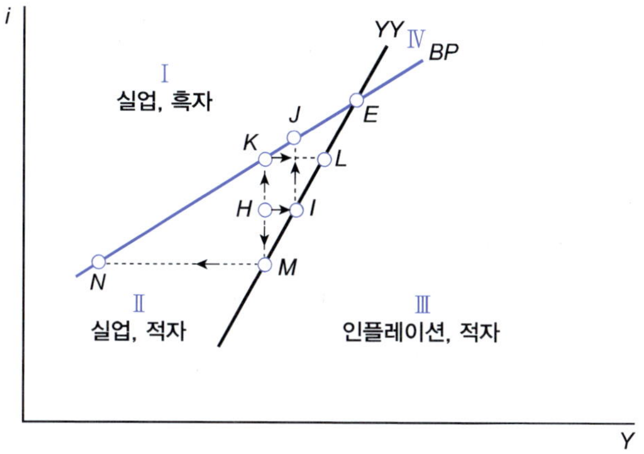

예를 들면, 처음에 점 *H*에 놓여, 실업과 종합수지 적자를 나타내고 있다고 하자. 실업에 주목하여 재정정책을 팽창적으로 운용하여 *I*점에 도달한다. *I*점에서 종합수지적자에 주목하여 통화정책을 긴축적으로 운용하여 *J*점에 도달한다. *J*점에서 실업에 주목하여 재정정책을 팽창적으로 운용한다. 결국 *E*점에 도달하게 된다. 처음에 실업 대신에 종합수지적자에 주목하여 통화정책을 긴축적으로 운용하여도 경로는 다르지만 결국 *E*점에 도달하게 된다.

을 전제한다는 것이다. 따라서 경제의 대내불균형 및 대외불균형이라는 두 상황에 대응하여 재정정책과 통화정책을 각각 할당하여 종합균형점으로 안정적으로 수렴시킬 필요가 있다는 것이 바로 정책조합(또는 정책할당)의 내용이다.16)

결론부터 먼저 말하면, 먼델 모형에서 재정정책을 대내불균형에 대응하여, 통화정책을 대외불균형에 대응하여 정책조합을 운영하면 결국에는 종합균형을 안정적으로 달성할 수 있으나, 그 반대의 정책조합을 사용하면 오히려 종합균형으로부터 더 멀어진다는 것이다. 이것을 [그림 6-18]에 적용해 보자. 편의상 두 정책의 운용을 동시에 시행하지 않고 순차적으로 시행하되 매번 각 정책은 할당받은 목표(대내균형 또는 대외균형 달성)를 이룰 때까지

16) 경제학에서 고려하는 안정성의 개념은 다양한 의미를 가진다. 정책할당과 관련한 안정성의 개념은 여기서 처음 소개되는 것이다.

시행한다고 하자. 예를 들면, 경제가 처음에 *H*점에 놓여, 실업과 종합수지 적자를 나타내고 있다고 하자[17](여기서 기억할 점은 당국이 H점과 E점 사이의 수평거리와 수직거리를 정확히 알지 못한다는 것이다).

*H*점에서 실업에 주목하여 재정정책을 팽창적으로 운용하여 대내균형을 달성하면 *I*점에 도달한다. 다음에 *I*점에서 존재하는 종합수지적자에 주목하여 통화정책을 긴축적으로 운용하여 대외균형을 달성하면 *J*점에 도달한다. 다시 *J*점에 존재하는 실업에 주목하여 재정정책을 팽창적으로 운용한다. 이를 지속하면 결국 *E*점에 도달한다.

혹시 *H*점에서 처음에 실업 대신에 종합수지 적자에 주목하여 통화정책을 긴축적으로 운용하여 대외균형을 달성하면 *K*점에 도달한다. 다음에 *K*점에서 존재하는 실업에 주목하여 재정정책을 팽창적으로 운용하여 대내균형을 달성하면 *L*점에 도달한다. 다시 *L*점에 존재하는 종합수지 적자에 주목하여 통화정책을 긴축적으로 운용한다. 이를 지속하면 역시 결국 *E*점에 도달한다.

이상의 정책할당 원리와 반대되는 원리를 적용하면 *E*점에 도달하지 못하고 오히려 더 멀어짐을 확인할 수 있다. 예를 들어, *H*점에서 실업에 주목하여 재정정책 대신에 통화정책을 팽창적으로 운용하여 대내균형을 달성하면 *M*점에 도달한다. 다음에 *M*점에서 존재하는 종합수지 적자에 주목하여 통화정책 대신에 재정정책을 긴축적으로 운용하여 대외균형을 달성하면 *N*점에 도달한다. 다시 *N*점에 존재하는 실업에 주목하여 재정정책 대신에 통화정책을 팽창적으로 운용한다. 이를 지속하면 경제는 결국 *E*점에서 점점 더 멀어진다.

---

17) 다른 국면의 어느 점에서도 다음의 정책할당원리를 적용할 수 있다.

3. 관리변동환율제도 아래서의 외환시장개입

3.1 외환시장개입의 정의

외환시장개입(intervention in the foreign exchange market)은 좁은 의미와 넓은 의미로 각각 정의할 수 있다. 좁은 의미는 외환당국이 환율이나 외환보유액에 영향을 주기 위하여 외환거래를 하거나 외환시장에 대해서 공시하는 것을 말한다. 넓은 의미는 환율에 직·간접적으로 영향을 미치는 제반 정책을 말한다. 예를 들어, 국내금리의 변동을 가져오는 정책 또는 경상거래나 자본거래에 대한 당국의 규제는 외환수급의 변동을 초래함으로써 환율에 영향을 미치게 된다.

이러한 외환시장개입 때문에 변동환율제도를 표방하는 나라에서도 자유변동환율제도와 고정환율제도의 혼합형태인 관리변동환율(managed floating) 제도가 나타나게 된다.

3.2 외환시장개입의 목적

① 외환당국은 환율의 안정적 운용을 위해서 외환시장에 개입한다. 환율의 과도한 급등락은 실물경제에 부정적 영향을 미치므로 이를 막기 위해서 이른바 역풍방식의 개입을 하게 된다.[18)]

② 외환당국은 대내외적 거시경제균형에 부합하는 적정환율, 즉 균형환율로 현행환율을 회복시키기 위해서 외환시장에 개입한다. 외환당국이 민간부문보다 균형환율에 대하여 우월한 정보를 갖고 있고, 균형환율로의 회복이 시장가격기구에 의해서보다 당국의 개입에 의해서 더 빨리 이루어질 수 있다는 전제를 바탕으로 한다. 이러한 전제가 옳지 않으면 오히려 환율은 더 불안정해지고 거시경제도 더 큰 불균형

---

18) **역풍방식개입**(leaning against the wind)이란 환율의 변동방향과 반대되도록 개입하여 환율의 변동추세를 완화하는 것을 말한다. 이와 반대로 **순풍방식개입**(leaning with the wind)이 있는데, 이것은 환율의 변동방향과 동일한 방향으로 개입하여 환율의 변동추세를 뒷받침하는 것을 말한다.

에 빠질 수 있다.

③ 외환당국이 외환보유액의 크기나 구성을 변화시키기 위해서 외환시장에 개입한다. 예를 들어, 외환보유액을 증가시키기 위해서 외환시장에서 외화를 매입하는 것이다.

3.3 외환시장개입의 형태

외환당국이 외환시장에 개입할 때 외화표시자산과 원화표시자산을 사용하는데, 그 구체적인 형태는 대차대조표를 통해서 쉽게 설명할 수 있다. <표 6-1>은 외환당국(중앙은행)의 대차대조표를 단순하게 정리한 것이다.

표 6-1 외환당국(중앙은행)의 대차대조표

자 산	부 채
외화자산 국내자산	외화부채 국내부채 본원통화

차변에는 자산을 기입하는데, 자산은 크게 외화자산과 국내자산으로 나누어진다. 외화자산은 외화표시자산과 금 보유 등이며[19] 국내자산은 국공채 및 시중은행대출 등이다. 대변에는 부채를 기입하는데, 부채는 크게 외화부채, 국내부채, 본원통화(화폐성 부채)로 나누어진다. 외화부채는 외화표시부채이며, 국내부채는 통화안정증권 등의 부채이며, 본원통화는 이른바 화폐성 부채로서 현금과 예금은행지급준비금이다. 이러한 자산과 부채는 복식부기의 원리에 따라서 서로 균형을 이룬다. 그러므로 다음과 같은 등식이 성립한다.

$$\text{순외화자산} + \text{순국내자산} = \text{본원통화} \qquad (6.5)$$

단, 순외화자산은 '외화자산－외화부채'이며, 순국내자산은 '국내자산－국내부채'이다.

외환시장개입은 외환의 매매에 대한 반대급부로 이루어지는 국내통화의 매매를 기본형태로 하여 이루어진다. 그런데 외환당국에 의한 국내통화의 매

19) 외환보유액이 여기에 포함된다.

매는 본원통화의 변동을 수반하는데, 외환당국이 외환시장 개입시 본원통화의 변동을 그대로 허용하는가 아니면 본원통화의 변동을 상쇄하는 조치도 포함하는가에 따라서 각각 비중화개입과 중화개입으로 나눈다.

(1) 비중화개입[20)]

비중화개입이란 외환당국의 외환시장개입에 의한 외환변화가 본원통화변화로 그대로 나타나도록 허용하는 것이다. 예를 들어, 외환당국이 환율상승을 유도하거나 외환보유액을 증가시키기 위해서 외환시장에서 외환을 국내통화를 대가로 매입하는 경우, <표 6-2>의 대차대조표에서 외화자산이 증가하며, 본원통화가 증가한다. 이처럼 외환시장개입에 의해서 본원통화가 증가하므로 통화정책적인 측면을 가지게 되는 것이며, 기존 통화정책과 조화시켜야 하는 문제가 발생할 수 있다.

표 6-2 비중화개입(외환매입)시 대차대조표

자 산	부 채
순외화자산 (+) 순국내자산	본원통화 (+)

한편, 앞의 식 (6.5)를 응용하면 다음과 같이 표시할 수 있다.

$$\triangle \text{순외화자산} = \triangle \text{본원통화} \tag{6.6}$$

(2) 중화개입[21)]

중화개입이란 외환당국의 외환시장개입에 의한 외환변화가 유발하는 본원통화변화를 그대로 나타나지 않도록 국내자산이나 국내부채를 적절히 변동시킴으로써 완전히 상쇄하는 것이다. 예를 들어, 외환당국이 환율상승을 유도하거나 외환보유액을 증가시키기 위해서 외환시장에서 외환을 국내통화를 대가로 매입하는 경우, <표 6-3>의 대차대조표에서 우선, 외화자산이 증가하게 되며 본원통화가 증가하게 된다. 이때 외환당국이 ① 공개시장조작

20) 비중화개입은 **태화개입**이라고도 하는데, 영어로는 non-sterilized intervention이라고 한다.

21) 중화개입은 **불태화개입**이라고도 하는데, 영어로는 sterilized intervention이라고 한다.

등을 통해서 국내자산을 매각하고 통화를 흡수하거나, ② 통화안정증권 등 국내부채를 발행하여 화폐를 흡수함으로써 외환시장개입 시 발생했던 본원통화의 증가를 상쇄시킬 수 있다.

표 6-3 중화개입(외환매입)시 대차대조표

자 산	부 채
순외화자산 (+) 국내자산 (−)	국내부채 본원통화 (0)

자 산	부 채
순외화자산 (+) 국내자산	국내부채 (+) 본원통화 (0)

한편, 앞의 식 (6.5)를 응용하면 다음과 같이 표시할 수 있다.

$$\triangle \text{순외화자산} + \triangle \text{순국내자산} = \triangle \text{본원통화} = 0 \tag{6.7}$$

3.4 외환시장개입의 효과

외환당국의 외환시장개입의 효과는 개입의 규모와 기간 그리고 민간부문의 외환당국에 대한 신뢰도, 외환자유화·자본자유화의 정도 등 제도적 측면에 따라서 달라진다. 그리고 비중화개입과 중화개입의 유형에 따라서도 달라지는데, 이러한 유형에 따라 각각 효과를 살펴보자.

(1) 비중화개입의 효과

① 외환시장에서 외환을 매입 또는 매도함으로써 외환시장에 영향을 미치며 환율에 영향을 미친다. 이러한 외환시장효과는 외환당국의 개입규모가 상대적으로 얼마나 큰가에 따라 결정된다.

② 외환시장개입에 따라서 화폐공급량이 변동하고, 이에 이자율도 변동하고, 자본유출입이 영향을 받는다. 이러한 화폐효과는 통화정책이 이자율에 미치는 효과와 외환자유화·자본자유화 정도에 따라서 자본유출입의 크기가 결정된다.

③ 외환당국은 외환시장에 개입함으로써 외환당국이 적정하다고 생각하는 환율수준을 간접적으로 시장에 알릴 수 있다.[22] 이러한 신호효과

22) 외환당국이 외환시장개입 없이, 다만 환율에 대한 입장을 공시함으로써도 유사한 효과가

(signal effect)는 민간부문의 외환당국 등 통화금융당국에 대한 신뢰도가 클수록 큰 효력을 가지게 된다.

(2) 중화개입의 효과

① 외환시장에서 외환을 매입 또는 매도함으로써 외환시장에 영향을 미치며 환율에 영향을 미친다. 이러한 외환시장효과는 외환당국의 개입 규모가 상대적으로 얼마나 큰가에 따라 결정된다.

② 중화개입에 따라서 화폐공급량이 불변하므로 화폐효과는 발생하지 않는다.

③ 중화개입에 따라서 외환당국의 국내자산의 변동이 생기고, 또한 민간부문의 자산구성(portfolio)에 변화가 생기게 된다. 이러한 자산구성효과(또는 포트폴리오효과)는 자본이동성의 정도와 자산 간 대체성의 정도에 따라서 영향을 받는다. 예를 들어, 환율상승을 유도하기 위해서 외환당국이 외환개입을 통해서 외환을 매입하면서 그 대가로 국내통화로 지급하고, 동시에 공개시장조작을 통해서 국내자산을 매각하고 국내통화를 회수한다고 하자. 외환당국의 대차대조표에는 앞의 <표 6-3> 왼쪽과 같이 외환증가 및 국내자산 감소가 나타나고, (여기서는 표를 생략한) 민간부문의 대차대조표에는 외환감소 및 국내자산 증가가 나타난다. 즉, 민간부문의 입장에서는 자산구성에서 외화자산이 감소하고 국내자산이 증가한 것인데, 국내외 자산 간 대체성이 완전하다면, 이러한 자산구성변화는 민간부문에게 아무런 영향을 주지 않는 반면에, 국내외 자산 간 대체성이 불완전할수록, 이러한 자산구성변화는 민간부문에게 영향을 줄 것이다. 즉, 후자의 경우에 민간부문은 원래의 자산구성을 회복하려고 하므로 외화자산을 매입하고 국내자산을 매도하려 할 것이다. 이에 환율상승이나 이자율상승 등 변화가 이어질 수 있다.

④ 외환당국은 외환시장에 개입함으로써 외환당국이 적정하다고 생각하는 환율수준을 간접적으로 시장에 알릴 수 있다. 이러한 신호효과는

나타날 수도 있다.

민간부문의 외환당국 등 통화금융당국에 대한 신뢰도가 클수록 큰 효력을 가지게 된다.

3.5 외환시장개입의 한계

① 외환당국이 보유하는 외환보유액의 크기에 의해서 외환시장 개입의 규모가 제약을 받는다. 실제로 외환시장의 거래규모에 비해서 외환당국이 사용할 수 있는 외환보유액은 매우 작다.

② 외환당국에 대한 민간부문의 신뢰가 낮거나 없으면 외환시장개입의 목적이 달성되지 않는다. 우리나라가 1997년 금융위기를 겪을 당시에도 환율을 일정 수준으로 방어하다가 외환보유액이 거의 고갈상태에 이르렀음을 상기할 필요가 있다.

부록1

먼델-플레밍 모형에서 IS-LM-BP곡선이 한 점에서 만나게 되는 경위

[그림 6A-1]에는 *IS-LM*곡선이 그려져 있다. 두 곡선이 만나는 점 *E*가 균형임은 우리가 잘 알고 있는 터이다. 이제 이 두 곡선 위에 *BP*곡선을 포개어 그려 넣어보자. *BP*곡선은 어디에 놓일까? *E*점에서 국제수지가 흑자라고 하면 본문에서 보았듯이 *BP*곡선은 *E*점보다 오른쪽 아래에 놓일 것이다. 그러면 이런 상황이 계속될까? 그렇지 않다. *E*점에서 흑자이므로 해외요인에 의한 화폐공급 증가가 발생할 것이다. 이에 *LM*곡선이 우하향 이동하며, 결국 [그림 6A-1] (a)처럼 *IS-LM-BP*곡선이 모두 *F*점에서 만날 것이다.

그림 6A-1 IS-LM-BP곡선이 한 점에서 만나게 되는 경위

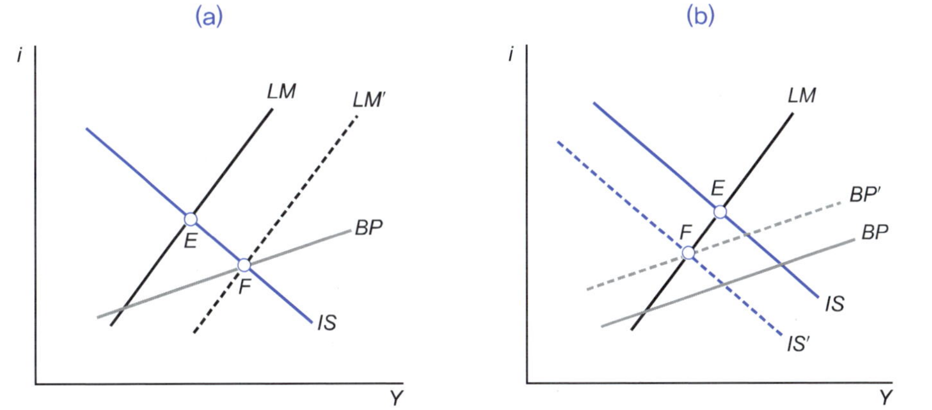

*E*점에서 국제수지가 흑자라고 하면 본문에서 보았듯이 *BP*곡선은 *E*점보다 오른쪽 아래에 놓일 것이다. *E*점에서 흑자이므로 화폐공급 증가가 발생하고 *LM*곡선이 우하향 이동하고, 결국 *IS-LM-P*곡선이 모두 *F*점에서 만날 것이다.

*E*점에서 국제수지 흑자압력이 존재한다. 이에 환율이 하락하고 *IS*곡선이 좌하향 이동하며 *BP*곡선이 좌상향 이동하고, 결국 *IS-LM-BP*곡선이 모두 *F*점에서 만날 것이다.

자유변동환율제도 아래에서도 비슷하게 분석할 수 있다. *E*점에서 흑자압력이 존재하므로 환율이 하락할 것이다. 이에 *IS*곡선이 좌하향 이동하고 *BP*곡선도 좌상향 이동하며, 결국 [그림 6A-1] (b)처럼 *IS*-*LM*-*BP*곡선이 모두 한 점에서 만날 것이다.[23)]

23) 고정환율제도에서처럼 변동환율제도에서도 이러한 순차적인 변화가 있다고 서술하였지만, 변동환율제도에서는 환율의 즉각적인 이동에 따라서 처음부터 *IS*−*LM*−*BP*곡선이 한 점에서 만나는 것이라고 서술하는 것이 더 옳다고 할 수 있다.

부록2

환율정책과 통화정책의 상충관계

개방경제에서 대내외적 정책목표를 달성하기 위한 거시경제정책의 운용은 이미 앞에서 설명한 것처럼 국가 간 자본이동의 정도가 높아짐에 따라 크게 제약을 받게 된다. 우선 국가 간 활발한 자본의 유출입은 환율에 직접적으로 영향을 미칠 뿐만 아니라 국내금리와 외국금리 간의 연동성을 증대시키게 된다. 나아가 중앙은행이 이러한 환율과 국내외 금리변동에 대응하여 경제의 안정화를 도모하고자 외환시장에 개입하는 경우 화폐공급의 변동과 궁극적으로는 물가의 변동을 수반하게 된다.

이와 같이 자본이동성이 증대하는 경우 환율, 금리, 화폐공급 등의 거시경제변수들의 국제적 연계성이 증대되어 거시경제정책목표를 달성하고자 하는 과정에서 환율정책과 통화정책 간 상충관계가 나타나게 된다. 예를 들어, 국내금리가 국제금리보다 높아 자본이 유입되면서 원화가 절상되는 상황을 가정하여 보자.

원화의 과도한 절상을 방지하고자 중화정책을 동반하지 않은 비중화외환시장개입을 하는 경우 중앙은행은 원화환율의 안정화를 도모할 수 있으나 외환시장개입의 결과 화폐공급량을 증가시키게 된다. 이 상황에서 중앙은행이 화폐공급 증가로 인한 물가불안을 해소하기 위하여 중화정책을 이용해 화폐공급의 증가를 억제한다면 화폐공급 대신 원화표시채권의 공급이 늘어나게 된다. 이는 국내금리를 상승시켜 또다시 자본유입을 초래하고 나아가 원화를 절상시킴으로써 중앙은행이 의도했던 수준에서 원화환율을 유지하기 어렵게 만든다.

이러한 환율정책과 통화정책 간의 상충관계는 환율결정에 관한 화폐적 접근법에 의하여 쉽게 설명될 수 있다. 예를 들어, 중앙은행이 경상수지 적자를 해소하고자 외환시장개입을 통해 환율의 상승(원화의 절하)을 유도하는 경우를 생각해 보자. [그림 6A-2]에서 보는 바와 같이 중앙은행이 외환의 매입을

그림 6A-2 환율정책과 통화정책의 상충관계

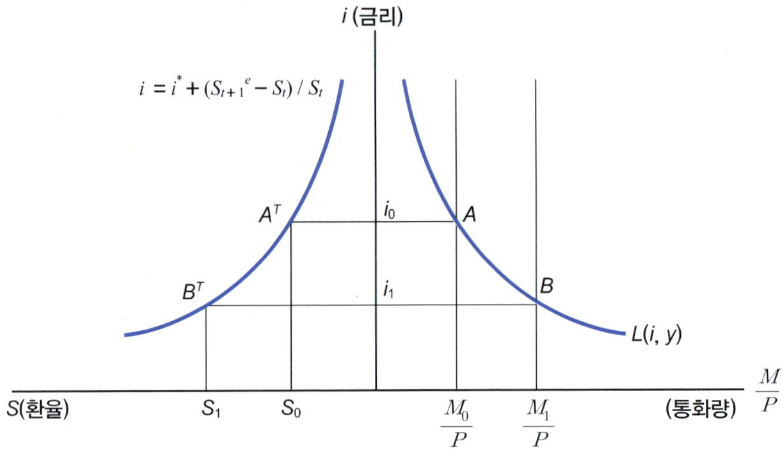

이 그림은 소국모형하에서 국가 간 자본이동이 자유롭고 국내외금융자산이 완전대체성을 갖는 유위험 이자율평가가 성립될 경우 환율, 금리 및 화폐공급 간의 상충관계를 나타내고 있다.
예를 들어, 중앙은행이 경상수지 적자를 해소하기 위한 환율절하를 목적으로 하는 외환시장의 개입이 일어날 때 시장개입에 따른 외환매입은 화폐공급을 $\frac{M_0}{P}$에서 $\frac{M_1}{P}$으로 증가시킴으로써 환율을 S_0에서 S_1으로 상승시키는 동시에, 국내금리를 i_0에서 i_1으로 하락시킨다.
이에 대응하여 인플레이션을 우려한 중앙은행이 화폐공급을 $\frac{M_0}{P}$에서 $\frac{M_1}{P}$으로 줄인다면 국내금리를 i_1에서 i_0로 인상시키는 동시에 환율을 S_1에서 S_0로 절상시킴으로써 당초 환율인상을 의도했던 외환시장개입효과가 상쇄된다.

통하여 원화환율을 S_0에서 S_1로 절하시키는 과정에서 국내화폐공급은 $\frac{M_0}{P}$에서 $\frac{M_1}{P}$으로 증가하며, 국내금리는 i_0에서 i_1으로 하락하게 된다. 그러나 중앙은행이 화폐공급증가에 따른 물가불안을 우려하여 공개시장조작을 통하여 화폐공급을 종전 수준인 $\frac{M_0}{P}$로 줄인다면 국내금리는 다시금 i_0로 상승하며 자본유입으로 환율이 S_0로 하락함으로써 환율은 경상수지 적자의 해소에 적정수준인 S_1을 유지할 수 없게 된다.

이와 같이 국가 간 자본이동이 자유로운 경우 환율정책과 통화정책 간에 상충관계가 존재하기 때문에 중앙은행은 환율과 통화량 중 어느 하나만을 선택하거나 또는 환율과 화폐공급의 최적조합을 모색하지 않으면 안 된다.

부록3

선물환을 이용한 외환시장개입

중앙은행이 선물환을 이용해 외환시장에 개입하는 경우 공개시장을 이용한 중화외환시장개입과 동일한 경제적 효과를 거둘 수 있다. 예를 들어, 중앙은행이 환율을 끌어내리기 위해 미래의 일정시점에 외환을 매각하는 선물환계약을 맺었다고 하자. 이때 선물환계약의 상대방인 민간부문에서 보면 이러한 계약은 미래의 동일 시점에 만기가 되는 외화표시 채권을 구입하고 국내통화표시 채권을 매각한 것과 동등하다고 느끼게 된다. 즉, 민간부문은 보유하고 있던 국내자산을 외화자산으로 대체하게 됐다고 간주하게 된다. 이는 곧 중앙은행이 현물환시장에서 외환을 매각한 후 화폐를 다시 민간에 공급하는 중화외환시장개입과 동일한 효과를 가지게 된다.[24)]

이처럼 중앙은행이 선물환 또는 옵션 등과 같은 파생금융상품을 이용하여 외환시장에 개입하는 경우 중화개입에 따른 부작용을 회피할 수 있고 높은 레버리지로 인해 자국통화 방어를 위하여 보유외환 이상으로 외환시장에 개입할 수 있다. 또한 중화외환시장개입이 외환시장에서의 거래 및 공개시장에서의 거래로 구성되어 있는 반면 선물환을 이용한 개입은 외환시장에서의 거래 하나만으로 구성되어 있어 간단하다는 장점이 있다.

그러나 최근 우리나라 외환위기 당시의 선물외환시장개입 경험에서 볼 수 있었듯이, 중앙은행이 외환시장 상황을 잘못 판단하는 경우에는 막대한 손실이 발생하여 외환시장개입정책의 신뢰성이 크게 손상되고 외환시장이 더욱 불안해질 우려도 있다.

---

24) Obstfeld and Rogoff(1996, p. 593)는 이자율평가정리에 기초한 간단한 예를 이용하여 선물환시장개입이 중화외환시장개입과 동등하다는 것을 설명하고 있다.

부록4

목표환율대의 설정과 환율의 움직임

크루그만(P. Krugman)은 목표환율대의 설정이 투기자들의 환율변동에 대한 기대를 안정화할 수 있음을 다음의 모형을 통하여 간단하고 쉽게 보여주고 있다. 우선 다음과 같이 로그값으로 표시된 화폐론자의 환율식을 생각해 보자.

$$s = m + v + \gamma E[ds]/dt$$

s는 로그값으로 표시된 환율을, m은 역시 로그값으로 표시된 통화량 값을, v는 화폐수요 충격을, $E[ds]/dt$는 예상된 환율의 절하율을 각각 표시한다. 통화정책은 단순히 목표환율대를 유지하는 수동적인 것이며, 화폐수요의 충격은 임의보행을 한다고 각각 가정하자.

이와 같은 가정하에 얼핏 생각하기에는 [그림 6A-3] (a)에 표시된 목표환율대 내 A점에서는 v가 임의보행을 하는 한 미래 환율변화율에 대한 기대값

그림 6A-3 목표환율대와 외환시장개입

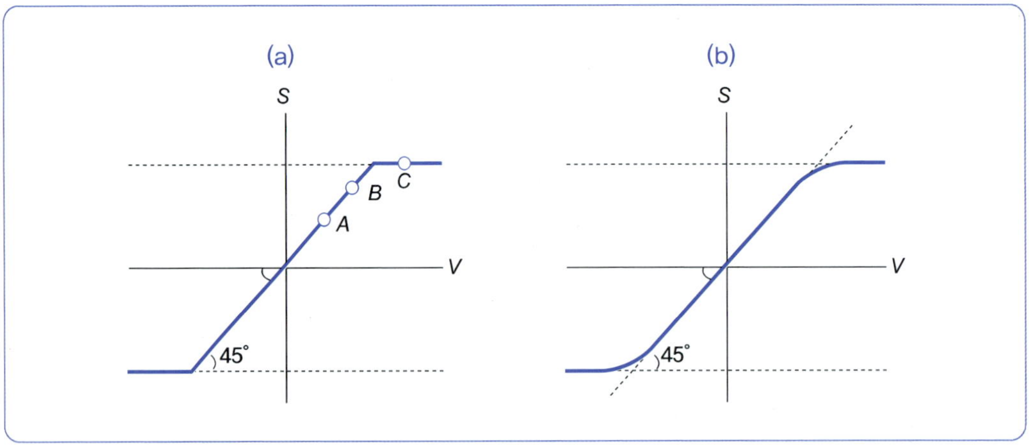

자료 : Krugman(1991).

$E[ds]/dt$ 는 0이 되어 환율은 자유변동환율과 동일하게 $s = m+v$의 등식을 만족할 것으로 예상할 수 있다. 한편, 지속적인 화폐수요충격으로 환율이 B점과 같이 환율대의 상한선에 접근하는 경우를 생각해 보자. 이때 만약 v가 증가하여 환율이 환율대를 벗어나게 된다면 환율을 안정화하는 통화정책으로 인하여 C점으로 이동하게 되어 환율 s와 v는 [그림 6A-3] (a)에서와 같은 관계를 가지는 것처럼 보인다.

그러나 이 그림에서 확인할 수 있듯이 B점에서 같은 크기의 v의 증감이 환율 s에 미치는 효과는 비대칭적이다. 즉, 환율대의 상한선에 접근할수록 환율절하보다는 환율절상에 대한 기대가 더 커지게 된다. 즉, $E[ds]/dt < 0$의 부등식이 성립할 뿐 아니라 환율대의 상한선에 접근할수록 $E[ds]/dt$의 절대값이 증가한다. 반대로 환율이 환율대의 하한선에 근접할수록 환율절하에 대한 기대감이 커지게 된다. [그림 6A-3] (b)는 이와 같은 환율변동에 대한 기대를 반영하여 S자 모양의 s 와 v의 관계를 보여주고 있다.

따라서 목표환율대에서의 환율은 환율대의 설정으로 인하여 형성된 환율변동에 대한 비대칭적 기대 때문에 자유변동환율제도보다 안정적인 행태를 보이게 되는 것이다.

요약

01. 국제자본이동이 없으면 재정정책과 통화정책 모두 고정환율제도의 경우보다 변동환율제도의 경우에 유효성이 높아진다. 왜냐하면 변동환율제도에서는 환율의 변화를 통해 해외수요를 추가로 변화시키기 때문이다.

02. 고정환율제도에서 자본이동성이 높을수록 재정정책의 효과는 더 커지며, 반대로 통화정책의 효과는 더 적어진다. 왜냐하면 자본이동성 아래서 확대재정정책은 이자율 상승, 자본유입, 그리고 화폐공급의 증가를 가져오는 반면 확대통화정책은 이자율 하락, 자본유출, 화폐공급의 감소를 가져오기 때문이다.

03. 변동환율제도에서 자본이동성이 높아질수록 재정정책의 효과는 더 적어지며. 반대로 통화정책의 효과는 더 커진다. 왜냐하면 자본이동성 아래서 확대재정정책은 이자율 상승, 자본유입, 환율 하락, 그리고 순수출의 감소를 가져오고, 반면 확대통화정책은 이자율 하락, 자본유출, 환율 상승, 그리고 순수출의 증가를 가져오기 때문이다.

04. 자본이동이 완전한 경우, 고정환율제도에서 재정정책의 효과는 극대화되며 금융정책의 효과는 전혀 없게 된다. 반대로, 변동환율제도에서 재정정책의 효과는 전혀 없게 되고, 통화정책의 효과는 극대화된다.

05. 먼델 모형은 고정환율제도 아래서 자본이동성이 높은 경우에 종합균형을 달성하기 위한 정책조합(정책할당)을 분석한다. 이에 따르면 재정정책은 대내균형을, 통화정책은 대외균형을 위해서 활용해야 한다.

06. 외환시장개입이란 중앙은행(또는 외환당국)이 특정한 정책목표를 달성하기 위하여 외환시장에 참여하여 행하는 적극적인 외환거래를 의미한다.

07. 중앙은행의 외환시장개입은 중앙은행이 보유하는 순외화자산의 변동을 가져오는데, 이러한 과정에서 본원통화의 변동을 수반하느냐의 여부에 따라 비중화외환시장개입과 중화외환시장개입으로 구분된다.

08. 비중화외환시장개입이란 중앙은행의 외환시장개입에 의한 순외화자산의 변동이 일대일로 본원통화의 변동을 수반하는 경우를 말한다.

09. 중화외환시장개입이란 외환시장개입으로 초래되는 본원통화의 변동을 중앙은행이 국내여신의 변동을 통하여 부분적으로 또는 완전히 상쇄하는 것을 말한다.

10. 중앙은행의 외환시장개입 효과는 개입의 규모, 기간, 유형(즉, 비중화개입이냐 중화개입이냐) 등에 따라 달라진다.

주요 용어

통화정책의 효과	대내균형	대외균형
딜레마(dilemma)	먼델모형	먼델-플레밍 모형
비중화외환시장개입	순풍개입방식	역풍개입방식
외환시장개입	자본이동성	재정정책의 효과
정책조합(policy mix)	정책할당(policy assignment)	중화외환시장개입
트라이레마(trilemma)		

연습문제

01. [그림 6-1]에서 *B*점의 성질을 설명하시오.

02. [그림 6-2]에서 *B*점의 성질을 설명하시오.

03. [그림 6-3]에서 *BP*곡선의 아래쪽에 있는 점들의 성질을 설명하시오.

04. [그림 6-17]에서 *YY*선의 위쪽에 있는 점들의 성질을 설명하시오.

05. 외국이자율의 변화가 *BP*곡선의 이동에 미치는 효과를 설명하시오.

06. [그림 6-18]을 이용해 다음 물음에 답하시오.
한국은행은 대외균형을, 그리고 기획재정부는 대내균형을 맡기로 정책할당을 했다.

(1) Ⅱ상한에서 한 점을 택하고, 기획재정부가 한국은행보다 먼저 정책을 집행하는 경우 경제의 조정과정을 설명하시오.

(2) Ⅱ상한의 한 점을 택하고, 한국은행이 기획재정부보다 먼저 정책을 집행하는 경우 경제의 조정과정을 설명하시오.

(3) Ⅲ상한의 한 점을 택하고, 한국은행이 기획재정부보다 먼저 정책을 집행하는 경우 경제의 조정과정을 설명하시오.

07. 소국 및 완전자본이동 가정하에서 재정정책 및 통화정책의 효과를 논술하시오. (힌트 : 두 가지 환율제도로 구분하여 논술할 것)

08. 변동환율제도 아래서 소국 및 불완전자본이동을 가정할 때, 통화정책의 효과를 설명하시오. (힌트 : 불완전자본이동은 세 가지로 구분할 수 있다는 것을 명심할 것)

09. A국은 세계 무역규모로 보면 소국에 해당된다. 그러나 A국의 이자율은 미국, 일본, 독일 등보다 더 높다. 이런 경제상황에서 미국의 금융시장개방 압력으로 완전자본이동이 시행되었을 때, A국의 재정정책 및 통화정책의 효과를 설명하시오.

10. 다음 문장의 정오를 가리고 그 이유를 설명하시오.

(1) 변동환율제도하에서 완전자본이동성을 가정할 때 실물경제의 교란은 국민소득균형에 아무런 영향을 줄 수 없다.

(2) 고정환율제도하에서 완전자본이동성을 가정할 때 화폐수요의 교란은 국민소득균형에 아무런 영향을 줄 수 없다.

11. 다음은 모두 불가능성의 정리와 동일한 내용임을 밝히시오.

(1) 완전자본이동성하에서 통화당국은 통화정책과 환율정책을 분리하여 운용할 수 없다.

(2) 완전자본이동성하에서 중화정책을 동반한 외환시장의 개입은 아무런 효과가 없다.

12. 다음 두 개의 방정식은 전형적인 *IS-LM*모형이며, 여기에 자본이동 조건이 추가되고 있다. 이 나라는 소국이다.

$$Y = (A - bi + EX - IM) / (s + m)$$
$$M/P = kY - hi$$
$$i = i^*$$

여기서 A는 자발적 지출(재정지출도 여기에 포함됨)을, Y는 국민소득을, i는 국내이자율을, EX는 수출을, IM은 수입을, 그리고 i^*는 외국이자율을 나타낸다. 또한 s(한계저축률), m(한계수입성향), b, k 그리고 h는 상수이다.

(1) 외국이자율이 1% 상승하면, 균형국민소득이 얼마만큼 변화하는가?
(힌트 : 거시경제의 승수를 구하는 원리를 이용하라. 외국이자율은 외생변수이므로, 이것을 무시하고 먼저 Y와 i의 값을 구하라. 그리고 $i=i^*$의 관계를 이용하라. 이자율이 국민소득에 영향을 주는 효과의 크기는 b로 나타나게 된다.)

(2) 위의 모형을 이용해 국내 경기부양정책을 취할 경우, 재정정책 및 금융정책 중 어느 정책이 더 효과적인가를 설명하시오. (힌트 : 재정정책의 효과는 재정지출로 가정하면 A의 변화에, 그리고 통화정책은 화폐공급이므로 M의 변화에 반영됨)

(3) 대국이 경기부양을 위해 팽창재정정책을 취할 경우, 그것이 이 나라 국민소득 및 이자율에 미치는 효과를 파급메커니즘을 통해 설명하시오.
(힌트 : 파급메커니즘은 외국이자율의 변화를 통해 나타남)

(4) 대국의 소비가 감소하고 저축이 증대할 경우, 그것이 이 나라 국민소득 및 이자율에 미치는 효과를 파급메커니즘을 통해 설명하시오.

13. 변동환율제도 아래서 완전자본이동이 허용될 때, 고금리를 유지하기 위한 통화정책의 효과를 설명하시오.

14. 외환시장개입의 의의, 목적 및 한계에 관하여 설명하시오.

15. 중화되지 않은 외환시장개입과 중화된 외환시장개입을 구별하여 설명하시오.

16. 외환시장개입이 요구되는 시기를 열거하고 개입방식에 관하여 설명하시오.

17. 국가 간 자본이동이 활발한 경우 환율정책과 통화정책 간의 상충관계를 설명하고 국내고용이나 물가안정과 같은 대내경제정책 목표를 달성하기 위한 통화정책의 유효성을 고정환율제도와 변동환율제도로 구분하여 설명하시오.

18. 국가 간 자본이동이 활발한 경우 대외균형에 중점을 두고 실시되는 환율정책과 대내균형에 중점을 두고 실시되는 통화정책 간에 상충관계가 나타나게 된다. 다음과 같은 외생적 교란요인이 발생하는 경우 안정적 통화공급을 중시하는 정책과 환율안정을 중시하는 정책이 국민경제에 미치는 영향이 어떻게 다른지 설명하시오.

① 국내임금의 상승

② 정부지출의 축소

③ 화폐수요의 변화

④ 국제금리의 상승

19. 우리나라의 경우 외환시장개입이 미래의 통화정책에 대해 역신호를 제공할 수도 있는데, 이러한 가능성을 통화정책의 최우선목표를 고려하여 설명해 보시오.

참고문헌

김규한, "외환시장개입의 일반이론과 개입전략의 선택", 『국제금융연구』 12, 한국은행, 1990.

김태준, "외환시장개입정책의 효과분석과 환율정책에 대한 정책시사점", 『정책연구』 93-14, 대외경제정책연구원, 1993.

이강남, "중앙은행의 외환시장개입", 『국제금융론』, 제12장, 법문사, 1990.

이영섭, "우리나라 외환시장개입의 행태와 효과", 『자본자유화론』, 김인준 · 박준용 편저, 법문사, 1995.

________, "관리변동환율제도와 외환시장개입의 효과 : 서베이", 한국국제경제학회 발표, 1997.

최창규, "불태화외환시장개입의 동태적 효과분석", 『경제분석』 제1권 제2호, 1995.

한국은행, "우리나라 외국환평형기금제도", 『국제금융자료』 90-98, 국제금융부 외환업무과, 1990.

Backus, D., "Empirical Models of the Exchange Rate : Separating the Wheat from the Chaff," *Canadian Journal of Economics* 17, 1984, pp. 824-846.

Boughton, J., "Policy Assignment Strategies with Somewhat Flexible Exchange Rates," in B. Eichengreen, M. Miller, and R. Portes, eds., *Exchange Rate Regimes and Macroeconomic Policy*, London : Centre for Economic Policy Research, 1989.

Caves, R., J. Frankel and Ronald Jones, *World Trade and Payments : An Introduction*, 7th ed., Harper Collins, 1996.

Domingues, K. M., "Market Responses to Coordinated Central Bank Intervention," *Carnegie-Rochester Conference Series on Public Policy* 32, 1990, pp. 121-164.

Domingues, K. M. and J. Frankel, "Does Foreign Exchange Intervention Matter? Disentangling the Portfolio and Expectation Effect for the Mark," *NBER Working Paper* 3299, 1990.

________, "Foreign Exchange Intervention : An Empirical Assessment," In J. Frankel, ed., *On Exchange Rates, Cambridge*, MA : The MIT Press, 1993.

Dornbusch, R., "Expectations and Exchange Rate Economics," *Journal of Political Economy* 84, 1976, pp. 1161-1176.

Dornbusch, R. and S. Fischer, "The Open Economy : Implications for Monetary and Fiscal Policy," R. J. Gordon, ed., *The American Business Cycle : Continuity and Change*, University of Chicago Press, 1986, pp. 459-516.

Driskill, R., "Exchange Rate Dynamics : an Empirical Investigations," *Journal of Political Economy* 89, 1981, pp. 359-371.

Edison, H., "The Effectiveness of Central Bank Intervention : A Survey of the Post-1982

Literature," *Special Papers on International Economics 18*, Princeton University, 1993.

Fleming, J. M., "Domestic Financial Policies under Fixed and under Floating Exchange Rates," *IMF Staff Papers* 9, 1962, pp. 369-379.

Frenkel, J. A. and M. Goldstein, "A Guide to Target Zone," *IMF Staff Paper* 33, 1986, pp. 633-673.

Jurgensen, P., "Report of the Working Group on Exchange Market Intervention (Jurgensen Report)," Washington : Treasury Department, March 1983.

Kaminsky, G. and K. Lewis, "Does Foreign Exchange Intervention Signal Future Monetary Policy?," *Finance and Economic Discussion Series* 93-1, Washington : Federal Reserve Board, 1993.

Krugman, P., "Target Zones and Exchange Rate Dynamics," *Quarterly Journal of Economics* 106(3), 1991, pp. 669-682.

Martson, R. C., *Misalignment of Exchange Rates : Effects on Trade and Industry*, University of Chicago Press, 1988.

________, "Stabilization Policies in Open Economies," in *Handbook of International Economics*, Ch. 17, 1986.

Mundell, R. A., "The Appropriate Use of Monetary and Fiscal Policy under Fixed Exchange Rates," *IMF Staff Papers* 9, 1962, pp. 70-77.

________, "Capital Mobility and Stabilization Policy under Fixed and Flexible Exchange Rates," *Canadian Journal of Economics and Political Science* 29, 1963, pp. 475-485.

Mussa, M., "The Role of Official Intervention," *Group of Thirty Occasional Papers* 6, New York : Group of Thirty.

Obstfeld, M., "The Effectiveness of Foreign-Exchange Intervention : Recent Experience," *NBER Working Paper* 2796, 1988.

Obstfeld, M. and K. Rogoff, *Foundations of International Macroeconomics*, MIT Press, 1996.

Rey, H., "Dilemma Not Trilemma: The Global Financial Cycle and Monetary Policy Independence," *NBER Working Paper* 21162, 2018.

Rogoff, K., "On the Effects of Sterilized Intervention : An Analysis of Weekly Data," *Journal of Monetary Economics* 14, 1984, pp. 133-150.

Sachs, J., "The Dollar and the Policy Mix : 1985," *Brookings Papers on Economic Activity* : 1, 1985, pp. 117-197.

Watanabe, T., "The Signalling Effect of Foreign Exchange Intervention : The Case of Japan," Paper Presented at the Conference on *Exchange Rate Policy in the Pacific Basin Countries*, Sponsored by Federal Reserve Bank of San Francisco, 1992, pp. 16-18.

CHAPTER 07

외환위기

1. 외환위기이론
2. 외환위기와 은행위기
3. 외환위기 전염효과의 원인
4. 외환위기의 조기경보
5. 1990년대 이후 외환위기의 사례

1. 외환위기이론

동아시아 외환위기 이전의 외환위기를 설명하는 주요 이론으로는 국내정책 간 불일치로 위기를 설명하는 크루그만(P. Krugman)의 제1세대 위기모형과 환율제도 유지의 비용-편익 간 상충문제로 인한 자기실현적(self-fulfilling) 위기라는 점을 강조하는 옵스펠트(M. Obstfeld)의 제2세대 위기모형이 있었다.

그러나 1997년 한국을 비롯해 동아시아 전반에 걸쳐 발생한 외환위기는 기존의 위기모형으로는 설명이 안 되는 새로운 양상을 보였기 때문에 이를 설명하기 위한 여러 가지 새로운 시도가 있었다. 대표적인 것으로 한 국가의 대외부채와 대외자산 간의 유동성 불일치가 존재하는 상태에서 외부적 충격으로 인해 국가에 대한 국제적인 예금인출사태(bank-run)가 발생한다고 보는 삭스(J. Sachs)의 현대화된 금융공황(financial panic)모형이 있다.

한편, 신흥경제국가들의 경우 자본자유화와 붐-버스트 사이클과정에서 국내 금융시스템의 부실과 금융감독 및 규제의 미비가 외환위기를 불러올 수 있다.

1.1 제1세대 외환위기모형

제1세대 외환위기모형은 과도한 재정적자와 고정환율제도의 유지라는 정책 간의 일관성 결여로 인해 외환위기가 발생한다고 설명하고 있다. 즉, 통화팽창을 기반으로 한 재정적자정책과 고정환율제도가 오랫동안 공존할 수 없기 때문에 외환위기가 발생한다고 주장한다.[1)] 제1세대 모형은 1970년대 후반과 1980년대 초반 남미 외환위기를 설명하는 데 주로 이용되고 있다.

제1세대 모형은 고정환율제도하에서 자국통화에 대한 평가절하압력이 지속되는 경우 중앙은행이 목표환율을 유지하기 위하여 외환을 매도하는 외환시장개입을 하며, 중앙정부는 재정적자를 유지하기 위하여 제한 없이 지속적으로 화폐를 발행하는 경제를 가정한다. 이러한 상황에서 지속적인 화폐팽창으로 인해 외환시장에서 자국통화의 평가절하압력은 더욱 강해지기 때문에 중앙은행은 외환시장개입을 지속해야 하며 이에 따라 외환보유액은 지속적으로 감소한다.

그 결과 남아 있는 외환보유액이 충분치 못하여 앞으로 중앙은행이 목표환율을 기존수준에서 유지할 수 없다고 예상되면 외환시장에서 자국통화를 대규모로 매도하는 투기적 공격(speculative attack)이 일어나면서 외환위기가 발생한다. 중앙은행은 투기적 공격에 대응하여 환율을 안정시키려고 노력하지만 외환보유액이 부족하여 결국 평가절하를 단행하든가 또는 고정환율제도를 포기하고 변동환율제도를 채택한다. 이에 따라 자국통화의 가치는 기존의 수준에 비해 크게 하락한다.

1.2 제2세대 외환위기모형

제2세대 외환위기모형은 1990년대 초반 유럽 외환위기의 발생원인을 설명하는 모형으로서, 예상되는 정부 경제정책의 변화가 환투기를 유발하여 외환위기가 발생한다고 설명한다. 즉, 정부가 경기부양을 위해 고정환율제도를 포기하고 자국통화가치의 하락을 유도하는 정책으로 전환할 것이라는 예상이 외환시장에서 강하게 형성될 경우 대규모의 환투기가 외환위기로 이어질 수 있다고 주장한다.[2)]

고정환율제도하에서 정부는 경제적 비용을 극소화하기(효용을 극대화하기) 위해 변동환율제도를 도입하여 자국통화의 평가절하를 유도하는 정책을 선택할 수 있다. 예를 들어, 경기불황이 지속되어 실업률이 상승하고는 있지만 아직 심각한 수준은 아닌 경제를 가정하자. 이 경우 정부는 경기부양을 위하

1) 제1세대 외환위기모형은 Krugman(1979)에 의해 최초로 개발되어 Flood & Garber(1984)에 의해 발전되었다.

2) 제2세대 외환위기모형은 Obstfeld(1994)가 개발하였다.

여 고정환율제도를 포기하는 정책변화를 고려할 수 있다. 그러나 환율안정이 국제무역과 투자촉진에 유리하고 외국투자가들에 대한 신뢰유지의 수단이 될 수 있다는 점에서 고정환율제도의 포기는 비용을 발생시키기 때문에 정부는 고정환율제도 포기에 따른 비용과 편익을 면밀히 분석한 후에 변동환율제도를 도입할 것인가를 결정하려고 할 것이다.

그런데 그 과정에서 다수의 외환시장 참가자들이 정부가 고정환율제도를 포기하고 이에 따라 자국통화의 가치가 대폭적으로 떨어질 것으로 예상한다면 자국통화를 대규모로 매도하고 외환을 매입하는 투기적 공격이 발생한다. 고정환율제도 유지에 따른 비용과 편익에 대한 정확한 판단을 못하고 있던 정부는 투기적 공격으로 인해 고정환율제도의 유지에 따른 비용이 크게 증가함에 따라 외환시장 참가자들의 예상대로 고정환율제도를 포기하게 되며 이에 따라 외환위기가 발생한다. 즉, 외환시장에서의 자기실현적(self-fulfilling) 투기적 공격으로 고정환율제도가 붕괴되는 자기실현적 외환위기가 발생한다.

제2세대 모형은 경제의 기초요인이 고정환율제도가 붕괴될 만큼 악화되지 않는 상황에서 외환위기가 발생할 수 있음을 강조한다. 경제의 기초요인이 악화되고는 있지만 대내외적인 경제조건의 호전으로 경기가 회복되어 고정환율제도를 그대로 유지할 수도 있고 또는 경제의 기초요인이 악화되어 결국 고정환율제도를 포기해야 되는 경우도 발생할 수 있는 상황에서 외환시장 참가자들이 후자의 경우를 일방적으로 예상하여 자기실현적 투기적 공격을 감행함에 따라 외환위기가 발생한다. 즉, 경제의 기초요인은 호전되거나 악화됨이 없이 그대로인데도 외환위기가 발생할 수 있다.

1.3 현대화된 금융공황모형

금융공황(financial panic)은 급격한 신용의 붕괴로 인하여 금융시장 전반에 걸쳐 혼란이 야기된 상태를 의미한다. 금융기관들이 단기로 자금을 조달하고 장기로 자산을 운영하는 자금의 조달-운영 간 만기불일치가 클수록 금융공황의 가능성은 증가한다. 은행들은 일반적으로 예금의 많은 부분을 비유동적인 장기대출로 운영하고 일상적인 예금인출 수요에 대비하여 예금의 일부만을 현금과 같은 유동자산으로 보유한다. 그런데 이러한 유동성 불일치로 인하여 은행들은 자기실현적 금융공황에 따른 예금인출사태(bank-run)의 위험에 항상 노출되어 있다. 내·외부적인 충격이 발생하여 예금자들이 남보다 먼저 예금을 인출하고자 할 경우 예금인출사태가 초래되어 은행은 파산위기에 빠지게 된다.

현대화된 금융공황모형은 이러한 금융공황이론을 1997~98년 동아시아 외환위기에 적용하여 그 원인을 설명하고 있다.[3] 이 모형에 따르면 국제상업은행들이 동아시아 지역에 대출한 단기자금의 회전(roll-over)을 중단하고 일시에 자금을 회수해 나가는 과정에서 외환위기가 심화되었다는 것이다. 즉, 이들이 대출한 자금을 급히 회수한 것은 동아시아 지역 금융기관의 상환능력 약화로 인해 대출자금을 돌려받지 못할 수도 있다는 공황상태에 빠졌기 때문이라고 설명한다. 그러나 이 모형은 국제상업은행이 이들 금융기관의 상환능력이 약화되었다고 갑자기 관점을 바꾼 이유가 무엇인지를 분명하게 제시하지 않았다.

그런데 국제상업은행들이 공황에 빠졌다고 하더라도 외화자금을 차입한 동아시아 금융기관들이 자금상환 요구에 적절히 응할 수 있었다면 동아시아 지역에서의 외환위기가 억제되었을 수도 있다. 그러나 그러지 못했던 중요한 이유는 이들이 그 당시 안고 있었던 심각한 대차대조표(balance sheet) 문제에서 찾을 수 있다. 즉, 자금의 조달과 운용 간에 통화불일치(currency mismatch)와 만기불일치(maturity mismatch) 문제가 심각하였다는 것이다. 이들 금융기관들은 외화로 차입한 단기자금을 주로 자국통화로 표시된 장기자산으로 운영하고 있었기 때문에 차입금 상환요구에 적절히 응할 수가 없었다는 것이다.

이 모형은 국제상업은행들의 돌발적인 자금회수가 외환위기의 촉발제 역할을 하였기 때문에 동아시아 외환위기 발생에 이들의 책임이 있음을 지적하고 있다. 그동안 높은 수익률을 노려 대규모로 투자하였던 자금을 미래에 대한 전망이 흐려지자 일시에 회수해 나간 이들의 도덕적 해이 문제도 함께 지적하고 있다.

현대화된 금융공황모형이 제시하는 바와 같은 외환위기가 다시 발생하는 것을 방지하기 위해서는 갑작스런 자금회수의 조짐이 보일 경우 해당 지역의

---

3) 현대화된 금융공황모형은 Radelet and Sachs(1998)에 의하여 개발되었다.

외환시장 투기적 공격(speculative attack)의 메커니즘

외환시장 참가자들이 앞으로 약세통화의 대폭적인 가치 하락이 있을 것으로 예상하여 투기적 목적으로 약세통화를 매도하고 강세통화를 매입하는 것을 투기적 공격이라고 한다. 투기적 공격 이후 투기자들이 예상했던 방향으로 환율이 변동하면 이들은 다시 강세통화를 매도하여 대규모의 환차익을 얻는다. 그러나 투기적 공격에는 비용이 수반되기 때문에 환율변동에 대한 예상이 빗나가면 이들은 반대로 손실을 입게 된다. 투기적 공격이 발생하는 메커니즘의 예는 다음과 같다.

먼저, 약세통화로 표시된 채권이나 예금을 보유하고 있는 투기자들은 이들을 처분하여 강세통화를 사들인 후 강세통화로 표시된 채권이나 예금을 매입한다. 그런데 약세통화 자산의 이자율이 강세통화 자산에 비하여 높기 때문에 환율변동으로 인한 환차익이 투기적 공격에 따른 비용, 즉 이자율차이를 초과할 때만 투기자들은 이익을 얻을 수 있다.

한편, 약세통화 자산을 보유하고 있지 못한 투기자들은 금융기관으로부터 약세통화를 차입하여 현물환시장에서 약세통화를 매도하고 강세통화를 매입함으로써 투기적 공격에 가담할 수 있다. 이 경우 약세통화의 차입이자율이 투기적 공격의 비용이며 환차익과 강세통화의 이자율이 수익이 된다. 따라서 약세통화국의 중앙은행은 투기적 공격의 조짐이 보일 경우 국내이자율의 대폭적인 인상을 통하여 투기적 공격의 비용을 상승시킴으로써 이를 저지하고자 한다.

국가들에게 국제유동성을 적절히 공급해 줄 수 있는 제도적 장치를 범세계적으로 강구하는 것이 필요하다. 또한 금융기관들은 외화자금의 조달-운용 간 만기불일치와 통화불일치를 최대한으로 줄여 돌발적인 자금회수에 대비하여야 할 것이다.

1.4 붐-버스트 순환모형

붐-버스트 순환(boom-bust cycle)모형은 경기가 순환하는 과정에서 외환위기가 발생할 수 있음을 설명하는 모형으로서 1994~95년 멕시코 외환위기와 1997~98년 동아시아 외환위기의 원인을 설명하는 데에 이용되고 있다. 이 모형은 자본유입의 증가로 경기가 단기적인 호황(boom)을 보이지만 갑작스러운 자본의 유출로 경기가 후퇴(bust)하면서 외환시장에도 큰 혼란이 일어날 수 있음을 지적하고 있다.

1980년대 말 이후 동아시아와 남미의 개발도상국들이 선진국에 비해 상대적으로 높은 금리수준을 유지하였을 뿐만 아니라 자본자유화를 적극적으로 추진함에 따라 대규모의 선진국 자본이 동아시아와 남미의 개발도상국으로 유입되었다. 대규모의 자본유입으로 투자 및 소비가 증가하고 개발도상국 경제는 활황을 유지하였다. 그런데 고정환율제도를 가정할 경우 자본유입 증가는 화폐공급의 증가와 주가, 부동산가격 등 자산가격의 지나친 상승을 초래하게 된다. 즉, 자산시장에서 거품이 발생하게 되는데 자본유입이 지속될 경우 이와 같은 거품경제는 오래 지속될 수가 없다.[4)]

왜냐하면 지속적인 자본유입으로 인플레이션이 발생하여 수출품의 가격 경쟁력이 급속도로 하락하고 이에 따라 경상수지가 악화되기 때문이다. 또한 경기활성화와 자산가격 상승도 소비증가를 통해 경상수지를 악화시키는 요인으로 작용한다. 그런데 경상수지 적자가 심화되면 외국 투자가들은 기초경제여건의 건전성과 경상수지 적자의 지속가능성에 대하여 회의를 갖게 되어 자본을 회수해 나가게 된다. 결국 외국자본의 유출이 증가함에 따라 자산가격의 거품이 붕괴하고 경기침체가 가속화된다. 또한 거품 붕괴와 경기 하락세는 외국자본의 유출을 가속화하여 결국 외환시장에서 본국통화의 가치 하락압력이 증폭됨에 따라 외환위기가 발생하게 된다.

2. 외환위기와 은행위기

과거 각국의 외환위기 경험을 살펴보면 외환위기를 겪은 많은 국가들이 대내적으로 심각한 은행위기도 경험하였음을 발견할 수 있다. 외환위기와 은행위기가 함께 발생하는 것을 쌍둥이위기(twin crises)라고 부르는데, 이는 1997~98년 동아시아 위기에서 처음 나타난 것이 아니라 이전에 발생한 칠레, 핀란드, 멕시코, 노르웨이, 스웨덴 등의 외환위기에서도 관찰할 수 있다.

---

4) Krugman(1998)은 동아시아의 경우 예금에 대한 정부의 암묵적 보증으로 인해 금융기관들이 무리한 투자를 하거나 무분별하게 대출을 하였기 때문에 거품이 발생하였다고 주장한다.

표 7-1 1970년대 이후의 각국의 은행위기와 외환위기

국 가	금융자율화	은행위기(발생)	은행위기(절정)	외환위기
아르헨티나	1977	1980. 3. 1985. 5. 1994.12. 2001. 3.	1982. 7. 1995. 3.	1981. 2. 1986. 9. 1990. 2. 2002. 1.
볼리비아	1985	1987.10.	1988. 6.	1985. 9.
브라질	1975	1985.11. 1994.12.	1985.11. 1996. 3.	1985.11. 1991.10.
칠레	1974	1981. 9.	1983. 3.	1982. 8.
콜롬비아	1980	1982. 7.	1985. 6.	1983. 3.
덴마크	1980년대 초	1987. 3.	1990. 6.	1983. 8.
핀란드	1982	1991. 9.	1992. 6.	1991.11.
인도네시아	1983	1992.11.	1992.11.	1986. 9.
이스라엘	1985	1983.10.	1984. 6.	1983.10.
말레이시아	1978	1985. 7. 1997. 9.	1986. 8.	1975. 7. 1997. 7.
멕시코	1974 1991	1982. 9. 1992.10.	1984. 6. 1996. 3.	1982.12. 1994.12.
노르웨이	1980	1988.11.	1991.10.	1986. 5.
페루	1991	1983. 3.	1983. 4.	1987.10.
필리핀	1980	1981. 1. 1997. 7.	1985. 6.	1983.10. 1997. 7.
스페인	1974	1978.11.	1983. 1.	1977. 7.
스웨덴	1980	1991.11.	1992. 9.	1992.11.
태국	1989	1979. 3. 1983.10. 1996. 5.	1979. 3. 1985. 6.	1978.11. 1984.11. 1997. 7.
터키	1980	1991. 1.	1991. 3.	1994. 3.
우루과이	1976~79	1971. 3. 1981. 3.	1971.12. 1985. 6.	1971.12. 1982.10.
베네수엘라	1981, 1989	1993.10.	1994. 8.	1994. 5.

자료 : Kaminsky and Reinhart(1999); Reinhart and Rogoff(2009).

이는 외환위기와 은행위기가 서로 상관관계를 갖고 있음을 나타낸다고 볼 수 있다.

그런데 1970년대 이후 발생한 외환위기와 은행위기의 사례를 보여주는 <표 7-1>에 따르면 외환위기와 은행위기 사이에 서로를 더욱 악화시키는 악순환이 존재하고 있음을 알 수 있다. 카민스키(G. Kaminsky)와 라인하트(C. Reinhart)의 분석에 의하면 많은 경우 외환위기 이전에 은행위기가 발생하며 외환위기는 다시 은행위기를 악화시키는 것으로 나타났다.[5] 그러나 이와 같은 발생의 순서가 외환위기 발생의 직접적인 원인이 은행위기라는 것을 의미하는 것은 아니다. 외환위기의 직접적인 원인은 기초경제여건의 악화 등과 같이 다른 곳에 있을 수 있으며 은행위기는 외환위기를 촉발하는 데 일부 역할을 하는 것으로 볼 수 있다. 한편, 두 가지 위기가 동시에 발생할 경우 하나의 위기만 발생할 때에 비하여 그 피해가 더 큰 것으로 나타났다.

외환위기와 은행위기 간의 상호관계에 대한 이론적 배경은 다음과 같다. 먼저 외환위기가 은행위기로 이어지는 과정에 대한 예를 살펴보기로 하자.

첫째, 고정환율제도하에서 해외이자율의 상승과 같은 외부충격은 중앙은행의 외화매도·자국통화매입 개입을 유발한다. 이러한 외환시장개입의 결과로 국내 화폐공급이 감소하는데, 만약 중화정책이 수반되지 않을 경우 신용경색이 초래되어 기업부도가 증가하고 이에 따라 은행위기가 발생할 수 있다.

둘째, 외환위기로 인하여 자국통화의 가치가 크게 하락하면 은행부채의 많은 부분이 외국통화로 표시되어 있는 경우 은행의 경영수지가 악화되어 은행위기가 발생할 수도 있다. 반대로, 은행위기가 외환위기로 발전하는 과정은 중앙은행이 화폐발행을 통하여 위기에 처한 은행을 구제할 경우 과도한 화폐공급으로 인하여 외환위기가 발생하는 것으로 설명할 수 있다.

한편, 동아시아 위기에서와 같이 외환위기와 은행위기가 거의 동시에 발생하기도 하는데, 이와 같은 과정이 발생하는 예는 앞에서 설명한 현대화된 금융공황모형에서 찾을 수가 있다. 다시 말하면, 해외차입이 많은 은행들이 외화자금 조달-운용 간에 심각한 만기 및 통화 불일치 문제를 가지고 있는

5) Kaminsky and Reinhart(1999)를 참조.

상태에서 해외투자가들이 갑자기 자금을 회수하면 이들 은행은 유동성위기에 봉착하게 된다. 그 결과 은행위기가 발생할 수 있으며 결국 외국인 투자가들이 경쟁적으로 자금을 회수함에 따라 대규모의 자본유출이 발생한다. 이에 따라 은행위기와 함께 외환위기가 발생하게 된다.

그런데 이와 같은 과정에서 은행의 금융중개기능(intermediation)이 두 가지의 상반된 효과를 가지고 있다는 것을 발견할 수 있다. 즉, 금융중개기능이 자국으로의 자본유입을 증가시키는 역할을 하는 한편, 예금인출사태를 발생시켜 대규모의 자본유출을 유발할 수도 있다.

3. 외환위기 전염효과의 원인

전염효과(contagion effect)도 외환위기 발생의 중요한 요인으로 작용한다. 한 국가의 외환시장에서 발생한 교란이 다른 나라의 외환시장으로 전파되는 것을 외환위기의 전염효과라고 한다. 전염효과 발생에 대한 예는 1994년 말 멕시코에서 발생한 외환위기가 인근 남미국가들로 전파되었던 소위 '데낄라(Tequila) 효과'와 1997년 7월 태국에서 발생한 외환위기가 인근 동남아시아 국가와 한국 등에 전파되었던 '아시아 독감(Asian flu)' 현상, 2008년 글로벌 금융위기시 선진국 위기의 신흥국 전파 사례 등을 대표적으로 들 수 있다. 여기서는 전염효과와 관련된 여러 가지 주제 중 외환위기 전염효과의 원인을 살펴본다.[6)]

3.1 무역관계

국가 간 무역관계로 인하여 외환위기가 전염되는 과정은 다음의 두 가지 형태로 구분할 수 있다.

① 첫째는 무역의 직접적인 연관관계에 의하여 전염되는 경우이다. 예를

6) 외환위기의 전염효과에 대한 더 자세한 내용은 송치영(2000)과 Cläessens and Forbes (2001)를 참조.

들어, A국과 B국이 서로의 상품을 수출하고 수입하는 직접적인 교역관계에 있다고 가정하자. 만약 A국에서 외환위기가 발생하여 통화가치가 크게 절하되면 A국의 B국에 대한 수출경쟁력은 크게 향상되는 반면, B국의 A국에 대한 수출경쟁력은 저하되는 결과가 발생한다. 이러한 상황에서 국제투기자들은 B국의 경상수지가 악화되어 결국에는 B국의 통화도 절하될 것이라고 예상한다. 이에 따라 이들은 A국에서 외환위기가 발생한 후 얼마 안 된 시점에서 B국 통화에 대한 투기적 공격을 감행하며, 이로 인해 B국에서도 외환위기가 발생한다. 1992년 9월 투기적 공격으로 영국 파운드화가 크게 절하되자 투기자들이 영국과 직접적인 교역관계가 깊은 아일랜드의 펀트화(punt)에 대하여 1993년 초 투기적 공격을 감행한 것이 이에 대한 대표적인 예라고 할 수 있다.

② 두 번째 과정은 해당 국가들이 제3국에서 수출경쟁관계에 있을 경우에 발생한다. 예를 들어, A국과 B국이 북미시장에서 치열한 수출경쟁을 벌이고 있다고 가정하자. 만약 A국에서 외환위기가 발생하여 자국통화가 크게 절하되면 A국은 북미시장에서 B국에 비하여 상대적으로 수출경쟁력이 향상된다. 따라서 상대적으로 수출경쟁력이 저하된 B국의 경상수지가 악화될 것을 예상한 투기자들이 B국 통화에 대하여 투기적 공격을 감행함에 따라 B국 통화가 크게 절하되고 B국 역시 외환위기를 경험하게 된다. 이는 금융위기국과 직접적인 무역관계가 존재하지 않더라도 간접적인 국가 간 무역관계로 인하여 금융위기가 전염될 수 있음을 보여준다.

한편, 제3국에서의 수출경쟁관계가 해당국의 경상수지에 미치는 영향이 지대할 경우 소위 경쟁적인 평가절하(competitive devaluation) 또는 이것의 가능성 자체가 외환위기의 전염에 중요한 역할을 할 수도 있다. 외환위기국과 제3국에서 무역경쟁관계에 있는 국가의 중앙은행이 자국 수출품의 경쟁력이 저하될 것을 우려하여 경쟁적으로 자국통화의 평가절하를 유도하거나 또는 유도하려는 의도를 나타냈다고 가정하자. 이러한 움직임을 포착한 국제투자자들이 이들 국가의 통화와 자산을 대량으로 매도하여 외환위기가 파급되는 결과가 발생한다. 일부 경제학자들은 1997~98년 동아시아 위기의 경우 경쟁적 평가절하의 가능성으로 인하여 태국의 외환위기가 인근 동남아시아 국가로 전염되었다고 주장하기도 한다.7)

3.2 군중집단행동

군중집단행동(herd behavior)이란 자기가 속한 집단의 행동을 모방하는 행위를 의미한다. 군중집단행동으로 인한 외환위기의 전염은 국제투자가집단에 속한 다수의 투자가들이 같은 집단에 속한 다른 구성원의 투자결정을 모방함에 따라 발생한다.

예를 들어, 신흥경제국(emerging market economy)에 속하는 A국에서 금융위기가 발생하여 국제투자가들이 이 국가의 금융시장으로부터 투자자금을 대규모로 회수하기 시작했다고 가정하자. 이러한 상황에서 또 다른 신흥경제국인 B국에 투자한 국제투자가들이 A국에 투자한 국제투자가들의 행동을 모방하여 B국의 금융시장에서 투자자금을 대규모로 회수함에 따라 B국에서도 금융위기가 발생한다. 여기서 금융위기라 함은 외환시장, 주식시장, 채권시장, 금융제도 등을 포함한 금융부분의 붕괴를 의미한다.8)

경제학자들은 군중집단행동이 자기가 속한 집단의 행동을 무작정 모방하는 비합리적인 행위가 아니라 합리적인 선택의 결과라고 해석한다. 자산시장에서 군중집단행동이 발생하는 원인을 다음의 두 가지로 구분하여 설명할 수 있다.

첫째로 투자가들이 보유하고 있는 정보의 비대칭성(asymmetric information)으로 인하여 군중집단행동이 발생할 수 있다. 투자가는 정보 투자가(informed investors)와 비정보 투자가(uninformed investors)로 구분할 수 있는데, 후자가 전자의 투자결정을 모방함에 따라 군중집단행동이 발생한다. 이러한 모방행위가 발생하는 것은 빈약한 정보만을 갖고 있는 투자자들이 정보가 풍부한 투자가들의 투자결정 자체에 자신들이 갖고 있지 못한 투자정보가 반영되어

7) 이에 대한 자세한 논의는 Corsetti et al.(1999)을 참조.

8) Kim and Wei(1999)의 연구는 1997~98년 한국의 외환위기 당시 주식시장에서 군중집단행동이 발생하였음을 보여주고 있다.

있다고 생각하기 때문이다.

군중집단행동이 발생하는 두 번째 원인으로서 투자가들의 평판에 대한 고려를 들 수 있다. 금융자산투자를 결정하는 관리자들은 그들의 평판을 중요시하는데, 이를 고려하였을 경우 이들이 다른 관리자들의 투자결정을 모방하는 것이 합리적인 경제행위라는 것이다.

예를 들어, 금융시장에서 여러 가지 형태의 펀드를 운영하고 있는 투자가, 즉 펀드운영자(fund manager)는 자산운영능력이 뛰어나다는 평판을 얻지는 못할지라도 적어도 능력이 평균 이하라는 평판이 생기지 않도록 노력한다. 이는 나쁜 평판이 이들의 보수와 고용계약에 악영향을 미치기 때문이다. 따라서 이들은 평균 정도의 평판을 유지하기 위해서는 다른 펀드운영자의 투자결정을 모방하는 것이 합리적이라고 생각하게 되며, 이에 따라 펀드운영자집단에서 군중집단행동이 발생한다.

이러한 경우 그들의 투자결정이 사후적으로 실패한 것으로 나타날지라도 군중집단행동에 참여한 모든 펀드운영자들의 투자가 실패하였으므로 개별 펀드운영자의 실책이 특별히 드러나지 않으며 개별 펀드운영자들은 그들의 평판이 평균수준 이하로 낮아지는 것을 우려하지 않아도 된다.

3.3 국제투자가의 유동성 부족

여러 국가의 금융시장에서 활동하는 국제투자가들을 통하여 한 국가의 금융위기가 다른 국가로 전염될 수 있는데, 이러한 경우 국제투자가들의 유동성 부족이 핵심적인 역할을 할 수 있다. 예를 들어, 국제투자가들이 특정 국가의 금융시장에 투자한 자금을 금융위기 발생 때문에 회수하기 어려운 상황이 발생하였다고 가정하자. 즉, 금융위기국 은행의 도산, 영업정지 등으로 인하여 은행에 예치한 자금의 인출이 정지되거나 또는 주식시장의 붕괴로 인하여 주식거래가 위축되어 금융위기국 주식에 투자한 자금을 회수하기가 용이하지 못한 경우를 가정하자.

이러한 경우 국제투자가들은 유동성 부족문제에 직면하게 되며, 이로 인한 신뢰도 하락으로 해당 국제투자가들은 파산의 위험에 처하게 된다. 따라서 이를 해결하기 위해 금융위기가 발생하지 않은 다른 국가의 금융시장에 투자한 자산을 매도하고자 한다. 만약 이때 자산의 매도가 대규모로 이루어진다면 이 국가에서도 금융위기가 발생하며 결국 금융위기가 최초의 발생국가로부터 전염된 것이 된다.

유동성 부족으로 인한 금융위기의 전염은 국제투자가가 대형 상업은행일 경우 더욱 심각하게 발생할 수 있다. 특히, 여러 국가들의 차입이 특정한 국가의 상업은행에 편중되어 있을 경우, 즉 특정 국가의 상업은행이 공통대부자(common creditor)로서 강하게 기능하고 있을 경우 이 은행에 대한 차입의존도가 높은 국가들 간에 금융위기가 쉽게 전염된다. 예를 들어, 한 국가에 대한 대출이 금융위기로 인하여 부실화되어 금융위기가 발생하였을 경우 공통대부자들은 유동성문제를 해결하고 대출자산의 전체적인 위험을 줄이고자 다른 국가에 대한 대출을 회수한다. 이에 따라 한 국가에서 발생한 금융위기가 다른 국가로 곧바로 전파될 수 있다.

예를 들어, 1997년 태국에서 금융위기가 발생하기 이전 동남아시아 국가들의 일본계 상업은행에 대한 차입비중이 여타 선진국 상업은행에 비해 공통적으로 높았다. 즉, 동남아시아에서 일본계 상업은행들의 공통대부자 역할이 상당히 강했으며, 이로 인해 태국의 위기가 인근 국가로 쉽게 전염되었을 가능성이 높다.[9)]

국제유동성 부족으로 인한 전염효과 발생의 예는 2007~08년의 글로벌 금융위기에서도 찾아볼 수 있다. 2000년대 들어 유럽은행들은 미국투자은행이 발행한 자산담보부증권(asset backed securities : ABS)을 대량으로 매입하였다. 그런데 2007년 미국의 금융위기 발생으로 자산담보부증권이 부실화되면서 유럽은행들은 그동안 미국의 자산담보부증권을 담보로 발행한 자산담보부 상업어음의 만기연장이 어려워져 심각한 달러화 유동성위기에 처하게 되었다. 이에 따라 유럽은행들은 달러화 유동성을 조달하기 위하여 신흥국의 신규대출을 중단하거나 기존대출의 만기연장을 제한하였다. 이러한 영향으로 신흥국 금융시장에서 달러화 유동성 부족이 심화되었으며, 이는 이들 국가에서 금융위기 발생의 주요 원인으로 작용하였다. 즉, 미국의 금융위기 발생은 유럽은행에게 심각한 유동성 충격을 주었으며, 이는 결국 미국의 금융

9) 이에 대한 자세한 내용은 Kaminsky and Reinhart(2000)를 참조.

위기가 신흥국에게 전파되는 데에 중요한 역할을 하였다.[10)]

글로벌 금융위기

글로벌 금융위기란 2007년 중반 미국에서 시작되어 2008년에 전 세계로 확산된 금융위기를 지칭하며, 미국 주택담보부 대출시장에서의 서브프라임 모기지(sub-prime mortgage) 부실화가 직접적인 원인으로 작용하였다. 서브프라임 모기지란 신용이 낮은 개인에 시행되는 비우량 주택담보대출을 의미한다. 미 연방준비위원회는 미국 경제가 회복세로 돌아섬에 따라 2004년 6월~2006년 6월 기간중에 정책금리를 17차례에 걸쳐 1%에서 5.25%까지 인상하였다. 이로 인해 2006년 하반기 이후 미국의 주택경기가 둔화되고 모기지 관련 대출금리가 상승하면서 서브프라임 모기지의 연체율이 증가하였다.

주택담보대출을 실행한 금융기관은 저당주택을 다시 담보하여 모기지담보증권(MBS : mortgage-backed securities)을 발행한 후 이를 다른 금융기관에 매각해 자금을 미리 회수한다. 그런데 서브프라임 모기지의 연체율이 증가함에 따라 MBS에 대한 수요가 감소하였으며 그 결과 모기지 대출규모가 축소되어 미국의 주택경기가 더욱 악화되었다. 미국의 부동산경기 악화로 MBS를 비롯한 각종 금융자산의 가치가 급락하여 이들 자산에 대규모로 투자했던 선진국의 금융기관들이 큰 손실을 입게 되었다. 따라서 자금조달의 어려움으로 인해 이들 금융기관들의 경영부실화가 심화되었으며, 마침내 2008년 3월에는 미국 투자은행인 베어스스턴(Bear Sterns)이 부도 처리되어 제이피모간스탠리(JP Morgan Chase)에 인수되는 사건이 발생하였다.

또한 MBS의 신용을 보강해 주는 역할을 해주던 정부보증기관인 페니메이(Fannie Mae)와 프레디맥(Fredie Mac) 역시 경영부실화가 심화되어 2008년 9월 7일 미국 연방정부가 이들 기관을 국유화하고 1,000억 달러의 유동성을 지원하였다. 그러나 미국 정부의 노력에도 불구하고 금융기관의 연쇄도산이 이어지면서 금융시장의 불안정성이 크게 증가하였으며 결국 미국 4대 투자은행 중의 하나인 리만브라더스(Lehman Brothers)가 2008년 9월 14일 파산보호를 신청하면서 미국의 금융위기가 극에 달하였다. 또한 이는 미국의 금융불안이 본격적으로 유럽선진국과 신흥국을 비롯한 전 세계로 확산되어 미국의 주택담보부 시장에서 시작된 금융위기가 글로벌 금융위기로 확대되었다.

자료 : 김태준 외(2020).

---

10) 이에 대한 실증분석 연구는 박용근 · 송치영(2013)을 참조.

4. 외환위기의 조기경보

외환위기를 방지하기 위해서는 과거 외환위기의 원인을 정확히 규명한 후 원인을 초래한 문제점을 해결하는 최선일 것이다. 그러나 경제는 동태적으로 변화하기 때문에 외환위기를 초래하는 원인이 새로이 발생하기도 하며 또한 과거 외환위기의 원인으로 작용했던 문제점을 고치는 데는 오랜 시간이 필요하기도 하므로 외환위기를 사전에 완전하게 차단하는 것은 거의 불가능하다. 그렇다면 외환위기를 예측할 수 있는 조기경보체제를 구축하여 외환위기의 조짐이 보일 경우 신속하고 적절한 대응을 할 수 있도록 하는 것이 필요하다.

외환위기의 조기경보체제란 외환시장 또는 관련된 금융시장의 가격신호가 완전하게 작동하지 않은 상황에서 외환위기를 조기에 탐지할 수 있는 장치를 의미한다. 따라서 조기경보체제의 성패는 외환위기의 발생을 미리 경보해 줄 수 있는 적절한 위기지표를 발견하는 데에 있다. 지금까지 연구된 조기경보모형 중 가장 예측력이 높다고 평가되고 있는 신호접근방법(signalling approach)을 소개하면 다음과 같다.[11]

표 7-2 위기 신호-발생 관계 (단위: 경우의 수)

구 분	위기 발생	위기 비발생
신호 발생	A	B
신호 비발생	C	D

먼저 신호접근방법에서는 외환위기의 발생을 조기에 경보해 줄 수 있는 적절한 위기지표를 찾기 위하여 위기발생과 위기신호 간의 관계를 <표 7-2>와 같이 네 가지로 구분한다. 좋은 위기지표란 실제로 위기가 발생하기 전에 반드시 위기신호를 보내고 위기가 발생하지 않는 경우에는 위기신호를 보내지 않는 것이어야 할 것이다. 따라서 <표 7-2>에서 A와 D항만 값을 가지며 나머지

11) 신호접근방법의 자세한 내용 및 응용에 관해서는 Kaminsky et al.(1998)과 Goldstein et al.(2000)을 참조.

항은 0을 나타내는 지표가 가장 완전한 위기지표이다. 그러나 이와 같이 완벽한 위기지표의 발견을 기대하기는 힘들며 따라서 신호접근법에선 위기지표의 예측력을 판단하는 데 도움이 되는 몇 가지 기준을 제시하고 있다.

$$p(C/S)-p(C) = A/(A+B)-(A+C)/(A+B+C+D) \quad (7.1)$$

$$pc = A/(A+C) \quad (7.2)$$

$$n/s = [B/(B+D)]/[A/(A+C)] \quad (7.3)$$

식 (7.1)에서 $p(C)$는 위기가 발생할 비조건부 확률이며, $p(C/S)$는 위기신호가 발생한 후 위기가 실제로 실현될 조건부 확률을 의미한다. 따라서 식 (7.1)은 위기지표의 한계예측력을 나타낸다. 한편, 식 (7.2)는 실제로 발생한 위기 중 사전에 조기경보의 신호가 발생했던 위기의 비중이며, 식 (7.3)은 위기 비발생의 경우 중 잘못된 조기경보가 발생한 경우의 비율과 식 (7.2) 간의 관계를 나타내는데 이를 잡음/신호 비율이라고 부르기도 한다. 식 (7.1)과 식 (7.2)의 값이 높을수록, 식 (7.3)의 값이 낮을수록 좋은 위기지표이다.

골드스타인(M. Goldstein), 카민스키(G. Kaminsky), 라인하트(C. Reinhart)는 1970~95년 중 외환위기를 경험한 24개 국가를 대상으로 위기지표로서 경제변수들의 적합성을 조사하였다.[12] 이를 위해 25개 경제변수를 선정하여 식 (7.1)~식 (7.3)에서 제시한 기준에 따라 위기예측력을 추정하였다. 이들 연구자들은 경제변수가 표본기간 중에 비정상적인 값을 나타낼 경우 위기의 신호가 발생한 것으로 간주하였다. 이들의 결과를 일부 소개하면 <표 7-3>과 같다.

<표 7-3>에 따르면 위기지표로서 실질환율, 은행위기의 발생, 주가, 수출 등의 경제변수들이 다른 변수들에 비하여 적합성이 높은 것으로 나타났다. 반면에 이자율 변수들의 위기예측력은 매우 낮다. 한편, <표 7-3>은 월별 자료의 획득이 가능한 경제변수에 대한 분석결과만을 보여주고 있는데, 연도별 자료를 이용한 분석의 결과에 의하면 경상수지, 재정수지, 단기외채 등의 경제변수들이 상대적으로 높은 예측력을 가지고 있는 것으로 나타났다.

12) Goldstein et al.(2000)를 참조.

표 7-3 신호접근법에 의한 경제지표의 외환위기 예측력 추정결과(월별 자료) (단위: %)

경제변수	$p(C/S)$	$p(C/S)-p(C)$	pc	n/s
실질환율	62.1	35.2	58	22
은행위기	46.0	17.0		32
주가	47.6	18.3	66	46
수출	42.4	15.0	80	51
M2/외환보유액	42.3	14.9	75	51
산업생산	43.0	12.5	71	57
M1의 실질초과 공급	40.1	12.3	57	57
외환보유액	38.9	12.2	72	58
M2 승수	39.2	11.6	72	59
국내신용/GDP	35.6	8.3	57	68
교역조건	35.4	6.5	77	74
실질이자율	32.0	5.5	89	77
수입	30.1	2.9	59	87
국내외 실질이자율 차이	26.1	−0.1	86	100
예금-대출 금리차	24.4	−4.8	63	132
은행예금	22.3	−5.2	43	132

자료 : Goldstein et al.(2000).

국가신용평가와 외환위기

국가신용도에 대한 평가는 1970년대 이후 국제민간대출이 크게 증대하면서 활성화되었다. 1970년대까지의 국가신용도 평가방법은 기업의 대차대조표와 유사한 국가의 국제수지분석에 초점이 두어졌으며, 1980년대 개발도상국의 외채위기 이후에는 외채관련지표가 국가신용도 분석의 주요 요소로 첨가되었다. 그러나 1990년대에 들어서 은행대출의 비중이 감소하고 주식 및 채권투자가 더욱 늘어나면서 종래의 재무분석 위주의 평가에서 벗어나 포괄적인 경제분석에 중점을 두게 되었다.

국가신용도평가는 국제금융시장에서 국제투자자들의 움직임에 대한 매우 중요한 신호로 받아들여지고 있다. 국제적인 자본자유화에 따라 과거 상업은행과 같은 전통적인 투자자들이 개발도상국에 대한 추가적인 자금제공을 억제하는 대신 주식 및 채권투자에 중점을 두고 있다. 이러한 투자자들에게는 자체적인 신용 검증수단과 능력이 부족하기 때문에 민간신용평가기관에 의한 국가신용도 평가의 영향이 매우 큰 것이 현실이다.

현재 Moody's, S&P, Fitch IBCA가 전 세

계적으로 권위 있는 3대 신용평가기관으로 자리잡고 있다.

1) Moody's Investor Service

Moody's사는 1909년 철도회사의 투자자들을 위한 채권평가를 공식발표하면서 처음 신용평가업무를 시작한 신용평가기관이다. 1914년에 신용평가대상을 미국 내 도시 및 지방자치단체 발행채권까지로 확대하였고 1924년에 미국 채권시장의 거의 100%에 해당하는 기업들이 Moody's의 평가를 받게 되었다. 현재 65개국의 국가신용도를 측정하고 있으며 7만여 개의 기업 및 금융기관, 6만여 종의 유가증권의 신용을 평가하고 있다.

2) Standard & Poor's Rating Service

1888년 설립된 Mcgraw-Hill그룹의 자회사 중 하나인 S&P사는 1916년부터 신용분석 및 정보를 제공해 온 신용평가기관이다. 직접적으로 교역 및 투자에는 관여하지 않고 오로지 객관적이며 통찰력 있는 위험도 분석과 평가에 집중하고 있으며, 따라서 정부나 은행, 기업과는 독립되어 평가활동을 하고 있다. 국제금융시장에서 발행된 채권물량의 50% 이상이 S&P사로부터 신용등급을 평가받고 있으며 채권물량에서는 Moody's에 뒤지지만 자체 신용도면에서는 Moody's보다 높게 평가되고 있다.

3) Fitch IBCA

1997년 12월, FIMALAC사와 IBCA 유한회사의 합병을 통하여 세계 3대 신용평가기관으로 자리잡았으며 채무관계에 있어서 상당한 시장의 우위를 점하고 있으며 650개 이상의 비미국계 금융기관과 50여 개국에 대한 국가신용도 평가를 실시하고 있다.

그런데 많은 경제학자들이 이들 3대 평가기관의 신용평가가 과거 외환위기나 은행위기를 예측하는 데에는 매우 미흡했음을 지적하고 있다. 이들의 신용평가가 위기발생국의 기초경제여건의 변화에 대해 신축적으로 대응하지 못하였기 때문에 위기발생을 미리 경고해 주는 역할을 제대로 수행하지 못하였다. 또한 일반적으로 신용평가기관들이 신용등급의 상향조정에는 후한 반면, 하향조정에는 소극적인 태도를 취하였는데, 이는 평가대상자들이 그들의 고객이며 신용등급의 하향조정이 시장에 미치는 악영향을 우려하기 때문이라고 추측된다.

아래 표에서 볼 수 있는 바와 같이 한국의 경우에도 3대 신용평가기관들 모두 1997년 말 위기발생 이전에 국가신용등급의 조정을 통해 위기를 경고하지 못하였다. 오히려 위기발생 이후 뒤늦게 대폭적으로 국가신용등급을 떨어뜨림으로써 위기를 더욱 심화시켰다는 비판을 받고 있다.

[외환위기 전후의 한국 국가신용등급 변화]

S&P		Moody's		Fitch IBCA		구분	
AAA AA+ AA−	97.10.23. 이전	Aaa Aa1 Aa2 Aa3		AAA AA+ AA AA−	97.11.25. 이전	우량 양호	투자 적격
A+ A A−	97.10.24. 97.11.25.	A1 A2 A3	97.11.27. 이전 97.11.28.	A+ A A−	 97.11.26.		
BBB+ BBB BBB−	 97.12.11.	Baa1 Baa2 Baa3	97.12.11.	BBB+ BBB BBB−	 97.12.11.	잠재적 불안정	
BB+ BB BB−	98.2.17.	Ba1 Ba2 Ba3	97.12.21.	BB+ BB BB−	97.2.2.	투자 부적격(•)	
B+ B B−	97.12.23.	B1 B2 B3		B+ B B−	 97.12.23.	투자 부적격(*)	
CCC+ ⋮ D		Caa ⋮ C		CCC+ ⋮ C−		지급불능	

주 : (•)는 지급불능 가능성이 낮으나 상황에 따라 가능.
(*)는 지급불능 가능성이 매우 높음.

5. 1990년대 이후 외환위기의 사례

경제위기(economic crisis)는 외환위기(currency crisis), 은행위기(banking crisis), 금융위기(financial crisis), 외채위기(foreign debt crisis) 등 네 가지로 분류할 수 있다. 먼저 외환위기는 특정 통화에 대한 투기적 공격이 그 통화의 평가절하를 유발하거나, 정부가 외환보유액의 사용 또는 국내이자율의 상승을 통해 환율을 방어하게 하는 경우를 지칭한다. 한편, 은행위기는 실제적 혹은 잠재적 예금인출쇄도가 은행부채의 태환성을 보장하지 못하거나, 정부가 이를 막기 위해 대규모로 개입을 하는 경우를 지칭한다. 또한 금융위기는 효율적인 기능을 수행하는 시장의 기능을 손상시킴으로써 실물경제에 큰 역효과를 나타낼 수 있는 금융시장의 잠재적 혼란상태이다. 외채위기는 한 국가가 공공부문 혹은 민간부문의 대외채무를 이행하지 못하는 상태를 가리킨다.

때때로 최근의 동아시아 위기와 라틴아메리카 위기(1994~95)와 같이 외환, 은행, 금융, 외채위기의 요소들이 동시에 나타날 수도 있다. 게다가 하나의 위기형태에서 다른 위기형태로 발전할 수도 있다. 다음에는 1990년대 이후에 발생한 유럽 ERM 위기, 라틴아메리카 위기, 동아시아 위기 등에 관하여 알아보자.

5.1 유럽 ERM 위기(1992~93)

먼저 유럽 ERM 위기는 1992년 대규모 자본의 공격에 의해 영국, 이탈리아, 스페인이 ERM을 탈퇴하면서 발생하였다.[13)] ERM 위기는 그 이전의 제1세대 위기모형으로는 설명하기 어려운 성격을 가졌다. 즉, 투기적 공격을 받은 통화의 정부가 국제자본시장에서 자유롭게 자본조달이 가능했기 때문에 재정적자를 화폐발행으로 유지할 필요가 없었으며, 국내신용의 급격한 증가도 없었다. 또한 위기 전후를 통해 낮고 안정된 인플레이션을 나타냈다. ERM 위기는 제2세대 위기모형의 전형적인 예로서 수요부족으로 인한 실업이 팽창적인 금융정책에 압력을 가중시킴으로써 실업으로 인한 정치적 비용과 ERM 탈퇴로 인한 정치적 비용 사이에 상충관계가 발생하였다.

여기에 통독 이후 독일이 팽창재정정책과 긴축금융정책을 동시에 실시함에 따라 나머지 유럽국가들은 자국통화와 독일마르크화 간의 환율을 안정적으로 유지하기 위해 팽창재정정책 없이 긴축금융정책을 실시해야 했다. 이로 인한 경기후퇴가 ERM 유지의 비용을 더욱 증가시킴으로써 ERM 위기가 발생하였다.

이러한 ERM 위기는 다음과 같은 특징을 보였다. 먼저 조지 소로스(George

---

13) ERM(European Exchange Rate Mechanism)은 1979년 유럽국가들이 채택한 환율안정화 장치이다.

Soros)와 같은 대규모 투기자들이 영국 파운드화에 대해 약 150억 달러 정도의 매도포지션(short position)을 구축한 후 투기적 공격을 개시하여 위기의 촉발시점을 앞당기는 역할을 하였다. 또한 대규모 자본이동하에서 한 국가의 외환보유액은 별 의미가 없었다. 예를 들면, 영국의 경우 약 500억 달러 정도에 해당하는 파운드화 매입을 통하여 외환시장개입을 시도했으나 결국 실패하였다. 한편, 영국의 경우와 같이 고정환율을 포기하고 ERM에서 탈퇴한 국가들이 프랑스와 같이 통화가치방어에 성공한 국가들에 비해 위기 이후에 더욱 경제가 호전되는 현상이 나타났으며, 위기의 발생이 시장에 의해 거의 예측되지 못했다.

5.2 라틴아메리카 위기(1994~95)

라틴아메리카 위기는 제일 먼저 멕시코에서 시작되었다. 멕시코 위기는 치아파스(Chiapas) 지방의 농민폭동, 집권당의 대통령후보의 암살로 인한 정치적 불확실성이 증대되고, 대통령선거로 인한 정부의 방만한 재정운영과 외국자본의 유입정지로 외환보유액이 급격히 감소하여 미달러화 표시 국채인 테소보노를 더 이상 회전시킬 수 없게 되자 발생하였다. 위기에 직면한 멕시코 정부는 15% 규모의 페소화 평가절하를 실시하였다. 그러나 평가절하 규모가 불충분하다고 여겨졌고, 평가절하 이전에 자국기업에게만 정보를 주어 외국인 투자가들의 정부정책에 대한 신뢰가 완전히 상실되었다.

이에 따라 페소화에 대한 평가절하압력이 지속되었으며, 결국 멕시코 정부는 고정환율제도를 포기하였다. 페소화의 가치하락과 이에 따른 물가상승과 자본유출을 억제하기 위해 정부는 80% 이상에 달하는 고금리정책을 실시하기도 하였다. 그러나 위기발생 이후 미국의 적극적인 대규모 개입으로 사태는 곧 진정되었다.

한편, 아르헨티나는 위기 이전에 통화위원회(currency board)를 채택하고 있었기 때문에 멕시코의 위기로부터 방어될 것으로 생각되었다. 그러나 투기자들은 아르헨티나가 높은 실업률로 인해 통화위원회를 포기할지도 모른다고 생각하고 투기적 공격을 감행하였고, 통화위원회하에서 자본유출은 본원통화의 감소를 의미하므로 금융시스템의 위기를 초래하였다. 이후 아르헨티나 정부는 통화위원회를 계속 유지하면서 위기를 극복하는 노력을 기울였다.

ERM 위기에서는 고정환율을 포기한 영국이 ERM에서 탈퇴하지 않은 프랑스보다 위기 이후에 더 나은 모습을 보였다. 그런데 라틴아메리카의 위기에서는 고정환율제도를 포기한 멕시코와 고정환율제도를 유지한 아르헨티나 모두 심각한 경기후퇴를 겪었으며, 오히려 고정환율제도를 포기한 멕시코가 적어도 처음에는 더 큰 어려움을 겪었다.

5.3 동아시아 위기(1997~98)

태국과 인도네시아 등에서 발생한 동아시아 위기의 경우 태국과 인도네시아의 통화가 위기 전 수년간 고평가되었다. 1990년대 들어 이들 국가들의 경상수지 적자/GDP 비율이 계속해서 6~7%선에서 유지되었음에도 환율에는 별다른 변화가 없었다. 단기간에는 경상수지 적자에도 불구하고 순자본유입 증가로 환율이 안정적으로 유지될 수 있지만 이러한 상황은 장기적으로 계속될 수 없고 결국 외환위기로 치닫게 되었다.

동아시아 위기는 이 지역에 대한 과잉 국제유동성 공급이 갑자기 회수되면서 심화되었다. 외환위기가 발생한 동아시아 5개국(한국, 인도네시아, 말레이시아, 태국, 필리핀)에 대한 민간부문의 자금 움직임을 살펴보면 1996년 930억 달러 순유입이, 1997년에는 121억 달러 순유출로 1년 사이에 1,051억 달러 차이를 보이고 있다. 특히, 이러한 자금흐름을 주도한 주체는 국제상업은행들로서 1996년에 이 지역에 555억 달러 자금을 들여왔던 이들이 1997년에는 오히려 213억 달러를 회수해 나갔다. 물론 이 지역의 은행·외환위기의 결과 외국투자가들이 자금을 회수해 나간 것이 사실이다. 그렇지만 현대적인 공황이론에서 지적하듯이 이들이 위기발생에 앞서 국제유동성을 갑자기 회수하면서 이 지역의 은행·외환위기를 심화시킨 측면도 있다. 이러한 주장은 과연 1년 사이에 1,050억 달러의 자금흐름을 바꿀 만한 경제적인 변화가 이 지역에 있었는가 하는 질문과도 연결된다. 만약 이들이 동아시아 은행·외환위기를 예상하고도 이 지역에 대해서 그동안 자금공급을 과도하게 했다면 도덕적 해이문제를 피할 수 없고, 만약 예상을 하지 못했다면 이 지역 은행·외환위기에 대해 공동책임이 있는 것이다.

한국의 외환위기(1997)

1997년 한국의 외환·은행위기의 발생은 대내적·대외적 요인 모두에 영향을 받을 뿐만 아니라 자본자유화에 따라 붐-버스트 순환이 발생한 상황에서 이에 대한 정책대응을 제대로 하지 못한 데에도 그 원인이 있다. 여기서는 그 원인을 전염효과 등의 대외적 요인, 도덕적 해이에 따른 산업과 금융부분의 부실 등 대내적 요인, 그리고 자본자유화과정에서 발생한 외채누적과 외채구조의 문제점 등으로 나누어 살펴본다.[14)]

1) 대외적인 요인

대외적인 요인으로는 무엇보다도 태국과 인도네시아 등의 위기가 한국으로 전염된 것을 들 수 있다. 이들 동남아시아 국가에서 위기가 발생함에 따라 해외 투자가들이 한국에 대한 투자를 갑자기 회수하여 한국에서도 위기가 발생하였다. 특히, 동아시아에서 공통대부자의 역할을 하고 있었던 일본계 상업은행들이 동남아시아에서 위기가 발생하자 투자손실을 우려하여 한국에서도 급작스럽게 대출을 회수해 나간 결과 위기가 심화되었다.

2) 도덕적 해이와 산업·금융 부실

한국의 경우 거시경제의 기초여건은 외환·은행위기를 겪은 다른 개발도상국들에 비하여 건실했던 반면, 미시적 차원에서는 산업부분과 금융부분의 부실이 심하였다. 산업부분의 경우 재벌기업들이 과도하게 차입을 한 결과 이들의 재무구조가 악화되어 평균적으로 부채-자본비율이 400%를 초과하였으며, 이에 따라 재벌기업들은 경기변동과 외부충격에 보다 취약한 구조를 갖게 되었다. 더욱이 과잉 및 중복투자, 경기후퇴, 높은 임금상승률, 국제경쟁 심화 등으로 인하여 이들의 수익성 또한 악화되었다.

한편, 금융부분 역시 자산의 부실화가 심화됨에 따라 취약한 구조를 드러내고 있었다. 특히, 정부의 금융시장개입은 산업과 금융부분에서 심각한 도덕적 해이문제를 가져왔다. 정부의 지시에 순응하는 대가로 금융기관들은 대출에 대한 정부의 암묵적 보증이라는 안전망을 갖고 있었다. 그 결과 이들은 정부가 재벌을 도산시키지 않을 것이라고 믿는 가운데 재벌기업에 대한 대출심사를 제대로 시행하지 않았다. 즉, 정부의 암묵적인 지급보증으로 금융기관들은 위험을 제대로 고려하지 않은 채 예상수익이 높은 부문에 무분별하게 투자하였으며 그 결과 금융기관의 건전성이 크게 훼손되기에 이르렀다. 또한 자본자유화과정에서 자본유출에 대한 개방으로 국내금융기관들의 부주의한 해외투자가 증가하면서 부실이 가속화되었다.

3) 외채누적과 취약한 외채구조

1990년대 들어 경상수지 악화, 자본자유화, 낮은 해외금리, 원/달러 환율의 안정적 유지 등으로 인하여 한국의 외채가 빠르게 증가하

---

14) 한국의 외환·은행위기에 대한 더 자세한 연구는 이종욱 외(1998)와 Park(1998)을 참조.

였다. 세계은행 편재기준에 의하면 총외채 규모는 1992년 말 42억 달러에서 IMF 금융지원이 이루어지기 직전인 1997년 11월 말에는 1,161억 달러로 증가하였다.

그런데 국내 기업과 금융기관들이 해외에서 차입하여 해외에서 운영하고 있었던 자금의 규모가 매우 커서 한국의 실제 대외지불부담은 세계은행 편재기준으로 집계한 공식적 외채규모를 훨씬 상회하였다. 금융기관의 역외차입금, 국외점포의 해외차입금, 기업의 현지금융을 포함하면 1997년 11월 말의 총대외지불부담금은 1,868억 달러에 이르렀다. 이는 1996년도 명목 GDP의 36%에 해당하는 금액이다.

한편, 이와 같은 외채의 많은 부분이 민간부분에서 발생했음에도 불구하고 외환위기 직전 홍콩에서의 투자설명회를 통해 정부가 금융기관의 해외부채에 대하여 지급보증을 선언한 결과 국가위험이 증가하여 외환위기의 해결을 어렵게 만든 측면이 있다.

한편, 총외채에서 단기부채가 차지하는 비중이 과도하게 높았다는 것도 문제였다. 단기외채의 비중은 다음의 표에서 확인할 수 있는 바와 같이 같은 시기에 외환위기를 겪었던 다른 동아시아 국가에 비해 한국이 훨씬 높았다.

[아시아 외환위기 국가의 단기외채/총외채 비중]

(단위 : %)

연도	한국	인도네시아	말레이시아	태국	필리핀
1995	54.3	20.9	21.2	44.1	14.0
1996	57.5	25.0	27.9	39.5	19.9

이는 국제금융시장에서 신용도가 상대적으로 낮았던 국내 금융기관과 기업들이 유리한 금리의 장기자금을 차입하는 것이 어려웠기 때문에 장기차입에 비하여 금리가 낮고 조달이 용이한 단기자금의 차입에 의존했으며, 정부도 장기차입에 대해서는 신고의 의무를 부과한 반면 단기차입은 무역금융과 관련된 것으로 간주하여 별다른 규제를 하지 않았기 때문이다.

그런데 한국의 차입자들은 이와 같은 단기차입금을 장기시설과 설비투자자금으로 운영함에 따라 심각한 만기구조의 불일치문제를 안고 있었다. 이와 같은 외화자금 조달-운용상의 만기불일치는 금융경색현상이 일어나면서 국제 유동성위기를 심화시킨 원인이 되었다. 한국경제에 대한 신뢰도 하락으로 금융기관들이 해외에서 새로운 자금을 확보하고 기존의 차입금을 만기연장(roll-over)하는 데 어려움을 겪으면서 외환위기가 시작되었다.

한편, 외환위기를 직접적으로 촉발시킨 중요한 요인 중의 하나는 정부가 적정외환보유액을 확보하는 데 실패한 점이다. 우선 공식적으로 발표된 외환보유액의 규모도 부족했을 뿐만 아니라 이 중 상당 부분은 즉시 사용할 수 없었다. 1997년 11월 말의 공식 외환보유액 244억 달러 중 169억 달러가 국내은행 해외지점에 예치되어 실질적인 가용외환보유액은 73억 달러에 불과하였다. 외환위기를 예방하기 위해서는 단기부채와 경상수지 적자를 충당할 만큼의 외환보유액을 적립해야 한다는 시각에서 볼 때 외환위기 직전 한국의 가용외환보유액은 매우 낮은 수준이었다.

4) IMF 금융지원과 정책합의

심각한 외환위기에 처한 정부는 결국 IMF 구제금융을 요청하는 상황을 낳게 되었다. 우리 정부와 IMF가 합의한 IMF 자금지원 합의 내용은 크게 거시경제목표, 통화 및 환율정책, 재정정책, 금융부문 구조조정, 그리고 기타 구조개혁으로 되어 있다.

미국의 경제학자 삭스(J. Sachs)에 의하면 IMF 프로그램은 외채지불 불이행 방지, 통화가치 하락폭 제한, 인플레이션의 급속한 진전 예방, 외환보유액 확보, 균형재정의 유지, 은행부문의 개혁, 비금융부문의 개혁, 신뢰확보, 소득하락 축소 등 9개의 공언된 목적을 가지고 있다고 한다. 또한 이러한 목적을 달성하기 위해서 IMF 프로그램은 환율방어와 금융부문에 투입할 재원 마련을 위한 긴축재정정책, 확고한 개혁의 신호를 보내고 신뢰회복을 위한 은행폐쇄조치, 금융건전화를 위한 BIS 자기자본비율 확보, 환율방어를 위한 긴축신용정책, 외채를 갚기 위한 외환보유액 확보, 비금융부문의 구조조정 등 여섯 가지 주요 정책을 처방한다는 것이다.

한국정부가 IMF와 체결한 합의서는 기본적으로 긴축재정·금융정책 채택, 자유변동환율정책 채택, 전반적인 금융구조조정과 개혁, 산업구조와 기업지배구조 개혁, 전면적인 자본자유화, 그리고 수입다변화정책의 폐지 등의 정책처방을 포함하고 있다.

결국 한국에 대한 IMF 프로그램은 세 가지 측면에서 처방을 내놓고 있다고 볼 수 있다.

첫째, 환율안정과 국제수지개선을 위한 처방이다. IMF의 역할을 국제금융시장에서의 최종대부자라고 정의할 때 이는 외환위기시 IMF 본연의 임무이며 1980년대 남미의 외환위기시 IMF 처방은 주로 이 분야에 국한되었다. 외환안정과 국제수지개선을 위해서 IMF는 긴축재정과 긴축금융정책을 요구하고 있다.

둘째, 구조조정에 대한 처방이다. 외환위기의 근본적인 원인을 금융과 산업부실로 보아 이 분야에서 구조조정이 필요하다는 시각이다. IMF 프로그램이 구조조정을 포함하기 시작한 것은 IMF가 구소련과 동구권의 구조조정에 본격적으로 개입하기 시작하면서부터이다.

셋째, 자유화조치를 요구하고 있다. 추가적인 자본자유화조치뿐만 아니라 수입선 다변화조치 폐지를 포함한 무역자유화조치를 포함하고 있다.

5.4 러시아 위기(1997∼98)[15]

1997년 10월 이후 대규모 자본유출이 발생하여 주가가 급락하고 루블화 환율이 급등함에 따라 러시아 정부는 적극적인 외환시장 개입, 환율변동 확대, 금리인상 등의 정책을 시행하였으며, 그 결과 금융·외환시장이 잠시 안정세를 보였다. 그러나 1998년 5월 루블화 평가절하설의 확산으로 자본유출이 다시 증가하면서 주식, 채권, 루블화의 가치가 폭락하였다.

이에 러시아 정부는 동년 6월 재정건전화, 조세정책합리화 및 민영화 등 구조개혁을 중심으로 하는 「경제위기 프로그램」을 발표하고 중앙은행 재할인율을 기존의 30%에서 150%까지 대폭 인상하였다. 그 결과 1998년 7월 주가가 다시 상승하고 국채수익률이 하락하는 등 러시아 금융·외환시장은 안정세를 회복하는 모습을 보였다. 그러나 러시아 의회가 구조개혁 프로그램의 승인을 거부함에 따라 1998년 7월말부터 루블화 평가절하 및 지급불능 사태의 가능성에 대한 우려가 급속하게 확산되었으며 자본이 대규모로 유출되었다. 이로 인해 주가가 폭락하고 채권수익률이 급등하는 가운데 1997년 9월말 현재 5.86루블/달러이던 루블화의 공식 대미달러화 환율이 1998년 8월 14일 6.316루블/달러로 사상최고치를 기록하고 외환보유액이 급격히 감소함에 따라 러시아 정부는 8월 17일에 루블화의 평가절하를 단행하고 모라토리엄을 선언하였다.

러시아의 외환위기가 1997년 7월에 태국에서 시작된 동아시아 외환위기의 영향으로 악화되는 양상을 보이기도 했으나 근본적으로는 러시아 경제의 기초요인이 부실해졌기 때문에 발생하였다는 것이 경제학자들의 지배적인 의견이다. 특히, 체계적인 조세체계의 미비로 인한 재정적자의 누적과 이로 인한 단기 국가채무의 증가, 경직적인 환율제도, 금융시스템의 취약성 등이 주요 원인으로 작용하였다.

---

15) 본문의 내용은 이창재 외(1998)를 주로 참조하여 작성하였다.

5.5 아이슬란드 위기(2006)

견조한 국내경제 성장세와 높은 금리에 힘입어 2004년 이후 해외 자금이 대규모로 아이슬란드 경제로 유입되어 주식가격이 크게 상승하고 아이슬란드 크로나화가 대폭적으로 절상되었다. 그러나 국제신용평가 기관이 아이슬란드의 국가 신용등급을 하향조정하고 국제투자은행들이 아이슬란드 은행들의 유동성 부족가능성을 제기하면서 외국인 투자자금이 2006년 3월부터 대규모로 유출되기 시작하였다. 이로 인해 2006년 4월 크로나화의 가치가 최고치를 보였던 지난 1월에 비하여 30% 이상 하락하면서 아이슬란드에서 외환위기가 발생하였다.

경제성장률과 인플레이션 지표가 양호한 수준을 보였음에도 불구하고 아이슬란드의 국가신용도가 하락한 것은 크로나화의 지속적인 강세로 경상수지 적자가 누적되고 대외부채가 증가하여 대외부문의 건전성이 크게 악화되었기 때문이다. 2005년 말 아이슬란드의 총외채규모는 외환보유액 대비 약 4,300%, 단기외채는 약 700%에 이르렀다.

5.6 터키 위기(2018~2021)

[그림 7-1]을 살펴보면 2020년대 중반 이후 터키 외환시장은 매우 불안한 모습을 지속하였으며 두 번의 외환위기를 경험하였음을 알 수 있다. 첫 번째 외환위기는 2018년 8월 중순에 발생하였다. 그동안 3리라 후반 수준을 유지하던 터키 리라화의 대미달러화 환율이 2018년 4월에는 4리라대로 상승하고 8월 들어서는 5리라대에 진입하였다. 급기야 8월 13일에는 전일 5.55리라/달러에서 6.78리라/달러로 하루 만에 22% 이상 급상승하는 외환위기가 발생하였다.

2018년 8월에 발생한 터키 리라화 가치의 폭락에는 미국과의 외교적 갈등으로 인한 통상마찰이 직접적인 원인을 제공하였다. 터키 정부가 2016년 10월부터 터키 쿠데타 협력혐의로 구속하고 있는 미국인 브런슨(A. Brunson) 목사를 석방하라는 미국의 요구에 불응하였을 뿐만 아니라 시리아 내전에서 미국과 지원 반군세력에 대해 입장 차이를 보이고 미국의 이란 경제제재에

그림 7-1 터키 리라/달러 환율 추이

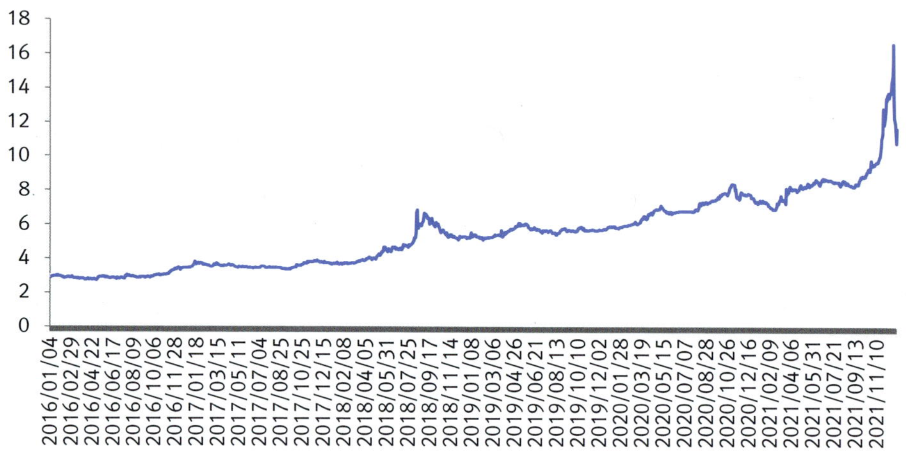

주 : 2016년 1월 2일~2021년 12월 28일.
자료 : 한국은행, 경제통계시스템.

동참하지 않는 등 미국과 깊은 외교적 갈등을 빚어 왔다. 이의 영향으로 미국 정부가 터키산 철강, 알루미늄 등에 고율의 관세를 부과하고 이에 맞서 터키 정부가 미국산 자동차, 석탄, 담배 등에 보복관세를 부과하는 등 양국간 통상마찰이 악화됨에 따라 터키 리라화 약세에 대한 기대가 강하게 형성되고 외국인 자본의 유출이 대규모로 발생하여 리라화가 폭락하였다.

이와 함께 터키 경제의 대내외 건전성이 약화된 것도 외환위기 발생의 원인으로 작용하였다. 실업률이 10%대에 이르고 인플레이션율이 2018년 7월 현재 15.85%로 14년 이래 최고치를 기록하였으며, 경상수지 적자가 GDP대비 5% 이상으로 확대되고 단기외채 규모가 외환보유액 이상으로 증가하는 등 대내외 경제의 취약성이 증대되었다. 이를 반영하여 무디스(3월), 스탠다드 푸어스(5월), 피치(7월) 등의 글로벌 신용평가기관 모두 터키의 국가 신용등급을 강등하였다.

터키 정부는 환율을 방어하기 위하여 외환시장 개입을 강화하고 2018년 9월 기준금리를 24%로 6.25%p 인상함에 따라 리라/달러화 환율은 다시 5리라대로 회복되었으며 2019년 말까지는 비교적 안정적인 움직임을 보였다.

그러나 2020년 초반부터 터키 리라화의 가치는 다시 하락하기 시작하였으며 리라/달러 환율은 지속적으로 사상 최고치를 경신하였다. 이는 터키 경제가 안고 있는 다음과 같은 구조적인 문제가 외국인 자본의 유출증가, 인플레이션 압력증가를 지속적으로 초래하였기 때문이다.

첫째, 인플레이션과 터키 리라화의 절하 압력이 매우 높음에도 불구하고 터키 중앙은행이 완화적 통화정책을 사용하였다. 터키 중앙은행은 2018년 8월 외환위기 이후 유지하고 있던 긴축통화정책 기조를 반대로 전환하여 2019년 7월과 2021년 11월 사이에 기준금리를 9차례나 인하하였으며, 그 결과 기준금리가 24%에서 8.25%로 크게 하락하였다. 이와 같이 터키가 완화적 통화정책을 사용하였던 것은 당시 정부 수반이었던 에르도안(R. Erdogan) 대통령이 정치적 목적을 위해 경제성장을 앞세워 터키 중앙은행에 금리인하를 압박한 것이 가장 주요한 원인으로 지목되었다. 당시 터키 경제는 2018년 외환위기에서 완전히 벗어나지 못한 가운데 코로나 팬데믹의 충격으로 13% 이상의 높은 실업률을 기록하는 등 심각한 경기침체에 빠져 있었는데 에르도안 대통령이 2023년 재선 목적을 달성하기 위하여 어떠한 대가를 치루더라도 경제를 회복해야 한다는 신념에 사로잡혀 있었다는 것이다. 또한 경제정책 실패 시 그 책임을 중앙은행에게 전가하려는 의도도 내재되어 있었다고 알려져 있다.

둘째, 지속적인 환율방어를 위해 외환시장에 개입한 결과 외환보유액의 감소세가 지속되었다. 더욱이 터키의 경우 외환보유액 중 금의 비중(2020년 6월 현재 약 45%)이 높기 때문에 금을 제외한 실제 가용한 달러화의 부족현상이 심화되었다. 중앙은행의 시장개입만으로도 부족하여 국영은행들도 외환시장에서 달러매도에 동참한 것으로 알려지고 있다.

셋째, 코로나 팬데믹의 영향으로 터키 주요 산업인 관광업이 위축되어 외화수입이 감소하고 세계 교역 위축으로 수출이 축소된 가운데 경상수지 적자폭이 확대되어 수입결제를 위한 달러화 수요가 확대되었다.

이와 같은 문제가 누적되어 터키 리라화 환율은 2021년 11월부터 유례없는 급상승세를 보여 같은 해 12월 20일에는 이전 외환위기 발생시기인 2018년 8월 14일의 환율에 비하여서도 2.4배 이상 높은 16.64리라/달러를 기록하여 2년 4개월 만에 터키에서 다시 외환위기가 발생하였다. 터키 외환위기는 높은 인플레이션 압력을 억제하고 환율을 방어하기 위해서는 금리를 인상해야 함에도 불구하고 정치적 목적을 달성하기 위해 저금리 정책을 고집한 당시 터키 집권세력의 경제정책 실패에 크게 기인하고 있다고 볼 수 있다.

요약

01. 외환위기를 설명하는 이론으로는 제1세대 위기모형, 제2세대 위기모형, 현대화된 금융공황모형, 붐-버스트 순환모형 등이 있으나 단일모형으로 모든 외환위기를 설명할 수는 없다.

02. 외환위기가 발생하기 전에 은행위기가 먼저 발생하는 경우를 자주 발견할 수 있으며 두 종류의 위기 간에는 서로 위기를 더욱 악화시키는 악순환이 존재한다. 외환위기와 은행위기가 함께 발생하는 쌍둥이위기의 경우 그 피해가 더욱 심해진다.

03. 외환위기는 전염효과로 인해 발생되기도 하며 국가 간의 무역관계, 군중집단행동, 국제투자가의 유동성 부족문제 등이 전염효과의 원인으로 작용한다.

04. 외환위기를 사전에 완전히 차단하기는 어렵기 때문에 외환위기의 발생을 예측할 수 있는 조기경보체제를 구축하는 것이 필요하다. 신호접근법에 의하면 실질환율, 주가, 수출, 경상수지, 재정수지, 단기외채 등의 경제변수를 주요 위기지표로 활용할 수 있다.

주요 용어

공통대부자(common creditor)
군중집단행동
금융공황
도덕적 해이
붐-버스트 순환(boom-bust cycle)모형
신호접근법
예금인출사태
외환위기
은행위기
자기실현적 위기
전염효과
제1세대 위기모형
제2세대 위기모형
조기경보체제
투기적 공격

연습문제

01. 외환위기의 원인을 설명하는 제1세대 모형과 2세대 모형 간의 차이점을 설명하시오.

02. 외환위기가 은행위기로 발전하는 과정과 반대로 은행위기가 외환위기로 발전하는 과정을 설명하시오.

03. 외환시장에서 투기적 공격이 발생하는 메커니즘을 설명하시오.

04. 한국 외환위기의 원인 중 도덕적 해이와 관련된 내용을 설명하시오.

참고문헌

김태준, 송치영, 유재원, 『국제금융경제』, 2판, 다산출판사, 2020.

박용근, 송치영, "유럽은행의 외화유동성 위기와 글로벌금융위기의 신흥경제국 전파," 『EU학 연구』, 제17권, 1호, 2013, pp. 1-27.

송치영, "금융위기 전염효과의 이론과 실제," 『대외경제연구』, 4권 3호, 79-116, 2000.

이종욱 외, 『한국의 금융 · 외환위기와 IMF』, 경문사, 1998.

이창재 · 최병희 · 서승원 · 이철원 · 김병희, "러시아 금융위기의 원인과 파급효과", 『정책연구』 98-08, 대외경제정책연구원.

Clăessen, S. and K. Forbes, *International Financial Contagion*, Kluwer Academic Publishers, 2001.

Corsetti, G., P. Pesenti, and N. Roubini, "What Caused the Asian Currency and Financial Crisis?," *Japan and World Economy* 11, 1999, pp. 305-373.

Flood, R. and P. Garber, "Collapsing Exchange Rate Regimes : Some Linear Examples," *Journal of International Economics* 17, 1984, pp. 1-113.

Goldstein, M., G. Kaminsky and C. Reinhart, *Assessing Financial Vulnerability : An Early Warning System for Emerging Markets*, Institute for International Economics, Washington D.C., 2000.

Institute of International Finance, "Capital Flows to Emerging Market Economies," January, 1998.

Kaminsky, G., S. Lizondo and C. Reinhart, "Leading Indicators of Currency Crises," *IMF Staff Papers* 45, 1998, pp. 1-48.

Kaminsky, G. and C. Reinhart, "The Twin Crises : The Causes of Banking and Balance-of-Payment Problems?" *American Economic Review* 89, 1999, pp. 473-500.

_________, "On Crises, Contagion and Confusion," *Journal of International Economics* 51, 2000, pp. 145-168.

Kim, W. and S. Wei, "Foreign Portfolio Investors Before and During a Crisis," *NBER Working Paper* 6968, 1999.

Krugman, P., "A Model of Balance of Payments Crises," *Journal of Money, Credit and Banking* 11, 1979, pp. 311-325.

_________, "What Happened to Asia," mimeo, 1998.

Obstfeld, M., "The Logic of Currency Crises," *NBER Working Paper* 4640, 1994.

Park, Y. C., "Financial Crisis and Macroeconomic Adjustments in Korea, 1997-98," in Y. C. Park, ed., *Financial Liberalization and Opening in East Asia*, 11-69, Korea Institute of Finance, 1998.

Radelet, S. and J. Sachs, "The East Asian Financial Crisis : Diagnosis, Remedies, Prospects,"

Brookings Papers on Economic Activity 1, 1998, pp. 1-74.

Reinhart, C. and K. Rogoff, *This Time is Different*, Princeton University Press, Princeton, 2009.

CHAPTER 08

새 개방거시경제학

1. 국제금융론의 정형화된 사실
2. 시장구조와 가격설정
3. 기본모형
4. 시장균형환율과 환율변동성
5. 최적통화정책과 기타 정책 이슈

08 | 새 개방거시경제학

거시경제학과 국제금융론은 1990년대로 접어들면서 상호보완적으로 발전을 거듭하고 있다. 거시경제학에서는 제2세대의 새 케인지언(new Keynesian : NK)학파 또는 새 신고전파 종합(new Neoclassical Synthesis)이 주류로 등장하였으며, 국제금융론에서는 새 개방거시경제학(new open economy macroeconomics : NOEM)이 이론적 발전을 주도하고 있다. 이 두 접근법은 모두 기업이 독점적 경쟁시장(monopolistically competitive market)하에서 차별화된 제품을 생산하며 자신이 생산한 제품의 가격을 설정할 수 있는 시장지배력을 가진다는 아이디어에 착안하여 명목가격의 경직성을 동태적 확률일반균형(dynamic stochastic general equilibrium : DSGE)모형에 도입하고 있다. 또한 이들 접근법은 노동시장의 마찰에 따른 임금의 경직성 또는 금융시장의 마찰에 따른 위험 프리미엄을 도입하는 등 다양한 방면으로 발전을 거듭하고 있다.

새 개방거시경제학은 주로 기업들이 1기간 앞서 가격을 미리 결정한다는 모형으로부터 출발하는 반면, 새 케인지언모형은 기업들이 다기간(multi-period) 가격을 경직적으로 결정한다는 측면을 강조하기 때문에 두 접근법은 다소 차이가 있다고 주장하는 경제학자들도 있다. 그러나 다기간 명목경직성을 도입한 개방경제의 새 케인지언모형도 기본적으로 새 개방거시경제학과 동일하게 시장의 마찰을 강조하고 있기 때문에 두 접근법에는 큰 차이가 없다.

새 개방거시경제학은 특정 가정(ad hoc assumption)에 기초한 먼델-플레밍(Mundell-Fleming) 모형의 문제점을 극복하고 새로운 개방경제의 이론적 모형을 통하여 기존 모형에서 논의된 다양한 실증적 · 정책적 분석을 가능하게 하였다는 점에서 매우 유용한 이론이다. 새 개방거시경제학은 새 케인지언모형처럼 경제주체들이 직면한 경제환경을 구체적으로 설정한다. 즉, 재화시장과 노동시장이 불완전경쟁에 있다든지, 또는 금융시장에서 불완전 정보로 인해 시장의 비효율성이 발생한다든지와 같은 구체적인 경제환경을 기술하고 있다. 새 개방거시경제학은 이러한 경제환경하에서 경제주체들이 내리는 의사결정의 과정 및 결과를 분석하고 있다.

새 개방거시경제학은 블랑샤드(O. Blanchard)와 키요타키(N. Kiyotaki)의 '일반균형하에서의 독점적 경쟁에 대한 연구'와 스벤슨(L. Svensson)과 윈버겐(S. van Wijnbergen)의 '명목경직성하의 개방경제에 대한 연구'에 기초를 두고 있다.[1] 옵스펠트(M. Obstfeld)와 로고프(K. Rogoff)는 이들 연구에 일반균형모형을 접목하여 개방경제하에서 명목가격 경직성이 통화정책효과에 미치는 영향을 본격적으로 분석함으로써 새 개방거시경제학의 첫 장을 열었다. 이렇게 탄생한 새 개방거시경제학은 21세기에 접어들면서 주요 연구기관의 핵심 경제모형으로 널리 활용되고 있다.

이러한 새 개방거시경제학의 특징과 시사점을 구체적으로 살펴보기에 앞서 다양한 이론모형개발을 통해 국제금융론이 설명하고자 하는 정형화된 사실들(stylized facts)을 간단히 살펴보도록 하자.

1. 국제금융론의 정형화된 사실

첫째, 국제금융론의 주요 관심사는 무엇보다도 먼저 환율의 움직임, 특히 변동환율제도로 이행한 이후 나타나고 있는 환율의 과대변동성(excessive volatilities)이다. 1973년 세계 환율제도가 고정환율제도에서 변동환율제도로 이행된 후 세계 각국 경제의 기초여건(fundamentals)[2]은 큰 변화가 없었지만 환율의 변동성은 크게 증가하여 환율의 변동성이 GDP 변동성의 3~4배에 이르고 있다. 이러한 환율의 과대변동성은 새 개방거시경제학이 관심을 갖고 설명을 하고자 하는 가장 중요한 주제이다.

둘째, 화폐충격이 발생할 경우 환율은 장기균형수준을 점진적으로 벗어나

---

1) Blanchard and Kiyotaki(1987)와 Svensson and van Wijnbergen(1989) 참조.

2) 여기서 기초여건의 변화가 없었다는 것은 주요 거시경제변수의 변동성 변화가 적었다는 것을 의미한다.

1～2년이 지난 후 장기균형수준에서 가장 크게 이탈한다. 또한 이 기간이 지난 후 점차 다시 장기균형수준으로 복귀한다. 다시 말해 화폐충격에 대하여 환율이 점진적인 낙타등 모양의 반응(delayed and hump-shaped response)을 보인다는 사실이다. 이는 국내외 금리차가 기대절하율과 같다는 유위험 이자율평가 이론이 성립하지 않는다는 것을 의미한다. 예를 들어, 긴축통화정책에 의하여 국내이자율이 해외이자율보다 높게 될 경우 재정거래(arbitrage)에 의하여 경제주체들은 자국의 통화가치가 외국의 통화가치에 비해 향후 절하될 것을 예상해야 하지만 실제로는 미래 기대환율이 오히려 절상된다는 것이다.

셋째, 효율적 위험분담(efficient risk sharing)이 이루어질 경우 국제금융이론에 따르면 소비재의 상대가격이 크게 하락하는 국가의 소비증가율이 크게 나타나야 하지만 실제로는 반대현상이 나타난다는 사실이다. 즉, 현실에서는 실질환율이 국내재소비/외국재소비 비율과 반대로 움직이는 현상이 있다. 이를 실질환율과 상대적 소비의 비정상성 또는 퍼즐(real exchange rate and relative consumption anomaly)이라고 부른다.[3)] 이와 관련한 또 다른 사실은 국내 및 국제 금융시장이 발전할 경우 국가 간 소비가 밀접한 상관관계를 지녀야 하나 실제로는 그렇게 높지 않다는 사실이다. 현실에서는 국가 간 소득증가율이 소비증가율보다 밀접하게 관련되어 있다.

넷째, 국가 간 재화교역과 금융자산 보유에 있어서 자국편중현상(home bias)이 존재한다는 사실이다. 즉, 관세 및 비관세장벽과 환위험을 모두 고려하더라도 현실에서 목격되는 국내교역/대외교역 비율이 너무 크다는 것이다. 또한 제5장에서 설명한 바와 같이 국제금융시장의 빠른 통합과 발전에도 불구하고 경제주체들은 자국의 자산을 비정상적으로 많이 보유하고 있다.

다섯째, 제5장에서 살펴본 바와 같이 국가 간 자본이동이 자유로우면 저축과 투자는 아무런 상관관계가 없어야 함에도 불구하고 각국의 저축과 투자 간에는 긴밀한 상관관계가 있다는 사실이다.

본장에서는 소비자는 효용극대화를, 기업은 이윤극대화를 추구한다는 미시경제적 기초하에 경직적 명목가격을 도입한 동태적 일반균형모형을 이용하여 상기의 정형화된 사실 내지 퍼즐 가운데 환율과 관련 있는 내용들을 중

3) Backus and Smith(1993) 참조.

심으로 간단히 살펴보도록 하겠다. 특히 개방경제의 경우 폐쇄경제와 달리 기업이 가격을 설정할 때 어느 국가의 통화단위를 선택하는가에 따라 상기 국제금융론의 주요 이슈들에 대한 설명도 달라지기 때문에 재화시장의 구조와 가격설정방법들을 중심으로 새 개방거시경제학을 살펴보도록 하겠다.

2. 시장구조와 가격설정

이론적으로 재정거래(arbitrage)가 가능하면 운송비, 무역장벽 등이 존재하지 않을 경우 일물일가의 법칙(Law of One Price : LOP)은 당연히 성립하여야 한다. 예를 들어 동급의 컴퓨터가 미국보다 한국에서 저렴하다면 사람들은 달러화를 원화로 환전하여 한국에서 컴퓨터를 구입한 후 이를 다시 미국으로 운반하여 달러화로 판매함으로써 아무런 위험부담 없이 이윤을 얻을 수 있다. 국제금융론에서도 초기에는 이러한 재정거래에 기초한 가격설정법을 많이 활용하였다. 즉, 기업이 국내외 전체 시장의 이윤을 극대화하도록 자국 통화단위로 재화가격을 설정한 다음, 이렇게 설정한 가격을 일물일가의 법칙이 성립하도록 각국의 환율로 환산하여 시장별로 가격을 설정한다는 생산자 통화단위 가격설정법(producer currency pricing : PCP)이 주류를 이루었다.

그러나 무역장벽(trade barrier)이나 무역비용(trade cost)과 같은 다양한 시장마찰적 요인이 존재하는 현실에서 이러한 거래는 당연히 존재할 수 없기 때문에 일물일가의 법칙은 일반적으로 성립하지 않는다. 이러한 일물일가의 법칙이 성립하지 않는 현실을 설명하는 이론으로서 기업들이 국가별·시장별로 상이한 조건을 고려하여 각자에게 적합한 가격을 경직적으로 설정한다는 PTM(pricing to market)방식의 가격설정이론과 기업들이 해당 지역 수요자의 통화단위로 가격을 설정한다고 주장하는 LCP(local currency pricing)이론이 있다.

PTM방식의 가격설정을 주장하는 경제학자들의 연구에 따르면 기업은 한계생산비용에 일정한 비율로 마크업(markup)을 하여 가격을 설정하는데, 세계 각국 시장상황이 서로 다르기 때문에 기업이 설정하는 마크업도 시장별로 다를 수밖에 없다는 것이다.[4] 따라서 특정 국가의 시장환경이 변하면 그 시장에서의 제품가격이 변동하게 되어 여타 국가에서의 제품가격과 괴리가 발생하게 되고 이에 따라 일물일가의 법칙은 성립하지 않는다는 것이다. LCP이론은 기업들이 제품수요자가 사용하는 통화단위로 가격을 설정한다고 주장하기 때문에, 환율이 변해도 해당 시장의 제품가격은 단기적으로 영향을 받지 않게 된다고 주장한다. 최근에는 PTM과 LCP 용어를 혼용하여 사용하기도 한다.

PCP와 LCP에 대한 논의와 관련하여 우리가 주목해야 할 사실은 국제금융론에서 다루는 주요 연구과제 중 하나인 환율변화가 수출입물가에 미치는 효과, 즉 환율의 전가효과(pass-through effect)이다. 미국의 노동통계국(Bureau of Labor Statistics : BLS) 자료를 이용한 실증연구 분석결과에 따르면, 미국에 수입되는 외국산 제품 중 75%가 미달러화 단위, 즉 LCP방식이고, 나머지 25%가 수출국의 통화단위, 즉 PCP방식으로 가격이 설정되어 LCP방식이 주류를 이루고 있다고 한다.[5] 그런데 이러한 단순한 가격설정방식의 차이보다도 중요한 것은 기업들이 어떠한 방식으로 가격을 설정하는가에 따라 환율변동이 수입물가에 반영되는 기간과 크기가 많이 달라진다는 사실이다.

상기 사실들을 염두에 두면서 새 개방거시경제학에서 기본적으로 활용하는 모형의 특징과 시사점에 대하여 간단히 살펴보도록 하자.

3. 기본모형

3.1 신축적 가격설정 모형

세계가 두 개의 국가, 즉 자국과 외국으로 구성되어 있다고 가정하자. 국내 기업 i는 노동 $N(i)$만을 사용하여 $Y(i)=AN(i)$의 생산기술로 재화 i를 $Y(i)$만큼 생산한다. A는 노동생산성 또는 총요소생산성을 나타낸다. 이

4) Dornbusch(1987), Krugman(1987), Dixit(1989) 등을 참조.

5) Gopinath et al.(2007) 참조.

때 기업 i는 시장지배력을 가지고 차별화된 제품을 생산하여 시장별로 가격을 차별화하여 판매한다고 가정한다. 이와 같은 기업 i가 생산하는 재화 i에 대한 수요가 국내와 외국에서 다음과 같이 주어졌다고 가정하자.

$$Y_H(i) = \left(\frac{P_H(i)}{P_H}\right)^{-\theta} Y_H \tag{8.1}$$

$$Y_H^*(i) = \left(\frac{P_H^*(i)}{P_H^*}\right)^{-\theta^*} Y_H^* \tag{8.2}$$

$Y_H(i)$ = 재화 i에 대한 국내수요
$Y_H^*(i)$ = 재화 i에 대한 외국수요
$P_H(i)$ = 재화 i의 국내가격(자국통화표시)
$P_H^*(i)$ = 재화 i의 외국가격(외국통화표시)
P_H = 국내재의 국내물가(자국통화표시)
P_H^* = 국내재의 외국물가(외국의 수입재물가, 외국통화표시)
Y_H = 국내재에 대한 국내 총수요량
Y_H^* = 국내재에 대한 외국의 총수요량
θ = i재에 대한 국내수요의 가격탄력성
θ^* = i재에 대한 외국수요의 가격탄력성

시장지배력을 지닌 이 기업은 각국의 시장을 분할하여 각국의 통화단위로 가격을 설정할 수도 있고 전체시장의 최적 가격을 설정한 후 환율로 환산한 가격을 설정할 수도 있다. 먼저 전자의 경우를 살펴보면, 각국의 시장에서 해당 국가의 통화단위로 평가한 수입(revenue)은 $P_H(i)Y_H(i)$와 $P_H^*(i)Y_H^*(i)$로 주어진다. 한편 외국통화단위로 평가한 외국시장에서의 수입을 환율(S)을 고려하여 국내통화단위로 전환하면 $SP_H^*(i)Y_H^*(i)$가 된다. 따라서 이 기업의 총수입은 국내통화단위로 $P_H(i)Y_H(i) + SP_H^*(i)Y_H^*(i)$이다. 한편 이 제품을 생산하는 데 소요되는 총비용은 노동 1단위당 임금(W)을 고려한 $WN(i)$가 된다.

따라서 매 기간마다 이 기업이 직면한 이윤극대화문제는 다음과 같이 정리할 수 있다.

$$\max_{\{P_H(i), P_H^*(i)\}} [P_H(i)\left(\frac{P_H(i)}{P_H}\right)^{-\theta} Y_H \tag{8.3}$$

$$+ SP_H^*(i)\left(\frac{P_H^*(i)}{P_H^*}\right)^{-\theta^*} Y_H^* - WN(i)]$$

$$\text{제약조건} \quad Y(i) = Y_H(i) + Y_H^*(i) \tag{8.4}$$

한편, $N(i) = \dfrac{Y(i)}{A} = \dfrac{1}{A}\left[\left(\dfrac{P_H(i)}{P_H}\right)^{-\theta} Y_H + \left(\dfrac{P_H^*(i)}{P_H^*}\right)^{-\theta^*} Y_H^*\right]$가 성립하기 때문에, 이를 식 (8.3)에 대입하여 기업 i가 국내 및 해외시장에 설정할 최적가격 $P_H(i)$와 $P_H^*(i)$를 구하면 다음과 같다.

$$P_H(i) = \left(\frac{\theta}{\theta - 1}\right)\frac{W}{A} \tag{8.5}$$

$$P_H^*(i) = \left(\frac{\theta^*}{\theta^* - 1}\right)\frac{W}{AS} \tag{8.6}$$

이 기업은 노동만을 사용하여 제품을 생산하기 때문에 1단위를 더 생산하기 위해서는 $\dfrac{1}{A}$단위만큼의 노동이 필요하게 되어 국내통화단위로 평가한 한계생산비용은 임금/노동생산성, 즉 W/A가 된다.

[그림 8-1]은 재화 i에 대한 수요곡선(D), 기업 i의 한계생산비용곡선(MC), 기업 i의 한계수입곡선(MR)을 표시하고 있다. 시장지배력을 지닌 기업 i는 이 그림에서와 같이 한계생산비용에 일정한 마크업(markup)을 하여 가격을 설정하게 되는데, 이때 마크업은 $\dfrac{\theta}{\theta-1}$으로 주어져 수요의 가격탄력성인 θ와 역의 관계가 있다. 한편 외국시장에 외국통화단위로 설정하는 가격은 국내통화단위로 주어진 한계생산비용(W/A)에 환율의 역수($1/S$)를 곱하여 외국통화단위로 전환한 외국통화단위 한계생산비용인 $\dfrac{W}{AS}$에 마크업$\left(\dfrac{\theta^*}{\theta^*-1}\right)$한 $P_H^*(i) = \left(\dfrac{\theta^*}{\theta^*-1}\right)\dfrac{W}{AS}$가 된다.

한편, 국내외 시장의 가격탄력성이 동일하다면, 즉 $\theta = \theta^*$이 성립하면, $P_H^*(i) = P_H(i)/S$로 일물일가의 법칙이 성립한다.

지금까지 설명한 모형은 LCP 방식의 가격설정방법을 가정하였다. 그런

그림 8-1 **독점적 경쟁기업의 가격설정**

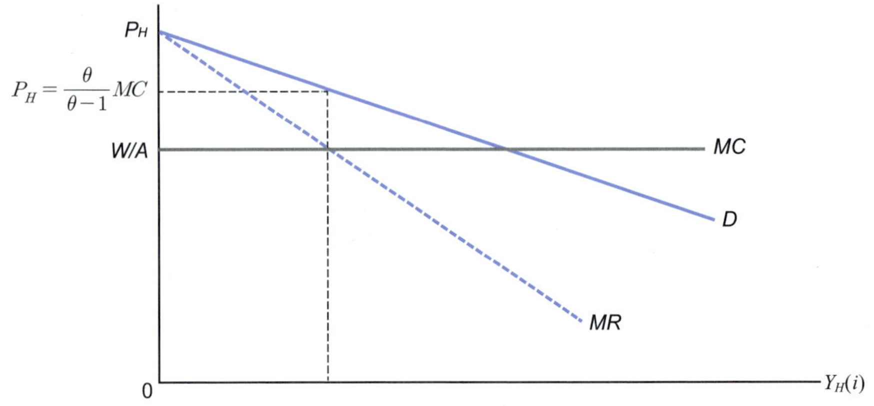

데 이와 같이 기업이 국내외 시장을 차별화하여 가격을 설정하더라도 매 기간마다 가격을 설정한다면 국내외 시장을 차별화하지 않고 매 기간마다 가격을 설정하는 PCP 방식과 동일하게 된다. 다시 말해, 기업이 매 기간마다 가격을 신축적으로 설정할 경우, LCP 방식과 PCP 방식은 동일한 결과를 초래한다. 결국 기업이 가격을 경직적으로 설정하는 경우에만 LCP 방식과 PCP 방식의 결과는 차이를 갖게 된다.

이러한 결론을 보다 구체적으로 살펴보기 위해 기업이 국내외 시장을 차별화하지 않고 동일시하여 국내통화단위로 가격을 설정한다고 상정하여 보자. 이때 기업 i의 총수입만 $P_H(i)[Y_H(i)+Y_H^*(i)]$으로 변하고 총비용은 이전과 동일하다. 따라서 국내통화단위로 평가한 최적가격은 다음과 같이 주어진다.

$$P_H(i)=\left(\frac{\theta}{\theta-1}\right)\frac{W}{A} \tag{8.7}$$

따라서 기업 i가 외국에 판매할 때의 외화표시 가격은 식 (8.7)에 환율을 고려한 $P_H^*(i)=\frac{P_H(i)}{S}=\frac{\theta^*}{\theta^*-1}\frac{W}{AS}$이 되어 앞서 유도한 식 (8.6)과 동일하게 된다.[6]

---

6) $\theta=\theta^*$라고 가정한다.

이와 같이 기업이 시장지배력을 가지고 있더라도 해당되는 매 기간마다 최적의 가격을 설정한다면 PCP 방식과 LCP 방식 간의 차이는 사라진다.

여기서 주목할 점은 생산자 통화단위로 가격을 설정하는 PCP 방식의 경우, 재화 i를 수입하는 국가의 통화가 1% 절상되면 수입재 가격이 1% 하락하여 소비자들이 자국재화 대신 외국재화를 더 소비하게 되어 지출전환효과(expenditure switching effect)가 나타난다는 것이다.

그러나 기업이 t기의 가격을 1기간 앞서 $t-1$기에 설정하는 가격의 경직성이 존재한다고 가정하면, 즉 PTM 방식에 따라 가격의 경직성을 도입하면 상기의 결론은 더 이상 유효하지 않게 된다. 즉, LCP 방식의 가격설정과 PCP 방식의 가격설정이 동일하다는 결론은 명목가격의 경직성 가정하에서는 더 이상 유효하지 않게 된다. 이를 다음 절에서 자세히 살펴보기로 하자.

3.2 경직적 가격설정 모형과 LCP-PTM

앞에서 지적하였듯이 PTM 방식은 기업들이 세계 각국 시장의 특수한 사정을 고려하여 가격을 차별화할 수 있을 정도로 각국 시장을 충분히 분할할 수 있는 상황에서 가격을 경직적으로 미리 설정한다고 상정한다. 예를 들어 삼성전자가 미국에 휴대폰을 수출하고 있는 경우를 살펴보자. 만약 원화가 달러화에 대해 절상된다면 삼성전자가 취할 수 있는 최적의 정책은 마크업을 줄여 미국에 판매되는 휴대폰 1대당 이윤의 하락을 감수하는 것일 수도 있다. 그러나 PTM 방식은 수출기업이 국내통화로 가격을 설정하는지 또는 외국통화로 가격을 설정하는지에 대해 특별한 가정을 하지 않는다.

LCP 가격설정방법은 이러한 PTM 가격설정방법에서 한 걸음 더 나아가 기업은 해당 수출대상국별로 가격을 차별화할 수 있을 뿐만 아니라 해당 수출대상국 통화단위(buyer's currency)로 가격을 설정할 수 있다고 상정한다. 이 경우 해당 수출대상국가에서의 재화가격은 그 국가의 통화단위로 결정되기 때문에 환율변화가 있더라도 단기적으로 해당 국가 통화단위로 표시한 재화의 가격은 변하지 않게 되어 일물일가의 법칙은 성립하지 않게 된다.

LCP-PTM과 PCP의 차이를 살펴보기 위해, 기업 i가 가격을 1기 전에 미리 설정한다고 가정하는 다음의 간단한 모형을 살펴보자. 기업 i는 식

(8.9)와 같은 제약조건 아래서 식 (8.8)에 따라 이윤을 극대화한다고 가정하자.[7)]

$$\max_{\{P_{Ht}, P^*_{Ht}\}} E_{t-1}[P_{Ht}(i)\left(\frac{P_{Ht}(i)}{P_{Ht}}\right)^{-\theta} Y_{Ht} \tag{8.8}$$

$$+ S_t P^*_{Ht}(i)\left(\frac{P^*_{Ht}(i)}{P^*_{Ht}}\right)^{-\theta^*} Y^*_{Ht} - W_t N_t(i)]$$

$$\text{제약조건} \quad Y_t(i) = Y_{Ht}(i) + Y^*_{Ht}(i) \tag{8.9}$$

위의 식을 이용하여 기업 i는 다음과 같은 최적 가격을 설정하게 된다.

$$P_{Ht}(i) = E_{t-1}\left(\frac{\theta}{\theta-1}\right)\left(\frac{W_t}{A_t}\right) \tag{8.10}$$

$$P^*_{Ht}(i) = E_{t-1}\left(\frac{\theta^*}{\theta^*-1}\right)\left(\frac{W_t}{A_t S_t}\right) \tag{8.11}$$

이와 같이 기업이 시장을 차별화하여 1기간 먼저 해당 수출대상국 통화단위로 가격을 설정할 경우, $E_{t-1}S_t = S_t$가 성립하지 않기 때문에[8)] 재화 i의 국내가격을 해외통화가치로 환산한 $\frac{P_{Ht}}{S_t} = \frac{1}{S_t}E_{t-1}\left(\frac{\theta}{\theta-1}\right)\left(\frac{W_t}{A_t}\right)$은 "$\theta = \theta^*$의 가정하에서도" 식 (8.11)과 다르게 되어 일물일가의 법칙은 성립하지 않는다. 다시 말해 기업이 수출대상국의 통화단위로 가격을 경직적으로 설정할 경우 동일한 재화의 국내 가격과 환율을 반영하여 전환한 해외가격은 상이하게 된다.

요약하면, 시장지배력을 가진 기업이 국내외 시장을 분할하여 가격을 해당 국가 통화단위로 경직적으로 설정할 경우, 동일한 재화라 할지라도 동일한 가격으로 판매되지 않는다는 것이다.

---

7) 식 (8.8) 이하에서는 각 변수에 시간을 나타내는 하첨자 t를 추가하였다. 또한 E_{t-1}는 $E[\cdot|I_{t-1}]$로서 $t-1$기 정보집합을 이용하여 예측한 해당 변수에 대한 기대치를 의미한다.

8) 여기서 $S_t = E_{t-1}S_t + e_t$가 성립하며 e_t는 예측오차이다.

4. 시장균형환율과 환율변동성

제3절에서는 외환시장에서 환율이 외생적으로 결정된다는 가정하에 새 개방거시경제모형의 핵심인 명목가격의 경직성과 해당 시장에서의 가격설정 방법에 대하여 살펴보았다. 여기에서는 새 개방거시경제모형을 포함한 동태적 확률일반균형(DSGE)모형이 제시하는 시장균형환율의 결정과정과 동 모형의 시사점을 환율변동성과 관련하여 살펴보도록 하자.

4.1 시장균형 실질환율

매기마다 경제가 직면하는 경제상태를 서로 독립적인 n개의 상태로 분할할 수 있다고 상정하여 보자. 만약 발생가능한 각 상태마다 1원을 지급받을 수 있는 n종류의 1기 만기 상태의존적 채권(state-contingent bonds)이 존재한다면, 이를 완전자산시장(complete asset market)이 존재한다고 말한다. 세계 각국의 경제주체들이 아무런 거래비용 없이 이러한 상태의존적 채권을 거래할 수 있다면, 각 경제주체들이 1원으로 얻을 수 있는 효용, 즉 만족도는 같아야 한다.

먼저 국내에 살고 있는 경제주체가 1원을 이러한 상태의존적 채권에 투자할 경우 얻을 수 있는 화폐 1단위의 효용은 다음과 같이 구할 수 있다. P_t를 소비자물가라고 하면 국내에 1원을 투자할 경우 이는 재화를 $1/P_t$단위만큼 소비할 수 있다는 것을 의미하기 때문에, 이에 따른 효용은 소비재 1단위를 증대시킬 때 얻는 한계효용과 추가적으로 얻게 될 재화 단위, 즉 $1/P_t$단위의 곱인 $u'(C_t)/P_t$이 된다.[9)]

다음으로 외국에 있는 경제주체가 외국에서 1원을 투자할 경우, 이는 외국 화폐단위로 $1/S_t$단위를 투자한다는 것을 의미한다. P_t^*를 외국의 소비자물가라고 하면, 이 금액으로 해외소비재를 $1/(S_tP_t^*)$만큼 소비할 수 있게 되고 이로부터 발생하는 효용은 $u'(C_t^*)/(S_tP_t^*)$가 된다.[10)] 완전시장에서 1원의 만족

9) $u(C_t)$는 소비자의 효용함수이고 이를 편미분한 $u'(\cdot)$은 한계효용을 나타낸다. 여기서 C_t는 국내소비를 의미한다.

도는 국내외에서 동일하여야 하기 때문에, 다음과 같은 식이 성립하게 된다.

$$\frac{u'(C_t)}{P_t} = \frac{u'(C_t^*)}{S_t P_t^*} \tag{8.12}$$

한편 실질환율 Q_t를 $\frac{S_t P_t^*}{P_t}$로 정의하면, 위의 효율적 위험분담조건을 이용하여 균형실질환율을 다음과 같이 국내외 소비자가 느끼는 소비의 한계효용 비율로 표현할 수 있다.

$$Q_t = \frac{u'(C_t^*)}{u'(C_t)} \tag{8.13}$$

식 (8.13)의 의미를 구체적으로 살펴보기 위해 효용함수가 다음과 같이 CRRA(constant relative risk aversion) 형태로 주어져 있다고 가정하자.

$$u(C_t) = \frac{C_t^{1-\sigma} - 1}{1-\sigma} \qquad \text{단, } \sigma \neq 1 \tag{8.14}$$

여기서 σ를 상대적 위험기피도라고 한다. 그러면 식 (8.13)으로 주어진 실질환율은 식 (8.15)와 같이 비교대상이 되는 두 국가의 소비비율 함수가 된다.

$$Q_t = \left(\frac{C_t}{C_t^*}\right)^{\sigma} \tag{8.15}$$

4.2 환율의 변동성과 통화정책

위의 식에 로그를 취하면 (로그)실질환율 q_t는 식 (8.16)과 같이 (로그)국내소비 c_t와 외국소비 c_t^*의 차이에 비례한다.

$$q_t = \sigma(c_t - c_t^*) \tag{8.16}$$

10) 효용함수는 국내외 간 서로 동일하다고 가정한다. C_t^*는 외국의 소비를 의미한다.

따라서 실질환율(q_t)의 변동성은 상대적 소비($c_t - c_t^*$)의 변동성과 상대적 위험기피도(σ)의 크기에 의하여 결정된다. 그러나 통상적인 상대적 위험기피도인 $\sigma = 2$ 정도에서는 실제자료에서 발견되는 환율의 과대변동성(excessive volatility)을 앞의 식 (8.16)을 이용하여 설명할 수 없다. 예를 들어 상대적 소비의 변동성이 1%이고 $\sigma = 2$이면 실질환율의 변동성은 2%가 되어 실제자료에 나타난 실질환율의 변동성인 7~8%보다 훨씬 작게 된다. 그러나 $\sigma = 6$ 정도이면 위의 모형은 국제금융론의 정형화된 사실(stylized facts) 중의 하나인 환율의 과대변동성을 설명할 수 있다.[11]

다음으로 양(+)의 화폐충격에 대하여 실질 및 명목 환율이 어떻게 반응하는지를 실제자료와 새 개방거시경제모형을 통하여 살펴보도록 하자.

[그림 8-2]는 미국의 연방준비은행이 확대통화정책을 시행할 경우 환율이 어떻게 반응하는지를 보여주고 있다.[12] 이를 살펴보면 앞서 정형화된 사실을 설명할 때 이미 지적하였듯이 미국과 영국, 미국과 독일, 미국과 일본 간의 실질 및 명목 환율은 확대통화정책 시행 후 점진적으로 절하된 후 1~2년 정도의 기간이 지나야 가장 큰 폭의 절하된 모습을 보이고 그 후 점차 절상되어 정상상태로 복귀한다. 환율이 이렇게 점진적인 낙타등 모양의 반응을 보이는 특징을 새 개방거시경제모형은 어느 정도 설명할 수 있을까?

식 (8.16)을 살펴보면 (+)의 화폐충격이 경제에 가해질 경우, 국내소비가 외국소비에 비해 상대적으로 크게 증가하기 때문에 실질환율은 즉시 절하된다는(depreciate) 것을 알 수 있다. 즉, 돈부쉬(R. Dornbusch)의 오버슈팅(overshooting) 모형에서와 같이[13] 미시적 기초가 도입된 새 개방거시경제모형에서도 환율이 장기균형수준보다 크게 반응하는 오버슈팅이 발생하게 된다. 한편, (로그)명목환율은 $s_t = q_t + p_t^* - p_t$로 표현할 수 있다.[14] 가격이 경직적일 경우 화폐충격에 대하여 물가가 단기에 있어서 반응을 하지 않으므로 명목환율의 반응도 실질환율의 반응과 큰 차이가 없음을 알 수 있다.

---

11) Chari et al.(2002) 참조.

12) [그림 8-2]는 Eichenbaum and Evans(1995)가 1973년 이후의 월별자료에 벡터자기회귀모형(vector autoregressive model)을 적용하여 추정한 결과이다.

13) Dornbusch(1976) 참조.

14) p, p^*는 각각 국내 소비자물가와 해외 소비자물가에 로그를 취한 값이다.

그림 8-2 양의 화폐충격에 대한 실질(○) 및 명목 환율(□)의 반응함수

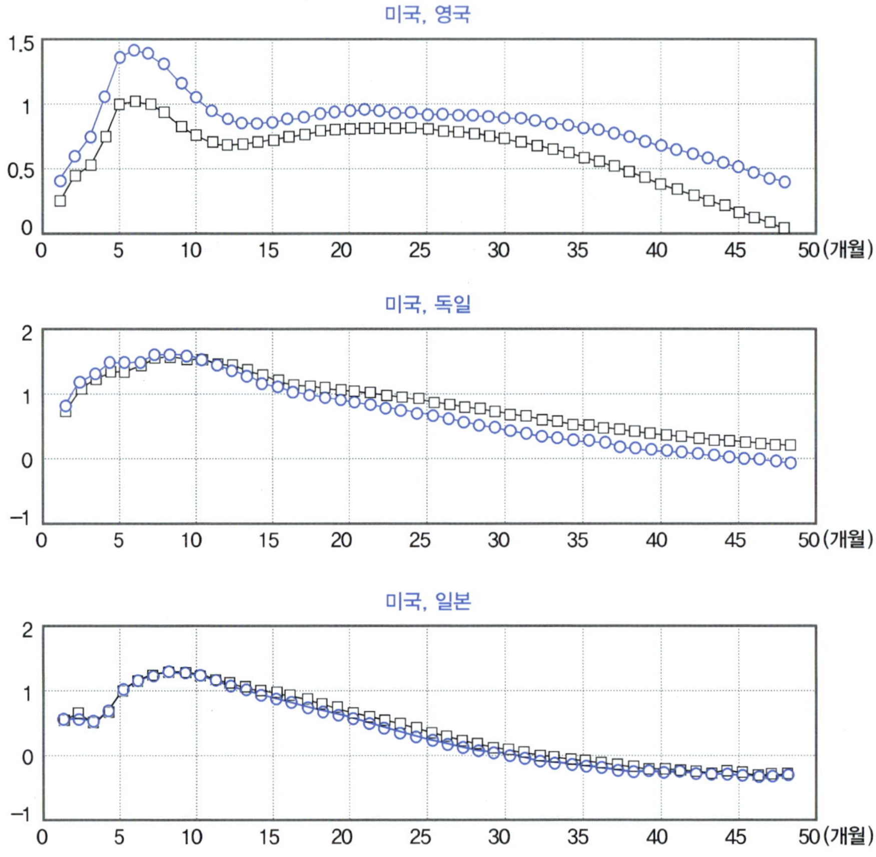

[그림 8-3]은 2국가로 이루어진 새 개방거시경제모형을 이용하여 국내이자율이 하락할 경우 실질 및 명목 환율이 어떻게 반응하는지를 보여주고 있다. [그림 8-2]와 [그림 8-3]을 비교하면 앞서 지적한 바와 같이 새 개방거시경제모형이 환율의 기본 속성인 환율의 점진적이고도 지속적인 반응을 제대로 설명하고 있지 못함을 알 수 있다.

새 개방거시경제모형은 환율에 대한 정형화된 사실 중 환율의 과대변동성을 앞서 지적한대로 높은 상대적 위험기피도를 사용하여 별 어려움 없이 설명하고 있다. 그러나 환율과 관련하여 중요한 사실 중의 하나가 양(+)의 화폐충격이 발생할 경우 환율이 즉각적으로 오버슈팅하는 것이 아니라 점진적

그림 8-3 새 개방거시경제모형하에서 양의 화폐충격에 대한 실질 및 명목 환율의 반응

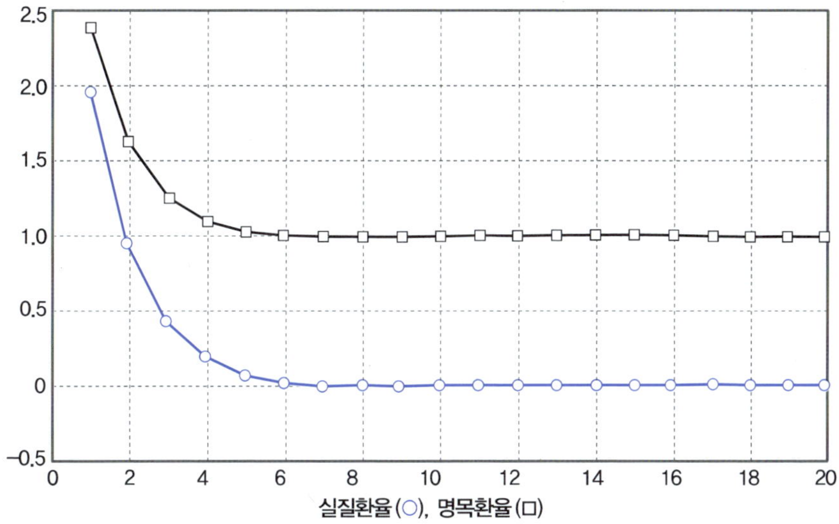

으로 장기균형을 벗어나 1~2년 뒤에 가장 크게 장기균형환율 수준을 벗어난 후 점차 장기균형환율 수준으로 복귀한다는 점진적인 낙타등 모양의 반응을 보인다는 것이다. 그러나 새 개방거시경제모형은 이를 제대로 설명하지 못하고 있다. 이러한 환율반응현상을 선물할인 수수께끼(forward discount puzzle)라고도 하는데, 이는 환위험이 헤지되지 않은 유위험 이자율평가(uncovered interest parity)가 성립하지 않는다는 것을 의미하기도 한다. 즉, 유위험 이자율평가에 따르면 국내 중앙은행이 금리를 인하할 경우 현재의 환율이 미래의 기대환율보다 높은 수준에 있게 되어 미래에 환율 절상이 있을 것이라는 기대가 존재해야 한다. 그러나 [그림 8-2]에 의하면, 실제자료에서는 국내이자율이 하락할 경우 현재의 환율수준보다 미래의 환율수준이 높은 수준에 있는 상황이 1~2년 지속된 후 미래의 환율이 절상되고 있다. 이에 비해 [그림 8-3]에 따르면 새 개방거시경제모형은 정반대의 반응함수를 보여주고 있다.

마지막으로 앞의 식 (8.16)에서도 분명히 나타나듯이 새 개방거시경제학 모형은 실질환율이 상대적 소비와 선형관계에 있기 때문에 실질환율은 상대적 소비와 완전한 상관관계(correlation)를 지닌다. 이러한 특징은 <표 8-1>에

표 8-1 선진국의 상대적 소비와 실질환율 간의 상관계수

	프랑스	독 일	이탈리아	영 국
미 국	−0.06	−0.15	−0.35	−0.48
프랑스		0.24		−
독 일			−0.08	−
이탈리아				0.14

자료 : Chari et al.(2002).

나타난 실제자료의 특징, 즉 실질환율과 상대적 소비 간 상관관계가 절대값이 작기는 하지만 음의 값을 가지는 것과 반대이다. 즉, 완전금융시장을 가정한 새 개방거시경제학에서는 실질환율과 상대적 소비 간의 관계와 관련하여 정반대의 주장을 하고 있는 것이다.15)

5. 최적통화정책과 기타 정책 이슈

새 개방거시경제모형과 관련하여 많은 관심을 끄는 주제 중의 하나는 과연 바람직한 재정·통화정책이 무엇인가에 관한 것이다. 특히 통화정책당국이 정책수단을 통하여 폐쇄경제에서와 같이 단순히 생산량이나 인플레이션에 영향을 미치는 것이 바람직한지 아니면 이 두 변수 이외에 환율이나 교역조건 등의 변수에 영향을 미치는 것이 바람직한가 하는 것이다. 신축적 가격의 새 개방거시경제모형에서는 국내실물경제에 양의 기술충격이 발생할 경우 국내재 가격이 하락하여 국내의 교역조건이 악화되면서 국내재에 대한 국내외 수요가 증가하지만, 경직적 가격의 새 개방거시경제모형에서는 가격이 반응하지 않으므로 기업은 고용을 줄여 국내기술충격에 대응을 할 것이다.

이와 같은 경직적 명목가격 환경하에서 통화당국은 신축적 가격하의 균

15) 그러나 Corsetti et al.(2004), Selaive and Tuesta(2003) 등은 불완전금융시장과 교역재 및 비교역재가 존재하는 새 개방거시경제모형에서 실질환율과 상대적 소비가 실제자료에서와 같이 음의 상관관계를 가지게 된다는 것을 보여주었다.

형이 달성될 수 있도록 통화정책을 시행할 수 있다면 이러한 균형을 달성할 수 있는 통화정책이 최적이라고 할 수 있다.

소규모 개방경제를 분석한 연구의 결론은 이러한 주장을 뒷받침하고 있다.[16] 재화시장의 불완전경쟁으로 기업이 가격을 경직적으로 설정하는 비효율성이 존재한다면,[17] 폐쇄경제와 유사하게 개방경제의 사회후생함수도 실제생산량과 완전고용생산량의 차이인 생산량갭(output gap) y_{nt}와 국내재 물가지수의 인플레이션갭(inflation gap)인 π_{Ht}의 2차 함수로 나타낼 수 있다.

한편 개방경제하의 총공급함수인 새 케인지언 필립스곡선(new Keynesian Phillips curve : NKPC)도 폐쇄경제의 NKPC와 유사하게, 현재의 인플레이션이 현재의 한계비용과 미래의 기대인플레이션에 의존하게 된다. 따라서 통화정책당국은 $\pi_{Ht}=0$을 달성하는 통화정책을 시행하면 $y_{nt}=0$, 즉 실제생산량이 완전고용생산량과 같게 되어 사회후생함수가 최대값을 갖게 된다.

보다 엄밀하게 이야기하면, 기업이 PCP방식에 따라 가격을 설정하는 경우 재화시장의 완전경쟁균형에 해당되는 고용수준이 달성되도록 재정정책당국이 마크업을 고려한 적정 고용지원금을 지원한다면 재화시장의 불완전경쟁에 따른 비효율성은 완전히 제거된다.[18] 이러한 상황에서 통화정책당국의 목적함수는 식 (8.17)과 같이 현재 및 미래의 산출물갭과 인플레이션갭에 대한 기대값의 합, 즉 화폐금융론에서 자주 인용되는 손실함수와 같은 형태가 된다.[19]

$$\min\left\{\Omega\sum_{t=0}E_t\left[y_{nt}^2+\gamma\pi_{Ht}^2\right]\right\} \tag{8.17}$$

이때 통화정책당국이 직면하는 제약조건은 다음과 같은 국내재 생산의 총공급함수(NKPC)이다.

$$\pi_{Ht}=\beta E_t\pi_{Ht+1}+\kappa y_{nt} \tag{8.18}$$

---

16) Gali and Monacelli(2005) 참조.

17) 오직 재화시장에서만 시장의 마찰이 존재한다고 상정한다.

18) Gali and Monacelli(2005) 참조.

19) 식에서 Ω는 손실함수에 포함된 다양한 모수를 나타낸다.

따라서 통화정책당국은 국내재 가격 인플레이션 목표제(inflation targeting)를 시행하여 기업의 한계생산비용이 변동할 유인을 제거하면(즉, $\pi_{Ht}=0$을 달성하면) 완전경쟁하의 시장균형이 달성된다.

이러한 최적통화정책의 결론은 재화시장에만 마찰이 존재하고 기업이 PCP방식에 따라 가격을 설정하고 기술충격만이 존재하는 매우 단순한 경제환경하에서 유도되었기 때문에 보다 일반화된 경제환경에서 반드시 성립된다고는 할 수 없다.

경제정책과 관련하여 흥미로운 다른 주제는 과연 국가 간 정책협력이 바람직한가 하는 것이다. 최근까지 개발된 새 개방거시경제모형의 분석결과에 따르면 정책협력을 통하여 얻을 수 있는 사회후생증대는 그다지 크지 않다.

이 장에서는 새로운 개방경제모형으로 많이 활용되는 새 개방거시경제학을 간략하게 살펴보았는데, 최근 새 개방거시경제모형은 IMF의 GEM(Global Economic Model)과 미 연방준비제도의 SIGMA 모형과 같이 다국 일반균형모형에 활용되어 다양한 정책들의 효과분석에 널리 이용되고 있다. 향후 이러한 모형이 기존 모형을 대체하거나 보완하여 현실경제에 대한 이해를 향상시킬 것으로 기대된다.

요약

01. 새 개방거시경제모형은 기본적으로 독점적 경쟁시장에서 기업이 시장지배력을 갖는다는 아이디어에서 출발하여 가격의 경직성을 설명하고 있으며 이러한 접근법은 거시경제학의 새 케인지언 모형과 동일하다.

02. 새 개방거시경제학은 기업이 가격을 설정할 경우 생산자가 있는 지역의 통화단위를 이용하는지 또는 소비자가 있는 지역의 통화단위를 이용하는지에 따라 PCP(producer currency pricing) 가격설정과 PTM(pricing to market)-LCP(local currency pricing) 가격설정으로 분류할 수 있다.

03. 새 개방거시경제학은 환율의 변동성 또는 소비와 실질환율 간의 상관관계를 어느 정도 설명하고 있지만 통화정책변화에 대한 환율의 점진적인 변화와 같은 일부 국제금융론의 문제를 설명하는 데 어려움이 있다.

주요 용어

동태적 확률일반균형(DSGE)모형
새 개방거시경제학
선물할인 수수께끼(forward discount puzzle)
실질환율과 상대적 소비의 비정상성
오버슈팅(overshooting)
인플레이션 목표제
자국편중현상
환율변동성
환율의 과대변동성
환율의 전가효과
LCP(local currency pricing)
PCP(producer currency pricing)
PTM(pricing to market)

연습문제

01. 새 개방거시경제학의 신축적 가격설정모형과 경직적 가격설정모형의 결과를 비교하여라.

02. 통화정책과 환율 간의 관계에 있어 점진적인 낙타등 모양의 반응(delayed and hump-shaped response)이 무엇인지 설명하여라. 새 개방거시경제모형은 이러한 관계가 발생하는 원인을 적절하게 설명하고 있는가?

03. 국내외 경제주체들이 환위험을 헤지할 수 없을 때 국내 명목이자율(i_t)과 해외 명목이자율(i_t^*) 간에는 $i_t = i_t^* + \Delta s_{t+1}^e$과 같은 유위험 이자율평가(uncovered interest rate parity : UIP)가 성립한다(단, Δs_{t+1}^e는 $t+1$기에 기대되는 명목환율의 변화율이다). 본문에서와 같이 국내외 경제주체들 간에 효율적 위험분담이 이루어진다고 가정하면 실질환율은 식 (8.15)와 같이 주어진다. 식 (8.15)가 성립하면 UIP가 성립함을 보이고, 반대로 UIP가 성립한다고 하여 항상 식 (8.15)가 성립하는 것은 아님을 보여라.

참고문헌

Backus, D. K. and G. W. Smith, "Consumption and Real Exchange Rates in Dynamic Economies with Non-traded Goods," *Journal of International Economics* 35, 1993, pp. 297-316.

Blanchard, O. and N. Kiyotaki, "Monopolistic Competition and the Effects of Aggregate Demand," *American Economic Review* 77, 1987, pp. 647-666.

Chari, V. V., P. J. Kehoe and E. M. McGrattan, "Can Sticky Prices Generate Volatile and Persistent Real Exchange Rates?," *Review of Economic Studies* 69, 2002, pp. 633-663.

Corsetti, G., L. Dedola and S. Leduc, "International Risk Sharing and the Transmisson of Productivity Shocks," *European Central Bank Working Paper* 308, 2004.

Dornbusch, R., "Exchange Rates and Prices," *Journal of Political Economy* 84, 1976, pp. 1161-1176.

Eichenbaum, M. and C. Evans, "Some Empirical Evidence on the Effects of Monetary Policy Shocks on the Exchange Rates," *Quarterly Journal of Economics* 110, 1995, pp. 975-1009.

Gali, J. and T. Monacelli, "Monetary Policy and Exchange Rate Volatility in a Small Open Economy," *Review of Economic Studies* 72, 2005, pp. 707-734.

Obstfeld, M. and K. Rogoff, "Exchange Rate Dynamics Redux," *Journal of Political Economy* 102, 1995, pp. 102-127.

Selaive, J. D. and V. Tuesta, "Net Foreign Asset and Imperfect Pass-through : The Consumption Real Exchange Rate Anomaly," *FRB Board International Finance Discussion Papers* 763, 2003.

Svensson, L. E. O. and S. van Wijnbergen, "Excess Capacity, Monopolistic Competition and International Transmission of Monetary Disturbances," *Economic Journal* 99, 1989, pp. 785-805.

Woodford, M., *Interest and Prices*, New Jersey, Princeton University Press, 2003.

PART 3

환율결정이론과 환위험관리

CHAPTER 09

환율결정이론

1. 유량모형
2. 자산시장모형
3. 환율이론의 새로운 접근
4. 환율예측

[부록] 환율결정이론의 자산시장모형 : 수학적 설명

09 | 환율결정이론

1973년 브레튼우즈체제의 붕괴 이후, 환율의 변동은 국제경제에 있어서 매우 중요한 변수가 되었다. 대부분의 경제가 개방되고 국제교역의 규모가 증가함에 따라 각국의 기업들은 자국통화와 외국통화의 상대적 가치인 환율에 매우 민감하게 되었다. 이를테면, 애써 수출을 하더라도 수출대금의 결제통화 가치가 하락할 경우 커다란 손실을 입게 되고, 반대로 가치가 상승할 경우 추가적인 이득을 얻을 수도 있게 된다.[1] 또한 외국증권에 투자한 투자자도 만기에 자금을 국내로 송금할 때, 환율이 하락하면 국내에 투자한 것보다 오히려 손해를 볼 수 있다. 이처럼 국제경제활동을 수행함에 있어서 환율의 중요성이 부각됨에 따라 환율결정이론에 대한 관심도 크게 높아지고 있다.

본장에서 환율의 결정에 대한 논의는 크게 세 가지로 나누어 전개된다.

① 환율을 거시적 현상으로 파악하고 환율결정에 있어서 중요한 변수들을 개방경제하에서의 거시이론을 통해 설명하려는 시도이다. 이러한 접근법은 크게 두 가지로 나누어 볼 수 있는데, 하나는 환율결정의 유량접근법으로서 대표적으로 개방경제의 케인지언 모형이 있으며, 또 하나는 저량접근법으로서 자산시장모형이 있다.[2]

---

1) 통상적으로 무역거래를 위한 계약이 이루어진 후 실제로 결제가 되기 위해서는 수개월의 기간이 필요하다. 따라서 무역거래를 계약하는 시점보다는 결제시의 환율이 기업의 이익에 더 큰 영향을 미치게 된다. 또한 결제통화를 무엇으로 결정하는가에 따라서 환위험의 크기가 달라져 실제 무역이 이루어지는데 큰 영향을 미칠 수 있다. 만약 수출국의 통화로 정하게 된다면 수출국은 환위험으로부터 자유로워질 수 있게 되며, 반대로 수입국의 통화로 결정되어진다면 수입국이 환위험으로 벗어날 수 있게 된다. 그러나 제3국의 통화를 결제통화로 사용한다면 수출국과 수입국 모두가 환위험을 가지게 된다. 우리나라의 경우 수출과 수입 모두 80% 이상 달러를 결제통화로 사용하고 있다(강삼모 · 이창수, 2005).

2) 이러한 접근법들은 형태방정식에 대한 미시적 기초가 약하다. 이런 점을 보완하기 위하여,

② 기존 환율결정모형으로 최근의 환율변동성이 급격하게 증가하는 것을 설명할 수 없게 됨에 따라 환율이 거시경제변수에 의해 결정된다는 주장에 대해 회의적인 시각이 등장하게 된다. 이에 학자들이 새롭게 큰 관심을 가지게 된 것이 바로 '외환시장의 미시구조(微視構造, Foreign Exchange Market Microstructure)' 접근법이다. 또한 1990년대 중반 이후 신 개방경제 거시경제학이 대두되면서, 환율결정이론에도 새로운 이론이 도입되고 있다.

③ 환율결정이론이 실제 환율예측에 어떻게 활용되고 있는가를 설명한다. 환율결정이론은 균형환율의 이론치를 제시하는 데 기여할 수 있지만, 미래 시장환율의 변화나 수준을 예측해 주지 못하는 경우가 많다. 왜냐하면 환율결정이론에서 이용되는 변수는 기초적인 거시경제 변수로서 시장에서 발생되는 뉴스를 즉각적으로 반영할 수 없기 때문이다. 물론 미래 환율수준이나 변화에 대한 정보를 제공해 주지 못한다고 해서 환율결정이론이 필요없다고 말할 수는 없다. 환율결정이론이 시장에서 결정되는 미래 환율수준을 정확히 예측하지 못하지만, 환율결정이론에서 유추되는 이론적 환율수준은 환율의 고평가(over-valuation) 및 저평가(under-valuation)를 분석하는 기본적인 정보를 제공하게 된다. 각국 통화의 고평가나 저평가는 환율의 장기적 변화를 예측하거나 국가 간 환율정책 등에 관련된 경제협력방안을 도출하는 데 중요한 정보를 제공하게 된다. 특히 아시아 국가들은 자국의 환율이 절하되어 타국에 비해 무역경쟁력을 확보하는 것을 좋아하는 경향이 있다. 만약 아시아 국가들이 자국의 환율을 경쟁적으로 절하한다면 국제금융시장은 큰 혼란에 빠지게 된다. 지역 내 국가들의 환율절하 경쟁을 피하기 위해서는 각국이 적절한 협력을 해야 하는데, 이 경우 각국 통화의 고평가 또는 저평가 여부를 판단하는 것은 정책수립에 큰 도움을 준다.

본장에서는 먼저 자본이동이 없는 개방거시경제모형인 유량모형을 간략히 소개한다. 다음으로 환율결정이론의 중요한 흐름인 자산시장모형을 세 가

환율결정의 균형이론모형은 최적이론을 이용한 일반균형접근법을 이용하게 된다.

지로 나누어 설명하고, 마지막으로 환율결정의 새로운 접근법으로 외환시장의 미시구조 접근법과 새 개방거시경제학 접근법을 소개하기로 한다.

1. 유량모형

환율결정의 유량모형은 케인지언 모형이라고 말할 수 있는데, 자본이동이 없는 소규모 개방경제를 가정하는 경우 환율결정은 경상수지 균형관계에서 유도될 수 있다.3)

제3장에서 정의된 실질환율을 이용할 경우, 수출(X) 및 수입(M)을 결정하는 요인과 경상수지의 균형은 식 (9.1)과 같이 나타난다.

$$X(SP^*/P) - M(SP^*/P,\ Y) = 0 \tag{9.1}$$

식 (9.1)에서 경상수지를 균형시키는 요인은 명목환율(S), 양국의 상대가격(P^*/P), 자국국민소득(Y)이다. 경상수지의 균형을 유지하는 명목환율과 다른 변수 간 관계는 식 (9.2)로 정리해 볼 수 있다.

$$S = f(P^*/P,\ Y) \tag{9.2}$$

식 (9.2)가 환율결정요인과 환율 간의 관계에 대해 의미하는 바는 다음과 같다.

① 먼저 상대가격 변화의 효과를 보자. 외국물가가 상승하여 상대가격이 상승하면 실질환율이 변화하여 경상수지의 균형이 성립하지 않게 되므로, 경상수지 균형을 유지하기 위해서는 실질환율이 원래대로 돌아와야 한다. 이를 위해 상대가격이 상승한 만큼 자국통화가치가 절상(환율하락)되어야 한다.4) 따라서 상대가격이 상승하면 결국 명목환율

3) 제6장에서 소개한 **먼델-플레밍 모형**은 유량모형에 자본이동을 도입하여 케인지언 모형을 확장한 것이다. 따라서 이러한 환율결정모형은 실물시장과 자산시장을 결합하는 것이 된다.

4) 이러한 메커니즘을 앞서 배운 **구매력평가설**을 이용해 설명할 수도 있다. 외국물가가 상승하면 상대가격이 상승하므로 명목환율은 하락한다. 반대로 국내물가가 상승하면 상대가격

은 하락하게 된다.

② 국민소득이 증가하면 수입(輸入)이 증가하여 경상수지는 적자(赤字)가 되므로, 경상수지 균형을 유지하기 위해서는 자국통화가치가 절하(환율상승)되어야 한다. 즉, 국민소득이 상승하면 환율은 상승해야 하므로, 두 변수는 같은 방향으로 변화하게 된다.

2. 자산시장모형

자산시장모형은 크게 세 가지 — 신축가격모형, 경직가격모형, 포트폴리오 모형 — 로 구분할 수 있다.

2.1 신축가격모형

환율결정이론에서 신축가격모형은 통화의 국제적 이동을 이용하여 국제수지 조정을 설명하는 화폐론적 접근법에 두 가지, 즉 가격이 완전신축적이고, 재화 및 노동시장은 항상 균형이라는 가정을 부가함으로써 유도된다. 신축가격모형은 화폐론적 접근법을 환율결정으로 연장하였다 하여 환율결정의 화폐론자 모형(monetarist model of exchange rate)이라고도 한다.

이 모형에서는 복잡한 환율결정을 설명하기 위해서 경제에는 하나의 재화와 하나의 채권만 존재한다고 가정하여 모형을 간단하고 단순하게 만든다. 가격의 신축성은 단기적인 측면에서 실증분석 결과와 일치하지 않지만, 이를 가정하는 데는 이유가 있다. 왜냐하면 가격의 신축성을 가정한 구매력평가설(PPP)이 장기적으로 환율결정을 설명하는 데 유용한 수단이기 때문이다. 반면에 경직가격모형에서 단기에 환율이 구매력평가설에서 이탈한다는 것을 고려하게 되면, 화폐충격으로 인한 실질환율의 변동은 경직가격이 존재함으로써 발생하게 된다.

신축가격 화폐론자 모형은 앞서 제시된 두 가지 가정을 기초로 한 모형

이 하락하므로 명목환율은 상승한다.

에서 유도될 수 있다. 먼저 가격신축성에 의해 아래의 식과 같이 두 국가 간에 구매력평가설이 성립한다고 가정하자.

$$S = \frac{P}{P^*} \tag{9.3}$$

구매력평가설은 장기에 성립하므로, 식 (9.3)에서 유도되는 환율은 장기 환율수준($\bar{S}$)으로 보아야 한다.

이제 식 (9.3)에 포함된 물가가 어떻게 결정된다고 가정할 것인가? 화폐론자 모형을 따르자면, 물가는 식 (9.4)와 같은 화폐시장의 균형에서 결정된다.

$$M/P = L(Y,\ i), \quad L_Y > 0,\ L_i < 0 \tag{9.4}$$

여기서 M은 화폐공급이며, 화폐수요함수 $L(Y,\ i)$는 이자율(i)의 감소함수이고 소득의 증가함수라고 가정한다. 왜냐하면 화폐 이외의 기타 금융자산의 수익이 높을수록 사람들은 화폐를 더 적게 가지게 되며, 소득이 높을수록 소비가 증가하게 되므로 재화구매를 위해 더 많은 화폐가 필요하기 때문이다. 화폐시장균형조건을 물가에 대해 정리하면, 물가가 화폐수요와 화폐공급의 상대적인 크기에 의해 결정된다는 것을 알 수 있다.

$$P = M/L(Y,\ i) \tag{9.5}$$

마찬가지로 외국의 화폐시장균형을 이용해 외국물가를 나타낼 수 있다.

$$P^* = M^*/L^*(Y^*,\ i^*), \quad L^*_{Y^*} > 0,\ L^*_{i^*} < 0 \tag{9.6}$$

환율의 결정요인을 분석하기 위해 두 국가의 물가를 결정하는 식 (9.5) 및 식 (9.6)을 식 (9.3)에 대입하여 정리하면, 환율은 식 (9.7)로 결정된다.

$$S = \frac{M/L(Y,\ i)}{M^*/L^*(Y^*,\ i^*)} = \frac{M/M^*}{L(Y,\ i)/L^*(Y^*,\ i^*)} \tag{9.7}$$

화폐수요는 소득과 이자율의 함수이므로, 화폐수요가 환율을 결정하는 메커니즘은 화폐공급에서처럼 단순하지 않다. 화폐수요의 상대적 크기와 환율의 관계를 알아야 하고, 이것을 화폐수요의 결정요인인 소득 및 이자율과 연관시켜야 한다.

이제 화폐수요 결정요인의 상대적 크기변화가 환율에 미치는 효과를 간단하게 이해할 수 있도록 식 (9.7)을 다음과 같이 다시 정리해 보자.[5)]

$$S = \frac{M/M^*}{l(Y-Y^*,\ i-i^*)} \tag{9.8}$$

식 (9.8)을 선형방정식을 이용하여 단순화하면, 식 (9.9)와 같다.[6)] 이 식에서 사용된 변수는 식 (9.8)의 변수에 로그값을 취한 것이므로 대문자 대신 소문자가 이용된다.

$$s = (m-m^*) - \phi(y-y^*) + \lambda(i-i^*), \quad \phi>0,\ \lambda>0 \tag{9.9}$$

방정식 (9.8)과 (9.9)를 통해 환율결정에 대한 단순한 직관적인 해석을 얻을 수 있다. 환율이 구매력평가설에서는 재화의 상대가격으로 모형화될 수 있었던 데 반해, 여기서는 외국통화에 의한 국내통화의 상대비율로 정의될 수 있다.

환율의 결정요인을 화폐공급 및 화폐수요로 좀 더 구체적으로 설명해 본다. 먼저 화폐공급으로 보면, 환율은 자국화폐공급량(M)이 외국화폐공급량(M^*)보다 많을 때 상승하고 그 반대의 경우에는 하락한다. 식 (9.8)을 통해 두 국가 화폐공급은 환율과 동차함수의 성격을 갖는다는 것을 알 수 있다. 즉, 환율은 국내화폐공급이 10% 증가하면 10% 상승하고, 외국화폐공급이 10% 상승하면 10% 하락한다. 두 국가 화폐공급량이 동시에 변화하는 경우

---

5) 화폐수요함수를 다음과 같이 정의해 보자.

$$L(Y,\ i) = \exp(\psi Y - \lambda i)$$

외국화폐수요도 국내화폐수요와 같은 형태라 가정하면 다음과 같다.

$$L^*(Y^*,\ i^*) = \exp(\psi Y^* - \lambda i^*)$$

식 (9.7)과 두 식을 결합하면 다음과 같다.

$$\begin{aligned} L(Y,\ i)/L^*(Y^*,\ i^*) &= \exp(\psi Y - \lambda i)/\exp(\psi Y^* - \lambda i^*) \\ &= \exp(\psi(Y - Y^*) - \lambda(i - i^*)) \equiv l(Y - Y^*,\ i - i^*) \end{aligned}$$

6) 이 식의 유도는 [부록]의 (3A)식을 참조하면 쉽게 이해할 수 있으며, 여기에서는 시간을 나타내는 변수(t)를 생략하였다. 특히, 이 식은 자산가격모형의 기초방정식으로 많이 활용된다.

에는 두 변수의 상대적 크기에 의해 환율이 결정된다. 즉, 국내화폐공급이 10% 증가하고 외국화폐공급이 5% 증가하면 환율은 5% 상승한다. 화폐공급과 환율의 동차함수의 성격은 식 (9.5)나 식 (9.6)에서 화폐공급과 물가가 일대일의 대응관계를 갖기 때문이다. 이것이 바로 명목변수들의 동차함수 성질이다.[7)]

식 (9.8)과 식 (9.9)를 이용해 화폐수요의 결정요인이 환율결정에 어떤 영향을 주는가를 쉽게 분석할 수 있다.

첫째, 국내소득의 증가로 화폐수요가 증가하면 환율은 하락하므로 자국통화가치는 절상된다. 외국소득의 증가는 정반대의 효과를 가져온다. 그리고 두 국가 국민소득의 상대적 크기($Y-Y^*$)가 양이면 환율은 하락(자국통화가치의 절상)한다.

둘째, 국내이자율 상승은 자국화폐수요를 감소시키므로 환율은 상승(자국통화가치의 절하)한다. 외국이자율 증가는 정반대의 효과를 낳는다. 그리고 두 국가 이자율의 상대적 크기가 양이면 환율은 상승한다.

이러한 효과들은 제6장의 먼델-플레밍 모형에서 소득 및 이자율이 환율에 미치는 효과와 정반대이다. 다음에 설명하는 바와 같이 동일한 변수들이 모형에 따라 환율에 서로 다른 효과를 미치는 것은 파급메커니즘이 서로 다르기 때문이다.[8)] 먼저 소득의 효과를 보자. 먼델-플레밍 모형에서 소득은 경상수지를 통해 환율에 영향을 미치게 된다. 소득증가는 수입증대를 통해 경상수지를 악화시키므로 외환시장의 외환공급이 감소하여 자국통화가치는 절하된다.

이자율의 효과를 보자. 완전자본이동이나 불완전자본이동을 가정한 먼델-플레밍 모형에서 이자율은 자본수지를 통해 환율에 영향을 미치게 된다. 국내이자율 상승이나 외국이자율 하락을 통한 국가 간 이자율차이 증가는 자본수지를 개선시키므로, 외환공급이 증가하여 자국통화가치가 상승하므로 환율은 하락한다.

---

7) 거시경제학에서 많이 논의되는 화폐중립성은 명목변수의 동차성에서 유도된다.

8) **신축가격모형**에서는 구매력평가설과 화폐시장의 균형조건을 결합하여 환율결정식을 유도한다. 반면에 **먼델-플레밍 모형**에서는 재화시장균형, 자산시장균형 및 국제수지의 균형을 통해 환율이 결정되는데 이때 외환시장의 수급관계가 환율결정에 활용될 수 있다.

식 (9.8)과 식 (9.9)를 이자율평가이론과 결합해 보면 흥미있는 결과를 얻을 수 있다. 먼저 무위험 이자율평가이론을 응용해 보면, 식 (9.9)와 같이 이자율차이 대신 선물환할증(forward premium)과 환율 수준의 관계를 얻을 수 있다. 선물환할증(fp)이 높으면, 식 (9.8)의 분모가 감소함으로써 환율은 상승하게 된다.

$$S=\frac{M/M^*}{l\,(Y-Y^*,\ fp)} \tag{9.10}$$

$$s=(m-m^*)-\phi(y-y^*)+\lambda fp \qquad (9.10)'$$

한편, 유위험 이자율평가이론을 응용해 보면, 이자율차이 대신 통화가치의 기대절하율(Δs^e)을 이용해 식 (9.8)과 식 (9.9)를 다음과 같이 쓸 수 있다.

$$S=\frac{M/M^*}{l\,(Y-Y^*,\ \Delta s^e)} \tag{9.11}$$

$$s=(m-m^*)-\phi(y-y^*)+\lambda\Delta s^e \qquad (9.11)'$$

위의 식에 따르면 통화가치 기대절하폭의 증가는 현재 환율을 상승시킨다. 그 이유를 투자자의 자본이동 유인과 결합해 설명할 수 있다. 투자자들이 앞으로 통화가치가 절하될 것으로 예상하게 되면, 자신들의 포트폴리오에서 그 통화의 비중을 줄이고 다른 자산으로 전환함으로써 미래 기대손실에서 스스로를 보호하게 된다. 포트폴리오구성을 변화시키는 과정에서 가치가 절하되는 통화를 매도하게 되므로 환율은 상승하게 된다.

위의 관계에서 중요한 원리를 하나 발견할 수 있다. 다른 어떤 변수에서 오늘 전혀 변화가 없더라도 환율에 대한 기대의 변화로 인해 오늘 환율이 변화할 수 있다. 이런 맥락에서 보면 높은 이자율은 자국통화의 강세 징후가 아니고, 미래 기대환율의 상승을 반영하고 있으며 자국통화의 약세 징후라 할 수 있다. 이런 이유로 인해 먼델-플레밍 모형에서처럼 높은 이자율이 반드시 강세 통화와 연관되는 것은 아니다.

지금까지 식 (9.8)에서 수익률(화폐보유에 따른 기회비용)변수를 세 가지 방식, 즉 이자율차이, 선물환할증률, 그리고 통화가치 기대절하율로 나타내었다. 마지막으로 수익률 변수를 기대인플레이션 변화율로 나타내 보자. 이를 위해 제3장에서 소개한 실질이자율평가조건($r=r^*$ 즉, $i-\pi^e=i^*-\pi^{*e}$)이 성립한다고 가정하면, 두 국가 간 명목이자율 차이는 기대인플레이션 차이가 된다.

$$i - i^{*} = \pi^{e} - \pi^{*e} \tag{9.12}$$

식 (9.12)를 식 (9.8) 및 식 (9.9)에 대입하면, 기대인플레이션과 환율의 관계는 식 (9.13) 및 식 (9.14)로 결정된다. 이 식에 따르면 기대인플레이션이 높아지는 경우 환율은 상승한다. 그 이유를 보면, 투자가들은 높은 기대인플레이션으로 인해 미래가치를 잃을 것으로 기대하게 될 때 그 통화를 팔고 다른 자산으로 바꾸는 포트폴리오구성의 변화를 취하게 된다. 그로 인해 자국통화가치가 절하되게 된다.

$$S = \frac{M/M^{*}}{l(Y - Y^{*},\ \pi^{e} - \pi^{*e})} \tag{9.13}$$

$$s = (m - m^{*}) - \phi(y - y^{*}) + \lambda(\pi^{e} - \pi^{*e}) \tag{9.14}$$

기대인플레이션 변화가 환율에 미치는 사례는 그동안 높은 인플레이션을 겪는 나라에서 찾아볼 수 있다. <표 9-1>에 나타난 바와 같이 브라질, 베네수엘라, 볼리비아와 같이 인플레이션이 높은 나라의 통화가치는 하락하고,

표 9-1 연간 자료 활용(볼리비아, 그리스, 베네수엘라, 스위스, 일본)

국가 \ 연도		1980~85	1986~90	1991~95
스위스	Δs	0.177	−0.20	−0.15
	$\Delta\pi$	0.23	0.12	0.10
일 본	Δs	−0.01	−0.16	−0.18
	$\Delta\pi$	0.15	0.06	0.04
한 국	Δs	**0.35**	**−0.17**	**0.02**
	$\Delta\pi$	**0.40**	**0.27**	**0.24**
그리스	Δs	2.18	0.14	0.35
	$\Delta\pi$	1.55	0.80	0.60
볼리비아	Δs	·	0.77	0.32
	$\Delta\pi$	·	0.79	0.45
베네수엘라	Δs	0.75	2.47	3.71
	$\Delta\pi$	0.68	3.31	3.67

단, Δs : 환율변화율, $\Delta\pi$: 인플레이션 변화율

스위스, 일본과 같이 인플레이션이 낮은 나라의 통화가치는 상승한다. 또한 이 이론은 중앙은행 총재의 통화정책에 대한 성향과 환율 변화 간의 관계를 설명하는 데 유용하다. 중앙은행 총재가 화폐공급 증대 성향을 갖고 있다면, 실제 화폐공급이 증가되어 물가가 오르기 전에 그 나라 통화가치가 갑자기 절하된다.

2.2 경직가격모형[9]

(1) 환율의 단기균형에서 장기균형으로의 경로

구매력평가설, 즉 신축적 가격을 가정하는 신축가격모형으로 실제 환율결정을 설명하는 데 두 가지 문제점이 발생한다.

① 실증분석을 통해 구매력평가설은 단기환율을 설명할 수 없고, 장기환율을 설명하는 데 유용한 이론이 될 수 있다는 것을 보았다. 따라서 단기환율을 설명할 수 있는 이론이 필요하다.

② 신축가격모형은 기껏해야 명목환율의 변화를 설명할 수 있지만 실질환율의 변화를 설명할 수 없다. 실제 자료에서 환율은 단기에 PPP이론, 즉 실질환율이 고정된다는 주장과 다르게 변화하고 있다.

실제 환율의 변화를 설명하지 못하는 신축가격모형이 갖는 문제점을 극복하기 위해서는 가격경직성(price stickiness)을 가정하는 것이 더 타당하다는 견해가 대두되었다. 가격경직성을 가정할 경우 명목환율에 대한 충격은 시차를 두고 천천히 실질환율의 충격으로 반영된다. 이러한 메커니즘이 작용하고 있는 것이 바로 케인지언 모형과 먼델-플레밍 모형이다. 가격경직성을 가정하는 단순한 모형에서는 단기에 가격이 고정이라는 극단적인 가정을 하고, 초과수요가 존재하는 경우 장기적으로 서서히 조정된다고 가정하게 된다. 이러한 가정을 이용하여, 환율결정을 설명하는 것이 바로 환율결정의 경직가격모형이다. 이 모형에서는 환율의 과대변동(또는 오버슈팅, overshooting)이 발생하게 되고, 이것은 환율의 급변동(volatility)을 설명하는 데 크게 기여하였다.

---

9) Dornbusch(1976) 참조.

경직가격모형에서 환율결정은 물가와 환율의 상호관계를 통해 유도되므로, 이를 위해 신축가격모형에 대한 가정은 다음과 같이 수정된다.

① 재화시장보다 자산시장의 조정속도가 훨씬 더 빠르다. 재화시장의 가격수준을 나타내는 물가는 단기에 경직적이고, 장기에 신축적이다. 따라서 구매력평가설은 장기적인 환율의 균형관계를 나타내는 데 적합하다.

② 자본이동이나 화폐공급변화가 단기에 환율변동을 발생시키는 가장 중요한 요인이다.

이러한 가정을 이용하여, 먼저 장기환율을 결정하는 물가와 환율의 관계는 구매력평가설(PPP)로 나타낼 수 있다. 이미 많은 경제학자들의 실증분석을 통해 구매력평가설은 장기환율수준을 설명하는 데 유익한 정보를 제공하는 것으로 알려져 있으므로, [그림 9-1]에서 장기적으로 환율과 물가의 관계는 구매력평가설을 나타내는 양의 기울기를 갖는 *AA*곡선이다. 즉, 물가와 환율의 장기균형관계를 나타내는 것이 PPP이다.

[그림 9-1]에서 최초에 장기균형점 *E*에 있다고 하자. 이때 물가와 환율은 각각 $\overline{P_1}$와 $\overline{S_1}$이다. 만약 화폐공급이 증가하면 앞서 신축가격모형에서 보았듯이 장기에는 균형점 *B*로 이동하여 물가와 환율은 각각 $\overline{P_2}$와 $\overline{S_2}$가 된

그림 9-1 **경직가격모형 환율결정과 환율의 오버슈팅**

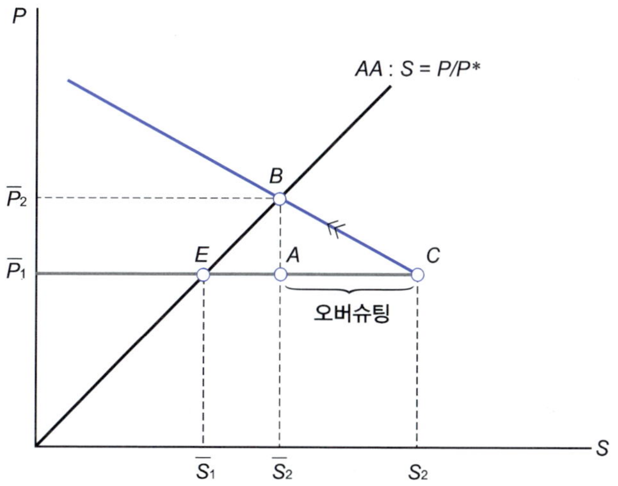

다. 예를 들어, 화폐공급이 10% 증가하면 물가와 환율도 10% 상승하게 된다. 이제 단기에 물가가 $\overline{P_1}$에서 고정되었다고 하자. 이 경우 화폐공급(M)이 10% 증가하면 물가가 고정되었으므로 실질화폐공급(M/P)도 10% 증가하여 명목이자율(i)이 하락하고, 물가가 고정되었으므로 실질이자율(r)도 하락하여 $r < r^*$이 된다. 즉, 자국자산의 실질수익률이 타국자산의 실질수익률보다 낮게 된다. 자국자산의 실질수익률이 낮음에도 불구하고 투자자들이 자국자산을 보유하기 위해서는 환율은 10% 이상으로 상승하여 미래에 환율의 하락(자국 화폐의 평가절상)이 예상되어야 한다. 수식으로 표현하면 $S > \overline{S}$가 되어야 하고 [그림 9-1]에서 C와 같은 점으로 이동하여 환율이 장기환율($\overline{S_2}$)보다 더 높은 S_2가 된다. 이처럼 장기환율을 초과하는 현상을 환율의 오버슈팅이라고 부른다.

점 C에서는 재화시장에서 수요가 증가하게 된다. 왜냐하면 실질이자율이 하락하면 투자와 소비가 늘어나기 때문이다. 또한 실질환율이 상승(평가절하)되기 때문에 순수출이 증가한다. 그 결과 C점에서는 초과수요 상태가 되고 시간이 흐르면 물가가 오르기 시작하게 된다. 이는 PPP가 성립하는 AA선 아래 또는 우측에 있는 점들은 재화시장이 초과수요에 있는 상태에 있고 물가가 오르게 됨을 의미한다.

실질화폐공급(M/P)은 화폐공급량이 증가하기 이전 수준보다는 높은 수준이지만 물가가 서서히 오르게 되면 감소하게 된다. 그 결과 실질이자율(r)이 (여전히 r^*보다는 낮지만) 오르게 되고 자국자산에 대한 수요가 높아져 환율이 하락(평가절상)하여 장기환율 수준에 접근하게 되다. 즉, C점에서는 물가가 오르고 환율이 하락하여 [그림 9-1]에서 $C \rightarrow B$의 궤적을 따라가게 된다. C에서 B로 접근하는 과정은 실질화폐공급 수준이 화폐공급의 증가 이전 수준보다 높은 한 계속된다. 즉, 재화시장의 초과수요로 인해 물가가 올라가고 r이 r^*보다 낮은 한 계속된다.

결국 장기균형점은 B가 되고 이곳에서 실질화폐공급, 실질이자율과 실질환율 모두 화폐공급이 증가하기 전의 수준과 동일하게 된다. 화폐공급이 10% 증가하면 장기에는 명목변수들인 물가와 명목환율은 모두 10% 오르고 실질변수들은 변화가 없게 된다.

앞 절에서 살펴본 신축가격모형은 재화의 가격이 완전히 신축적이어서 재화시장은 항상 균형에 있다는 가정을 한 특수한 모형이라고 할 수 있다. 재화의 가격이 초과수요에 더 민감하게 반응할수록 B점으로 더 빨리 이동할 것이다. 극단적인 경우 E에서 B로 즉각적으로 이동하게 된다. 이 경우 PPP는 항상 성립하고 환율은 장기환율과 같게 된다.

(2) 환율급변

오버슈팅을 통해 화폐충격이 환율에 어떤 영향을 미칠 수 있는가를 보았다. 그러나 실제 환율의 변화를 보면, [그림 9-1]에 나타난 명목환율의 변화와 다르다. 그림에서는 화폐충격이 발생한 이후, 명목환율이 장기균형으로 돌아오는 과정을 설명하고 있다. 현실세계에서 새로운 충격은 끊임없이 일어나고 있다. 장기균형으로 돌아오기 이전에 화폐공급이 다시 변화한다면, 화폐공급 변화율 이상의 새로운 과대변동이 더 추가됨으로써 새로운 환율급변이 발생하게 된다.

실제 환율의 변화는 화폐공급이나 물가의 변화보다 훨씬 더 많이 변동하게 된다. 투자가들의 투기적 버블이나 비합리성을 이용하지 않더라도 환율에서 이러한 변화를 설명할 수 있는 것은 바로 환율 오버슈팅 모형의 매력적인 특성이다. 경직가격모형에서 환율의 급변은 자산시장은 즉시 조정되고 재화시장은 서서히 조정된다는 사실의 결과이다. 이 모형에서 재화가격이 즉각적으로 조정되면, 환율의 오버슈팅이 존재할 수 없고 환율변화도 화폐공급의 변화보다 더 변동적일 수 없다.[10)]

오버슈팅의 조정과정, 즉 $E \rightarrow A \rightarrow C \rightarrow B$에 이르는 조정속도도 오버슈팅의 크기를 결정하는 데 중요한 역할을 한다. 조정속도가 느릴수록 오버슈팅의 정도는 더 커지므로, 오버슈팅의 폭도 더 커진다. 또한 조정속도가 느리면,

---

10) 물가가 고정일 때 환율의 과대변동은 '**르 샤틀리에**(Le Châtelier)'원리로 불리는 화학의 법칙에 의해서도 설명될 수 있다. 물리체계에서 한 변수가 어떤 충격에 호응하여 변화하는 데 제약을 받을 때, 그 체계 속의 다른 변수들은 제약받는 변수의 변화를 보상해 주기 위해 그렇지 않았을 때보다 훨씬 더 많이 변화해야 한다.

새무엘슨(P. Samuelson)은 이러한 원리를 처음으로 경제학에 응용하였다. 어떤 재화의 공급변화에 호응하여 한 재화의 가격이 변화할 수 없을 때, 다른 가격은 그것을 보상하기 위해 그 이상으로 변화해야 한다. 브랜슨(W. Branson)은 이러한 원리를 환율의 오버슈팅을 설명하는 데 적용하였다. 통화공급의 변화에 호응하여 물가가 변화할 수 없을 때, 환율은 그것을 보상하기 위해 그 이상으로 변화해야 한다.

국내외 이자율차이로 인한 자본이동이 느리고 그로 인한 기대환율의 하락속도도 느리게 된다. 그 결과, 환율의 오버슈팅은 더 커지고 그 기간도 길어지고 재화시장의 불균형상태가 더 오래 지속되어 자원배분의 왜곡을 가져오게 된다. 반면에 조정속도가 빠를수록 환율이 장기균형을 넘어서는 폭이 적어진다. 따라서 환율의 상승은 화폐공급의 증가보다 약간만 더 커지게 된다.

2.3 포트폴리오 모형[11)]

포트폴리오 모형은 투자자들이 위험자산의 보유를 다양화하는 경향이 있다는 것을 감안해 환율결정모형을 만들어 분석하는 것이다. 이를테면, 어떤 자산의 수익률이 다른 자산의 수익률에 비해 높아질 때 그 자산에 대한 포트폴리오 비중은 증가하게 된다. 이 접근법을 응용하여 자국채권, 자국화폐, 외국채권이 존재한다고 가정하고 각 자산에 대한 수익률의 변화가 환율결정에 어떤 영향을 미치는가를 분석한 것이 환율결정의 포트폴리오 모형이다. 또한 포트폴리오 모형은 단기에 물가가 경직적이며, 장기에는 물가가 신축적이라는 케인즈 가정을 도입하고 있다.

케인즈의 가격조정에 대한 가정은 환율결정의 경직가격모형에서 이미 설명되었으므로, 여기서는 재무이론에 등장하는 포트폴리오 모형의 다른 가정들을 좀 더 구체적으로 설명해 보자. 이 모형을 환율결정을 설명하는 데 응용하려면, 두 가지 가정이 추가되어야 한다.

① 투자자가 위험회피적 특성을 가지고 있다는 것이다. 이는 투자자가 국내 및 외국 채권을 선택하는 데 지배적인 동기로 나타나게 된다. 그러나 포트폴리오 모형에서는 불확실성하의 효용극대화를 분석하는 것이 아니고, 위험 프리미엄을 분석한 궁극적인 결과를 활용한다.

② 금융시장에서 위험 프리미엄은 크고 지배적이다. 국가 간 자본거래에서는 무위험 금리재정거래가 발생하지 않을 만큼 크고 지배적인 위험

11) 환율결정이론을 처음 배우는 독자는 먼저 포트폴리오 모형의 특징을 직관적으로 이해하도록 노력해야 한다. 그러나 처음 읽는 독자라도 포트폴리오 접근법을 깊이 이해하고 싶다면 [부록]에 소개된 포트폴리오 모형을 좀 더 자세히 읽어보길 바란다.

프리미엄이 존재한다. 포트폴리오 모형에서 위험 프리미엄이 크므로, 신축가격모형과 경직가격모형에서 국가 간 금융자산은 완전대체재라고 가정하는 것과 달리 불완전대체재라 가정하게 된다. 국제금융시장에서 국가의 신용등급이 서로 다르듯이 국가별 금융자산의 신용등급도 다르므로 금융자산은 서로 불완전대체재이다. 이를테면, 한국 국민이 정치적으로 안정된 미국의 채권이나 화폐를 선호하게 되면, 국내 외환시장에서 달러에 대한 수요가 증가하여 원/달러 환율은 상승하게 된다. 두 국가 사이에서 국민들이 어느 나라 금융자산을 더 선호하느냐에 따라 환율이 변화하게 된다. 이 경우 한 나라 국민이 다른 나라 금융자산을 더 선호하는가를 설명할 수 있는 합리적 가정을 도입할 필요가 있다.

포트폴리오 모형은 다른 환율결정모형보다 금융부문의 모형을 더 상세히 설정한다. 그와 함께 부의 축적과정을 모형 속에 통합하고 있으며, 그것은 금융부문의 단기균형과 나머지 부문의 장기균형 사이에 중요한 연결고리로 작용하게 된다. 또한 환율결정에 국제수지 상태가 명확히 반영되는 것이 바람직한데, 포트폴리오 모형은 바로 이러한 특징을 반영하고 있다. 민간부문의 저축이 국제수지의 금융계정을 통한 외화자산의 형태를 취할 수 있으며, 변동환율제도하에서 금융계정의 수지는 경상수지 흑자나 적자를 반영한 것으로 볼 수 있다.[12] 따라서 이 모형은 제6장의 먼델-플레밍 모형과 경직가격모형을 통합한 더 일반적인 환율결정모형이라 할 수 있다.

그러나 포트폴리오 모형은 다른 환율결정모형에 비해서 훨씬 더 복잡하고 분석이 어렵다. 또한 측정하기 어려운 변수들이 이용되고 있어, 실제 응용하기가 어려워 환율의 예측에 많이 활용되지 못하고 있다.

---

12) 국제수지표에 대한 자세한 내용은 제1장 참조.

3. 환율이론의 새로운 접근

앞에서 살펴본 대로 국제금융경제학에서 환율은 거시적 현상으로 이해되어 왔다. 여기서 거시적 현상이란 국민소득, 물가수준, 화폐공급, 이자율, 경상수지 등 거시적 변수의 변동을 의미한다. 그런데 실제 환율의 움직임에 대해서 가장 관심을 가지고 있는 외환시장 딜러에 대한 서베이 결과 6개월 이상을 예측할 때는 거시변수가 고려되지만, 단기에서는 거시경제변수가 크게 고려되지 않는 것으로 나타났다. 또한 거시경제적 환율결정모형의 예측력이 낮으며, 환율의 변동이 거시경제변수의 변동보다 훨씬 더 크다는 주장이 자주 대두되고 있다.

거시경제적 현상이 환율의 움직임에 크게 영향을 주는 것으로 보이지 않는다면 결국 우리는 환율변동을 결정하는 기본적 요인을 다른 데서 찾아야 한다. 이에 대한 대안으로 제시되고 있는 것이 투기버블과 외환시장의 미시구조 접근법이다. 이들은 환율변동요인을 외환시장 안에서 찾고 있다.

① 환율변동의 투기버블 모형은 튤립버블, 주식시장 버블 등을 설명하는 모형을 환율의 지나친 변동을 설명하는 데 원용하려는 시도이다.

② 외환시장의 미시적 접근법은 환율변동성에 영향을 미치는 중요한 요인으로서 투기적 외환거래, 시장교란적 투자자, 다양한 파생금융상품의 등장으로 인한 빈번한 거래 등을 고려한다.

3.1 투기버블

환율이 급격하게 변동하는 이유를 설명하기 위해 투기버블에 대한 연구로 나갈 수밖에 없는 이유는 크게 세 가지로 나누어 볼 수 있다.

① 환율의 지나친 변동을 설명하는 데 특정(ad hoc)모형 그리고 균형접근법이 해답을 제공하지 못한다.

② 환율제도의 차이를 고려해 보면, 명목 및 실질환율 간에 상당한 차이가 존재하지만, 그 차이는 관찰된 거시경제변수들에 나타나지 않는다.

③ 실증연구에서 나타난 재화가격에 대한 직접적 증거는 가격이 경직적

이라는 것을 제시해 주고 있다.

이러한 세 가지 분석결과를 종합해 보면, 어떤 거시경제변수들도 환율의 지나친 변동을 설명할 수 없다. 환율의 지나친 변동을 설명하는 나머지 한 가지 가능성은 투기버블이다. 즉, 환율변동은 기초요인에 의존하는 것이 아니라 자기확신적(self-confirming) 기대에 의존하게 된다는 것이다.

그러나 투기버블이 환율결정에 중요한 요소라는 결론을 내리는 것만으로 충분치가 않다. 이것은 오히려 불만족스러운 결론을 남겨주게 된다. 버블이 어떻게 시작되어 그것이 어떻게 터지게 되었으며, 큰 버블의 경우 왜 고정환율제도에서보다 변동환율제도에서 빈번하게 발생하는가에 대한 자세한 설명도 함께 따라야 하기 때문이다. 최근 외환시장의 미시구조(microstructure) 및 내생적 투기버블의 가능성에 대한 연구는 바로 이러한 요구의 결과라 볼 수 있을 것이다.

3.2 외환시장의 미시구조 접근법[13)]

초인플레이션과 같은 특정 환경을 제외하면, 환율결정에 대한 실증연구는 거시경제변수들이 환율결정이론이 주장하는 것처럼 환율에 일관되고 강력한 영향을 미칠 수 있다는 증거를 제시해 주지 못하고 있다. 이는 학자들 사이에 환율연구에 대한 비관론을 낳고 있다. 환율변동에 대한 이러한 부정적인 연구결과로 인해 국제금융분야의 연구중심과제는 외환시장의 미시적 구조에 대한 관심으로 대체되고 있다.

미시구조 접근법은 환율을 거시적인 상대가격으로 다루는 전통적인 모형에서 크게 이탈하고 있다. 그러나 외환시장에 대한 미시적 접근은 적어도 자료에 잘 나타나는 규칙성과 부합하는 측면이 있다. 현실경제에서 외환시장 거래액은 크게 증가하고 있는데, 이는 외환시장의 미시구조 접근법과 관련하여 매우 흥미로운 사실이다. 미시경제모형, 특히 시장참여자들의 이질적 예측에 대한 관심 없이는 외환시장거래규모의 갑작스런 증가를 합리적으로 설명하기 어렵기 때문이다. 이러한 연구가 성공적일지는 아직 단정할 수 없지

13) Frankel and Rose(1995), Rose(1994) 등을 참조.

만, 그 연구의 시작단계에서 본 전망은 밝다. 미시구조 접근법에서는 기대형성과 거래(trading) 메커니즘을 주요 연구과제로 삼고 있다.

(1) 기대형성

외환시장에서의 기대형성에 대한 미시적 연구는 환율기대에 대한 서베이 자료를 이용해 기대가 안정적인가 불안정적인가를 분석하고 있다. 지금까지의 연구결과에 따르면, 우선 단기에서의 기대는 불안정적으로 나타난다. '이질적 기대(heterogeneous expectation)'는 이러한 기대의 불안정성을 설명하기 위해 서베이 응답자들의 다양한 의견을 분석하는 접근방법이다. 이질적 기대는 외환시장의 급변뿐만 아니라 거래량과도 연관되어 있는 것으로 분석되었다.[14)]

이러한 기대의 미시적 분석은 단기 환율예측에서 '기술적 분석(technical analysis)'이 유행하게 만드는 중요한 요인으로 작용하였다. 이것은 또한 단기 환율시장이 기술적 분석에 의한 예측으로 인해 외환시장의 단기 불안정성이 증가할 수 있음을 시사한다. 기술적 분석의 대부분 규칙들은 현행가격이 5일 전의 가격을 초과하게 되면 매도를 요구하는 '모멘트' 모형과 같은 불안정적 형태의 범주에 적합하기 때문이다.

일부 경제학자는 포트폴리오 매니저에 의한 동태적인 헤징 프로그램의 사용으로 인해 외환시장이 더욱 불안정해지고 있다고 주장한다.[15)] 미리 정한 환율로 통화를 교환할 수 있는 권리인 통화옵션을 발행한 투자자가 옵션의 매도포지션을 동태적으로 헤징하는 과정에서 빈번한 거래를 하게 되고, 이로 인해 환율의 변동성이 증가하게 된다.

또한 투자자의 손실을 일정한 수준에서 한정하기 위한 손절매주문(stop-loss order)으로 인해 환율이 일정한 수준에 이를 경우 거래가 폭발적으로 증가하면서 변동성이 커지게 된다는 연구결과도 있다. 결국 최근 환율기대치 형성에 관한 연구들은 기존의 합리적 기대에서 한걸음 더 나아가 근본적·경제적 요인과 기술적 분석을 포함하는 보다 광범위한 모형이 도입되어야 한다는 점에

---

14) Frankel and Froot(1990) 참조.

15) Garber and Spencer(1995) 참조.

동의하고 있다고 볼 수 있다.

한편 내생적 투기버블이론은 일반적으로 합리적 기대 패러다임을 받아들이지 않는다. 대신에 시장참여자들의 예측치가 기술적 분석 및 경제적 기초요인들을 모두 포함하는 효율적인 모형에서 유도되어야 한다고 주장한다. 그래프주의자(chartist)와 기초주의자(fundamentalist)의 상호작용은 카오스(Chaos)로 특징지을 수 있는 환율과정을 발생시킬 수 있다.

카오스로 묘사되는 과정은 기저에 있는 모형이 확정적임에도 불구하고 본질적으로 예측불가능한 과정이다. 이 분야에 대한 연구는 아직 미미한 수준이지만 잠재적으로 아주 중요하다. 왜냐하면 이 카오스 이론은 앞으로 국제금융의 가장 중요한 연구과제 중의 하나가 될 과대급변동(excess volatility) 및 환율결정과 연관된 시장미시구조의 중요한 부분이기 때문이다.

(2) 거 래

최근 외환거래량이 급격히 증가하고 있으며, 이런 거래의 대부분이 은행간에 이루어지고 있다. 거래량의 5% 이하만 수입업자, 수출업자 또는 기타 비금융기업들에 연관되어 있다. 그러나 최근에는 헤지펀드 및 기타 제도권 투자자들과 같은 새로운 거래자의 중요성이 증가하고 있다. 외환시장 미시구조에 대한 연구의 대부분은 외환시장에서 일어나는 거래의 과정 및 특징을 분석하는 것이다.

① 시간변동 환율급변, 거래량 및 장소

학자들은 하루 동안 환율급변이 시간에 따라 변동(time-varying)하고 있다는 체계적인 패턴을 관찰했다.[16] 주말이나 점심시간같이 거래량이 더 적어지는 기간에는 급변도 더 적어지며, 하루 중에는 개장이나 폐장시간에 거래량과 변동량이 동시에 증가한다는 것이다. 또한 월요일 개장 이후 한 시간 동안 자국통화에 대한 거래량이 특히 커지므로 급변도 더 커진다.

외환시장은 전 세계적으로 24시간 동안 거래가 일어나는 소위 전일시장(全日市場, around-the-clock market)이다. 이를 감안하여 유럽, 뉴욕, 태평양 및

---

16) Goodhart and Giugale(1988), Wasserfallen and Zimmerman(1985) 참조.

도쿄의 4개 시장에서 일중 엔-달러 환율급변을 분석한 결과, 한 시장에서 급변하는 경우 다음 시장으로 더 크게 파급되는 현상을 발견하였다.[17] 또한 위의 네 시장에서 결정되는 환율의 시간별 자료에서 운석쇄도현상(meteor shower)의 증거가 발견되었다. 즉, 런던, 뉴욕 및 도쿄의 어느 시장에서나 개장 및 폐장에서 급변이 증가하면, 일중 패턴에서 급변 및 거래량의 상관관계가 높게 나타난다. 이 경우 많은 거래량 및 큰 급변이 기초요인들에 대한 정보의 효율적 가공 또는 교란거래(noise trading)를 반영하는 것인가의 여부는 여전히 중요한 연구과제이다.

미시구조이론의 가설에 대한 실증분석에서, 거래량의 원천이 의견불일치(즉, 이질적 확신)일 때 거래량과 환율급변의 상관관계는 양(陽)이지만, 거래량이 거래자의 수(數)에 의해 결정될 때 두 변수의 상관관계는 음으로 나타나고 있다.[18] 후자의 경우 '더 많은 거래자'(liquidity)를 평균해 보면, 거래량의 변동이 줄어들기 때문이다. 이 이론은 실증분석결과의 지지를 받고 있다.

② 매수호가-매도호가 스프레드

거래비용의 표준측정치인 매수호가-매도호가 스프레드에 대한 실증연구를 살펴보면 스프레드가 주말 및 휴일 전에는 확대되며, 환율변화의 분산과 양의 관계를 갖고, 거래량과는 음의 관계를 가지게 된다. 그런데 이러한 결과를 얻기 위해서는 시장에서 정보가 효과적으로 수집되고 이용된다는 가정이 매우 중요하다. 이러한 결과는 곧 유동성효과를 주장해 온 초기 연구결과들을 재확인한 셈이다.[19]

(3) 외환시장의 미시구조 문헌에 대한 초기 평가

외환시장 미시구조에 대한 연구는 새로운 분야이다. 그것을 이용하여 적절한 환율결정모형을 유도하기 위해서 앞으로 연구되어야 할 과제가 아주 많다. 이에 연관된 연구를 통해 급변, 거래량, 매수호가-매도호가 스프레드가 환율변동에 미치는 효과에 대해서 아직까지 몰랐던 많은 것을 발견할 수

17) Engle et al.(1990, 1992) 참조.

18) Jorion(1995) 참조.

19) 이영섭 외(1995), 이종욱(1996) 참조.

있을 것이다.

그런데 이질적 확신(heterogeneous beliefs), 과대급변 및 환율결정의 원천 및 지속성과 같은 핵심적 문제에 대한 연구는 아직까지도 지극히 미진한 형편이다. 또한 거시경제 변수가 환율에 미치는 영향에 대한 연구만으로는 이에 대한 올바른 답을 찾을 수 없다. 외환시장의 미시구조에 대한 연구는 환율의 급변, 환율의 결정요인, 외환시장의 하부구조[20] 등에 대한 이론적 설명에 기여할 수 있는 유망한 연구분야가 될 것이다.

3.3 새 개방거시경제학적 접근[21]

개방경제에 경직가격모형을 도입하는 것은 도전적 과제였는데, 1990년대 중반 새로운 개방거시경제모형에 기반하여 환율결정을 설명하는 시도가 성공하게 된다.[22] 이는 그동안 현실을 설명하지 못하여 비판의 대상이 되었던 환율결정이론을 다시 살리는 역할을 하였다.[23]

새 개방거시경제모형은 케인지언의 경직가격모형을 발전시키기 위해 소비자는 기간 간 자원배분의 예산제약조건에서 효용을 극대화하고 공급자는 독점적 경쟁자로서 가격을 설정할 수 있다고 가정한다. 이를 통해 단기에서도 환율, 경상수지, 그리고 기타 거시경제 변수의 상호관계를 분석할 수 있다. 기존 케인지언 모형과 달리 화폐수요함수는 소득이 아닌 소비의 함수로 정의한다.

이러한 가정에서 유도된 환율의 변화율은 두 국가의 화폐공급 변화율의

---

20) 이종욱(1995)은 매수호가-매도호가 스프레드를 분석하여 외환시장 조성자의 시장참가 유인을 분석하였다. 그러나 우리나라에서는 아직도 학자들에게 외환시장의 미시구조를 연구할 수 있는 자료에 대한 접근이 용이하지 않아 이러한 연구가 활성화되지 못하고 있다.

21) 새 개방거시경제 모형은 제8장에서 자세히 다루고 있다.

22) Obstfeld and Rogoff(1995), Obstfeld(1996, 1998) 등이 신 개방경제 환율결정모형을 이해하는 데 기본문헌이 될 수 있다.

23) 이전 학자들의 업적을 결합하여 이 모형을 개척한 옵스펠트(M. Obstfeld)와 로고프(K. Rogoff)는 자신들의 논문제목을 '돌아온 환율동태이론(Exchange Rate Dynamics Redux)'으로 정하였다.

차이와 두 국가의 소비의 변화율 차이로 설명할 수 있다.[24] 즉, 이 모형에서는 자산가격모형에서와 같은 환율 수준이 아닌 환율변화율의 결정요인이 유도된다. 직관적으로 간단한 식으로 유도되지만, 새 개방거시경제모형에 기반한 환율결정모형은 기존 모형보다 훨씬 복잡하고 많은 변수와 연관되므로 더 많은 시사점을 주고 있다. 또한 최적화모형을 이용함으로써 합리적 경제주체에 대한 가정과 일치한다는 특징을 가지고 있다.

4. 환율예측

투자자들에게 있어서 환율예측이란 필수적이다. 따라서 그동안 보다 나은 환율예측을 하기 위해 수많은 노력이 이루어져 왔다. 환율예측기법은 크게 시장균형조건을 이용한 분석(market-based analysis), 기초적 분석(fundamental analysis), 기술적 분석(technical analysis)으로 나눌 수 있다. 이 중 처음 두 방법은 환율을 예측하는 데 있어 경제적 이론을 기본으로 하고 있는 반면, 기술적 분석은 경제적 이론에 근거하는 것이 아니라 과거의 시계열자료를 이용해 미래환율을 예측하는 것이다.[25]

4.1 시장균형조건을 이용한 예측

시장균형조건을 이용한 예측방법은 환율과 이자율 간의 관계를 나타내는 가장 기초적인 균형조건에 근거해 미래의 환율을 예측하는 것이다. 여기에는 선물환시장의 균형조건인 선물환율을 이용하는 방법과 자본시장의 균형조건인 이자율평가를 이용하는 방법 등이 있다.

① 선물환율은 미래환율에 대한 시장의 예상을 의미하므로 이미 설명한

---

24) 여기서 변화율은 각 변수의 변화량을 시간의 변화로 나눈 값이다.

25) 많은 교과서들은 환율예측기법을 기초적 분석과 기술적 분석으로만 분류하기도 한다. 또한 간혹 일부 교과서에서는 기초적 분석과 기술적 분석을 모형에 기초한 분석(model-based analysis)으로 한꺼번에 분류하기도 한다.

바와 같이 외환시장이 효율적인 경우 미래의 현물환율에 대한 불편추정치가 된다. 따라서 선물환율 자체를 그대로 미래환율의 예측치로 이용할 수 있다.

② 선물환율을 이용하는 경우 선물환거래의 만기가 대부분 1년 이내이므로 환율예측기간도 1년 이내에 한정된다. 따라서 보다 장기적인 환율예측을 위해서는 유위험 이자율평가를 이용할 수 있다. 즉, 유위험 이자율평가에 따르면 환율변화는 이자율차이와 같게 되므로 국내의 장기이자율이 외국의 장기이자율보다 높다면 장기적으로 환율이 상승할 것으로 예측하는 것이다.

4.2 기초적 분석

기초적 분석(fundamental analysis)이란 환율변화에 영향을 미칠 수 있는 기초경제변수들을 선택하여 이들 변수들과 환율 간의 관계를 체계화한 환율결정모형을 설정하고 이를 이용해 미래의 환율변화를 예측하는 기법을 말한다. 즉, 기초적 분석에서는 국민소득, 소비, 투자, 저축, 국제수지, 화폐공급, 이자율, 인플레이션, 생산성 등과 같은 광범위한 기초경제변수들의 통계자료를 환율결정모형에 따라 계량분석을 하고 이를 통해 미래의 환율을 예측한다. 이 분석에서는 환율과 관련된 이론들 중 어떤 이론에 기초하는가에 따라 그 방법 및 결과가 달라질 수 있다.

이 중 가장 간단한 방법은 구매력평가를 이용하는 것인데, 예를 들어 국내의 인플레이션이 외국의 인플레이션보다 높다면 장차 환율이 인플레이션 차이만큼 상승할 것이라고 예측하는 것이다. 그러나 대부분은 이보다 훨씬 복잡한 모형들을 이용하는데, 다양한 환율결정이론들에 대해서는 이미 앞에서 소개한 바 있다.

기초적 분석의 가장 큰 장점은 환율변화에 영향을 미치는 여러 변수들을 적절히 선택하여 이들과 환율과의 관계를 계량모형으로 체계화함으로써 장기적인 환율변화의 방향과 크기를 수리적으로 제시할 수 있다는 것이다. 그러나 기초적 분석은 방대한 자료를 수집하고 이를 처리하는 과정에서 상당한 비용과 시간이 소요될 뿐만 아니라, 예측에 이용된 모형이 적절하지 않을 수도 있고 또한 변수들이 상당한 오차를 포함할 수 있다는 제약성이 있다. 그 외에도 기초적 분석을 이용하는 경우, 환율변화에 영향을 미치고 있는 예상치 못한 사태의 발생이나 기대변동, 그리고 투자심리의 변화 등을 환율예측에 즉각적으로 반영할 수 없다는 문제점이 있다.

4.3 기술적 분석

기초적 분석에 따른 방법들이 단기적인 환율변화를 설명하는 데 있어서 그리 유용하지 못하다는 것이 드러나자 사람들은 해결책을 모색하게 되었다. 어떤 사람들은 환율예측이란 쓸모없는 것이라는 결론에 근거해서 환위험을 관리하기 위한 방법을 개발하는 데 노력을 집중시킨 반면, 환율예측이란 여전히 필요하고 또 쓸모가 있다고 믿는 사람들은 기술적 분석에 관심을 갖게 되었다.

기술적 분석(technical analysis)이란 경제이론 및 기타 다른 요인들을 전적으로 무시하고, 환율의 과거 행태에 대한 통계적 · 수학적 또는 시계열적인 분석을 통해 일정한 변화패턴을 찾아내고 그에 따라 향후 환율의 변화를 예측하는 방법을 말한다. 기술적 분석은 크게 추세분석법, 차트분석법 및 시장특징분석법 등으로 분류할 수 있다.

(1) 추세분석법

추세분석법은 수리적 또는 통계적인 방법을 동원하여 환율변동의 반복되는 추세 또는 변동의 방향을 파악하려는 방법으로서 통상 수량적인 컴퓨터 모형을 이용한다.

① 추세분석법 중 가장 간단하고 널리 이용되는 방법은 이동평균법(moving average method)이다. 이동평균을 구하는 목적은 기본적으로 단기적인 환율의 급변동에 내재되어 있는 보다 장기적인 추세를 찾아내기 위한 것이다. 이동평균의 속성에 따르면, 상승세이든 하락세이든 단기이동평균(short-run moving average)이 장기이동평균(long-run moving average)보다 선행한다. 따라서 [그림 9-2]에서와 같이 단기이동평균곡선이

그림 9-2 이동평균법

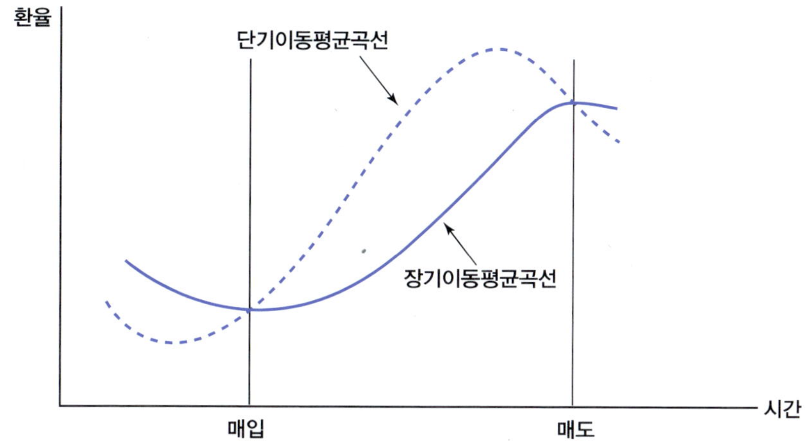

상승하면서 장기이동평균곡선을 관통하면 환율상승이 예상되므로 외환을 매입하고 반대인 경우에는 매도한다. 이 방법은 매우 간단하며 매입 · 매도시점을 분명하게 제공하는 장점이 있으나, 실제적인 거래에서는 이 방법만을 이용해 의사결정을 내리지는 않으며 보다 복잡한 기술적 분석의 기초자료로 활용되는 경향이 있다.

② 필터법(filter method)이란 일정한 범위의 필터(filter)를 정해놓고 환율추세가 최근의 최저치보다 이 범위 이상 상승하면 향후 환율상승이 예상되므로 이 시점에서 외환을 매입하고, 반대로 최고치보다 이 범위 이상 하락하면 향후 환율하락이 예상되므로 이 시점에서 외환을 매도하는 방법이다. 예를 들어, [그림 9-3]에서 필터의 크기를 *X*%라고 할 때, 환율이 최저점(*A*)을 지나 *X*% 이상 상승하기 시작하는 *B*점에서 매입하고, 반대로 최고점(*C*)을 지나 *X*% 이상 하락하기 시작하는 *D*점에서 매각하게 된다.

필터의 크기를 얼마로 하는가는 시장여건을 판단해 나름대로 결정되며, 시장에서의 추세가 분명한 경우에는 필터의 크기를 작게 할수록 매매차익(D에서의 환율−B에서의 환율)을 크게 할 수 있다. 그러나 환율의 추세가 분명하지 않은 경우 필터를 크게 설정하게 되면 *D*에

그림 9-3 필터법

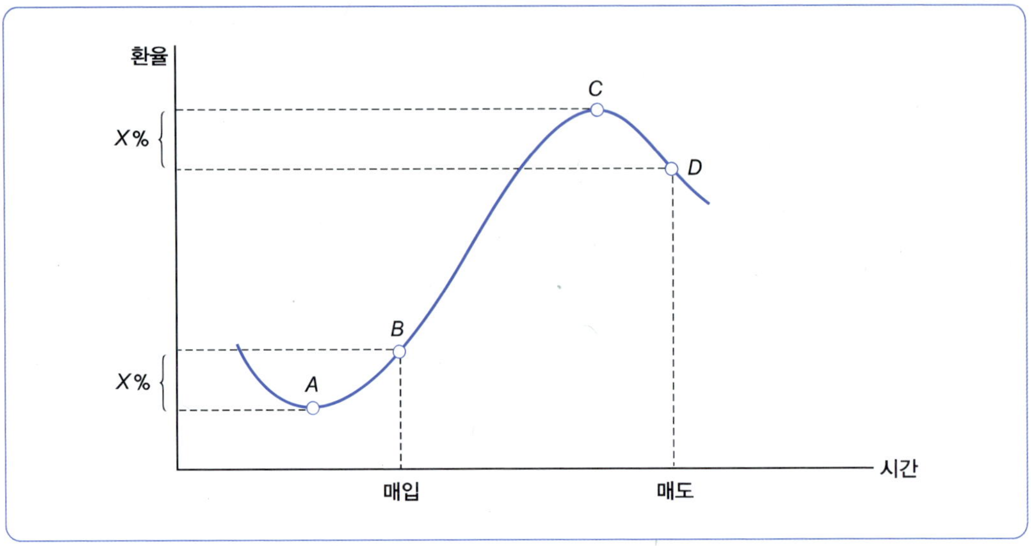

서의 환율이 *B*에서의 환율보다 낮아질 수 있어 휩소(whipsaw) 함정에 빠지게 된다.

③ 모멘텀법(momentum method)은 오실레이터(oscillator)라는 모멘텀지표를 만들어 환율변화를 예측하는 방법이다. 즉, 단기이동평균치와 장기이동평균의 격차를 모멘텀지표로 하여, 이것이 0보다 크면 시세가 상승추세에 있음을 예측할 수 있고, 반대로 0보다 작으면 시세가 하락추세에 있음을 예측할 수 있다. 그러나 실제의 시스템은 매우 복잡하여 이와 함께 현재의 환율을 일정기간 전의 환율로 나누어 계산한 시장실세지수(index of market momentum)를 병행함으로써 보다 정확한 매매시점을 포착할 수 있다.[26)]

(2) 차트분석법

차트분석법은 환율변동을 도표로 그린 후 경험적 분석결과를 토대로 표준화된 패턴을 찾아내 그것이 시사하는 바에 따라 환율을 예측하는 것으로

---

26) 환율이 상승세에 있다면 현재 환율이 일정기간 전의 환율보다 높을 것이므로 시장실세지수는 1보다 크게 되며, 반대로 하락추세에 있다면 동 지수는 1보다 작게 될 것이다.

그림 9-4 점도차트의 예

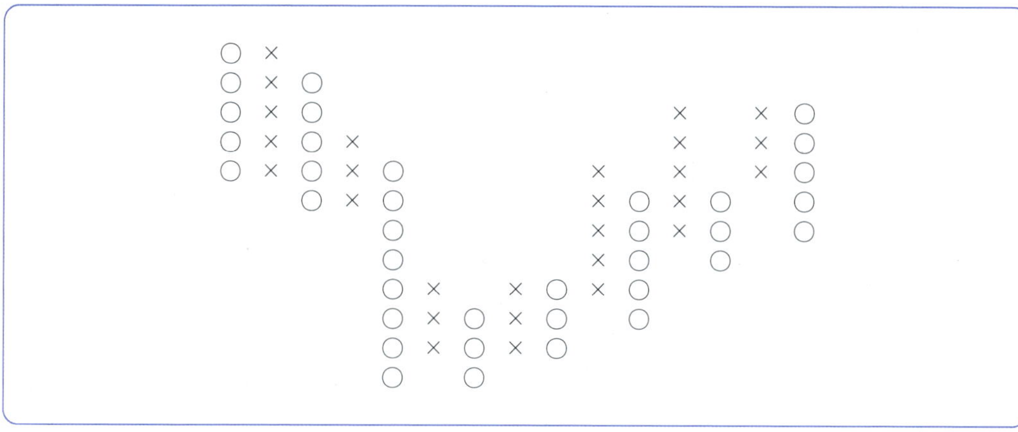

서 본질적으로 주관적인(judgemental) 방법이라고 할 수 있다. 이 방법은 비수학적이며 구태의연한 방법이기는 하지만 환율예측을 위한 도구로서 매우 유용하게 쓰이고 있으며 가장 대표적이면서도 오래된 기법으로 인정받고 있다. 그러나 결과를 도출하는 데 있어서 정형화된 방법을 고안하지 못하고 분석하는 사람의 경험에 의해서 정확도가 크게 차이가 나는 모습을 보이는 문제점이 있다.

환율의 움직임을 나타내는 차트는 선형차트, 점도차트 및 봉형차트로 분류한다.

① 선형차트(line chart)는 매일매일의 종가를 직선으로 이어나가는 도표이다. 이는 중장기적인 추세를 분석하는 데 도움이 될 수도 있으나, 내포하고 있는 정보의 양이 그리 많지 않기 때문에 분석용보다는 단순한 보고 또는 예시용으로 이용된다.

② 점도차트(point and figure chart)는 시간적 요소를 완전히 무시하고 연속적으로 표시하는데, [그림 9-4]에서와 같이 미리 정해진 환율변동단위마다 오를 때에는 포인트(×)를 그리고 내릴 때에는 피겨(○)를 누적적으로 그려나가는 도표이다. 환율의 측정은 매일 동일시간에 이루어져야 하며, 미리 정해진 일정폭 이상의 환율변동이 있는 경우에만 차트에 표시되기 때문에 사소한 환율변동은 무시된다. 차트분석가

그림 9-5 봉형차트의 예

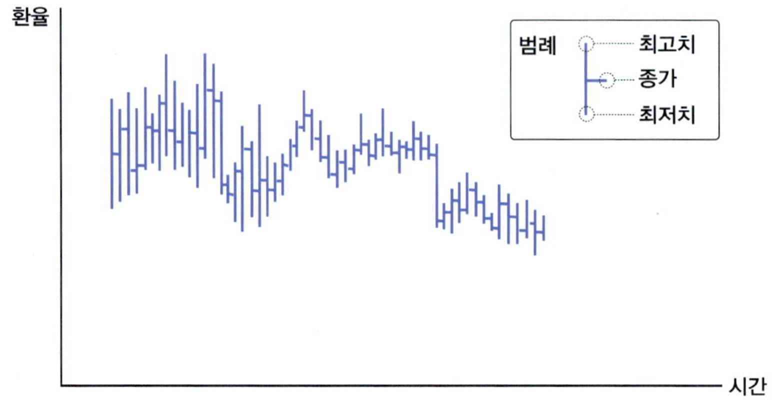

들은 점도차트에서 ×와 ○의 수를 계산하여 포지션 운용의 판단자료로 삼는 경향이 있다.

③ 봉형차트(bar chart)는 가장 보편적으로 이용되고 있는 차트이다. 하루 중의 최고가와 최저가를 상하로 이어 봉을 설정하고 봉의 왼쪽에는 시가를 그리고 봉의 오른쪽에는 종가를 표시한다. 봉은 하루 한 개씩 그리며 시가와 종가의 측정시간에 일관성을 유지해 나가야 한다. [그림 9-5]는 봉형차트의 예를 보여주고 있다.

차트분석가들은 앞에서 소개한 차트들을 통해 외환시장의 상황을 나타내주는 수많은 패턴들을 찾아내고 이를 이용해 외환매매결정을 내리고 있다. 환율의 움직임을 나타내주는 패턴으로는 깃발형(flag), 페넌트형(pennant), 헤드 앤 숄더형(head and shoulder), 카멜형(camel), 다이아몬드형(diamond) 등 여러 가지가 있는데 이러한 패턴에 근거해 추세선, 지지선, 저항선, 추세전환점 등을 파악하고 있다. 그러나 차트패턴을 분석하는 경우를 살펴보면 장기투자자와 단기투자자의 입장 차이에 따라 보는 관점이 달라질 수 있는 등 상당히 주관적인 경향이 있기 때문에 환율예측 및 투자행위도 사람마다 달라질 수 있다.

(3) 시장특징분석법

시장특징분석법에 속하는 기법들은 대체적으로 현재의 가격수준에 상관하지 않고 외환의 수요 및 공급 상태를 통계적으로 측정하여 향후 환율변화를 예측하고자 한다. 이 중 대표적인 것은 상대적 강세지수(relative strength index : RSI)를 이용하는 방법이다. RSI는 통계적 방법에 의해 고안된 시장의 포지션(position) 상태를 나타내는 지표로서 주로 단기적인 매매시점을 결정하는 데 유용하게 이용된다.

RSI는 아래와 같이 계산된다.

$$RSI = 100 - \frac{100}{1+RS} \tag{9.15}$$

$$RS = \frac{\text{일정기간 중(대개 14일) 외환가격상승일의 평균가격상승폭}}{\text{일정기간 중(대개 14일) 외환가격하락일의 평균가격하락폭}}$$

이 식에서 RSI의 값이 일정수준, 예를 들어 70 이상이면 매입초과상태로 간주되는데 따라서 향후 외환을 매각하고자 할 것이므로 환율이 하락할 것이라고 예상할 수 있다. 반면에 RSI 값이 일정수준, 예를 들어 30 이하이면 매도초과상태이므로 외환거래자들이 외환을 매입하고자 할 것이고 따라서 환율이 향후 상승할 것으로 예상할 수 있다.

4.4 환율예측성과의 평가

지금까지 여러 가지 환율예측기법을 소개하였다. 그렇다면 이러한 기법들을 이용한 환율예측의 성과에 대한 평가는 어떻게 할 것인가? 많은 연구들은 이를 위해 앞에서 소개한 환율예측기법과 선물환율을 이용한 방법 중 어느 것이 더 정확하게 미래의 환율을 예측하는가를 비교하고 있다.

환율예측의 정확성을 평가하는 기준으로는 크게 세 가지를 들 수 있다.

① 예측오차가 얼마나 큰가를 측정하는 것으로 일반적으로 다음과 같은 평균제곱오차(mean squared error : MSE)를 이용해 계산한다.

$$MSE = \frac{1}{n}\sum_{i=1}^{n}(\text{환율예측치} - \text{미래의 환율})^2 \tag{9.16}$$

② 환율의 변화방향을 얼마나 정확하게 예측하는가를 측정하는 것으로서 아래와 같이 변화방향을 정확하게 맞춘 비율을 이용한다.

$$Pr = \frac{\text{변화방향을 정확히 예측한 개수}}{\text{총 예측 개수} } \tag{9.17}$$

③ 외환거래자들의 수익률을 비교하는 방법이다. 즉, 환율예측기법을 이용한 경우와 선물환율을 이용한 경우 중 어느 것이 더 큰 수익률을 가져다주는가를 비교하는 것이다.

환율예측 성과를 비교한 연구들에 의하면, 이러한 예측기법을 이용한 환율예측치들이 선물환율에 기초한 예측에 비해 특별히 우월하지는 못한 것으로 평가된다. 어떤 경우에는 선물환율보다 성과가 훨씬 떨어지는 경우도 있다. 물론 일부 투자자들은 환율예측기법을 이용해 선물환율을 이용한 경우보다 좋은 성과를 보이기도 했다. 그러나 여기서의 추가적인 이익은 위험부담에 대한 보상으로 간주될 수 있으므로 이러한 결과를 앞에서 설명한 외환시장의 효율성과 모순된다고 결론지을 필요는 없다고 본다.

한편, 미제(R. Meese)와 로고프(K. Rogoff)는 거시경제변수들에 기초한 환율결정모형이 환율을 예측하는 데 유용한가를 살펴보았다.[27] 그들의 연구결과에 따르면 어떠한 환율결정모형도 현물환율에 비해 좋은 예측결과를 가져오지 못했는데, 이러한 연구결과는 학계에 커다란 파문을 가져왔다. 즉, 현재의 환율이 $1=1,200원이라면 3개월 후의 환율을 현재의 환율과 똑같은 $1=1,200원이라고 예측하는 것이 그 어떤 모형을 이용한 예측에 비해 못하지 않다는 그들의 결론은 환율예측에 대한 비관론을 불러일으키기에 충분한 것이었다.

이와 같이 현물환율 그 자체가 미래의 현물환율에 대한 가장 훌륭한 예측치가 된다는 것을 우리는 임의보행(random walk)가설이라고 부른다. 임의보행이란 마치 술에 취한 사람이 걷는 걸음걸이의 형태를 말하는 것으로서 앞으로 어떤 행보를 취할지는 아무도 모른다는 것이다. 즉, 환율의 모든 변화

27) Meese and Rogoff(1983a, 1983b) 참조.

는 예기치 못했던 정보에 의해서만 발생하므로 향후 환율의 변화는 전혀 예측할 수 없는 것이 되고 따라서 현물환율보다 나은 예측을 할 수 없다는 것이다.

이러한 임의보행가설은 1980년대 후반까지 꾸준히 검증되었으나 별다른 대체가설이 제시되지 못했었다. 그러나 최근에 들어 환율예측의 비관론에 대해 일말의 희망을 주는 연구가 계속되고 있다. 특히, 비록 단기에 있어서는 환율을 예측하는 것이 지극히 어려우나, 상당한 장기에 있어서는 환율의 움직임이 물가의 변화 등 기초경제변수들의 움직임과 안정적인 관계를 보이고 있다는 연구결과들이 상당히 제시되고 있다.

부록

환율결정이론의 자산시장모형 : 수학적 설명

환율결정이론의 자산시장모형은 많이 활용되므로, 여기서는 모형을 제시하여 좀 더 자세히 분석해 보자.

1. 신축가격모형

본장 2절 2.1의 환율결정방정식을 선형으로 전환하면 환율과 그 결정요인들 간의 관계를 더 명확히 알 수 있다. 이를 위해 먼저 각국의 화폐수요함수가 선형이며, 양국의 화폐수요함수의 계수가 같다고 가정하자.

$$m_t - p_t = \phi y_t - \lambda i_t \qquad (1A)$$

$$m_t^* - p_t^* = \phi y_t^* - \lambda i_t^* \qquad (2A)$$

여기서 m_t는 t기 화폐공급, p_t는 t기 물가수준, i_t는 t기 명목이자율을 나타낸다. 이자율을 제외한 모든 변수는 로그값이며 *가 있는 변수는 국내경제변수 정의와 동일하지만 외국의 경제변수이다. 식 (1A)에서 식 (2A)를 차감하여 정리하면, 화폐론적 접근법의 기본모형인 신축가격 환율결정모형인 식 (3A)를 얻는다.

$$s_t = (m_t - m_t^*) - \phi(y_t - y_t^*) + \lambda(i_t - i_t^*) \qquad (3A)$$

식 (3A)를 통해 양국의 화폐공급량 차이와 이자율 차이는 환율에 양의 영향을 주고, 양국의 국민소득 차이는 환율결정에 음의 영향을 준다.

식 (3A)와 유위험 이자율평가를 결합하기 위해 유위험 이자율평가를 식 (4A)로 정의해 보자.

$$(i_t - i_t^*) = \Delta s_t^e \qquad (4A)$$

식 (4A)를 식 (3A)에 대입하면 식 (5A)가 된다.

$$s_t = (m_t - m_t^*) - \phi(y_t - y_t^*) + \lambda(\Delta s_t^e) \qquad (5A)$$

기대환율의 변화를 다음과 같이 정의할 수 있다.

$$\Delta s_t^e = E_t s_{t+1} - s_t \qquad (6A)$$

식 (5A)와 식 (6A)를 결합하여 정리하면, 식 (7A)를 얻는다.

$$s_t = f_t + \lambda(E_t s_{t+1} - s_t) \qquad (7A)$$

여기서 $f_t = (m_t - m_t^*) - \phi(y_t - y_t^*)$로 정의된다. 식 (7A)를 정리한 것이 식 (8A)이다.

$$s_t = \frac{1}{1+\lambda} f_t + \frac{\lambda}{1+\lambda} E_t s_{t+1} \qquad (8A)$$

다음기의 기대환율을 결정하는 것은 무엇인가? 식 (8A)를 $t+1$기로 나타내고, 기대값을 취하면 기대환율을 얻을 수 있다.

$$s_{t+1} = \frac{1}{1+\lambda} f_{t+1} + \frac{\lambda}{1+\lambda} E_{t+1} s_{t+2}$$

$$E_t s_{t+1} = \frac{1}{1+\lambda} E_t f_{t+1} + \frac{\lambda}{1+\lambda} E_t s_{t+2} \qquad (9A)$$[28]

식 (9A)를 식 (8A)에 대입하면, 현재 환율은 2기 앞선 기대환율의 함수로 나타낼 수 있다.

$$s_t = \frac{1}{1+\lambda} f_t + \frac{\lambda}{1+\lambda} \frac{1}{1+\lambda} E_t s_{t+1} + \left[\frac{\lambda}{(1+\lambda)}\right]^2 E_t s_{t+2} \qquad (10A)$$

$t+2$기의 기대환율을 유도하기 위해 $t+1$기 환율을 구하기 위한 식 (9A)의 과정을 반복하면 식 (11A)를 얻는다.

28) 이 식을 유도하는 데 기대값의 다음 성질이 이용되고 있다.

$$E_t E_{t+1} s_{t+2} = E_t s_{t+2}$$

$$E_t s_{t+2} = \frac{1}{1+\lambda} E_t f_{t+2} + \frac{\lambda}{1+\lambda} E_t s_{t+3} \qquad (11A)$$

식 (11A)를 식 (10A)에 대입하고 반복대입을 계속해 가면 식 (12A)를 얻는다.

$$s_t = \frac{1}{1+\lambda} \left[f_t + \frac{\lambda}{1+\lambda} E_t f_{t+1} + \left[\frac{\lambda}{(1+\lambda)} \right]^2 E_t f_{t+2} + \cdots \right] \qquad (12A)$$

다음의 세 가지 실험을 위해 식 (12A)가 이용될 수 있다.

① 사람들이 미래 T시점에 화폐공급이 1% 증가할 것으로 예상하면, 환율은 얼마만큼 증가하는가? 현재 환율은 $[1/(1+\lambda)][\lambda/(1+\lambda)]^T$ 퍼센트만큼 증가하게 된다.

② 현재 화폐공급이 1% 증가하면 환율은 얼마만큼 증가하는가? 현재 환율은 $[1/(1+\lambda)]$만큼 증가하게 된다.

③ 미래 화폐공급이 현재 화폐공급 증가와 매년 꼭같은 수준으로 상승한다면 환율은 얼마만큼 증가하는가? $\Delta f_t = \Delta E_t f_{t+1} = \Delta E_t f_{t+2} = \cdots$ 일 때, 식 (12A)는 다음과 같은 무한 등비급수의 합이 된다.

$$\begin{aligned} \Delta s_t &= \frac{1}{1+\lambda} \left[1 + \frac{\lambda}{1+\lambda} + \left[\frac{\lambda}{(1+\lambda)} \right]^2 + \cdots \right] \Delta f_t \\ &= \frac{1}{(1+\lambda)} \left[\frac{1}{(1-(\lambda/1+\lambda)} \right] \Delta f_t = \Delta f_t \qquad (13A) \end{aligned}$$

위의 식을 통해 환율은 상대화폐공급과 똑같은 1%만큼 상승한다. 화폐공급이 랜덤워크일 때 환율도 이와 똑같이 변화한다.

2. 경직가격모형

경직가격모형에서는 신축가격모형과 달리 자산시장의 균형뿐만 아니라 재화시장의 균형이 도입된다. 재화시장의 균형을 결정하는 데 실질환율이 중요한 요인이다.

실질환율에 로그값을 취하여 정리하면 식 (14A)를 얻는다.

$$q = s + p^* - p \tag{14A}$$

장기에는 구매력평가설이 성립하므로 실질환율은 0이 되어 식 (15A)가 된다.

$$p = s + p^* \tag{15A}$$

식 (15A)는 [그림 9-1]에서 *AA*곡선으로 나타나는 것을 알 수 있다.

3. 포트폴리오 모형

국내경제는 소국이고 이에 따라 외국투자자는 국내통화와 채권을 보유하지 않는다고 할 때 국내투자자가 보유한 자산의 스톡(W)은 세 가지로 구성된다. 즉, 국내화폐(M), 국내채권(B) 및 외국채권(F)이 그 구성요소가 되는 것이다. 이때 B는 과거 재정적자의 총누적분으로 해석될 수 있고, F는 국내경제의 외국에 대한 경상수지 흑자의 누적분으로 이해될 수 있을 것이다. 이때 B는 국내통화로, F는 외국통화로 표시된다고 가정하자. 이를 수식으로 표시할 경우 $W=M+B+SF$가 성립한다. 여기서 S는 명목환율로서 외국통화 한 단위의 국내통화표시 가격이 된다.

자산시장의 균형조건에서 포트폴리오구성의 변화와 환율의 관계를 분석해야 한다. 먼저 공급을 보면, 자산은 스톡이므로 일정기간 동안 일정하다. 즉, M, B, F의 각 공급량은 고정이다. 이제 이들 자산에 대한 수요조건을 살펴보자. 우선 이들 자산은 서로 불완전한 대체재이다. 따라서 어느 한 자산의 보유가 유리할 것 같다는 예상이 존재하더라도 투자자는 한 자산만을 보유하지는 않게 되므로 보유자산의 다변화가 자연스럽게 일어나게 된다. 그러나 예상수익률의 변화가 있을 경우 투자자들은 보유자산의 구성을 어느 정도 변화시키게 된다.

국내이자율을 i, 외국이자율을 i^*로 표시하자. 포트폴리오구성에 이용되는 각 자산의 균형조건은 수요와 공급이 일치하는 것이므로 다음 조건으로 나타낼 수 있다.

$$W = M + B + SF \tag{16A}$$

$$M = m(i,\ i^*)W,\ m_i<0,\ m_i^*<0 \qquad (17A)$$

$$B = b(i,\ i^*)W,\ b_i>0,\ b_i^*<0 \qquad (18A)$$

$$SF = f(i,\ i^*)W,\ f_i<0,\ f_i^*>0 \qquad (19A)$$

여기서 각 자산의 공급량은 각 식의 왼편 항이고, 수요량은 각 식의 오른편 항이다. m_i, b_i, f_i는 각각 i에 의한 편미분[29)]을 나타내고, m_i^*, b_i^*, f_i^*는 각각 i^*에 의한 편미분을 나타낸다.

또한 다음 조건이 성립한다.

$$m_i + b_i + f_i = 0 \qquad (20A)$$

$$m_i^* + b_i^* + f_i^* = 0 \qquad (21A)$$

즉, 한 자산의 기대수익률이 변동할 경우 각각의 자산에 대한 수요는 변하더라도 자산수요의 총변동은 0이 되는 것이다.

이 식은 앞에서 언급한 몇 가지 사실을 정확히 나타내 주고 있다. 예를 들어, 국내이자율의 증가에 따라 국내채권 구입에 따른 기대수익률이 높아진다고 할 때 투자자들은 국내채권의 보유를 늘리고($b_i>0$) 외국채권과 국내통화의 보유를 줄이게 된다($m_i<0$, $f_i<0$). 그러나 국내이자율의 변화가 생긴 이후에도 투자자들은 세 종류의 자산을 모두 보유한다. 또한 식 (16A) ~ (19A)에서 환율 S는 i, i^*, M의 함수로 표시된다. 즉, $S=S(i,\ i^*,\ M)$이 성립하게 된다. 즉, 환율이 국내이자율, 외국이자율 및 국내화폐공급에 의해 결정되는 것이다.

환율결정에 관한 자산균형접근법은 이처럼 자산시장에만 초점을 두고 생산물시장에 대해서는 명시적으로 다루지는 않는다. 그러나 여기서는 생산물시장이 이 모형에 암묵적으로 결합되어 있다. 즉, 단기에는 자산의 양이 일정하게 주어져 있지만 장기에는 경상수지 흑자나 적자의 누적 등의 요인으로 인해 전체 저량변수인 전체 부(富)의 크기가 변할 수 있게 된다. 요약해

---

29) 편미분은 다음과 같이 정의된다.

$$m_i = \frac{\partial m}{\partial i},\quad b_i = \frac{\partial b}{\partial i},\quad f_i = \frac{\partial f}{\partial i}$$

편미분에 대한 지식이 없는 사람은 i에 대한 호응도를 나타낸다고 이해하면 된다. $m_i<0$은 i가 상승하면 m은 하락하는 반비례관계를 나타낸다.

보면, 이 모형에서 i와 S는 상황에 따라 변하면서 체계에 균형을 가져오게 되고, 반면에 W와 F는 단기에는 고정되어 있으나 장기에는 가변인 변수가 된다. 경상수지의 흑자가 계속될 경우 F의 크기는 계속 커지게 된다.

세 가지 금융시장의 균형이 환율과 이자율의 어떤 관계로 나타날 수 있는가를 그림으로 설명해 보자. 환율이 상승하면, 국내통화표시 부가 증가한다. 부가 증가하면, 각 자산의 균형조건에 의해 국내통화, 국내채권, 외국채권에 대한 수요가 증가할 수 있다.

① 국내화폐시장균형조건을 보면, 환율상승으로 국내통화수요가 증가하므로 화폐공급이 일정할 때 화폐의 초과수요가 발생한다. 이러한 초과수요를 억제하여 국내화폐시장이 균형되려면 이자율은 상승해야 한다. 따라서 환율과 이자율은 서로 비례관계에 있으며, [그림 9A-1]에서 국내화폐시장의 균형을 나타낸 것이 곡선 MM이다.

② 국내채권시장균형조건을 보면, 환율상승으로 국내채권수요가 증가하므로 채권공급이 일정할 때 채권의 초과수요가 발생한다. 이러한 초과수요를 억제하여 국내채권시장이 균형되려면 채권가격은 상승해야 하므로 이자율은 하락한다.[30] 따라서 환율과 이자율은 서로 반비례관계에 있으며, [그림 9A-1]에서 국내채권시장의 균형을 나타낸 것이 곡선 BB이다.

③ 외국채권시장균형조건을 보면, 환율상승으로 인한 외국채권의 초과공급이 발생하므로 외국채권의 초과공급이 감소되어야 한다.[31] 이러한 초과공급을 억제하기 위해, 외국채권의 초과공급을 해소하려면 외국채권에 대한 수요를 증가시켜야 한다. 이를 위해 경쟁자산인 국내채권의 수요가 감소되어야 한다. 이로 인해 채권가격은 상승해야 하므로 이자율은 하락하게 된다. 따라서 환율상승으로 인한 외국채권시장

30) 거시경제학이나 화폐이론을 통해, 채권가격과 이자율은 서로 반비례관계에 있다는 것을 알고 있다.

31) 외국채권의 균형조건에서 환율의 변화는 부의 공급뿐만 아니라 외국채권의 공급과 1대1의 상응관계이다. 그러나 외국채권에 대한 수요는 환율변화와 1대1의 관계에 있는 부의 일부분, 즉 $f(i, i^*)$이다. 따라서 환율이 변화하면 외국채권시장에서는 항상 외국채권 초과공급이 발생한다.

그림 9A-1 포트폴리오 모형의 환율결정

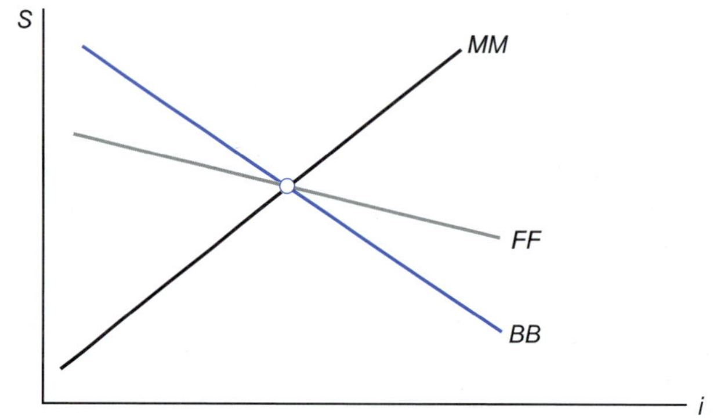

의 균형을 나타내는 환율과 이자율의 관계는 반비례관계이며, [그림 9A-1]에서 이 관계를 나타낸 것이 곡선 *FF*이다. 이때 *FF*곡선은 *BB*곡선보다 환율에 더 탄력적으로 변화하는 형태가 된다. 각 자산은 다른 자산의 수익률 변화보다 그 자산의 수익률에 더 빨리 그리고 직접적으로 호응하여 변화한다.[32)]

포트폴리오 모형을 이용하여, 통화정책의 변화가 환율에 어떤 영향을 미치는가를 분석해 보자. 그러나 지금까지 화폐공급의 변화메커니즘이 어떻게 작용하는가에 대해서는 전혀 설명이 없었다. 포트폴리오 모형에 의하면, 중앙은행의 화폐공급은 국내채권 및 외국채권의 스톡을 변화시킴으로써 이루어지며, 그것은 중앙은행 공개시장조작의 두 가지 유형에 해당된다. 새로 공급되는 화폐공급량이 국내채권이나 외국채권과 교환된다면, 국가 전체의 부는 일정하고 단지 포트폴리오구성만 변화하게 된다.

첫째, 중앙은행이 국내채권을 구매하는 공개시장조작을 가정해 보자. 화폐공급이 증가하여 국내채권이 감소하게 되므로, 중앙은행은 통화스톡 및 채권스톡의 똑같은 양을 정반대로 변화시키는 것이다.

새로 공급되는 화폐가 채권수요를 증가시키므로, 채권가격은 상승하고

32) 재화의 수요함수에서도 그 수요를 결정하는 가장 중요한 요인으로 그 재화의 가격을 들고 있다. 이 원리를 여기서도 활용한 것이다.

그림 9A-2 국내채권 구매의 공개시장조작

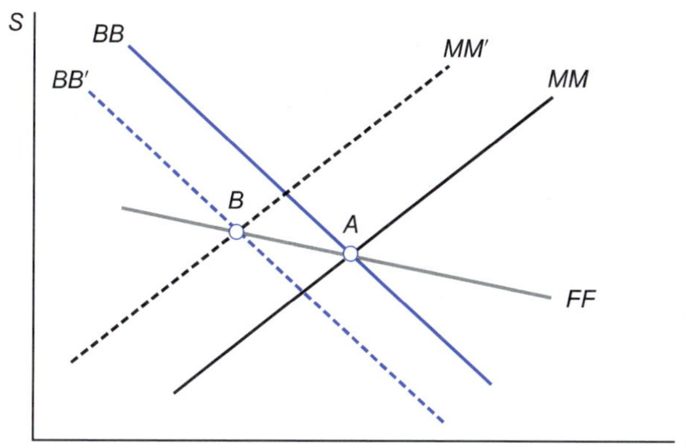

이자율은 하락하게 된다. 이러한 효과는 [그림 9A-2]에서 화폐시장 및 채권시장의 균형선을 왼편으로 이동시킨다. 이때 *MM*곡선은 *BB*곡선보다 훨씬 더 많이 이동하게 된다. 그 이유로는 화폐시장에서 직접적인 효과가 채권시장에서의 충격보다 더 크다는 것을 들 수 있는데, 왜냐하면 후자는 국내이자율이 하락할 때 수요가 더 많아지는 외국채권수요에 대한 확산효과를 통해 분산되기 때문이다. 외국채권인 달러표시 채권 수요변화로 인해 새로운 균형점 *B*까지 환율이 상승하게 된다.

결과를 요약해 보면, 화폐공급의 증가로 단기에 이자율은 하락하고 환율은 상승하게 된다. 그러나 여기서 주목할 것은 환율의 상승(자국통화가치 하락)은 어디에서나 화폐스톡의 변화와 거의 비례적이라 가정하는 것은 부당하다는 것이다.

둘째, 중앙은행이 외국채권을 구매하는 공개시장조작을 가정해 보자. 이러한 정책은 [그림 9A-3]과 같은 영향을 주게 된다. 이때 화폐공급이 증가하고 외국채권이 감소하게 된다. 화폐공급이 증가하여 이자율이 감소하므로 *MM*곡선은 상향이동하게 된다. 반면에 외국채권의 공급감소로 외국채권의 초과수요가 발생하게 되고, 이것은 환율의 상승으로 상쇄된다. 따라서 *FF*곡선은 상향이동한다. 공개시장조작에서 외국채권과 국내채권 구매는 질적 차이보다 수량적 차이를 발생시킨다. 외국채권보다 국내채권의 공개시장조작

그림 9A-3 외국채권 구매의 공개시장조작

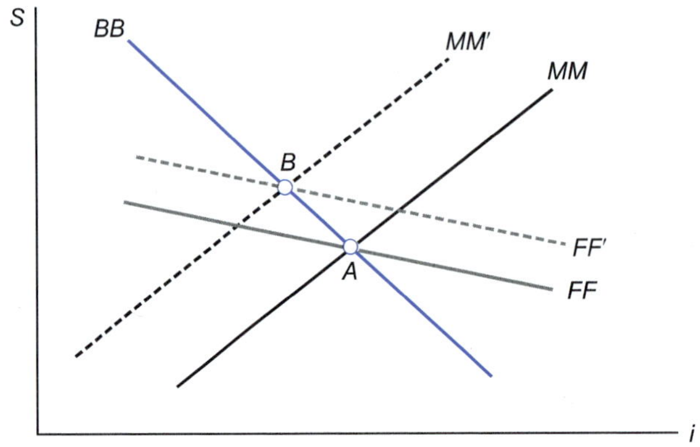

이 국내이자율에 더 큰 영향을 미치고 환율에 더 적은 영향을 미치게 된다.

셋째, 외국채권이 증가하여 부가 증가한다고 가정해 보자. 이러한 충격은 경상수지의 흑자를 통한 경제충격의 결과라 할 수 있으며, 중앙은행의 공개시장조작과 두 가지 점에서 서로 다르다. 이 점이 사실 포트폴리오 모형의 특징이다. ① 순부(純富)의 증가이므로 자산의 한 형태와 다른 형태가 서로 교환되는 것과 다르다. ② 포트폴리오 모형에서 외국채권의 증가가 바로 저축이다. 현재 모형에서 저축은 경상수지 흑자를 통한 외화자산의 축적으로 나타나고 있다.

단기조정은 금융시장에 한정되므로, 외국채권의 증가를 통한 부의 증가는 세 가지 자산의 균형방정식에 영향을 주어 [그림 9A-4]에 나타난 바와 같이 세 가지 곡선을 모두 이동시키게 된다.

우선 외국채권이 증가하므로, 경상수지 흑자로 환율은 하락하고 비중화가 가정되면 화폐공급은 증가하므로 이자율은 하락하여 *FF*곡선은 하향이동한다.[33] 이 결과 환율이 하락하므로 해외채권의 증가와 환율의 하락이 서로 상쇄된다. 즉, 해외채권의 증가율이 환율하락률과 같아질 것이다. 장기적으로 해외채권증가가 환율하락으로 상쇄되면 부는 불변이다.

33) 이때 중앙은행의 중화가 이루어지면, 환율과 이자율이 고정이므로 *FF*곡선은 불변이다.

그림 9A-4 외국채권의 증가로 인한 부의 증가

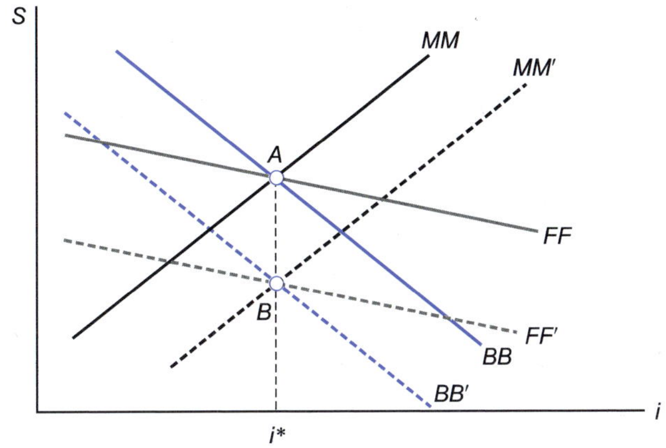

부가 증가하는 동안 환율변동이 완전히 조정되지 않아, 화폐시장 및 국내채권시장의 균형을 나타내는 곡선도 이동하게 된다. 부가 증가하면, 화폐수요가 증가하므로 이자율이 상승하게 되어 화폐시장의 균형곡선, *MM*은 하향이동하게 된다. 또한 부의 증가로 이자율이 상승하게 되면, 채권가격은 하락하므로 국내채권시장의 균형곡선, *BB*는 하향이동하게 된다. 장기적으로 부는 불변이므로 이자율은 고정이고, *MM*곡선과 *BB*곡선은 같은 폭으로 하향이동하게 된다.

요약

01. 환율결정이론은 유량접근과 저량접근으로 대별할 수 있고, 저량접근모형은 다시 신축가격모형, 경직가격모형, 포트폴리오 모형으로 나누어 볼 수 있다.

02. 유량접근의 케인지언 모형은 경상수지균형에서 출발하는데, 경상수지 흑자(적자)는 환율을 하락(상승)시킨다.

03. 신축가격모형에 의하면 양국 간 환율이 결정되는 데에 있어서 가장 중요한 변수는 양국 화폐공급의 비율이다. 다른 변수들이 일정할 때 일국의 화폐공급이 증가할 경우 그 나라의 통화가치는 감소하게 된다.

04. 경직가격모형에 따르면 환율은 물가에 비해 변동속도가 매우 빠르게 되므로 경제적 충격이 가해질 경우 환율이 장기균형수준을 훨씬 넘어서 상승하는 환율의 오버슈팅 현상이 생기게 된다. 이러한 오버슈팅 현상은 기본적으로 생산물가격보다 빠르게 변동하는 자산가격의 특성에 의해 나타나는 결과라고 해석될 수 있다.

05. 화폐공급, 물가, 금리, 국민소득 등의 거시경제변수에 근거한 환율결정이론은 최근에 와서 모형의 유용성에 대한 반론에 직면하고 있다. 즉, 환율의 단기적 급변동 사례가 빈번해지는 상황하에서 환율의 단기적 움직임을 거시경제변수를 가지고 설명하기에는 한계가 있다는 인식이 확산되면서 환율결정이 외환시장의 미시적인 구조에 의해 결정된다는 견해가 대두되고 있다. 이는 환율변동을 결정하는 기초변수에 거시적인 변수 이외에 다른 변수들도 새로이 포함되어야 한다는 것을 의미한다고 볼 수 있다.

06. 환율예측기법들은 시장균형조건을 이용하는 분석, 기초적 분석 및 기술적 분석이 있다. 이러한 기법들은 미래환율을 예측하는 데 성과가 좋지 못했으며, 심지어 거시경제변수들을 이용한 환율의 예측보다 현물환율로 미래의 환율을 예측하는 것이 낫다는 것이 임의보행이론까지 제시되었다. 1980년대 중반에 성립된 이 이론은 최근에 와서 재검토되고 있으며, 비록 단기에 있어서는 환율예측이 거의 불가능하지만 장기에 있어서는 환율이 기초경제변수들과 안정적인 관계를 보이고 있다는 연구결과들도 제시되고 있다.

주요 용어

경직가격모형
관리변동환율제도
구매력평가
기술적 분석
기초적 분석
매수-매도호가 스프레드
시장미시구조
신축가격모형
오버슈팅
운석쇄도현상
이자율평가
임의보행가설
자기확신적 기대
자산균형접근
자산시장접근
전일시장
카오스
투기버블
합리적 기대가설
환율예측

연습문제

01. 만일 국내중앙은행이 국내투자자가 보유한 외국채권을 매입하는 정책을 사용할 경우 이러한 정책이 환율과 기타변수에 미치는 영향은 어떠하겠는가?

02. 자산균형접근에서 각 자산이 서로 완전대체재일 경우 어떤 현상이 발생할 수 있는지 예를 들어 설명하시오.

03. 국민소득, 화폐공급, 인플레이션, 이자율이 환율결정에 미치는 효과에 대해 유량접근법, 신축가격, 경직가격, 먼델-플레밍 모형을 비교·설명하시오.

04. 현재의 자산가격이 미래에 대한 예측을 반영한다는 점을 몇 가지 예를 통해 설명하시오.

05. 변동환율제도하에서 환율급변은 이제 특이한 현상이 아닌 평범한 현상이다. 기존 환율결정이론이 이 현상을 어떻게 설명할 수 있는가?

참고문헌

강삼모 · 이창수, "수출국과 수입국 통화의 대미환율 변동성이 수입에 미치는 영향", 『경제학연구』 제53편 제4호, 2005.

이영섭 · 이종욱 · 예종홍, "국제금융의 최근 동향", 금융분야별 학술연구 동향, 한국금융학회, 1995.

이종욱, "환율스프레드, 외환시장 및 금융산업의 발달", 『경제학연구』 제43집 제4호, 1996년, pp. 95-119.

Dornbusch, R., "Expectations and Exchange Rate Dynamics," *Journal of Political Economy* 84, 1976.

Engle, R., T. Ito and W. L. Lin, "Meteor Showers or Heat Waves? Heteroskedastic intra-daily Volatility in the Foreign Exchange Market," *Econometrica* 58, 1990, pp. 525-542.

_____, "Where does the meteor shower come from? The Role of Stochastic Policy Coordination," *Journal of International Economics* 32, 1992, pp. 221-222.

Frankel, J., "Monetary and Portfolio Balance Models of Exchange Rate Determination," in Bhandari, J., B. Putnam and J. Levin, eds., *Economic Interdependence and Flexible Exchange Rates*, MIT Press, 1983.

______, "Money and Portfolio-Balance Models of the Determination of Exchange Rates," in J. A. Frankel, eds., *On Exchange Rates*, MIT, 1993.

Frankel, J. and Dornbusch, R., "The Flexible Exchange Rate System : Experience and Alternatives," in J. A. Frankel, ed., *On Exchange Rates*, MIT, 1993.

Frankel, J. and A. Rose, "Empirical Research on Nominal Exchange Rates," in G. Grossman and K. Rogoff, eds., *Handbook of International Economics* III, 1995.

Frankel, J. and K. A. Froot, "Exchange Rate Forecasting Techniques, Survey Data, and Implications for the Foreign Exchange Market," *NBER Working Paper* 3470, 1990.

Garber, P. and R. Spencer, "Dynamic Hedging and Interest Rate Defense," in J. Frankel, G. Galli, and A. Giovannini, eds., *Microstructure of Foreign Exchange Markets*, Chicago University Press, 1995.

Goodhart, C. and L. Figliuoli, "Every Minute Counts in Financial Markets," *Journal of International Money and Finance* 10, 1993, pp. 23-52.

Goodhart, C. & L. Giugale, "Every Minute Counts in Financial Markets," *Economica 55*, 1988, pp. 437-460.

Helpman, E., L. Leiderman, and G. Buffman, "A New Breed of Exchange Rates : Chile, Israel and Mexico," *Economic Policy* 19, October 1994, pp. 259-306.

Hodrick, R., *The Empirical Evidence on the Efficiency of Forward and Future Foreign*

Exchange Markets, New York : Harwood Academy Publishers, 1987.

______, "Risk, Uncertainty, and Exchange Rates," *Journal of Monetary Economics* 23, 1989, pp. 433-459.

Hodrick, R. and S. Srivastava, "The Covariance between Risk Premiums and Expected Future Spot Exchange Rates," *Journal of International Money and Finance* 5, 1986, pp. S5-S22.

Jorion, P., "Risk and turnover in the foreign exchange market," in J. Frankel, G. Galli, and A. Giovannini, eds., *The Microstructure of Foreign Exchange Markets*, University of Chicago, 1995.

Krugman, P. and M. Miller, "Exchange Rate Targets and Currency Bands," Cambridge University Press, 1992.

Liu, P. and G. S. Maddala, "Rationality of Survey Data and Tests for Market Efficiency in the Foreign Exchange Markets," *Journal of International Money and Finance* 11, 1992, pp. 366-381.

MacDonald, R. and M. Taylor, "Exchange Rate Economics : A Survey," *IMF Staff Papers* 39(1), 1992, pp. 1-57.

______, "The Monetary Model of the Exchange Rate : Long-run Relationships, Short-run Dynamics and How to Beat a Random Walk," *Journal of International Money and Finance* 13, 1994, pp. 276-290.

Mark, N. C., "On Time Varying Risk Premia in the Foreign Exchange Market : An Econometric Analysis," *Journal of Monetary Economics* 16, 1985, pp. 3-18.

______, "Exchange Rates and Fundamentals : Evidence on Long-Horizon Predictability," *American Economic Review*, March 1995, pp. 201-218.

Meese, R. and K. Rogoff, "Empirical Exchange Rate Models of the Seventies : Do They Fit out of Sample?," *Journal of International Economics*, February 1983a, pp. 3-24.

______, "The Out-Of-Sample Failure of Empirical Exchange Rate Models : Sampling Error or Misspecification?," in J. Frenkel eds., *Exchange Rates and International Macroeconomics*, University of Chicago Press, 1983b, pp. 67-112.

______, "Was It Real? The Exchange Rate-Interest Rate Differential Relation Over the Modern Floating-Rate Period," *Journal of Finance* 43, 1988, pp. 933-948.

Obstfeld, M. and K. Rogoff, "Exchange Rate Dynamics Redux," *Journal of Political Economy* 103, 1995, pp. 624-630.

______, *Foundations of International Macroeconomics*, Cambridge : MIT Press, 1996.

______, "Risk and Exchange Rates," *NBER Working Paper* 6694, 1998.

Rose, A., "Are Exchange Rates Macroeconomic Phenomenon?," *Federal Reserve Bank of San Fransisco Economic Review* 94-1, 1994, pp. 19-30.

Wasserfallen, W. & H. Zimmerman, "The Behavior of Intra-daily Exchange Rates," *Journal of Banking and Finance* 9, 1985, pp. 55-72.

CHAPTER 10

환위험관리와 외환파생상품시장

1. 환위험관리
2. 외환파생상품시장의 현황과 특성
3. 외환파생상품
4. 외환파생상품의 구조와 특성
5. 외환파생상품시장

10 환위험관리와 외환파생상품시장

1. 환위험관리

1.1 환위험의 원천과 관리체계

환위험(foreign exchange risk)이란 외환시세 내지 환율의 변동으로 손실을 입을 가능성을 뜻하는데, 이런 위험은 단지 수출이나 수입을 하는 무역회사에게만 국한되지 않고 외화표시의 현금·유가증권·대출·예금·차입 등의 자산 또는 부채를 보유하고 있는 기업들에게도 발생하게 된다. 또한 미래에 수취하거나 지급하게 될 불확정 또는 확정 금액의 외화표시 현금흐름도 환위험을 발생시키게 된다. 광의로는 환율변동에 따르는 손실 또는 이익을 얻을 가능성도 계획상의 수치가 빗나간다는 의미에서 환위험에 포함된다.

환율의 변동성은 세계 각국이 1973년 초 브레튼우즈체제 및 스미소니언 체제에 의해 유지되어 온 고정환율제도를 변동환율제도로 이행하면서 격심해지기 시작하였다. 각국 정부들이 외환시장에 독자 또는 공동개입하거나 국가 간 금융협력 등을 통하여 환율변동을 감소시키려는 시도를 하였으나 뚜렷한 성과를 보이지 못하고 있다. 이에 따라 기업들은 환위험을 관리하기 위한 관리체제를 독자적으로 구축하지 않으면 안 되게 되었다. 효과적인 환위험의 관리를 위해서 먼저 기업은 인식·관리하여야 할 환위험의 범위, 즉 환노출(foreign exchange exposure) 내지 환포지션을 정의할 필요가 있고, 기업의 정상적인 영업이익 목표와 함께 손실허용한도를 포함한 외환거래의 손익목표를 설정하여야 한다.

이처럼 관리하여야 할 환노출이 정의되면, 환노출에 관한 정보를 수집·분석할 수 있는 체제가 구축되어야 한다. 이를 위해 우선 포지션 운영조직과

커버(위험관리)조직의 구분 운영을 통한 권한과 책임소재의 확립, 구체적인 포지션 관리체제의 완비(거래한도, 손실한도관리) 등이 필요하고 이를 담당할 전문인력의 확보 및 양성이 필요하다. 또한 기업의 현금흐름은 생산·마케팅 부문을 비롯하여 전 부문에서 발생하기 때문에, 재무관리자 외에 이들 부문의 관리자들을 포함하여 전체적인 환위험의 관리체제가 구축되어야 한다.

한편, 환위험의 관리 정보체제에 의해 파악된 각종 정보와 장래의 영업환경을 분석한 후 환위험에 대한 기업의 수용태세에 따라 공격적 또는 방어적 환위험관리전략을 선택하기도 한다. 이때 기업의 장단기 환율예측 능력이 가장 중요한 요인으로 작용한다. 환위험의 성격과 규모 그리고 장단기 관리전략에 따라 구체적으로 대내적 또는 대외적 환위험관리기법을 이용한다. 환위험관리기법은 거래비용과 기법의 효율성 등을 비교·검토하여 최종적으로 선택하며, 사후적 성과와 효율성을 종합평가한 후, 평가결과를 장래에 있어 새로운 전략수립 및 기법 선택에 활용하게 된다.

1.2 회계적 환위험과 경제적 환위험

환율변동에 노출됨으로써 발생하는 환위험은 일반적으로 일상적 거래로부터 발생하는 거래적 환위험(transaction risk)과 대차대조표상의 자산과 부채의 가치를 환산하는 과정에서 발생하는 회계적 환위험 내지 환산환위험(translation risk)으로 분류된다. 특히 전자의 경우 미래의 불확정한 거래로부터 발생하는 현금흐름에 대한 환위험을 경제적 환위험(economic risk)으로 세분류하기도 한다.

거래적 환위험의 간단한 예로는 한국의 제조업체가 일본산 기계부품을 일본 엔화로 구입하기로 계약을 체결한 것을 들 수 있다. 경제적 환위험의 예로는 한국의 제조업체가 주로 미국에 수출하는 경우 미래의 현금흐름도 미국 달러화로 표시되는 경우가 많으므로, 현재 거래가 아직 성립되지 않은 경우라도 원화 대 미달러화 환율이 변동됨에 따라 미래의 수출거래로 예상되는 미달러화표시 현금흐름은 환위험에 노출되게 된다. 회계적 환위험의 예로는 미국에 자회사를 가지고 있는 한국 다국적기업의 연결재무제표에 미국 자회사의 자산과 부채를 원화로 환산하는 경우를 들 수 있다.

환위험 노출[1]을 평가할 때 회계적 환위험과 경제적 환위험을 구분하는 것은 매우 중요하다. 회계적 환위험은 기업의 회계계정의 측정시 발생하는 위험이다. 기업의 수익·비용 등 현금흐름, 자산·부채의 표시통화, 대차대조표의 만기구조 등의 정보를 가지고 환위험의 규모, 즉 환노출을 객관적으로 평가할 수 있다. 따라서 회계적 환위험은 대체적으로 역사적 개념(backward looking concept)이라고 볼 수 있다. 회계적 환위험에 노출된 외환포지션의 경우 환율변동은 외화표시 자산과 부채, 수익과 비용, 이익과 손실을 자국통화로 환산한 금액의 변화를 초래한다. 그러나 이는 장부상의 가치만을 변동시키는 것으로 경제적 가치의 변동과 달리 진정한 기업가치의 변동을 의미하지는 않는다.[2]

이에 대해 경제적 환위험은 한 걸음 더 나아가 환율의 변동이 기업의 미래 및 현재에 걸친 영업활동에 따라 발생하는 현금흐름에 어떠한 영향을 미치는가를 보고자 한다. 즉, 경제적 환위험은 위험의 1차적 영향 외에도 기업의 전반적인 체제에 점진적 파장을 만들어나감으로써 생기는 2차적, 3차적 영향까지 고려하고자 한다. 이러한 관점에서 경제적 환위험은 예상하지 못한 환율변동에 의해 야기되는 기업 시장가치의 변동가능성이라고 정의될 수 있다.

회계적 환위험과 경제적 환위험을 구분하기 위해 미달러화에 대한 원화의 환율상승, 곧 미달러화의 가치상승이 한국 제조기업에 전형적으로 미치는 영향을 생각해 보자. 회계적 환위험은 경제적 환위험에 비해 계량화하기 쉽다. 환율이 상승하면 미달러화 부채에 대해 보다 큰 원화표시 이자비용을 지급해야 할 것이며, 미달러화 자산으로부터는 더 많은 원화표시 이자를 수취할 것이다. 만약 이 기업이 환위험을 헤징하고자 금융공학 수단을 사용했다면 해당 헤징의 성격에 따라 손익이 발생할 것이다.

반면에 경제적 환위험은 영향범위가 넓기 때문에 계량화가 쉽지 않다. 미

---

1) 환위험 노출은 환노출과 같은 의미로서, 환위험 개념과는 통상 구분된다. **환위험**은 환율변동에 따른 손실과 이익이 발생할 가능성을 의미하는 데 비해, **환노출**은 환위험에 노출된 자산·부채·수익·비용의 범위 또는 금액을 의미한다.

2) 해외자회사의 재무제표를 모회사의 본국통화표시로 회계적으로 환산하는 방법에는 현행환율법, 유동성·비유동성 구분법, 화폐성·비화폐성 구분법, 시제법 등이 사용되고 있는데, 이에 관한 상세한 내용은 경영학의 국제재무관리 교과서를 참고하기 바란다.

달러화 대비 원화가치의 상승은 수입품의 원화표시 가격을 하락시키고 수출품의 미달러화표시 가격을 상승시킨다. 이와 같은 환율의 변화는 기업경쟁력의 약화, 재무상태의 악화를 초래하지만 그 영향의 크기를 적절히 계량화하기가 쉽지 않다.

또 다른 예를 들어보자. 대전에 소재하는 가상의 제조회사가 다음과 같은 특징을 가지고 있다고 하자.

① 모든 원재료는 지역소재 공급자로부터 구입하며 원화로 결제된다.
② 모든 노무비 및 기타 생산비용은 원화로 발생한다.
③ 모든 생산설비는 국내 설비제조업자로부터 구입하며 원화로 결제된다.
④ 모든 완제품은 국내 여러 지역에서 원화로 판매된다.
⑤ 모든 자금차입은 지역소재 은행으로부터 원화로 이루어진다.

이 '국내'기업은 다른 위험은 몰라도 적어도 환위험과는 무관하다고 판단될 것이다. 이 기업은 외국과 멀리 떨어져 한국의 중부지역에서 영업활동을 하며, 모든 비용과 수익 등 현금흐름이 원화로 계산된다.

그러나 더 자세히 살펴보면 위의 분석이 간과한 요인이 하나 있다는 것을 깨닫게 될 텐데 그것은 다름 아닌 '경쟁'요인이다. 오늘날 모든 기업들은 사실 세계시장에서 영업을 하고 있다고 볼 수 있는데 앞의 기업이 외국으로 수출하는 데 관심이 없어도 유사제품을 외국으로부터 국내로 수입하는 데 관심 있는 다른 국내 기업들이 있을 수 있다. 만약 원화가 외국 통화에 대해 강세를 보이게 되면 국내로 수입되는 제품의 가격은 하락할 것이며 국내에서 영업하고 있는 이 기업의 안정된 지위는 위협받을 수 있다. 이런 영향을 계량화하는 것은 더욱 어려울 것이다.

1.3 환위험의 관리기법

기업의 환위험 관리에는 매우 다양한 종류의 기법이 사용되고 있는데, 크게 기업내부적 또는 비재무적 관리기법과 기업외부적 또는 재무적 관리기법으로 나눌 수 있다. 내부적 관리기법은 환위험을 최소화하기 위해 기업내부에서 재무관리의 한 부분으로서 수행되는 기법을 뜻하는데, 최근에는 생산·마케팅 등 기업 전 부문을 포괄하는 관리체제를 통해 수행되고 있다. 기업외부적 기법은 기업외부의 외환 · 금융시장을 이용하는 기법을 뜻한다. 내부적 기법이 환위험을 감소 또는 예방하기 위한 기법인 데 비해, 외부적 기법은 내부적 기법에 의해 제거되지 못한 환위험으로부터 손실이 발생되지 않도록 관리하는 기법이다.

(1) 기업내부적 · 비재무적 관리기법

① 상 계

상계(相計, netting)는 모회사와 외국에 소재한 자회사 간 또는 외국 자회사 상호 간에 발생하는 채권 · 채무를 개별적으로 결제하지 않고 일정기간 경과 후에 이들 채권 · 채무를 상계한 후 그 순차액만을 정기적으로 결제하는 제도로서 외환거래비용 및 자금이체비용이 절약될 수 있다.

모 · 자회사 간 또는 두 자회사 간에 발생하는 양자 간 상계에서는 상계협약으로만 충분하지만, 동일 기업그룹 내의 3개 이상의 회사 간에 이루어지는 다자간 상계에서는 일정기간마다 각각 수취 · 지급할 순차액을 산출하고 통보해 줄 중앙집중적인 자금관리센터(netting center)의 운영이 필요하며, 이때 순차액은 매트릭스방식에 의해 산출할 수 있다.

② 매 칭

상계와 유사하나 매칭(matching)은 외화자금의 유입과 유출을 통화별 · 만기별로 일치시킴으로써 외화자금흐름의 불일치에서 발생할 수 있는 환차손위험을 원천적으로 제거하는 기법으로서, 거래쌍방 간에 이종통화거래가 지속적으로 이루어지고, 특히 환노출관리체제가 중앙집중관리(centralized risk management)방식을 취하고 있는 경우에 보다 용이하게 활용될 수 있다.

동일통화표시에 의한 자금의 수입과 지출을 일치시키는 자연매칭(natural matching)과 동일통화 대신 환율변동 추세가 유사한 제3국 통화표시의 현금수지와 일치시키는 평행매칭(parallel matching)의 방식이 있다.

③ 리딩과 래깅(leading and lagging)

이는 환율변동에 대비하여 수출입대금 또는 기타 자금결제를 인위적으로 앞당기거나(leading) 또는 지연시키는(lagging) 것으로서 환율변동에 따른 환차손을 극소화시키거나 환차익을 극대화시키기 위한 환노출 관리기법이다. 이 기법은 본 · 지사 간, 그룹기업 간에 많이 사용되어 기업 내지 기업군 전체의 이익극대화를 추구하는 전략에서 보다 용이하게 실행될 수 있으나, 제3자와의 거래에서는 이해관계가 상충하여 사용상 제약을 받게 된다. 현금흐름의 인위적 조정방식은, 리딩의 경우에는 약세가 예상되는 통화를 조기 수취하고 강세가 예상되는 통화를 조기 지급한다. 반대로 래깅의 경우에는 약세가 예상되는 통화의 지급을 연기하고 강세가 예상되는 통화의 수취는 지연한다.

④ 운영정책의 변경

기업의 판매관리와 구매관리에 이용되는 가격정책을 환위험관리기법으로 이용하는 것으로서, 환율변동으로 인한 손실발생을 방지하기 위해 수출입 상품가격의 조정시점과 조정폭을 결정하는 상품의 가격조정(price variation)과 수출입표시 통화를 조정함으로써 환차익의 극대화 또는 환차손의 극소화를 도모하는 가격표시통화정책(currency of invoicing)이 있다. 후자의 경우 공격적 환위험관리전략을 구사하는 기업은 수출에는 강세통화, 수입에는 약세통화를 사용하려 하고, 방어적 기업에서는 수출입을 불문하고 자국통화를 표시통화로 사용하려 할 것이다.

한편, 동일 기업 또는 기업군 내의 수출입이 아닌 경우에는 수출입업체 간의 표시통화에 대해 이해가 상충되므로 이때는 50대50 방식으로, 즉 각자의 자국통화를 반반씩 사용하여 환위험을 배분하기도 한다. 다국적기업의 경우에는 그룹 전체의 세후순이익을 극대화할 수 있는 쪽으로 중앙집권적 재무관리를 통해 각 부문 간의 수출입표시 통화를 적절히 조정한다. 결국 가격정책상의 표시통화 채택문제는 기업의 국제경쟁력, 수출입시장이 구매자시장(buyer's market)이냐 또는 판매자시장(seller's market)이냐의 여부 등에 따라 결정될 수 있다.

기업은 생산관리의 측면에서도 환위험을 관리할 수 있다. 환율이 변동하면 자연히 외국으로부터 조달하는 원자재와 부품의 자국통화표시 비용이 달라진다. 자국통화의 가치가 하락하는 경우에는 수입품의 자국통화표시 가격이 상승하므로 부품과 원자재를 해외에서 조달하던 기업은 국내의 공급업체를 물색하게 될 것이다. 반대로 자국통화 가치가 상승하는 경우에는 수입원자재와 부품의 가격이 자국통화표시로 하락하게 되어, 공급원을 국내에서 해외로 전환시킬 것이다. 더 나아가 기업은 해외투자를 통해 생산입지를 해외로 전환할 수도 있다.

⑤ 리인보이싱 센터의 운영

이는 리인보이싱 센터(reinvoicing center)를 별도 법인으로 설립하여 본·지사 간 이종통화표시 채권·채무를 이 센터와의 단일통화거래로 단순화한 후 이 센터 내에서 환위험을 관리하는 기법이다.

⑥ 자산·부채관리

이는 기업 전체의 자산·부채를 종합적으로 파악하여 노출된 위험에 대하여 전반적으로 헤지함으로써 방어적 관리전략하에서 스퀘어 포지션(square position)으로 유도하는 기법이다. 즉, 대차대조표상의 자산·부채 항목, 손익계산서상의 수익·비용 항목, 현금유출입 항목의 표시통화 및 그 크기를 일치시키는 방향으로 환위험을 관리한다. 그러나 공격적 외환 부채-자산관리에서는 강세통화표시 자산, 수익 및 현금유입을 확대하는 한편, 강세통화표시 부채, 비용 및 현금유출을 축소함으로써 환차익을 극대화하고자 노력할 수 있다.

⑦ 포트폴리오이론에 따른 관리

이는 마코위츠이론 및 무위험자산을 포함한 포트폴리오선택이론과 자산가격선택이론(CAPM)에 의한 유가증권 포트폴리오선택이론을 환위험관리에 원용하는 기법이다. 포트폴리오이론에 따르면, 포트폴리오의 기대수익률은 개별 구성증권의 기대수익률의 가중평균과 동일하지만 기대수익률의 분산은 개별 구성증권 간의 상관계수가 1이 아닌 이상, 분산투자(diversification)를 통해 개별 구성증권의 분산의 가중평균보다 낮아진다는 것이다. 또한 지배원리(dominance principle)에 의거 동일한 위험수준하에서는 기대수익률이 높은 포트폴리오가 수익률이 낮은 포트폴리오를 지배하며, 동일한 기대수익률하에서는 위험수준이 낮은 포트폴리오가 위험이 높은 포트폴리오를 지배하는데, 이를 효율적 포트폴리오(efficient portfolio)라고 부른다.

포트폴리오이론은 전통적인 환위험의 관리에는 여러 가지 한계점이 존재한다고 지적한다. 먼저 공격적 환위험의 관리전략하에서 수행되는 환율예측에 기초한 선택적 헤징(selective hedging)은 계속적으로 성공할 수 없으며, 방어적 환위험의 관리전략에 따라 환위험을 헤지하려고 하는 내부적 및 외부적 관리기법 역시 한계가 있을 수 있다. 또한 자산·부채를 구성하는 통화의 종류가 다수일 경우 각 통화별로 환위험을 관리하는 것은 통화 간의 상관관계를 무시하는 관리방식이라고 비판한다.

포트폴리오이론을 적용한 외환포트폴리오는 외환대출포트폴리오와 외환차입포트폴리오로 구분되며, 전자에서는 동일한 위험수준에서 최대의 기대수익률을 갖는 포트폴리오를, 후자에서는 동일한 위험수준에서 최소의 기대차입이자율을 갖는 포트폴리오를 선택하게 된다. 그러나 이런 효율적 포트폴리오 구성을 통한 환위험의 관리는 외화자산·부채의 규모가 일정수준 이상이라야 활용이 가능하다는 한계가 존재한다.

(2) 기업외부적·재무적 관리기법

기업외부적 관리기법은 외환·금융시장의 상품들을 이용하여 환위험을 관리하는 것으로서, 특히 1980년대 이후 급성장을 보이고 있는 파생금융상품시장이 대표적인 기업외부시장으로 등장하고 있다. 이에 따라 기업은 통화스왑, 통화선물, 통화옵션 등을 주요한 환위험관리 수단으로 채택하고 있다. 또한 이러한 기업외부시장은 거래소시장과 장외시장으로 구분되는데, 특히 은행을 중심으로 한 장외시장이 기업의 환위험관리를 위해 보다 중요한 기능을 담당하고 있다.

2. 외환파생상품시장의 현황과 특성

우리나라는 지난 1999년 4월, 2001년 1월 두 차례에 걸쳐 전면적 자본 및 외환자유화조치를 단행하였다. 오랫동안 시행했던 외국환관리법을 폐지하고 이를 외국환거래법으로 대체함으로써 개인과 기업의 외환거래 및 보유를 원칙적으로 금지하되 예외적으로 허용하는 규범 대신에 원칙적으로 허용하되 예외적으로 금지하는 국제규범을 따르게 된 것이다.

2004년 12월 원화가 CLS(Continuous Linked Settlement) 외환동시결제시스템의 결제통화로 지정된 후 2006년 9월 종합선물거래소인 CME(Chicago Mercantile Exchange)에 원화를 상장하였다. 2006년 원화가치의 상승압력에 대응하여 정부는 부동산 투자 등 자본의 유출을 촉진하는 한편 당초 예정된 외환자유화 일정을 앞당겨 2009년까지 전면적 자유화 조치를 단행하고, 금융기관의 외환거래를 촉진하기 위해 관련 규제를 철폐하거나 대폭 완화하는 외환시장 선진화를 추진하게 되었다.

이와 같은 변화는 경제활동에 따른 외환거래, 특히 외환파생거래를 촉진하여 외환시장의 발전에 기여하였다. 국제결제은행인 BIS가 발표한 <표

표 10-1 주요국 일평균 외환거래 및 외환파생상품거래 추이(4월, 10억 달러)

국 가	총 외환거래				외환파생상품거래			
	1998	2007	2013	2019	1998	2007	2013	2019
호 주	48	176	182	119	29	132	134	86
벨 기 에	27	50	22	36	20	35	18	32
캐 나 다	38	64	65	109	27	50	50	91
홍 콩	38	181	275	632	49	143	223	520
일 본	146	250	374	376	89	149	218	278
한 국	4	35	48	55	1	18	28	35
싱가포르	145	242	383	633	85	153	280	479
스 위 스	92	254	216	276	57	145	154	212
영 국	685	1,483	2,726	3,576	468	1,148	1,694	2,432
미 국	383	745	1,263	1,370	235	434	643	894

자료 : BIS(2019).

10-1>의 주요국 외환거래통계에 따르면 우리나라 일평균 외환거래는 외환자유화조치 이전인 1998년 40억 달러에 지나지 않았으나 2019년에는 550억 달러로 크게 확대되었다. 그러나 2019년 우리나라의 총 외환거래량은 싱가포르나 홍콩의 약 8.7% 내외로서 외환시장의 발전도는 경제규모에 비하여 아직 매우 낮은 수준이다. 외환파생상품거래 일평균 거래량 역시 1998년 10억 달러 수준에서 2019년 350억 달러로 35배나 증가하였으나 홍콩과 싱가포르에 비해서는 각각 6.7%, 7.3%의 수준에 불과하다.

외환파생상품시장이 발달하지 못하면 환위험을 적절히 관리할 수 없기 때문에 수출, 수입 등의 대외거래가 위축될 수 있다. 예를 들면, 국내에서 원화로 지급하고 해외에서 달러화로 결제하는 수입업자는 원/달러 환율의 변동성이 높을 때 선물환계약 등을 통해 미달러화를 안정적으로 확보할 수 없다면 수입재화를 국내에 안정적이고 원활하게 공급하지 못하게 될 것이다.

한편, 국내에서 생산품을 원화로 조달하여 해외에서 미달러화로 결제하는 수출업자의 경우도 마찬가지이다. 원/달러 환율의 변동성이 높을 때 안정적인 수출활동을 기대할 수 없다. 이때 수입업자에게 환위험은 환율이 오르는 위험(이를 upside risk라 한다)이며, 반대로 수출업자의 환위험은 환율이 내리는 위험(이를 downside risk라 한다)이다. 이 두 환위험은 서로 상쇄될 수 있는 위험이며 따라서 서로 원/달러 환율을 사전에 미리 확정하고자 하는 동기가 있다.

한편, 외환파생상품시장의 규모가 작다는 것은 특정 부문의 위험이 다른 부문으로 충분히 분산되지 못하고 있음을 의미한다. 예를 들어, 외화대출을 과다하게 공급한 은행은 예상치 못한 급격한 환율의 변동으로 인하여 심각한 환손실에 노출될 수 있다. 만약 이 은행이 환리스크를 적절히 관리하지 못하였다면 경우에 따라서는 심각한 지급불능의 문제에 처할 수 있다. 이때 환리스크를 안고 있지 않은 다른 은행이 일정한 프리미엄을 받고 대신 환위험을 떠안을 수 있다면 환위험은 분산되어 환손실로 인한 지급불능의 위험은 예방될 수 있다. 결국 국민경제의 측면에서 볼 때 파생금융시장은 기초자산가치의 변동에 따른 위험이 특정 부문에 집중되지 않고 경제전체로 적절히 분산하는 기능을 수행하는 것이다.

선진국과 신흥시장국을 중심으로 자본자유화가 크게 진전되면서 외환거

표 10-2 전 세계 외환시장 일평균 거래량(4월, 10억 달러)

구 분	1998	2004	2007	2010	2013	2019
현물환	568	631	1,005	1,488	2,047	1,987
선물환	128	209	362	475	679	999
외환스왑	734	954	1,714	1,759	2,240	3,202
통화스왑	10	21	31	43	54	108
통화옵션 및 기타	87	119	212	207	337	294
총 계	1,527	1,934	3,324	3,971	5,357	6,590

자료 : BIS(2019).

래규모가 비약적으로 증가하였으며, 특히 1990년대에 들어와 외환파생상품거래가 기초자산인 현물환거래의 비중을 역전하는 현상이 나타나고 있다. 이는 외환파생상품거래가 외환시장의 주도적 위치를 차지하고 있음을 의미한다.

<표 10-2>는 BIS가 추정한 전 세계 외환시장의 일평균 거래규모를 보여준다. 이 표에 따르면 외환파생상품거래가 기초자산인 현물환거래 규모를 역전하고 있으며, 특히 2007년에는 두 배를 초과하고 있다. 글로벌 금융위기의 영향으로 외환파생상품거래량의 증가율은 둔화되어 2013년에는 외환파생상품거래량이 현물환거래의 약 1.6배를 기록하였으나 2019년에는 다시 두 배 이상으로 회복되었다.

외환파생상품시장은 수출업자와 수입업자의 경우와 같이 다양한 동기를 가진 시장참여자가 대상자산인 외환의 거래로부터 발생하는 환위험을 관리하기 위해 만들어진 시장이다. 일반적으로 외환파생상품시장은 다른 파생금융상품시장과 마찬가지로 기초자산시장, 즉 현물환시장의 유동성을 높이고 불균형이 발생할 때 환율의 미세한 조정으로도 외환시장의 안정이 회복되는 긍정적 효과를 가진다.

그러나 뒤에서 상세하게 설명하겠지만 외환파생상품거래는 그 속성상 차입을 동반한다. 그 결과 환율이 어느 한 방향으로 움직일 것으로 기대될 때 남의 돈을 빌려서 환투기를 하는 것이 가능하여 외환파생금융상품은 매우 효과적인 투기적 공격의 수단이 될 수 있다. 1992년 유럽통화위기 당시 통화옵션을 이용한 투기적 공격이 광범위하게 일어났으며 1997년 태국의 바트화

위기에는 선물환을 이용한 투기적 공격이 일어났다. 이와 같이 외환파생상품 시장은 환위험을 헤징하는 유용한 수단을 제공하나 환율변동이 어느 한쪽 방향으로만 이동할 때 경우에 따라서는 투기적 공격을 조장하여 외환위기를 주도하는 양면성을 가진다.

노벨상 수상자이며 한때 세계유수의 헤지펀드 LTCM(Long-Term Capital Management)사의 대표였던 쇼울즈(M. Scholes)는 파생금융상품은 결코 특별한 것이 아니며 단지 동일한 이윤을 창출하기 위한 다양한 방법을 시장이 고안한 것뿐이라고 강조하고 있다.[3] 그럼에도 불구하고 파생금융상품이 어떤 특성과 경제적 함의를 가지는지에 대한 이해는 매우 중요하다. 당초 외환파생금융상품은 국제자본거래에 따르는 환리스크를 관리하기 위한 목적에서 도입되었다.

그러나 현실은 외환파생상품거래가 동반하는 차입전략의 특성으로 인하여 국제수지표상의 금융계정이 실제 자본이동을 반영하지 못하게 하여 정부가 외환파생상품거래를 제대로 파악할 수 없을 때 정책운용에 자칫 중대한 오류를 범할 수 있는 위험이 있다. 1994~95년의 멕시코 페소화 위기 당시 미달러화 환율에 연동된 국채인 테소보노(Tesobonos)에 대한 스왑거래가 대표적인 사례이다.

다음 절에서는 선물환, 통화옵션, 스왑과 같은 기본적인 외환파생상품을 설명하고, 제4절에서는 외환파생금융상품과 기능적으로 동일한 합성외환파생금융상품을 고려함으로써 외환파생상품의 구조적 특성을 설명한다. 제5절에서는 시장조성자의 헤징활동과 중앙은행의 시장개입과 같은 외환파생시장의 문제를 설명한다.

---

3) Scholes(1996) 참조.

3. 외환파생상품

일반 파생금융상품과 마찬가지로 외환파생상품의 경우도 현물환거래를 기초로 다양한 복합 외환파생상품이 구성되며 종종 금리 관련 파생금융상품과 결합되기도 한다. 여기서는 선물환, 통화옵션, 통화 및 외환 스왑 등 기본적인 외환파생상품의 유형을 설명한다.

3.1 선물환

선물환거래란 장래 특정일에 미리 약정된 환율로 일정액의 외환을 매매하는 거래로 가장 흔히 용이하게 이용되는 환위험관리기법이다. 선물환(currency forward)거래에 이용되는 선물환율(forward exchange rate)은 현물환율(spot exchange rate)로부터 양 통화 간의 이자율 차이를 감안하여 산출된다. 즉, 선물환율은 기본적으로 이자율평가에 기초하여 두 나라 간의 금리격차와 현물환율 수준에 따라 결정된다.

선물환거래는 환율변동에 수반하여 발생하는 환위험을 회피하기 위한 헤징 또는 환차익의 극대화를 위한 투기수단 등으로 이용된다. 먼저 헤징수단으로서의 선물환거래는 외환거래의 두 당사자 간에 장래의 외환결제에 적용할 환율을 거래시점에서 미리 약정함으로써 환율변동에서 초래되는 환위험을 회피하게 된다. 또한 환차익의 극대화를 위한 투기수단으로 이용되는데, 이러한 목적의 선물환거래는 환율예측이 투기자의 예상대로 실현될 경우에는 자기자금의 부담 없이 일정기간 후에 환차익을 얻을 수 있으나, 환율예측과 반대방향으로 환율변동이 발생할 경우에는 손실을 보게 될 수도 있다.

[그림 10-1]은 원/달러 선물환율을 1,200원/달러로 하였을 때 만기시점에서 1달러 선물환을 매입한 투자자의 현물환율에 대한 수익곡선을 나타낸다. 만기시 현물환율에서 선물환율을 차감한 액수가 사후적인 투자수익이며 선물환계약 시 수수료 등 거래비용을 고려하지 않은 것이다. 또 이 수익곡선은 선물환의 가치를 표시한다. 만기일 현물환율이 1,200원/달러를 초과할 경우, 선물환을 매입한 투자자는 미화 1달러당 초과분만큼의 이득을 취할 수 있으

그림 10-1 선물환가치

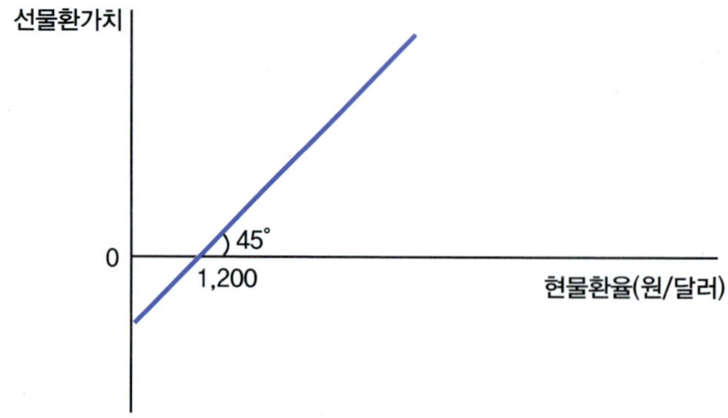

선물환율 1,200원/달러인 선물환 매입 시 만기일 선물환가치

며, 이는 곧 선물환가치에 해당한다.[4] 만약 만기시 현물환율이 1,200원/달러이라면 선물환가치는 0이 되며 1,200원/달러에 못 미칠 때 그 차이만큼 투자자는 손실을 보게 되어 선물환가치는 손실분만큼의 음의 값을 가진다.

선물환거래는 현물환 포지션의 조정과 달리 즉각적인 자금결제의 부담 없이도 환포지션을 조정할 수 있을 뿐만 아니라, 외환스왑거래의 한 부분으로서 이용되어 일시적인 포지션 불일치, 즉 매입 또는 매도 초과포지션(overbought or oversold position)을 해소해 줄 수도 있다.

단순 선물환의 변종으로 선택일부 선물환(option-dated forward)이 있는데, 이 계약에서는 고객이 정해진 기간 중 아무 때라도 확정환율로 통화를 교환할 수 있는 권리를 가진다. 장기선물환(long-term forward exchange : LTFX)은 1개 또는 그 이상의 단순 선물환으로 구성되는데, 결제일이 계약일로부터 1년 이상 이후가 된다.

선물환상품의 장점은 모두 장외상품이기 때문에 고객의 특수한 요구를 만족시키기 위해 계약조건을 정할 수 있다는 점이다. 계약금액이 아무리 적다 할지라도, 계약기간이 비표준적일지라도, 거래통화가 주요 통화가 아닐지

---

4) 물론 현실적으로는 거래비용이 존재한다.

라도, 선물환상품은 거래가 가능하다.

예를 들어, 10주 후에 100만 달러를 지불해야 하는 한국기업을 생각해 보자. 이 기업은 필요한 미달러화를 얻기 위해서 지불해야 하는 원화금액을 확정하기 위해 단순 선물환거래를 할 수 있다. 또한 달러 지급시점이 정해지지 않고, 단지 지금부터 8주에서 10주 사이일 것 같으면 선택일부 선물환거래를 할 수 있다. 만약 이 기업이 향후 5년 동안 매년 50만 달러씩 지불해야 한다면, 장기선물환으로 정해진 결제일에 달러 채무를 원화 채무로 전환시킬 수도 있다.

3.2 통화옵션

통화옵션(currency option)은 특정 통화를 미래 일정시점에만 또는 일정시점 이내에 미리 약정된 가격으로 매입 또는 매도할 수 있는 권리이다. 옵션매입자는 옵션 프리미엄을 대가로 일정량의 통화를 미래에 미리 약정된 가격으로 매입 또는 매도할 수 있는 권리를 취득하는 데 비해, 옵션매도자는 시장가격이 약정가격에 대하여 불리하게 변동함에 따르는 무한정의 실행의무를 지게 된다.

통화옵션을 구체적으로 분류하면, 특정 통화를 살 수 있는 권리를 통화콜옵션(currency call option)이라 하고, 팔 수 있는 권리를 통화풋옵션(currency put option)이라고 한다. 한 통화의 콜옵션은 다른 통화의 입장에서는 풋옵션이 된다. 예컨대, 유로화를 받고 미달러화를 팔 수 있는 권리, 즉 달러 풋옵션이기도 하다. 옵션계약이 종료되는 날짜를 만기일이라고 한다. 만기일 이전에 언제든지 권리를 행사할 수 있는 옵션을 미국식 옵션(American option)이라 하고, 만기일에만 권리를 행사할 수 있는 옵션을 유럽식 옵션(European option)이라 한다. 옵션을 행사할 때 적용되는 환율은 계약시 미리 약정해 두는데, 이를 행사가격(exercise price 또는 strike price)이라고 한다. 통화옵션의 매입자는 발행자에게 권리를 사는 대가로 일정액을 지불해야 하는데 이를 옵션 프리미엄(option premium)이라고 한다. 옵션의 매입자는 약정된 계약이 자신에게 유리할 때에만 이를 행사한다. 그러나 옵션의 발행자는 매입자의 이익을 반드시 책임져야 할 의무가 생긴다.

통화옵션의 요체는 비대칭적인 수익을 준다는 점에 있다. 풋옵션이든 콜옵션이든 매입자의 손실은 통화옵션계약을 사기 위해 지불한 가격, 즉 프리미엄에 국한된다. 그러나 옵션매입자의 잠재적인 이득은 무제한이다. 이 비대칭성이 바로 옵션을 선물환계약과 구별짓는 특징이다.

[그림 10-2] (a)는 1,200원/달러를 행사가격으로 하는 유럽식 달러 콜옵션에 투자하였을 때 만기일 현물환율 수준에 따른 통화콜옵션 매입자의 수익을 표시하고 있다. 현물환율이 1,200원/달러보다 작을 때 콜옵션을 행사할 기회를 상실하게 되며 따라서 수익은 0이 된다. 한편, 1,200원/달러보다 클 때 옵션 행사시 그 차이만큼 수익을 보게 된다. 이와 같은 비대칭성은 통화옵션에 대한 투자가 투기적 성향을 보이게 하는 요인이다. [그림 10-2] (b)는 동일한 행사가격으로 달러 풋옵션을 매입한 투자자의 수익곡선이다. 한편, 옵션투자자(옵션매입자)의 수익은 옵션발행자(옵션매도자)의 손실에 해당된다. [그림 10-2] (c), (d)는 각각 콜옵션과 풋옵션 발행자의 만기시 실현된 현물환율수준에 따른 손실규모를 표시하고 있다.

옵션거래에는 다소 생소한 용어가 사용된다. 옵션의 매입자가 당장 권리를 행사한다고 가정할 경우 발생하는 수익을 옵션의 내재가치(intrinsic value)라고 부르는데, 이는 행사가격과 현물환율 간의 차이로 측정한다. 옵션 행사시 내재가치가 양(+)의 값인 경우 이 옵션을 내가격(內價格, in-the-money) 상태에 있다고 하고, 그 반대의 경우에는 외가격(外價格, out-of-the-money) 상태에 있다고 한다. 한편, 내재가치가 0인 경우에는 등가격(等價格, at-the-money) 상태라고 한다.

통화콜옵션의 간단한 예를 들면 다음과 같다. 10,000달러의 3개월 만기 유럽식 콜옵션을 미화 1달러당 1,200원의 행사가격에 미화 1달러당 10원, 즉 100,000원을 지불하고 매입하였다고 하자. 이것은 매입자가 앞으로 3개월이 지난 만기일에 미화 1달러당 1,200원의 환율에 10,000달러를 살 수 있는 권리를 가지는 대가로 100,000원을 지불했다는 것을 의미한다. 또한 현재환율이 미화 1달러당 1,250원이라면 이 콜옵션은 내가격상태에 있으며, 이때 내재가치는 500,000원(50원 × 10,000)이 된다.

그림 10-2 통화옵션의 수익·손실 구조

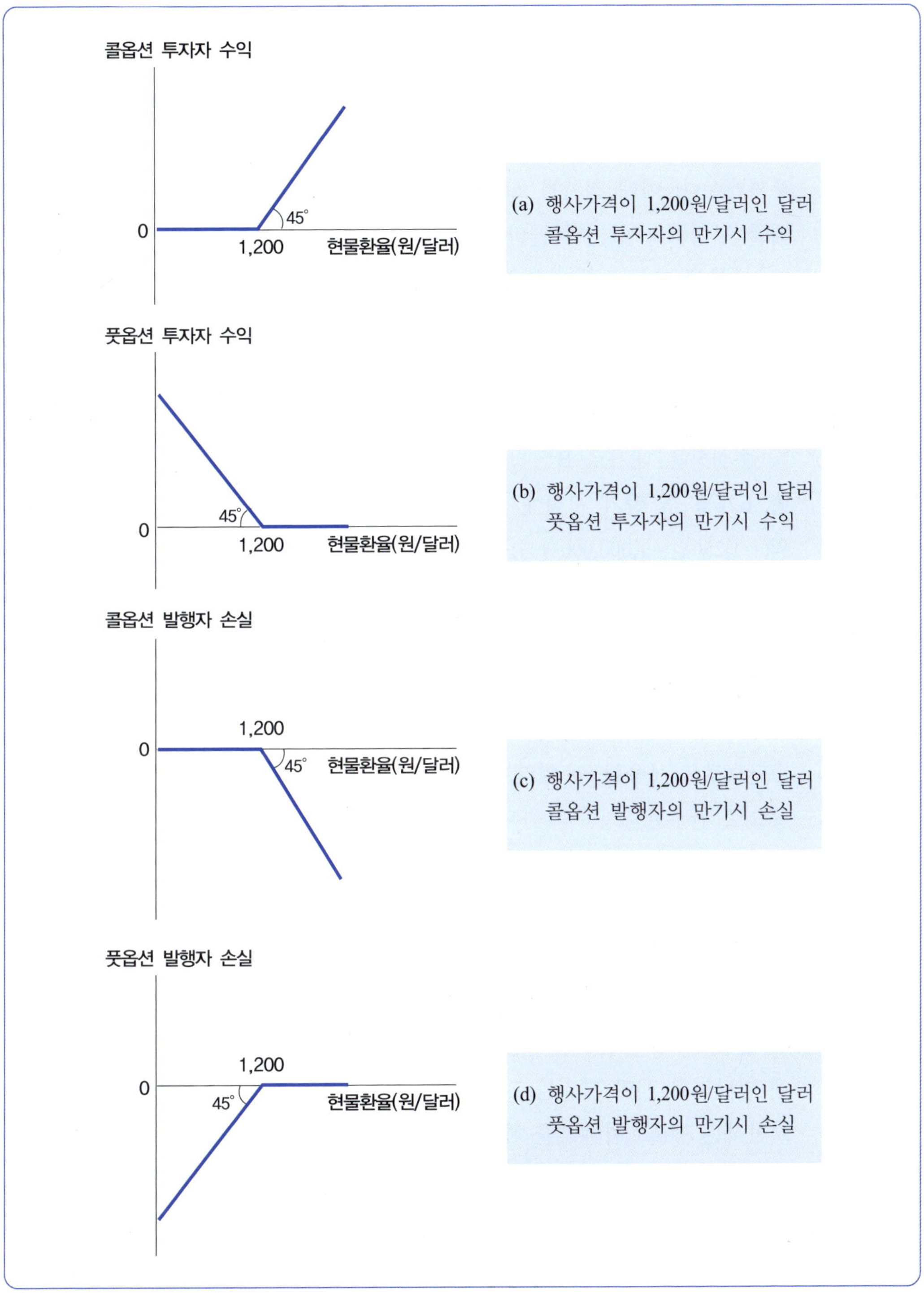

3.3 외환스왑 및 통화스왑

외환스왑(foreign exchange swap)거래는 현물환거래와 선물환거래를 결합한 외환파생상품거래이다. 특정일에 현물환율로 일정규모의 외환을 교환한 후 일정시점에서 선물환율로 동일 통화를 재교환할 것을 약속하는 외환파생상품거래이다. 이때 전자를 short leg, 후자를 long leg라고 부른다. 외환스왑거래를 구성하고 있는 현물환거래와 선물환거래의 거래상대방은 동일해야 한다. 예를 들어, A은행이 B은행으로부터 현물환시장에서 1,200원/달러의 환율로 미달러화 백만 달러를 매입함과 동시에 A은행이 B은행에게 6개월 만기 선물환시장에서 1,250원/달러의 환율로 미달러화 백만 달러를 매도하는 외환스왑거래를 체결하였다고 하자. 거래시점에서 A은행은 미달러화 백만 달러를 수취하는 대가로 B은행에게 12억 원(=1,200원 × 1,000,000달러)을 지급하며, 6개월 후 만기 시점에서 B은행에게 백만 달러를 상환하는 대신 12.5억 원(=1,250원 × 1,000,000달러)을 수취한다.

외환스왑은 국제자금시장에서 외화자금 조달이 어려운 경우 환위험을 회피하면서 외화자금을 원활히 조달하는 데에 유용하게 활용할 수 있다. short leg를 통하여 외화를 확보한 후 일정기간 동안 이를 운용한 후 long leg를 통하여 이를 상환하면 된다. 외환스왑거래는 반대로 유휴 외화자금을 운용하는 수단으로도 사용할 수 있다. 따라서 외환스왑거래를 흔히 외화대차거래의 일종으로 간주한다.

통화스왑(currency swap)이란 외환스왑과 마찬가지로 거래당사자 간에 서로 다른 통화를 교환하고 일정기간 후 원금을 재교환하기로 약정하는 거래를 말한다. 그러나 통화스왑은 외환스왑과는 달리 계약기간 중 이자(매 6개월 또는 매 3개월)를 교환하고 만기시점에서는 처음 원금을 교환했을 때 적용했던 환율로 다시 원금을 교환한다. A은행이 B은행과 현물환율 1,200원/달러에 미달러화 백만 달러를 지급하고 원화를 수취한 후 만기시점에 원금을 재교환하는 통화스왑계약을 하였다고 하자. 거래시점에 A은행은 B은행에게 백만 달러를 지급하는 대가로 원화 12억 원(=1,200원 × 1,000,000달러)을 수취하며, 계약기간 중 A은행은 B은행에게 정기적으로 원화금리를 지급하고 B은행으로부터 미달러화금리를 수취한다. 일반적으로 원화금리는 고정금리, 미달러화금리는 변동금리로 결정된다. 만기시점에 A은행은 B은행으로부터 백만 달러를 돌려받고 원화 12억 원을 상환함으로써 거래가 종료된다. 위의 예에서 알 수 있는 바와 같이 통화스왑도 외환스왑과 마찬가지로 외화대차거래이다.

4. 외환파생상품의 구조와 특성

외환파생상품이 어떤 구조적 특성을 가지고 있는지 이해하는 것은 매우 중요한 과제이다. 선물환, 통화옵션, 통화스왑, 외환스왑 등 기본적인 외환파생상품은 뒤에 설명하겠지만 대상자산인 이종표시통화 증권의 적절한 결합을 통해 복제가능하다. 이는 곧 모든 외환파생상품도 마찬가지로 대상자산에 대한 포지션으로 재구현될 수 있음을 의미한다. 여기서는 선물환과 통화옵션을 복제하는 합성선물환과 합성옵션을 살펴보기로 한다.

4.1 선물환

선물환계약을 체결하는 것이 아마도 환리스크를 회피하는 가장 보편화된 방법일 것이다. 이해를 돕기 위해 다음의 예를 들어보기로 한다.

현재 원화자산만을 소유하고 있는 투자자가 미래의 일정시점에 USD 1을 매입해야 한다고 가정해 보자. 이때 투자자는 통화불일치(currency mismatch)와 만기불일치(maturity mismatch)의 위험에 빠지게 된다. 비록 이 투자자가 오늘 USD 1을 매입한다고 하더라도 달러화가 필요한 것은 오늘이 아니라 미래의 일정시점이기 때문에 여전히 만기불일치의 위험이 남아 있기 때문이다.

이 투자자는 USD 1을 선물환계약을 통해 매입할 때 비로소 두 불일치의 위험은 제거될 수 있다. 이해를 돕기 위해 투자자가 USD 1을 원화를 주고 매입하는 선물환계약을 체결한다고 하자. $F_{t,t+1}$은 인도일이 $t+1$기인 t기의 원/달러 선물환율이다. 즉, 선물환계약을 통해 투자자는 $t+1$기에 USD 1을 취득하기 위한 원화조달금액 $F_{t,t+1}$원을 t기에 확정함으로써 두 불일치의 문제를 동시에 해결할 수 있다. 물론 계약당사자가 계약을 제대로 이행할지 여부의 거래상대방 신용위험(counter-party credit risk)의 문제가 여전히 남아 있으나 여기서는 이를 문제삼지 않기로 한다.

두 가지 불일치를 해소하는 방안으로서 선물환계약이 유일한 것은 아니다. 선물환계약 대신 원화를 조달하여 현물환시장에서 미달러화를 매입하면 선물환계약을 체결한 것과 기능적으로 동일한 효과를 가질 수 있다. 미달러화 금리가 i_t^*라면, 투자자가 t기에 원화 $S_t\frac{1}{1+i_t^*}$ 원을 금리 i_t로 조달하여 현물환시장에서 S_t의 환율로 USD $\frac{1}{1+i_t^*}$ 을 매입한 후 i_t^*의 금리로 예치할 때 $t+1$기에 투자가는 USD 1의 수입과 $S_t\frac{1+i_t}{1+i_t^*}$ 원의 조달비용이 기대된다. 비록 실제로 원화를 차입하지 않는다고 하더라도 금융비용이 발생하기는 마찬가지이다. 결과적으로 USD 1을 매입하기 위하여 $S_t\frac{1+i_t}{1+i_t^*}$ 원을 지급하는 셈이며 이 교환비율은 곧 내재선물환율(implied forward exchange rate)이 된다.

만약 일체의 거래비용이 없다면 투자자로서는 USD 1을 선물환계약을 통하거나 또는 원화를 조달하여 미달러화자산에 투자하거나 마찬가지일 것이다. 그러므로 선물환율과 내재선물환율은 같게 되며 $F_{t,t+1}=S_t\frac{1+i_t}{1+i_t^*}$ 의 등식으로부터 무위험 이자율평가(covered interest parity)가 성립한다. 이 등식은 달러화를 매입하는 선물환계약은 결국 원화채권을 발행하고 미달러화채권에 투자하는 것과 기능적으로 동일한 것임을 시사한다.

한편, 선물환계약은 다음의 합성선물(synthetic forward)을 통하여 복제될 수 있다. t기에 현물환시장에서 USD $\frac{1}{1+i_t^*}$ 을 매입하는 현물환거래를 시행하고 동시에 USD $\frac{1}{1+i_t^*}$ 와 $S_t\frac{1}{1+i_t^*}$ 원을 교환한 후 $t+1$기에 다시 원금과 이자를 합한 금액을 교환할 것을 약정하는 외환스왑거래를 병행하는 경우이다. 결국 외환스왑은 t기의 현물거래(short leg)와 $t+1$기의 선물계약(long leg)의 결합으로 정의할 수 있다. 이 거래는 <표 10-3>과 같이 요약할 수 있다.

t기에 외환에 대한 현물거래와 외환스왑거래가 동시에 일어날 때 반대방향의 두 현물거래는 상쇄되고 결과적으로 $t+1$기에 USD 1을 $S_t\frac{1+i_t}{1+i_t^*}$ 원으로 교환하는 선물계약이 이루어지는 셈이다. 따라서 현물 및 외환스왑의 두 거

표 10-3 현물환 + 외환스왑

구 분	수 취	지 급
t기 현물환	$\frac{1}{1+i^*_t}$ 달러	$S_t \frac{1}{1+i^*_t}$ 원
t기 외환스왑(short leg)	$S_t \frac{1}{1+i^*_t}$ 원	$\frac{1}{1+i^*_t}$ 달러
$t+1$기 외환스왑(long leg)	1달러	$S_t \frac{1+i_t}{1+i^*_t}$ 원

래가 병행될 때 합성선물이 만들어진다.

그러므로 통화불일치와 만기불일치의 위험을 해소하는 방안은 ① 원화를 매도하고 미달러화를 매입하는 선물환계약뿐 아니라 ② 원화를 조달하여 현물환시장에서 미달러화로 교환한 후 선물환 인도일까지 예치하거나 ③ 현물환과 외환스왑거래를 병행하여 합성선물을 구성하는 등 다양한 방법이 존재한다.

선물환을 복제하는 다양한 방법을 이해하는 것은 매우 중요하다. 왜냐하면 선물환계약을 공급한 은행은 수요자를 대신하여 통화 및 만기불일치의 위험을 떠안게 되는 결과를 초래하기 때문에 다시 이를 헤징할 필요가 있기 때문이다. 헤징과정에서 선물환계약과 동일한 효과를 가지는 다양한 수단을 강구하게 된다. 선물환뿐 아니라 외환파생상품의 발행자는 결과적으로 수요자의 리스크를 대신 떠안게 되기 때문에 반드시 이를 헤징할 필요성이 있다.

궁극적으로 모든 외환파생상품은 상환해야 할 책임과 회수할 권리를 명기하는 이종(異種)통화표시 증권으로 정의된다고 볼 수 있다. 여기서 '이종통화'는 기초자산이고 '이종통화표시 증권'이 기초자산에 근거한 파생상품에 해당된다. 통화옵션의 경우 역시 이를 복제하는 것이 가능하다.

4.2 통화옵션

(1) 옵션가격의 결정

통화콜옵션 만기시점에는 다음의 식에 의하여 가격이 결정된다.[5)]

콜옵션가격(만기일) = Max[0, 만기의 현물환율 − 행사가격] − 프리미엄

그러나 만기일 이전에는 아직 콜옵션의 행사여부가 결정되지 않았기 때문에 통화옵션시장에서 해당 콜옵션 상품의 가격은 위의 식과는 다르게 결정된다. 일반적으로 환율수준이 높을수록 콜옵션이 행사될 가능성이 높고 따라서 옵션가격도 높아진다. 만약 환율수준이 행사가격을 크게 초과한다면 콜옵션이 행사될 가능성은 매우 커지게 되며 이때 옵션가격은 환율에서 행사가격의 현재가치를 차감한 값과 근사적으로 같게 될 것이다. 한편, 환율이 행사가격에 훨씬 미치지 못할 때 콜옵션은 행사될 가능성이 매우 낮을 것이며 따라서 그 가치는 0에 근접하게 된다.

이를 구체적으로 살펴보면 다음과 같다. 즉, 만기 전 콜옵션의 가격을 분석해 보면 내재가치(intrinsic value)와 시간가치(time value)로 구분할 수 있다. 내재가치란 콜옵션이 행사되는 경우의 실현할 수 있는 이익의 크기를 의미하며 현물환율에서 행사가격을 차감한 값으로 표시된다. 시간가치란 콜옵션의 매입자가 만기일까지 기초자산의 가격변동에 따른 이익 실현 및 손실 보호의 가능성을 고려하여 내재가치에 추가하여 지불하고자 하는 가치를 의미하며, 시간가치의 크기는 환율 변동성에 의존한다. 위의 설명을 종합하면 만기 이전 콜옵션의 가격은 아래와 같이 표현할 수 있다.

$$\text{콜옵션가격(만기일 이전)} = \text{내재가치} + \text{시간가치}$$
$$= \begin{cases} (\text{현물환율} - \text{행사가격}) + \text{시간가치}, & \text{현물환율} > \text{행사가격} \\ 0 + \text{시간가치}, & \text{현물환율} < \text{행사가격} \end{cases}$$

---

5) 본절에서는 콜옵션의 가격결정에 대한 설명만을 제시하였다. 이를 이해하면 풋옵션가격의 결정과정은 독자 스스로 유추할 수 있을 것이다.

그림 10-3 통화콜옵션가격과 환율

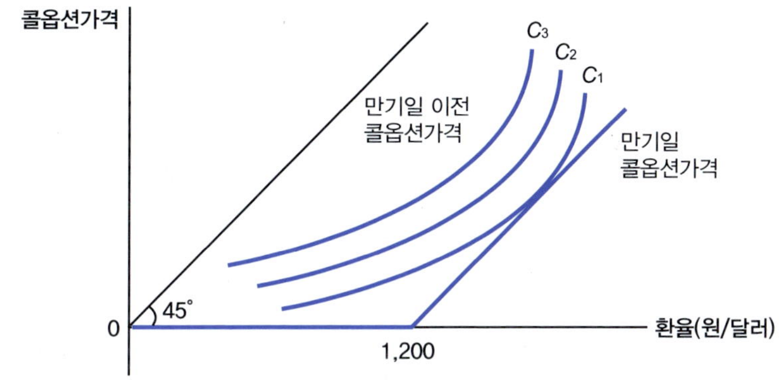

통화콜옵션가격은 대상자산의 가치, 즉 환율보다 높을 수 없고, 영(0)보다 작을 수 없으며, 환율에서 행사가격을 차감한 값보다 작을 수 없다.

이를 현물환율과 콜옵션가격의 관계를 그래프로 표시하면 [그림 10-3]과 같다. 시간가치는 0 이상의 값을 가지므로 콜옵션가격은 내재가치보다 높다.

한편, 옵션 만기일이 길 때 행사가격의 현재가치가 감소하게 되어 옵션가치는 현물환율수준에 근접하게 되며 같은 이유로 만기일이 얼마 남지 않았을 때 옵션의 가치는 근사적으로 환율에서 행사가격을 차감한 값과 같다. 또한 기초자산인 환율의 변동성이 클수록 옵션에 대한 투자로부터 더 많은 이득이 기대되며 이는 다시 옵션가격의 상승으로 반영된다. 예를 들어 콜옵션의 행사가격이 1,200원/달러이며, 만기일에 환율이 각각 1/2의 확률로 1,150원/달러, 1,250원/달러인 경우와 1,100원/달러, 1,300원/달러인 경우를 생각해 보자. 콜옵션투자로부터의 이득은 각각 1/2의 확률로 (0, 50원)과 (0, 100원)이며 이때 이윤의 기대치는 25원과 50원이다. 즉, 환율변동성이 클 때 콜옵션투자로부터의 이윤도 크며 따라서 옵션가격도 높다.

(2) 합성옵션

옵션가격의 결정메커니즘은 오랜 동안 연구의 대상이었으나 1973년 블랙(F. Black)과 쇼울즈(M. Scholes)에 의해서 비로소 밝혀졌다.[6] 옵션가격 결정메커니즘에 대한 이해가 어려운 것은 만기시 옵션의 가치가 행사가격을 중심으로 비대칭적 구조를 이루고 있기 때문에 옵션투자로부터의 위험이 대상자산의 가격에 따라 민감하게 변화하기 때문이다.

옵션의 가치가 바르게 평가될 때 대상자산에 대한 다양한 포지션으로부터 발생하는 재정거래의 기회가 소진되고 따라서 옵션에 투자했을 때와 동일하게 통화 및 만기 불일치의 위험에 대한 헤징활동이 가능하게 된다.

옵션가격에 대한 블랙과 쇼울즈(Black-Scholes; B-S)의 공식을 설명하기 전에 다음과 같은 간단한 예를 들어보기로 하자. 우선 환율변동에 불확실성이 없다고 가정하고 만기일 $t+1$기에 옵션이 행사 가능할 때 행사가격 X원에 USD 1을 매입하는 콜옵션의 t기 가치는 다음과 같다.

$$C_t = \frac{S_{t+1} - X}{1+i} \qquad (10.1)$$

여기서 C_t는 유럽식 달러 콜옵션, i는 금리, S_{t+1}는 원/달러 환율, X는 행사가격을 각각 표시한다. 유위험 이자율평가의 식 $\frac{S_{t+1}}{S_t} = \frac{1+i}{1+i^*}$을 이용하면 콜옵션은 다음의 식으로 재구성될 수 있다.7)

$$C_t = \frac{S_t}{1+i^*} - \frac{X}{1+i} \qquad (10.2)$$

위 식은 미달러화 콜옵션이 미달러화에 대한 매입포지션과 원화에 대한 매도포지션의 결합으로 표시될 수 있음을 보여준다. 다시 말하자면 행사가격 X원에 미화 1달러를 매입할 수 있는 콜옵션은 $t+1$기에 만기가 되는 원화 X원을 차입하고 현물환시장에서 미달러화를 매입, 만기일에 미화 1달러가 되는 무위험자산에 대한 투자와 동일하다. 요약하자면 콜옵션에 투자하는 대신 행사가격의 현재가치 $\frac{X}{1+i}$의 원화표시 채권을 매각하고 현재가치가 $\frac{S_t}{1+i^*}$ 달러인 미달러화표시 채권을 매입하는 합성옵션을 통해 동일한 수익을 가져올 수 있다.8)

---

6) Black and Scholes(1973) 참조.

7) $E(S_{t+1}) = S^e_{t+1} = S_{t+1}$라고 가정한다.

앞의 식으로부터 현물환율 1원이 상승할 때 옵션가치는 $\frac{1}{1+i^*}$원이 증가하게 된다. 즉, $\frac{\Delta C_t}{\Delta S_t}=\frac{1}{1+i^*}$의 등식이 성립한다. 이 관계식은 옵션 대신 합성옵션에 투자한 투자자가 현물환율이 1원 상승시 $\frac{1}{1+i^*}$원의 미달러화 채권을 추가로 매입하는 자산재구성을 통해서 변화한 옵션의 가치를 정확히 복제할 수 있음을 의미한다. 이때 $\frac{1}{1+i^*}$를 헤지비율(hedge ratio) 또는 옵션델타(option delta)라고 하며 여기서는 콜옵션 1단위를 복제하는 미달러화 채권의 단위수로 정의된다.

보다 현실적으로 $t+1$기 원/달러 환율 S_{t+1}에 불확실성이 있다고 가정하자. 이해를 돕기 위해서 확률 $1-q$로 $S_{t+1}=S^1(<X)$이고 확률 q로 $S_{t+1}=S^2(>X)$이라고 가정하자. 이 경우 q는 콜옵션이 행사될 확률이다. 이때 $t+1$기 환율의 기대치는 $E[S_{t+1}]=(1-q)S^1+qS^2$의 등식으로 표시할 수 있으며 옵션의 가치는 다음의 식으로 표시될 수 있다.

$$\begin{aligned} C_t &= \frac{1}{1+i}E[Max\{S_{t+1}-X,0\}] \\ &= \frac{1}{1+i}q(S^2-X) \\ &= \frac{1}{1+i}\{E[S_{t+1}]-qX-(1-q)S^1\} \end{aligned} \tag{10.3}$$

앞의 세 번째 등식은 환율 기대치에 관한 식으로부터 구한 것이다. 다시 유위험 이자율평가의 식 $\frac{E[S_{t+1}]}{S_t}=\frac{1+i}{1+i^*}$로부터 옵션의 가치에 관한 식을 다음과 같이 변형할 수 있다.

$$C_t=\frac{1}{1+i^*}qS_t-\frac{1}{1+i}q\left\{1-(1-q)\frac{S^2-S^1}{X}\right\}X \tag{10.4}$$

옵션 만기일의 환율에 불확실성이 존재할 때 미달러화에 대한 매입포지션과 원화의 매도포지션 모두 감소한다. 이때 옵션의 헤지비율은 $\frac{1}{1+i^*}q$이 되며

8) 여기서 $\frac{S_t}{1+i^*}$은 1달러의 현재가치를 원화로 표시한 것이다.

옵션이 행사될 확률 q가 높을수록 헤지비율도 커진다.

옵션과 기능적으로 동일한 합성옵션을 구성하는 것이 가능하도록 하는 옵션가치에 관한 식은 매우 중요한 함의를 가진다. 달러 콜옵션을 발행한 시장조성자는 미달러화에 대한 매도포지션과 원화에 대한 매입포지션, 다시 말해서 미달러화 채권을 팔고 원화채권을 사는 것과 동일한 효과를 가진다.

그러므로 이 옵션의 발행자는 옵션이 실제로 행사될 때 옵션 투자자에게 행사가격으로 원화를 받고 미달러화를 공급해 주어야 하기 때문에 선물환을 공급하는 경우와 마찬가지로 옵션 발행시 통화 및 만기 불일치의 위험에 직면하게 된다. 여기서 통화불일치는 필요한 미달러화를 추가로 준비해야 하는데 따르는 불일치를, 만기불일치는 비록 현재 미달러화가 준비되었다 하더라도 현재가 아니라 행사 당일이라는 필요시점의 불일치를 각각 의미한다.

그러므로 옵션발행자는 통화 및 만기불일치의 위험을 헤징해야 하는 문제를 가진다. 이때 옵션을 발행한 시장조성자는 다른 시장조성자로부터 매각한 옵션과 동일한 조건의 옵션에 투자할 수도 있으나 옵션가치의 식에 따라 자산을 구성함으로써 옵션에 투자한 것과 기능적으로 동일한 효과를 낼 수 있다. 단지 선물환의 경우와 다른 점은 옵션이 행사 당일까지 환율변동에 따라 그 가치가 수시로 변화한다는 것이다. 그러므로 환율변동시 헤지비율에 따라 합성옵션을 재구성하는 동태적 헤징(dynamic hedging)이 필요하게 된다.

옵션가격 결정에 대한 B-S모형을 이용한 달러 콜옵션 가치의 식은 다음과 같다.[9)]

$$C(S_t, \tau) = \Phi(d + \sigma\sqrt{\tau})\, e^{-i^*\tau} S_t - \Phi(d)\, e^{-i\tau} X \qquad (10.5)$$

$C(S_t, \tau)$는 만기가 $T = t + \tau$, 현물환율 S_t원/달러, 행사가격 X원인 유럽식 콜옵션의 가치로 정의된다. σ와 $\Phi(\cdot)$는 각각 환율변동성과 표준누적 정규분포함수를 나타내며 다음의 등식이 성립한다.

$$d = \left\{ \ln(S_t/X) + \left(i - i^* - \frac{\sigma^2}{2} \right) \tau \right\} \sigma\sqrt{\tau} \qquad (10.6)$$

B-S모형은 명목환율의 변동률이 임의행보를 한다는 가정에 근거하고 있

9) Garman and Kohlhagen(1983) 참조.

다.[10] 물론 환율변동이 B-S모형의 가정과 반드시 일치하지는 않으나 대부분의 옵션이 거래되는 장외시장에서는 B-S모형에 기초하여 거래조건과 가격이 형성되고 있다.

앞에서 설명한 바와 같이 B-S모형은 환위험에 노출된 투자자가 옵션을 매입하는 대신 B-S공식에 따라 합성 옵션을 설계함으로써 환위험을 헤징할 수 있게 한다. 식 (10.5)의 오른쪽 첫째 항은 τ기 후 1달러를 지급받는 증권에 대한 매입포지션(long position)을 의미하며 원화로 표시한 t기의 현재가치는 $e^{-i^*\tau}S_t$가 되며 계수 $\Phi(d+\sigma\sqrt{\tau})$는 매입포지션의 비율을 표시한다.

마찬가지로 두 번째 항은 τ기 후 X원을 지급받을 증권에 대한 매도포지션(short position)을 의미하고 있으며 계수 $\Phi(d)$는 매도포지션 비율을 표시한다. 즉, 합성 콜옵션은 미달러화 증권에 대한 매입포지션과 원화증권에 대한 매도포지션의 결합으로 구성되며 두 포지션의 합이 옵션의 가치가 된다. 위의 합성 풋옵션의 경우도 두 종류의 증권에 대한 포지션이 다를 뿐 유사하게 정의될 수 있다.

이미 앞에서 지적하였듯이 환율 수준뿐 아니라 환율변동성과 금리차가 변화함에 따라 d의 값이 변하기 때문에 합성옵션이 대상자산인 옵션의 가치를 반영하기 위해서는 동태적 헤징이 필요하게 된다. 미래 일정시점에 일정액의 미달러화를 매입하는 투자자의 포지션을 생각해 보자. 이 투자자는 미달러화의 매입포지션(원화의 매도포지션)으로 발생하는 환위험을 동일한 시점에서 행사가능한 달러 콜옵션을 매입(마찬가지로 원 풋옵션을 매도)함으로써 일정수준에서 제거할 수 있다. 여기서 콜옵션 델타는 $\frac{\partial C(S_t,\tau)}{\partial S_t}=\Phi(d+\sigma\sqrt{\tau})e^{i\tau}$로 정의되며 콜옵션이 행사될 확률의 대리변수로도 통용된다.

합성옵션을 설계하는 투자자는 옵션의 시장가치의 변화를 반영하기 위한 조정이 필요하게 된다. 위의 예에서 원화의 절하, 즉 S_t의 상승이 발생하였을 때 d의 값은 증가하고 따라서 $\Phi(\cdot)$의 값도 상승하게 된다. 그러므로 합성옵션의 설계자는 미달러화 자산에 대한 매입포지션과 원화자산의 매도포지션 모두 그만큼 늘어야 한다. 즉, 합성옵션은 원화의 절하시 원화를 팔고 미달러화를 매입하는 이른바 'buy dear－sell cheap' 전략을 구사하게 된다.

10) 엄밀히 말하자면 환율이 geometric Brownian motion을 따르고 있음을 가정하고 있다.

앞에서 지적한 바와 같이 환율의 변동성이 언제나 같은 것은 아니기 때문에 합성옵션의 설계자는 이를 고려해야 한다. B-S공식을 이용하면 일정시점에서의 옵션시장가격으로부터 역으로 환율의 변동성을 구할 수 있게 되며 σ를 역사적 변동성(historical volatility)이 아닌 내재변동성(implied volatility)이라고 부른다.[11] 그러므로 합성옵션이 실제옵션의 가치를 제대로 반영하기 위해서는 내재변동성이 바르게 측정되어야 한다.

5. 외환파생상품시장

5.1 외환파생상품시장의 구조

외환시장의 참여자는 고객, 중개인, 은행 그리고 중앙은행으로 구성된다. 여기서 은행은 각종 외환거래에서 거래상대방의 역할을 담당하며, 특히 외환파생상품거래를 원활히 성립하게 하는 시장조성기능을 수행한다. 외환파생상품시장에서 시장조성기능은 매우 중요하다. 앞에서 강조하였지만 외환파생상품거래는 통화불일치 및 만기불일치의 위험을 거래상대방에게 떠넘기는 효과를 가지기 때문에 만약 시장조성자가 없다면 거래가 제대로 성립하지 못하는 결과를 초래하기 때문이다.

외환시장은 거래성격에 따라 은행과 은행 사이의 은행 간 시장, 은행이 고객의 수요를 충족해 주는 대고객 시장, 그리고 중앙은행의 은행 간 시장에 대한 개입으로 분류된다. 특히, 외환파생상품시장에서의 고객은 헤징, 투기, 재정거래활동을 영위하는 비금융 및 금융기관을 지칭한다. 여기서는 시장조성자의 헤징활동과 중앙은행의 환율, 통화정책이 외환시장에 미치는 영향을 논의한다.

(1) 시장조성자

시장조성자는 또 다른 시장조성자를 포함한 시장참여자에게 현물환, 선

11) 실제로 장외시장에서의 옵션딜러는 옵션가격보다는 내재변동성 'vols'로 호가하고 있다.

물환, 외환스왑, 통화스왑 등의 외환상품을 공급하고 통화옵션을 발행하며 대신 매매율차, 수수료 등으로부터 이윤을 취한다. 상업은행이 외환시장에서 시장조성자가 된다. 시장조성자가 유동성을 공급하고 투자자들의 환위험을 떠안는 역할을 수행하는 데에는 신용위험과 환위험이 따른다. 환율의 변동성이 크게 증가하거나 금리가 급등하는 등 예기치 않은 시장에 대한 충격이 발생하였을 때 시장조성자는 선물환계약을 이행하고 기발행한 통화옵션의 행사에 대응하는 데 어려움이 따를 수 있다.

그러므로 시장조성자는 시장상황에 따라 자산과 부채가 높은 양의 상관관계를 가지고 변화하게 함으로써 신용위험을 헤징할 필요가 있다. 특히, 은행이 엄격한 건전성규제를 받는 금융기관임을 감안할 때 헤징의 필요성은 더욱 클 수밖에 없다. 만약 헤징이 동반되지 않는 경우 시장조성자는 시장위험에 심각하게 노출될 수 있으며, 경우에 따라서는 지급불능의 상태로 악화되어 자본이 취약할 때 파산에 직면할 가능성도 있기 때문이다.

그러나 궁극적으로 시장조성자가 자신의 역할을 수행할 수 있는 것은 시장참여자의 이질성(heterogeneity)에 있다. 미달러화를 매각하려는 수출업자, 반대로 미달러화를 매입하려는 수입업자, 달러 콜옵션을 매입하려는 투자자와 반대로 달러 풋옵션을 매입하려는 투자자 등 이질적인 시장참여자가 다수 존재할 때 시장조성자는 외환시장에 충분한 유동성을 공급하고 위험을 떠안을 수 있다. 그러므로 이질적인 시장참여자가 많을수록 시장조성자는 시장위험에 대한 노출 정도가 작고 따라서 신용위험을 관리하는 헤징비용도 효율적으로 관리할 수 있게 된다.

선물환, 통화옵션, 통화스왑 그리고 이들을 결합한 형태의 외환 관련 파생금융상품을 제공하는 시장조성자는 미래의 일정시점에 거래자와 일정통화에 대한 반대 포지션을 가지게 되며 현재시점의 통화 포지션과 불일치가 발생한다. 따라서 파생금융상품을 발행함으로써 초래되는 만기불일치(maturity mismatch)와 통화불일치(currency mismatch)를 해소하는 헤징활동이 필요하다.[12)]

선물환계약을 통해 일정액의 미달러화를 공급할 것을 약속한 시장조성자는 환위험에 노출된다. 이때 동일한 인도일에 반대로 같은 액수의 외환을 공

12) 물론 일반적으로 시장참여자들의 이질성의 정도가 클 때 불일치의 정도도 작을 것이다.

급하는 또 다른 선물계약이 이루어진다거나 또는 다른 시장조성자와 동일한 선물환계약을 할 수 있다면 시장조성자는 환위험으로부터 자유롭게 될 것이다. 마찬가지로 통화옵션을 발행하였을 때 그 옵션이 행사될 가능성의 정도에 따른 환위험에 노출된다. 만약 이 시장조성자가 또 다른 시장조성자로부터 동일한 만기일과 동일한 행사가격을 가진 또 다른 옵션을 매입할 수 있다면 옵션 발행에 따른 위험을 완전히 헤징할 수 있을 것이다.

그러나 시장조성자가 동일한 내용의 반대거래를 통하여 만기불일치와 통화불일치를 해소할 수 없다면 앞에서 설명하였던 합성증권을 구성함으로써 두 가지 불일치의 문제를 해결하여야 한다. 만약 외환시장의 모든 시장조성자의 만기 및 통화 불일치가 정확히 상쇄되지 않는 한 환위험을 관리하기 위해서는 누군가는 합성증권을 설계하고 투자해야 하는 헤징활동이 반드시 필요하다.

(2) 중앙은행

외환을 대상자산으로 하는 파생금융상품거래가 자국통화로 표시된 자산을 대상으로 하는 파생금융상품거래와의 중요한 차이는 시장참여자로서 중앙은행의 존재이다. 순수변동환율제도를 운용하지 않는 한 외환시장에서 중앙은행은 환율안정화를 위하여 외환을 공급하는 최종대부자의 역할을 수행하지 않을 수 없기 때문이다.[13)]

중앙은행은 어떤 환율정책을 운용하는가에 따라 외환시장에 서로 다른 함의를 가진다. 변동환율제도하에서 중앙은행은 외환시장에서 특별한 역할을 수행할 것으로 기대되지 않는다. 그러나 변동환율제도라 하여도 문자 그대로 순수변동환율제도가 무리 없이 유지될 것으로 보기는 어렵다. 예를 들어, 원화가 약세인 시기에 시장조성자들이 대량으로 통화콜옵션 계약을 발행하였을 때 불일치를 해소하기 위해 시장조성자들은 원화의 매도포지션과 달러화의 매입포지션으로 구성되는 합성선물과 합성옵션에 투자하려 할 것이며 이 과정에서 원화가치의 과도한 하락이 일어날 수 있다. 이때 경제에 부

---

13) 물론 시스템 리스크(systemic risk)에 대응하여 최종대부자기능을 수행하는 중앙은행의 역할은 언제나 필요하다.

정적인 충격과 겹치면 원화는 자유낙하할 수 있으며 이는 외화차입이 많은 기업과 금융기관의 지급불능(insolvency) 사태로 발전할 수 있다. 또한 그 파급 효과는 선진국보다는 외채가 많은 신흥개발국에서 더욱 클 것으로 예상된다.

특히, 파생금융상품거래가 장부외 거래임을 감안하면 금융기관에 대한 건전성규제를 강화한다고 하더라도 그 한계가 있을 수밖에 없다. 마찬가지로 원화의 절상시기에서 국민경제에 부담이 되는 과도한 원화가치의 상승이 일어날 수 있다. 여기서 환율의 불안정성이 증가하는 문제는 궁극적으로 외환파생상품시장의 존재가 시장참여자의 채무용량을 확대하는 데서 비롯한다.

5.2 외환파생상품시장과 중앙은행의 외환시장개입

외환파생상품의 존재는 다양한 형태의 외환시장개입을 초래한다. 그 이유는 시장조성자가 외환파생상품을 발행하는 데 따르는 위험을 헤징하는 방법이 다양하기 때문이다. 외환시장이 균형을 이루고 있다고 가정하고 미래의 일정시점에 미달러화를 공급하는 선물환계약을 체결한 시장조성자를 생각해 보자. 일반적으로 선물환계약으로 미달러화에 대한 매입포지션이 필요한 시장조성자는 ① 다른 시장조성자와 동일한 내용의 또 다른 선물환계약을 통해서 또는 ② 현물과 스왑의 동시적 거래를 통한 합성선물을 통해서 또는 ③ 원화를 조달, 현물시장에서 미달러화를 매입한 후 미달러화 인도시점까지 예치하는 방법으로 헤징한다.

통화불일치와 만기불일치로부터의 위험을 헤징하는 세 가지 방안은 그 기능면에서 동등하기 때문에 비록 구체적인 헤징방법에 따라 시장에 파급되는 전달경로는 다를 수 있겠으나 결과적으로 동일한 균형이 기대되는 것은 이미 앞에서 설명한 바 있다. 미달러화를 선물환시장에서 매각한 시장조성자의 헤징활동이 외환 및 자금시장에 미치는 영향은 아래와 같은 무위험 이자율평가식으로부터 쉽게 이해된다.

$$f_t = s_t + i_t - i_t^* \tag{10.7}$$

변수 f와 s는 각각 로그값으로 표시한 선물환율과 현물환율이다.[14] 미달러화에 대한 매입포지션(long position), 즉 $t+1$기에 선물환계약자에게 매각할 미달러화를 준비하는 시장조성자의 헤징활동은 앞에서 설명한 세 가지 구체적인 방법에 관계없이 원화자금을 빌려 미달러화로 교환하는 것으로 요약될 수 있다. 이는 원화금리의 상승과 현물환시장에서의 원화가치 하락압력을 동반하며 다시 선물환시장에서 원화가치를 떨어뜨리는 파급효과를 가진다. 국제금리 i^*_t가 고정되었다고 가정할 때 자유변동환율제도하에서 이와 같은 헤징활동은 무위험 이자율평가식에서 유도된 다음의 식으로 반영된다.

$$\Delta f_t = \Delta s_t + \Delta i_t$$

위 식에서 원화금리의 인상분만큼 선물환율이 현물환율보다 더 상승하는 것을 알 수 있다.[15] 그러나 중앙은행이 금리수준을 유지하는 정책을 수행한다면, 즉 $\Delta i_t = 0$이라면 시장에 원화유동성이 늘어나게 되어 원화의 절하폭은 더 커지게 되고 선물환율과 현물환율은 같은 크기로 증가한다.

만약 자유변동환율제도가 아니라 중앙은행이 환율을 목표환율수준에서 안정화하려 할 때 비록 기능적으로는 동일하더라도 중앙은행의 시장개입형태는 다양해진다. 환율을 현수준에서 고정하는 환율정책을 수행한다고 가정하자. 우선 구체적인 정책수단으로서 우선 중앙은행이 선물환시장에서 반대거래를 하는 경우를 생각할 수 있다. 이때 시장조성자는 중앙은행과 달러화를 매입하는 선물환계약을 함으로써 헤징활동을 영위하게 된다.

다음으로 선물환시장 대신 중앙은행이 시장조성자와 현물환과 외환스왑거래를 통하여 시장개입을 하는 경우도 생각해 볼 수 있으며 두 거래가 병행될 때 선물환시장개입과 마찬가지로 중앙은행은 미달러화에 대한 매도포지션을 취하게 된다. 당초 미달러화를 공급하는 선물환계약을 체결하였던 시장조성자는 다른 시장조성자를 상대로 현물환과 외환스왑거래를 할 수 있겠으나, 결국 누군가는 반드시 중앙은행을 상대로 헤징활동을 해야 한다. 고정환율제하에서는 중앙은행이 외환에 대한 최종대부자기능을 수행해야 하기 때

---

14) 무위험 이자율평가식 $F_t = S_t \dfrac{1+i_t}{1+i^*_t}$ 으로부터 로그값을 취해 얻은 식이다.

15) 선물환율의 변동폭은 현물환율의 변동폭에 금리인상분을 합한 값으로 표시되는데 이는 선물가격이 현물가격에 재고유지비용(carrying cost)을 포함하는 통상적인 현물-선물가격을 반영한다.

문이다. 이때 적용되는 내재선물환율과 실제선물환율이 같을 때 두 거래는 기능적으로 동일하게 된다.

세 번째는 중앙은행이 현물환시장에 개입하는 방법이다. 중앙은행이 기존 현물환율수준에서 미달러화를 시장조성자에게 공급하고 시장조성자는 매입한 미달러화를 예치, 선물계약 완료일에 인도한다. 이상의 환율을 안정화하는 외환개입은 설명한 세 가지 정책수단에 관계없이 새로운 균형에서 선물환율이 금리인상분만큼 절하되며 $\Delta f_t = \Delta i_t$의 등식이 성립한다. 중앙은행의 원화환율을 안정화하기 위한 외환시장개입은 중화되지 않을 때 본원통화의 감소를 초래하여 금리를 인상하는 압력으로 작용하게 되며 설명한 바와 같이 선물환율의 절하로 반영된다.

그러나 만약 시장조성자가 자금시장이 아니라 중앙은행을 통해서 직접 원화를 조달한다면 어떤 금리의 변화도 일어나지 않을 것이다. 이 경우 중앙은행은 시장조성자에게 원화를 대출하고 다시 현물환과 외환스왑거래를 통하여 보유외환과 교환함으로써 중화외환시장개입(sterilized intervention)을 수행하게 된다.[16] 그렇다면 현물-외환스왑과 기능적으로 동일한 선물환시장에 대한 개입이 어떻게 중화되었다고 할 수 있을까? 그 이유는 선물환계약 그 자체는 아무런 효과를 동반하지 않으나 계약을 체결한 시장조성자가 만기 및 기간불일치를 해소하기 위한 과정에서 일어나는 원화에 대한 수요를 중앙은행이 충족해야 하기 때문이다.[17] 그러므로 선물환시장개입을 통한 환율의 안정화(즉, $\Delta f_t = 0$)는 중화개입을 동반하게 되며, 앞의 비중화개입의 경우 선물환율의 변동이 금리인상을 반영하기 때문에 선물환시장개입은 단지 부분적으로 일어나는 셈이다.

외환파생상품이 가지는 잠재적 위험은 시장참여자들의 채무용량의 증대로 인하여 외환시장이 어느 한 방향으로 움직일 때 약세통화에 대한 투기적

---

16) 이 경우 통상 중앙은행의 할인창구(discount window)를 통해 대출이 일어나며 은행간 금리보다 높은 할인율이 적용되는 것이 보통이다.

17) 선물환계약이 대상통화에 대한 포지션인 것을 감안하면 거래상대방 위험이 없을 때 선물환계약은 이종통화표시 채권을 교환한 것과 동일한 효과를 가진다. 따라서 보유한 미달러화표시 채권을 원화표시 채권과 교환하는 중앙은행의 선물환시장개입은 곧 중화외환시장개입인 것이다.

공격의 광범위한 채널을 제공한다는 데 있다. 헤저, 투기자들과 선물환, 통화옵션계약을 체결한 시장조성자들은 헤징과정에서 약세통화를 대량 매도하여 외환시장의 불안정성을 가중하는 결과를 초래한다. 약세통화의 매도는 환율의 절하압력과 함께 금리가 인상되는 파급효과를 가져오며, 만약 이때 중앙은행이 금리안정화를 꾀한다면 늘어난 유동성으로 인하여 환율의 절하압력은 더욱 크게 작용한다.

투기적 공격에 대응한 중앙은행의 환율방어는 통화위기가 가중됨에 따라 선물환시장에 대한 개입에서 고금리정책으로 단계적으로 확산된다. 관리변동환율제도나 고정환율제도는 현물환율을 일정범위 또는 일정수준으로 유지하는 것이나 외환파생상품시장이 존재할 때 투기적 공격이 어떤 구체적인 수단과 경로를 통하여 일어나는지 여부에 관계없이 궁극적으로 약세통화에 대한 매도포지션으로 나타나기 때문에 선물환시장에 대한 개입은 불가피하다.

그러나 선물환시장개입($\Delta f_t=0$)은 중앙은행이 유동성을 제공하고 이를 다시 중앙은행의 보유외환과 교환함으로써 환율안정을 위한 최종대부자기능을 수행하는 중화개입의 형태를 가지기 때문에 투기적 공격이 가중될 때 보유외환의 손실이 크게 늘어나 지속적으로 수행하는 것은 불가능하다. 투기적 공격이 지속될 때 결국 중앙은행은 선물환시장개입을 중단하고 시장유동성을 통제하여 약세통화에 대한 매도포지션의 비용을 높이는 금리인상을 단행하게 된다.[18] 금리의 인상은 시장조성자에게 높은 헤징비용을 부과하여 외환파생상품의 공급을 위축하고 투기자와 헤저의 약세통화에 대한 매도포지션 비용을 높이는 효과를 가진다. 그러나 동시에 금리인상은 환율절하에 대한 기대감을 증폭하게 되어 환차익을 노리는 투기적 활동이나 환차손을 피하기 위한 헤징에 대한 새로운 수요를 자극함으로써 시장은 한쪽 방향으로만 움직이게 되어 결과적으로 외환파생상품시장을 포함한 금융시장의 유동성은 떨어지게 된다.

시장유동성이 떨어질 때 시장조성자의 헤징활동은 중앙은행에 의존할 수밖에 없다. 환율방어를 위해 중앙은행은 할인창구를 통해 시장조성자에게 신

18) 고금리정책은 은행시스템을 대상으로 투기자들의 약세통화의 조달을 위한 신용접근을 봉쇄하는 도덕적 설득, 창구지도 등의 비시장적 조치도 동반될 때보다 효과적일 수 있다.

용을 공급하고 다시 현물환거래와 통화스왑거래를 통하여 보유외환과 교환하는 또 다른 형태의 중화개입을 수행하게 되나 높은 금리가 적용되어 역시 높은 내재선물환율이 적용된다. 결국 유동성 통제를 위한 금리의 인상은 중화시장개입의 비용을 줄이기 위한 방책으로 볼 수 있을 것이다. 이처럼 중화외환시장개입은 기존의 자산균형효과나 시그널효과에 추가하여 환율변동에 따른 파생거래가 광범위하게 일어날 때 관찰되고 있다.[19)]

투기적 공격에 대응한 고금리정책은 시장유동성을 감소하게 하여 새로운 외환파생상품의 발행이 감소되는 효과를 가진다. 그러나 이미 발행된 파생상품을 통한 투기적 공격을 좌절시키기 위해서는 익일금리와 같은 초단기금리뿐 아니라 단기금리까지도 영향을 미칠 수 있어야 한다. 특히, 통화옵션을 발행한 시장조성자가 동태적 헤징을 위한 재원조달의 기간별 구조를 옵션의 만기일과 유사하게 놓거나 조달금리를 확정지울 때 초단기금리에만 영향을 미치는 고금리정책은 중앙은행의 의도와 정반대로 단지 약세통화를 투매하는 결과를 초래할 수 있다.

1992년 유럽외환위기는 외환파생상품시장을 이용한 투기적 공격이 금융시장에 어떤 파급효과를 가져오는지에 대한 전형을 보여준다. IMF(1997)에 따르면 우선 외환위기시 모든 시장에서 매매율차가 크게 벌어지는 현상이 공통적으로 나타나나 현물환시장과 달리 외환파생상품시장의 유동성이 급격히 줄어드는 현상이 관찰되었다. 이는 수요의 측면에서 약세통화에 대한 거액의 매도포지션으로 인한 수급불균형과 공급 측면에서 금리와 환율의 과도한 변동성으로 인하여 시장조성자가 외환파생상품의 가격을 호가하기 어렵다는 데 그 배경이 있다.

다음으로 외환파생상품시장 가운데서도 장외시장의 거래는 급격히 줄어들거나 문을 닫고 대신 공개시장의 거래량이 상대적으로 증가하였다는 점이다. 이 현상은 장외시장의 비중이 압도적인 통화옵션시장에서도 마찬가지로 나타났다. 여기에는 높은 금리와 함께 단기자금시장의 유동성이 크게 감소함에 따라 시장조성자의 신용위험의 문제가 일어나 은행 간 자금시장의 유동

19) Garber(1998). 자산균형효과는 Dominguez and Frankel(1993), 시그널효과에 관해서는 Mussa(1981)를 참조.

성도 격감하는 데 그 배경이 있다. 그러므로 마진이 적용되는 공개시장을 선호하는 경향이 일어나게 되었다. 외환위기하에서 통화옵션의 가치를 산출할 수 없었던 시장조성자는 통화불일치를 해소하기 위한 100% 헤징을 시도하게 되었고 그 결과 현물환시장에 약세통화에 대한 투매가 일어났다.

외환자유화에 따른 금리재정거래활동

2006년 조선업 등 수출호황에 따라 수출대금으로 받을 미달러화가 크게 늘어나자 환위험을 헤징하기 위해 수출기업들은 대규모로 미달러화를 선물환시장에 매도하였다. 이 거래는 선물환시장에서 미달러화를 매입한 국내은행에 대신 환위험이 전가되는 효과를 가지게 되어 다시 국내은행이 선물환 매입에 따른 환위험을 헤징해야 하는 문제가 일어난다.

국내은행은 통상 외은지점과 외환스왑계약을 체결, 원화를 지급하는 대신 취득한 미달러화를 다시 현물환시장에 매각함으로써 헤징을 하게 된다. 외환스왑계약 만기시 국내은행은 원화를 받는 대신 미달러화를 다시 외은지점에 공급하게 되는데 공급할 미달러화는 수출기업으로부터 공급받을 달러화로 결제하게 된다.

한편 수출업체의 선물환 매도는 선물환율의 하락을 가져와 선물 프리미엄(또는 스왑률)이 내외금리차보다 작아져 재정거래의 유인이 발생한다. 재정거래는 외은지점에 의해 수행되는데 그 이유는 가장 유리한 조건으로 미달러화를 조달할 수 있기 때문이다.

외은지점은 본점 또는 국제금융시장에서 LIBOR로 미달러화를 조달하여 외환스왑거래를 통해 국내은행에 미달러화를 공급하고 대신 취득한 원화를 국내자금시장에 투자하여 이자를 수취한다. 재정거래활동으로 수취한 이윤은 $i - i_{LIBOR} - fp$와 같다. 결과적으로 수출기업의 헤징활동이 재정거래를 유발하고 재정거래가 해외자본유입을 초래하게 된 것이다(i : 국내 금리, i_{LIBOR} : 달러 LIBOR, fp : 선물 프리미엄).

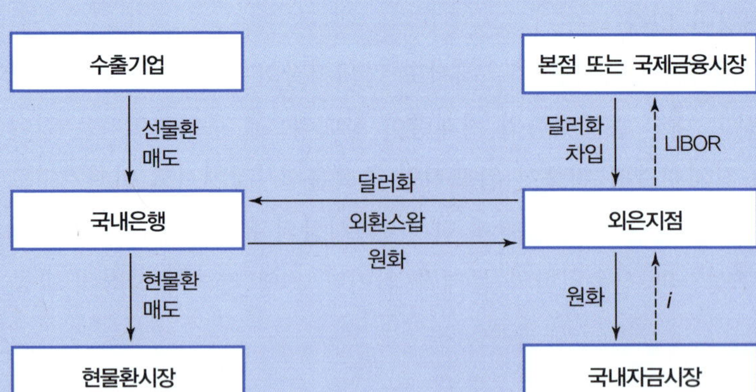

요약

01. 외환파생상품시장은 환위험을 관리하기 위한 파생거래를 촉진하여 외환시장의 유동성을 높이는 순기능을 가지고 있으나 동시에 외환파생상품거래에 차입전략이 내재되어 효과적인 투기적 공격의 수단으로 이용될 수 있다.

02. 외환파생상품은 기능적으로 동일한 합성외환파생상품으로 구현될 수 있으며 기초자산인 이종통화에 대한 포지션의 결합으로 정의된다.

03. 통화옵션은 만기일이 가까울수록, 환율변동성이 높을수록 그 가치가 높아진다.

04. 선물환 등 외환파생상품을 공급한 시장조성자는 기능적으로 동일한 합성외환파생상품을 구성함으로써 통화불일치와 만기불일치의 위험을 헤징할 수 있으며, 특히 시간에 따라 그 가치가 변하는 통화옵션의 경우 'buy dear, sell cheap'의 동태적 헤징을 통해 불일치의 위험을 관리한다.

05. 중앙은행의 선물환시장개입은 중화외환시장개입의 형태를 가진다.

주요 용어

내재선물	동태적 헤징
매도포지션(short position)	매입포지션(long position)
선물환	시장조성자
외환스왑(foreign exchange swap)	외환파생상품
외환파생상품시장	중화시장개입
통화스왑(currency sawp)	통화옵션
합성선물	합성옵션
헤징	Black-Scholes 옵션가격모형

연습문제

01. 다음 등식을 증명하시오. (힌트 : 그래프를 그려 생각할 것)

(1) 콜옵션의 가치 + 행사가격의 현재가치 = 풋옵션의 가치 + 원/달러환율

(2) [콜에 투자, 행사가격의 현재가치에 해당하는 무위험자산에 투자] ⇔ [풋에 투자, 미달러화 매입포지션]

(3) [콜에 투자, 풋을 발행] ⇔ [만기일에 1,200원을 상환할 것을 약정하는 차입 + 미달러화 매입포지션] ⇔ [선물환 매입]

(4) [풋에 투자] ⇔ [콜에 투자, 만기일에 1,200원을 받는 무위험자산에 투자, 미달러화를 공매] ⇔ [콜에 투자, 선물환 매도]

02. 다음 거래는 모두 기능적으로 동일함을 보이시오.

(1) 원화를 매도 미달러화를 매입하는 선물환계약

(2) 원화를 조달 현물환시장에서 미달러화를 매입 후 선물환 인도일까지 예치

(3) 현물환과 외환스왑거래의 병행

(4) 통화스왑

03. 다음은 모두 중앙은행의 비중화외환시장개입의 형태를 가지며 기능적으로 동일함을 보이시오.

(1) 현물환시장개입($\Delta S_t = 0$)

(2) 시장조성자를 상대로 현물환-외환스왑거래 수행

(3) 부분적 선물환시장개입($\Delta f_t = \Delta i_t$)

04. 다음의 중앙은행의 활동은 모두 중화외환시장개입의 형태를 가지며 기능적으로 동일함을 설명하시오.

(1) 현물환시장, 자금시장(money market)의 동시적 개입($\Delta S_t = \Delta i_t = 0$)

(2) 원화, 외환에 대한 중앙은행의 최종대부자기능의 수행

(3) 선물환시장개입($\Delta f_t = 0$)

참고문헌

Bank for International Settlements(BIS), *Central Bank Survey of Foreign Exchange and Derivative Activity 1998*, May 1999.

________, *Triennial Central Bank Survey of Foreign Exchange and Derivatives Market Activity in April 2019*, 2019.

Black, F. and M. Scholes, "The Pricing of Options and Corporate Liabilities," *Journal of Political Economy* 81, 1973, pp. 637-659.

Dominguez, K. M. and J. A. Frankel, *Does Foreign Exchange Intervention Work?*, Institute for International Economics, Washington, DC. 1993.

Garber, P., "Derivatives in International Capital Flows," *NBER Working Paper* 6623, 1998.

Garber, P. and M. Spencer, "Foreign Exchange Hedging and the Interest Rate Defense", *IMF Staff Papers* 42, 1995, pp. 490-516.

Garman, M. and S. Kohlhagen, "Foreign Currency Option Values", *Journal of International Money and Finance 2*, 1983.

International Monetary Fund(IMF), *International Capital Market*, 1993.

Mussa, M., "The Role of Official Intervention," *Group of Thirty Occasional Papers,* No. 6, Group of Thirty, New York, 1981.

Scholes, M., "Global Financial Markets, Derivative Securities and Systemic Risks," *Journal of Risk and Uncertainty* 12, 1996, pp. 271-286.

PART 4 국제통화제도

CHAPTER 11

국제통화제도의 변천과 국제금융협력

1. 금본위제도(1870~1914)
2. 양차 대전 사이(1918~39)
3. 브레튼우즈제도(1944~71)
4. 변동환율제도(1973년 이후)
5. 국제통화제도의 개편 논의
6. 국제금융협력의 전개

[부록1] 금환본위제도의 운영구조

[부록2] 각국의 환율제도(2020년 4월 30일, 현재)

11 | 국제통화제도의 변천과 국제금융협력

개방경제에서 각 경제들 간의 상호관계는 각국 통화들 간의 관계를 설정하는 국제통화제도에 의해 영향을 받는다. 그러므로 앞에서 논의한 환율의 행태 및 경제정책의 효과는 국제통화제도의 성격에 따라 달라질 것이다. 또한 빈발하는 금융위기로 인해 다양한 금융안전망 구축 및 금융규제와 감독시스템 개혁을 위한 국제협력의 필요성이 높아지고 있다. 따라서 본장에서는 19세기 후반 이후 시대별로 국제통화제도가 어떻게 변천해 왔는지를 역사적으로 고찰한 후, 글로벌 금융안전망 구축과 금융규제 및 감독시스템 개혁 움직임을 중심으로 현재 진행되고 있는 국제금융협력의 내용을 소개한다.

본장에서 강조하고자 하는 것은 국제통화제도의 변천이 어떤 특정한 사건 때문이 아니라 기존의 제도가 경제 및 기타 여건의 변화에 부합하지 않기 때문에 새로운 제도를 모색하는 과정에서 이루어졌다는 것이다. 다시 말해서, 국제통화제도가 외부적인 요인 때문에 변천되어 왔다기보다는 내생적인 요인 때문에 계속 고정 및 변동환율제도의 변천을 반복해 왔다는 것이다.

따라서 이 장에서 시대별로 국제통화제도의 변천과정을 살펴볼 때 경제여건 변화와 국제통화제도 변화 간의 상호관계를 중심으로 분석하고자 한다. 이를 위해 각국이 모여 마련한 국제통화제도의 게임규칙(rule of the game)에 근거해 각 제도의 성격을 요약한 후 이러한 게임규칙이 각국의 경제정책에 어떠한 압력을 가하게 되는지, 그리고 역으로 경제여건의 변화가 기존의 국제통화제도 게임규칙에 어떠한 변화를 가져오는지를 살펴보고자 한다. 또한 이러한 국제통화제도의 역사적 고찰에 근거해 새로운 국제통화제도에 대한 논의에 있어 고려해야 할 사항들을 제시하고자 한다. 마지막으로 국제통화제도의 안정적인 발전을 위해서는 글로벌 금융안전망 구축과 금융규제 및 감독에 관한 국제협력이 중요하다는 점을 강조하려고 한다.

그림 11-1 국제통화제도의 변천

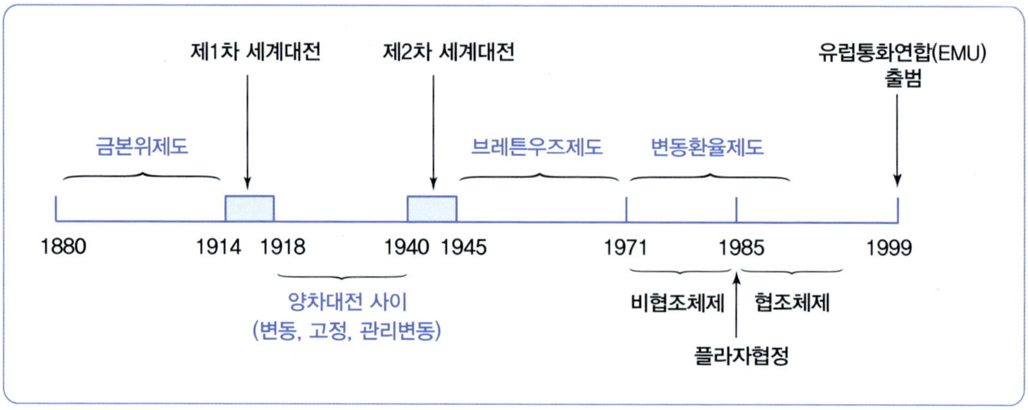

1. 금본위제도(1870~1914)

19세기 중엽까지 금본위제도를 채택한 국가는 영국밖에 없었다. 그런데 1870년대에 들어와 이전에 금은복본위제도 또는 은본위제도를 채택해 왔던 국가들이 대부분 금본위제도를 채택하기 시작했다. 1870년대 중반 프랑스가 복본위제도를 포기하고 금본위제도로 전환했으며, 독일도 1871년 보불전쟁 시기부터 그동안 채택해 왔던 은본위제도를 포기하고 금본위제도를 채택하였다. 미국은 1879년 남북전쟁 당시 발행되었던 지폐를 금에 고정시킴으로써 금본위제도를 채택하게 되었다.

1.1 금본위제도의 운영원리

금본위제도에서의 특징은 <표 11-1>과 같이 요약될 수 있다.[1] 이 표에 제시된 규칙 중 ①과 ②는 일정한 가격에서 화폐의 금태환성을 보장하고, 가격-정화흐름(price-specie-flow) 메커니즘 기능에 의해 국제수지 불균형의 자동적인 조정을 보장하기 위한 것이었다. 규칙 ①에 따르면 각국 화폐 간의 교

1) McKinnon(1993) 참조.

표 11-1 금본위제도의 게임규칙

1 각국의 화폐는 금에 고정된 비율로 자유롭게 태환
2 금의 자유로운 국제거래 보장
3 단기에 있어서의 국제적 금 고갈로 인한 유동성 위기는 중앙은행으로부터의 재할인을 통해 해결(Bagehot 규정)
4 규칙 1이 일시적으로 지켜지지 않는 경우 국내경기 조정으로 복구
5 물가는 전 세계의 금에 대한 총수요와 총공급에 의해 자동적으로 결정

환비율은 금을 매개로 하여 고정되었다. 예를 들어, 당시 금 1온스당 가격을 영국에서는 4.252파운드로 고정시키고 미국에서는 20.646달러로 고정시켰다면, 영국 화폐(파운드)와 미국 화폐(달러) 간의 교환비율은 1파운드=4.856달러(=20.646/4.252)로 고정된다.

규칙 2의 국제수지 불균형의 자동조정기능을 살펴보기 위해 다음과 같은 예를 들어보자. 어떤 국가가 당시 선진국이었던 영국으로부터 수입을 많이 하여 경상수지에 적자가 생겼으나 영국으로부터 차입이 불가능했다고 하자. 적자국은 경상수지 적자를 지불하기 위해 영국으로 금을 보내야 하므로 적자국의 금보유가 줄고 영국의 금보유가 늘게 될 것이다. 따라서 이러한 금의 이동은 자동적으로 적자국의 화폐공급량을 줄이고 영국의 화폐공급량을 증가시키게 되어 적자국의 물가는 하락하고 영국의 물가는 상승하게 된다.

양국 간의 대칭되는 물가변화는 명목환율이 고정되어 있으므로 곧 실질환율의 변화, 즉 파운드화의 대외적 실질가치가 상승하였음을 의미하고 따라서 상대적으로 비싸진 영국 물품에 대한 수요가 감소하게 될 것이다. 이러한 수요감소는 영국의 경상수지 흑자를 감소시키고 적자국의 적자 또한 감소시켜 최종적으로 적자국에서 영국으로의 금이동이 정지되고 양국 간의 국제수지는 다시 원상회복될 것이다. 금본위제도는 자유방임주의에 기초한 비인위적이고 완전히 자동적이며 대칭적인 국제통화질서라고 간주할 수 있다.

그러나 이론적인 특징과는 달리 중앙은행의 최종대부자(lender of the last resort) 역할과 회복규칙(restoration rule)에 나타나듯이(규칙 3 및 4) 실제적인 운영 면에 있어서는 상당히 인위적인 면이 많았고 조정이 필요했으며, 영국을 중심으로 한 비대칭적인 통화제도였다. 금본위제도에서 은행의 역할은 금

가격 – 정화흐름 메커니즘

국제수지의 화폐적 접근은 18세기의 철학자이자 경제학자인 데이비드 흄(David Hume)에까지 거슬러 올라간다. 당시의 중상주의자들은 한 나라의 국력이 금이나 은과 같은 정화의 축적에 의존한다고 믿어서 국제수지 흑자를 통해 정화의 유입을 최대화하기 위해 수출을 장려하고 수입을 제한하였다. 이에 반해 흄은 개인의 복지후생이 그 나라의 금이나 화폐의 총량에 의존하는 것이 아니라 그 경제의 생산능력에 의존한다고 믿었으며, 화폐는 재화가 생산되는 곳으로 움직인다고 생각했다.

원래 균형에 있던 한 나라가 금의 유입을 경험하면 그 나라의 물가는 단기적으로 상승할 것이다. 높아진 물가수준은 교역조건을 변화시키게 되어 수출수요는 감소하고 수입수요는 증가하게 됨으로써 경상수지는 악화된다. 경상수지 적자에 따른 금의 유출은 올라간 물가수준이 원래대로 돌아와서 다시 경상수지가 균형을 이룰 때까지 계속될 것이다.

이와 같은 흄의 가격-정화흐름 메커니즘(price specie-flow mechanism)에 따르면 일국의 대외수지 불균형은 그 나라 화폐공급의 과소로 인하여 비롯하는 불균형을 교정하는 과정이며 따라서 수지 불균형이 문제가 될 수 없다는 입장이다.

금본위시대가 아닌 오늘날의 대외수지 불균형의 현상을 이해하는 데에도 자동조정과정으로서 가격-정화흐름 메커니즘은 중요한 기여를 하고 있다. 여기서 '가격'은 단지 물가 혹은 교역조건만을 의미하는 것은 아니고 실질임금, 자산가격 등 여러 가지 '상대가격'의 개념으로 이해될 수 있는 포괄적 의미의 가격이다.[2] 즉, 흑자국에서 교역조건의 개선, 실질임금의 인상, 자산인플레이션 등 어떤 형태로든 가격의 상승이 일어날 때 흑자는 균형으로 회복될 수 있다.

그러나 교역국 간의 높은 자본이동성이 존재한다면 흑자국은 적자국에 자본을 수출하고 적자국은 흑자국으로부터 자본을 수입함으로써 무역흑자를 리사이클링하는 것이 가능하게 되어 가격-정화흐름 메커니즘이 제대로 작동할 수 없게 된다. 이 경우 높은 자본이동성은 교역상대국 간 경상수지 불균형을 오히려 심화하는 역기능을 초래할 수 있다.

본위제도의 주기능인 가격－정화흐름 메커니즘기능을 약화시켰다. 실제적으로 은행들은 금의 이동에 자동적으로 반응한 것이 아니라 금의 이동이 국내물가 및 국내경기에 미치는 영향을 완화시키기 위해 상당히 자의적으로 대응하였다. 따라서 금본위제도하에서, 비록 일시적이기는 하지만, 개별 국가

2) 이러한 이유로 price specie-flow mechanism을 '물가-정화흐름 메커니즘' 대신 '가격-정화흐름 메커니즘'이라 번역하였다. 물론 흄에 국한하여 본다면 전자가 더 타당할 수 있다.

가 금본위제도의 규칙에 어긋나는 행동을 할 수 있었다.

당시의 금본위제도가 잘 작동하려면 지도력을 가진 국가가 국제통화제도의 기본규칙 준수를 감시해야 했는데, 당시 영국이 이러한 역할을 담당하였다. 영국은 국제무역, 국제금융 및 자본시장에서의 우월한 지위를 이용해 런던을 국제통화제도의 중심지로 만들었고 필요한 경우 이자율을 통해 금의 이동을 조정함으로써 세계 각국의 통화정책을 관리하였다. 따라서 일반의 통념과는 달리 금본위제도는 영국을 정점으로 하고 주변국으로 이어진 계층적인 구조였다고 할 수 있다.

또한 금본위제도의 영향이 모든 국가에 동일하게 미친 것이 아니라 선진국과 저개발국 간에 비대칭적으로 영향을 미쳤다. 금본위제도의 기본원리에 따르면 국제수지 불균형은 가격조정을 통한 가격-정화흐름 메커니즘 기능의 작동에 따른 금의 이동에 의해 해소된다. 그런데 선진국들은 국제수지 불균형이 발생했을 때 불균형으로 인한 경제적 충격을 최소화시키기 위해 자본이동을 규제할 수 있었지만, 저개발국들은 오히려 그러한 규제수단을 이용할 수 없었기 때문에 금본위제도의 운영방식이 자국 경제에 악영향을 주더라도 감수할 수밖에 없었다. 이처럼 선진국과 저개발국 간에는 국제자본이동에 대한 영향력이 달랐기 때문에 금본위제도에서의 국제수지 조정과정의 충격이 다르게 나타났다.

이러한 비대칭적 충격은 저개발국들 및 때로는 일부 선진국들로 하여금 대내적인 문제를 해결하기 위해 국제통화제도규칙을 위반하게 만드는 유인이 되기도 했다.

당시의 국제수지 불균형 조정구조는 금을 기초로 한 신용창출이 상대가격을 변화시키는 구조였다. 그런데 신용창출에 따른 통화량 조절은 기본적으로 각국이 조절할 수 있었으므로 각국은 국내 물가문제가 심각하거나 또는 실업문제가 극심할 때 통화량 조작을 하고 싶은 유인을 가졌을 것이다. 그러나 당시 영국은 지배적인 위치를 이용해 각국 정부의 통화량 조작유인을 규제했고, 따라서 금본위제도에서의 세계경제는 물가변동이 아주 적었으며 [그림 11-2]에서 보는 것처럼 안정된 가치의 국제화폐를 통용할 수 있었다.

영국이 국제통화질서에 대해 관심을 가졌던 이유는 당시 세계의 선진 산업국 및 금융국으로서 무역 및 자본수출을 촉진시키기 위해서는 무엇보다도

그림 11-2 금본위제도에서의 각국의 환율

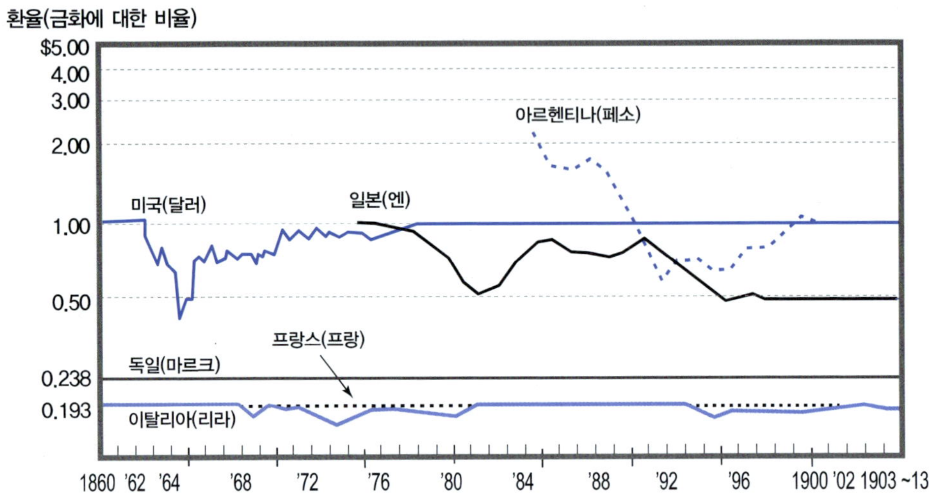

금본위제도하에서 안정적 국제통화질서를 유지할 수 있었으며, 시장원리에 따른 금의 수급에 그 배경이 있었다.

국제통화질서의 안정이 필요했기 때문이었다. 여기서 한 가지 주의할 점은 영국의 지배적인 위치에도 불구하고 영국의 주요 역할은 상대적인 자본이동의 규칙을 위반하는 국가에 대한 규제였지, 세계물가수준을 안정시키기 위해 세계총화폐공급량을 결정하고 그 움직임에 대한 감시를 했던 통화기준국(nominal anchor country) 역할은 아니었다. 금본위제도에서 세계 전체의 물가수준은 규칙 5에 나타난 것처럼 금의 세계 전체 공급 및 금에 대한 세계 전체 수요에 의해 자동적으로 결정되었던 것이다.

1.2 금본위제도의 붕괴

가장 이상적이라고 여겨졌던 금본위제도는 20세기를 넘어오면서 각국의 대내적인 문제가 조금씩 노출되고 국제협력체제가 균열되기 시작하면서 붕괴의 길로 접어들게 되었다. 금본위제도가 붕괴하게 된 것은 크게 두 가지 이유 때문이다. 그 중 하나는 금본위제도 자체의 결점 때문이고, 다른 하나는 신흥국들의 부상에 따라 영국의 상대적인 지위가 약화되었기 때문이다.

금본위제도 자체의 결점으로 들 수 있는 것은 무엇보다도 경제가 성장해 감에 따라 화폐수요가 증가하게 되는데, 금생산량이 충분하지 못할 경우 어떻게 화폐수요를 충족시킬 것인가에 대한 해답이 없었다는 것이다. 다행히도 금본위제도 후반기까지 이 문제가 심각하게 부각되지 않았지만 이는 충분히 개연성이 있는 문제였고 실제적으로 나중에는 금생산량이 경제성장 속도를 따라오지 못해 유동성부족의 문제가 대두되곤 하였다.

또한 각국 화폐에 대한 금의 가치가 일정할지라도 다른 재화에 대한 금의 가치가 일정하지 않은 경우 물가변화가 발생할 수 있다는 결점을 가지고 있다. 예를 들어, 금 1온스를 화폐로 구입하는 경우 4.252파운드를 지불해야 하고, 곡물로 지불하는 경우 밀 1포대를 지불해야 한다고 하자. 이는 밀 1포대의 가격이 4.252파운드임을 의미한다. 그런데 새로운 금광을 발견하여 금의 가치가 상대적으로 하락함으로써 이제 금 1온스를 구입하기 위해 밀 1/2포대만을 지불해도 된다고 하자. 금본위제도에서는 금과 화폐의 교환비율인 4.252를 항상 유지해야 하므로 이제 밀 1/2포대의 가격이 4.252파운드, 즉 밀 1포대의 가격이 8.504파운드로 상승하게 된다.

따라서 금의 화폐가격이 일정할지라도 다른 재화와의 상대가격이 변화하면 물가가 변화할 수 있는 것이다. 실제적으로 금본위제도에서 많은 국가들이 상당한 정도의 단기적인 물가변동을 경험하였다.

마지막으로 금본위제도에서는 각 국가로 하여금 전적으로 대외적 목표인 국제수지 균형에 거시경제적 주안점을 두도록 함으로써 대내적 목표인 실업문제를 소홀히 하도록 만들었다. 각국은 개별 경제사정의 변화 및 조정과정에서 발생하는 부수효과 등으로 인해 상당한 정도로 실업문제를 겪고 있음에도 불구하고(예를 들어, 미국의 경우 1890~1913년의 기간 중 평균 실업률이 6.8%에 달했었음) 아무런 거시경제적 조치를 취할 수 없었다.

금본위제도 자체의 결함 외에 영국의 지배력 상실도 금본위제도를 붕괴시킨 커다란 요인이었다. 금본위제도에서 대부분의 국가들이 효율적이고 안정적인 국제통화질서에서 오는 절대적인 이득을 얻을 수 있었다. 그러나 절대적인 이득을 얻었을지라도 프랑스, 독일, 미국 등 다른 선진국들은 영국에게 가장 유리하도록 형성된 국제통화질서를 달가워하지 않았다. 더구나 항상 적자문제를 안고 있는 저개발국들은 국제수지 조정과정에서 발생하는 경기침체 및 실업의 고통을 일방적으로 부담하고 있었기 때문에 금본위제도에 기초한 국제통화질서를 원하지 않았다.

그러나 영국의 지위가 확실하였기 때문에 다른 국가들이 금본위제도에 의한 국제통화질서에서 이탈하는 것을 방지할 수 있었고 상당기간 금본위제도를 유지할 수 있었다. 그런데 20세기에 들어서면서 미국을 비롯한 다른 국가들의 경제력이 확대되고 영국의 상대적인 경제력 약화로 영국의 지도력이 감소되어 국제통화제도 규칙준수를 강요할 수 없게 되었다. 더구나 경제발전과 더불어 국민들의 요구가 증대되고 따라서 각국이 대내적인 목표에 관심을 기울이게 됨에 따라 금본위제도의 기반은 더욱 쇠락하였다. 이런 과정 중에 1914년 제1차 세계대전이 발생하자 각국은 전시재정을 위해 금본위제도의 게임규칙을 포기하게 됨으로써 금본위제도는 공식적으로 붕괴되었다.

2. 양차 대전 사이(1918~39)

제1차 세계대전이 가져온 중요한 결과는 국제통화제도가 사라지고 통화에 대한 관심이 국제적인 차원에서 개별적인 국가 차원으로 이전되었다는 것이다. 제1차 세계대전으로 각국의 관계가 악화되자 교전국들은 금공급을 보호하고 경제를 전시체제로 동원할 수 있도록 하기 위해 발빠르게 금본위제도에서 이탈하였다. 이로써 금본위제도는 완전히 붕괴하였고 국제통화제도는 무질서한 변동환율제도로 전환되었다. 영국의 지도력이 종말을 고하고 각국 간의 경제협력관계가 붕괴됨에 따라 화폐가치 및 통화정책의 결정이 각국의 책임 하에 이루어졌고 개별국의 독립성이 국제통화질서보다 우선하게 되었다.

제1차 세계대전이 끝난 1919년과 제2차 세계대전이 시작되는 1939년 사이 국제통화제도는 여러 번의 변화를 겪었다. 이를 편의상 다음과 같이 세 시기로 구분하고자 한다.[3] 제1기는 제1차 세계대전 중에 택했던 변동환율제도

그림 11-3 양차 대전 사이 각국의 미달러화 대비 환율

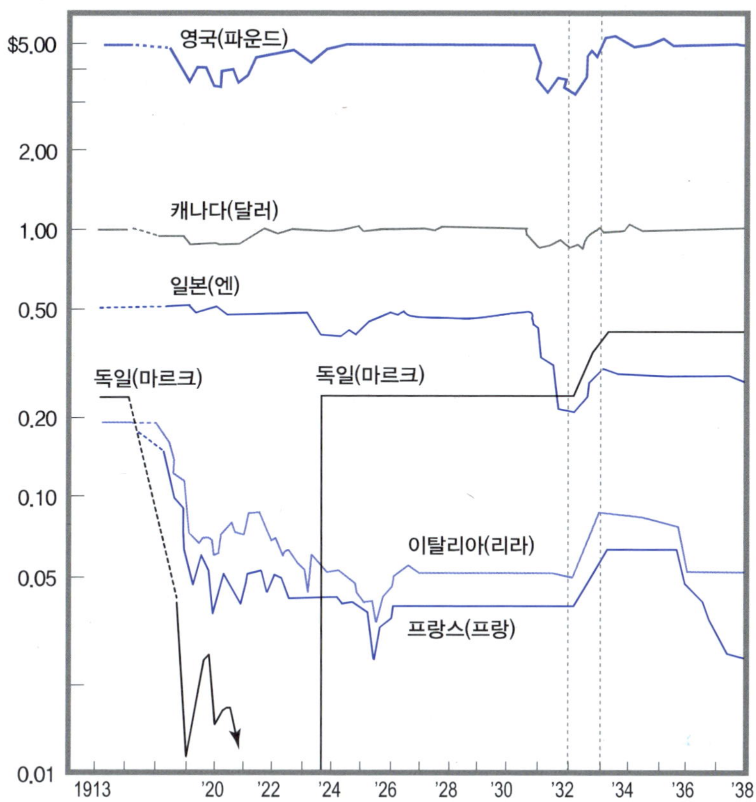

양차 대전 사이는 국제통화질서에 관한 한 혼돈의 시대이다. 제1차 세계대전으로 금본위제도는 무질서한 변동환율제도로 대체되었다.
금본위제도로의 복귀를 시도한 1927~31년 기간의 금환본위제도나 1932~39년 기간의 관리변동환율제도 또한 각국의 대내적 문제로 인하여 유지될 수 없었다.

가 지속되는 1919~26년의 기간이고, 제2기는 고정환율제도를 택하는 1927~31년의 기간이며, 제3기는 세계적인 대공황 이후 제2차 세계대전 발발 전까지 관리변동환율제도를 택하는 1932~39년의 기간이다(그림 11-3 참조).

3) Eichengreen(1985) 참조.

2.1 제1기 : 변동환율제도(1919~26)

제1차 세계대전 직후 가장 중요한 과제는 신속히 국제통화제도를 재정립하고 안정된 국제통화질서를 창출하는 것이었다. 제1차 세계대전 중에도 통화가치의 혼란을 방지하기 위해 영국, 미국 및 프랑스 간에 한시적인 대책이 마련되어 제1차 세계대전 후반기 동안 달러화에 대한 파운드화 및 프랑스프랑화의 가치가 일시적으로 안정되기도 하였다. 그러나 제1차 세계대전 직후인 1919년 봄 이들 지원책들이 마감되고 대부분의 화폐들이 자유롭게 변동되도록 허락되었으며, 중요 통화 중에서 금에 대해 가치를 고정시킨 통화는 미국달러화뿐이었다. 이 시기의 가장 큰 특징은 통화당국에 의한 외환시장개입이 거의 없었다는 것이다. 극히 예외적으로 통화당국이 개입했던 예를 들자면, 1924년 및 1926년 프랑스 중앙은행에 의한 개입을 들 수 있을 뿐이다.

제1차 세계대전 직후 각국이 대외적인 의무가 전혀 없는 변동환율제도를 택한 이유는 전후 복구를 위해 필요한 엄청난 재정을 통화증발을 통해 조달하려고 했기 때문이다. 무분별한 화폐증발은 전쟁으로 감소된 생산능력과 더불어 급격한 물가상승을 유발하였다. 그 중에서도 가장 극심한 곳은 독일이었는데 1919년 1월 262였던 물가지수가, 1923년 12월에는 126,160억으로 상승해 불과 5년도 못되는 기간 동안에 물가가 무려 4,815억 배나 상승하였다. 다른 나라에 비해 특히 독일이 천문학적인 인플레이션을 경험한 이유는 제1차 세계대전을 종식시키는 베르사유 조약의 내용이 독일로 하여금 승전국들에게 과도한 전쟁배상금을 지불하도록 하였기 때문이었다. 독일정부는 전쟁배상금을 지불하기 위해 세금을 올리기보다는 화폐를 증발하였고 따라서 인플레이션이 악화되었던 것이다.

이러한 초인플레이션의 절정은 1923년에 발생했다. 1923년 1월 프랑스는 독일이 베르사유 조약의 이행을 지연한다는 이유로 산업지역인 루르지방에 군대를 파견하였다. 이에 독일 노동자들이 프랑스 점령을 반대해 파업을 하고, 독일정부는 이들 노동자들을 지원하기 위해 보다 많은 화폐를 발행해 노동자들에게 임금을 지속적으로 지불하였다. 그 결과 인플레이션은 더욱 악화되어 1923년 1년 동안 물가가 452,998,200배나 상승하였다. 1923년 말경 독일정부가 화폐개혁을 단행하였고 균형예산을 위해 노력하기 시작했으며, 승전국들이 독일에 대한 전쟁배상금 부담을 어느 정도 경감해 주면서부터 독일에서의 초인플레이션이 사라지게 되었다.

2.2 제2기 : 고정환율제도(금환본위제도, 1927~31)[4)]

초인플레이션의 경험은 각국으로 하여금 금본위제도 시기의 안정된 화폐가치를 그리워하도록 만들었다. 이에 1922년 이탈리아의 제노아 회담에서 영국, 프랑스, 이탈리아, 일본은 금본위제도로 복귀하고 각국의 대내 및 대외적 목표를 달성하기 위해 중앙은행 간 협조를 도모한다는 데 동의하였다. 그러나 세계 금공급량이 각국 중앙은행이 보유해야 하는 금요구량을 충족시키지 못하리라는 것을 인식하고 소규모 국가의 중앙은행들은 보유금의 일부를 금 대신에 영국의 파운드화로 대치할 수 있도록 하였다.

이러한 노력은 1925년 4월 영국이 금본위제도로 복귀하고 1926년말 이후 유럽 통화 간의 교환비율이 대부분 고정됨으로써 결실을 맺게 되었다. 고정환율에 기초한 국제통화질서는 각국의 통화가치를 안정시킬 수 있을 뿐만 아니라 각국의 경제도 과거 금본위제도 시기의 황금기로 돌아갈 수 있으리라고 믿어졌다.

그러나 금환본위의 고정환율제도는 오래 지속되지 못하고 1931년 9월 영국이 금에 고정시켰던 파운드화의 교환비율을 파기함으로써 종말을 고하게 되었다. 당시의 금본위제 복귀가 실패로 돌아간 첫 번째 이유는 영국이 금본위제도로 복귀하면서 파운드화와 금의 교환비율을 전쟁 이전의 수준으로 고정시켰기 때문이다. 당시 재무부 장관이었던 처칠은 과거와 다른 비율로의 복귀는 세계 금융 중심지로서의 영국 금융기관들에 대한 신뢰도에 손상을 가져올 것이기 때문에 금과 파운드화의 교환비율을 전쟁 이전의 수준으로 정할 것을 주장하였다. 그러나 1925년의 물가는 전쟁 전에 비해 높았기 때문에 금과 파운드화의 교환비율을 전쟁 이전의 수준으로 정한다는 것은 곧 영란은행이 긴축통화정책을 실시하는 것과 같은 효과를 가져왔다. 그 결과 영국경제의 성장이 극도로 저하되었고 수출이 감소하였으며, 실업이 급증해 영국

4) 금환본위제도의 특징에 대해서는 본장의 [부록1] 참조.

노동자들은 심각한 고통을 겪어야만 했다. 영국경제가 침체함에 따라 영국이 더 이상 국제금융 중심지로서의 역할을 수행할 수 없었고, 또한 금과 파운드화 간의 고정된 비율을 유지할 수 있으리라는 확신도 줄 수 없었다. 1929년 대공황이 발생하여 은행이 연쇄적으로 도산하고 파운드화를 보유하고 있는 외국인 및 외국은행들이 파운드화의 가치에 대해 의심을 품고 영란은행에 대해 금으로의 태환을 요구해 오자 영국은 금과 파운드화의 연계를 포기하여 결국 금환본위제도가 붕괴되게 되었다.

두 번째 이유로는 제1차 세계대전을 거치면서 화폐공급을 규제하여 경제를 독자적으로 운영할 수 있었던 각국의 정부들이 대외적인 목표보다 대내적인 목표를 중시하게 되었다. 따라서 대외적인 국제통화질서를 유지하기 위해 대내적인 경제성장 및 완전고용을 포기할 수 없었다. 전쟁의 결과로 기업과 노동자들이 강력한 세력으로 부상했고 그들은 국제통화제도의 운영을 원활하게 하기 위해 임금 및 가격이 신축적으로 조정되는 것을(특히, 하향 조정되는 것을) 원하지 않았다.

세 번째 이유로는 영국의 위치가 과거와 달라졌다는 것이다. 당시 국제질서 개념이 파괴되고 국가 간 적대감이 증대해감에 따라 각국은 더욱더 자국중심적인 목적을 달성하기 위해 경제에 대한 통제권을 행사하였다. 이런 상황에서 국제적인 지도력을 가진 국가가 국제경제질서 수호를 위해 노력했었어야만 하나, 당시의 상황은 이를 불가능하게 만들었다. 그 당시 영국은 경제적으로 이미 쇠락하기 시작했고 전쟁 후유증을 겪고 있었던 반면, 새로운 강대국으로 부상하고 있었던 미국은 아직 과거 영국과 같은 지도자의 역할을 수행할 의사가 없었다. 결국 어떤 국가도 규칙과 제도유지에 노력을 기울이지 않아 각국은 이기적인 근린궁핍화(beggar thy neighbor)정책[5]을 시행하고자 하였고, 그 결과 국제경제질서가 무너지게 되었다.

---

5) **근린궁핍화정책**이란 상대국의 희생을 바탕으로 자국의 복지를 증진시키는 정책을 말한다. 대표적인 예로는 관세인상, 평가절하정책 등이 있다.

2.3 제3기 : 관리변동환율제도(1932~39)

대공황이 확산되어 가면서 금융계는 은행예금과 현금의 안정성에 대해 극도로 예민해져 있었다. 영국은 그동안 극심한 경기침체 및 실업이 지속되는 상황에서 과대평가된 파운드화의 가치를 유지하기 위해 고수해 왔던 높은 이자율에 대해 너무나 큰 부담을 느껴왔는데 파운드화에 대한 위기상황이 발생하자 결국 금과 파운드화 간의 연계를 포기하고 1931년 9월 평가절하를 단행하였다. 1932년 초에는 영국, 영연방, 일본, 북구국가들 및 남미국가들이 모두 변동환율제도를 채택했다. 그러나 당시의 변동환율제도는 1920년대 초의 변동환율제도와는 달리 구체적으로 명기된 외국환평형기금(exchange equilibrium fund)의 조정을 통해 환율이 관리되도록 하였다.

미국은 1933년 달러화의 가치를 하락하도록 용인하여 금 1온스가 20.67달러와 교환되던 것을 35달러와 교환되도록 하였고 이후 관리변동환율제도를 택하게 되었다. 벨기에는 1935년에 관리변동환율제도로 이행하였다. 그러나 골드블록(gold bloc)에 속해 있던 프랑스, 네덜란드, 폴란드 및 스위스는 1936년까지 금에 대해 화폐가치를 고정시켜 놓았다.

그러나 이 시기에도 국제통화질서는 안정되지 않았다. 각국은 경기활성화를 위해 자국 내의 총수요를 진작시키고자 하면서 동시에 자국산업을 보호하기 위해 외국으로부터의 수입을 억제하고자 하였다. 대공황의 충격에서 벗어나지 못하고 있던 미국은 1930년 자국산업을 보호한다는 명목하에(실질적으로는 특정 이익집단을 위해) 스무트-홀리(Smoot-Hawley) 관세법을 통과시키고 미국으로 유입되는 수입품에 대해 엄청난 관세를 부과하였다. 미국의 결정에 대해 다른 국가들이 보복조치를 취해 1932년까지 60개국이 관세를 인상하였다. 그 결과 세계무역은 2년여 만에 이전의 1/3 수준까지 위축되어 대공황의 피해는 더욱 심각해져 갔다. 무역전쟁을 유발시킨 미국은 1932년 총수입액이 1929년의 31% 수준까지 감소했지만 수출은 더욱 감소해 본래의 목적을 전혀 달성하지 못하게 되었다.

또한 외환관리를 시행하던 당시의 국가들은 금의 유출을 방지하고 자국상품에 대한 해외수요를 창출할 목적으로 경쟁적인 평가절하를 단행하였다. 그러나 평가절하의 효과는 반드시 상대국의 손해를 수반하기 때문에 상대국이 이에 대응해 평가절하하는 경우 효과가 대부분 서로 상쇄되어 본래 의도와는 달리 무역수지개선을 달성할 수 없기 마련이다. 그럼에도 불구하고 각국이 경쟁적 평가절하를 선택했던 이유는 당시 평가절하를 유보한다는 것은 수출부진 및 수입증대에 따라 경기침체를 더욱 심화시킬 것이라고 믿는 분위기가 팽배했기 때문이다.

이처럼 근린궁핍화정책을 통한 국가 간의 보복전은 세계경제를 자급자족적인 개별경제 또는 지역경제로 분열되게 만들었다. 1932년 오타와회담에서 영국은 다른 영연방국가들 및 일부 교역국들과 함께 스털링블록(sterling bloc)을 형성했고 그 직후 미국을 중심으로 한 달러블록(dollar bloc) 및 프랑스를 중심으로 네덜란드, 폴란드 및 스위스가 골드블록(gold bloc)을 형성하였다. 독일, 이탈리아, 일본 등은 세계경제가 위기에서 벗어나지 못하고 있는 동안에 독자적인 자급자족경제를 구축하기 위해 노력하였다. 이로써 각국 및 각 지역경제는 다른 국가 및 다른 지역의 희생 위에 자신들의 국제수지, 경기침체 및 실업문제를 해결하고자 경쟁적으로 각종 규제 및 평가절하를 이용하였고, 세계경제는 전례 없는 경제전쟁의 시대에 접어들게 되었다.

3. 브레튼우즈제도(1944~71)

대공황과 제2차 세계대전을 경험했던 각 국가들은 전후 두 가지 경제목표를 설정했다. 첫째는 경제성장과 완전고용을 달성하는 것이었고, 둘째는 1930년대의 파멸적인 국가경제 이기주의의 재현을 방지할 수 있는 안정적인 국제경제질서를 창조하는 것이었다. 이러한 목표를 달성하기 위해서는 국내경제정책뿐만 아니라 효율적인 국제통화제도의 설정이 필요조건이었다.

3.1 브레튼우즈제도의 전개과정

과거의 경험에 비추어 볼 때 새로운 국제통화질서를 모색하는 과정에서 반드시 고려해야 할 문제점들로는 ① 변동환율제도에서 발생하는 불안정한

그림 11-4 브레튼우즈제도에서의 환율 추이(각국 통화/$)

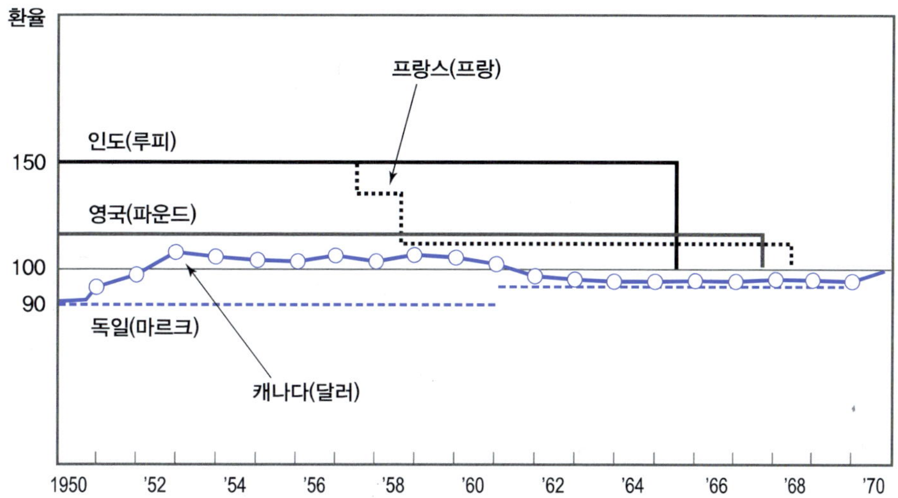

제2차 세계대전 후 국제통화질서는 달러화를 기축통화로 금과 달러화의 교환비율을 일정수준 유지하고 달러화와 주요 선진국 통화의 교환비율을 고정하는 일종의 금환본위제라 할 수 있다. 브레튼우즈체제는 국제통화기구인 IMF를 설립하여 회원국의 인위적인 환율조정으로 인한 국제통화질서의 혼란을 방지하는 안정적 국제통화질서를 모색하였다.

주 : 1970년 = 100.
자료 : IMF, *International Financial Statistics* 및 각국 통계자료.

기대의 과도한 영향, ② 양차 대전 사이의 금환본위제도에서 나타난 유동성 부족 및 조절능력 결핍에 따른 신뢰성 약화, ③ 국제통화질서 혼란기에 나타나는 경쟁적 평가절하, 무역규제, 외환통제 등의 근린궁핍화정책 등을 들 수 있다. 제2차 세계대전 중에 케인즈(J. M. Keynes), 화이트(H. D. White), 넉시(R. Nurkse) 등이 구상한 새로운 국제통화제도는 이러한 문제점을 해결하기 위해 금환본위 고정환율제도와 변동환율제도의 우수한 특징만을 결합하고자 하는 조절가능한 고정환율제도(adjustable peg system)였다.

케인즈를 대표로 하는 영국협상단 및 화이트에 의해 대표된 미국협상단 모두 기본적으로 국제통화기구에 의해 운영되는 조절가능한 고정환율제도를 구상하고 있었지만, 영국이 국내 통화정책의 독립성을 보다 보장해 주도록 주장한 반면, 미국은 환율의 안정을 보다 강조하였다. 양자의 협상 끝에 만들어진 구상은 미국의 주장이 대부분 반영되면서 국제통화기금(IMF : International Monetary Fund) 협정문에 명시화되었다.

그러나 국제통화기금이 1947년 3월 공식적으로 설립되었음에도 불구하고 각국은 협정준수를 꺼려하였다. 예를 들어, 대부분의 국가들이 1950년대 말까지 경상거래에 대한 자국통화와 달러화의 태환성을 부여하지 않았다. 제2차 세계대전 직후 많은 유럽국가들은 외환보유액이 고갈되었으며 국내경제는 다른 대륙으로부터의 수입이 절실한 상황이었다. 따라서 각국은 달러화 부족상태에 빠지게 되었고, 이를 해결하기 위해서 어쩔 수 없이 수입쿼터제, 외환거래허가제 및 쌍무협정에 의존할 수밖에 없었으며 국제통화기금 조항을 준수하기가 어려웠다.

이와 같은 문제가 해결되고 브레튼우즈(Bretton Woods)제도가 실질적으로 운영되기 시작한 것은 마셜계획 등에 힘입어 유럽의 경제상황이 호전됨에 따라 유럽에서 경상거래에 대한 태환성이 보장되고 유럽결제연합(European Payments Union)이 해체된 1958년 이후였다.

비록 초기의 국제통화기금 협정내용이 거의 수정되지 않았을지라도 1958년 이후 실질적으로 운영된 방식은 초기 입안자들이 구상했던 것과는 상당히 다른 것이었다. 각국은 기준환율을 유지하고자 달러화매매를 통해 외환시장에 개입하기 시작하였고, 미국 재무부는 금(金)매매를 통해 금에 대한 달러화의 가치(금 1온스당 35달러)를 유지하고자 노력하였다. 따라서 각국의 통화가 직접적으로는 달러화에 고정되었고 간접적으로는 달러화를 통해 금에 고정되었다. 그러나 아직도 상당기간 미국을 제외한 대부분의 국가에서 자본이동이 규제되었다. 이러한 변화를 고려해 실질적인 운영 측면에서 브레튼우즈제도의 특징을 요약하면 <표 11-2>와 같다.[6] 이 표에 나타나고 있는 중요한 특징은 크게 두 가지로 요약될 수 있다.

첫째, 브레튼우즈제도가 초기 입안자들이 구상했던 것과 같이 모든 회원국들에게 대칭적인 위치를 주는 제도가 아니라 금환본위제도, 즉 금달러본위제도로 바뀌었다. 이는 초기부터 미국경제가 세계경제에서 차지하는 비중 및

---

6) 보다 자세한 설명은 McKinnon(1993), Eichengreen(1985) 등을 참조.

표 11-2 브레튼우즈제도의 게임규칙

1	달러화를 금에 고정시키고 다른 통화들의 달러화에 대한 기준환율을 고정시키며 환율은 1% 범위 내에서만 변동할 수 있도록 함.
2	경상거래에 대해서는 자유로운 태환성을 부여하지만 국내금융시장을 보호하기 위한 자본이동 규제 허용. 자본거래에 대해서도 자유화 노력
3	외환시장개입 및 외환보유액을 위한 통화로서 달러를 이용
4	단기적 외환보유액 감소는 중앙은행의 국내금융자산매입을 통해 조정(Bagehot 규정)
5	경상수지 불균형은 재정정책을 통해 조정
6	각국의 화폐공급은 미국에 의해 유지되는 물가추세에 맞추어 변화시킴으로써 고정환율을 유지하도록 함.
7	미국은 독립적인 통화정책에 따라 세계(달러)물가수준을 결정
8	미국은 순국제채권자의 위치를 유지하고 재정적자 해결
9	미국은 외환시장에 수동적으로 참여

미국의 금보유량 규모 등으로 인해 미국달러의 위치는 다른 나라 화폐와 달랐기 때문에 당연히 예측할 수 있는 결과였다. 따라서 협정조항을 크게 수정하지 않았어도 브레튼우즈제도는 달러를 중심으로 하는 고정환율제도로 변모해 갔다.

무엇보다도 미국의 달러는 기축통화로서 기능을 하였고, 모든 국가의 화폐는 달러화를 통해 금에 대한 비율을 고정시켰다. 따라서 다른 국가들은 중앙은행 보유금을 금 또는 달러로 보유할 수 있었고, 원하는 경우에는 언제라도 미국 중앙은행인 연방준비제도(Federal Reserve System)[7]를 통해 금 1온스당 35달러의 고정된 공식가격으로 달러와 금을 교환할 수 있었다. 이처럼 브레튼우즈제도에서 달러화가 기축통화로 됨에 따라 미국은 금에 대한 달러화의 가치를 일정하게 유지하기만 하면 되었고, 다른 통화에 대해서는 신경쓸 필요가 없었다. 달러화와 다른 국가 화폐 간의 교환비율은 다른 나라의 중앙은행이 자국화폐를 가지고 유지해야 했으며, 미국은 외환시장에 개입할 필요가 없었다(규칙 9).

뿐만 아니라 브레튼우즈제도에서 각국의 거시경제정책은 국제통화제도 유지를 위해 제한되었고(규칙 6), 미국만이 독자적인 통화정책을 시행할 수

7) 약칭으로 흔히 '연준'(영문으로는 'Fed')이라고 부르며, 본장에서는 서로 혼용한다.

있었다(규칙 ⑦). 금본위제도에서 세계 공통의 물가수준을 조절할 수 없었던 영국과는 달리 미국의 중앙은행은 세계 공통의 물가수준에 영향을 줄 수 있는 자율성을 가지고 있었는데, 이는 미국 화폐공급이 타국 및 외환시장의 변화에 영향을 받지 않았기 때문이다.

브레튼우즈 운영에 있어서의 두 번째 중요한 특징은 초기의 조절가능한 고정환율제도에서 완전한 고정환율제도로 바뀌었다는 것이다. 1949년 이후 브레튼우즈제도가 불안정해지기 시작하는 1967년까지 주요국들의 기준환율 변화는 프랑스에서 두 번, 독일에서 한 번밖에 없었을 정도로 거의 일어나지 않았다.[8] 그러나 브레튼우즈제도는 시간이 흐름에 따라 점점 더 환율조정이 가능하지 않게 되었다. 왜냐하면 각국의 통화금융당국은 자의적인 기준환율 변화로 말미암아 권위가 손상되고 신뢰도가 상실되는 것을 원하지 않았으며, 또한 미미한 기준환율 변화가 엄청난 자본이동압력을 유발하는 것을 기피하였기 때문이다.

더구나 각국은 환율조정에 대한 필요를 별로 느끼지 못했었다. 무엇보다도 1950년대 및 1960년대 초반까지만 해도 대내경제목표와 대외경제목표 간에 상충되는 일이 거의 없었기 때문이었다. 금본위제도에서와 마찬가지로 브레튼우즈제도에서도 미국을 제외한 다른 나라의 통화정책은 환율을 유지하는 데 속박되어 있었다. 그러나 금본위제도와는 달리 유럽 및 일본을 비롯한 많은 국가에서 자본이동 제한이 1960년대까지 유지되었다. 이는 지속적인 경상수지 불균형을 자동조정해 줄 수 있는 민간자원의 금융조달이 용이하지 않았다는 것을 의미한다.

금본위제도에서는 각국의 민간자본이 이동해 경상수지 불균형을 해소할 수 있었던 반면, 브레튼우즈제도에서는 민간자본 이동이 제한되어 있었고 또한 환율도 변동하지 않았다. 따라서 각국은 재정정책(순정부저축 조정)을 통해 총저축과 총투자의 균형을 이룸으로써 이 문제를 해결하고자 하였다. 브레튼우즈제도에서 순자본이동이 그리 크지 않았음에도 불구하고, 한 국가 내에서의 총투자와 총저축이 대략 균형을 이루었던 것은 민간투자와 민간저축이 균형을 이루었기 때문이 아니라 정부가 순정부저축을 조정하였기 때문이다.

---

8) 캐나다는 예외적으로 1950년부터 1961년까지 변동환율제도를 택하였었다.

당시 민간투자와 민간저축 간에는 상당한 정도의 차이가 항상 존재했었다. 그러나 각국의 순정부저축을 살펴보면 민간저축과 민간투자의 차이와 역의 관계를 보여주고 있다. 이는 1950년대와 1960년대에 걸친 지속적인 성장으로 대내경제목표에 관심을 기울일 필요가 없어지자 각국 정부가 재정정책을 대내경제목표를 위해 이용하기보다는 총저축과 총투자 간의 차이, 즉 경상수지 불균형의 조정을 통해 고정환율을 유지하기 위해 동원해 왔음을 말해주고 있다.

3.2 브레튼우즈제도의 붕괴

(1) 브레튼우즈제도의 붕괴과정

1958년 유럽에서의 태환성 확립 이후 브레튼우즈제도는 별다른 문제없이 운용되어 갔다. 그런데 1965년 미국정부는 월남전에 개입할 것을 결정하고 또한 동시에 위대한 사회의 건설을 목표로 하는 대규모 정부사업을 실시하였다. 이러한 확대재정으로 인해 미국경기가 과열되고 물가가 상승하기 시작했으며, 또한 경상수지가 악화되기 시작하였다.

미국경제 상황의 변화는 즉각적으로 런던 금시장에 영향을 미쳤다. 1967년 말에서 1968년 초에 걸쳐 투자자들은 미국 경상수지의 악화 및 인플레에 따른 미국달러화의 가치하락을 예상하고 금을 구입하기 시작하였다. 런던 금시장에서 대규모의 금구입현상이 일어나 미국 중앙은행 및 유럽 중앙은행에서 금이 대규모로 유출되자 영란은행은 1968년 3월 17일 이중 금시장 창설을 공표하고, 미국은 그해 6월 조세를 증가시키는 등 혼란을 방지하기 위한 노력을 기울였다. 이후 1970년 미국경제가 침체기에 접어들면서 총수요가 감소하고 그에 따라 미국의 경상수지 적자가 일부 개선되었다.

그러나 이러한 경상수지 개선은 일시적인 현상이었다. 1971년 초 미국의 경상수지가 다시 악화된 반면, 독일의 경상수지 흑자폭이 증가하자 많은 투자자들이 독일의 마르크화를 대량으로 구입하고자 하였다. 독일연방은행은 달러화 가치를 유지하기 위해 1971년 3월 4일 하루 동안 외환시장에서 10억 달러를 구입해야 했고 그 다음날은 단 한 시간 동안에 10억 달러를 구입해야 했다. 독일연방은행은 마침내 달러화 가치를 유지하기 위한 외환시장개입을 포기하고 마르크화로 하여금 달러화에 대해 변동하도록 허용하였다. 독일 정부의 이와 같은 결정은 외환시장에서 달러화가 다른 화폐들에 대해서도 평가절하될 것이라는 예상을 유발시켰다.

당시 실업 및 인플레와 경상수지 적자에 직면하고 있었던 미국이 취할 수 있는 방법은 두 가지밖에 없었다. 하나는 실업에 맞추어 미국의 물가를 하락시키고 동시에 달러화 유출과 그에 따른 타국 통화량 증대를 통해 타국의 인플레를 유발하는 방법이었다. 그러나 이는 더 큰 실업을 유발하고 타국에 인플레를 수출하는 등 정치적으로 부담이 컸으므로 택할 수 없었다. 두 번째로는 달러화의 액면가치를 하락시키는 방법이었다. 그러나 이 방법도 용이하지는 않았다. 브레튼우즈제도에서 N번째 통화로서 기축통화 구실을 하던 달러화의 가치변화는 나머지 $N-1$국가들의 동의를 얻어야만 했다. 비록 외환시장에서 달러화의 평가절하를 예상해 달러화 투매현상이 일어나고 있었을지라도 일부 국가들은 자국화폐가 평가절상됨으로써 발생할 수 있는 경상수지 및 총수요에 미치는 마이너스효과를 원하지 않았기 때문에 모든 국가들의 동의를 얻는다는 것이 쉽지는 않았다.

이에 1971년 8월 15일 닉슨 대통령은 달러화의 금태환 중지를 선언하고 모든 수입품에 대해 10% 관세를 부과하는 조치를 취함으로써 다른 국가들에게 달러화의 평가절하에 동의해 줄 것에 대한 압력을 행사하였다. 미국이 강경하게 나오자 각국은 1971년 12월 달러화의 8% 평가절하를 인정하고 금값을 1온스당 38달러로 인상하였다. 그러나 이러한 조치에도 불구하고 미국의 경상수지는 개선되지 않았으며, 1972년 대통령 선거와 맞물려 화폐를 증발하자 외환시장에서는 달러화의 추가적인 평가절하가 불가피하다고 인식하게 되었다.

1973년 2월 초 외환시장에서 대규모의 달러 투매현상이 발생하자 외환시장이 폐장되었고 2월 12일 달러화의 10% 추가적인 평가절하를 실시하였다. 유럽 중앙은행들은 3월 1일 달러화의 하락을 방지하기 위해 36억 달러를 구입한 후 외환시장을 다시 폐장했으며, 3월 19일 유럽 및 일본 외환시장이 다시 열렸을 때 각국은 자국화폐를 달러화에 대해 자유로이 변동하도록 허용하면서 브레튼우즈제도는 종말을 고하게 되었다.

(2) 브레튼우즈제도의 내재적 문제

브레튼우즈제도가 금달러본위 및 완전한 고정환율제도로 바뀌어 가면서 내재적인 문제가 발생하게 되었다. 브레튼우즈제도의 내재적 문제는 크게 준비자산(reserve asset) 문제 및 조절가능성(adjustability) 문제를 들 수 있다.

① 준비자산

우선 브레튼우즈제도와 같은 금환본위 고정환율제도에서는 준비자산 문제를 해결하지 못하면 제도 자체의 존립이 위험하게 된다. 1950년대 및 1960년대 세계경제는 급속한 속도로 성장해 왔고 국제무역은 더욱 빠른 속도로 확장되어 갔으며, 또한 국제적인 자본이동도 활발해져 갔다. 따라서 각국 중앙은행들은 경제성장에 따른 준비자산 증대를 더욱 필요로 하게 되었다. 준비자산은 본래 금, 달러 및 IMF 리저브 포지션(reserve position)[9] 등 세 가지로 구성되어 있다. 그런데 금생산은 한정되어 있었고, IMF 쿼터 증가에 의한 리저브 포지션 증가도 한계가 있었기 때문에 중앙은행 준비자산을 증가할 수 있는 유일한 방법은 기축통화인 달러화의 증대뿐이었다. 실제로 브레튼우즈제도에서 세계의 달러 보유량은 <표 11-3>에서 보는 것처럼 급증하였다. 그러나 다른 나라의 달러 보유는 미국의 경상수지 적자를 통해 달러가 해외로 유출되어야 가능하므로 세계경제의 지속적 성장을 위해서는 미국의 지속적인 경상수지 적자를 필요로 하였다.

표 11-3 중앙은행 준비자산 (단위 : 십억 달러)

자 산	1949	1969	1971	1973
세계 준비자산	45.6	78.2	130.1	255.2
금	33.5	39.1	39.2	114.5
IMF 포지션	1.7	6.7	6.9	7.5
미달러화	10.4	32.4	77.6	122.6
특별인출권(SDR)	–	–	6.4	10.6
미국 준비자산	26.0	17.0	13.2	30.1

자료 : IMF, *International Financial Statistics*, 각호.

9) 자국의 IMF 쿼터에서 IMF의 자국화폐 보유액을 차감한 부분으로 IMF 리저브 트랜치(reserve tranche)라고도 하며, 회원국은 국제수지 어려움이 심각한 경우 자국화폐를 맡기고 조건 없이 차입할 수 있다.

이러한 미국의 지속적인 경상수지 적자는 트리핀(Triffin)의 딜레마[10]라고 불리는 신뢰성 문제를 야기한다. 초기에는 미국이 타국 중앙은행의 금태환 요구에 얼마든지 정해진 값으로 금을 교환해 주었기 때문에 달러화는 금과 동일시되었다. 그런데 경제성장에 따라 다른 나라의 중앙은행들이 지속적으로 준비자산의 증가를 요구하게 되었고 이러한 요구는 미국의 지속적인 경상수지 적자를 통해서만 가능하였다. 만일 이러한 요구가 오래 계속된다면 다른 나라의 중앙은행들은 궁극적으로 미국이 보유하고 있는 금보다 더 많은 달러를 보유하게 될 것이다. 이 경우 각국은 모든 달러가 금과 교환될 수는 없다는 것을 알게 되고 미국을 만성적인 적자국으로 간주할 것이므로 달러화의 매력이 사라지게 될 것이다. 여기서 달러화의 신뢰도가 추락하게 되고 신뢰성의 문제가 발생하는 것이다.

일반적으로 경상수지 적자는 금 및 외환보유를 고갈시키는 중요한 문제였음에도 불구하고 다른 경상수지 흑자국들이 달러화를 받아들이는 한 미국의 경상수지 적자는 전혀 문제가 되지 않았다. 그러나 1950년대 말부터 해외로 나간 달러화의 축적이 증대하면서 위에서 말한 신뢰성의 문제 때문에 각국이 달러화를 선호하지 않게 되고 따라서 미국의 경상수지 적자에 대해서 문제삼게 되었다. 이러한 문제에 대해 미국은 타국 중앙은행에 대해 금태환 요구를 자제하도록 설득하고, 자본이동에 대한 규제를 실시하였을 뿐, 대내적인 통화정책 및 재정정책의 조정을 통해 해결하려는 노력을 기울이지 않았다.

이 문제는 미국이 베트남전쟁을 시작하면서 더욱 심각해졌다. 베트남전쟁으로 물가가 상승하면서 미국의 경상수지 적자가 심화되자 독일은 미국으로부터의 달러 유입을 미국 인플레이션의 수출로 간주하였고, 다른 국가들은 미국이 이미 가치가 하락된 달러화의 남발을 통해 타국으로부터 베트남전쟁을 위한 물건을 구입하고 있다고 인식하였다. 급기야 드골은 미국의 부당한 특권에 대해 언급하면서 달러화의 평가절하를 요구하게 되었고 금본위제도로의 복귀를 주장하였다. 그런데 미국의 입장에서 보면 이러한 주장은 지나치다고 여겨졌다. 브레튼우즈제도에서 미국은 특별한 입장에 있었으므로 대

---

10) Triffin(1960) 참조.

외적인 불균형은 미국 이외의 국가들이 시정해야 한다고 주장했다.[11)]

이처럼 미국과 다른 국가들 간의 갈등이 커지자 준비자산 문제를 해결하기 위해 취해진 조치 중의 하나가 1968년 IMF협정조항을 개정해 만들어낸 특별인출권(SDR : special drawing rights)이었다. 특별인출권을 만들어낸 기본적인 의도는 준비자산에 대한 전 세계의 수요에 대응해 공급량을 능동적으로 조정할 수 있는 새로운 준비자산을 창조해 내기 위한 것이었다. 이로 말미암아 기축통화가 결국은 불필요해질 것이고 신뢰성의 문제 또는 기축통화국의 비대칭적인 지위 등과 관련된 문제가 해결될 수 있을 것이라고 기대했었다. 그러나 특별인출권을 만들어낼 때 미국의 적자문제를 해결하기 위한 환율조정 및 다른 수단에 대한 조항이 마련되지 않아 1970년 창출된 특별인출권은 미국의 경상수지 적자를 해결하기에는 역부족이었다.

② 조절가능한 고정환율제도

위에서 언급한 문제들이 브레튼우즈제도에 내재된 속성이라고 할지라도 다른 조절기능이 마련될 수 있었다면 그러한 문제들이 제도 자체의 붕괴를 가져올 만큼 치명적인 것은 아니었다. 원칙적으로 볼 때 이 문제들은 환율조정으로 해결될 수도 있었으나 브레튼우즈제도하에서 환율조정이 쉽지 않았기 때문에 그러한 문제들이 제도 자체에 치명적인 결과를 가져오게 된 것이다. 이는 보다 근본적으로 고정환율제도의 내재적 모순, 즉 고정환율과 독자적인 거시경제정책 및 자본이동은 동시에 성립될 수 없다는 모순에 기인했다고 할 수 있다.[12)] 경상수지 적자문제가 발생했을 때 거시경제정책을 이용할 수 없는 상황에서는 환율을 조정해야만 했었다. 더구나 자본이동이 활발한 경우 투매현상에 따른 위기가 발생할 수도 있었으므로 환율조정은 더욱 필요했다. 그러나 브레튼우즈제도에서는 이 문제를 환율조정을 통해 해결하려고 하기보다는 환율을 가능한 고정시켜 놓은 채 지연하는 방법을 택했기 때문에 문제가 더욱 악화되어 결국 제도 자체의 붕괴를 가져온 것이었다.

---

11) 이와 같이 미국은 브레튼우즈제도의 위기에 대해 책임을 느끼지 않았고, 만일 다른 나라들이 당시의 상태에 문제가 있다고 느끼면, 느끼고 있는 당사국들이 문제를 해결해야 된다는 입장을 취하고 있었다. Benign Neglect 독트린이라고 불리는 미국의 이러한 입장은 1971년 8월까지 계속되었다.

12) 우리는 6장에서 이를 불가능성의 정리(impossibility theorem)라 이름 지은 바 있다.

이러한 붕괴원인은 이미 앞에서 살펴본 국제수지의 위기문제와도 관련이 있다. 조절가능한 고정환율제도의 기본 아이디어는 경제에 본질적인 불균형이 존재하는 경우 중심환율이 조정되어야 한다는 것이었다. 그런데 환율이 고정된 경우 심각한 경상수지 적자가 발생하면 사람들은 현재의 상태가 균형에서 근본적으로 이탈해 있다고 생각하게 된다. 따라서 사람들은 조만간 경상수지 적자국가의 화폐가치가 떨어질 것으로 예상하고 평가절하가 일어나기 전에 그 화폐를 모두 처분하고자 할 것이다. 이러한 투매현상으로 인해 평가절하 가능성이 더욱더 커지는 상승작용이 발생할 것이다. 즉, 조절가능한 고정환율제도에서 국제수지 위기가 발생하는 경우 사람들이 앞으로 발생하리라고 예상하는 환율의 변화는 한 방향밖에 없으므로 실제적으로 위기가 현실화될 가능성이 더욱 커진다는 것이다.

브레튼우즈제도는 경제상황의 변화에 대해 환율을 조정하도록 허용하기보다는 가능한 고정된 환율을 수호하도록 하였고, 단지 불가항력적인 경우에만 환율을 조정하도록 하여 결국 모든 사람들이 평가절하를 예상할 수 있게 만들었다. 이러한 예상은 투매현상에 따른 자본이동을 야기해 결국 예상이 현실화되는 결과를 가져와 평가절하가 국제수지 위기와 직결되는 상황을 연출하게 되었다.

4. 변동환율제도[13](1973년 이후)

1973년 3월 브레튼우즈제도가 공식적으로 붕괴된 후 IMF 회원국 대표들은 국제통화질서를 회복하기 위한 계획을 마련하고 있었다. 20국 위원회라고 불리는 이 그룹이 맡은 임무는 브레튼우즈제도의 비대칭적인 구조를 개선한 고정환율제도를 고안하는 것이었다. 그러나 1974년 7월 20국 위원회가 최종 계획안을 마련했을 때 전 세계에는 석유파동이 몰아쳐 더 이상 고정환율제도로 복귀한다는 것이 불가능하게 되었다. 각국의 경제가 심각한 침체에

---

13) 엄밀히 말해 브레튼우즈제도 이후의 환율제도는 외환당국이 외환시장에 개입할 수 있도록 하는 관리변동환율제도이다.

그림 11-5 1970년 이후 각국 통화의 미달러화 대비 환율추이

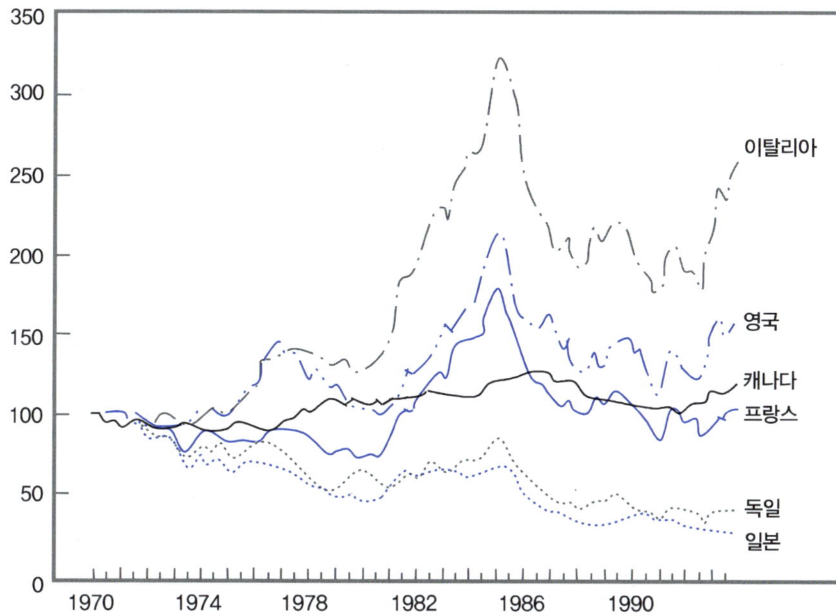

브레튼우즈체제의 붕괴에는 기축통화국 미국의 지속적인 경상수지의 적자로 인한 달러화에 대한 신뢰성의 문제와 높아진 자본이동성으로 회원국이 독자적 통화정책을 수행하기 어려워졌다는 배경이 있었다. 이와 같은 경제환경의 변화로 변동환율제도를 근간으로 하는 새로운 환율체제가 출범하게 되었다.

주 : 1970년=100.
자료 : IMF, *International Financial Statistics* 및 각국 통계자료.

빠져 있고 인플레이션의 폐해가 극심할 때 환율을 고정시킨다는 것은 전혀 신뢰성이 없었을 것이기 때문이다. 만일 이런 상황에서 고정환율을 유지한다면 환율조정에 대한 예상 때문에 투매현상이 야기되었을 것이고 따라서 환율을 고정시키려는 노력이 무용지물이 되었을 것이다.

각국이 고정환율제도로의 복귀노력을 포기하고 통화정책 및 재정정책을 국내경기 활성화를 위해 이용하면서 생산이 증가하였고 그와 동시에 석유파동의 충격이 소멸되어 가면서 인플레이션도 하락하였다. 한편, 석유파동 초기 급증했던 석유수입국들의 경상수지 적자는 석유파동 말기인 1975년에는

상당히 개선되었다.

당시의 많은 경제학자들은 변동환율제도 덕분에 석유파동에 대한 세계경제 조정과정이 상당히 성공적으로 이루어졌다고 평가하였다. 고정환율을 유지해야 한다는 부담이 없었던 각국 정부들은 통화정책과 재정정책을 각국의 대내경제목표 달성을 위해 자유로이 이용할 수 있었다. 뿐만 아니라 1974년 미국과 독일이 자본이동에 대한 규제를 철폐함으로써 경제성장에 필요한 자본을 차입해야 했던 저개발국들의 경제회복에 커다란 도움을 주었고, 저개발국들의 경제성장은 저개발국들의 상품에 대한 수요를 증가시켜 세계경제의 회복을 가속화시킬 수 있었다.

4.1 비협조체제(1985년 이전)

변동환율제도가 석유파동의 위기를 극복하는 데 유용했었다는 인식이 확산되자 고정환율제도로의 복귀에 관한 논의가 사라지게 되었다. 이에 1976년 1월 자메이카 회동에서 환율제도와 관련된 IMF협정 제4조를 수정함으로써 각국은 자율적으로 환율제도를 선택할 수 있게 되었다. 이후의 국제통화제도의 특징을 요약하면 <표 11-4>와 같다.

이 시기 국제통화제도의 가장 큰 특징은 규칙 [1]에 나타난 고정환율제도의 포기와 변동환율제도의 채택이었다. 그러나 이러한 변화가 달러의 국제통화 역할을 감소시킨 것은 아니었다. 아직까지도 국제거래 및 상호결제에 있어 달러가 주로 통용되었다. 또한 각국은 외환시장 개입시 달러화에 대한 환율변화를 개입의 척도로 삼았으며, 각국 중앙은행들의 준비자산도 대부분 달러화로 이루어졌다. 이처럼 고정환율제도가 붕괴되었음에도 불구하고 달러

표 11-4 변동환율제도의 게임규칙

[1] 환율은 자유롭게 변동함.
[2] 경상거래에 대해서는 자유로운 태환성을 부여하고 자본거래에 대해서도 궁극적으로 자유화 시행
[3] 상대방에게 피해주는 불공정한 환율조작 금지
[4] 단기에서의 지나친 환율변동은 화폐공급 변화를 통해 조정(역풍개입)
[5] 각국은 독자적인 통화정책 수행

화가 계속 중심통화로서의 역할을 지속한 까닭은 무엇보다도 규모의 경제 때문이라고 할 수 있다.

예를 들어, N개의 통화가 있는 경우 순수한 외환시장에서 발생할 수 있는 총거래수는 $N(N-1)/2$개이므로 여기서 형성되는 환율도 $N(N-1)/2$개이다. 그러나 이미 설명한 것처럼 어떤 통화가 중심통화의 역할을 한다면 외환거래가 발생할 수 있는 시장의 수는 $N-1$개로 줄어들어 그에 따라 형성되는 환율도 $N-1$개로 줄어들 것이다. 따라서 거래의 효율성을 위해 외환시장은 이러한 규모의 경제로부터 발생하는 이점을 이용하려 할 것이고 자연적으로 가장 통용력이 좋은 달러화를 중심화폐로 이용하게 되는 것이다.

이 시기 국제통화제도의 또 다른 특징은 규칙 [4]와 규칙 [5]에 나타난 통화조정방식이다. 규칙 [5]에 따르면 각국의 장기적인 물가수준의 변화방향은 미국의 물가수준으로부터 얼마든지 이탈할 수 있으므로 달러화에 대한 기준환율도 얼마든지 변동할 수 있다. 만일 기준환율을 유지하고자 하는 신뢰할 만한 노력이 없다면 외환시장에서 달러화에 대해 환율이 급격하게 변할 수도 있게 된다. 이러한 환율의 급변을 방지하기 위한 대책이 규칙 [4]이다. 규칙 [4]는 자국화폐의 가치가 달러화에 대해 급격하게 하락하는 경우 자국화폐공급을 감소시키고, 상승하는 경우 반대로 자국화폐공급을 팽창시키는 방법을 통한 외환시장개입을 의미한다. 이러한 개입방법은 역풍정책(leaning against the wind)이라고 불리며, 그 기본이념은 제9장에서 소개된 환율결정이론의 화폐적 접근모형에 기초하고 있다.

규칙 [4]와 [5]는 기본적으로 거시경제정책 및 외환시장개입을 각국의 자유재량에 맡겼기 때문에 각국이 양차 대전 사이에서 보였던 경쟁적인 근린궁핍화정책을 시행할 우려도 있었다. 이를 방지하기 위해 IMF 수정안에 규칙 [3]과 같이 각국은 "다른 나라에 비해 부당한 경쟁적 우위를 획득하고자 …… 환율을 조작하는 것을" 지양해야 한다는 문구를 삽입하였다. 그러나 그 이상 더 자세한 규제조치를 명시하지 않았고, 다만 IMF로 하여금 회원국들의 환율정책이 IMF 정신에 부합하는지 감시하도록 하였을 뿐이다. 따라서 각국이 어떤 정책을 취하더라도 규제할 수단이 없었으며, 기본적으로 각국은 자국의 이익을 위해 필요한 정책을 자유로이 수행할 수 있었다.

이처럼 각국이 달러화를 기준으로 외환시장에 자유로이 개입한 결과 나타난 현상이 세계경기변동의 일치현상이었다. 1970년대 이후 미국달러화는 다른 나라의 화폐에 대해 동시에 가치가 절상되거나 절하되는 현상을 보여 왔다. 환율의 변동을 감소시키고자 각국은 위에서 설명한 방식대로 외환시장에 동시에 그리고 같은 방향으로 개입하게 되었고, 따라서 세계 총화폐공급량이 상당히 변동적인 움직임을 보이게 되었다. 즉, 달러화가 상대적으로 약세를 보이는 경우 각국은 자국화폐의 절상을 방지하기 위해 외환시장에서 달러화매입으로 자국화폐공급을 증가시켜 전체적으로 세계 총화폐량이 증가하게 되었고, 반대로 달러화가 강세인 경우 세계 총화폐량이 감소하였다. 이처럼 환율변화에 대해 각국이 동시에 일치되는 외환시장개입정책을 이용함으로써 1970년대 이후의 세계경기변동은 이전의 브레튼우즈제도에 비해 훨씬 더 상관관계가 커지고 뚜렷해지는 경향을 보이게 된 것이다.

변동환율제도로 이행한 후 각국의 달러화에 대한 환율은 단기적인 변동뿐만 아니라 장기적으로도 균형에서 이탈하는 현상을 보여주었다. 석유파동으로부터의 회복속도가 예상외로 느리게 진행되자 1976년 미국 정부는 확대거시정책을 시행하였다. 이에 따라 미국 내에서 인플레이션 조짐이 재발했고 경상수지 적자가 발생하였으며 미국 달러화가 다른 화폐에 비해 상대적으로 가치가 하락하기 시작하였다.

그런데 독일과 일본은 자국화폐가치의 절상으로 인한 부정적인 영향을 방지하고자 외환시장에 개입함으로써 달러화의 절하 속도를 늦추었다. 그러나 달러화의 가치하락은 계속되었으며, 독일과 일본이 1978년 본(Bonn) 정상회담에서 약속한 확대통화정책을 시행하고 제2차 석유파동 이후 미국이 긴축통화정책으로 선회하면서 1979년에 들어서야 달러화의 가치가 비로소 상승하기 시작하였다. 이후 달러화 가치의 상승추세는 1985년까지 계속되었다. 상당히 오랜 기간 달러화의 가치가 지속적으로 상승한 이유는 무엇보다도 미국의 재정정책에 기인한다. 미국의 레이건 정부는 조세를 낮추는 동시에 국방예산을 증가시켰다. 이러한 확대재정정책 결과 미국의 재정적자는 기하급수적으로 불어나게 되었고 아울러 이자율도 급격히 상승하여 자본유입을 가져왔고 달러화의 가치도 상승하였다.

한편, 미국경제가 호황기를 맞으면서 민간지출 및 투자도 늘어나 정부의 재정적자를 상쇄할 수 있는 민간저축의 증대 또는 투자감소가 수반되지 않았으며, 미국은 엄청난 경상수지 적자에 직면하게 되었다. 1984년 후반 이후 미국의 경제성장이 다소 주춤해지자 달러화의 강세로 인해 국제경쟁력을 잃은 미국의 수출산업 및 수입경쟁산업들의 보호주의 압력이 강화되었다. 이에 레이건 정부는 이전의 자유방임주의 태도를 포기하고 달러화 강세를 방지하기 위해 외환시장에 개입하기 위한 조치를 취하였다.

4.2 협조체제(1985년 이후)

미국은 달러화 가치의 상승으로 국제경쟁력을 상실해감에 따라 외환시장에 개입할 필요성을 느꼈고, 아울러 다른 선진국들도 외환시장개입과 관련해 미국과의 협조 필요성을 느끼기 시작했다. 특히, 유럽국가들은 미국달러화에 대한 자국화폐가치의 하락추세를 감소시키기 위해 과도한 긴축통화정책을 실시해야만 하는 곤란에 직면하게 되었다. 이러한 긴축정책은 경제를 침체시켜 소위 유럽경화(硬化, eurosclerosis)라는 현상을 유발하였다. 이에 미국, 영국, 프랑스, 독일 및 일본은 1985년 9월 22일 뉴욕의 플라자호텔에 모여 달러화 가치하락을 유도하기 위한 외환시장개입에 협조하기로 하였다. 플라자협정 이후의 국제통화제도 게임규칙은 다음과 같은 면에서 플라자협정 이전과 달라졌다.

첫째, 미국 정부가 이제까지 외환시장개입에 소극적이었던 태도를 바꾸고 달러화 가치변동을 방지하기 위해 적극적으로 개입하기 시작했다.

둘째, 외국정부가 외환시장에 개입할 때 종래는 자국의 외환시장의 사정만을 고려한 채 달러화를 매매했었는데 이제는 미국 중앙은행과 협의한 후 개입하였다. 즉, 기존의 독자적이고 대외비였던 외환시장개입 방식이 협조적이고 공개적으로 이루어졌다.

플라자협정 발표 이후 달러화의 가치는 미국의 확대통화정책과 더불어 계속 하락하였다. 그 중에서도 특히 독일마르크화와 일본엔화에 대해 가치가 급락하였는데 이는 미국의 대독일 및 대일본 경상수지 적자가 엄청나게 컸기 때문이었다. 그러나 미국달러화의 가치하락에도 불구하고 미국정부의 지속적인 재정적자 때문에 경상수지 적자는 개선되지 않았다. 미국정부는 경상수지 적자를 해소하기 위해 지출감소정책을 사용하여야 했음에도 불구하고 국내의 정치적인 이유 때문에 재정지출을 감소하기 어려웠다. 미국정부는 지출감소정책 대신 지출전환정책을 택하여 달러화의 가치하락을 계속 유도하였고 또한 독일과 일본에 대해 시장개방 및 확장거시정책을 통해 미국상품에 대한 수요를 증대시키도록 요구하였다.

그러나 독일, 일본 등 다른 국가들은 그동안 자국화폐의 달러화에 대한 절상이 과도해 자국상품의 국제경쟁력이 약화되었다고 느껴 더 이상 달러화의 하락을 용납하지 않았다. 이에 환율문제가 다시 협의대상이 되었고 1987년 2월 22일 5개국 및 캐나다 대표들이 루브르에 모여 경제기초변수들과 부합하는 수준에서 환율을 안정시키기로 합의하였다(루브르협약). 이때 이루어진 중요한 합의 중의 하나가 비록 공시되지는 않았지만, 기준환율 주변에 5%의 목표환율대를 정하고 환율이 목표환율대를 벗어나는 경우 외환시장개입을 통해 안정시키기로 한 것이다. 다만, 경제기초변수들이 기준환율 수준과 근본적으로 부합하지 않는 경우에만 기준환율을 조정하기로 하였다.

이후 1987년 10월 세계 증권시장의 붕괴, 지속적인 미국 경상수지 및 재정수지 적자의 누적 등으로 인해 여러 번 기준환율이 조정되기는 하지만 플라자협정 이후 국제통화제도의 기본규칙은 이러한 협조적이고 공개적인 외환시장개입을 통해 목표환율대를 유지하기 위한 노력으로 간주될 수 있다.

1990년대 들어와서도 달러, 엔, 마르크 등 주요 국제통화들 간의 환율불안정이 나타났지만 각국의 외환시장개입은 1980년대에 비해 많지 않았다. 이는 무엇보다도 국제자본이동의 규모가 커짐에 따라 환율안정을 위한 중앙은행의 시장개입이 더욱 어려워졌기 때문이다. 그러나 1995년 달러화가치가 사상 최저치를 기록하자 G-7국가들은 워싱턴 합의를 통해 달러화 약세를 시정하고자 했고, 또한 1997년 이후 엔화의 약세가 급격히 심화되자 이를 저지하기 위해 선진국 공동의 시장개입을 합의하는 등 심각한 환율불안이 발생하는 경우 정책협조의 공조체제를 유지해 오고 있다.

5. 국제통화제도의 개편 논의

7장에서 살펴본 바와 같이 1990년대 들어 금융 · 외환위기의 발생 빈도가 크게 늘어났을 뿐만 아니라 위기의 강도가 커지고 성격 또한 크게 변모하였다. 이는 선진국뿐만 아니라 상당수의 신흥시장국들(emerging market economies)이 자본 및 금융자유화를 실시함에 따라 금융의 국제화와 통합화가 크게 진전되어 한 나라의 위기가 다른 나라로 쉽게 전염되는 데 기인한다. 즉, 1990년대 세 차례에 걸친 대규모 외환위기는 한 나라에서 발생한 위기가 그 나라에만 영향을 미치는 것이 아니라 지역적 차원에서 확산되는 양상을 보이고 있다. 1992~93년 유럽통화체제의 위기는 외환위기가 국제투기자본에 의해 야기될 수 있음을 보여주었고, 1994년 말 멕시코에서 발생한 데낄라 위기(Tequila crisis)는 전 국제통화기금 총재인 깡드쉬(M. Camdessus)[14]가 지적하였듯이 자본자유화에 따른 강한 전염효과를 동반한 21세기형 금융위기였다.

또한 1997년 7월 태국에서 발생한 동아시아 외환위기는 동아시아경제의 실물 및 금융부문을 초토화시키면서 현존하는 국제금융체제의 여러 가지 문제점을 동시다발적으로 보여주었다.[15] 즉, 최근의 외환위기는 금융위기와 동반하여 발생하는 쌍둥이위기의 양상을 띠고 있으며, 경상수지의 악화에 따른 거시경제적 불균형에 기인하기보다는 신흥시장국가의 자본자유화에 따른 대규모 자본유입과 급속한 자본유출에 의해 야기되는 성격을 지니고 있다.

1990년대의 세 차례에 걸친 외환위기 중 첫 번째 유럽통화체제의 위기는 유럽의 단일통화 도입을 가속화시키는 계기로 작용하면서 국제통화체제에 변화를 가져다주었다. 반면에 1990년대 중반 이후 발생한 신흥시장경제의 외환위기는 좁게는 신흥시장경제의 환율제도를 어떻게 개선시킬 것인가의 논쟁을 불러일으켰으며, 넓게는 국제통화제도를 포함한 국제금융체제의 개편 논의로 확산되었다. 또한 2008년 글로벌 금융위기 이후 미달러화의 기축통화로서의 역할에 대한 회의론이 부각되고 중국 위안화가 유로화와 더불어

14) Camdessus(1995) 참조.

15) 동아시아 외환위기와 관련한 국제금융체제의 문제점 및 개편 논의는 장형수 · 원용걸(1998) 참조.

미달러화와 경쟁할 수 있는 기축통화 대열에 합류할 것이라는 새로운 국제통화체제가 예상되고 있다. 여기서는 국제통화제도와 관련한 국제금융체제의 개편 논의를 소개하고자 한다.

5.1 새로운 국제통화제도의 모색

브레튼우즈체제의 붕괴 이후 자유변동환율제도를 채택하였던 주요 선진국들의 환율추이를 살펴보면, 이들 환율이 구매력가치를 기준으로 볼 때 균형으로부터 지속적으로 이탈하는 경향이 나타나고 있다.[16] 또한 대부분의 신흥시장국 및 개발도상국의 환율은 주요 기축통화의 환율변동에 민감하게 영향을 받기 때문에 주요 기축통화의 가치안정이 우선되어야 한다는 주장이 제기되어 왔다.

미 연방준비제도이사회 의장을 지낸 바 있는 볼커(P. Volcker)는 국제통화기금과의 협의를 통해 미달러, 유로, 엔 등 주요 기축통화의 적정한 균형환율 수준을 설정하고 목표환율의 형태로 중심환율에서 상하 10% 정도의 변동을 주는 제도를 도입하는 것이 바람직하다고 주장하였다.[17] 또한 맥키넌(R. McKinnon)은 주요 기축통화의 교역조건을 감안한 구매력평가에 기초하여 목표환율을 설정하고 이를 상하 5% 범위 내에서 유지하는 것이 바람직하다는 주장을 제안하였다.[18]

이러한 새로운 환율제도는 플라자협정 이후 제시된 목표환율대제도(target zone exchange rate system) 방안과 유사한 것이다. 즉, 환율이 평상시에는 자유로이 변동할 수 있으나 일정한 한계수준을 벗어나는 경우 중앙은행이 외환시장에 개입해 환율의 움직임을 목표환율대에 머물도록 한다는 것이다. 이러한 목표환율대제도를 옹호하는 사람들은 동 제도가 변동환율제도의 장점과 환율안정을 동시에 달성할 수 있을 것으로 기대하고 있다.

그러나 이 제도는 목표환율대 유지를 위해서 중앙은행의 외환시장개입이

---

16) Frankel and Rose(1996) 참조.

17) Volcker(1995) 참조.

18) McKinnon(1997) 참조.

불가피할 뿐만 아니라 기준환율의 빈번한 변경이 필요할 경우 유럽통화체제 하에서 환율조정장치의 붕괴와 유사한 실패를 가져올 수 있는 것으로 지적되고 있다. 즉, 국제자본이동성이 높은 현실 속에서 자유변동환율제도와 고정환율제도의 장점만을 추린 절충적 환율제도가 유지가능하지 않다는 회의적 시각이 여전히 지배적이라고 할 수 있다. 따라서 국제통화질서를 근본적으로 재편하는 새로운 국제통화제도의 생성은 아직은 요원하다고 할 수 있다.

5.2 신흥시장국의 환율제도 선택

전통적으로 환율제도의 선택은 각국 경제의 발전수준과 긴밀히 관련되어 있다. 임금과 물가의 경직성 정도, 생산요소의 이동성 정도, 실물시장과 금융시장의 개방 정도 등 경제구조에 따라 각국의 최적환율제도는 달라진다. 또한 물가안정, 환율안정 등과 같은 경제정책의 목표에 따라 환율제도의 선택은 달라질 수 있다. 따라서 특정의 환율제도가 특정 국가에 대해 특정 시점에서 항상 최적이라고 말할 수 없으며 공간과 시간을 달리하면서 환율제도는 얼마든지 다양한 형태를 취할 수 있다.[19)]

1990년대 아시아와 중남미 국가들이 외환위기를 겪으면서 신흥시장국가의 환율제도 선택 역시 중요한 정책 관심사로 부각되었다. 특히, 높은 변동성을 가진 국제자본이동의 현실에서 신흥시장국가들이 국내 경제와 금융시장의 안정을 적절한 환율제도의 선택을 통해 달성할 수 있는가의 문제를 둘러싸고 아직도 많은 논쟁이 진행 중이다.

외환위기를 겪은 아시아와 중남미 국가들이 대개 고정환율제도나 관리변동환율제도를 채택하고 있었다는 점에서 이들의 외환위기 경험은 조정가능한 고정환율제도(fixed but adjustable peg) 또는 약 고정환율제도(soft peg)라고 불리는 어정쩡한 환율관리는 쉽게 투기적 공격의 대상이 됨을 보여주었다. 이에 따라 외환위기 이후 신흥시장국가들은 아예 강 고정환율제도(hard peg)를 택하거나 환율의 보다 자유로운 변동을 허용하는 변동환율제도를 채택하고 있다는 점에서 소위 양극화현상이 나타나고 있다.

---

19) Frankel(1999) 참조.

확고한 고정환율제도로는 홍콩 등이 채택하고 있는 통화위원회제도(currency board system), 파나마, 에콰도르 등에서와 같이 자국통화를 포기하고 달러를 채택하는 달러라이제이션(dollarization), 유로와 같은 단일통화지역의 결성 등을 들 수 있다. 단일의 세계통화를 창출하는 것이 현실적으로 거의 불가능하다고 할 때 국제적으로 신뢰도를 확보하고 있는 통화에 자국통화를 '제도적'으로 연계시키거나 아예 자국통화를 포기하고 달러, 유로 등 국제통화를 채택하는 것이 개별 국가의 입장에서 하나의 대안이 될 수 있다.

만약 인접 국가들이 정치적 의지를 결집시킬 수 있다면 유로의 출범과 같은 통화동맹의 출현도 가능할 수 있다. 그러나 이러한 확고한 고정환율제도 역시 여러 가지 문제점을 지니고 있으며, 경우에 따라서는 고정환율제도의 장점을 발휘하는 데 필요한 일정한 전제조건을 충족시키기 어렵다는 점에서 회의적 시각도 팽배하다.

우선 통화위원회, 달러라이제이션, 단일통화지역의 결성 등은 공통적으로 통화주권의 포기를 의미하며 이에 따라 중앙은행은 통화정책의 독립성을 상실할 뿐만 아니라 금융위기가 발생할 경우 최종대부자로서의 역할을 제대로 수행할 수 없게 된다. 유로화와 같이 정치적 결속의 과정과 제도적 장치의 뒷받침 없이 단일통화를 채택하는 것은 동아시아를 포함한 여타 지역에서 완전히 불가능한 것이라고 단정지을 수는 없지만 매우 요원한 과제임에 분명하다.

그렇다면 개별 국가의 입장에서 통화위원회와 달러라이제이션이 과연 현실적인 대안이 될 수 있을 것인가? 우선 1991년 4월 화폐발행의 자율성을 포기하면서 통화위원회제도를 채택한 아르헨티나의 경험을 살펴보자.

돈부쉬(R. Dornbusch)는 초인플레이션을 경험하고 있었던 아르헨티나가 통화위원회제도의 채택 이후 1990년대 물가안정과 고도성장을 동시에 달성할 수 있었다는 점에서 성공적이었다고 평가하고 있다.[20] 그는 1990년대 말 이후의 아르헨티나 경제파탄을 통화위원회제도의 탓으로 돌리는 것은 문제의 본질을 잘못 보고 있는 것이라고 언급하고 있다. 즉, 아르헨티나 사태는 근본적으로 재정위기에서 비롯된 것이고 매우 비협조적인 노동조합이 모든 구

---

20) Dornbusch(2001) 참조.

조조정과 기업설비투자를 지연시킴에 따라 산업설비가 노후화되고 생산기반을 약화시켜 왔다는 점을 지적하고 있다.

그러나 통화위원회제도는 근본적으로 신뢰성을 상실할 경우 유지되기가 어렵다는 점에 주의를 기울여야 할 것이다. 독립적이고 재량적인 통화정책의 신뢰성 상실로 인하여 통화위원회제도를 채택한 것과 동일한 이유로 불건전한 거시경제정책 및 거시경제적 충격에 대한 조정능력의 상실로 인하여 국제금융시장에서 신뢰를 잃게 되면 통화위원회제도는 더 이상 유지되기가 어렵다. 신뢰성이 저하된 상태에서는 투기적 공격으로부터 고정환율을 유지하기 위해 치러야 할 경제적 비용이 지나치게 높아지기 때문이다.

또한 통화위원회제도와 같은 고정환율제도는 명목임금이 경직적인 상태에서 교역조건의 악화나 경쟁국의 평가절하 등 해외충격이 발생할 경우 이에 신속히 대응할 수 있는 메커니즘이 결여되어 경상수지 적자, 경기침체 등이 장기화될 가능성이 높다. 이 경우 국제금융시장에서의 신인도가 낮은 신흥시장국가들은 투자자들의 투자자금회수에 따른 유동성 외환위기에 직면할 수도 있다.

고정환율제도에 대한 비판론자들은 최근 외환위기의 경험으로부터 신흥시장국가들로 하여금 보다 자유로운 환율변동을 허용하는 방향으로 환율제도를 개혁해야 한다고 주장한다. 뿐만 아니라 환율제도와 함께 어떤 통화정책을 택하는지도 중요하다는 점에서 변동환율제도를 채택함과 동시에 명목닻(nominal anchor)을 제공하는 방안으로 물가안정목표제도(inflation targeting)에 대한 국제사회의 관심이 제고되고 있다.

우선 변동환율제도를 지지하는 이들은 환율경직성이 위기의 원인을 제공하였고, 이러한 환율경직성이 환율에 대한 도덕적 해이의 문제를 야기시켜 단기자본 유입을 부추겼다는 주장을 편다. 즉, 환율경직성으로 인하여 환위험에 대한 충분한 고려 없이 외화차입이 증가되어 그 결과 환율변동에 따른 금융취약성이 증폭되었다는 것이다. 따라서 자본이동이 자유로운 상황하에서 통화정책의 독립성을 유지하면서 선택될 수 있는 대안은 변동환율제도이며, 환율변동성이 초래하는 비용은 금융시장의 발전을 통해 해결해 나가야 한다는 입장이 제시되고 있다.

물론 외환위기 이후 상당수의 신흥시장국가들이 자유변동환율제도를 도

표 11-5 외환위기 전후 동아시아 국가들의 환율, 외환보유액, 이자율의 변동성 비교

국 가	외환위기 이전		외환위기 이후	
	환율변동/보유액변동	환율변동/이자율변동	환율변동/보유액변동	환율변동/이자율변동
홍 콩	0.020	0.007	0.001	0.002
말레이시아	0.294	0.072	0.010	0.005
태 국	0.130	0.016	0.820	0.099
인도네시아	0.194	0.058	0.339	0.302
한 국	**0.294**	**0.137**	**1.310**	**0.750**
필리핀	0.078	0.037	0.135	0.133
대 만	0.587	0.155	0.968	0.303
싱가포르	0.886	0.052	0.069	0.065
일 본	1.304	0.338	1.153	0.025
호 주	0.242	0.928	0.347	1.069
뉴질랜드	0.158	0.380	0.189	1.251

자료 : Eichengreen(2002).

입하고 있다는 점은 변동환율제도의 지지자들에게 고무적인 현상이 아닐 수 없을 것이다. 그러나 이 점에 대해서 일부 경제학자들은 외환위기를 경험한 국가들이 명목상으로 변동환율제도로 이행한 것으로 보이지만 실제 환율의 움직임은 신뢰성을 상실한 고정환율제도에서의 환율 움직임과 유사하다는 점을 지적하고 있다.[21] 이들은 많은 신흥시장국가들이 환율의 변동성이 심할 경우 발생할 수 있는 환손실과 이로 인한 대외신인도의 저하, 국내 물가 상승, 수출경쟁력 약화와 경상수지 악화 등을 염려하여 '자유변동에 대한 두려움(fear of floating)'을 갖고 있다고 설명하고 있다. 이들은 이 경우 투기적 공격의 대상이 될 수 있기 때문에, 차라리 강 고정환율제도(hard peg)를 선택할 것을 권장하고 있다.

아이켄그린(B. Eichengreen)은 이와 같은 자유변동에 대한 두려움을 주장하는 이들에게 <표 11-5>에서와 같이 외환위기를 전후로 한 환율, 외환보유액, 이자율의 상대적 변동성을 지표로 비교하면서 홍콩, 말레이시아와 같이 고정환율제도를 채택하고 있는 국가들과는 달리 태국, 한국, 인도네시아 등은 외환위기 이후 환율변동성을 용인하는 방향으로 나아가고 있다고 지적

21) Calvo and Reinhart(2002) 참조.

하고 있다.[22)]

특히, 외환위기 이후 한국은 일본을 포함한 동아시아 국가에서 외환보유액의 변동성 대비 환율변동성이 가장 큰 국가로 기록되고 있다. 이는 한국의 경우 외환보유액의 높은 증가세에도 불구하고 외환보유액이 환율안정을 위한 외환시장개입의 결과였다고 해석되는 것은 많은 오류를 지닐 수 있다는 점을 시사하고 있다. 즉, 그는 한국을 비롯하여 많은 수의 동아시아 국가들이 환율변동성에 적응해 가고 있는 것으로 보고 있다.

[부록2]는 2020년도 IMF 회원국들의 환율제도를 보여주고 있고, <표 11-6>은 2008년 글로벌 금융위기 이후 IMF 회원국들의 환율제도 구성비의 변화를 보여주고 있다. 먼저 2020년도 환율제도를 보면 고정환율제도를 채택한 회원국들의 비중이 약 59%로서 변동환율제도의 비중(33%)보다 훨씬 높았다. 대부분의 선진국들이 변동환율제도를 택하고 있음을 고려하면 저개발국들과 신흥시장국들의 환율제도의 대부분은 어떠한 형태이든 고정환율제도 범주에 포함되어 있음을 알 수 있다. 고정환율제도를 다시 강 고정(hard peg)과 약 고정(soft peg)으로 나누었을 때 약 고정환율제도의 비중이 79%에 달해 여전히 약 고정환율제도를 택한 국가들이 많았다. 약 고정을 택한 국가들의 경우 절반 가까이가 전통적인 고정환율제도를 택하고 있다.

2008~2020년 기간 동안 환율제도의 변화 추세를 보면 고정환율제도를 채택한 국가들은 늘어나고 변동환율제도를 채택한 국가들은 줄어들었다. 변동환율제도를 보면 관리변동과 자유변동 환율제도의 비중이 모두 줄어들었음을 볼 수 있다. 대부분의 선진국들이 자유변동환율제도를 채택한다는 것을 고려할 때 신흥시장국들 중 일부가 변동환율에서 고정환율제도로 바꾸었음을 암시하고 있다. 고정환율제도의 경우 약 고정의 비중이 더 늘어났음을 볼 수 있다. 특히, 크롤링과 유사한 고정환율제도(crawl-like arrangement)의 비중이 2008년 1.1%에서 2020년 12.0%로 가장 큰 폭으로 늘어났음을 볼 수 있다. 싱가포르도 이 제도를 택하고 있다.[23)]

---

22) Eichengreen(2002) 참조.

23) 중국과 아르헨티나도 2014년에는 크롤링과 유사한 고정환율제도로 분류되었으나 2020년에는 기타 관리환율제도(other managed arrangement)로 재분류되었다.

표 11-6 IMF 회원국들의 환율제도 구성비(각 년도 4월 30일 기준) (단위 : %)

환율제도	2008	2010	2012	2014	2016	2018	2020
고정환율제도	51.1	52.9	52.7	56.5	52.6	58.9	59.4
강 고정(hard pegs)	12.2	13.2	13.2	13.1	13.0	12.5	12.5
달러라이제이션	5.3	6.3	6.8	6.8	7.3	6.8	6.8
통화위원회	6.9	6.9	6.3	6.3	5.7	5.7	5.7
약 고정(soft pegs)	39.9	39.7	39.5	43.5	39.6	46.4	46.9
전통적 고정환율	22.3	23.3	22.6	23.0	22.9	22.4	21.4
실질적 페그	12.8	12.7	8.4	11.0	9.4	14.1	12.0
크롤링 페그	2.7	1.6	1.6	1.0	1.6	1.6	1.6
밴드제	1.1	1.1	0.5	0.5	0.5	0.5	0.0
유사 크롤링 페그	1.1	1.1	6.3	7.9	5.2	7.8	12.0
변동환율제도	39.9	36.0	34.7	34.0	37.0	34.4	32.8
관리변동	20.2	20.1	18.4	18.8	20.8	18.2	16.7
자유변동	19.7	15.9	16.3	15.2	16.1	16.1	16.1
기타	8.0	11.1	12.6	9.4	10.4	6.8	7.8

주 : 1. 달러라이제이션(dollarization): 자국의 법정화폐가 존재하지 않고 특정 통화를 자국의 법정화폐로 사용함을 의미함.
2. 통화위원회(currency board): 달러 등 기축통화에 대한 자국화폐의 교환비율을 정해놓고 기축통화의 유출입에 맞추어 자동적으로 자국통화량이 비례적으로 변화하도록 하는 제도
3. 실질적 페그(Stabilized arrangement): 환율이 6개월 또는 그 이상 동안 ±2% 이내에 머물러 있는 제도
4. 크롤링 페그(Crawling peg): 고정된 환율에서 소폭 조정되거나, 또는 주요 교역대상국들 대비 인플레이션 차이 등 양적지표들의 변화에 따라 소폭 조정되는 제도
5. 밴드제 : 중심환율의 ±1% 이상으로 환율을 변동시키는 제도
6. 유사 크롤링 페그(Crawl-like arrangement): 과거 6개월 또는 그 이상 기간 동안 환율 추세선의 ±2% 이내에서 환율이 조정되는 제도

자료 : IMF, *Annual Report on Exchange Arrangements and Exchange Restrictions*, 2014, 2020.

이와 같은 신흥시장국들의 환율제도 변화는 글로벌 금융위기 이후 환율의 변동성의 부정적 효과를 더욱 두려워하게 된 것으로 해석할 수 있다. 그러나 한국, 필리핀, 태국 등 대부분의 동아시아 신흥시장국들은 여전히 관리변동환율제도를 택하고 있고 인도네시아의 환율제도도 2013년 8월에 크롤링과 유사한 고정환율제도에서 관리변동환율제도로 바뀌었다.

6. 국제금융협력의 전개

1990년대 이후 선진국이나 신흥시장국을 막론하고 전 세계를 휩쓴 금융·외환위기는 기존의 위기 예방 및 관리시스템의 한계를 적나라하게 보여주었다. 이에 따라 앞에서 살펴본 국제통화제도의 개편논의와 함께 위기를 사전에 예방하고 위기 발생 시 신속하고 효과적으로 대응하기 위한 국제적인 금융협력 논의가 활발하게 진행되었다. 이는 금융을 통한 각국의 상호연계성이 강화되고 자본유출입의 변동성이 크게 확대된 상황에서 개별 국가의 노력만으로는 한계가 있을 수밖에 없으며, 범세계적, 지역적, 그리고 양자간 등 촘촘하고 두터운 국제금융협력체계를 구축함으로써 위기를 효과적으로 억제하고 관리해야 한다는 공감대가 형성되었기 때문이다.

본격적인 국제금융협력 논의는 1990년대 후반 동아시아 금융·외환위기에 대한 반성으로부터 시작되었다. 앞서 5장에서 살펴본 바와 같이 국제금융시장의 통합은 자본의 효율적 활용과 위험의 분산이라는 긍정적인 측면에도 불구하고 시장참여자들의 과도한 위험추구 행위와 빠른 전염효과로 인해 개별경제는 물론 국제금융시장 전체의 불안정성이 높아질 가능성이 크다. 더욱이 소규모 개방경제들은 대규모 자본유출입에 취약할 수밖에 없다. 따라서 국제금융협력은 사전적으로는 금융시장 참여자들의 무분별한 위험추구 행위를 억제하기 위한 금융규제 및 감독 강화, 그리고 위기 예방을 위한 거시금융정보 공유 및 감시능력 제고에 초점을 맞추고, 사후적으로는 위기 해결에 충분한 만큼의 긴급자금을 신속히 지원할 수 있는 재원 확충, 즉 글로벌 금융안전망(global financial safety net) 강화에 중점을 두게 되었다.

이후 2008년 글로벌 금융위기를 거치면서 보다 광범위한 금융규제 개혁(financial regulatory reform)이 국제금융협력의 화두로 등장했다. 1930년대 대공황 이후 최대규모로 진행된 금융규제 개혁은 금융안정을 위한 국제협력에 기초하여 각국별 국내조치들이 보완적으로 이루어졌다는 점에서 대공황 당시와 차별화된다. 글로벌 금융위기의 원인이 결국은 선진국 주요 금융기관들에 대한 미흡한 규제 때문이라는 인식에서 출발, 향후 유사한 위기를 방지하고 금융안정을 도모하기 위해 새로운 금융규제의 기준과 원칙을 포함하는 대대적인 개혁조치들이 국제적 논의를 통해 마련되었다. 새로이 합의된 규제 조치들은 금융기관에 대한 기존의 위험방지 장치를 강화하고, 새로운 금융기관과 시스템 전반의 위험을 규제대상에 포함함으로써 사각지대를 최소화하려고 하였다.

이하에서는 국제금융협력 논의를 글로벌 금융안전망 강화와 국제적인 금융규제 개혁이라는 두 가지 측면에 초점을 맞추어 살펴보기로 한다.

6.1 글로벌 금융안전망 강화

대부분의 금융활동이 국내에서 이뤄지는 경우 금융위기가 발생하면 중앙은행이 최종대부자로서 발권력을 행사하여 해결할 수 있다. 하지만 국제금융시장과 긴밀하게 연결된 현재의 금융환경에서는 위기와 함께 외환, 특히 달러유동성에 문제가 발생할 가능성이 크다. 동아시아 경제위기는 물론 글로벌 금융위기 시에는 신흥시장국들뿐 아니라 유럽의 주요 금융기관들조차 심각한 달러유동성 부족을 경험하였다. 이 경우 자체 외환보유액이 가장 확실한 금융안전망이겠지만 막대한 외환보유에 따르는 기회비용은 물론 역사적 경험으로 볼 때 자본유출 시에는 아무리 많은 외환보유액도 부족할 수 있기 때문에 추가적인 금융안전망이 필요하게 된다.

글로벌 금융안전망은 이처럼 위기가 닥쳤을 때 외화유동성을 확보할 수 있는 제반 재원(financial resources) 조달체계를 의미하며, 위기에 대비한 일종의 보험과 같은 역할을 한다고 할 수 있다. 전통적인 글로벌 금융안전망은 각국의 자체 외환보유액과 이를 뒷받침하는 안전장치인 IMF의 대출로 구성되어 있다. 그러나 동아시아 외환·금융위기와 글로벌 금융위기를 통해 전통적인 금융안전망의 한계가 드러나면서 중앙은행들의 양자간 통화스왑협정(currency swap arrangement) 및 지역 차원의 다양한 지역금융협정(regional financial arrangement) 등 추가적인 안전장치들이 주목을 받게 되었다.[24] 이러한 글로벌 금융안전망 강화 논의에서는 가용재원의 확충 및 각 재원 간 효율

24) 글로벌 금융안전망을 이루고 있는 개별 구성요소들의 자세한 특징에 대해서는 Denbee et al.(2016) 참조.

적 연계와 아울러 참여국의 도덕적 해이(moral hazard)를 방지하는 방안도 중요하게 다루어진다.

먼저, 브레튼우즈체제에서 제한적으로나마 국제적인 최종대부자로서의 역할을 수행했던 IMF의 대출은 여전히 글로벌 금융안전망에서 중요한 역할을 하고 있다. IMF 대출재원은 크게 회원국들이 납입하는 쿼터(quotas), 일반차입협정(General Arrangements to Borrow : GAB), 신차입협정(New Arrangements to Borrow : NAB), 양자간 차입협정(Bilateral Borrowing Agreements : BBAs) 등 네 가지로 구성된다.[25] IMF는 지속적인 쿼터 증액 및 새로운 차입방식 도입 등을 통해 가용재원을 확충하는 한편, 대출 효과 및 활용도를 높이기 위해 가장 중요한 대출방식인 대기성 차관(Stand-By Arrangement : SBA)의 지원규모를 확대하고 지원조건을 완화하였다. 아울러, 확대신용대출(Extended Fund Facility : EFF), 보완준비대출(Supplemental Reserve Facility : SRF), 신속자금지원수단(Rapid Financing Instrument : RFI) 등 다양한 종류의 대출제도를 개발하여 위기대응 능력을 높였다. 또한, 경제는 건전하지만 대규모 자본유출로 일시적인 유동성 부족에 직면한 국가들에게 유동성을 미리 공급하여 위기를 예방하기 위해 탄력대출제도(Flexible Credit Line : FCL) 및 예방대출제도(Precautionary and Liquidity Line : PLL) 등을 운용하고 있다.[26] 그러나 IMF의 자금지원은 과도한 구조개혁 요구나 낙인효과(stigma effect) 등의 부작용으로 인해 위기국가들이 다른 대안을 먼저 찾으려는 경향이 있다.

다음으로, IMF 대출을 보완하는 측면에서 역내금융안전망(regional financial safety net)이 글로벌 금융안전망의 중요한 부분으로 등장하였다.[27] 특히, 90년대 말 외환·금융위기가 지역 내에서 빠르게 전염되었을 뿐 아니라 IMF 개입에 대한 부정적 경험으로 인해 우리나라를 포함한 동아시아 국가들 간에 지역금융협력 논의가 활발하게 진행되었다. 그 결과 2000년 제2차 ASEAN+3(한, 중, 일) 재무장관회의에서 회원국 양자간 연쇄적 통화스왑협정 형태인 치앙마이 이니셔티브(Chiang Mai Initiative : CMI)를 출범시킴으로써 역

---

25) https://www.imf.org/en/About/Factsheets/Where-the-IMF-Gets-Its-Money 참조.

26) IMF의 대출제도에 관해서는 https://www.imf.org/en/About/Factsheets/IMF-Lending 참조.

27) 역내금융협력 동향 및 IMF와의 관계에 대한 자세한 논의는 박성욱(2011) 참조.

내 금융협력의 첫발을 내디뎠다. 이어 CMI는 2010년 회원국 중앙은행들이 위기발생 시 정해진 비율에 따라 재원을 분담하는 다자간 자금지원체제인 치앙마이 이니셔티브 다자화(Chiang Mai Initiative Multilateralization : CMIM)로 확대 개편되었다.[28] 또한, 역내감시기능 강화와 대출심사역량 제고를 위해 AMRO(ASEAN+3 Macroeconomic Research Office)를 설립하여 실질적인 사무국 역할을 하도록 하였다. 아울러 도덕적 해이를 방지하고 AMRO의 역량을 보완하기 위해 회원국별 인출한도의 30%를 넘어가는 대출은 IMF 대출과 연계하도록 하였다.

한편, 유럽은 경제통합과 함께 일찍부터 역내 금융안전망 구축에 가장 적극적이었다. 실제 유로존 위기에서 유럽연합(EU) 집행위원회와 유럽중앙은행(ECB)은 IMF와 함께 그리스, 스페인 등 역내국들에게 막대한 유동성을 지원하는 등 역내 금융안정을 위해 큰 역할을 하였다. 유럽의 역내금융협력은 1971년 일시적인 국제수지 불균형을 겪는 역내 국가에 긴급자금을 지원하기 위한 중기재정지원(Medium-Term Financial Assistance: MTFA)[29]부터 시작하여, 2010년에는 유럽 재정위기 극복을 위해 한시적으로 유럽재정안정화기구(European Financial Stabilization Mechanism : EFSM)와 유럽재정안정기구(European Financial Stability Facility : EFSF)를 설치하였고, 2013년에는 이들을 대체하는 항구적인 역내금융협력기구로서 유럽안정화기구(European Stabilization Mechanism : ESM)를 설립하여 역내국들에게 유로화 유동성을 지원하고 있다.[30]

이외에도 중동 지역에서는 사우디아라비아 등 석유수출국들이 출연한 기금으로 1976년 아랍통화기금(Arab Monetary Fund : AMF)이 설립되어 역내 석유수입국들에게 다양한 신용을 지원하고 있고, 중남미에서는 1978년 중남미준비기금(Latin America Reserve Fund : FLAR)이 설립되어 볼리비아, 에콰도르 등 역내 최빈국들에게 대출하는 등 작은 규모지만 오래전부터 역내 금융협력을 활발하게 진행해 왔다.

---

28) 초기 1,200억 달러 규모로 출발한 CMIM은 2012년 2,400억 달러로 증액되었다.

29) 현재는 국제수지 문제를 겪고 있는 비유로화 유럽연합(EU) 회원국에 제공되는 대출.

30) 유럽 재정위기 및 대응에 관한 자세한 내용은 12장을 참조.

마지막 글로벌 금융안전망으로는 2008년 글로벌 금융위기 이후 가장 효과적이라고 평가되는 중앙은행들의 양자간 통화스왑협정이 있다. 특히, 미 연준과 다른 중앙은행들 간의 양자간 통화스왑협정이 글로벌 금융안전망의 중심적인 역할을 하고 있다.[31] 통화스왑협정은 정해진 기간 동안 자국 통화를 담보로 상대국 통화를 약정액까지 사용할 수 있는 중앙은행 간 약속이다. 미 연준의 통화스왑협정은 브레튼우즈 시기에도 존재하였고 1994년 멕시코가 사용한 바도 있지만, 본격적으로 활용된 것은 2008년 글로벌 금융위기 때부터이다. 미 연준은 글로벌 금융위기로 인한 유럽의 외환・금융시장 불안을 진정시키기 위해 2007년 유럽중앙은행(ECB) 및 스위스국립은행(SNB)과 스왑협정을 체결한 이후, 2008년 리만브라더스의 파산으로 달러유동성 부족이 더욱 심각해지자 한국, 브라질, 멕시코, 싱가포르 등 4개의 신흥국을 포함하여 스왑협정을 확대하면서 기존 선진국 중앙은행들과의 스왑 한도액을 무제한으로 증액함으로써 성공적으로 외환시장 불안을 잠재웠다. 이는 글로벌 금융위기 극복을 위해 미 연준이 실질적인 최종대부자로서 세계의 중앙은행 역할을 한 것으로 평가된다. 이후 2013년에는 선진국 6개 중앙은행(미 연준, 영란은행, ECB, 일본은행, 캐나다은행, 스위스국립은행) 간 무제한 통화스왑협정이 체결되었고, 2020년 초 코로나19 위기 시 미 연준이 한국 등과의 통화스왑협정으로 국제금융시장을 안정시킨 경험도 있다.

차입국의 도덕적 해이를 방지하기 위해 IMF는 엄격한 조건하에서 자금을 지원하고 있으며, 지역금융협정들도 IMF 대출과 연계하는 등 대부분 일정한 조건하에서 자금을 지원하고 있다. 반면 통화스왑협정은 특별한 조건 없이 신용을 공여하고 신속하게 외환시장의 불안을 잠재울 수 있다는 장점이 있지만 항상 가능하지는 않다는 단점이 있다. <표 11-7>은 이러한 네 가지 글로벌 금융안전망의 주요 특징들을 요약하여 보여주고 있다.

31) 유럽 중앙은행들 간 통화스왑 및 중국 인민은행과 일본은행을 중심으로 하는 통화스왑도 있지만 심리적 효과 및 활용면에서 미 연준과의 통화스왑과는 비교되지 않는다.

표 11-7 각 글로벌 금융안전망의 주요 특징 요약

	외환보유액	통화스왑협정	역내금융협정	IMF 대출
지원 속도	즉시	합의 후 즉시	지연 가능	사전지원은 즉시, 사후지원은 지연
지원 기간	무제한	단기	중기	주로 중장기
지원 확실성	확실	불확실	거의 확실하나 재원 한계	사전지원은 불확실, 사후지원은 거의 확실
낙인효과	없음	최소	가능성 존재	상당함
이행 감시	없음	없음	존재	상당함
지원 조건	없음	없음	일반적으로 있고, 보통 IMF 연계	사전, 사후지원 모두 강한 조건

자료 : Denbee et al.(2016)에서 발췌 · 요약.

6.2 국제 금융규제 및 감독 협력

2008년 글로벌 금융위기는 각국의 금융시장이 상호 밀접하게 연결되어 있는 현재의 국제금융환경에서 금융기법의 발달에 걸맞은 적절한 건전성 규제와 감독, 그리고 긴밀한 국제협력이 없는 경우 한 나라에서 발생한 부정적 충격이 세계 경제 전체에 얼마나 심대한 피해를 초래하는지를 생생하게 보여주었다. 이를 교훈 삼아 위기의 진원지인 미국을 비롯하여 유럽 등 주요 선진국들을 중심으로 같은 실수를 반복하지 않기 위하여 바젤 Ⅲ 등 금융규제 및 감독체계 개편을 위한 광범위한 국제협력 논의를 진행하는 동시에 이에 근거하여 자국의 금융시스템 전반을 개혁하는 작업을 진행하였다.[32)]

본격적인 금융규제 개혁을 위한 국제협력은 우리가 흔히 BIS 비율이라고 부르는 은행의 자기자본비율 규제로 거슬러 올라간다. 1988년 국제결제은행(Bank for International Settlements : BIS) 산하의 바젤은행감독위원회(Basel Committee on Banking Supervision: BCBS)는 신용위험 증가에 대응하여 은행의 자본적정성 지표로서 위험가중자산 대비 자기자본비율을 8%로 의무화하였는데 이를 흔히 **바젤 Ⅰ**이라고 부른다. 이후 2004년에는 금융산업의 발전에 발

32) 글로벌 금융위기 이후 최근까지의 국제 금융규제 개혁에 대한 자세한 논의는 Borio et al.(2020) 참조.

맞추어 바젤 Ⅰ을 확대·강화하였는데 자기자본비율 8% 의무에 더하여 금융감독과 시장규율의 강화라는 두 개의 기둥을 추가함으로써 소위 세 기둥(three pillars)으로 대표되는 바젤 Ⅱ를 확정하였다.

이후 글로벌 금융위기를 경험하면서 드러난 바젤 Ⅱ의 미흡한 부분을 대대적으로 보완함으로써 유사한 위기의 재발을 막고자 BCBS는 2010년 바젤 Ⅲ를 발표하였다. 바젤 Ⅲ는 은행들의 손실흡수능력을 높이기 위하여 양적, 질적으로 모두 자기자본규제를 강화하였다. 이를 위해 최소 자기자본비율을 10.5%로 높이고[33] 자본 인정 기준을 대폭 강화함과 동시에 부실화될 경우 금융시스템 전체에 악영향을 미칠 우려가 있는 대형 금융기관들을 시스템적으로 중요한 은행(systemically important bank : SIB)[34]으로 지정하고 이들에 대해서는 추가적인 자본 적립을 요구하였다. 바젤 Ⅲ는 과거 개별 금융기관의 건전성에만 초점을 맞춘 자본 규제가 위기시 금융시스템 전체를 위험에 빠뜨렸던 문제점을 인식하고 경기대응완충자본(countercyclical capital buffer) 설정의무[35]와 같은 거시건전성 접근법(macroprudential approach)도 채택한 것이 특징이다.

또한, 바젤 Ⅲ는 글로벌 금융위기 시 은행들이 겪었던 유동성위기의 재발을 방지하기 위해 유동성커버리지비율(liquidity coverage ratio : LCR)[36] 및 순안정자금조달비율(net stable funding ratio : NSFR)[37]과 같은 유동성리스크 규제 수단을 새로이 도입하였다. 이외에도 바젤 Ⅲ는 은행들의 레버리지 비율을 제한하고, 스트레스 테스트와 건전성지표 공시의무 강화 등 바젤 Ⅱ의 위험

---

33) 기존에는 총자본비율 8%만 충족하면 되었으나 바젤 Ⅲ에서는 보통주자본, 기본자본, 완충자본 등 자본의 성격별로 의무비율이 세분화되면서 규제가 보다 강화되었다.

34) 이는 다시 규모 및 영업 범위에 따라 글로벌 시스템적으로 중요한 은행(Global systemically important bank: G-SIB)과 국내 시스템적으로 중요한 은행(Domestic systemically important bank: D-SIB)으로 나누며, G-SIB는 더욱 높은 손실흡수능력을 요구받는다.

35) 과도한 신용팽창으로 금융 시스템 위험이 크다고 판단될 때 향후 손실 발생에 대비해 2.5% 이내에서 추가로 보통주자본을 적립하도록 의무화하는 것으로서 신용순환(credit cycle)의 진폭을 완화하는 효과가 있다.

36) 순현금유출 대비 고유동성자산의 비율로서 은행의 단기(30일) 유동성 규제수단이다.

37) 필요안정자금조달 대비 가용안정자금조달의 비율로서 은행의 중장기(1년 이상) 유동성 규제수단이다.

관리 및 감독, 그리고 시장규율 제도를 보다 강화하였다. 이후 바젤 Ⅲ는 수정・보완을 거쳐 2017년 12월 최종안이 확정되었는데, 각국의 이행 부담을 고려하여 점진적으로 시행하기로 하였다.

한편 글로벌 금융위기 직후인 2009년 G20 정상회의 결정에 따라 금융규제 및 감독 분야의 국제기구로서 금융안정위원회(Financial Stability Board : FSB)가 설립되었다. FSB는 금융시스템을 강화하고 국제금융시장의 안정성을 높이는 것을 목적으로 한다. 이를 위해 FSB는 은행은 물론 보험, 증권, 연금펀드, 자산관리, 신용평가 등 금융 각 부문의 국제기준을 설정하는 기구들과 각국 금융당국 간 규제와 감독, 그리고 기타 금융정책에 관한 논의에서 조정자 역할을 담당하고, 더 나아가 합의된 정책들을 모든 국가와 금융부문에 걸쳐 일관되게 집행함으로써 국제금융시장을 공정한 경쟁의 장(level playing field)으로 만들어가는 임무를 수행한다.

부록1

금환본위제도의 운영구조

금환본위제도란 기본적으로 각국의 화폐를 금에 고정시킨다는 면에서 금본위제도와 동일하다. 그런데 금본위제도에서는 금 공급이 충분하지 못할 경우 각국의 금에 대한 수요가 초과될 수 있으므로 국제통화제도의 기본요건인 유동성을 충족시킬 수가 없게 된다. 이런 문제를 해결하고자 금환본위제도에서는 일부 국가들로 하여금 각자의 통화를 금에 고정시키는 것이 아니라 기축통화(예 : 양차 대전 사이의 영국파운드화, 브레튼우즈제도에서의 미국달러화)에 고정시키고 금 대신에 기축통화를 보유하도록 한 점이 금본위제도와 다르다. 이 제도에서 각국의 중앙은행은 기축통화에 대한 환율을 고정시키기 위해 외환시장에서 자국의 화폐와 기축통화(또는 기축통화국의 금융자산)를 교환해야 하므로 경제성장에 따른 화폐공급 증가에 맞추어 항상 충분한 양의 기축통화 자산을 확보하고 있어야 한다.

기축통화국 이외의 국가들이 기축통화국에 대해서만 환율을 고정시킬지라도 외환시장의 차익거래(arbitrage transaction)로 인해 각 통화 간의 환율도 자동적으로 고정된다. 예를 들어, 양차 대전 사이 기축통화였던 영국화폐 1파운드와 4달러가 거래되고, 프랑스프랑의 경우는 1파운드와 20프랑이 거래된다고 하자. 이때 달러와 프랑 간의 교환비율은 1달러=5프랑이 되어야 할 것이다.

그런데 만일 외환시장에서 1달러와 4프랑이 교환되고 있다고 하면 사람들은 1달러를 1/4파운드와 교환하고, 1/4파운드를 다시 5프랑(1/4×20)으로 바꿈으로써 결과적으로 1달러를 가지고 시장에서 거래되고 있었던 4프랑보다 많은 프랑을 확보할 수 있게 된다. 따라서 모든 사람들이 프랑화 대신에 달러를 원할 것이고, 재정거래에 의한 1달러=5프랑과 다른 교환비율 1달러=4프랑은 시장에서 유지될 수 없을 것이다. 마찬가지로 시장에서 1달러와 6프랑이 교환되고 있다면 모든 사람들이 프랑을 원할 것이고 따라서 시장에서의 교환비율은 재정거래에 의한 교환비율과 같아질 것이다.

금환본위제도에서 기축통화국은 N번째 국가문제 때문에 외환시장에 적극적으로 개입하지 않는 입장을 취하게 된다. 예를 들어, 세계에 총 N개의 국가가 있다고 하면 한 국가는 기축통화국이 되어 나머지 $N-1$개의 국가들과 기축통화국 간의 $N-1$개의 환율만이 결정되게 된다. 이때 어떤 국가와의 환율을 조정하기 위해 기축통화국이 외환시장에 개입하게 되면 모든 환율이 조정되어야 하지만 대신에 환율조정이 필요한 국가가 개입하게 되면 단 하나의 환율조정만이 발생하게 된다.

따라서 금환본위제도에서는 어떤 국가의 환율이 지나치게 왜곡되어 조정이 필요한 경우 해당 국가가 외환시장에 적극적으로 개입해 조정하도록 하고 기축통화국은 행동을 취하지 않는 운영구조를 갖게 된다. 이러한 구조는 N번째의 기축통화국만이 거시경제 목표를 위해 통화정책을 이용할 수 있는 특별한 지위에 있게 만든다. 즉, 다른 국가들은 통화정책을 환율고정에 속박시켜야 하는 데 반해 기축통화국은 그러한 제약이 없으므로 통화정책을 자유로이 시행할 수 있다. 따라서 금환본위제도는 기본적으로 비대칭적인 구조를 가질 수밖에 없다.

기축통화국은 통화정책을 통해 대외경제 및 대내경제에 모두 영향을 미칠 수 있는 반면, 다른 국가들은 기축통화에 대한 환율을 고정시키도록 금융정책을 운영해야 하기 때문에 독자적인 통화정책을 포기하고 기축통화국의 통화정책을 수입해야만 하는 입장에 놓이게 된다. 따라서 금환본위제도는 지나치게 거대한 힘을 기축통화국에 부여하고 있어 기축통화국의 상황에 따라 국제통화질서가 좌우될 수도 있다는 문제가 있다.

부록2 각국의 환율제도(2020년 4월 30일, 현재)

고정환율 (114)							변동환율 (63)		기타 (15)
강 고정(hard pegs) (24)		약 고정(soft pegs) (90)							
달러라이제이션	통화위원회	전통적 고정환율	실질적 페그	크롤링 페그	목표 환율	유사 크롤링 페그	관리변동 (32)	자유변동 (31)	
에콰도르	지부티	아루바	가이아나	니카라과		에티오피아	마다가스카르	호주	감비아
엘살바도르	홍콩 SAR	바하마	레바논	보츠와나		우즈베키스탄	모잠비크	캐나다	미얀마
마샬 아일랜드	안티구아 바브다	바레인	몰디브	온두라스		도미니카 공화국	세이셸	체코공화국	파키스탄
미크로네시아	도미니카	바베이도스	트리니다드 토바고			튀니지	우크라이나	칠레	바누아투
팔라우	그레나다	벨리즈	마케도니아			싱가포르	우루과이	일본	쿠웨이트
파나마	세인트키츠네비스	퀴라소 신트 마르턴	베트남			알제리	알바니아	멕시코	시리아
동티모르	세인트루시아	에리트레아	스리랑카			방글라데시	브라질	노르웨이	아프가니스탄
코소보	세인트빈센트 그레나딘	이라크	타지키스탄			부룬디	콜롬비아	폴란드	앙골라
몬테네그로	보스니아-헤르체코비나	요르단	예멘			콩고	조지아	스웨덴	중국
산마리노	불가리아	오만	아제르바이잔			기니	가나	영국	시에라리온
키리바시	브루나이 다루살람	카타르	볼리비아			파푸아 뉴기니	헝가리	소말리아	아르헨티나
나우루		사우디아라비아	크로아티아			코스타리카	아이슬란드	미국	케냐
투발루		투르크메니스탄	나이지리아			파라과이	인도네시아	러시아	파키스탄
		카보베르데	수리남			루마니아	이스라엘		베네수엘라
		코모로	탄자니아			이집트	한국	**유로 지역**	
		덴마크	아르메니아			아이티	몰도바	오스트리아	
		상투메 프린시페	과테말라			모리타니	뉴질랜드	벨기에	
		베냉	세르비아			몽골	페루	키프로스	
		부르키나파소	키르기스스탄			르완다	필리핀	에스토니아	
		코트디부아르	수단			남수단	남아프리카	핀란드	
		기니비사우	말라위				태국	프랑스	
		말리					터키	독일	
		니제르					우간다	그리스	
		세네갈					인도	아일랜드	
		토고					모리셔스	이탈리아	
		카메룬					잠비아	라트비아	
							벨라루스	룩셈부르크	
							칠레	몰타	

고정환율 (114)							변동환율 (63)		기타 (15)
강 고정(hard pegs) (24)		약 고정(soft pegs) (90)							
달러라이제이션	통화위원회	전통적 고정환율	실질적 페그	크롤링 페그	목표 환율	유사 크롤링 페그	관리변동 (32)	자유변동 (31)	
		중앙아프리카 공화국 차드 콩고 민주공화국 적도기니 가봉 피지 리비아 사모아 부탄 레소토 나미비아 네팔 솔로몬제도 에스와티니					자메이카 카자흐스탄 말레이시아 스위스	네덜란드 포르투갈 슬로바키아 슬로베니아 스페인	

요약

01. 1870년경부터 제1차 세계대전 직전까지의 금본위제도는 가격-정화흐름구조라는 자동조정장치를 가지고 있었다. 그러나 실제적으로는 영국을 중심으로 한 국제협력이 금본위제도가 성공적으로 운영되도록 한 근본 요인이었다. 이 제도는 세계경제의 성장에 따른 화폐수요를 충족시키지 못하고 영국경제의 상대적인 약화로 인해 붕괴되었다.

02. 제1차 세계대전과 제2차 세계대전 사이에 초기 변동환율제도, 중기 금환본위제도, 그리고 말기 관리변동환율제도 등 다양한 국제통화제도가 교체되었었다. 이처럼 빈번한 제도의 변경은 당시 혼란한 경제상황 중 각국이 자국의 대내적인 문제에만 관심을 기울이는 국가이기적인 정책을 취해 국제협력을 도출하기가 어려웠기 때문이다. 이로 인해 대공황의 피해가 더욱 커지게 되었다.

03. 브레튼우즈제도에서는 양차 대전 사이의 문제점을 극복하고자 환율은 고정시키되 각국에 독자적인 통화정책권을 부여하는 게임규칙을 마련하려고 노력하였다. 그러나 미국이 세계경제의 주도권을 잡으면서 자연스럽게 미국의 달러화를 기축으로 하는 달러본위의 고정환율제도로 정착되었다. 브레튼우즈제도도 1960년대 중반 이후 내재적인 문제가 노출되고 미국이 대내적인 문제 때문에 달러화 가치 유지 의무를 소홀히 하면서 붕괴되기 시작하였다.

04. 1970년대 이후의 관리변동환율제도에서는 미국달러화의 기축통화 역할이 공식적으로 부인되고 각국의 환율이 자유로이 변동되도록 하였다. 초기에는 이 제도가 잘 기능하는 것처럼 보였으나 1970년대 후반 이후 각국 간의 경제성장 차이 및 정책부조화로 주요 통화 간의 상대적 가치가 균형수준에서 근본적으로 이탈하게 되었다. 이에 서방국들은 플라자협정을 맺어 외환시장개입 및 거시경제정책 시행 시 협조를 구하기로 하고 환율의 안정화를 위해 노력해 오고 있다.

05. 1990년대에 들어 자본 및 금융자유화가 진전됨과 더불어 신흥시장국들의 금융·외환위기의 발생 빈도가 크게 늘어남에 따라 기축통화를 중심으로 한 목표환율대제도 등 새로운 국제통화제도가 모색되었지만 아직 구체적인 논의가 이루어지지 않고 있다. 신흥시장국들의 경우, 조정가능한 고정환율제도 또는 약 고정환율제도를 택한 아시아와 중남미 국가들이 외환위기를 겪은 이후 강 고정환율제도를 택하거나 변동환율제도를 택하는 양극화 현상이 나타났다.

06. 2020년도 IMF 회원국들의 환율제도를 보면 고정환율제도를 채택한 회원국들의 비중(59%)이 변동환율제도의 비중(33%)보다 훨씬 높았다. 신흥시장국들의 경우 2008년 글로벌 금융위기 이후 자유변동환율제도의 비중은 줄고 고정환율제도의 비중은 늘어나 금융위기 이후 신흥시장국들이 환율 변동성의 부정적 효과를 더욱 두려워하게 된 것을 암시하고 있다. 그러나 대부분의 동아시아 신흥시장국들은 여전히 관리변동환율제도를 채택하고 있다.

07. 글로벌 금융안전망은 위기 시 외화유동성을 확보할 수 있는 다양한 재원조달체계를 의미하며, 일종의 위기 대비 보험과 같은 역할을 한다. 전통적인 금융안전망은 자체 외환보유액과 IMF 대출로 구성되는데, 여러 위기를 통해 전통적인 금융안전망의 한계가 드러나면서 최근에는 중앙은행들의 양자간 통화스왑협정 및 다양한 지역 내 금융협력협정이 추가적인 금융안전망으로 등장하였다. 또한, 글로벌 금융위기 이후 위기의 재발을 방지하기 위한 국제적 논의의 결과 기존 금융규제와 감독을 강화하는 바젤 III를 채택하고 국제기구로서 금융안정위원회(FSB)를 설립하였다.

주요 용어

가격-정화흐름 메커니즘(price-specie flow mechanism)

관리변동환율제도	국제통화기금(IMF)
근린궁핍화정책	글로벌 금융안전망
금본위제도	금환본위제도
기축통화(vehicle currency)	루브르협약

목표환율대제도(target zone exchange rate system)

바젤 I, II, III	브레튼우즈체제
시스템적으로 중요한 은행(SIB)	역풍정책(leaning against the wind)
최종대부자	트리핀 딜레마
특별인출권(SDR)	플라자협정

연습문제

01. 가격-정화흐름구조의 고전적 금본위제도를 가정할 때 미국이 우리나라에 원조를 해주었을 경우, 우리나라와 미국 간의 국제수지 균형이 어떻게 회복되는지 과정을 묘사하시오.

02. 금본위제도에서 각국은 한정된 금 생산의 보다 많은 부분을 차지하기 위해 지나치게 긴축적인 통화정책을 채택할 가능성도 있다. 그런데 금환본위제도에서 각국의 금융자산이 동일하게 간주되는 경우(앞에서 설명한 유위험 이자율평가가 성립하는 경우) 동일한 현상이 발생할 가능성이 있는가?

03. 고정환율제도에서 노동자들의 임금상승 요구에 대해 사용자들이 굴복하였다고 하자. 사용자들은 임금상승으로 인한 비용증가분을 상품가격에 반영시킴으로써 물가가 상승하고 따라서 실질화폐공급이 감소할 것이다. 실질화폐공급의 감소는 이자율의 상승을 유발할 것이고 따라서 국내화폐가 평가절상될 것이다. 정부는 평가절상을 방지하기 위해 외환시장에 개입해 외국환을 매입하고 국내화폐를 매각함으로써 화폐공급을 증대시켜야 할 것이다. 이러한 행동은 초기 임금인상을 화폐공급 증가로 보전한 결과를 가져올 것이고 따라서 경제는 영원히 이전의 수준보다 높은 물가와 임금수준에서 정착될 것이다. 이러한 결과는 고정환율제도하에서 물가와 임금을 이전의 수준으로 복귀시킬 수 있는 방법이 전혀 없음을 나타내 주고 있다. 이와 같은 어떤 주장에 오류가 있는지 지적하고 그 오류를 시정하시오.

04. 브레튼우즈제도에서 각국의 달러보유고 증가가 세계경제성장에 따른 각국의 기축통화준비금 요구로 인해 증가되었다는 수요결정설과 미국 국내상황 변화에 따른 미국 화폐공급 확대로 인해 증가되었다는 공급결정설 중 어느 주장에 동조하는가? 그 주장에 근거해 브레튼우즈제도에서의 세계 총달러량과 세계 인플레이션 간의 관계에 대해 설명하시오.

05. 위 4번 문제와 관련해 브레튼우즈제도에서 미국의 대외적자가 미국이 적자를 해소하기 위해 적절한 조치를 취하지 않아 발생했다는 공급결정설과 외국이 흑자해소를 위해 적절한 조치를 취하지 않았다는 수요결정설 간의 논쟁이 치열하게 전개되었었다. 다음과 같은 상황은 어떠한 주장을 뒷받침하는가 설명하시오.

① 1960년대 초반 및 중반 미국의 경상수지가 개선되었지만 종합수지는 계속 적자였다.

② 1970년대 초 IMF가 각국에 새로운 준비자산을 할당했음에도 불구하고 미국의 적자는 급증하였다.

06. 고정환율제도에서 금융계정에 대해 정부가 통제하는 경우 대내균형과 대외균형을 달성하는 데 어떠한 문제가 발생하겠는가? 이러한 규제가 야기할 수 있는 비용은 무엇인가를 설명하시오.

07. 본문 중에서 고정환율제도에서는 투기적 자본이동으로 인해 제도 자체에 위기가 발생할 수도 있다고 설명하였다. 이와 유사한 현상이 관리변동환율제도 또는 변동환율제도에서도 발생할 수 있는가? 있다면 어떻게 발생할 수 있는지 설명하시오.

08. 우리나라와 미국이 동시에 교역재의 국제경쟁력을 높이기 위해 각기 자국화폐의 절하를 원하고 있으나 또한 동시에 그로 인해 야기될 수 있는 인플레이션을 두려워하고 있다고 하자. 이때 양국은 확대통화정책을 사용하는 방안 또는 사용하지 않는 방안 중 하나만을 선택할 수밖에 없다고 하자. 발생할 수 있는 네 가지 경우에 있어 각국 경제에 대한 영향력이 어떻게 달라지는지를 살펴보고 양국이 협력을 도출하는 경우 어떻게 유리하게 되는지 설명하시오.

09. 현재와 같은 IMF 규정 및 정책하에서 미국만이 금본위제도로 복귀하고 다른 나라는 복귀하지 않는 경우 발생할 수 있는 상황은 어떤 것인가?

10. 현재의 변동환율제도에서 도입하고 있는 외환시장 개입방식은 이미 본문에서 설명한 바와 같이 역풍정책이다. 다음과 같은 경우 이러한 역풍정책이 환율을 균형수준으로 복귀시키는지 아니면 균형수준에서 이탈시키는지 설명하시오.

① 환율이 일정한 수준 주위에서 변동하는 경우

② 환율이 이동균형(moving equilibrium) 주위에서 변동하는 경우

11. 우리나라의 환율은 달러화에 대해서만 결정되고 다른 화폐에 대한 환율은 달러화에 대한 환율을 기준으로 간접적으로 결정된다. 그런데 미국달러화의 가치가 불안정해짐에 따라 이러한 결정방식보다는 주요 교역상대국인 미국, 독일 및 일본의 화폐에 대한 환율을 가중평균한 환율을 기준으로 하자는 주장들이 제기되고 있다. 이러한 결정방식이 현행방식에 비해 어떠한 장점이 있으며, 또한 어떠한 문제점을 가지고 있는지를 설명하시오.

12. 글로벌 금융안전망의 종류와 각각의 장·단점, 그리고 효과의 극대화 및 단점 보완을 위해 이들을 어떻게 결합해서 활용해야 할지를 설명하시오.

참고문헌

박성욱, “국제금융안전망 강화를 위한 역내금융기구와 IMF의 협력 방안”, 『주간금융브리프』 20권 30호, 3-7, 한국금융연구원, 2011.

장형수 · 원용걸, “IMF 긴급자금지원체제에 대한 평가와 국제금융체제 개편전망에 따른 우리의 대응”, 『정책연구』 98-15, 대외경제정책연구원, 1998.

Bordo, M. D., “The Gold Standard, Bretton Woods and Other Monetary Regimes : A Historical Appraisal,” Federal Reserve Bank of St. Louis, *Economic Review*, 1993, pp. 123-199.

Bordo, M. D. and B. J. Eichengreen, ed., *Retrospective on the Bretton Woods System*, University of Chicago Press, 1993.

Borio, C., M. Farag and N. Tarashev, “Post-Crisis International Financial Regulatory Reforms: A Primer,” *BIS Working Papers* 859, Monetary and Economic Department, Bank for International Settlements, 2020.

Bretton Woods Commission, *Bretton Woods : Looking to the Future, Commission Report*, July 1994.

Calvo, G. and C. Reinhart, “Fear of Floating,” *Quarterly Journal of Economics* 117, 2002, pp. 379-408.

Camdessus, M., “Drawing Lessons from the Mexican Crisis : Preventing and Resolving Financial Crisis : the Role of the IMF,” Address at the 25th Washington Conference of the Council of the Americas, 22 May, Washington, D.C., 1995.

Dornbusch, R., “Fewer Monies, Better Monies,” *AEA Papers and Proceedings*, 2001, pp. 238-242.

Eichengreen, B., “International Economic Cooperation in Historical Retrospective : A View from Interwar Years,” in William H. Buiter and Richard C. Marston, eds., *International Economic Policy Coordination*, Cambridge University Press, 1985, pp. 139-177.

________, *Elusive Stability : Essays in the History of International Finance*, 1919~39, Cambridge University Press, 1990.

________, “Prerequisites for International Monetary Stability,” UC Berkeley, *CIDER Working Paper C* 93-108, 1993.

________, *International Monetary Arrangements for the 21st Century*, The Brookings Institution, 1994.

________, “Can Emerging Markets Float? Should They Inflation Target?,” in R. Driver, C. Thoenissen and P. Sinclair, eds., *Exchange Rates, Capital Flows and Policy*, Routledge, 2002.

Frankel, J., “No Single Currency Regime Is Right for All Countries or At All Times,”

NBER Working Paper 7338, Cambridge : MA, 1999.

Frankel, J. and A. Rose, "A Panel Project on PPP," *Journal of International Economics* 40, 1996, pp. 209-224.

Gilpin, R., *The Political Economy of International Relations*, Princeton University Press, 1987.

Kindleberger, C. P., "Dominance and Leadership in the International Economy : Exploitation, Public Goods, and Free Rides," *International Studies Quarterly* 25, 1981, pp. 242-254.

McKinnon, R., *The Rules of the Game*, Cambridge : MIT Press, 1997.

________, "The Rules of the Game : International Money in Historical Perspective," *Journal of Economic Literature* 31, 1993, pp. 1-44.

Mundell, R. A., "The Redundancy Problem and the World Price Level," in R. Mundell, ed., *International Economics*, New York : MacMillan, 1968, pp. 195-200.

Nurkse, R., *International Currency Experience : Lessons of the Inter-war Period*, Geneva : League of Nations, 1944.

Triffin, R., *Gold and the Dollar Crisis : The Future of Convertibility*, Yale University Press, 1960.

Volcker, P., "The Quest for Exchange Rate Stability," mimeo, 1995.

Williamson, J., *The Exchange Rate System*, Institute for International Economics, 1985.

Yeager, L. B., *International Monetary Relations : Theory, History, and Policy*, 2nd ed., New York : Harper and Row, 1976.

CHAPTER 12

통화 국제화, 통화통합과 최적통화지역: 이론과 실제

1. 통화 국제화
2. 유럽의 통화통합
3. 최적통화지역
4. 유럽의 재정위기와 EMU의 미래

12 통화 국제화, 통화통합과 최적통화지역: 이론과 실제

이 장에서는 특정 통화의 국제적인 사용으로 정의되는 통화 국제화의 의의와 조건 및 그 효과를 살펴보고 통화의 국제적인 사용이 특정 지역 또는 국가들 간에 이루어지는 경우인 통화통합문제를 고찰해 본다. 또한 이러한 통화통합의 이론적 근거로 제시되고 있는 최적통화지역이론을 소개한다. 이를 위하여 먼저 통화의 국제적 사용이 일국 경제에 미치는 영향과 통화의 국제화가 성공적으로 이루어지기 위한 요인들을 검토하였으며, 통화통합의 대표적인 사례로서 유럽연합(EU)에서 추진되었던 유럽통화제도(European Monetary System : EMS)와 유럽경제통화동맹(European Economic and Monetary Union : EMU)을 살펴본다.

주요 선진국들과 많은 개발도상국들이 변동환율제도를 택하고 있는 가운데, EU회원국을 중심으로 한 유럽통화제도는 역내통화 간에 고정환율제도를 유지하면서 역외통화들에 대하여 변동환율제도를 채택한 독특한 환율제도이다. 1999년 출범한 EMU는 유럽중앙은행이 통화정책을 독점하고 유로(euro)화가 단일통화로 유럽 11개국에서 사용되기 시작했고 그 후 회원국들이 계속 늘어나 2015년 1월 1일 리투아니아가 가입하여 현재 유럽 19개국에서 사용되고 있다. 이러한 단일통화지역의 최적규모는 무엇에 의해 결정되는가를 살펴보는 이론적 배경은 최적통화지역의 기준에 의해 제시되고 있다. 특히, 최근의 논의는 단일통화지역의 형성을 위한 기준이 충족되지 못한다고 할지라도 통화통합 이후 단일의 통화정책과 재정정책의 조화를 통해 내생적으로 최적통화지역의 기준이 충족될 수 있는 것으로 보고 있다.

1. 통화 국제화

1.1 통화 국제화의 의의

통화 국제화(currency internationalization)란 특정 통화가 국제거래시 표시통화 또는 거래의 지불수단으로 사용되거나 각국 중앙은행의 보유외환 혹은 국제채권의 발행통화로 사용됨으로써 국제적으로 통용되는 것을 의미한다. 이러한 화폐의 국제적인 사용은 통화발행국 통화당국이 자국통화에 대하여 태환성(convertibility)을 보장함으로써 가능하지만 통화당국에 의한 태환성 보장이 통화의 국제적 사용을 위한 충분조건이 되지는 않는다.

역사적으로 살펴보면, 제1차 세계대전 이전에는 영국의 파운드화가 국제통화로서 지배적으로 사용되었으며, 제1차 세계대전과 제2차 세계대전 사이에는 미국의 달러화가 파운드화와 함께, 그 후 브레튼우즈체제하에서는 달러화가 국제통화로서 사용되었다. 1980년대 이후에 들어서는 유럽권을 중심으로 독일의 마르크화, 동아시아를 중심으로 일본의 엔화 사용 비중이 높아졌다. 1994년 브레튼우즈위원회가 제시한 달러화, 마르크화 및 엔화 간 안정적인 환율변동대 운영방안은 이러한 국제통화들의 위상과 역할을 반영한 것이라 할 수 있다. 또한 2002년 1월부터 유럽연합 내 11개국에서 유로(euro)화를 사용하게 됨에 따라 유로화의 국제통화로서의 비중이 점진적으로 증가할 것으로 기대되고 있다. 폐쇄경제하에서 화폐가 회계단위, 지불수단 및 가치저장수단으로 기능하는 것과 마찬가지로 국가 간 무역, 금융 및 자본거래가 존재하는 개방경제하에서 특정국 화폐의 국제적인 사용은 그 통화가 다수 통화 간의 경쟁(currency competition)을 거쳐 국제거래에 선택되었음을 의미한다고 할 수 있다.

1.2 통화 국제화의 효과

일국 통화의 국제적 사용은 그 경제에 실물적인 영향은 물론 국제수지 및 금융효과를 가지게 되는데 이를 설명하면 다음과 같다.

(1) 통화 국제화의 실물효과

통화의 국제화는 무역거래시 자국통화의 사용을 가능하게 하는데 이러한 자국통화의 사용은 환위험 헤지비용을 절약해 줄 뿐만 아니라 외국통화를 사용할 경우 따르게 되는 화폐교환 및 금융중개비용을 절감해 줌으로써 자원비용(resource cost) 절약의 효과를 기대할 수 있다.[1] 그러나 통화의 국제화가 실물경제에 미치는 보다 중요한 효과는 자국화폐의 국제적 사용이 국내의 절대 또는 상대가격 및 세계시장에서 외국제품과의 가격 혹은 비가격경쟁력에 미치는 영향이라 할 수 있다.

통화의 국제화로 화폐공급량 중 일정부분을 외국에서 보유하게 되면 화폐공급량을 확대하더라도 국내신용의 확대효과가 그만큼 떨어지게 되므로 이자율 하락과 그로 인한 국내물가의 하락이 더 적게 된다. 또한 통화의 국제화로 자국통화에 대한 수요가 늘어나게 되면 환율하락, 즉 자국통화의 가치는 상승할 것이기 때문에 국내물가에 미치는 영향과 함께 국내제품의 세계시장에서의 가격경쟁력 약화효과는 그만큼 증가하게 된다고 할 수 있다.

(2) 국제수지 및 화폐주조차익 효과

통화의 국제화는 외국에서 자국통화를 보유하려는 만큼 자신의 경상수지 적자를 메울 수 있도록 한다. 즉, 자국의 경상수지상의 적자를 자국통화를 발행하여 보충할 수 있게 된다는 것이다. 이를 화폐주조차익(seigniorage gains) 효과라 할 수 있는데, 이는 당기생산보다 큰 지출을 허용할 수 있도록 함을 의미한다. 화폐주조차익이란 정부가 새로운 화폐공급을 통하여 얻을 수 있는 실질수익을 의미하며 이는 다음과 같은 식으로 표시된다.

$$\text{화폐주조차익} = \frac{M_t - M_{t-1}}{P_t} = \left(\frac{M_t}{P_t} - \frac{M_{t-1}}{P_{t-1}}\right) + \left(\frac{M_{t-1}}{P_{t-1}} - \frac{M_{t-1}}{P_t}\right) \qquad (12.1)$$

위의 식에서 보여주고 있는 바와 같이 화폐주조차익은 인플레이션을 통한 조세수익(두 번째 항)[2]과 일국 경제의 실질 화폐잔고 변화분(첫 번째 항)을

---

1) Hamada and Horiuchi(1987) 참조.

2) 두 번째 항을 다시 쓰면 $\frac{M_{t-1}}{P_{t-1}}\left(1 - \frac{P_{t-1}}{P_t}\right) = \frac{M_{t-1}}{P_{t-1}} \cdot \frac{P_t - P_{t-1}}{P_t} = m_{t-1} \cdot \pi_t$
여기서 m_{t-1}은 $t-1$기의 실질화폐량, π_t는 t기의 인플레이션이다.

합친 것으로서 일국 통화의 국제화는 외국보유분만큼 통화를 더 발행할 수 있게 하여 보다 큰 화폐주조차익을 실현하게 하는 효과가 있다.

(3) 통화정책 및 환율변동성 효과

통화의 국제화는 통화당국이 유통되는 자국통화의 공급량을 통제할 수 없게 함으로써 일국 통화정책의 독립성을 제약하게 된다. 특히, 자국통화표시 유로채권의 발행은 자국통화가 국내 외환시장을 통하지 않고 해외에서 유통되기 때문에 통화당국에 의한 화폐공급의 통제가 어려우며 국내금리와 해외금리 간 연계성이 강화되어 해외로부터의 충격이 쉽게 국내로 이전되게 된다. 이와 함께 통화의 국제화는 장단기자본의 유출입규모를 확대함으로써 환율변동성의 증가를 가져올 것이다.

일본의 경우 엔화 국제화의 계기가 된 1984년 5월의 「엔-달러보고서」 이후 환율변동성이 크게 증가한 바 있는데, 이러한 환율변동성의 증가는 국내기업으로 하여금 자국통화로 거래하려는 경향을 가지게 할 것이다. 그러나 협상력이 약한 기업의 경우 해외화폐 표시거래를 하게 됨으로써 환위험 부담을 지게 된다. 이와 함께 환위험의 헤지를 위한 적절한 수단을 구비하지 못하는 경우 미래수익에 대한 불확실성을 증가시켜 기업의 투자시기를 늦추게 하는 원인이 되기도 한다.

1.3 통화 국제화의 결정요인

기존 문헌 중에는 국제통화에 대한 많은 연구들이 있다.[3] 기존 연구 중에서 "어느 한 나라의 화폐가 국제통화가 될 것인가", 또는 "기존의 국제통화가 다른 국제통화에 의해 대체될 것인가"에 대해 정확히 답할 수 있는 이론은 없다. 그러나 지금까지 논의된 국제통화 지위에 대한 결정요인들을 보면, 첫째, 경제규모가 커야 한다. 생산량과 무역 등 경제의 규모가 클수록 다른 나라 사람들이 이 나라 통화에 더 익숙하게 되고, 통화가치의 예측성이 높아져 해당 통화가 더 많이 사용될 가능성이 더 커지기 때문이다.

---

3) 예를 들어, Tavlas(1991), Tavlas and Ozeki(1992)와 Chinn and Frankel(2006) 참조.

둘째, 통화가치의 신뢰성이 유지되고 통화발행국의 정치적 안정성이 보장되어야 한다. 통화가치가 안정되기 위해서는 물가상승률이 낮고 물가변동성 및 환율변동성이 적어야 한다. 만약 물가상승률과 변동성이 크다면 이 나라의 화폐를 사용할 때 재화 및 자산의 가격이 효율적으로 결정되지 못하고, 화폐의 세 가지 기능이 제대로 역할을 하지 못하게 된다. 또한 물가상승은 구매력을 떨어뜨려 이 화폐의 보유비용을 높이고, 그 결과 가치저장과 교환의 매개체로서의 매력을 떨어뜨린다.

세 번째 요인은 금융시장의 개방과 발전 정도이다. 한 나라의 화폐가 국제적으로 사용되기 위해서는 ① 금융시장이 대내외적으로 자유화되어야 하고, ② 시장의 규모가 크고, ③ 다양한 금융상품을 가져야 하며, ④ 잘 발달된 유통시장이 있고 역외금융센터에서 경쟁력이 있을 정도의 선진화된 금융기관들이 있어야 한다. 금융시장에 대한 통제가 대내외적으로 존재한다면, 이 나라 화폐는 유동성이 떨어지고 거래비용이 증가하여 국제통화로서 사용될 수 없다. 자본에 대한 통제가 없고 금융시장이 잘 발달되어 있는 경우, 유동성이 높고 만기가 짧은 자국화표시 부채를 안고 해외에는 유동성이 낮고 만기가 긴 대출을 해 줌으로써 국제유동성 변화의 효율성을 높여 자국화의 국제통화 가능성을 높일 수 있다.

넷째는 무역의 형태와 관련이 있다. 한 나라의 수출품 중 생산과정이 긴 차별화된 공산품(differentiated manufactures)의 수출 비중과 후진국으로 수출되는 비중이 클수록 수출업자의 자국통화가 국제거래통화로 사용될 가능성이 커진다. 무역업자들은 가능한 자국화폐를 사용하려고 한다. 왜냐하면 환율변동에 따른 위험을 회피할 수 있기 때문이다. 특히 공산품 수출업자들은 생산과정 초기에 생산비용이 결정되기 때문에 자국의 화폐가치가 절하되면 생산비용을 줄이기 어려워 이윤이 줄어드는 것을 감수해야 한다. 물론 선물환시장을 이용하면 환위험을 줄일 수 있지만, 선물환시장을 이용하는 것 자체가 생산비용을 올리는 요인이 된다. 생산과정이 길수록 환위험에 노출될 가능성이 높아지므로, 생산과정이 긴 차별화된 공산품 수출업자들은 자국의 화폐를 사용하려고 할 것이다. 후진국의 경우 차별화된 공산품을 수입하기 때문에 후진국과 무역을 많이 하는 나라들의 통화가 국제거래통화(vehicle currency)로 사용될 가능성이 커진다. 또한 선진국과 후진국이 무역을 하는 경우 선진국의 통화가 사용된다.

다섯째는 경상수지와 관련이 있다. 경상수지 적자가 누적되어 순해외채무 규모가 지나치게 증가하면, 이 나라의 통화가치는 하락하고 통화에 대한 수요가 줄어들게 된다. 프랑켈(Frankel, 1993)은 1980년대 엔화와 마르크화가 국제통화로서 사용이 증가한 이유는 일본과 독일의 경상수지 흑자로 자본의 순유출이 증가했기 때문이라고 하였다. 또한 친과 프랑켈(Chinn and Frankel, 2006, 2008)은 미국의 지속적인 경상수지 적자는 미 달러화의 가치 하락을 가져오고 미 달러화의 수요를 줄일 것으로 예측했다. 아이켄그린(Eichengreen, 2005)도 비슷한 주장을 하고 있다. 국제준비자산으로 사용되는 통화를 발행하는 나라의 경상수지가 적자이고, 그로 인해 순해외채무가 커진다면, 이 나라는 세계의 은행으로서 지위를 유지하기가 힘들어진다. 즉, 이것은 은행은 순자본이 마이너스가 되는 상황과 같은 것이다. 만약 순해외채무가 늘어나 이 나라의 GDP보다 더 커진다면 결국 다른 나라들이 이 통화를 보유하기를 꺼리게 될 것이다.

여섯째 요인은 히스테리시스(hysteresis) 효과 또는 네트워크 외부성(network externalities)인데, 이것은 일단 한 화폐가 국제통화로 사용되면 이 나라의 경제여건이 악화되어도 계속 국제통화로 사용되는 경향이 있음을 의미한다. 한 나라의 통화가 국제통화로서 지위를 계속 유지하는 이유는 다른 나라들이 이 통화를 사용하고 있기 때문이다. 한 개인이 미 달러화를 거래에서 사용하는 것은 다른 사람들이 미 달러화를 사용하기 때문이다. 만약 미 달러화가 무역거래에 많이 사용된다면 금융거래에도 사용될 것이고 더 나아가 외환거래에도 사용될 것이다. 이를 범위의 경제(economies of scale)라 부른다. 이는 역으로 말하자면 현재 국제통화로 사용되지 않는 화폐는 국제통화로 사용되기 어렵고, 사용된다고 하더라도 상당히 오랜 시간이 필요하다는 것을 의미한다.

위안화 국제화

미국발 금융위기가 세계경제를 강타한 후인 2009년 3월 24일 런던의 G20 정상회의 직전, 중국의 저우 샤오촨(周小川, Zhou Xiaochuan) 인민은행 총재는 국제통화제도의 개혁에 대한 문건을 발표했다. 요지는 IMF가 발행하는 SDR(특별인출권)을 기축통화로 사용하자는 것이다. SDR을 구성하고 있는 통화바스켓도 현재 네 개의 통화(미 달러화, 유로화, 영국 파운드화, 일본 엔화)에서 중국 위안화가 포함되어야 하고 가중치에 GDP 규모도 포함되어야 한다고 언급했다. 즉, 기축통화로 사용되고 있는 미 달러화를 SDR로 대체하고 위안화 국제화를 추진하겠다는 것이다.

그 이후 위안화 국제화는 꾸준히 추진되어 2016년 10월 1일부터 SDR의 통화바스켓에 위안화가 포함되었고 바스켓을 구성하는 비중도 10.92%로 미 달러화(41.73%), 유로화(30.93%)에 이어 세 번째가 되었다.[4)]

<표 12-1>을 보면 2015년까지 위안화는 각국의 준비자산으로 사용되는 통화가 아니었지만 세계 외환보유액에서 위안화가 차지하는 비중이 2016년 1.1%, 그리고 2020년에는 2.3%까지 높아졌다. 세계 외환시장의 일일거래 비중도 2010년에는 0.9%에 불과했지만 2019년에는 4.3%로 높아졌다. 금융기관들 간의 거래통화로서 위안화의 비중은 2021년 8월에 2.15%로서 미 달러화(40.04%), 유로화(37.95%), 파운드화(5.72%)와 엔화(2.73%)에 이어 5번째일 만큼 위안화는 국제통화로서의 위상을 높여왔다.[5)]

지금까지 위안화가 국제통화로서의 역할이 커지고 있지만, 미래에 미 달러화, 유로화와 경쟁하는 국제통화로서의 지위를 얻을 것인가에 대한 질문에 여러 연구자들은 상이한 답변을 해 왔다. 버그스텐(Bergsten, 2011)은 미래의 국제통화체제는 미 달러화, 유로화와

표 12-1 통화별 외환보유액 비중 및 세계 외환시장의 일일거래 비중

	외환보유액 비중		일일 외환거래 비중	
	2010년	2020년	2010년	2019년
미 달러화	61.4	58.9	84.9	88.3
유로화	26.3	21.3	39.1	32.3
파운드화	4	4.7	12.9	12.8
엔화	3.8	6	19	16.8
위안화	0	2.3	0.9	4.3

자료 : IMF, COFER; BIS, Triennial Central Bank Survey.

4) 엔화와 파운드화는 각각 8.33%, 8.09%이다.

5) SWIFT(the Society for Worldwide Interbank Financial Telecommunication) 자료 참조.

위안화가 서로 경쟁하는 삼극체제가 될 것으로, 그리고 아이켄그린(Eichengreen, 2010)은 미 달러화와 유로화 중심의 양극체제가 될 것으로 예상했다. 반면, 쿠퍼(Cooper, 2009)는 경쟁통화들의 대두 가능성을 인정했지만, 미 달러화 체제가 상당 기간 지속될 것으로 전망했다.

위안화가 앞으로 미 달러화와 유로화의 경쟁통화가 될 것인가를 평가하기 위해 이번 절에서 논의한 통화 국제화 결정요인과 관련된 자료들을 살펴보도록 하자.

<표 12-2>를 보면 경제규모에서는 중국이 국제통화국들에 뒤지지 않는다는 것을 알 수 있다. 구매력평가(purchasing power parity)로 측정했을 때 중국의 GDP는 세계 1위이고 수출규모의 경우 유로존에 미치지 못하지만 미국과 거의 비슷하다. 지난 10년(2010~2019) 동안 연평균 물가상승률은 다른 국제통화국들에 비해 높지만 물가변동성은 거의 비슷했다. 또한 이 기간 동안 미국과 영국의 연평균 경상수지 적자가 각각 GDP 대비 2.4%와 3.9%인 반면, 중국은 흑자를 기록하였고 그 규모가 GDP의 1.9%에 달했다. 이는 미 달러화와 파운드화에 비해 위안화에 대한 수요가 더 늘어날 수 있음을 암시하고 있다. 간접금융자산의 규모를 측정하는 지표들 중의 하나인 GDP 대비 민간신용은 2020년도에 182%로서 미국과 일본보다는 낮지만 영국이나 유로존보다 높았다. 한편 GDP 대비 주가총액은 미국의 절반에 못 미쳐 직접금융자산의 축적은 아직 미진한 상태이다.

표 12-2 통화 국제화 관련 주요 지표들의 비교

	미국	유로존	영국	일본	중국
GDP 비중 (2020)[a]	15.8	12.1	2.2	4.0	18.3
수출비중 (2019)[a]	10.2	26.4	3.6	3.6	10.7
물가상승률 (2010~2019)[a]	1.8	1.4	2.1	0.5	2.6
물가변동성 (2010~2019)[a]	0.8	0.9	0.6	0.8	1.0
경상수지/GDP (2010~2020)[a]	-2.4	0.9	-3.9	2.7	1.9
민간신용/GDP (2020)[a]	216.3	94.3	146.4	194.6	182.4
주가총액/GDP (2020)[a]	194	–	–	135	83
자본통제 (2019)[b]	1.00	0.97	1.00	1.00	0.16
정치적 위험 (2018)[c]	84.6	78.3	81.0	82.2	59.5
제도의 질 (2020)[d]	5.1	6.5	7.8	8.0	-1.5

주 : a) 단위 %, 괄호안의 숫자는 년도를 나타냄.
b) Chinn and Ito database. (0~1), 숫자가 클수록 자본통제가 적음.
c) PRS Group, ICRG(The International Country Risk Guide). (0~100), 12개의 지표로 구성되어 있고 숫자가 클수록 정치적 위험이 낮음.
d) World Bank, World Governance Indicators. (−15~+15), 6개의 지표로 구성되어 있고 숫자가 클수록 제도의 질이 높음.

자료: IMF, World Economic Outlook database, International Financial Statistics
World Bank, World Development Indicators, World Governance Indicators.

그러나 중국이 절대적으로 열위에 있는 것들은 첫째, 자본통제가 철저하고 위안화와 다른 통화 사이의 태환성(convertibility)이 보장되지 않다는 것이다. <표 12-2>를 보면 친과 이토(Chinn and Ito)의 자본통제지수가 있는데 이 지수는 0과 1 사이의 값을 가지고 있다. 1은 자본통제가 전혀 없음을, 0은 완전한 자본통제를 의미한다. 2019년도 자료를 보면 주요 국제통화국들의 지수는 1에 접근하여 완전한 자본이동이 보장되는데 중국은 0.16으로 아직까지 자본통제를 철저히 하고 있음을 알 수 있다.

둘째, 금융시장의 규모가 급성장하고 있음에도 불구하고 여전히 금융억압(financial repression)이 심하고 금융부문의 후진성을 탈피하지 못하고 있다. 또한 위안화표시 국제채무증권 발행 잔액도 매우 적어 국제투자통화로서의 역할도 미미하다.

셋째는 기존 국제통화국들에 비해 정치적 위험이 높고 제도의 질이 비교할 수 없을 정도로 낮다. <표 12-2>에 PRS 그룹과 세계은행에서 각각 매년 발표하는 정치적 위험(political risk)지수와 거버넌스 지표(World Governance Indicators)의 최근 자료를 보여주고 있다. 거버넌스 지표는 제도의 질(institutional quality)을 측정하는 지표로서 사용되기도 한다. 각 지표의 숫자가 클수록 정치적 위험도가 낮고 제도의 질은 높음을 나타낸다. 표를 보면 중국은 기존 국제통화국들에 비해 정치적 위험이 훨씬 높고 제도의 질이 현저히 낮음을 알 수 있다. 특히, 부정부패, 관료주의, 투자여건(지적재산권의 보장 미흡), 민족 간의 분쟁, 비민주적인 정부 등이 정치적 위험도를 높이고 있다.

요약하면, 중국이 순채권국가의 지위를 유지하고 경제규모가 커짐에 따라 위안화의 국제통화로서의 역할이 점점 더 커질 것으로 예상된다. 그러나 위에 언급한 자본통제, 금융부문의 후진성, 높은 정치적 위험 및 낮은 제도의 질 등의 문제들을 해결하지 못하면 위안화는 미 달러화와 유로화의 경쟁통화가 될 수 없을 것이다. 예를 들어, 금융부문이 낙후되고 정치적 위험이 높은 상태에서 자본자유화를 한다면, 엄청난 자본유출이 생길 것이다. 이에 더하여 만약 고정환율제도와 유사한 현재의 환율제도가 선진국들이 요구하듯이 변동환율제도로 바뀐다면 위안화의 변동성은 커지게 되고 그 가치가 떨어질 수도 있기 때문에 위안화에 대한 국제수요를 유인하지 못할 것이다. 현시점에서 보았을 때 중국이 안고 있는 문제점들이 해결되는 데는 오랜 시일이 걸릴 것으로 예상되므로 위안화가 미 달러화, 유로화와 경쟁하는 국제통화체제는 당분간 실현되기 어려울 것으로 판단된다.

2. 유럽의 통화통합

2.1 유럽통화제도

유럽통화제도는 이미 1957년에 로마조약(Treaty of Rome)에서 논의가 시작되었다고 할 수 있다. 유럽경제공동체(EEC)는 공동시장 창출을 목표로 한 것인데, 특히 공동의 곡물시장 창출을 통한 곡물가격안정을 도모하려 하였으므로 역내통화들 사이의 안정적인 환율을 유지시킬 수 있는 기구를 필요로 하였다. 즉, 로마조약 제105조에 따라 통화위원회를 설치하고 회원국 사이에 통화정책 협조를 도모하기로 하였다. 그러나 브레튼우즈체제하에서 역내통화들 사이의 환율은 고정되어 있었기 때문에 환율안정을 위한 본격적인 논의는 1969년 8월 프랑스프랑화가 12.5% 평가절하되면서 본격화되었다.

1969년 12월 헤이그에서 개최된 유럽이사회에서 유럽공동체(EC)는 유럽통화통합의 구상에 기본적으로 합의하였다. 즉, 유럽시장 및 경제통합의 이익을 극대화함과 동시에 유럽의 장기침체를 극복하기 위해서는 유럽통화권의 창설을 통해 미국 주도의 국제금융질서에 제동을 걸어야 한다는 정치적 합의가 조성되었다. 동합의에 따라 당시 룩셈부르크의 재무장관이었던 피에르 베르너(Pierre Werner)는 1970년 10월 유럽경제 및 통화통합의 단계적 실현을 위한 보고서를 EC이사회에 제출하였다.

동 보고서는 1971년 2월 브뤼셀과 3월 함부르크에서 개최된 ECOFIN(EEC 회원국의 경제 및 재무장관으로 구성된 각료이사회)에서 만장일치로 채택되었다. 그러나 동보고서는 즉시 실천에 옮겨지지 못하였다. 브레튼우즈체제가 붕괴하면서 달러가치가 큰 폭으로 떨어지게 되었으나, 큰 폭의 경상수지 흑자를 기록한 독일을 제외하고는 대다수의 유럽국가들이 경상수지 적자를 경험하고 있는 상황이었기 때문에 과도한 평가절하압력을 감당할 수 없었기 때문이다. 그 결과 유럽은 단일통화권의 형성보다는 역내 환율안정을 위한 긴밀한 협력을 강화하는 방향으로 우회하게 되었다.

(1) 스네이크제도

앞 장에서 살펴본 것처럼 금과 미달러화를 중심으로 한 금환본위제도인 브레튼우즈체제는 1970년대 초에 위기를 맞았다. 1971년 12월에 스미소니언체제로 브레튼우즈체제를 개선시키기는 하였으나, 브레튼우즈체제의 근본적인 문제점을 해소하지 못했기 때문에, 1970년대 전반 이후 주요 선진국들이 변동환율제도를 채택하게 되었다.

스미소니언체제가 출범한 후 몇 달만인 1972년 4월에 EC회원국들은 유럽공동환율제도(European System of Narrower Exchange Rate Margins)를 채택하였다. 이 제도의 주요 내용은 공동의 대미 달러환율 변동폭은 스미소니언체제를 따라서 상하 각각 2.25%로 하고, 역내통화 사이의 환율변동폭을 스미소니언체제에서의 허용폭의 절반 수준인 상하 각각 1.125%로 축소하는 것이었다. 즉, 역내통화들 사이에는 스미소니언체제보다 더 엄격한 고정환율제도를 채택한 것이다.

그리하여 미달러화 등 역외통화에 대한 환율은 큰 폭으로 변동하였지만, 역내통화들 사이의 환율은 좁은 폭에서만 변동이 허락되었으므로 이들 EC회원국 통화들의 환율대 변동양상이 사행(蛇行)을 띠게 되었다. 이 때문에 이 제도를 스네이크제도(snake system)라고 일컫게 된 것이다.

1973년 초 미달러화에 대한 계속되는 투매(投賣)와 독일 마르크화 등 강세 통화에 대한 수요 때문에 스미소니언체제가 붕괴되고 주요 선진국들이 고정환율제도를 포기하고 변동환율제도를 용납하게 될 즈음 EC회원국들은 유럽공동(고정)환율제도 대신에 EC 공동변동환율제도(joint floating exchange rate system)를 채택하게 되었다. 이 제도 아래서는 미달러화에 대한 공동고정환율대를 폐지함으로써 역외통화에 대하여는 공동으로 환율을 변동시키고, 역내통화 사이에는 상하 각각 1.125%의 변동허용폭을 유지함으로써 미달러화 가치의 급격한 변동으로부터 역내통화들을 보호하고 역내통화들 사이의 상대가치를 안정시키고자 하였다.

미달러화 등 역외통화에 대한 환율은 자유롭게 변동하였지만, 역내통화들 사이의 환율은 이전처럼 좁은 폭에서만 변동이 허락되었으므로, 이들 EC회원국 통화들의 환율대의 변동양상이 역시 사행을 띠게 되었는데, 이전의 제도를 터널 안의 스네이크제도라 하는 반면에 이를 터널 밖의 스네이크제도라고 일컫기도 하였다.

역내통화 사이의 환율변동폭이 상하 1.125%의 한계를 벗어나는 경우에 해당 통화를 발행한 중앙은행이 외환시장에 개입하고 이에 필요한 재원을 회원국 간의 단기 신용공여협정과 유럽통화협력기금으로써 충당하였다. 그러나 이 체제는 제1차 석유파동 이후 회원국들의 국제수지 악화, 인플레이션 등의 여파 때문에 역내통화 사이에 환율 불안정이 나타나고, 일부 회원국이 이탈하여 소규모 공동변동환율제도가 되어 그 역할과 기능이 축소되었다.

1978년 7월 EC회원국은 더 긴밀한 통화정책협력을 추진하기 위하여 EMS 창설을 동의하고, 1979년 3월 당시 10개 EC회원국에 의하여 EMS가 창설되었다. 그 후 EC회원국이 12개국으로 늘어났는데 모든 EC회원국이 똑같은 조건으로 참가하고 있는 것은 아니다. 예컨대, 1992년 9월에 역내통화 사이의 극심한 환율 불안정으로 영국과 이탈리아 등 일부 회원국이 후술하는 유럽환율조정장치(European Exchange Rate Mechanism : ERM)로부터 잠정적으로 이탈하였다.

(2) EMS 성립의 주요 동기

EMS가 성립하게 된 데는 다음과 같은 4가지 요인이 있었다.

① 국제통화제도에서 유럽의 위상을 높이는 데 EMS와 같은 유럽 자체의 환율제도가 필요하였다. 브레튼우즈체제 아래서 미국은 국제통화제도에 대한 책임보다 미국의 국가적 이해를 앞세웠다고 EC국가들은 인식하였다. 따라서 자국 이해에 집착하는 미국에 대응하여 EC가 통화문제에 대하여 하나의 목소리를 냄으로써 EC국가들의 경제적 이해를 효과적으로 옹호하고자 하였다.

② EC를 더 통합된 시장으로 만들기 위하여 EMS가 필요하였다. EC는 로마조약을 통해서 관세동맹을 수립하였으나, 여전히 생산요소는 물론 생산물의 이동에 대한 심각한 공식적인 장애들이 존재하였다. EC국가들의 목표는 그런 장애를 제거하고 미국과 같은 하나의 거대한 단일시장을 형성하는 것이었으나, 이런 장애 이외에 환율의 불안정성도 유럽 내의 교역을 저해하는 주요 요인이었다. 진정한 단일 유럽시

장은 EC회원국들의 통화들 사이의 환율이 서로 고정되어야 가능하다고 보았다.

③ EC의 공동농업정책(Common Agricultural Policy : CAP)을 계속 실시하기 위해서는 고정환율제도가 요청되었다. EC회원국들 사이에 환율이 변동할 때 공동농업정책을 조정·운영하는 것은 매우 복잡하고 어려운 문제였다. 공동농업정책을 통해서 EC 농민들에게 농산물의 최저지지가격을 보장하였는데, 이 정책은 EC 통화바스켓으로써 가격을 표시하였다. 따라서 EC회원국들 사이의 환율변동은 회원국 농민들 사이에 (각 회원국의 통화로 환산한) 가격격차를 낳고 소득재분배를 유발하였다.

④ EC국가들 중 상대적으로 물가가 안정된 국가들을 중심으로 EC회원국들 대부분이 물가안정을 도모하고자 하였다. 실제로 1970년대 말부터 1990년대 초까지 EC회원국들의 인플레이션율은 독일의 낮은 인플레이션율을 중심으로 수렴하였다. 이것은 고정환율제도에서 회원국 간 협조적인 통화정책을 실시하게 됨으로써 가능하였다고 할 수 있다.

(3) EMS의 내용

EMS는 미달러화 등 역외통화의 가치변동으로부터 역내통화들을 보호하고, 역내통화들 사이의 경쟁적 평가절하정책이나 개별 회원국 이익 위주의 경제정책 수행을 지양하고 역내통화가치를 안정시킴으로써, 역내경제의 균형적 발전을 도모하는 데 그 목표를 두고 있다. 그리고 궁극적으로 EC 내의 통화를 단일화하고 경제통합을 실현하고자 하였다.

EMS는 종래의 스네이크제도를 좀 더 강화한 것으로서 다음의 3가지 주요 내용을 가지고 출발하였다.

① ECU

EMS는 그 창설과 동시에 ECU(European Currency Unit : 유럽통화단위)를 창출하였다. ECU는 회원국 통화의 중심환율을 표시하는 가치척도로서 또한 회원국 정부 간 그리고 EC기구 간 거래의 계산단위로 삼았고, 중앙은행의 개입통화, 결제수단, 신용공여제도의 표시통화로 사용하였다. 그리고 궁극적으로 EC의 단일통화로 발전시키고자 하였다.

회원국 중앙은행이 보유하는 금과 달러화의 각 20%를 유럽통화협력기금(European Monetary Cooperation Fund : EMCF)에 예탁하고 그 대가로 ECU를 보유하게 됨으로써 ECU가 창출된다. 이 예탁금은 외환 스왑거래방식에 의해서 매 3개월마다 갱신되며, 기구로서의 EMCF는 IMF와 달리 이 예탁금을 직접 운용하지 않고 각 중앙은행이 운용한다.

ECU의 가치는 SDR처럼 회원국 통화로 이루어진 통화바스켓에 의해서 결정되고, 각 통화의 가중치는 GNP · 역내무역액 · EMCF에의 예탁금액 · 신용공여 및 차입규모 등을 고려하여 계산하고, 매 5년마다 재조정된다. 각 회원국 통화에 대한 ECU 환율은 ECU의 중심환율과 각 회원국의 대미 달러화 환율로써 재정하여 계산된다.

처음에는 회원국 중앙은행과 EC기구들만 ECU를 보유하도록 하였으나, 1985년부터는 비회원국 중앙은행과 국제통화기구들도 제3자 취득의 인정을 받는 경우 보유할 수 있게 하였다. 이후 민간도 보유할 수 있게 되어 달러화, 엔화, 독일 마르크화 등과 같이 국제통화로서의 기능이 확대되었으며, 일반은행 간 예금과 대출에 사용되고, ECU채가 발행되었다. 이 ECU채 시장은 이후 급성장을 보였으나 1992년 9월 유럽통화위기 이후 거꾸로 감소한 바 있다.

② ERM

ERM은 회원국 통화 간 환율제도로서 회원국 통화에 대해서 먼저 ECU로 표시한 중심환율을 설정하고 각 통화의 환율은 통화 상호 간에 상하 각각 2.25%의 변동허용폭 이내에서, 약세통화의 경우에는 상하 각각 6%의 변동허용폭 이내에서 변동할 수 있도록 하였다. 환율이 이러한 변동허용폭을 벗어나게 되면 해당 화폐국의 중앙은행은 외환시장에 무제한으로 개입할 의무를 갖게 되고, 또한 국내정책을 조정하게 된다.

그런데 이러한 의무적 개입방식을 보완하기 위하여 괴리지표(divergence indicator)에 의한 예비적 개입방식을 함께 실시한다. 괴리지표는 어느 한 통화의 ECU 중심환율로부터의 실제 괴리율을 그 통화에 허용된 최대괴리율로써 나눈 비율이다. 이러한 괴리지표가 75%에 이르게 되면 해당 통화발행국은 외환시장에 개입하거나 국내 통화정책을 변경할 수 있도록 하였다. 그리고 회원국 통화의 중심환율은 해당 경제의 구조적 불균형으로 불가피한 경우에만 회원국 전체의 동의에 의해 변경할 수 있도록 하였다.

앞서 언급하였듯이 모든 EC회원국이 ERM에 가입하지는 않았다. EMS 창설 당시 10개 EC회원국 중 영국과 그리스를 제외한 8개국이 가입하였고, 그 후 EC회원국이 12개국으로 늘어났는데, 일부 회원국은 가입하지 않았고, 1992년 9월에는 영국과 이탈리아가 잠정적으로 탈퇴하였다.

③ 신용공여

EMS의 신용공여는 외환시장개입과 국제수지 적자를 보전하기 위한 자금지원 등을 말하는데, 여기에는 외환시장개입에 필요한 초단기 금융지원과 국제수지 적자 보전을 위한 단기 금융지원수단 및 중기 금융지원수단이 있다.

초단기 금융지원은 회원국 중앙은행들이 외환시장개입을 위해서 필요한 통화를 무제한 공여하는 것인데, 어떤 통화로 공여하든 모두 ECU로써 EMCF 계정에 표시하고 일정기한 내에 결제하여야 한다. 단, 결제기간이 채무국의 요청에 의하여 일정기간 동안 자동적으로 연장될 수 있고, 채권국의 동의에 의하여 일정기간 재연장될 수 있다. 단기 금융지원은 일시적으로 생기는 국제수지 불균형을 보전하기 위한 3개월 만기의 신용공여로서 채무국의 요청에 의하여 만기가 3개월씩 2회 연장될 수 있다. 장기 금융지원은 장기적인 국제수지 적자를 보전하기 위한 만기 2~5년의 신용공여로서 EC이사회의 결의에 따라서 지원되는데 만기 연장은 할 수 없다.

(4) EMS의 발전

EMS가 설립되었을 때 비관론자들은 고정환율제도의 일종인 EMS는 투기적 자본유출입 때문에 곧 붕괴하리라고 생각하였다. 예컨대, 1979년 당시 각 회원국의 인플레이션율만 하더라도 매우 상이하였기 때문에 역내의 고정환율제도가 성공하리라고 기대하기가 어려웠다고 할 수 있다.

그러나 EMS는 회원국 사이의 적절한 정책협조와 빈번한 환율조정을 통하여 계속 유지되었다. 1979년 이후 EMS의 발전과정을 중심환율 재조정과 그에 수반한 정책변경을 중심으로 살펴보면 크게 다음과 같은 4기간으로 나눌 수 있다.

① 1979년 3월~1983년 3월: 이 기간에는 회원국들 사이에 인플레이션율 격차가 심화하고 무역수지가 악화되는 가운데 여섯 차례의 중심환율 재조정이 있었다. 회원국들은 인플레이션율 감소보다 실질환율 조정을 중요시하였다.

② 1983년 3월~1987년 1월: 네 차례의 중심환율 재조정이 있었다. 회원국들은 인플레이션율 감소를 중요시하였다.

③ 1987년 1월~1992년 9월: 이탈리아 리라화 이외의 중심환율 재조정이 없었고, 인플레이션율이 낮아진 대체적으로 안정적인 시기였다.

④ 1992년 9월~1998년: 1992년 9월에 영국과 이탈리아 등 일부 회원국이 ERM으로부터 잠정적으로 이탈하였고, 1993년 8월 환율변동폭을 대폭 확대하였다. 1995년 12월 스페인의 마드리드에서 개최된 EU정상회담에서는 단일통화의 명칭을 'ECU'에서 'euro'로 개명하고, 1999년부터 단일통화를 실현할 것과 유럽단일통화를 실현하는 데 장애가 되는 과도한 재정적자를 보이는 회원국에 벌칙을 가하는 방안 등을 골자로 하여 합의하였다.

그간 EMS는 성공적으로 운영되었다고 할 수 있는데 그것은 다음과 같은 요인 때문이었다고 할 수 있다.

① 회원국의 경제상황을 고려하여 환율변동폭을 신축적으로 확대하고 빈번한 중심환율 재조정을 하였다.

② 회원국들이 환율을 고려하여 적극적으로 외환시장에 개입하였고, 외환규제 및 통화정책을 실시하였다.

③ 회원국들 간의 통화정책 협조, 특히 강세통화국으로부터 약세통화국으로의 신용공여가 활발하였다. 여기에는 부정적인 측면도 없지 않다. 즉, 통화정책상 협조라기보다는 독일에 의한 여타 회원국 통화정책의 지배였다는 지적도 있다. 이러한 견해에 따르면, 많은 회원국들이 인플레이션율을 독일 수준으로 낮추느라 경기침체와 높은 실업률을 겪게 되었다는 것이다.

<표 12-3>은 EMS와 브레튼우즈체제를 간략하게 비교한 것이다.

표 12-3 EMS와 브레튼우즈체제의 비교

구 분	EMS	브레튼우즈체제
회원국	EC회원국	IMF회원국
실시시기	(1972)1979～98	1945～71(1973)
주요 통화	독일 마르크화	금, 미달러화
인위적 통화	ECU	SDR
기금	EMCF	IMF
환율변동 허용폭	상하 2.25% (약세통화 6%)	상하 1% (상하 2.25%)
환율재조정	빈번하게 활용	지연, 억제

(5) 유럽통화위기

1992년 9월 이후의 유럽외환위기는 후술할 유럽 경제 및 통화통합 추진을 위한 마스트리히트조약 비준과정에서의 반대 분위기 확산, 그리고 독일의 고금리정책에 따른 독일 마르크화의 강세로 인한 ERM의 안정적인 유지의 어려움 때문에 발생하였다.

1990년 7월 서독과 동독 사이에 역사적 통일이 이루어지고 정치적 고려에 의해 동독 화폐가 서독 화폐로 1 : 1 교환되었다. 이와 같이 과대평가된 동독의 마르크화는 결과적으로 동독지역 근로자의 임금을 낮은 생산성에도 불구하고 크게 상승하도록 하였고, 실업률 또한 높아지게 되었다. 이와 함께 동독지역의 부흥을 위한 재정지출 요구가 많았고 결국 독일경제는 임금상승을 비롯하여 인플레이션 압력이 가중되었다. 이에 대응하여 독일연방은행(Bundesbank)은 매우 긴축적인 통화정책을 실시하여 고금리정책을 펴게 되었다. 여타 EMS회원국들도 긴축적인 정책 또는 평가절하의 두 선택 중 긴축적인 정책을 채택함으로써 경기침체를 감수하게 되었다.

마스트리히트조약에 대한 비준 여부를 결정하기 위하여 1992년 6월에 회원국 중 제일 먼저 덴마크가 국민투표를 실시하였는데 근소한 표 차이로 부결되었다. 그리고 이후 1992년 여름 EMU에 대한 전망이 어두워졌다. 즉, 독일 이외의 EC국가들은 유럽중앙은행이 독일의 분데스방크보다 더 낫지 못할 것이며, 통일 이후의 독일이 이전보다 더 주도적으로 EMU의 집행을 좌우할 것이라고 우려하게 되었다. 독일은 독일대로 유럽중앙은행이 분데스방크보다 인플레이션을 방지하는 데 적극적이지 못할 것이라고 우려하게 되었다.

결국 1992년 9월에 외환위기가 발생하였는데, EMS회원국은 아니었으나 회원국이 되기를 희망하던 핀란드와 스웨덴의 마르카화와 크로나화 등 약세 통화들에 대한 투기적 공격이 외환시장에서 먼저 발생하였다. 이어서 영국 파운드화와 이탈리아 리라화에 대한 투기가 발생하였다. 해당국 중앙은행들은 외환시장에 개입하였으나 역부족이었다. 결국 리라화를 ECU에 대하여 7%만큼 평가절하하였는데, 이것은 1987년 이후 처음 있는 EMS회원국 통화에 대한 평가절하였고, 또 다른 통화의 평가절하가 이어지리라는 추측을 외환시장에 유발하였다. 이후 파운드화도 계속된 투기적 공격 때문에 고정환율제도를 유지할 수 없게 되어 ERM을 탈퇴하고, 리라화도 곧이어 똑같이 ERM을 탈퇴하게 되었다. 한편, 스페인은 페세타화를 이때 세 번이나 평가절하하고 외환에 대한 규제를 도입하였으며, 포르투갈의 에스쿠도화와 아일랜드의 펀트화가 평가절하되었다.

독일의 금리가 여전히 높은 가운데 1993년 7월 프랑스 프랑화를 중심타깃으로 한 투기적 공격이 다시 발생하였다. 중앙은행인 독일의 분데스방크와 프랑스의 프랑스은행이 외환시장에 개입하였으나 무위로 돌아갔다. 결국 1993년 8월 초 EMS의 환율변동폭을 상하 15%로 대폭 확대하기로 결정하였다.

2.2 EMU의 추진과정과 통합유럽의 통화정책

1991년 12월 유럽정상들은 네덜란드의 마스트리히트에서 EMU(European Economic and Monetary Union : 유럽통화동맹)를 위한 단계별 추진계획에 합의하였는데 1993년 10월 각국의 비준을 완료하고 동년 11월 정식으로 발효되었다. EMU의 진전상황과 통합유럽에서의 통화정책의 운용체제를 정리하면 다음과 같다.

(1) 마스트리히트조약

EMS의 성공적 발전에 힘입어 1987년에는 단일유럽의정서(Single European Act)가 체결되어 1992년 말까지 유럽단일시장을 창출하고 점진적인 유럽통화동맹을 실현하기로 하였다. 이의 실현계획으로 1989년 4월에 들로르 보고서(Delors report)가 제출되었고, 더 나아가 1992년 2월에 마스트리히트조약(Maastricht Treaty)을 통하여 유럽통화동맹을 위한 구체적인 계획이 제시된 바 있다.

마스트리히트조약에 따르면 1994년에 유럽통화기구(European Monetary Institute : EMI)를 창설하고, 1997년에 7개 회원국 이상이 일정조건을 충족하게 되면 유럽중앙은행(European Central Bank : ECB)을 설립하며 단일통화를 도입하고, 1999년에는 어떤 경우든 무조건 단일통화제도를 실현하여 통화통합을 완성하게 된다.

유럽통화기구(EMI)는 그동안 EC중앙은행 총재위원회가 수행하여 온 회원국 중앙은행 간의 협력과 통화정책조정 등의 역할을 수행하며, ECU 사용확대를 추진하고, 유럽중앙은행(ECB) 창설을 준비하였다. 1997년에 유럽중앙은행이 설립되기 위해서는 회원국 7개국 이상이 다음과 같은 일정한 경제적 수렴기준(economic convergence criteria)을 갖추어야 했다.

① 물가가 가장 안정된 3개 회원국의 평균 인플레이션율을 1.5%p 이상 초과하지 않는다.
② 연간 재정적자 규모가 GDP의 3%를 초과하지 않고 공공부채의 누계가 GDP의 60%를 넘지 않는다.
③ 최근 2년간 EMS 내에서 평가절하를 시행하지 않았어야 한다.
④ 물가가 가장 안정된 3개 회원국의 평균금리를 2%p 이상 초과하지 않는다.

유럽중앙은행(ECB)은 단일통화 발행권이 있고, 통화정책을 수립・실시하며, 외환시장에 개입하고, 외환보유액을 관리하게 된다.

(2) EMU의 출범과 통합유럽에서의 통화정책

① EMU의 출범

1998년 5월 3일 벨기에 브뤼셀에서 열린 유럽이사회에서 영국, 덴마크, 스웨덴 및 그리스를 제외한 11개국이 제1차 유로화 참여국으로 선정됨에 따라 EMU는 1999년 1월 정식으로 출범하게 되었다. 2001년에는 그리스가 EMU회원국으로 추가되었다. 1998년 유럽중앙은행의 설립에 관한 법령이 정비되었고, 1998년 말 유로화와 각국 통화 간의 교환비율이 확정되면서 유로화는 정부채권발행 통화 및 도매금융거래 화폐로서 각국 통화와 함께 공식적으로 사용되기 시작하였다. 2002년 1월부터는 신화폐인 유로화가 일반 실물거래에서 통용되기 시작하였으며, 각국 통화의 유통은 2002년 6월 말로 종료되면서 EMU는 명실공히 단일통화제도로서 완성되었다.

② 통합유럽의 통화정책

통합유럽의 통화정책은 유럽중앙은행(ECB)과 회원국의 중앙은행으로 구성되는 유럽중앙은행제도(European System of Central Banks : ESCB)가 담당하게 되는데, ECB는 주요 정책을 결정하고 회원국 중앙은행들은 ECB가 결정한 범위 내에서 세부적인 실천을 담당하는 역할을 하게 된다. ECB는 중앙은행의 전통적인 통화정책 수단 중 재할인정책을 제외한 지불준비율 및 공개시장조작정책을 정책수단으로 활용하며 그 중에서도 공개시장조작을 통화정책의 중심적인 수단으로 활용하게 된다. 회원국 정부뿐만 아니라 EU기구는 ECB의 의사결정 및 업무수행과 관련하여 어떠한 영향력도 행사할 수 없다는 점에서 ECB는 완전히 독립된 통화정책을 수행할 수 있다.

또한 ECB 및 회원국 중앙은행은 EU기구 및 회원국정부(중앙정부, 지방정부, 정부관련기관)에 대해 대출할 수 없으며 회원국 정부발행 채권도 직접 매입할 수 없다. 이러한 점에서 ECB는 개별 중앙은행이 갖고 있는 최종대부자로서의 기능을 상실한 것으로 볼 수 있다.

2.3 통화통합의 정치경제학

유럽의 통화통합 역사는 그리 순탄한 것만은 아니었다. 대다수의 학자들은 유럽의 통화통합이 정치적 프로젝트였다는 점을 강조한다. 즉, 단일통화의 채택이 가져다주는 경제적 이익이 컸기 때문에 통화통합이 가능하였다기보다는 시장과 화폐의 통합을 통해 거대 유럽경제권을 창출하겠다는 정치적 의지가 더욱 중요하게 작용하였다는 것이다. 다만, 단일통화의 채택과 공동통화정책의 추진에 따른 경제정책의 집중화를 방지하기 위해 회원국들은 완전한 연방제보다는 권력의 분권화를 도모하였다. 연방경제체제 내에서 중앙정부에 권한을 위임함에 있어서 보조성의 원칙(subsidiarity principle)을 분명히 하였다.

동 원칙은 개별 국가가 공동체에 비해 더 우월한 행위를 할 수 없는 경우에 한하여 공동체에 권한이 위임되고, 정해진 목적을 달성할 필요성을 넘어서서 공동체가 권한을 행사할 수 없도록 규정한 것으로 중앙정부의 기능은 완전한 연방제와는 달리 일정한 한계를 갖도록 하였다. 이러한 보조성의 원칙은 마스트리히트조약 3조 B항에 명기되어 있는데, 동 조항이 채택되게 된 것은 두말할 나위 없이 각 회원국이 경제주권에 대해 강한 집착을 포기하지 않았기 때문이다. 따라서 유럽연합은 각 회원국의 여타 경제정책의 의사결정과정에 있어서 분권화를 최대한 보장해줌으로써 공동체 수준에 위임되는 정책영역이 확대되는 경향을 방지하도록 하였다.

유럽의 경제 · 통화통합에 있어서 시장을 통한 경제통합을 우선하고, 이러한 시장통합을 관리 · 운용하는 제도를 후속해서 마련해야 한다는 제퍼슨주의(Jeffersonian) 입장과 통합을 추진하기 위해 우선적으로 제도와 기구를 설치해야 한다는 비스마르크주의(Bismarckian) 입장이 혼재되어 왔다.[6] 마스트리히트조약은 비스마르크주의의 대표적 예라고 할 수 있는바, 유럽의 통화통합을 추진하는 기구로 이른바 유럽중앙은행의 전신이라고 할 수 있는 유럽통화기구를 설치하게 된다. 동 기구는 EMU체제로의 이행을 성사시키기 위해 지불제도, 공개시장조작의 통합을 위한 준비작업을 담당하였고 1999년 1월 4일을 기하여 유럽중앙은행이 공식적으로 공동의 단일통화정책을 시행하게 되자 해체되었다.

제퍼슨주의와 비스마르크주의 양자 간에 긴장관계는 지속되어 왔고, 이러한 긴장관계는 유럽의 경제 · 통화 통합이 경제적 동기에서 비롯된 것인지 아니면 정치적 동기에서 비롯된 것인지를 규명하는 데 있어서 핵심이라고 할 수 있다. 아직까지도 이러한 긴장관계가 완전히 해소된 것으로 볼 수는 없다. 다만, 유럽의 통화통합에 있어서 비스마르크주의적 요소가 보다 강하였던 것으로 평가된다. 그 증거는 유럽에 있어 통화통합에 대한 시장의 압력이 그리 강하지 않았고 오히려 정치 · 관료적 엘리트집단이 통화통합의 추진세력이었다는 점에 기인한다.

---

6) Portes(2001) 참조.

브렉시트(Brexit)

브렉시트(Brexit)는 영국이 유럽연합(EU: Europen Union)을 탈퇴한다는 의미로, 영국(Britain)과 탈퇴(Exit)를 합쳐서 만든 합성어이다. 2013년 1월 영국의 캐머런 총리는 2015년 총선에서 보수당이 재집권한다면 2017년 말까지 EU 탈퇴 여부를 묻는 국민투표를 실시하겠다고 발표했다. 2015년 영국 총선에서 보수당이 승리하였고 그 해에 영국의 EU 탈퇴 국민투표법이 영국 의회에서 발의되고 통과되었다. 2016년 6월 23일 이에 대한 국민투표가 실시되었고 개표 결과 51.9%의 찬성으로 EU 탈퇴가 결정되었다. 2017년 3월 29일 유럽이사회(European Council)에 탈퇴를 통보하였고 2020년 1월 31일 유럽연합에서 정식으로 탈퇴하였다.

그 후 브렉시트 이전과 같이 무역·여행·이동에 대한 규정에 변동이 없는 과도기를 거쳐, 영국과 EU 간의 무역협상을 통해 2020년 12월에 무역과 협력 협정(TCA: Trade and Cooperation Agreement)을 맺었다. 그 결과 2021년 1월 1일부터 영국은 유럽단일시장과 관세동맹을 탈퇴하고 영국과 EU는 TCA에 기반을 둔 관계를 갖게 되었다.

TCA는 4개 부문으로 나뉘어져 있다. 첫째는 영국과 EU 사이 무역을 할 때 관세 및 비관세장벽이 없는 자유무역협정(FTA: Free Trade Agreement)을 맺는 것이다. 둘째는 경제적인 문제뿐만 아니라 사회, 환경 및 어업과 관련된 문제들의 상호협력, 셋째는 시민들의 안전에 관한 긴밀한 상호협력을 다루고 있다. 마지막 부문은 법과 제도에 관한 평등한 적용을 명시하고 있다.

브렉시트의 경제적 효과는 영국과 EU 모두에게 부정적이라는 평가이다. 영국과 EU 간의 무역량은 영국의 무역량의 49%에 달한다. 영국이 유럽단일시장을 탈퇴하고 FTA로 대신한다고 하지만 보이지 않는 무역장벽이 있고 수수료, 행정절차, 국경 문제 등이 부활하면서 가격경쟁력이 떨어지고 무역량이 감소할 가능성이 높아진다. 영국 정부는 향후 15년 동안 브렉시트로 인해 GDP의 4% 정도가 감소할 것으로 추산했다.

브렉시트의 영향이 가장 큰 부분은 영국이 세계금융의 중심지로서의 지위를 잃을 수 있다는 것이다. 영국이 EU를 탈퇴하면 금융계의 패스포팅(passporting) 권리를 상실하게 된다. 패스포팅이란 금융기관이 EU 회원국들 중 어느 한 곳에서만 허가(authorization)를 받으면 다른 회원국에서도 금융상품과 서비스를 팔 권리를 갖게 된다는 것을 의미한다. 영국이 EU 회원국이었을 때는 런던에서 허가를 받은 글로벌 금융회사들은 다른 EU 회원국들에게 금융상품을 팔 권리를 가지게 된다. 영국이 EU 탈퇴로 패스포팅을 상실하게 되면 다른 EU 국가로 사무실을 이전하지 않으면 런던에 사무실을 둔 것만으로는 다른 EU 국가에 금융상품을 팔 수 없게 된다.

싱크탱크 뉴파이낸셜의 2021년 4월 보고서에 의하면, 브렉시트 국민투표 이후 은행·금융기관 440여 곳이 영국을 떠나 EU로 이전했고, 영국에 있던 은행자산의 약 10%(9,000억 파운드)가 EU 국가로 이전되었다. 금융 서비스 일자리 약 7,400개도 EU 국가로 넘어갔고, 2019년 유럽의약청과 유럽은행관리국이 본부를 런던에서 암스테르담과 파리로 각각 옮기면서 또 수천 개의 일자리가 사라졌다. 영국은 지금 패스포팅과 동등한 권리를 EU로부터 얻기 위해 노력하고 있다.

한편 브렉시트 이후 영국과 EU 및 유럽경제지역(EEA: European Economic Area) 사이에 노동이 자유롭게 이동할 수 없게 되었다. 영국 정부의 2018년 백서에 의하면 기술이 있는 숙련노동자들에게 우선권을 주는 새로운 이민시스템을 구상하고 있다. 그러나 이러한 이민제한 정책은 COVID-19 팬데믹과 더불어 2021년에 육가공산업과 트럭 운송을 포함한 여러 산업부문에서 숙련노동자의 부족현상을 야기하는 부작용을 가져왔다. 또한 브렉시트는 영국의 학계와 연구 분야에도 악영향을 끼친다. 영국이 EU로부터 받았던 연구비를 더 이상 받지 못할 가능성이 높고, EU 국가들로부터 오던 유학생은 줄어들고, 영국학생들이 EU 국가들에서 공부하는 것이 더 어려워질 것이기 때문이다. 영국은 유럽연구지역(ERA: European Research Area) 회원이었는데, 브렉시트 이후에도 ERA 회원으로 계속 남기로 했다.

EU 국가들의 숙원은 미국과 같이 유럽이 합중국의 형태로 한 나라가 되는 것이다. 1957년 로마조약을 통해 무역연합(trade union)을, 1999년에는 유로화 발행으로 경제 및 통화통합(economic and monetary union)을 이루었다. 한 나라가 되기 위해 남은 것은 정치연합(political union)인데 브렉시트로 인해 그 꿈은 더 멀어지게 되었다. 영국은 통화통합에도 참여하지 않았고 이제 EU를 떠나 완전히 독립된 유럽국가로 남게 된 상황이다. 앞으로 영국과 같이 EU를 탈퇴하는 국가들이 더 생기는지, 아니면 영국이 브렉시트를 철회하고 EU에 재가입하는가에 따라 유럽공동체의 미래가 결정될 것이다.

3. 최적통화지역

최적통화지역(Optimum Currency Area : OCA)이란 협의로는 단일통화가 사용되기에 가장 알맞은 크기의 지역, 즉 단일의 통화정책이 수행되기에 가장 알맞은 크기의 지역을 의미한다. 그러나 최적통화지역은 광의로는 통화위원회제도 및 달러라이제이션과 같은 법정화폐의 포기 등 변경 불가능한 완전한 고정환율제도를 포함하여 동 고정환율제도의 적정성을 평가하는 지리적 개념으로 사용된다.

일례로 아르헨티나는 1991년 4월부터 화폐발행의 자율성을 포기하면서 통화위원회제도를 채택하여 오다가 2002년 초 변동환율제도로 이행하게 된다. 동 사례에서 아르헨티나가 달러화에 자국의 페소화 가치를 완전히 고정시키는 방식으로 통화위원회제도를 유지하였던 것이 과연 적절하였는가에 대한 문제는 최적통화지역이론의 관점에서 평가할 수 있다.

3.1 통화통합의 편익과 비용

많은 국가들이 통화통합에 대해 관심을 갖고 있는 이유는 통화통합 이후 얻게 되는 편익을 기대하기 때문이다. 그러나 실제로 통화통합을 실행하는 데 성공한 국가는 그리 많지 않다. 그 이유는 각 회원국이 통화통합으로 인한 편익을 공평하게 배분하는 것이 어려우며 통합으로 인한 비용 또한 무시할 수 없는 데서 찾을 수 있다. 또한 통화통합으로 얻게 되는 편익과 비용은 유럽의 경험에서 나타나는 바와 같이 각 회원국마다 다르게 나타난다. 이 점이 실제로 통화통합을 이루는 데 장애요인이 되고 있다. 예를 들어, 모든 개별 회원국에게 있어 편익이 비용보다 커서 통화통합을 달성하는 것이 경제적으로 이득이 된다고 할지라도 실제로 모든 회원국으로부터 동의를 얻어내지 못할 수 있다. 그 이유는 자국이 얻게 되는 절대적인 이득도 중요하지만 타국과 비교한 상대적인 이득도 고려되기 때문이다.

한편, 경제적 측면에서 이득이 아무리 크다고 할지라도 자국통화의 포기, 통화정책의 자율성 상실 등은 일정부분 국가주권을 초국가적 공동체에 양도

하는 것을 의미한다. 따라서 정치적, 국민 정서상의 문제 때문에 실제로 통화통합에 참여하지 않는 국가들도 있다. 일례로 덴마크는 사실상 유로권에 속해 있지만 국민투표의 결과 아직도 EMU 참여를 보류하고 있다.

(1) 통화통합의 편익

통화통합은 공동통화를 사용하는 해당국들에 있어 자국의 통화를 타국의 통화로 교환하는 데 들어가는 비용을 감소시킨다. 경상거래 및 자본거래에 있어 화폐교환에 따른 거래비용의 감소는 일반적으로 대국보다는 소국에게 이익이 큰 것으로 추정되고 있다. 통화통합의 주축이 되는 대국은 자국의 화폐가 이미 결제수단으로 많이 통용되고 있기 때문에 무역이나 해외여행을 위해서 타국의 화폐로 바꾸는 경우가 적은 반면에 소국의 경우 대부분 타국의 화폐로 바꾸어야 하기 때문이다. 유럽의 경우 독일, 프랑스와 같은 대국은 GDP의 0.1~0.2% 정도의 교환비용감소가 추정된 반면에, 기타 소국의 경우 GDP의 1% 정도의 교환비용감소가 추정되고 있다.[7)]

화폐교환에 따른 비용감소 이외에 지역 내 단일통화의 채택은 역내 환율의 완전한 제거를 의미한다. 즉, 화폐의 교환비율인 환율이 사라지기 때문에 환율의 변동성도 완전히 제거된다. 따라서 환율변동에 따른 불확실성과 위험의 제거는 실물 및 금융거래를 촉진할 수 있다. 그러나 환율의 변동성이 무역에 미치는 영향에 대해서는 아직도 확고한 해답을 찾지 못하고 있다. 다만, 유럽의 통화통합에 있어서 환율안정성을 유지하는 것이 역내교역을 안정화시키는 데 기여한다는 확고한 신념이 있었던 것으로 보인다. 특히, 회원국 간 환율의 변화로 인한 혼란이 없어지고 무역수지의 개선을 위한 경쟁적 평가절하가 가져오는 부정적 영향을 제거할 수 있다.

최근 많은 연구들은 국가 간 자료를 이용하여 과연 통화통합이 어느 정도 크기의 무역창출 효과가 있는지를 실증분석하고 있다. 로즈(A. Rose)의 연구는 이 분야의 최초의 연구결과로 1970년부터 1990년까지의 기간을 대상으로 인접국가 간 무역이 증가한다는 중력모형(gravity model)을 이용하여 통화통합의 무역에 대한 효과를 추정했다. 이에 따르면 다른 요인을 감안하더라

7) European Economy(1990) 참조.

도 단일통화를 채택하는 것이 그렇지 않은 경우에 비해 무려 240%에 달하는 무역규모의 증가를 가져오는 것으로 나타났다.[8)]

이러한 추정치는 통상 환율변동성이 무역에 미치는 효과에 비해 훨씬 큰 값으로 이 분야의 많은 추가적인 연구가 이루어지는 계기가 되었다. 통화통합이 무역에 긍정적인 효과를 가져온다고 주장하는 학자들은 교환비용의 절감 및 환율안정에 따른 효과에 더하여 단일통화의 채택은 실질적인 시장통합을 의미하기 때문에 국산품 애용과 같은 편의(home bias)를 제거한다는 점을 강조하고 있다.

통화통합이 이루어지면 통화정책의 신뢰성이 제고되어 물가안정을 이룰 수 있다는 점에서 통화통합은 추가적인 장점이 있는 것으로 인식되고 있다. 즉, 통화통합이 이루어지면 개별 국가 차원에서 재량적으로 수행되었던 인플레이션 유발정책의 유혹으로부터 벗어날 수 있다는 것이다. 또한 통화정책 그 자체가 거시경제의 불안정을 야기하는 화폐적 충격이 될 수 있다는 점에서 물가안정을 최우선하는 통화정책은 역내 국가 간 비대칭적 화폐적 충격을 줄여줄 수 있다는 점에서 통화정책의 신뢰성을 제고할 수 있다. 이러한 신뢰성 있는 통화정책의 수행은 외환위기의 재발을 방지하는 측면이 있다.

특히, EMS체제의 경우 자본자유화의 추진에 따라 투기자본의 공격에 의해 환율불안정이 야기되었던 반면에 단일통화의 채택은 이러한 투기자본의 공격 가능성을 크게 줄일 수 있다. 즉, 역내환율이 더 이상 존재하지 않는 반면에 역외국에 대해서만 환율이 존재하기 때문에 단일통화에 참여하는 국가는 그만큼 투기적 공격으로부터 보호받을 수 있다.

(2) 통화통합의 비용

국민소득과 실업률에 대한 안정화를 목적으로 하는 독립적인 통화정책 및 환율정책의 포기는 통화통합에 따른 비용으로 간주되고 있다. 그러나 독립적인 통화정책을 시행함에 있어서 여러 제약이 있는 소규모의 개방경제에 있어서 독립적인 통화정책의 포기가 가져오는 비용은 그리 크지 않을 수도 있다. 고정환율제도를 지지하는 학자들은 개발도상국의 경우 명목상으로는

---

8) Rose(2000) 참조.

자유변동환율제도를 채택하고 있더라도 실제로 통화당국이 재량적으로 외환시장에 개입하는 경향이 있다는 점에 주목하여 통화정책이 안정화수단으로 적절히 사용되지 못한다는 점을 지적하고 있다. 따라서 이들은 통화통합에 따른 통화정책의 독립성 상실이라는 비용이 그리 크지 않을 것으로 추론하고 있다.

통화통합 이후에도 통화정책은 여전히 역내 평균물가수준을 안정화시키는 방향으로 운용된다. 따라서 통화정책의 독립성 상실에 따른 비용은 회원국들이 경기변동의 비동조화 또는 서로 상이한 물가수준을 보일 경우에 문제가 될 수 있다. 즉, 회원국들이 서로 상이한 경제적 충격으로 인해 서로 상이한 정책대응이 요구될 경우 통화정책과 환율정책이 더 이상 독립적인 정책수단으로 사용될 수 없다는 점은 통화통합을 유지하기 어렵게 만드는 요인이 된다.

따라서 통화통합의 비용은 과연 통화통합에 참여하는 국가들이 최적통화지역을 구성하는가의 여부에 달려 있다고 볼 수 있다. 통화통합에 참여하는 국가들이 서로 유사한 경기변동의 주기를 보일 경우 그만큼 독립적인 통화정책 또는 환율정책의 필요성이 줄어들기 때문에 통화통합에 따른 비용 또한 줄어든다고 할 수 있다.

3.2 최적통화지역의 요건

먼델에 의해 개발된 최적통화지역이론은 단일통화지역의 규모를 결정하는 이론으로 단일통화지역으로의 편입을 결정하는 실물요인의 분석을 근간으로 하고 있다.[9] 즉, 일정한 요건이 충족되면 복수의 국가가 단일통화를 채택하여 하나의 통화권을 형성하는 것이 바람직하다는 입장에서 이러한 요건을 충족시킨 통화권을 최적통화지역으로 지칭하게 된다. 먼델은 최적통화지역의 성립을 충족시키는 요건으로 역내 교역규모, 자본, 노동 등 생산요소의 자유로운 이동, 외부충격에 대한 대칭적 반응, 경제정책 목표의 일치성 여부를 검토하고 있다.

---

9) Mundell(1961) 참조.

① 역내 교역규모가 클수록 단일통화 채택에 따른 거래비용의 감소 등 편익이 커진다는 점에서 유럽과 같이 역내교역의 규모가 큰 국가일수록 단일통화를 채택할 유인이 커진다.

② 노동 및 자본이동이 자유로운 경우 한 국가에서 발생한 국지적 충격에 대해 큰 조정비용을 치르지 않고 쉽게 해소할 수 있는 장점이 있다. 미국과 같이 50개 주가 각기 다른 통화를 사용하지 않고 단일통화를 채택하고 있는데, 특정 지역에서 충격이 발생하였을 경우 생산요소의 자유로운 이동은 자원의 효율적 배분을 가능하게 할 뿐만 아니라 대규모 실업과 같은 조정비용을 줄여주는 기능을 한다.

③ 역내국가 간 외생적 충격에 대해 대칭적 반응을 할 경우 비슷한 경제정책을 사용함으로써 균형을 회복시킬 수 있다. 따라서 역내 국가들이 각기 다른 독립적인 경제정책의 필요성이 그만큼 줄어든다. 외생적 충격에 대해 비슷한 반응을 보인다는 것은 역내국가들의 경제구조가 그만큼 유사하다는 점을 시사한다.

④ 경제정책의 목표가 유사하지 않을 경우 정책공조를 그만큼 유지할 수 없게 된다. 성장과 물가안정 사이에는 일정한 역의 함수관계가 존재하기 때문에 정책목표가 서로 다를 경우 단일의 통화정책을 시행하기 어려워진다.

3.3 최적통화지역 요건의 내생성

앞서 살펴본 바와 같이 무역의 연계성과 경기변동의 동조성이 높은 국가들일수록 최적통화지역의 요건을 충족하는 것으로 볼 수 있다. 그러나 무역의 연계성과 경기변동의 동조성은 내생성(endogeneity)을 지닌다고 볼 수 있다.[10] 즉, 단일통화의 채택 그 자체가 무역의 연계성을 높이고 경기변동의 동조화를 가져올 수 있다. 비록 단일통화 채택 이전에는 사전적으로 최적통화지역의 요건을 충족시키지 못한다고 할지라도 단일통화의 채택으로 사후적으로 동 요건이 충족될 수 있다는 것이다. 이러한 최적통화지역 요건의 내

10) Frankel and Rose(1998) 참조.

생성을 고려할 경우 사전적인 기준 그 자체는 최적통화지역의 형성을 위한 합리적 잣대로서 의미를 상실하게 된다.

특히, 통화통합이 무역의 연계성을 크게 증가시킨다고 할 경우 무역의 연계성과 경기변동의 동조화 간의 (+)의 상관관계가 존재하느냐 여부가 중요한 관심사로 부각되고 있다. 크루그만(P. Krugman)은 무역의 연계성이 증가할수록 생산의 특화가 나타나기 때문에 오히려 공급부문의 충격에 대해 경기변동의 비동조화가 심화될 가능성이 높다고 지적하였다.11) 따라서 그는 통화통합 이후 역내 비대칭적 충격에 대해 각국은 경기안정화의 수단으로 재정정책을 사용해야 한다는 점을 강조하였다. 그러나 미국의 경우 재정연방주의(fiscal federalism)가 제도적으로 마련되어 있지만 유럽의 경우 이러한 제도적 장치가 없다는 점에서 통화통합은 비대칭적 충격으로 인한 경기불안정에 대해 적절한 대응수단이 없게 되는 문제점을 지니게 된다.

그러나 통화통합에 따른 역내무역의 연계성 증가가 산업간무역(inter-industry trade)보다는 산업내무역(intra-industry trade)의 형태로 나타나게 되면 오히려 경기변동의 동조화가 강화될 수 있다. 따라서 통화통합 이후 무역의 연계성이 높아질수록 경기변동이 더욱 동조화할 것인지는 결국 선험적으로 판단할 수 없는 경험적 문제라고 볼 수 있다.12)

3.4 동아시아 통화통합에의 시사점

유럽의 통화통합이 동아시아의 통화통합에 주는 시사점에 대해서는 많은 논의가 있어 왔다. 유럽과 동아시아에 있어 통화통합의 요건을 비교한 기존 연구결과에 따르면 동아시아가 그다지 불리하지 않은 것으로 나타나고 있다.13)

이러한 연구결과는 동아시아 국가들이 단일통화권을 형성하는 것이 바람직하다는 결론을 유도하지는 않지만, 동아시아 국가들도 정치적 의지만 있다

11) Krugman(1993) 참조.

12) Shin and Wang(2004) 참조.

13) Eichengreen and Bayoumi(1999) 참조.

면 통화통합을 완전히 불가능한 것으로 볼 하등의 이유가 없다는 점을 시사한다. 유럽의 통화통합은 진화적 과정이었고, 그 과정에서 어떤 갈등도 없이 순조롭게 진행된 것이 결코 아니었다. 통화통합에 대한 정치적 의지와 합의를 도출하기란 그리 쉬운 일이 아니지만 동아시아에서도 이러한 정치적 과정이 언제든지 시작될 수 있다.

동아시아가 외환위기를 경험하기 이전까지만 해도 동아시아 국가들은 ASEAN을 제외하고는 경제통합에 대해 무역분야이든 금융 및 통화협력분야이든 본격적인 논의가 사실상 전무했다. 일각에서 엔블록에 대한 주장이 있었지만 무시되었다.[14] 그러나 외환위기의 경험을 공유하게 되면서, 역내에서 외환위기가 재발되는 것을 방지하기 위해서 역내 공동의 노력이 필요하다는 공감대가 형성되게 되었다. 그 결과 ASEAN과 한국, 중국, 일본 3국이 정상급 회의를 추진하게 되었다. 현재까지 ASEAN+3 차원에서 논의되고 있는 금융분야의 협력은 유럽의 공고한 통화통합에 비하면 매우 유치한 수준임에 분명하다. 실질적으로 통화통합에 대한 논의는 시작도 하지 않은 상태이다.

외환위기를 방지하기 위한 금융협력을 넓게 보면 환율안정을 위한 논의와 전혀 무관하다고 볼 수 없지만 구체적으로 환율공조체제를 어떻게 운영하고, 궁극적으로 통화통합을 위한 비전을 어떻게 제시하고 이행해 나갈 것인가에 대해서는 아무런 밑그림도 그려지지 않은 백지상태이다.

유럽 국가의 경우 환율안정이 역내 안정적인 교역에 필수적이라는 사고가 많은 정책입안자들의 머릿속에 자리 잡고 있었던 점이 비록 브레튼우즈 체제의 붕괴 이후 단일통화를 즉시 채택하지 않았지만 환율공조체제를 유지하는 데 중요하였다.

그러나 동아시아 국가들의 경우 아직까지 역내 환율공조체제에 대해서는 분명한 논의가 시작되지 못하고 있는 실정이다. 또한 동아시아의 경우 통화통합은 유로존에서의 독일과 같이 역내 중심통화 역할을 할 수 있는 기축통화국이 존재하지 않고 있기 때문에 역내 통화통합의 여건이 아직은 매우 미

14) Kwan(1999)은 거시경제변수들 간의 상관관계보다는 아시아 국가들 간 무역구조의 유사성에 주목하여 실증분석을 한 결과 소득수준이 높은 국가(대만, 싱가포르, 한국)의 경우 무역구조가 일본과 유사하며 또한 인플레이션 역시 낮은 것으로 나타나고 있어 이들 국가들을 중심으로 엔블록을 형성함으로써 환율안정을 달성할 수 있다고 주장하였다.

약하다고 볼 수 있다.

동아시아 역내에서 일본경제와 중국경제의 영향력이 크기 때문에 일본 엔화 또는 중국 위안화 중심의 동아시아 통화통합 가능성을 조심스럽게 거론하기도 한다. 그러나 일본과 중국이 엔화와 위안화 환율을 국내경기의 안정화 수단으로 이용하고 있기 때문에 역내에서 신뢰성 높은 중심통화로서 제대로 역할을 할 수 있을지에 대하여 강한 의구심이 존재한다. 그럼에도 불구하고 만약 동아시아에서 통화통합이 진행된다면 엔화나 위안화가 그 중심에 자리 잡게 될 것임에는 틀림이 없을 것이다. 엔화의 국제화 수준이 한계에 이른 반면에 중국 정부가 위안화 국제화에 적극적이고 중국경제의 여타 역내 경제와의 동조성이 강하기 때문에 향후 위안화 국제화가 빠르게 진행되어 엔화보다는 위안화의 역할이 더욱 클 것으로 예상되기도 한다.

한편, 일본 학자들을 중심으로 달러, 유로, 엔으로 구성된 통화바스켓에 동아시아 국가들의 환율을 페그시키는 방안이 제시되고 있지만 이러한 통화바스켓제도가 얼마나 역내 환율안정 및 경제발전에 기여할 수 있을 것인지에 대해서 의구심을 불식시키지 못하고 있다.[15)]

---

15) Kawai(2001)는 일본을 제외한 동아시아 국가들이 통화바스켓을 공동으로 채택하되 각국은 달러, 유로, 엔에 대한 가중치를 각국의 교역비중 등을 감안하여 차별화하는 제도를 주장하고 있다. 동 제도는 각국의 실효환율을 안정적으로 운영하는 데 일정한 기여를 할 것으로 기대되고 있으나, 일본의 역할이 빠진 상태에서 동아시아 국가들의 환율공조만을 강조하고 있다는 점에서 진정한 의미의 역내 환율공조는 불가능하게 된다. 즉, 일본이 빠진 상태에서 한국, 중국, 그리고 ASEAN국가들이 환율조정을 위해 통화바스켓 페그를 채택한다는 것은 독일 없이 유럽이 통화통합을 시도한다는 것과 같은 것으로 이해되어져야 할 것이다.

4. 유럽의 재정위기와 EMU의 미래

4.1 유럽의 경제위기의 진행과 대응

유럽의 재정위기는 2010년 그리스에서 시작되었다. [그림 12-1]에서 볼 수 있듯이 그리스는 2002년 유로지역의 회원국이 된 이후 GDP 대비 재정적자가 3% 이내인 적이 한 번도 없었고 정부부채도 60% 이하인 적이 없었다. 2009년 10월 그리스의 새 내각이 선출되면서 재정적자 규모가 GDP의 12.7%라고 발표했는데 이 수치는 이전 내각이 발표한 적자규모의 두 배 이상이었다. 이는 이전 내각이 지난 수년 동안 경제지표를 잘못 발표했음을 의미했고 정부부채도 실제로는 GDP의 100%를 넘는 것으로 나타났다.

그 결과 유로존 안에 있는 많은 은행들을 포함한 그리스 국채 보유자들은 그리스 정부가 재정적자를 줄이고 부채를 갚을 능력이 있는가에 대해 걱정하기 시작했고 그리스 국채수익률이 크게 오르게 되었다. 그리스 정부는 예산을 크게 줄였고 2010년 초에 세금인상 정책을 발표하자 파업과 거리시

그림 12-1 그리스의 재정수지와 정부부채 (단위 : %)

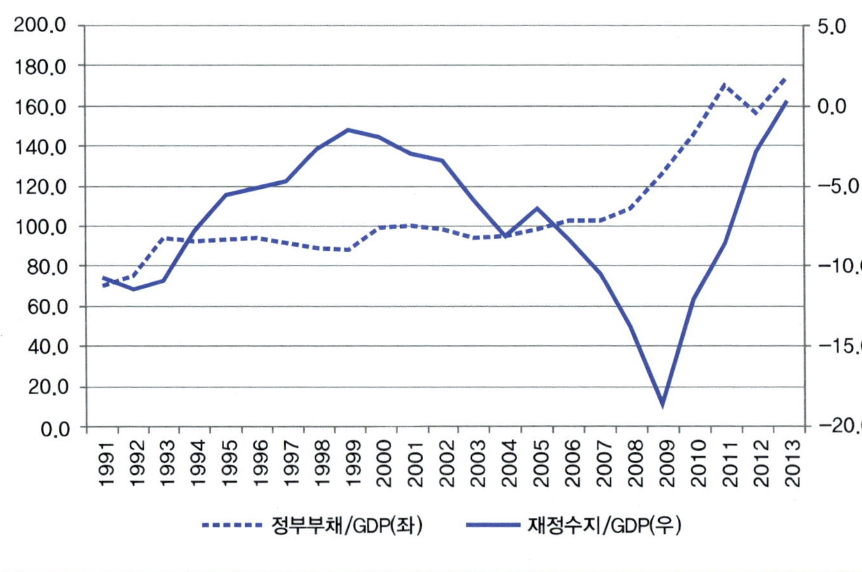

자료 : IMF, World Economic Outlook database.

위 등 국민들의 거센 저항을 받게 되었다. 그러자 그리스의 신용등급은 더욱 떨어지고 차입비용은 더욱 올라 채무상환을 더욱 어렵게 만들었다. 투자자들은 유로존 내의 부채가 많은 다른 나라들도 그리스와 비슷한 문제들에 직면할지 모른다고 걱정을 하기 시작했고 포르투갈, 아일랜드, 스페인과 이탈리아도 비슷한 압력을 받게 되었다. 그 후 유럽의 금융위기가 더욱 확대될 것이라는 전망이 더욱 커졌고 유럽을 비롯한 전 세계주가가 폭락하면서 유럽의 재정위기가 시작되었다.

하지만 유럽 재정위기의 근본원인은 은행부문과 2007~2009년 글로벌 금융위기로 거슬러 올라간다. 유로지역을 포함한 유럽의 은행들은 글로벌 금융위기 발생시점까지 급격히 해외자산을 많이 보유하게 되었다. 보유자산 항목들을 보면 미국의 금융자산과 더불어 다른 유로지역 국가들의 정부채권과 소비, 주택투자 및 주택모기지 관련 대출을 포함하고 있었다. 그 결과 2007년 리먼 브러더스의 파산과 함께 시작한 미국의 금융위기와 버블붕괴로 인해 유로지역 은행들은 많은 자산의 손실을 보았고 각국 정부는 구제금융을 통해 손실을 보전해 주어 재정적자와 부채가 급증하게 되었다. 이런 이유로 유럽의 재정위기는 은행위기에서 비롯되었다고 한다.[16)]

그리스 위기에 대한 유럽연합의 대응과정을 보면, 2010년 봄, 10년 만기 그리스 국채와 독일 국채 사이의 금리 스프레드가 1,000bp(1bp는 0.01%)까지 오르자 유럽연합집행위원회(European Commission), 유럽중앙은행(ECB)과 IMF는 그리스에 1,100억 유로의 금융지원을 하기로 합의했다. 정부예산의 삭감과 구조개혁을 지원조건으로 했지만 실행이 비효율적이고 더디어지자 2010년 말에는 금리 스프레드가 4,000bp까지 솟아올랐다. 아일랜드도 부실은행들에 대한 정부의 구제금융으로 인한 비용이 커지자 금리가 크게 올랐다. 2010년 말에 아일랜드와 포르투갈은 각각 675억 유로와 780억 유로의 유럽금융안정자금(EFSF : European Financial Stability Facility)[17)]을 받게 되었다.

그리스에 대한 금융지원에도 불구하고 그리스는 정부부채를 감당할 만한

---

16) 한편, Provopoulos(2014)는 그리스의 경우 재정적자와 그로 인한 경상수지 적자와 같이 공공부문의 불균형이 위기를 가져온 반면, 다른 유로존 위기국들(스페인, 아일랜드, 포르투갈, 이탈리아)은 민간부문의 불균형이 위기의 원인이라고 주장했다.

17) 2012년 10월에 유럽안정기구(ESM : European Stability Mechanism)로 대체되었다.

수준으로 줄이지 못했고 2011년 후반기에 오면 이탈리아와 스페인의 차입금리도 크게 올랐다. 2012년 6월에는 스페인은 부실은행들의 자본금을 충당하기 위해 유럽안정기구로부터 1,000억 유로의 지원을 받았음에도 불구하고 스페인 경제는 여전히 불안했다.

유로존 위기국들의 경제가 안정되지 않자 유로존 지도자들은 두 가지 새로운 계획을 개시했다. 하나는 재정건전성을 더욱 강화하는 것이다. 독일이 주도한 재정안정조약(FST : Financial Stability Treaty)으로서 이 조약을 맺은 국가들은 재정수지를 거의 균형수준으로 유지해야 하는데 안정 및 성장에 관한 협약(SGP : Stability and Growth Pact)[18]보다 더 강화된 것이다.

두 번째 계획은 은행연합(Banking Union)을 만드는 것이다. 은행연합의 주요 골자는 은행들의 감독과 은행들의 인수·합병 처리를 단일화하는 것이다. 이를 위해 ECB가 유로지역 국가들의 은행들을 감독할 수 있는 단일 감독기구(SSM : Single Supervisory Mechanism)가 2014년 11월에 만들어졌다. 또한 은행들의 인수·합병 처리를 단일화한 단일 해결기구(SRM : Single Resolution Mechanism)가 2016년 1월에 출범하였다.

이 밖에도 2012년 9월에 유럽중앙은행은 ECB가 회원국들의 국채를 무한대로 매입하겠다는 OMT(Outright Monetary Transactions) 프로그램을 발표했다. 그 당시 그리스와 같은 주변(periphery) 회원국들의 정부부채 규모는 줄어들지 않고 여전히 높아 국채이자율이 치솟고 그리스가 유로지역을 탈퇴할 것이라는 루머가 나돌자 유로지역을 지키겠다는 의지에서 나온 조치이다. 단, OMT에 참여하기 위해서는 유럽안정기구(ESM)의 경제안정화 계획에 동의해야 한다는 단서를 달았다.

4.2 EMU의 미래

유로지역의 단일통화 사용은 서로 다른 국가들이 단일통화를 사용함으로써 나오는 편익을 얻으려는 시도들 중 가장 대담한 시도라고 할 수 있다. 하

18) 1996년 12월 유럽연합 정상회담에서 합의된 것으로 유로화 가치의 안정을 위해 회원국들의 재정적자의 상한선을 GDP의 3%로 정한 협약이다.

표 12-4 유로지역 국가들의 경상수지(GDP 대비 %)

연도	독일	이탈리아	그리스	아일랜드	포르투갈	스페인
2005	4.6	−0.9	−7.4	−3.4	−9.9	−7.5
2006	5.7	−1.5	−10.8	−3.5	−10.7	−9.0
2007	6.7	−1.4	−14.0	−5.4	−9.7	−9.6
2008	5.6	−2.8	−14.5	−5.7	−12.1	−9.3
2009	5.7	−1.9	−10.9	−3.0	−10.4	−4.3
2010	5.6	−3.5	−10.1	0.6	−10.2	−3.9

자료 : IMF, World Economic Outlook database.

지만 유럽의 경제위기를 촉발한 원인들을 분석해 보면 EMU가 유럽연합의 모든 국가들을 포함한 경제통합뿐만 아니라 정치적 통합을 궁극적인 목표로 한다면 풀어야 될 숙제들이 남아 있다.

첫째는 유럽이 최적통화지역이 아니라는 점이다. EMU회원국들의 이질성으로 인한 비대칭적인 충격을 통화정책을 통해 해결하기 어렵다. 각국의 산업구조, 노동시장의 경직성, 제도의 질 등이 다르기 때문이다. 만약 노동이동성이 높다면 이 문제가 해결되지만 유럽은 노동이동성이 낮다. 유로화 출범 이후 10여 년 동안 그리스를 포함한 주변 회원국들은 독일에 비해 임금과 단위노동비용이 꾸준히 상승하였다. 그 결과 <표 12-4>가 보여주듯이 독일은 지속적으로 경상수지 흑자를 유지한 반면 그리스를 포함한 경제위기 당사국들은 2009년까지 큰 폭의 경상수지 적자를 기록했다. 이와 같은 불균형을 해소하기 위해서는 주변 회원국들의 노동시장의 유연성을 높이고 자유화하여 임금을 낮추고 생산성을 올려 경쟁력을 높여야 한다. 하지만 대부분의 유럽연합 국가들의 노동시장들은 여전히 강한 노조가 결성되어 있고 산업과 지역 간의 노동이동성을 막는 고용세와 규제가 남아 있어 높은 실업률이 지속되고 있다. 노동시장의 유연성이 높아지지 않는다면 높은 실업과 경상수지 불균형 문제는 해결되지 않을 것이다.

둘째는 은행감독 문제이다. 유럽의 은행위기는 은행감독을 ECB 수준에서 한 것이 아니라 각 회원국들이 독자적으로 했기 때문에 발생했다. 앞서 언급했듯이 이 문제를 해결하기 위해 유로지역은 ECB가 예금보험, 은행감독과 은행의 인수합병에 관한 일을 총괄하는 은행연합을 만드는 계획을 실

표 12-5 유로지역 국가들의 재정수지(GDP 대비 %)

연도	독일	이탈리아	그리스	아일랜드	포르투갈	스페인
2005	−2.1	−4.6	−6.5	−4.2	−5.6	1.0
2006	−1.7	−4.0	−8.4	−5.6	−1.9	1.2
2007	−0.8	−3.1	−10.5	−9.9	−3.8	0.5
2008	−0.8	−3.8	−13.9	−13.1	−5.2	−5.6
2009	−0.9	−4.2	−18.6	−11.0	−8.6	−9.5
2010	−2.2	−3.7	−12.1	−8.8	−8.1	−7.8

자료 : IMF, World Economic Outlook database.

표 12-6 유로지역 국가들의 정부부채(GDP 대비 %)

연도	독일	이탈리아	그리스	아일랜드	포르투갈	스페인
2005	67	102	98	26	61	42
2006	67	103	103	24	62	39
2007	64	100	103	24	68	36
2008	65	102	109	42	72	39
2009	73	112	126	62	84	53
2010	81	115	146	87	96	60

자료 : IMF, World Economic Outlook database.

행하고 있다.

셋째는 재정과 관련된 도덕적 해이(fiscal moral hazard) 문제이다. EMU의 근간인 마스트리히트조약에는 회원국들의 재정적자와 정부부채가 각각 GDP 대비 3%와 60%를 넘지 못하도록 하고 재정위기에 처했을 때 긴급구제(bail-out) 자금지원을 하지 못하도록 했다. 그 이후 안정 및 성장에 관한 협약(SGP)으로 진전되었지만 재정준칙을 강제화하는 수단이 없었다.

<표 12-5>와 <표 12-6>은 2005~2010년 동안 독일과 주변 회원국들의 재정수지와 정부부채 규모를 보여주고 있다. 재정적자의 경우 이 기간 동안 독일과 스페인을 제외하면 모두 3% 기준을 넘고 있었다. 스페인도 2007년을 기점으로 흑자에서 큰 폭의 적자로 전환했다. 정부부채의 경우 아일랜드와 스페인을 제외한 모든 나라들이 60% 기준을 넘었다. 아일랜드의 경우 부채 규모는 2007년에는 GDP의 24%에 불과했지만 2010년에는 87%로 증가했고 2013년에는 120%까지 급등했다. 2012년에 ESM을 통해 재정준칙을 더 강화

했지만 여전히 강제조항은 없다.

근본적인 해결책은 미국과 같이 재정연합(fiscal union)을 만드는 것이지만 유로지역의 경우 정치적으로 독립된 국가들로 구성되어 있기 때문에 어려움이 있다. 즉, 과세 및 지출을 하고 유로채권을 발행하는 재정당국(fiscal authority)이 중앙예산을 가지고 재정이 부족한 나라에게 재정이전(fiscal transfer)을 하는 재정통합(fiscal integration)을 이루는 것이다. 하지만 이는 독일과 네덜란드, 핀란드와 오스트리아의 납세자들이 세금을 더 내야 한다는 것을 의미하는데 이들을 설득하는 데는 많은 어려움이 뒤따를 것으로 예상된다. 그럼에도 불구하고 추후 재정위기를 방지하기 위해서 어떤 형태이든 재정연합이 이루어질 필요가 있다.

종합해 보면, EMU가 성공하기 위해서는 노동 및 재화시장의 유연성을 더 높이고, 재정 및 금융규제 시스템을 개혁해야 한다. 또한 미국과 같은 재정연방주의(fiscal federalism)를 실현하고 더 깊은 정치적 연합을 추구해야 한다.

요약

01. 통화 국제화란 일국의 통화가 국제거래시 회계단위, 지불수단 및 가치저장수단으로서 사용되는 것을 말하며, 이는 그 경제에 실물, 국제수지 및 금융적인 효과를 가지게 된다. 통화 국제화는 발행국 통화당국이 이를 허용하고 태환성을 보장함으로써 출발하지만 이들이 국제통화로서 실제로 활용되는 것을 보장하지는 않는다.

02. EU회원국을 중심으로 한 유럽통화제도(EMS)는 역내통화 간 고정환율제도를 유지하면서 역외통화들에 대해서 변동환율제도를 채택한 독특한 환율제도이다. EMS의 설립목적은 유럽의 위상 제고, EC의 통합 강화, EC의 공동농업정책(CAP)을 위한 고정환율제도 유지, 물가안정 등이었다.

03. ECU는 회원국 통화의 중심환율을 표시하는 가치척도, 회원국 정부 간, 그리고 EC기구 간 거래의 계산단위, EC중앙은행들의 개입통화, 결제수단, 신용공여제도의 표시통화로 창출되었다. EMS는 ERM(유럽환율조정장치)을 통해서 회원국 통화에 대해서 먼저 ECU로 표시한 중심환율을 설정하고, 각 통화의 환율은 통화 상호 간에 상하 각각 일정한 변동허용폭 이내에서 변동할 수 있도록 하였다.

04. 1992년 마스트리히트조약에 따르면 1994년에 유럽통화기구(EMI)를 창설하고, 1997년에 7개 회원국 이상이 일정조건을 충족하게 되면 유럽중앙은행(ECB)을 설립하며 단일통화를 도입하고, 1999년에는 단일통화제도를 실현하여 유럽경제 및 통화동맹(EMU)을 정식 출범하게 된다.

05. 1992년 9월 이후의 유럽외환위기는 마스트리히트조약 비준과정에서의 반대 분위기 확산, 그리고 독일의 고금리정책에 따른 독일 마르크화의 강세로 인한 ERM의 안정적인 유지의 어려움 때문에 발생하였다.

06. 환율이 고정되어 있어서 실질적으로 하나의 통화가 통용되는 것과 마찬가지인 지역을 통틀어 단일통화지역이라 한다. 최적통화지역이란 단일통화가 사용되기에 가장 알맞은 크기의 지역을 말한다.

07. 통화통합은 거래비용의 감소와 환율변동에 따른 불확실성을 제거하는 편익을 가져오지만 독립적인 금융 및 환율정책을 포기하는 비용을 수반한다. 최적통화지역이론에 의하면 역내 교역규모가 클수록, 생산요소의 이동 정도가 클수록, 그리고 외생적 충격에 대한 반응이 역내 국가들 사이에 대칭적일수록, 통화통합으로

인한 순편익이 커진다.

08. 기존의 연구결과에 따르면, 동아시아의 경우 통화통합을 위한 경제적 여건이 유럽에 비해 불리하지 않고 정치적 의지만 있다면 동아시아에서도 통화통합이 가능하다고 할 수 있다. 그러나 아직까지 동아시아 역내에서 환율공조체제에 대한 분명한 논의가 시작되지 못하고 있으며, 유로존에서의 독일과 같이 역내 중심통화 역할을 할 수 있는 기축통화국이 존재하지 않고 있기 때문에 역내 통화통합의 여건이 아직은 매우 미약하다고 볼 수 있다. 한편, 동아시아에서 통화통합이 실제로 진행된다면 일본 엔화 또는 중국 위안화가 중심통화의 역할을 할 가능성이 높다.

09. 2010년 유럽의 재정위기를 보면, EMU가 성공하기 위해서는 노동 및 재화시장의 유연성을 더 높이고, 재정 및 금융규제 시스템을 개혁해야 한다. 또한 미국과 같은 재정연방주의(fiscal federalism)를 실현하고 더 깊은 정치적 연합을 추구해야 한다.

주요 용어

단일통화지역	로마조약	마스트리히트조약
브렉시트(Brexit)	스네이크제도(snake system)	유럽경제공동체(EEC)
유럽재정위기	유럽중앙은행	유럽통화동맹(EMU)
유럽통화제도(EMS)	유럽환율조정장치(ERM)	위안화 국제화
중력모형	최적통화지역	통화 국제화
통화통합	화폐주조차익	ECU
euro		

연습문제

01. 일국 통화 국제화가 그 경제에 미치는 영향을 설명하고 통화의 국제적 사용을 결정하는 요인들을 결제수단 및 가치저장수단으로 나누어 각각 기술하시오.

02. 브레튼우즈체제(및 스미소니언체제)와 유럽통화제도를 비교해 보시오.

03. 마스트리히트조약의 내용이 어떻게 이행되고 있는지 실제 경제상황을 조사해 보시오. 또한 1992년 가을 이후의 유럽외환위기의 내용을 정리해 보고 최근까지 영향을 미치고 있는지 조사해 보시오.

04. 우리나라는 여러 경제지역들로 구성되어 있다. 각 경제지역을 하나의 독립된 경제단위라고 하자. 각 경제단위에서 매년 (다른 경제단위에 대해) 일종의 국지수지가 균형을 이루고 있는가를 생각해 보시오. 이들 경제단위가 똑같이 동일한 화폐인 원화를 사용하는 단일통화지역인데 여기서 생기는 문제들은 무엇이고, 또 그 문제들이 어떻게 해결되는지 설명해 보시오.

05. 미국은 매우 넓은 국가인데도 동일한 화폐인 달러만 사용한다. 왜 각 주마다 각각의 화폐를 쓰지 않아도 되는지를 설명해 보시오.

06. 단일통화지역의 이득과 손실에 대해서 설명하시오.

07. 통화블록과 단일통화지역을 비교하여 설명하시오.

08. 유럽통화제도의 경험에 비추어서 동아시아에서의 단일통화지역 형성의 가능성과 그에 필요한 여건들을 생각해 보시오.

09. 만약 구동독지역의 명목임금이 탄력적이었다면 동서독 간 화폐교환비율은 아무 문제가 되지 않았을 것이라는 지적이 있다. 이에 대한 타당성을 간단히 설명하시오.

참고문헌

Bergsten, F., "Why the World Needs Three Global Currencies," *Financial Times*(February 15), 2011.

BIS(Bank for International Settlements), Triennial Central Bank Survey of Foreign Exchange and Derivaties Market Activity, 2020.

Chinn, M. and J. Frankel, "Will the Euro Eventually Surpass the Dollar as Leading International Reserve Currency?," in R. Clarida ed., *G7 Current Account Imbalances: Sustainability and Adjustment*, University of Chicago Press, 2006.

________, "Why the Euro Will Rival the Dollar?," *International Finance* 11(1), 2008, pp. 49-73.

Chinn, M. and H. Ito, *The Chinn-Ito Index (KAOPEN)* dataset, 2021.

Commission of the European Communities, "One Market, One Money," *European Economy*, Number 44, 1990.

Cooper, R., "The Future of the Dollar," *Policy Brief*, Peterson Institute for International Economics, September 2009.

Eichengreen, B., "Europe, the Euro and the ECB: Monetary Success, Fiscal Failure," *Journal of Policy Modelling* 27, 2005, pp. 427-439.

________, "The Renminbi as an International Currency," mimeo, 2010.

Eichengreen, B. and T. Bayoumi, "Is Asia an Optimum Currency Area? Can it become one? Regional, Global and Historical Perspectives on Asian Monetary Relations," in S. Collignon, J. Pisani-Ferry, Y. C. Park, eds., *Exchange Rate Policies in Emerging Asian Countries* : *Domestic and International Aspects*, Routledge, 1999.

Frankel, J. A., "Is Japan Creating a Yen Bloc in East Asia and the Pacific," in J. Frankel and M. Kaler eds. *Regionalism and Rivalry: Japan and the US in Pacific Asia*, University of Chicago Press, 1993.

Frankel, J. A. and A. K. Rose, "The Endogeneity of the Optimum Currency Area Criteria," *The Economic Journal* 108, 1998, pp. 1009-1025.

Grassman, S., "Fundamental Symmetry in International Payment Patterns," *Journal of International Economics 3*, 1973, pp. 105-116.

Hamada, K. and A. Horiuchi, "Monetary, Financial, and Real Effects of Yen Internationalization," in S. Arndt and J. D. Richardson, eds., *Real-Financial Linkages among Open Economy*, MIT Press, 1987.

IMF, *Currency Composition of Official Foreign Exchange Reserves*(COFER).

________, *World Economic Outlook* database.

Kawai, M., "Recommending A Currency Basket System for Emerging East Asia," paper presented for the Conference on *Regional Financial Arrangements in East Asia*,

Canberra, November 12-13, 2001.

Kenen, P., "The Theory of Optimum Currency Areas : An Eclectic View," in R. Mundell and A. Swoboda, eds., *Monetary Problems in the International Economy*, Chicago : University of Chicago Press, 1969.

Krugman, P., "The International Role of the Dollar : Theory and Prospect," in Bilson, J. F. O. and R. C. Marston, eds., *Exchange Rate Theory and Practice*, Chicago : University of Chicago Press, 1984, pp. 261-278.

________, "Lessons of Massachusetts for EMU," in F. Giavazzi and F. Torres, eds., *The Transition to Economic and Monetary Union in Europe*, Cambridge University Press, New York, 1993, pp. 241-261.

Kwan, C. H., "Towards a Yen Bloc in Asia," *NRI Quarterly*, Summer, 1999.

McKinnon, R., "Optimum Currency Areas," *American Economic Review* 53, 1963, pp. 717-724.

Mundell, R. A., "The Theory of Optimum Currency Areas," *American Economic Review* 51, 1961, pp. 509-517.

Portes, R., "A Monetary Union in Motion : The European Experience," *CEPR Discussion Paper* 2954, 2001.

PRS Group, *The International Country Risk Guide.*

Provopoulos, G., "The Greek Economy and Banking System : Recent Developments and the Way Forward," *Journal of Macroeconomics* 39, 2014, pp. 240-249.

Rose, A. K., "One Money, One Market : Estimating the Effect of Common Currencies on Trade," *Economic Policy* 30, 2000, pp. 435-448.

Shin, K. and Y. Wang, "Trade Integration and Business Cycle Synchronization in East Asia," *Asian Economic Papers* 2(3), 2004, pp. 1-20.

Tavlas, G., "On the International Use of Currencies: The Case of the Deutsche Mark," *Essays in International Finance* 181, 1991, pp. 1-46.

Tavlas, G. and Y. Ozeki, "The Internationalization of Currencies: An Appraisal of the Japanese Yen," IMF *Occasional Papers* 90, 1992.

World Bank, *World Development Indicators* database.

________, *World Governance Indicators* database.

Wyplosz, C., "Regional Arrangements : Some Lessons From Postwar Europe," paper presented at the conference on *The Role of Regional Financial Arrangements in Crisis Prevention and Management : The Experiences of Europe, Asia, Africa and Latin America*, organized by the Forum on Debt and Development(FONDAD) in Prague on 21-22 June, 2001.

찾아보기(국문)

찾아보기(영문)

제6판 집필진

백승관
고려대학교 경제학과 졸업
미국 U.C. Berkeley(경제학 박사)
현, 홍익대학교 경제학부 명예교수

송치영
서울대학교 무역학과 졸업
미국 브라운대학교(경제학 박사)
한국금융연구원 부연구위원
현, 국민대학교 국제통상학과 교수

원용걸
서울대학교 경제학과 졸업
미국 인디애나대학교(경제학 박사)
대외경제정책연구원(KIEP) 부연구위원
현, 서울시립대학교 경제학부 교수

글로벌 시대의 **국제금융론** – 제6판 –

2022년 2월 17일 인쇄
2022년 2월 25일 발행

저 자 국제금융연구회
발행인 김광범
발행처 도서출판 시대가치
주 소 서울특별시 마포구 토정로 222, 422-1호(한국출판콘텐츠센터)
전 화 02)3152-2620
팩 스 02)6442-2621
등 록 2017년 3월 23일 제2018-000088호
이메일 timepub2017@gmail.com

정가 34,000원 ISBN 979-11-89607-59-3 93320